U0898264

中国平安 PINGAN
保险·银行·投资

励志计划

# 中国平安励志计划学术论文获奖文集

ZHONGGUO PINGAN LIZHI JIHUA
XUESHU LUNWEN HUOJIANG WENJI
2010

中国平安保险（集团）股份有限公司 编

人民出版社

▲ 2010中国平安励志计划论文奖终审保险组评审现场

▲ 2010中国平安励志计划论文奖终审金融组评审现场

▲ 2010中国平安励志计划论文奖终审经济组评审现场

▲ 2010中国平安励志计划创业大赛现场

▲ 著名电影导演贾樟柯在2010中国平安励志计划颁奖典礼上进行主题演讲

▲ 2010中国平安励志计划颁奖典礼现场

# 专家推荐

科学研究可以从“小”开始：从小年龄开始，从小事情开始，从小项目开始……所有的大事物都是从小事物演变而来！2010中国平安励志计划获奖论文集就汇集了多篇体现由小到大、小中见大精神的论文作品。年轻的大学生和研究生们只要拥有追求的勇气、独立思考的习惯和不惧细节的精神，就可以按照科学的方法在探索的道路上取得成绩。

——**贺力平** 北京师范大学经济与工商管理学院金融系教授，国际金融研究所所长、研究员

2010中国平安励志计划论文大赛中涌现出一大批优秀的学术论文。这本论文集收录了脱颖而出的百余篇获奖论文，可以说它们代表了我国经济学、金融学、保险学在校学生的学术研究水平，展示了学生们的创新能力。论文集的出版，对于鼓励广大在校学生努力钻研、开展研究、探索中国经济发展的新理论具有示范性作用，这也是这本书的价值所在。

——**郭田勇** 中央财经大学金融学院教授

2010 中国平安励志计划论文大赛的获奖作品，即将结集出版。在参与评审的过程中，给我留下了深刻的印象：紧扣现实经济中的突出问题，结合相关的经济学和金融学理论，运用现代的经济学分析方法和工具，给出自己的见解。换言之，就是学以致用。从参赛学生论文中反映出的这种学风，正是我们的教育理念之所在，可喜可贺。

——**刘红忠**　复旦大学国际金融系系主任、教授、博士生导师

2010 中国平安励志计划论文大赛获奖作品具有鲜明的时代特征，很多论文采用计量分析方法，进行经济计量检验与实证分析，得到了第一手的富有解释力的结果，使经验判断建立在可靠的实证分析基础之上。这种与国际惯例接轨的研究风格和分析方法值得提倡与鼓励。

——**沈坤荣**　南京大学经济学院副院长

# 序

又到了励志计划获奖论文集出版的时刻，作为励志计划的主办方，看到那么多学子专注于经济、金融、保险领域的学术研究及创新，这么多优秀论文成果展现在我们的面前，真的感到无比地欣慰。

同时，我们欣慰地看到从励志计划走出去的学生中很多已学有所成，正在为国家的建设、民族的发展贡献着自己的力量；看到励志计划的发展得到了越来越多专家的鼎力支持和始终如一的陪伴；看到励志计划已经发展为一个融论文奖、奖学金、励志论坛、创业大赛、同学会等系列项目为一体的综合学术平台，正在成长为国内高校最有影响力、最具权威的公益品牌，正在为更多的学子提供梦想实现的平台。

今年我们的励志计划海报的主人公是一位曾经在励志计划论文奖获奖的学生，他叫刘永东，本科就读于北京大学，硕士研究生就读于中国科学院，2007 年参加了论文奖评选，他的论文《中国城镇基本养老保险的改革效应研究》获得了保险组一等奖，现在的他正在美国加州大学伯克利分校攻读博士学位。我们希望能够有更多的学子像他一样，勇敢追逐自己的梦想。其实不仅仅是刘永东同学，已经有很多从励志计划走出去的同学，现在已学有所成。励志计划就是这样一个为当代大学生打造的平台，鼓励有梦想、有抱负、肯实践、勇创新的学子不断取得新的高度。

励志计划获奖论文集的出版不是一个结束，而是一个新的开始，它将持续关注经济的变化，关注学术的创新。面对国内外经济形势的变化，面对不断出现的挑战，年轻的学子们必须承担起对国家建设、社会进步、经济发展的责任。作为励志计划的主办方，我们将承担起更多的社会责任，继续致力于在教育、环境、红十字、社群公益方面的投入，在创造经济价值的同时，为环境、社会贡献自身的力量。

在励志计划又重新启程的一年里，我们将继续深入开展励志计划论文奖、奖学金、创业大赛、励志论坛、同学会各项活动，继续致力于高校、社会的励志文化、精英文化塑造，继续影响和帮助更多的高校学子成长和成才，追求和实现梦想。希望更多的同学参与到励志计划的各项活动中来，并取得好成绩。

借此序，再次对参与励志计划的各位学者、专家深表敬意，对参与励志计划的各高等院校和学生们以及支持励志计划的社会各界表示衷心感谢！

中国平安保险（集团）股份有限公司

副董事长

**孙 建 一**

二〇一一年于深圳

# 目　录

## 经济一等奖



## 经济二等奖

## 经济三等奖

# 经济一等奖

JINGJI YIDENGJIANG

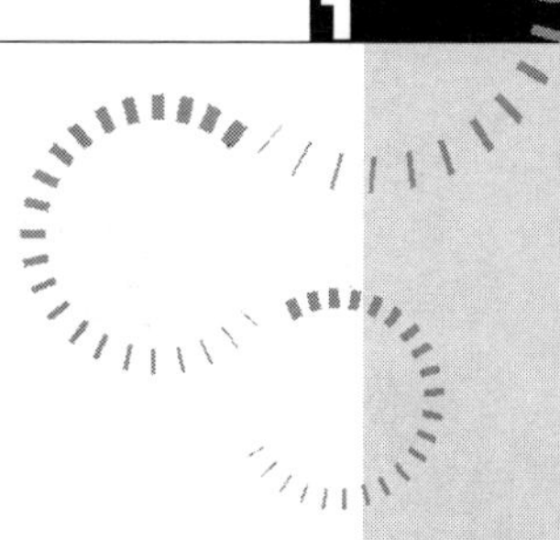

# 财政支农、基本公共服务均等化与城乡经济互动发展

## ——基于两次武汉农村居民的调查

赵和楠

党的十七大提出要统筹城乡发展，推进社会主义新农村建设，十七届三中全会又进一步强调，到2020年农村改革发展的基本目标是城乡经济社会发展一体化体制机制的基本建立。实现城乡经济社会发展一体化，关键在于实施城乡经济互动战略。其中，基本公共服务作为统筹城乡发展的基础环节起着非常重要的作用。然而，当前城乡基本公共服务并不均等，农村地区基本公共服务存在着严重的“短板”问题，客观上要求政府采取措施以推动基本公共服务均等化的实现。因此，研究政府如何在财政支农的过程中实现基本公共服务均等化，并最终实现城乡经济互动发展是十分必要的。

## 一、国内研究综述

城乡经济互动发展是一个涉及多学科、多方向的比较复杂的问题。当前国内研究从内容上讲主要集中在城乡经济互动发展内涵的研究、相关理论基础、发展模式及路径选择上，从方法上看，多为规范性分析，实证分析略显不足。

### （一）内涵界定

当前国内有关城乡经济互动发展内涵的研究并不充分，在已有的研究中，学者一致认为要素的流动与组合是解释城乡经济互动发展的关键。例如，杨井宝、韩东鹤（2006）认为城乡经济互动是指在我国经济和社会发展的过程中，通过积极促进城乡人力、市场、信息、产业和文化等各种要素的流通，形成城乡之间全方位地沟通、联系、交流与互促机制，在城乡购买力全面提高的基础上逐步实现二者发展的动态平衡过程；范海燕、李洪山（2005）认为城乡经济互动可以理解为实现城乡经

济之间的相互渗透，把城市和乡村经济作为一个统一的经济系统，以经济利益为动力，以市场体系为纽带，促进城乡之间生产要素的合理流动与优化组合。

### （二）理论基础

在有关城乡经济互动发展的理论基础上，不同的学者从不同的角度提出了相应的理论。文余源、段娟（2007）运用空间经济学、流量经济、系统科学和协调共生等理论对城乡互动发展进行了分析，并据此在城乡异质子系统互补性、城乡要素流动与响应机制、城乡开放系统优化和城乡协调共生模式构建等方面提出了相应的建议；杨井宝、韩东鹤（2006）则从工业化、农业现代化和统一的大市场的角度提出了城乡经济互动发展的动力和要求；曲亮等（2004）引入种群生态学中的共生理论，将城市和农村作为两个具有复杂相关关系的生态有机种群，通过分析二者的共生单元、共生模式、共生环境和共生界面，从一个全新的角度，提出了城乡互动发展的运作机理。

### （三）发展模式及路径选择

国内学者对城乡经济互动发展模式及路径的研究可谓是成果颇丰。范海燕、李洪山（2005）分析了城乡经济互动发展的以城带乡模式、以乡促城模式、融合模式和网络化模式的特点及适用范围，提出了城乡经济互动发展要营造城乡平等发展的外部环境，其目标是消除“城市偏向”的政策；杨井宝、韩东鹤（2006）通过建立城乡经济互动发展的均衡模型，提出均衡城市化率是对城乡经济一体化实现过程的量化反映，是城乡经济互动并趋于均衡过程的一个基本度量值，推动城市化关键还在于建立科学的城市化发展动力机制；刘维新（1996）、黄伟雄（2002）、程必定（2004）、曾菊新（2001）等学者则分地区探讨了适合东中西部城乡经济互动发展的模式。在路径选择上，陈雯、吴楚材（1995）认为，城乡协调发展的根本出路在于加快城市化进程，城市化进程的加速可以促进大量农业剩余劳动力转移、调整农村产业结构、缩小城乡差别；贾康、刘军民（2005）提出县域经济是城乡经济统筹发展的纽带，统筹城乡发展不仅要在“农”字上做文章，通过一系列措施促进县域经济的发展同样是实现城乡经济互动发展的重要路径。总之，上述学者虽然提出了很多促进城乡互动发展的措施，但并没有较为详尽地对如何促进城乡经济互动发展做具体的研究。

### （四）已有研究的不足

有关基本公共服务均等化的研究国内学者主要集中在内涵（于吉、方栓喜，2006；唐钧，2006）、评价标准（安体富，2007；吕炜，2008；江明融，2007；孙庆国，2008）和路径选择（陶勇，2001；王小林，2003；蔡昉，2003；吕炜，2005；尚长风，2005）上，对基本公共服务均等化的拓展研究不足。

此外，将基本公共服务均等化和城乡经济互动发展结合起来研究的学者并不多。林毅夫（2003）认为农村基础设施建设有助于推进农村现代化，有助于缩小城乡和地区间的发展差距，但并未作具体研究；王伟同（2009）利用2002—2006年中国省级数据，实证分析了城市化进程及其与其他社会指标交互对基本公共服务提供水平的影响，认为在推进城市化进程中，要做好增强政府公共服务提供能力的配套准备，对于将要面对的公共服务需求迅速扩大的现实，政府要从公共服务体制和公共服务能力两个方面作出相应的准备。此外，他还提出农村地区基本公共服务匮乏的现状已经成为阻滞农村发展和进一步改革的重要因素，进而还影响到中国经济的持续健康发展，因此积极推进城乡基本公共服务均等化，是涉及农村乃至全国经济社会健康发展的一个紧要而迫切的问题。

综上所述，从研究内容上看，国内学者比较充分、全面地研究了有关城乡经济互动发展，基本公共服务均等化的内涵、机理以及路径选择等内容，但对财政支农背景下实现城乡经济互动发展的具体研究、对基本公共服务均等化拓展研究以及将基本公共服务均等化和城乡经济互动发展结合起来的研究却略显不足。从研究方法上看，大都集中于规范性分析，实证分析略显不足，因而本文立足于对武汉市两次微观调查所得的数据，采用规范分析与实证分析结合的方法，探究如何能够在财政支农的过程中实现城乡基本公共服务均等化，进而促进城乡经济的互动发展。

## 二、内在机理分析

财政支农、基本公共服务均等化与城乡经济互动发展是紧密联系的，城乡基本公共服务均等化是实现城乡经济良性互动的基础，而合理的财政政策有利于改善当前农村基本公共服务落后的现状。具体来讲，其内在机理（见图1）可分别从城乡经济互动发展与农村经济发展的关系、农村经济发展与农村基本公共服务的关系以及财政调节与农村基本公共服务的关系阐述。

第一，从城乡经济互动与农村经济发展的关系看，农村经济发展是实现城乡经济互动发展的基础。在当前的市场经济条件下，由于政府偏好、资源配置等因素导致城乡处于不平等的竞争状态，农村相对于城市总是处于劣势，因而只有农村经济

**图1　内在机理图**

Ⅰ. 农村经济发展是城乡经济良性互动的基础；　Ⅱ. 农村基本公共服务的"短板"制约着农村经济的发展；　Ⅲ. 财政的调节作用有利于改善农村基本公共服务，实现城乡基本公共服务均等化

发展才有利于实现城乡经济的良性互动。

第二，从农村经济发展与农村基本公共服务的关系看，农村基本公共服务的“短板”制约着农村经济的发展。当前我国社会的城乡差距仍旧很大，其中，城乡非均等化的公共服务是城乡差距扩大的重要因素。公共需求的快速增长与公共产品的严重短缺和公共服务的不到位在农村表现得尤为突出，农村公共服务体制建设的滞后不仅导致城乡名义收入差距的扩大，而且实际收入差距也在不断扩大①。因此，只有改善农村基本公共服务，才有利于奠定农村经济持续发展的基础，才有利于实现城乡经济互动。

第三，从财政调节与农村基本公共服务的关系看，财政的调节作用有利于加强农村基本公共服务建设，实现城乡基本公共服务均等化。自发的市场机制并不能自行趋向于经济的稳定增长，由总需求和总供给之间的不协调而导致的经济波动则是经常发生的②。因此，需要政府运用宏观经济手段有意识地调节经济，其中，通过财政政策的制定和财政实践上的制度性安排，实现农村基本公共服务总供给和总需求之间的大致平衡，是政府所掌握和运用的重要政策手段之一。

总之，我国城乡经济的互动发展存在突出的“短边问题”。与城市相比较，农村经济的发展则是“短边”，而且农村基本公共服务是“短边里”的“短边”。按照“短边效应”理论，未来城乡经济互动发展的限制必定来自农村经济的落后，尤其是农村基本公共服务的落后。因此，改善农村基本公共服务，推动城乡基本公共服务均等化对于实现城乡经济互动发展至关重要。

## 三、武汉农村基本公共服务现状的实证分析

本文以武汉市农村基本公共服务的现状为研究的主要内容，立足农民视角，以240个农户为主要研究对象，对农村基本公共服务提供情况进行了分析，并以此与2007年有关税费改革后农村公共产品供给状况的数据进行了对比分析，动态地把握农村基本公共服务供给和需求的演变趋势。

### （一）样本介绍

本次调研采取分层调研的方法，主要是对武汉市黄陂区武湖农场高车畈村和下畈村的居民进行问卷调查，对两村的村干部进行访谈调查。针对村民，共发放问卷256份，回收有效问卷240份，有效回收率为93.75%。在被调查的农户中，男性占47.92%，女性占52.08%。以初中及初中以下学历者居多，年龄主要集中在41岁以

① 夏风．基本公共服务均等化与城乡差距分析［J］．博士论坛，2007（10）。

② 高培勇．公共财政：概念解说与演变脉络［J］．经济研究，2008年第12期。

上，其中四分之三的被调查农户当前从事农业生产。并有 68.75% 的农户有过从事非农职业的经历。根据调查显示，高车畈村和下畈村年均纯收入在 8000 元左右，其中外出务工人员的收入，占到整体收入的 56.25%，农业收入所得占整体收入的 43.75%，外出务工所得和农业收入所得成为农民收入的两大支柱。样本具体分布情况见表 1。

**表 1　样本总体分布表**

| 类　别 | 样本分类 | 频数(N = 240) | 比率(%) |
|---|---|---|---|
| 性　别 | 男 | 115 | 47.92 |
| | 女 | 125 | 52.08 |
| 文化程度 | 文盲及半文盲 | 25 | 10.42 |
| | 小学 | 50 | 20.83 |
| | 初中 | 125 | 52.08 |
| | 高中技校 | 30 | 12.5 |
| | 中专 | 5 | 2.08 |
| | 大专 | 5 | 2.08 |
| | 大学及以上 | 0 | 0 |
| 年　龄 | 30 岁以下 | 40 | 16.67 |
| | 31—35 岁 | 25 | 10.42 |
| | 36—40 岁 | 15 | 6.25 |
| | 41—45 岁 | 60 | 25 |
| | 46—50 岁 | 35 | 14.58 |
| | 51 岁以上 | 65 | 27.08 |
| 当前是否务农 | 是 | 180 | 75 |
| | 否 | 60 | 25 |
| 以前是否从事过非农职业 | 是 | 165 | 68.75 |
| | 否 | 75 | 31.25 |
| 家庭收入主要来源 | 农业收入 | 105 | 43.75 |
| | 外出打工 | 135 | 56.25 |
| | 退休工资 | 10 | 4.17 |
| | 政府补助 | 5 | 2.08 |
| | 其他 | 20 | 8.33 |
| 每年纯收入 | 2500 元以下 | 20 | 8.33 |
| | 2500—5000 元 | 20 | 8.33 |
| | 5000—8000 元 | 70 | 29.17 |
| | 8000—12000 元 | 80 | 33.33 |
| | 12000—15000 元 | 5 | 2.08 |
| | 15000—20000 元 | 25 | 10.42 |
| | 20000 元以上 | 20 | 8.33 |

通过对高车畈村、下畈村村干部的访谈和对村委工作报告的研究证实，调查样本的结构特征与广义上武汉农村的农户总体特征基本一致，由于外出务工日渐成为武汉农村村民获取收入的主要途径，因此调查对象多为中老年在家务农人员，且男性略少于女性。这些都保证了调查结果的可靠性和真实性，进而为有关结论和建议的科学性奠定基础。

### （二）有关概念介绍

按照农村公共产品的功能和不同发展阶段的需求变化，将农村公共产品分为经济发展型、社会保障型、公共服务型和生态保护型四种类型①。在此，笔者结合有关理论和农村实际，对四种类型的公共产品作如下定义。

经济发展型指对农业生产和农村经济发展起基础和促进作用的公共产品，诸如农村基础设施、农田水利设施、农业气象、农业科学研究和技术培训指导、农产品市场信息等；社会保障型指为提高农民社会福利水平和保障基本生活的公共产品，诸如农村基础教育、农村公共卫生、农村养老保险、农村医疗保险、农村社会救济、农村文化与体育设施等；公共服务型指保障农村社区稳定和农村基层政权运转的公共产品，诸如乡村基层政权组织的公共管理、公共服务、公共安全、经济发展规则等；生态保护型指有助于推进农村经济、社会与生态和谐共存，农业与农村经济持续发展的公共产品，诸如农村生态保护、环境建设、村庄绿化、农业灾害防治等。

### （三）样本描述性统计分析

通过对240份有效问卷进行统计，现从农村基本公共服务的供给现状和农村居民对基本公共服务的偏好两个方面进行样本的描述性统计分析，进而从中分析说明城乡均等化视角下农村基本公共服务现状和问题。

1. 农村基本公共服务的供给现状

在此，笔者主要从农村居民当前享受的公共服务的种类以及农村居民对所享有的公共服务的满意度进行调查统计，得到以下结果：

（1）农村居民当前享受的公共服务

农村居民作为农村公共服务的使用主体和受益主体，对其享有的公共服务最有切身体会，对公共服务的评价最有发言权。农村公共服务的作用主要表现在能够满足农户生产、生活和发展的需要。从表2中不难看出，绝大部分农村居民享受到大部分公共服务，特别是与农民生活和生产息息相关的公共服务，农民基本享有度均

---

①　陈池波、胡振虎、傅爱民．新农村建设中公共产品供给问题研究［J］．中南财经政法大学学报，2006年第4期。

**表 2 公共服务享有度调查表**

| 公共服务类别 | 频数(N=240) | 比率(%) | 公共服务类别 | 频数(N=240) | 比率(%) |
|---|---|---|---|---|---|
| 农村公路 | 200 | 83.33 | 农村基本社会保障 | 170 | 70.83 |
| 农田水利建设 | 150 | 62.50 | 文化健身娱乐 | 65 | 27.08 |
| 农村技术指导 | 25 | 10.42 | 村民选举 | 130 | 54.17 |
| 农业技能培训 | 35 | 14.58 | 治安维护 | 135 | 56.25 |
| 农业市场信息 | 40 | 16.67 | 农村人畜饮水 | 230 | 95.83 |
| 免费义务教育 | 170 | 70.83 | 村庄绿化 | 155 | 64.58 |
| 农村医疗卫生 | 230 | 95.83 | 村级生态环境建设 | 123 | 51.25 |

在50%以上，尤其是农村人畜饮水的享有率已达到95.83%，社会保障型公共产品中的农村医疗卫生享有率也达到95.83%，但不难看出，公共服务型公共产品中的村民选举（54.17%）和治安维护（56.25%）的享有度并不高，经济发展型公共产品中，诸如农村技术指导（10.42%）、农业市场信息（16.67%）、农业技能培训（14.58%）等农村居民的享有度也比较低，生态保护型公共产品中的村级生态环境建设（51.25%）以及村庄绿化（64.58%）也并不高。可见，其中仍旧存在一些公共服务的缺口，特别是经济发展型的公共服务在提供上存在着严重的不足。

（2）农村居民对各项农村公共服务的具体评价

**表 3 公共服务满意度调查表**

| 问题 \ 选项 | 比较满意 | | 基本满意 | | 不满意 | | 无所谓 | |
|---|---|---|---|---|---|---|---|---|
| | 频数 | 比率 | 频数 | 比率 | 频数 | 比率 | 频数 | 比率 |
| 农村公路 | 30 | 12.5 | 115 | 47.92 | 85 | 35.42 | 10 | 4.17 |
| 农田水利建设 | 15 | 6.25 | 70 | 29.17 | 105 | 43.75 | 50 | 20.83 |
| 农村技术指导 | 15 | 6.25 | 35 | 14.58 | 35 | 14.58 | 155 | 64.58 |
| 农业技能培训 | 10 | 4.17 | 25 | 10.42 | 35 | 14.58 | 170 | 70.83 |
| 农业市场信息 | 10 | 4.17 | 5 | 2.08 | 35 | 14.58 | 190 | 79.17 |
| 免费义务教育 | 40 | 16.67 | 105 | 43.75 | 35 | 14.58 | 60 | 25 |
| 农村医疗卫生 | 30 | 12.5 | 125 | 52.08 | 75 | 31.25 | 10 | 4.17 |
| 基本社会保障 | 40 | 16.67 | 120 | 50 | 30 | 12.5 | 50 | 20.83 |
| 文化健身娱乐 | 10 | 4.17 | 20 | 8.33 | 110 | 45.83 | 100 | 41.67 |
| 村民选举 | 15 | 6.25 | 55 | 22.92 | 120 | 50 | 50 | 20.83 |
| 治安维护 | 15 | 6.25 | 105 | 43.75 | 105 | 43.75 | 15 | 6.25 |
| 农村人畜饮水 | 55 | 22.92 | 110 | 45.83 | 50 | 20.83 | 25 | 10.42 |
| 村庄绿化 | 32 | 13.33 | 98 | 40.83 | 62 | 25.83 | 48 | 20.01 |
| 生态环境建设 | 29 | 12.08 | 86 | 35.83 | 103 | 42.92 | 22 | 9.17 |

备注：频数（N=240），比率（%）

从表3中不难看出，在对享有公共服务满意程度的调查中，就整体农村公共服务而言，农民还是基本满意的。一般而言，农民享有的公共服务与农民的满意度大体存在相同的趋势。换言之，越是农民广泛享有的公共服务，农民的满意程度就越高。其中免费义务教育、农村医疗卫生、农村公路、农村基本社会生活保障、农村人畜饮水，以及治安维护都是农民广泛享有且满意程度较高的公共服务，满意度超过了50%，其中免费义务教育、农村医疗卫生、农村基本生活保障，以及农村人畜饮水的满意程度都已经超过60%；村级生态环境建设的享有度（51.25%）和满意度（47.91%）均较低；农业技术指导、农业市场信息、农业技术培训，以及文化健身娱乐也是农民没有充分享有且满意度较低的公共服务，农民的满意度均在21%以下，这些公共服务是亟须提供和解决的部分。

当然，也有部分公共服务的享有度和满意度不对称，农民的享有程度远远大于农民对公共服务的满意程度，仍旧存在着享有程度和满意程度的不对称。农田水利设施建设和村民选举是农民享有，但农民满意度不高的部分，农民的不满意程度均在40%以上，这部分公共服务是同样亟待改善的部分，上述不满意度较高的经济发展型公共产品以及若干享有度和满意度不对称的公共服务这些都将成为农村乃至整个农业发展的瓶颈。

2. 农村居民对基本公共服务的需求偏好

在经典的公共产品理论中，需求表达机制的主要任务是，让农民对基本公共服务的真实需求通过合理的渠道反映出来①。对此，笔者以农村居民对基本公共服务的需求偏好为主题，将所得数据进行了横向的分析，同时也与2007年的数据进行了纵向的对比分析，以得出有关农村居民对基本公共服务的需求偏好。

**表4　公共服务需求排序表**

| 公共服务类别 | 次　序 | 公共服务类别 | 次　序 |
| --- | --- | --- | --- |
| 农村医疗卫生 | 1 | 免费义务教育 | 8 |
| 农田水利设施建设 | 2 | 文化健身娱乐 | 9 |
| 农村基本社会保障 | 3 | 农业技术指导 | 10 |
| 村级生态环境建设 | 4 | 农村人畜饮水 | 11 |
| 农村公路 | 5 | 农业市场信息 | 12 |
| 村民选举 | 6 | 村庄绿化 | 13 |
| 农业技能培训 | 7 | 治安维护 | 14 |

① 俞雅乖．农民需求、优先序、表达机制与城乡基本公共服务均等化［J］．浙江学刊，2009年第1期。

在表4中，笔者仅仅要求农户就目前最需要的前五种基本公共服务进行了排序，为便于统计，笔者对每个居民的所选前五项分别计5、4、3、2、1分，然后对14类基本公共服务的得分加总后进行平均，然后依据平均得分进行排序。农村居民需求意愿从高往低分别为：农村医疗卫生、农田水利设施建设、农村基本社会保障、村级生态环境建设、农村公路、村民选举、农业技能培训、免费义务教育、文化建设娱乐、农业技术指导、农村人畜饮水、农业市场信息、村庄绿化和治安维护。统计发现，经济发展型和社会保障型公共产品依然是农村居民需求意愿最强烈的基本的公共服务，而生态保护型公共产品需求需求也相对较高。

**表5　农户需求结构比率表**

| 类　　型 | 项　　目 | 频数(N=440) | 比率(%) |
|---|---|---|---|
| A　经济发展型公共产品 | (1)农村道路等基础设施 | 188 | 42.73 |
| | (2)农田水利设施 | 248 | 56.36 |
| | (3)农产品市场信息获取 | 216 | 49.09 |
| | (4)外出务工信息 | 227 | 51.59 |
| A类平均数 | | 219 | 49.77 |
| B　公共服务型公共产品 | (5)村级政权的民主管理 | 102 | 23.18 |
| | (6)村级治安状况 | 81 | 18.41 |
| B类平均数 | | 92 | 20.80 |
| C社会保障型公共产品 | (7)村容卫生状况 | 130 | 29.55 |
| | (8)农村义务教育 | 83 | 18.86 |
| | (9)农村医疗保障 | 187 | 42.5 |
| | (10)农村社会救济 | 103 | 23.41 |
| | (11)农村养老保障 | 234 | 53.18 |
| C类平均数 | | 147 | 33.5 |
| D　生态保护型公共产品 | (12)农业灾害防治 | 170 | 38.64 |
| | (13)村庄绿化 | 58 | 13.18 |
| | (14)村级生态环境建设 | 121 | 27.5 |
| D类平均数 | | 116 | 26.36 |

资料来源：2007年第五届中南财经政法大学“博文杯”实证创新基金重点项目“后农业税时代农村公共事业发展面临的问题及其建议——基于武汉市江夏区农田水利建设的实证分析”

表5为2007年笔者对武汉市440位农村居民调查所得的数据，通过2009年和2007年的数据对比，笔者发现，类似于环境建设和民主参与等方面基本公共服务需求开始凸显，这在一定程度上反映了农村经济面貌改善后农村居民对于改善生存环境和提升自身政治诉求的欲望更加强烈。

# 四、基本结论和建议

本文通过对财政支农、基本公共服务均等化与城乡经济互动发展的内在机理进行研究，结合两次微观调查的数据，经统计分析得到如下结论：

第一，从总量上讲，农村居民享受到的基本公共服务种类越来越多，并且基本公共服务的总体满意度呈上升趋势；

第二，从结构上讲，经济发展型公共产品和社会保障型公共产品依然是农村居民认为最重要和需要最迫切的公共产品，同时生态保护型和公共服务型公共产品需求偏好开始凸显，但该两种类型的公共产品满意度不高；

第三，从整体上讲，农村基本公共服务现状较之以前有所改善，但是仍旧不容乐观，存在公共产品结构性失调，居民的享有度与满意度不一致等矛盾，长此以往，不利于城乡基本公共服务均等化的实现，更不利于城乡经济的互动发展。

基于公共财政理论，笔者提出如下建议：

第一，继续加大财政对农村基本公共服务的投入力度，同时进一步改善财政支农的结构，尤其是增加经济发展型公共品和社会保障型公共品的支出。

第二，建立合理的农民需求表达机制。为了改变“自上而下”决策机制出现的供需脱节现象，需要建立按需供给的“需求导向型”基本公共服务的提供模式，即建立“自下而上”的供给决策程序，改变我国农村公共服务供给中的“供非所需”的现象，保证农村基本公共服务供给的有效性、科学性和真实性。

第三，提高财政支出的效率，建立科学的财政支出绩效评价体系，尤其要将农户的满意度纳入体系中，从而实现公共品供给量与农户满意度的均衡发展。

第四，大力推进城乡服务体制的一体化。城乡基本公共服务均等化最终要求打破和消除城乡公共服务体制的二元化，实现一体化。因此，除了增加财政投入力度，也要实现公共财政的公平分配，这一切最终取决于能否实现不同部门及不同利益群体的利益调整，以及相应的体制、机制改革。

## 参考文献

[1] 高培勇．科学发展观：引领中国财政政策新思路［M］．中国财政经济出版社，2004年版。

[2] 高培勇．公共财政：概念解说与演变脉络［J］．经济研究，2008年第12期。

[3] 林毅夫．“三农”问题与我国农村的未来发展［J］．农业经济问题，2003年第1期。

[4] 贾康、刘军民．支持县域经济发展的财政政策研究［J］．杭州师范学院学报（社会科学版），2005年第2期。

[5] 安体富. 完善公共财政制度逐步实现公共服务均等化 [J]. 财经问题研究，2007 年第 7 期。
[6] 安体富、任强. 中国公共服务均等化水平指标体系的构建 [J]. 财贸经济，2008 年第 6 期。
[7] 杨井宝、韩东鹤. 城乡经济互动发展模式 [J]. 合作经济与科技，2006 年第 9 期。
[8] 范海燕、李洪山. 城乡互动发展模式的探讨 [J]. 中国软科学，2005 年第 3 期。
[9] 文余源、段娟. 城乡互动发展的相关理论基础及其启示 [J]. 安徽农业科学，2007 年第 3 期。
[10] 曲亮、郝云宏. 基于共生理论的城乡统筹机理研究 [J]. 农业现代化研究，2004 年第 25 期。
[11] 段娟、文余源、鲁奇. 近十五年国内外城乡互动发展研究述评 [J]. 地理科学进展，2006 年 7 月。
[12] 吕炜、王伟同. 我国基本公共服务提供均等化问题研究 [J]. 财政研究，2008 年第 5 期。
[13] 夏风. 基本公共服务均等化与城乡差距分析 [J]. 博士论坛，2007 年第 10 期。
[14] 陈池波、胡振虎、傅爱民. 新农村建设中公共产品供给问题研究 [J]. 中南财经政法大学学报，2006 年第 4 期。
[15] 陈雯、吴楚材. 中国城市化在城乡关系中的作用及其发展 [J]. 经济地理，1995 年第 3 期。
[16] 唐钧. "公共服务均等化"保障 6 种基本权利 [J]. 时事报告，2006 年第 6 期。
[17] 陶勇. 我国农村公共产品供给体制改革的思考 [J]. 经济纵横，2001 年第 11 期。
[18] 王小林、郭建军. 必须大力拓宽农村公共服务的供给渠道 [J]. 调研世界，2003 年第 3 期。
[19] 尚长风. 城乡公共物品供给差异的根源 [J]. 农村工作通讯，2005 年第 11 期。
[20] 王伟同. 城市化进程与城乡基本公共服务均等化 [J]. 财贸经济，2009 年第 2 期。
[21] 俞雅乖. 农民需求、优先序、表达机制与城乡基本公共服务均等化 [J]. 浙江学刊，2009 年第 1 期。

# 我国高技术产业技术创新效率及其影响因素研究

## ——基于价值链视角下的两阶段分析

余泳泽

## 一、引　　言

高技术产业作为知识密集、技术密集的产业其效率将直接影响到我国整个工业产业链的效率水平和自主创新能力，进而影响到我国经济增长的速度和质量。中国高技术产业的增长，尤其是20世纪90年代后期的增长主要是投资带动的，并非效率的提升。要维持我国高技术产业的可持续性增长，必须尽快提高自主创新能力，尤其是先进核心技术的自主创新能力来调整产业结构，转变经济增长方式。近年来，中国通过不断加大高技术产业技术创新投入来提升自主创新能力，但目前研发资本存量对于中国而言仍是稀缺资源，因而其使用绩效对于提升我国高技术产业的自主创新能力的提升显得尤为重要。

国内有很多学者关于高技术产业技术创新效率进行较多的研究。赵国杰（2004）运用RPM方法对我国东、中、西部高技术产业资源配置的有效性进行分析。吴瑛（2006）以R&D经费存量值代替当年值，用DEA模型计算出1995—2004年我国高技术产业的科技资源配置效率。朱有为和徐康宁（2006）应用随机前沿生产函数测算了中国高新技术产业研发产出效率，并考察了企业规模、市场结构和产权结构等因素对研发产出效率的影响。蒋殿春等运用面板数据模型分析了我国高技术产业内FDI对国内企业技术创新的影响及作用途径。上述研究有助于我们认识中国背景下的产业研发产出效率，以及影响研发产出效率的内部要素投入和相关因素，但是在数据处理、模型进一步深化研究方面也存在某些局限性。尤其在以下两个方面还需作进一步的研究：首先，技术创新的整个过程包含了技术开发和技术成果转化两个阶段，在两个过程中投入要素和产出形式是不同的。

其次，研发过程中不同阶段有不同的产出内涵，因此效率表现形态也是不同的。所以，本文基于价值链视角，利用我国地区高新技术产业 13 年面板数据，将技术创新过程分为技术开发和技术成果转化两个阶段分别对其效率和影响因素进行进一步实证研究。

在研究方法选择上，以 SFA（Stochastic Frontier Analysis，随机前沿分析）为代表的“参数法”（Parametric）和以 DEA（Data Envelopment Analysis，数据包络分析）为代表的“非参数法”（Non-parametric）应用最为普遍。DEA 方法自 1978 年由 Charnes 和 Cooper 提出以来被广泛运用到各个领域问题的研究，它不需估计投入产出的生产函数，避免因错误的函数形式带来的问题，也不需要考虑量纲归一以及指标权重的确定，保证评价在内容上的客观性，对多投入多产出复杂结构系统的有着适应性。由于本文的目的在于横向比较高新技术产业两阶段的研发效率，寻找引起效率低下的根源，并且效率的计算涉及多个投入与产出，因此采用 DEA 方法来计算研发效率是较为有效的方法。因此，本文采用了 DEA 及 Malmquist 分析方法对我国区域高技术产业研发效率及其影响因素进行深入了分析。

## 二、计量模型

### （一）基于松弛变量的 DEA 模型

由于传统 DEA 模型（CCR 和 BCC 模型）是基于 Farrell 效率测度思想且同属于径向（radial，从原点出发的射线）和线性分段（piece-wise linear）形式的度量理论，这种度量思想主要是它的可处置性（strong disposability），确保了效率边界无差异曲线的凸性（不会折弯），却造成了投入要素的“拥挤”（congestion）或松弛（slacks）。当投入产出要素增多并考虑相应的松弛问题时，整体比较企业的效率将变得更加困难。为此，我们需要一种把松弛投入和松弛产出考虑在内的效率单一值评估方法，Tone（2001）中的评价指标正是这样一种指标，其模型如下：

$$\underset{\varphi,\lambda}{\mathrm{Min}}\rho = \frac{1 - \frac{1}{m}\sum_{i=1}^{m} s_i^- / x_{i0}}{1 + \frac{1}{k}\sum_{r=1}^{k} s_r^+ / y_{r0}}$$

$$s.t. \quad y_o = Y\lambda - s^+$$

$$x_o = X\lambda + s^-,$$

$$\lambda, s^-, s^+ \geqslant 0 \tag{1}$$

其中，$\rho$ 为效率评价标准，m 为投入要素种类，k 为产出种类，$\lambda$ 为列向量；$x_0$ 和 $y_0$ 分别为决策单元自身的投入和产出向量，$x_{i0}$ 和 $y_{r0}$ 分别为 $x_0$ 和 $y_0$ 的元素；$X$ 和 $Y$ 分别为决策单元整体的投入和产出的矩阵；$s_i^-$ 为松弛投入 $s^-$ 的元素，$s_r^+$ 为松弛产出 $s^+$ 的元素。为方便求解，可以把上述模型转化为如下的线性规划问题（基于产出导向的模型）：

$$
\begin{aligned}
\text{Min}\tau &= t + \frac{1}{k}\sum_{r=1}^{k} s_r^+ / y_{r0} \\
s.t.\quad 1 &= t - \frac{1}{m}\sum_{i=1}^{m} s_i^- / x_{i0} \\
ty_o &= Y\Lambda - S^+ \\
tx_o &= X\Lambda + S^- \\
\Lambda, s^-, s^+, t &\geq 0
\end{aligned}
\tag{2}
$$

其中，$\tau$ 为效率的度量值；$S^- = ts^-$，$S^+ = ts^+$，$\Lambda = t\lambda_0$。

从 Tone 的模型中可以看到，当投入和产出的约束越松弛，也就是松弛投入和松弛产出越大时，企业的效率值越低，比较好地将松弛投入和松弛产出的情况考虑在了效率值计算过程中。如果一个企业根据 Tone 的评价标准是有效的，即 $S^+ = S^- = 0$，$\tau = 1$ 时，可以看到 DEA 模型中的效率值 $\tau = 1$，即在 BCC 模型下也是有效的，该性质被称为 Pareto-Koopmans 有效。

因此，本文采用了基于松弛变量的 DEA 模型作为基本研究模型。

### （二）Malmquist 全要素生产力指数

我们引入 Malmquist 全要素生产力指数来测度各家决策单元跨时期（数据为 panel data）技术效率的变动情况。Caves，Christensen and Diewert（1982）首先将 Malmquist 的思想运用到生产分析上。Färe，Grosskopf，Lindgren and Ross（1992）建立了用来考察两个相邻时期生产率变化的 Malmquist 生产力变化指数，并定义为 Malmquist 全要素生产力指数（Malmquist Productivity Index，简称 MPI），其表述形式为第 $t$ 期与第 $t+1$ 期的 Malmquist 生产力指数的几何平均数：

$$
M_o(X^{t+1}, Y^{t+1}, X^t, Y^t) = \left[\frac{D_o^{t+1}(X^{t+1}, Y^{t+1} \mid CRS)}{D_o^{t+1}(X^t, Y^t \mid CRS)} \frac{D_o^t(X^{t+1}, Y^{t+1} \mid CRS)}{D_o^t(X^t, Y^t \mid CRS)}\right]^{\frac{1}{2}} \tag{3}
$$

该 Malmquist 生产力指数是假设固定规模报酬（CRS）下所衡量的指数，其涉及两个单期的距离函数 $D_o^t(X^t, Y^t)$ 和 $D_o^{t+1}(X^{t+1}, Y^{t+1})$，同时也涉及两个跨期产出距离函数 $D_0^{t+1}(X^t, Y^t)$ 和 $D_0^t(X^{t+1}, Y^{t+1})$，若 $M_o(X^{t+1}, Y^{t+1}, X^t, Y^t) > 1$，表示受评估的决策单元的生产力有所改善；若 $M_o(X^{t+1}, Y^{t+1}, X^t, Y^t) < 1$，表示受评估的决策单元的生产力呈现衰退。而 Malmquist 生产力指数亦可分解为综合技术效率变动与技术变

动两者的乘积，故（3）式可改写为：

$$M_o(X^{t+1},Y^{t+1},X^t,Y^t) =$$

$$\frac{D_o^{t+1}(X^{t+1},Y^{t+1} \mid CRS)}{D_o^t(X^t,Y^t \mid CRS)}\left[\frac{D_o^t(X^{t+1},Y^{t+1} \mid CRS)}{D_o^{t+1}(X^{t+1},Y^{t+1} \mid CRS)}\frac{D_o^t(X^t,Y^t \mid CRS)}{D_o^{t+1}(X^t,Y^t \mid CRS)}\right]^{\frac{1}{2}} \tag{4}$$

其中，令 EC 表示综合技术效率变动，TC 表示技术变动，则有：

$$EC(CRS) = \frac{D_o^{t+1}(X^{t+1},Y^{t+1} \mid CRS)}{D_o^t(X^t,Y^t \mid CRS)} \tag{5}$$

$$TC(CRS) = \left[\frac{D_o^t(X^{t+1},Y^{t+1} \mid CRS)}{D_o^{t+1}(X^{t+1},Y^{t+1} \mid CRS)}\frac{D_o^t(X^t,Y^t \mid CRS)}{D_o^{t+1}(X^t,Y^t \mid CRS)}\right]^{\frac{1}{2}} \tag{6}$$

综上所述，可知 Malmquist 全要素生产力指数（MPI）可以分解为综合技术效率变动（EC）和技术变动（TC）两部分的乘积，即：

$$MPI = EC \times TC \tag{7}$$

若 EC（CRS）>1，代表决策单元效率有所改善；EC（CRS）<1，代表其效率恶化；此效率变动意味着决策单元经营方式的优劣与管理层决策的正确与否；当效率改善，表示其因正确的经营方式与决策使效率得以提高，即 EC（CRS）大于 1；反之，不当的经营方式与决策会使 EC（CRS）小于 1，导致效率恶化。此外，若 TC（CRS）>1，代表技术进步；TC（CRS）<1，代表技术退步。

### （三）效率影响因素解释模型

如果要分析的数据具有这样的特点：因变量的数值是切割（truncated）或片段（截断）的情况时，那么普通最小二乘法（OLS）就不再适用于估计回归系数，这时遵循最大似然法概念的 Tobit 模型就成为估计回归系数的一个较好选择。该模型的一个重要特征是被解释变量 $y_i$ 为截断数据，即被解释变量都大于或者小于某个确定值。具有两个有限点的截断回归模型一般形式如下：$y_i = x_i\beta + \varepsilon_i$，且 $\underline{c_i} < x_i\beta + \varepsilon_i < \bar{c}_i$。若无较低截断点，设 $\underline{c_i} = -\infty$；若无较高截断点，设 $\bar{c}_i = +\infty$。

由于 DEA 方法所估计出的效率值都介于 0 与 1 之间，最大值为 1，如果采用最小二乘法来估计，可能由于无法完整地呈现数据而导致估计偏差，因此本文决定采用面板数据 Tobit 回归模型来分析高技术产业研发无效率的影响因素。

# 三、研发阶段划分及指标选取

## （一）两阶段高技术产业技术创新效率矩阵

本文将技术创新效率分为两个阶段，一个阶段为技术开发阶段，另一个阶段为成果转化阶段，研发过程中不同阶段有不同的产出内涵，因此效率表现形态也是不同的。基于此，本文构建了我国高技术产业“技术开发——成果转化”效率矩阵图（如图 1 所示），并根据两个效率维度的高低取值划分出四种效率组合，不同的组合方式代表不同的效率状态。

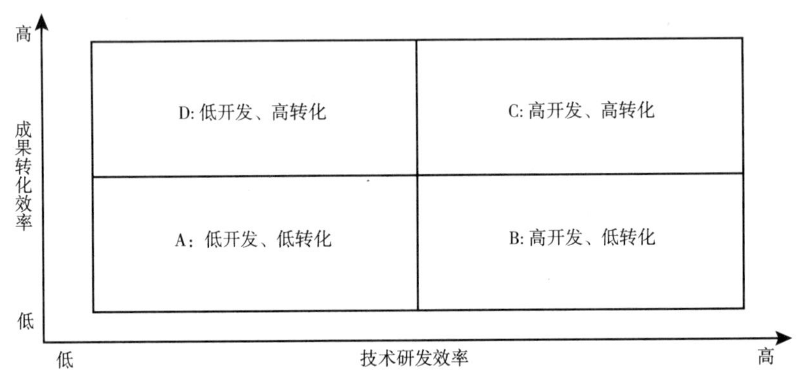


**图 1　高技术产业研发效率状态矩阵图**

## （二）指标选取及数据处理

本文选取的样本为 1995—2007 年 19 个省省级面板数据 5187 个观测结果。① 数据主要来自《中国高技术产业统计年鉴》（2001—2008），《中国统计年鉴》（1990—2008），各地方统计年鉴（1990—2008）及中经网和资讯行数据库网，并对相关数据进行了整理。

1. 技术开发阶段的投入产出指标

作为创新活动的基本要素，R&D 资源在技术创新中起着关键的作用。国内学者

① 由于整个西部地区（除四川和陕西外），包括海南、山西、内蒙等地技术创新能力较低，数据波动较大，趋势性不强，不便于补全数据，因此本文剔除了这些地区，重庆并入四川内计算。本文选取的其他 19 个地区为北京、天津、河北、辽宁、吉林、黑龙江、上海、江苏、浙江、安徽、福建、江西、山东、河南、湖北、湖南、广东、四川和陕西，且这 19 个地区的高技术产业占到了全国高技术产业总值的 95% 以上。

在研究技术创新成果时，一般选取 R&D 投入经费和 R&D 人员作为技术创新的投入指标，此外还有新产品开发经费投入指标。技术开发阶段是技术创新活动的第一个阶段，作为技术创新的中间产出，开发活动的产出以知识技术类为主，主要有专利和非专利技术。由于专利数据易于获得，同时专利和技术创新关系密切，并且专利标准客观、变化缓慢，所以专利不失为作为测量技术创新产出的相当可靠的指标。非专利技术属于企业商业秘密，其数据无法度量，因此本文略去不予考虑。在专利技术方面，由于专利申请数和专利授权数在衡量企业 R&D 成果时各有优缺点，本文在考察技术开发阶段的产出成果时两者同时考虑。

在技术开发阶段的投入产出指标数据处理方面，本为采用了 R&D 资本存量和新产品开发资本存量指标，基年为 1995 年，以 1995 年经费支出除以 10% 作为该地区的初始资本存量，并采用了 15% 的折旧率。① 在测算新产品开发经费存量之前，本文利用朱有为、徐康宁（2006）“研发价格指数”的计算方法将新产品开发经费进行了平减。R&D 人员指标，本文假设每年内人员增长是匀速的，所以 R&D 人员的年平均数等于本年度年底人员数与上一年度年底人员数之和除以 2。

2. 技术转化阶段的投入产出指标

技术转化过程既有技术投入也有资金和人员投入，而产出则是面向市场的新产品。因此，本文选取的技术投入为技术开发阶段成果专利申请数和专利授权数，资金投入为技术改造经费支出和投资额，人员投入为从业人员。产品创新成果可以分为收益性产出和和竞争性产出两个方面。收益性产出包括出售新产品和新技术使企业获得的收益。竞争性产出是指企业通过技术创新而带来的竞争力变化。本文选取新产品产值和新产品出口额作为技术转化阶段的产出指标。

在技术转化阶段的投入产出指标处理方面，技术改造经费采用和 R&D 经费处理一样的方法，采用技术改造资本存量，以 1995 年经费支出除以 10% 作为该地区的初始资本存量，并采用了 15% 的折旧率。同样，投资额也选用固定资本存量指标，采用各地区高技术产业的投资额指标根据永续盘存法计算资本存量。本文选取的基年为 1995 年，在研究资本存量时，缺乏基年资本存量的数据是一个主要问题，本文先计算了我国工业的固定资本存量（以 1985 年为基期，计算至 1996 年），然后再以 1995 年我国工业资本存量值按比例（1995—1996 年高技术产业生产总值均值/1995—1996 年工业生产总值均值）折算出 1995 年我国各地高技术产业的基期资本存量。② 在折旧率选择上，王小鲁（2000）假定折旧率为 5%；龚六堂和谢丹阳

① Wang 和 Szirmai（2003）和 Hu，Albert and Gary（2004）分析中国样本数据时都采用了 15% 的折旧率。

② 由于工业资本存量的计算周期较长，因此误差较小，本文将计算结果与 1995 年高技术产业投资额除 10%（张军的方法）的结果进行了对比，大部分省市结果比较接近，说明此方法具有合理性。

（2004）对全国各省都假定了10%的折旧率。张军（2004）采用代表几何效率递减的余额折旧法计算得到了各省固定资本形成总额的经济折旧率为9.6%，与龚六堂和谢丹阳（2004）选取10%的折旧率较接近。因此，本文选择折旧率为10%。在计算资本存量前，本文用各省市固定资产投资指数对投资额进行了平减，消除了价格因素干扰。从业人员也采用了年平均就业人员指标。产出指标方面，为了获取不变价格的产值，本文用工业增加值指数作为高技术产业新产品产值和新产品出口额指数的近似替代进行了平减。

3. 技术创新效率影响因素

在测度技术创新效率的同时，考察技术创新效率的影响因素也是一个重要研究方向。从现有文献看，影响技术创新效率的因素主要有：市场结构，但国内外学者对市场结构对技术创新效率的影响意见不一，如Schumpeter（1943）认为垄断与研发有着密切的联系，高市场集中度的产业更有助于激励企业的研究开发。而Arrow（1962）则认为竞争性环境会给企业研发带来更大的激励。目前，多数的研究并不支持垄断性市场结构有利于提高研发效率的观点。企业规模，企业规模和技术创新效率的关系也存在争论。Chen和Chien等人（2004）认为企业技术创新效率改善需要一定的规模经济性。Pavitt等人（1987）认为较小和较大企业的研发效率比中等企业更高，也即研发效率和企业规模之间呈现“U型”关系。企业所有权结构，大部分学者都认为在非国有企业比国有企业技术创新效率更高。此外，政府的政策导向、产业绩效、知识产权保护度、对国外技术的消化吸收能力等都对研发效率产生重要影响。在上述文献的基础上，本文根据数据的可得性选取了制度因素、企业规模、产业绩效、政府政策支持力度、技术消化吸收能力等因素对我国高技术产业的研发效率的影响因素进行了进一步分析。

制度因素衡量较为困难，本文借鉴傅晓霞、吴利学（2006）中对制度因素的度量，采用各地区工业总产值中非国有企业的比重、全社会固定资产投资中非国有经济的份额、外贸依存度和实际利用外资占GDP的比重四个指标衡量地区制度变迁，并采用主成分分析法将以上四个分项指标合成为一个综合指标，作为测度各地区制度水平及其变迁的代理变量；企业规模因素采取平均企业规模指标，采用该地区总产值与企业数量之比来综合侧度该地区的平均企业规模；产业绩效指标选利用各地区利润与销售收入之比来综合测量；政府的政策支持力度指标采用科技活动经费筹集额中政府资金比例，并考虑滞后一期，衡量政府政策支持对技术创新效率的影响；技术消化吸收能力指标采用了技术消化吸收经费支出作为衡量标准，并按照R&D资本存量的计算方法计算了技术消化吸收资本存量。

# 四、实证结果及分析

## （一）技术效率整体分析

表 1　技术开发阶段技术及成果转化阶段效率结果（地区）

| 地　区 | 技术开发效率 | 成果转化效率 | 地　区 | 技术开发效率 | 成果转化效率 |
|---|---|---|---|---|---|
| 北　京 | 0.547 | 0.719 | 福　建 | 0.532 | 1 |
| 天　津 | 0.689 | 0.891 | 江　西 | 0.332 | 0.279 |
| 河　北 | 0.375 | 0.321 | 山　东 | 0.869 | 0.48 |
| 辽　宁 | 0.353 | 0.41 | 河　南 | 0.495 | 0.26 |
| 吉　林 | 0.901 | 0.108 | 湖　北 | 0.485 | 0.194 |
| 黑龙江 | 0.512 | 0.277 | 湖　南 | 0.731 | 0.225 |
| 上　海 | 0.533 | 0.855 | 广　东 | 0.825 | 0.59 |
| 江　苏 | 0.44 | 0.592 | 四　川 | 0.556 | 0.607 |
| 浙　江 | 0.749 | 0.362 | 陕　西 | 0.174 | 0.248 |
| 安　徽 | 0.383 | 0.297 | mean | 0.552 | 0.459 |

表 2　技术开发阶段技术及成果转化阶段效率结果（时间）

| 年　份 | 技术开发效率 | 成果转化效率 | 年　份 | 技术开发效率 | 成果转化效率 |
|---|---|---|---|---|---|
| 1995 | 0.486 | 0.73 | 2002 | 0.699 | 0.443 |
| 1996 | 0.375 | 0.53 | 2003 | 0.541 | 0.524 |
| 1997 | 0.445 | 0.365 | 2004 | 0.552 | 0.39 |
| 1998 | 0.458 | 0.481 | 2005 | 0.669 | 0.363 |
| 1999 | 0.522 | 0.486 | 2006 | 0.583 | 0.38 |
| 2000 | 0.64 | 0.397 | 2007 | 0.55 | 0.421 |
| 2001 | 0.65 | 0.453 | mean | 0.552 | 0.459 |

从表 1 可以看出，我国高技术产业技术开发阶段 1995—2007 年平均技术效率仅为 0.552,① 而且经历了从低到高再从高到低的过程，在 2002 年达到了最高，这说明我国高技术产业技术开发阶段的技术效率不高，且近几年有恶化的趋势。从各地区技术开发阶段技术效率看，天津、吉林、浙江、山东、湖南和广东等地技术效率

① 两阶段效率均值均高于朱有为和徐康宁（2006）应用随机前沿生产函数测算的 0.258。

较高，而河北、安徽和陕西等地效率较低。我国高技术产业技术开发阶段无效率主要来自于纯技术无效率,① 纯技术效率衡量的是以既定投入资源提供相应产出（或服务）的能力。我国高技术产业技术开发阶段技术效率低可能是因为各地区过多的追求技术开发经费投资规模，而不注重技术开发效率造成的。

从表 2 可以看出，我国高技术产业成果转化阶段 1995—2007 年平均技术效率仅为 0.459，而且处于持续恶化趋势，在 2005 年达到了最低，这说明我国高技术产业技术开发阶段的技术效率不高，且恶化的趋势没有得到缓解。从各地区成果转化阶段技术效率看，北京、天津、上海、福建、四川和广东等地技术效率较高，而河北、吉林、安徽、湖北、湖南和陕西等地效率较低。我国高技术产业成果转化阶段无效率主要来自于纯技术无效率，同技术开发阶段一样，我国高技术产业成果转化阶段技术效率低可能是因为各地区过多的追求投资规模，而不注重投资效率造成的。上述技术开发阶段和成果转化阶段的效率变化趋势如图 2 所示：

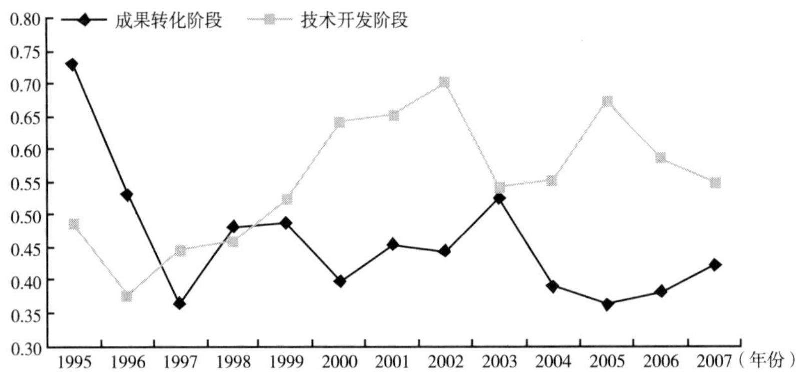


**图 2　技术开发阶段与成果转化阶段效率变化趋势图**

### （二）基于 Malmquist 指数的动态效率分析

动态效率考察的是在生产技术可变条件下样本的平均效率变动情况，可以由表示生产力变动的 Malmquist 生产力指数来测度。由表 3 可以看出，1995—2007 年我国高技术产业技术开发阶段 Malmquist 生产力指数平均为 1.114，这说明我国高技术产业技术开发阶段技术创新效率平均每年改进 11.4%，在这 12 年间有 9 年 Malmquist 生产率指数都超过了 1。而 1995—2007 年生产力的提高主要来自于技术变动，即整个行业的技术开发的进步，技术效率变动也提供了 2.4% 的贡献率。从纵向来看，1995—2007 年我国高技术产业技术开发阶段 Malmquist 生产力指数经历了

① 限于篇幅有限，本文没有列出具体数据。

波浪式变化，在 1997—1998 年和 2003—2004 年分别达到最高，但近几年有下降趋势。

1995—2007 年我国高技术产业成果转化阶段 Malmquist 生产力指数平均为 1.064，这说明我国高技术产业成果转化阶段技术创新效率平均每年改进 6.4%，在这 12 年间有 9 年 Malmquist 生产率指数都超过了 1，说明在成果转化期间效率处于相对改进状态。而 1995—2007 年产业成果转化阶段生产力的提高主要来自于技术变动，即整个行业的成果转化的进步，与技术开发阶段不同，在成果转化阶段技术效率变动的贡献率则降低了 6%，而且主要来自纯技术效率和规模效率的同时下降。从纵向来看，1995—2007 年我国高技术产业成果转化阶段 Malmquist 生产力指数经历了与技术开发阶段类似的波浪式变化，在 1999—2000 年和 2002—2003 年分别达到了最高，近几年日趋平稳且有改善的趋势。

**表 3　各期间内我国高技术产业技术开发阶段及成果转化阶段 Malmquist 生产率指数及各项效率变动**

| | 技术开发阶段 | | | | | 成果转化阶段 | | | | |
|---|---|---|---|---|---|---|---|---|---|---|
| | 效率变动 EC | 技术变动 TC | 纯技术效率变动 PTEC | 规模效率变动 SEC | 全要素生产力指数 MPI | 效率变动 EC | 技术变动 TC | 纯技术效率变动 PTEC | 规模效率变动 SEC | 全要素生产力指数 MPI |
| 1995—1996 | 0.766 | 0.866 | 1.044 | 0.734 | 0.664 | 0.688 | 1.909 | 0.881 | 0.781 | 1.314 |
| 1996—1997 | 1.115 | 1.004 | 0.744 | 1.499 | 1.119 | 0.606 | 1.7 | 0.776 | 0.78 | 1.03 |
| 1997—1998 | 1.107 | 1.617 | 1.177 | 0.94 | 1.789 | 1.214 | 0.912 | 1.063 | 1.142 | 1.107 |
| 1998—1999 | 1.144 | 0.964 | 1.158 | 0.988 | 1.103 | 1.007 | 1.135 | 1.014 | 0.993 | 1.142 |
| 1999—2000 | 1.296 | 0.875 | 1.184 | 1.094 | 1.135 | 0.795 | 1.987 | 0.721 | 1.103 | 1.579 |
| 2000—2001 | 1.056 | 0.862 | 0.991 | 1.066 | 0.911 | 1.011 | 0.7 | 1.043 | 0.969 | 0.707 |
| 2001—2002 | 1.107 | 1.129 | 0.993 | 1.116 | 1.25 | 0.876 | 1.155 | 1.08 | 0.812 | 1.013 |
| 2002—2003 | 0.743 | 1.716 | 0.833 | 0.892 | 1.275 | 1.199 | 1.074 | 1.35 | 0.888 | 1.288 |
| 2003—2004 | 1.052 | 1.268 | 1.228 | 0.856 | 1.334 | 1.451 | 0.628 | 0.918 | 1.582 | 0.912 |
| 2004—2005 | 1.286 | 0.733 | 1.045 | 1.231 | 0.943 | 0.578 | 1.485 | 0.693 | 0.834 | 0.858 |
| 2005—2006 | 0.872 | 1.281 | 1.004 | 0.868 | 1.116 | 1.087 | 0.966 | 1.013 | 1.073 | 1.05 |
| 2006—2007 | 0.924 | 1.165 | 0.782 | 1.181 | 1.077 | 1.213 | 0.846 | 1.535 | 0.79 | 1.027 |
| 1995—2007 | 1.024 | 1.088 | 1.003 | 1.021 | 1.114 | 0.94 | 1.132 | 0.981 | 0.958 | 1.064 |

上述技术开发阶段和成果转化阶段的 Malmquist 生产力指数变化趋势如图 3 所示：

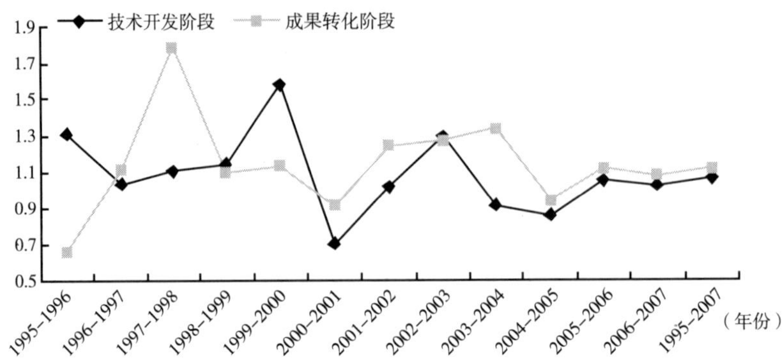


**图 3　技术开发阶段与成果转化阶段 Malmquist 生产力指数变化趋势图**

**（三）我国高技术产业技术创新效率整体分析：基于价值链视角**

综合表 1 的实证结果，利用前文两阶段高技术产业技术创新效率矩阵框图（以 0.5 作为划分标准），得出各地区技术创新效率中技术开发阶段和成果转化阶段的二维分布图，如图 4 所示。

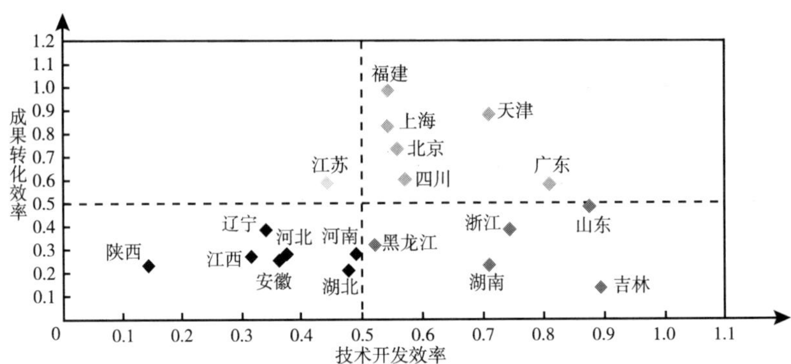


**图 4　两阶段高技术产业技术创新效率矩阵框图**

从图 4 中可以看出，19 个地区中落在 C 区域的属于两阶段效率相对较高的有北京、天津、上海、广东、四川和福建 5 地区；江苏 1 个地区位于 D 区域，属于低技术开发效率高成果转化效率；落在 B 区域的高研发效率低转化效率的有黑龙江、山东、浙江、湖南和吉林 5 个地区。其余 8 家都落在 A 区域，即属于技术开发效率和成果转化效率皆低下的区域。可见从价值链视角看，我国绝大多数地区的高技术产业的技术创新效率都处于低效率状态，技术开发效率和成果转化效率都有进一步改善的空间。我们发现两阶段效率较高的地区主要集中在高技术产业发达的直辖市

（重庆并入四川计算）和广东地区，福建地区两阶段效率相对较高可能是由于厦门地区高技术产业较发达且集中度较高，进而带动了整个福建地区高技术产业效率提高。

1. A 类型地区——粗放式低效率技术创新

这类地区的技术开发效率和成果转化效率都比较低，技术开发阶段投入了大量资金但不注重效率，同时在成果转化阶段盲目投资，不注重投资质量（消化吸收、技术引进等）。所以这些地区应同时加强技术开发和成果转化效率。

2. B 类型地区——高技术开发效率低成果转化效率

这类地区在技术创新过程中在技术开发阶段效率相对较高，但在成果转化阶段效率较低，最为明显的是吉林地区，在技术开发阶段效率较高，但这种效率没有在成果转化阶段得到实现，因此，这类地区应在不忽视技术开发效率的同时重点加强产业化的实现。

3. C 类型地区——高效集约型技术创新

这类地区在技术开发和成果转化阶段皆表现出了较高的效率，是其他地区学习的榜样。主要是由于这些地区处在我国改革开放的前沿阵地，这些地区具有雄厚的经济基础和政策优势，并由此带来资金、人才、配套环境等多方面的优势，成为我国高技术企业发展的集聚地，因此，在技术创新上取得了较高的效率。

4. D 类型地区——低技术开发效率高成果转化效率

这类地区在技术创新过程中在成果转化阶段效率相对较高，但在技术开发阶段效率较低，这类地区只有江苏一个地区，这说明江苏地区利用其良好的地理和交通优势，在高技术产业成果转化阶段实现了较高的效率，但其在技术开发阶段效率相对较低，这就限制了其技术创新能力的整体提升。因此，这类地区应在技术开发阶段提升效率以提高整个产业的技术创新效率。

针对以上四类地区，可以分别实现不同的效率提升路径，如：B→C 和 D→C 的单边突破式提升路径，即在技术创新过程中，针对效率相对较低的阶段作为突破口，加强此方面的管理，以提升其技术创新的整体效率。A→B→C 和 A→D→C 的扬优补劣渐进式提升路径，就是先将优势发挥到最大，同时着力弥补劣势，经过 B 或 D 区域的过渡，最终迈向 C 区域。如湖北和河南两地可以在发挥技术开发阶段效率相对优势的基础上重点补充在成果转化阶段的效率，即重视产业化阶段效率。A→C 的跳跃式发展路径，这些地区需要有雄厚的经济基础，在条件具备的情况下是可以实现的。如东北地区的辽宁，其有雄厚的经济基础，再加上国家振兴东北的战略的实施，实现由 A→C 的跳跃式发展路径完全是有可能的。

### （四）影响变量的实证分析

在对数据进行处理后，我们将两阶段效率相乘作为技术创新效率的整体衡量，使用 Eviews5.1 软件，建立了针对数据的随机（random-effect）Tobit 回归模型，得出结果见表 4：

**表 4 Tobit 模型回归结果**

| | Coefficient | Std. Error | z - Statistic | Prob. |
|---|---|---|---|---|
| C | -1.02226 | 0.230826 | -4.42868 | 0.0000*** |
| 制度变量 | 1.467534 | 0.306861 | 4.782403 | 0.0000*** |
| 企业规模 | 0.339819 | 0.034285 | 9.911529 | 0.0000*** |
| 技术引进及消化 | -0.00202 | 0.000628 | -3.20892 | 0.0013*** |
| 政府政策 | 0.433262 | 0.212937 | 2.034696 | 0.0419** |
| 绩效变量 | 1.789595 | 0.87853 | 2.037034 | 0.0416** |
| R - squared | 0.889663 | Log likelihood | 27.42035 | |

注：* 代表 10% 的显著水平，** 代表 5% 的显著水平，*** 代表 1% 的显著水平。

通过表 4 的计量结果，我们可以得出以下五点主要结论：

1. 制度变量与理论预期相同系数为正，它们与技术效率正相关，即市场化水平越高研发的整体效率越高。制度变量的系数为 1.468，意味着如果 B 地区的市场化指数高出 A 地区 1 个单位，在其他因素不变的情况下，这大约会促使 B 省技术创新效率比 A 省高 1.468 个单位。这说明良好的市场化环境是提升我国高技术产业研发效率的必备条件。

2. 企业规模变量与预期也相同，系数为正，技术创新效率与企业规模之间存在着明显的正相关关系，即企业平均规模越大，越具规模经济性，技术创新效率相应越高。这点与朱有为和徐康宁（2006）得出的结论一致，这说明大规模的企业在技术开发阶段由于较容易得到风险投资的支持，在抗风险能力方面优于中小企业，而在成果转化阶段，其雄厚的资本实力和规模经济效应使其在整个技术创新过程中处于优势地位，这也从另外一个角度说明各地区应鼓励企业壮大规模，加强纵向和横向兼并，提升企业在重大技术上的联合攻关能力。

3. 企业在技术引进和消化吸收经费上的支出并没有带来技术创新效率的提高，此系数为负，但值不是很大，这说明虽然各地区在技术引进和消化吸收经费上加大了投入，但由于其不重视自身自主创新能力建设，这种投入并没有取得较好的效果。

4. 中央政府对不同地区之间的政策偏差因素通过了 5% 的显著性检验，这说明政府的政策支持对高技术产业的技术创新效率的提升有较大影响。所以政府应在以后应继续鼓励企业加强自主创新能力建设，加大政府政策资金支持力度，同时为了缩小我国高技术产业技术创新效率差距，在政策支持上应有所导向。

5. 企业的经营绩效同样通过了5%的显著性检验，这说明随着企业经营效率的提高其技术创新能力也可以获得可持续性发展，两者可以实现互相促进。因此，企业可以加强其市场开拓能力，控制成本实现经营效率的提升进而可以更加了解市场需求，获得技术创新能力的资金，从而提升其技术创新效率。

## 五、结论与政策建议

本文利用松弛变量的DEA模型，基于价值链视角，利用我国地区高新技术产业13年面板数据，将高技术产业技术创新过程分为技术开发和技术成果转化两个阶段分别对其效率和影响因素进行了进一步实证研究。得出以下基本结论：（1）我国高技术产业技术开发阶段1995—2007年平均技术效率仅为0.552，而且经历了从低到高再从高到低的过程，且近几年有恶化的趋势，成果转化阶段平均技术效率仅为0.459，而且处于持续恶化趋势，两个阶段无效率都主要来自于纯技术无效率。（2）我国高技术产业技术开发阶段1995—2007年技术创新效率平均每年改进11.4%，但近几年有下降的趋势。成果转化阶段技术创新效率平均每年改进6.4%，近几年日趋平稳且有改善的趋势。两阶段生产力的提高主要来自于技术变动，即整个行业的技术开发的进步。（3）从价值链视角看，我国绝大多数地区的高技术产业的技术创新效率都处于低效率状态，技术开发效率和成果转化效率都有进一步改善的空间。我们发现两阶段效率较高的地区主要集中在高技术产业发达的直辖市（重庆并入四川计算）和广东地区。（4）市场化程度、企业规模、政府政策支持和企业自身的经营绩效对各地区高技术产业技术创新效率有正的影响。

这些结论为我们制定经济政策提供的指导意义在于：根据两阶段高技术产业技术创新效率矩阵框图，针对四类地区可以实现不同的效率提升路径，如：单边突破式提升路径，即在技术创新过程中，针对效率相对较低的阶段作为突破口，加强此方面的管理，以提升其技术创新的整体效率。扬优补劣渐进式提升路径，就是先将优势发挥到最大，同时着力弥补劣势，经过B或D区域的过渡，最终迈向C区域。跳跃式发展路径，在条件具备的情况下实现跳跃式发展。根据我国高技术产业技术创新效率影响因素的结果，各地政府应加强市场化环境建设，鼓励企业壮大规模，加强纵向和横向兼并，提升企业在重大技术上的联合攻关能力，继续鼓励企业加强自主创新能力建设，加大政府政策资金支持力度，特别是加大中西部的支持力度，加强企业市场开拓能力，了解市场需求，提高管理水平等都是提升我国高技术产业技术创新效率的有效措施。

## 参考文献


[1] 傅晓霞、吴利学：《制度变迁在中国经济增长中贡献的实证分析》，《南开经济研究》2002年第4期。

[2] 傅晓霞、吴利学：《技术效率、资本深化与地区差异——基于随机前沿模型的中国地区收敛分析》，《经济研究》2006年第10期。

[3] 龚六堂、谢丹阳：《我国省份之间的要素流动和边际生产率的差异分析》，《经济研究》2004年第1期。

[4] 蒋殿春、夏良科：《外商直接投资对中国高技术产业技术创新作用的经验分析》，《世界经济》2005年第8期。

[5] 王小鲁、樊纲：《中国经济增长的可持续性——跨世纪的回顾与展望》，经济科学出版社2000年版。

[6] 谢伟、胡玮、夏绍模：《中国高新技术产业研发效率及其影响因素分析》，《科学学与科学技术管理》2008年第3期。

[7] 闫冰、冯根福：《基于随机前沿生产函数的中国工业R&D效率分析》，《当代经济科学》2005年第6期。

[8] 颜鹏飞、王兵：《技术效率、技术进步与生产率增长：基于DEA的实证分析》，《经济研究》2004年第12期。

[9] 朱有为、徐康宁：《中国高技术产业研发效率的实证研究》，《中国工业经济》2006年第11期。

[10] 张军、吴桂英、张吉鹏：《中国省际物质资本存量估算：1952—2000》，《经济研究》2004年第10期。

[11] 张宗益：《基于SFA模型的我国区域技术创新效率的实证研究》，《软科学》2006年第2期。

[12] Anming Zhang, Yimin Zhang, and Ronald Zhao, 2003, "A Study of the R&D Efficiency and Productivity of Chinese Firms", Journal of Comparative Economics, Vol. 31, pp. 48 - 67.

[13] Arrow. Economic Welfare and the Allocation of Resources for Invention in National Bureau of Economic Research. The Rate and Direction of Inventive Activity. Princeton: Princeton University Press, 1962.

[14] Caves D W, L R Christensen, W E Diewert, 1982. "The Economic Theory of Index Numbers and the Measurement of Input, Output, and productivity", Econometrics, Vol. 50, pp. 1393 - 1414.

[15] Chin-Tai Chen, Chen-Fu Chien, Ming-Han Lin, and Jung-Te Wang, 2004, "Using DEA to Evaluate R&D Performance of the Computers and Peripherals Firms in Taiwan", International Journal of Business, Vol. 9, Apr., pp. 261 - 288.

[16] Coe S., and M. Helpman, 1995, "International R&D Spillovers", European Economic Review, Vol. 39, May, pp. 304 - 336.

[17] Färe R, S Grosskopf, B Lindgren, et al, 1992, "Productivity Changes in Swedish

pharmacies 1980-1989: A Non-Parametric Malmquist Approach", Journal of Productivity Analysis , Vol. 3, pp. 85 - 101.

[18] Frantzen. D., 2003, "The Causality between R&D and Productivity in Manufacturing: An International Disaggregate Panel Data Study", International Review of Applied Economics, Vol. 17, Feb, pp. 249 - 265.

[19] Hu, Albert G., &Gary H. J, 2004, "Returns to Research and Development in Chinese Industry: Evidence from State-owned Enterprises in Beijing", China Economic Review, Vol. 15, Jan, pp. 306 - 327.

[20] Lea Friedman, Zilla Sinuary-Stem, 1998, "Combining ranking scales and selected variables in the DEA context: The case of industrial branches", Computers Ops Res 25, pp. 781 - 791.

[21] Pavitt, K., Robson, M., Townsend, J. 1987, "The Size Distribution of Innovating Firms in the UK: 1945 - 1983". Journal of Industrial Economics, Vol. 35, Apr., pp. 121 - 128.

[22] Schumpeter, Joseph. Capitalism, Socialism and Democracy . London: George, 1943.

[23] Tone K, 2001, "A slacks-based measure of efficiency in data envelopment analysis", European Journal of Operational Research, Vol. 130 Feb., pp. 498 - 509.

[24] Wang, L., Szirmai, A., 2003, "Technological Inputs and Productivity Growth in China's High-tech Industries". Ecis Working Paper.

# 汇率波动与国际贸易量的不确定性关系

## ——基于中国的经验证据

韩　青

## 一、引言及文献回顾

汇率波动对国际贸易的影响是国际经济学界存有很大争议的话题，该问题的研究源于固定汇率制与浮动汇率制孰优孰劣这一问题的争论。① 1973 年布雷顿森林体系崩溃后，发达国家之间相继放弃了固定汇率制而基本采取了管理浮动，一些发展中国家或一些小国则采取了盯住某一货币政策较稳健、通胀率较低或经济关系比较密切的强势经济体的硬通货。② 由此产生的重要问题是：汇率波动对贸易量的影响如何？波动风险的增加真的是像传统理论或者直觉上认为的那样抑制了贸易的发展吗？如果是的话影响程度有多大？采取货币盯住以期减弱汇率波动的做法能显著促进贸易增长吗？然而到目前为止，现有文献对这些问题并没有给出合意的回答。

### （一）理论分析概述

理论上的考察主要是根据不确定性条件下厂商的最优化建立模型，即厂商在各种约束下最大化目标效用函数。早期的 Clark（1973）、Baron（1976a）、Hooper 与 Kohlhagen（1978）奠定了这一基本框架并认为汇率波动抑制了出口。然而随着一些假设条件的放宽，或者说模型与现实有所靠近，结论开始由“抑制论”逐渐倾向于“促进论”。如 De Grauwe（1988）、Dellas 和 Zilberfarb（1993）放松了风险厌恶为常数的假设，得出极度风险厌恶的厂商随汇率波动的增加其出口得更多；在考虑进除

① 所谓的汇率波动，或者说汇率风险，不仅仅在于汇率水平的变化所导致的货币升值或贬值，更重要的是强调汇率的波动幅度。即使均值相同，波动幅度的剧烈增加也会使均值的概念变得毫无意义。

② 比如马来西亚、中国香港、萨尔瓦多、危地马拉、厄瓜多尔、巴西、阿根廷和 1994—2005 年的中国等均盯住美元，一些前法属或德属殖民地国家分别盯住法国法郎和马克，目的之一也是为减少对主要贸易伙伴的汇率波动。

汇率风险外的其他一些影响贸易的冲击的研究中，Cushman（1983）认为即使考虑进通货膨胀的影响，汇率波动也还是降低了贸易量，Barkoulas et al.（2002）将引起汇率波动的原因归结为外汇市场微观结构、基本面和噪声信号三种冲击，但三种冲击对贸易量的影响并不一致，总的效果难以判断；再如一些风险悖论的研究中，Gros（1987）、De Grauwe（1992）、Franke（1991）、Sercu 和 Vanhulle（1992）认为先前的研究之所以认为汇率波动抑制了国际贸易是因为忽略了汇率也会影响到厂商面临的机遇，汇率波动不仅代表风险，同时也代表创造利润的机遇，因而波动增大的同时贸易量有可能增加，尤其是 Broll 和 Eckwert（1999）将出口看做期权，认为同任何风险增加要求相应的风险升水一样，当汇率波动增大时出口期权的价值也随之上涨，因而汇率波动会增加国际贸易量。另外，理论分析也有基于一般均衡框架下的研究，Bacchetta 和 Wincoop（2000）证明汇率稳定并不必然与贸易增长相联系，而是取决于消费与闲暇的偏好；Sercu 和 Uppal（2003）认为汇率波动既有可能增加也有可能减少国际贸易，取决于引起汇率波动的潜在原因如资源禀赋的变化和交易成本等。可以说理论分析对两者关系的回答模糊不定，总的印象是假设越严格，越支持“抑制论”，假设有所放松，便倾向“促进论”。

### （二）经验分析综述

在理论分析未达成一致的情况下，经验实证就显得尤为重要。但到目前为止经验实证并未给理论上的不确定结果指明方向，甚至提供有说服力的证据。所得结果总体看来随样本考察对象、波动测算、估计方法的不同而依然存有三种论调的争论。经验分析中汇率波动是最重要的变量，汇率波动测算也是关键环节。由于波动本身不可观测，表示波动的只能是它的代理变量（Proxy Variable），然而对它的测算没有一个所谓“正确”的方法。Gotur（1985）、Klein（1990）等使用的是汇率的标准差；Byrne et al.（2003）、Tenreyro（2007）、潘红宇（2007）等用汇率增长率的标准差度量波动；很多学者如 Asseery 和 Peel（1991）等用 ARIMA 模型；Thursby 和 Thursby（1987）用汇率的二次退势方法；Arize et al.（2006）、Lee（1999）、Choudhry（2005）、Cheong et al.（2005）等诸多学者用 ARCH/GARCH 模型测算汇率波动；Pagan、Hall 和 Trivedi（1983）以及 Arize（1995，1997）使用线性矩法（Linear Moment Model）；Perée 与 Steinherr（1989）直接以汇率错位（Misalignment）度量波动。面对测算方法的多项选择，几乎所有的文献提交的选项都带有主观随意性，欠缺测算方法之于数据性质上的客观依据，于是这一关键变量测度地不够精确很可能是研究未有定论的重要原因之一。

将经验研究的文献按模型设定（Model Specification）分类是个清晰而简便的方法。因为纵观这类文献，模型的总体设定不外呈现如下三种形式之一：出口需求方程、引力模型和非线性方程。典型的出口需求方程以出口量作为被解释变量，将需求条件（常以外国工业产出或 GDP 表示）、相对价格以及所测算的汇率波动作为解释变量加入方程。其含义是出口需求与普通的需求方程并无本质差别，需求都要受收入和价格的制约，只不过在汇率波动与国际贸易量的研究中是将这两者作为控制变量而重点关注汇率波动。Kenen 与 Rodrik（1986）对 11 个国家的研究中只有 4 个国家的汇率波动显著为负，其他都没有显著性。Koray 与 Lastrapes（1989）及 Lastrapes 与 Koray（19990）两篇使用 VAR 方法的研究发现美国进出口对汇率波动响应很小且统计不显著，波动只能解释美国贸易额的很少一部分，最高不超过 11%；但值得关注的是方差分解中至少有一个变量解释了汇率波动方差的相当一部分，这说明汇率波动并非纯粹外生。而同样是使用协整与 ECM 分析，Asseery 和 Peel（1991）发现了汇率波动对贸易量的影响显著为正的证据，而 Sukar 和 Hassan（2001）、Arize et al.（2006）支持传统的“抑制论”观点，当然，样本考察对象并不完全相同。类似研究还可参见 Choudhry（2005）、潘红宇（2007）等。至于引力模型，它是国际贸易领域常见的一种方程设定，两国的贸易量随各自收入的增加而增大，随地理距离的增大而减少。一般地，方程中常会加入一些虚拟变量以控制可能会影响交易成本的因素，诸如是否接壤、说共同语言、属同一自由贸易区等等。当然，在控制以上这些因素之后要重点关注的是汇率波动的影响。使用引力模型方法的研究中 Frankel 和 Wei（1993）以及 Dell'Ariccia（1999）较有代表性，他们都注意到了货币当局主动稳定与贸易伙伴国汇率的措施会造成汇率波动的内生性偏倚，并各自使用工具变量予以修正。Frankel 和 Wei（1993）做了 63 个国家 1980、1985 和 1990 年的截面回归，但三年的结果分别是显著为负、无显著性、显著为正，所有情况中系数都很小，但欠缺稳健性。Dell'Ariccia（1999）使用面板数据对西欧 16 个国家的研究结果显著为负，虽然效应很小，但比较稳健。有关引力方程的研究还可参见 Tenreyro（2007）。最后是非线性模型，非线性方法提供了很广的建模素材，而这一领的非线性研究只有 Baum、Caglayan 和 Ozkan（2004）一篇且方法相对简单，即在出口需求方程的架构下不仅包含汇率波动，也包含汇率波动和外国的收入波动的交叉积作为解释变量。这样汇率波动对贸易量的偏影响就与收入波动相关而不再是简单的线性关系。其结论与当前理论分歧一致，具有显著性的统计量中有正有负，显著为正的稍多一些，这再一次发现了“促进论”的证据。

### （三）总结与评述

通过以上对文献的梳理与总结，本文认为经验分析尚不足以为理论分歧提供有说服力的证据，并且经验实证还可以在研究中的一些关键细节——汇率波动的测算、变量的内生性处理、模型的总体设定——进一步做深、做细。汇率波动合理的测算方法当依据数据性质或经验特征事实而定。具体而言，如果汇率存在非零趋势的话，汇率水平变量的标准差会过度估计风险；如果汇率呈现非正态厚尾分布的话，条件异方差是典型存在的，这时 Box 和 Pierce（1970）的 Q 统计量就不再渐进服从卡方分布，在使用 ARIMA 模型拟合汇率作统计推断时仍依据卡方分布，所测算的波动就很不精确。另外，已有多篇研究的种种迹象表明汇率波动具有内生性。内生性对回归参数的损害是不可容忍的，如果汇率波动确实存在内生性而没有被修正，那么估计结果便不可置信。但是，如果变量没有内生性却使用工具变量予以修正，参数估计量的方差就会大一些。但所有的文献对内生性的处理并不稳妥，表现在要么不考虑内生性问题，暗含地假定其为外生变量；要么直接断定其为内生变量进而使用工具变量法估计。前者易导致非一致估计；后者易降低估计的有效性。在模型设定方面，出口需求方程实际上只考虑了问题的一半，由于忽略了出口供给，其暗含假设是价格外生且供给弹性无限；而引力方程同样有理论前提，它要求样本对象国必须十分倚重产业内贸易。

基于此，本文在三个方面尝试改进：第一，依据汇率性质最终选择 EGARCH 模型测算汇率波动，并揭示汇率波动可能存在的冲击响应非对称性特征；第二，进行严格的汇率波动内生性检验，排除内生波动导致的结果失真，提高参数估计精度；第三，在方程设定上一改只注重出口需求的单方程模式，采用联立方程模型同时考察出口需求与出口供给。以此为研究方法，文章的分析思路建立在如下两个基础之上：首先，从贸易方向上看美国、欧盟、日本是中国的前三大贸易伙伴，如果汇率波动对中国实际出口有显著影响的话，至少会在中国的总量出口或者对三大贸易伙伴的出口中体现出来；其次，从贸易方式上看中国的加工贸易占半数以上比重，且加工贸易由于多出一层进口环节而具有更大的汇率风险敞口，如果汇率波动对中国出口有显著影响的话，至少在加工贸易中能更明显地反映出来。故文章分别从贸易方向与贸易方式两个视角展开关于汇率波动对中国出口量的经验实证。

文章以下的结构安排是：第二部分测算汇率波动；第三部分从贸易方向视角探析汇率波动对中国对外贸易的影响；第四部分转而从贸易方式视角探讨这一问题；第五部分为总结性评述。

## 二、汇率波动的测算

如果目的是要衡量一国总体出口状况，以贸易量加权的有效汇率要好于双边汇率。在本文的样本期内（1981 年 1 月—2007 年 2 月以及 2001 年 1 月—2007 年 2 月）除个别年份外，中国的通货膨胀与欧、美、日及世界通胀水平似乎没有持久且悬殊的大幅差异，① 故人民币实际有效汇率（REER）和名义有效汇率（NEER）② 均是

① 稍后即将看到，小幅通胀的长期累积仍有可能造成性质上的显著差异。

② 数据来源：IFS。

合适的选择，图 1 也显示两种汇率的走势大体相似。本文首选剔除价格差异的实际有效汇率所测算的波动，而将名义有效汇率波动作为实际有效汇率波动或有内生性情况下的工具变量。

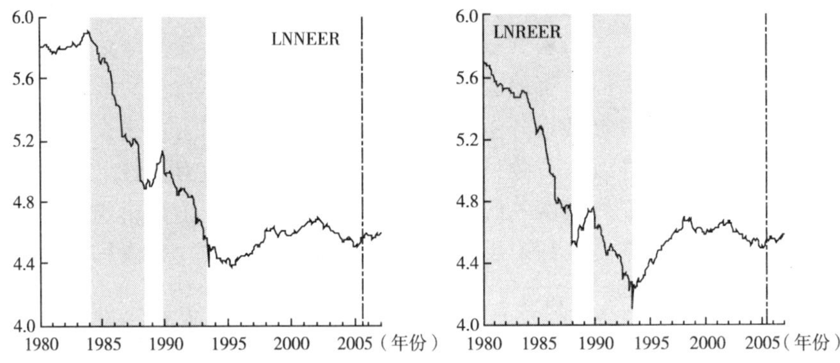


**图 1　对数名义有效汇率与实际汇率：1980 年 1 月—2007 年 2 月**

## （一）汇率的经验特征事实

汇率波动的测算当依据数据的性质而定，不难发现人民币汇率的一些经验特征事实（Empirical Stylized Facts）是典型存在的。如图 2，汇率的收益率表现出明显的波动集群，

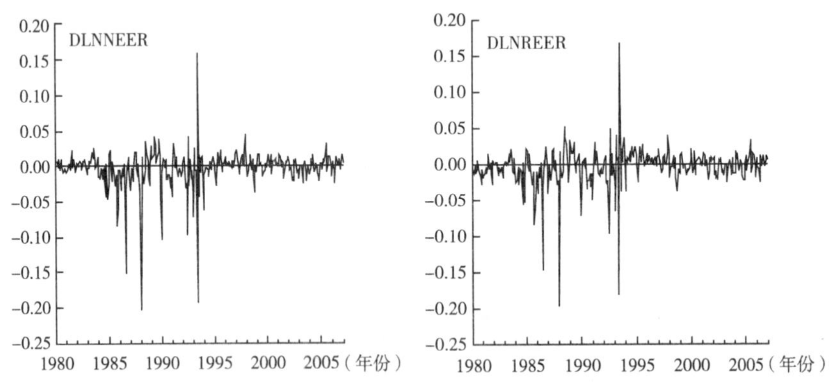


**图 2　名义与实际有效汇率的收益率**

并且呈现显著的高峰厚尾分布（图 3），说明总的来说 GARCH 模型优于其他方法。而 GARCH 模型是包含内容很广的一族模型且各有侧重。另外，使用极大似然法估计的 GARCH 模型，其均值方程残差的条件分布可以是正态分布，也可以是 $t$ 分布或者广义误差分布（GED）。然而从图 2 和图 3 直接可以推断均值方程的残差项同样

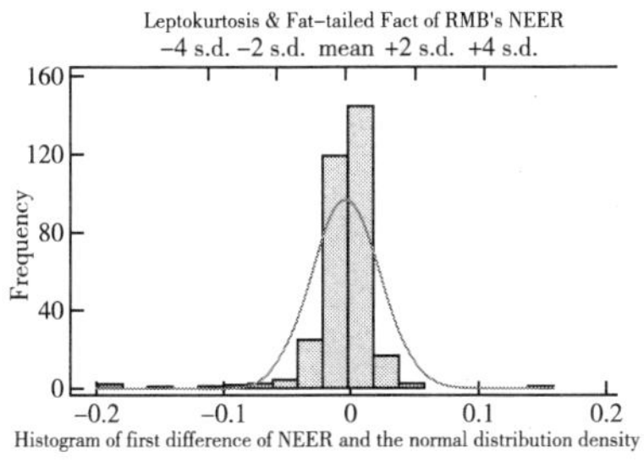


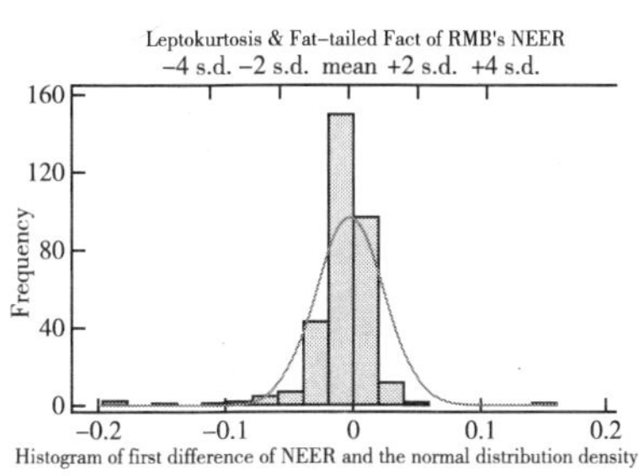


**图 3　名义与实际有效汇率收益率分布**

典型存在波动集群和非正态厚尾分布，这时设定残差项服从正态分布就不太合适，而应当选择峰度稍高的 $t$ 分布或广义误差分布。然而通过文献挖掘可以发现先前学者几乎全部都是使用残差项服从正态分布的 GARCH（1，1）模型测算汇率波动，虽然 GARCH（1，1）一般足以满足对自回归条件异方差的描述，但就以上分析而言还不是足够精确。本文不同于以往的算法在于模型的选择及残差的分布依计量原则而定：对于估计出的各种 GARCH 模型，选取对数似然值（Loglikelihood）最大、残差平方和（SSR）最小以及 AIC 和 SC 信息准则最小的模型作为度量汇率波动的最优选择。由于自回归条件异方差是非线性项，GARCH 模型采用极大似然估计法，因而对数似然值越大模型拟合地就越精确。但是存在自回归条件异方差的残差项也完全满足最小二乘的经典假设，故而也将残差平方和最小作为参考标准之一。

## （二）波动测算

对名义有效汇率建立的 GARCH 族模型结果总结于表 1。从表中的评价性统计量可以看出残差服从 $t$ 分布与广义误差分布的模型均好于服从正态分布的模型，正是波动集群与高峰厚尾使得正态分布的模型并不是最有效的。综合权衡，残差性服从 $t$ 分布的 EGARCH（2，0，1）模型是测算人民币名义有效汇率波动的最优模型。根据名义有效汇率的自相关与偏相关函数。

**表 1　名义有效汇率 GARCH 模型族评价统计量**

| 模　型 | *Loglikelihood* | *SSR* | *AIC* | *SC* |
|---|---|---|---|---|
| *GARCH*(2,1)*z* | 791.7939 | 0.2371 | −4.8718 | −4.8133 |
| *TGARCH*(1,1,1)*z* | 797.1298 | 0.2374 | −4.9048 | −4.8464 |
| *TGARCH*(2,1,1)*z* | 800.4919 | 0.2375 | −4.9195 | −4.8493 |
| *EGARCH*(1,1,1)*z* | 805.1740 | 0.2366 | −4.9546 | −4.8962 |
| *EGARCH*(2,1,1)*z* | 807.9306 | 0.2368 | −4.9655 | −4.8953 |

续表

| 模　型 | Loglikelihood | SSR | AIC | SC |
|---|---|---|---|---|
| PGARCH(2,1,1)z | 803.5848 | 0.2552 | -4.9569 | -4.8629 |
| CGARCH(1,1,1)z | 804.8274 | 0.2366 | -4.9401 | -4.8582 |
| GARCH(1,1)t | 851.6699 | 0.2379 | -5.2425 | -5.1841 |
| EGARCH(2,0,1)t | 860.2740 | 0.2376 | -5.2896 | -5.2194 |
| GARCH(1,1)g | 844.7667 | 0.2381 | -5.1998 | -5.1413 |
| TGARCH(1,1,2)g | 852.9730 | 0.2369 | -5.2382 | -5.1564 |
| TGARCH(2,1,1)g | 856.9664 | 0.2370 | -5.2630 | -5.1811 |
| EGARCH(2,0,1)g | 852.0544 | 0.2377 | -5.2387 | -5.1686 |

注：①括号中第一项代表 ARCH 项，第三项代表 GARCH 项，中间一项代表不对称冲击项，0 表示不包含该冲击项；②z 表示残差设为服从正态分布，t 表示服从 t 分布，g 表示服从广义误差分布；③其他不合适的模型没有列出。

对其建立 AR（2）模型：

$$\Delta \ln NEER_t = 0.0725\Delta \ln NEER_{t-2} + \mu_t \quad \mu_t : t(2.9862) \qquad (1)$$
$$(1.6413)$$

$$\ln(\sigma_t^2) = -0.3841 + 0.5081\left|\frac{\hat{\mu}_{t-1}}{\hat{\sigma}_{t-1}}\right| - 0.3651\left|\frac{\hat{\mu}_{t-2}}{\hat{\sigma}_{t-2}}\right| + 0.9620\ln(\hat{\sigma}_{t-1}^2) \qquad (2)$$
$$(-1.9050)(3.4644) \qquad (-2.5693) \qquad (43.5983)$$

方程（1）为均值方程，方程（2）为 EGARCH 方程，[①] 需要说明的是 EGARCH 模型由于非对称项没有显著性而不包含非对称项，并且其他 TGARCH 模型系数估计量均不满足 Nelson 和 Cao（1992）提出的旨在保证预测误差方差非负的充分必要条件，因此没有理由认为名义有效汇率存在非对称效应。所测算的名义有效汇率的波动见图 4，在出现内生性的情况下，本文以此作为人民币实际有效汇率的工具变量。

类似地，根据实际有效汇率的自相关与偏相关性质，对其建立 AR（4）模型是合适的，其 GARCH 模型族的结果见表 2。与名义有效汇率的情形相似，残差服从 t 分布和广义误差分布的模型优于服从正态分布的模型。其中服从 t 分布且含有非对称项的 EGARCH（2，1，1）模型无论从对数似然值、残差平方和还是信息准则上看都是测算人民币实际有效汇率的最理想模型，其方程形式为：

① 括号内为 t 统计量，下文相同。

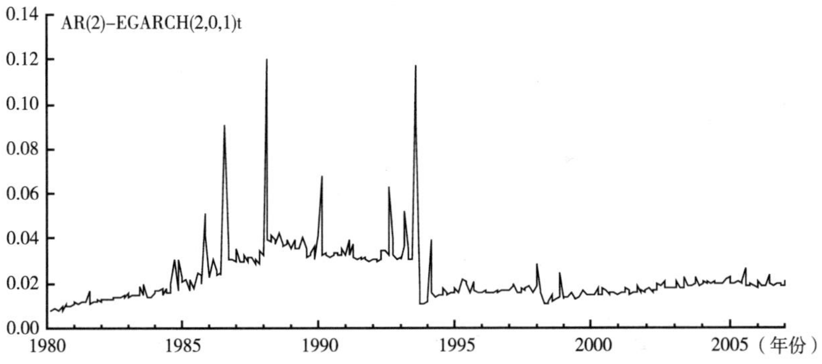


**图 4　人民币名义有效汇率波动（条件标准差）**

**表 2　实际有效汇率 GARCH 模型族评价统计量**

| 模　　型 | *Loglikelihood* | *SSR* | *AIC* | *SC* |
|---|---|---|---|---|
| *ARCH*(5)*z* | 754.0310 | 0.2374 | -4.6544 | -4.6216 |
| *GARCH*(1,1)*z* | 741.9781 | 0.2507 | -4.5980 | -4.5510 |
| *TGARCH*(1,1,1)*z* | 792.4792 | 0.2380 | -4.9064 | -4.8477 |
| *EGARCH*(1,1,1)*z* | 798.0090 | 0.2375 | -4.9409 | -4.8821 |
| *EGARCH*(2,1,1)*z* | 756.4029 | 0.2420 | -4.6754 | -4.6049 |
| *EGARCH*(1,1,2)*z* | 802.1566 | 0.2375 | -4.9605 | -4.8900 |
| *PGARCH*(1,1,1)*z* | 787.3138 | 0.2377 | -4.8680 | -4.7975 |
| *ARCH*(3)*t* | 813.6648 | 0.2379 | -5.0322 | -4.9617 |
| *GARCH*(2,1)*t* | 822.0103 | 0.2385 | -5.0842 | -5.0137 |
| *TGARCH*(2,1,1)*t* | 828.2713 | 0.2387 | -5.1170 | -5.0347 |
| *EGARCH*(2,1,1)*t* | 832.1217 | 0.2374 | -5.1409 | -5.0587 |
| *EGARCH*(1,1,1)*t* | 827.1265 | 0.2384 | -5.1161 | -5.0456 |
| *PGARCH*(2,1,1)*t* | 830.9349 | 0.2390 | -5.1273 | -5.0333 |
| *CGARCH*(1,1,1)*t* | 823.0058 | 0.2393 | -5.0779 | -4.9839 |
| *ARCH*(2)*g* | 804.4953 | 0.2393 | -4.9813 | -4.9225 |
| *GARCH*(1,1)*g* | 808.5741 | 0.2377 | -5.0067 | -4.9479 |
| *TGARCH*(2,1,1)*g* | 821.6307 | 0.2381 | -5.0756 | -4.9933 |
| *EGARCH*(2,1,1)*g* | 825.1882 | 0.2384 | -5.0977 | -5.0155 |
| *PGARCH*(2,1,1)*g* | 824.4659 | 0.2386 | -5.0870 | -4.9930 |
| *PGARCH*(3,1,1)*g* | 826.1002 | 0.2387 | -5.0910 | -4.9852 |

注：①括号中第一项代表 *ARCH* 项，第三项代表 *GARCH* 项，中间一项代表不对称冲击项；②*z* 表示残差设为服从正态分布，*t* 表示服从 *t* 分布，*g* 表示服从广义误差分布；③其他不合适的模型没有列出。

$$\Delta \ln REER_t = 0.0610 \Delta \ln REER_{t-4} + \mu_t \quad \mu_t : t(4.2061) \tag{3}$$
$$(1.4616)$$

$$\ln(\sigma_t^2) = -0.0634 + 0.4001\left|\frac{\hat{\mu}_{t-1}}{\hat{\sigma}_{t-1}}\right| - 0.4713\left|\frac{\hat{\mu}_{t-2}}{\hat{\sigma}_{t-2}}\right| - 0.0785\left(\frac{\hat{\mu}_{t-1}}{\hat{\sigma}_{t-1}}\right) + 0.9864\ln(\hat{\sigma}_{t-1}^2)$$
$$(-301.61)(276.95) \quad (-43.287) \quad (-7.6632) \quad (782.60) \tag{4}$$

GARCH 方程中的非对称项 $\left(\frac{\hat{\mu}_{t-1}}{\hat{\sigma}_{t-1}}\right)$ 显著为负，说明实际有效汇率的波动存在明显非对称性：当 $\hat{\mu}_{t-1} > 0$ 时，该标准新息冲击会给对数方差带来一个 0.4001 - 0.0785 = 0.3216 倍的冲击；而当 $\hat{\mu}_{t-1} < 0$ 时，该标准新息会给对数方差带来一个 0.4001 + 0.0785 = 0.4786 倍的冲击，即所谓反向冲击产生的波动性大于等量正向冲击所产生的波动性。虽然并不是所有汇率的波动都有非对称性，但在汇率波动的测算上这种非对称性却是先前研究所忽略的。本文将人民币实际有效汇率的这种非对称性“杠杆”效应考虑进来目的无非希望进一步提高结果的精确性。以上残差项服从 $t$ 分布的 AR（4） - EGARCH（2，1，1）模型所得的条件标准差如图 5，并以此作为人民币实际有效汇率的波动。

针对非对称性响应的特征事实在名义有效汇率中并不明显而在实际有效汇率中却典型存在的这种差异，笔者认为一种可能的解释是货币噪音的干扰。因为名义有效汇率与实际有效汇率的差异仅在于后者剔除了通胀效应。尽管两种汇率的走势大体相似（图 1），但如果长期内通胀是由货币因素造成的，那么每一期细微的通胀因素累积起来也会造成仅凭肉眼难以观测的效果。所以很有可能是长期内货币噪音的干扰掩盖了名义有效汇率非对称性的特征事实。

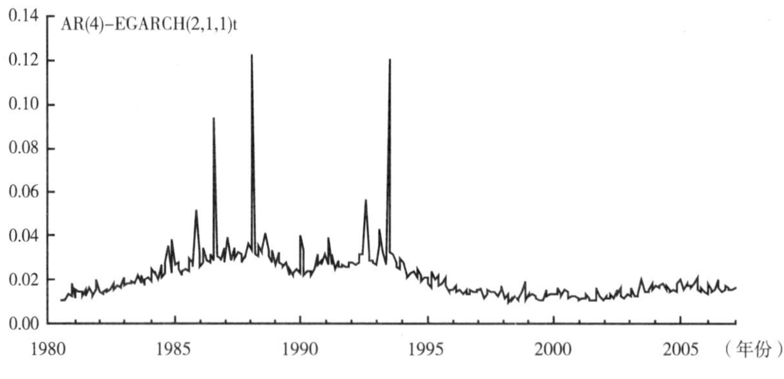


**图 5 人民币实际有效汇率波动（条件标准差）**

# 三、汇率波动对中国对外贸易影响的经验实证Ⅰ：贸易方向视角

中国的对外贸易从贸易方向上看，美国、欧盟和日本是三个最大的贸易伙伴，约占中国向世界出口总额的52%，比较适合作为反映中国出口贸易概况的典型代表。如果汇率波动对中国出口有显著影响的话，应当能从三个主要出口伙伴中有所体现。除此之外，再加上中国向世界总出口这一总量数据的考察，贸易方向这一视角应当较全面。

## （一）模型设定

由于中国与主要贸易伙伴之间并不以产业内贸易为主，建立引力模型并不合适。本文采用联立方程（Simultaneous Equations）形式，不仅考虑出口需求，而且加入出口供给。同任何其他形式的需求与供给一样，均衡出口量与相对价格亦是出口需求与出口供给共同内生决定的，采用联立方程的一大优点在于不必再像单方程那样假设或暗含假设价格外生且供给弹性无限。这是在前人成果上将研究试图向前推进的些许尝试，经反复斟酌，设定如下：

$$\begin{cases}\ln EX_t^{iD} = \beta_0 + \beta_1 \ln Y_t^i + \beta_2 \ln RP_t^i + \beta_3 D_{94} + \beta_4 D_{05} + \sum_k \beta_{5k} V_{t-k} + \mu_{1t} \\ \ln EX_t^{iS} = \alpha_0 + \alpha_1 \ln Y_{t-1}^i + \alpha_2 \ln Y_{t-2}^i + \alpha_3 \ln RP_t^i + \alpha_4 \ln RP_{t-1}^i + \alpha_5 V_t + \alpha_6 V_{t-1} + \mu_{2t}\end{cases} \quad (5)$$

$$i = World, US, EU, Japan \quad t = 1981.1\text{—}2007.2 \quad k = 0,1,2\cdots$$

其中 $EX_t$ 为中国实际出口量，以中国出口额（经过 X12 季节调整）除以 2000 年为基期的单位出口价值①（Export Unit Values）得出；$Y_t$ 为外国工业产出，以 2000 年为基期；$RP_t$ 为相对价格，以中国单位出口价值除以外国单位出口价值得出，均以 2000 年为基期；中国对外出口数据来自国际货币基金组织 DOT 数据库，其他数据均来自 IFS 数据库。$V_t$ 是前述 AR（4）－EGARCH（2，1，1）t 模型测算的人民币实际有效汇率的波动。一般认为汇率波动的影响可能会存在时滞，方程中以 $k$ 表示滞后期。但最优滞后期似乎没有来自理论方面的直接回答，故而笔者仍依据 AIC 与 SC 信息准则作为滞后期的选择依据。在初步估计出模型后的反复尝试中发现将汇率波动滞后下的拟合要明显好于不滞后的情况，而对出口世界、美国和日本方程而言，滞后一阶时的 AIC 与 SC 值最小；对出口欧洲方程而言，滞后两期是最优选

① 中国大陆缺乏单位出口价值的数据，但 IFS 有中国香港的该项指标。如果不考虑服务项目，中国香港本身绝大部分从事的是转口贸易，相当比例的货物进口自内地再出口，故这里用中国香港的单位出口价值作为中国大陆的单位出口价值。

择。故 $k$ 的取值从 1 开始，在欧洲方程中 $k=2$，其他情况下 $k=1$。涉及其内生性时以前述 AR（2）-EGARCH（2，0，1）t 模型所测算的名义有效汇率作为其工具变量。$D_{94}$ 是人民币盯住美元时期的虚拟变量，1994 年 1 月—2005 年 6 月取 1，其他取 0，以此衡量人民币兑美元汇率较平稳时期的钉住效应；$D_{05}$ 是新一轮汇率改革虚拟变量，从 2005 年 7 月人民币小幅度升值起至样本期末取 1，其他取 0。样本期为 1981 年 1 月—2007 年 2 月，$i$ 分别代表世界、美国、欧盟和日本，即该模型是四组方程：分别考察中国向世界的总出口量以及向美国、欧盟、日本这三个中国最大贸易伙伴的出口情况。上角标 $D$ 表示出口需求，$S$ 表示出口供给。模型重点关注出口需求方程中系数 $\beta_5$ 的情况，并预期 $\beta_1>0$，$\beta_2<0$。而出口供给方程将其设定为外国收入滞后、相对价格及其滞后和实际有效汇率波动及其滞后的函数，意在说明国外收入或产出越高，其生产过程中外包给中国的增值环节就越多或通过 FDI 等渠道建立加工贸易企业,① 中国出口厂商的供给也就越多。风险厌恶型厂商②的供给行为不但对基期和过去的价格敏感，也对汇率波动引起的不确定性敏感。

### （二）汇率波动的内生性检验

根据前面的分析，在确定回归方法之前较稳妥的方式是检验一下汇率波动的内生性，在确实存在内生性的情况下必须使用工具变量予以修正，但若没有内生性则没有必要无谓损耗估计量的有效性。以名义有效汇率波动作工具变量，对方程（5）中出口需求方程实际有效汇率波动的 Hausman 内生性检验见表 3：

**表 3　汇率波动内生性检验**

| 方　　程 | $H$ 统计量 | $\chi^2_{0.05}$ 临界值 | $p$ 值 |
|---|---|---|---|
| 中国对世界出口 | 8.6188*** | 3.8415（$df=1$） | 0.0033 |
| 中国对美国出口 | 0.0919 | 3.8415（$df=1$） | 0.7618 |
| 中国对欧盟出口 | 1.8112 | 5.9915（$df=2$） | 0.4043 |
| 中国对日本出口 | 5.8822** | 3.8415（$df=1$） | 0.0153 |

注：①***，**分别表示 1% 和 5% 的显著水平上拒绝零假设；②对欧盟出口方程中汇率波动滞后 2 期，所以是对 $V_{t-1}$，$V_{t-2}$ 的联合内生性检验，故自由度为 2。

---

① 中国的加工贸易具有很高的 FDI 倾向，根据海关总署的统计，2008 年 84.5% 的加工贸易由外资企业实现或参与。

② 这里的含义是厂商一定不是风险偏好型。风险中性的假设也不合理，如果厂商对风险持无所谓态度的话，本文的任何结论都是徒劳的。

饶有兴趣的是即便模型设定完全相同，但只在中国向世界及日本出口的方程中汇率波动才呈现内生性，并分别在1%和5%的水平上显著。而在对美国和欧盟的出口方程中则没有理由认为汇率波动有内生性。产生内生性的一个常见的原因是遗漏变量，欧美方程未出现内生性的原因很可能是方程（5）的设定足以使收入与价格成为解释其从中国进口的原因；但向日本和世界的总出口就稍复杂，模型中很可能由于种种原因缺失了与汇率波动相关的一些重要解释变量。然而无论如何，这一多少有些出乎意料的结果恰恰说明内生性检验的必要性。

### （三）结果及其解释

对于系统方程（5）的估计文章采用广义矩方法（GMM），由于相对价格存在联立内生，在所有四个联立方程组中使用中国（香港）单位出口价值的滞后二至四期作为相对价格 $lnRP_t$ 的工具变量，在出口世界和日本的方程组中使用滞后一到四期但不具有非对称效应的人民币名义有效汇率波动作为人民币实际有效汇率波动的工具变量，而对美国和欧盟出口方程中的汇率波动则不使用工具变量以提高估计量的有效性，估计结果总结于表4：

**表4　联立方程估计结果**

| 变　量 | | 出口世界 | 出口美国 | 出口欧盟 | 出口日本 |
|---|---|---|---|---|---|
| 出口需求方程 | 常数 | -18.042***<br>(-16.295) | -20.641***<br>(-16.026) | -24.880***<br>(-17.890) | -12.465**<br>(-2.374) |
| | $\ln Y_t$ | 5.048***<br>(19.191) | 5.295***<br>(16.715) | 6.066***<br>(18.700) | 2.164***<br>(2.754) |
| | $\ln RP_t$ | -2.079***<br>(-3.852) | -2.088**<br>(-2.427) | -1.335***<br>(-5.545) | -1.152*<br>(-1.944) |
| | $V_{t-1}$ | -0.348<br>(-0.440) | 3.149<br>(1.602) | 2.351<br>(1.311) | -1.829<br>(-0.778) |
| | $V_{t-2}$ | | | 3.061<br>(1.364) | |
| | $D_{94}$ | 0.276***<br>(3.232) | 0.404***<br>(3.620) | 0.566***<br>(4.505) | 1.418***<br>(3.208) |
| | $D_{05}$ | 0.574***<br>(3.521) | 0.754***<br>(4.039) | 0.898***<br>(5.501) | 2.101***<br>(5.810) |
| | $R^2$ | 0.9740 | 0.9583 | 0.9717 | 0.9076 |
| *Hansen's J* 统计量 | | 10.3306 | 5.6548 | 3.2346 | 8.3838 |
| $\chi^2_{0.05}$ | | 11.07($df$ = 5) | 5.99($df$ = 2) | 5.99($df$ = 2) | 11.07($df$ = 5) |

续表

| 变量 | | 出口世界 | 出口美国 | 出口欧盟 | 出口日本 |
|---|---|---|---|---|---|
| 出口供给方程 | 常数 | -20.217***<br>(-28.863) | -23.438***<br>(-28.048) | -31.158***<br>(-31.787) | -20.996***<br>(-9.713) |
| | $\ln Y_{t-1}$ | 0.265<br>(0.165) | 5.317*<br>(1.943) | 2.778**<br>(2.355) | 2.680<br>(0.658) |
| | $\ln Y_{t-2}$ | 5.323***<br>(3.354) | 0.698<br>(0.259) | 4.813***<br>(4.096) | 3.441<br>(1.545) |
| | $\ln RP_t$ | -19.243***<br>(-2.874) | -7.018*<br>(-1.758) | 2.856<br>(0.853) | -19.032<br>(-1.210) |
| | $\ln RP_{t-1}$ | 16.177**<br>(2.432) | 3.961<br>(1.002) | -4.542<br>(-1.373) | 18.733<br>(1.225) |
| | $V_t$ | -0.572<br>(-0.714) | 1.533<br>(0.855) | -0.198<br>(-0.125) | -2.078***<br>(-5.833) |
| | $V_{t-1}$ | -4.730***<br>(-3.031) | -2.062**<br>(-2.554) | -4.292**<br>(-2.460) | -2.251***<br>(-5.530) |
| | $R^2$ | 0.9137 | 0.9484 | 0.9423 | 0.8276 |

注：①括号内为 $t$ 值，***、**、* 分别表示 1%、5%、10% 的显著水平；②Hansen's J 统计量为过度识别约束检验，其渐近服从卡方分布，自由度为过度识别约束数目，所以美国与欧盟方程的检验中自由度为 2，世界与日本方程的检验中自由度为 5；③参数估计量的标准差是异方差-自相关稳健标准差（HAC）。

四组方程中的 Hansen's J 统计量均小于 5% 显著水平下卡方分布的临界值，所以工具变量的选择是合适的。系统中出口需求是分析重点。四个出口需求方程中，国外收入与相对价格的符号全部与预期一致且大部分都在较高的水平上显著，与理论相符。就中国而言，外国收入对出口需求的影响要大于相对价格的影响。在其他条件不变的情况下，三个主要贸易伙伴的实际工业产出每增长 1%，中国对其出口需求便增长 2.2%—6.1%，日本的拉动作用最低，欧盟的拉动作用最高。而平均水平以世界方程为准，约 5%，显然贸易的增长速度高于经济增长速度。从相对价格来看，中国的出口商品是富有弹性的，同样在其他条件不变的情况下，中国出口商品的相对价格每下降 1%，出口需求平均来说会增长 2.1% 左右。对欧盟和日本的出口价格弹性稍小，但仍富有弹性。$D_{94}$ 与 $D_{05}$ 两个控制变量均在 1% 的水平上显著。

而模型所重点关注的变量——滞后一期的汇率波动——无论是在三个主要贸易伙伴的方程中还是中国出口世界的总量方程中，其符号互不一致，且结果无一显著。因此即使控制住变量的内生性，至少从贸易方向的视角来看，没有理由认为人民币汇率波动会抑制或促进中国的出口需求。然而供给方程显示滞后一期的汇率波动在出口美国和欧盟的方程中均在 5% 的水平上显著为负；在出口世界和日本的方程中均在 1% 的水平上显著为负。综合来看，仅就本模型而言，在其他因素不变的情况下，汇率波动虽然不影响中国的出口需求，但却显著抑制了中国的出口供给，这是单方程模型所洞悉不到的。那么隐含的意义是：汇率波动形成的风险主要由外国投资者或进口商承担！当然这并不是说中国的出口商获得了丰厚的回报。实际上，由于中国的劳动、土地、能源等要素十分便宜，这些要素的供给不仅仅是在中国、即使在世界上也是富于弹性，外商凭借其市场势力能够将进口价格压得很低，中国出口厂商的利润空间很薄，所以对汇率波动的风险就十分敏感。而另一方面，中国的劳动成本只有美国的4%、欧盟的5.8%、日本的6%，即使人民币再升值一倍，优势也是压倒性的。所以外国厂商对人民币汇率波动不敏感甚至不在乎，笔者认为这正是方程组（5）中汇率波动并不影响出口需求的原因。

从贸易方向的视角来看，汇率波动是抑制中国企业出口供给的重要因素，但由于联立方程（5）只是检验汇率波动影响的一种方法，尚且没有理由认为汇率波动会影响中国的出口需求，所以接下来本文从贸易方式的视角考察汇率波动对中国出口需求的影响。

## 四、汇率波动对中国对外贸易影响的经验实证Ⅱ：贸易方式视角

当前中国贸易的一大特点是加工贸易高度发达，大约占比为55%。加工贸易占如此大的比重是其他国家所不具备的特有现象。实际上中国的加工贸易是作为承接国际产业转移的主要形式发展起来的，从国际分工形态演变角度看，当代全球化的重要特征是产品内分工迅速兴起并在国际分工领域扮演越来越重要的角色。由于加工贸易的本质属性在于不是独立地生产某个产品，而是承担某个或若干工序的加工生产活动，因此刚好迎合了产品内分工的国际化要求。加工贸易的进行需要从境外保税进口全部或部分原辅材料、零部件、元器件、包装物料（进口料件），所以加工贸易又可细分为来料加工与进料加工。而不管采取何种形式，整个贸易过程中间比一般贸易多出一个进口环节，由此形成更大的“汇率风险敞口”。如果汇率波动对中国出口有显著影响的话，加工贸易应当比一般贸易有更强烈的反应，或者这种显著影响至少应能从加工贸易的出口中有所体现。故本部分分别对中国的加工贸易出口和一般贸易出口建立出口需求模型，从贸易方式视角探析汇率波动对中国对外贸易可能存在的影响的以上假说。而这一视角正是先前研究所未涉及的。

### （一）模型设定

笔者认为，出口需求方程中出口量与国外收入的关系并不仅仅是简单的线性关系，前文已经证实贸易的增长速度要高于经济增长速度，所以中国的出口也应当随外国收入或工业产出的增长具有时变性。故模型设定为如下形式：

$$\ln EX_t^i = \beta_0 + \beta_1 \ln Y_t^w + \beta_2 (\ln Y_t^w)^2 + \beta_3 \ln RP_t^w + \beta_4 V_{t-1} + \beta_5 D_{05} + \beta_6 WTO + \mu_t^i \quad (6)$$
$$i = YB, JG \quad t = 2001.1 - 2007.2 \quad n = 74$$

其中 $EX$ 仍表示以 2000 年为基期的实际出口；$i$ 代表加工贸易或者一般贸易，加工贸易与一般贸易的数据均来自国研网，并以 X12 方法进行过季节调整；$WTO$ 是捕获中国入世效应的虚拟变量，2001 年 12 月起取 1，其他取 0，以探讨入世对中国出口需求的效应；$\mu$ 为方程的残差项；其他变量的含义与上文相同。受数据获取约束，样本期取自 2001 年 1 月至 2007 年 2 月，共 74 个观察值。将出口量设为外国收入的二次方程，那么出口需求关于外国收入的弹性为：

$$\frac{dEX_t^i}{dY_t^w}\frac{Y_t^w}{EX_t^i} = \beta_1 + 2\beta_2 \ln Y_t^w \quad (7)$$

出口需求的收入弹性不再为一常数，而是随外国收入的变化而变化，且非常依赖于系数 $\beta_2$ 的符号。

### （二）内生性检验

同样地，在确定方程（6）的回归方法之前仍需进行内生性检验。现在怀疑 $RP_t^w$ ♂ 与汇率波动 $V_{t-1}$ 的内生性，Hausman 检验所构建的统计量渐进服从自由度为 2 的卡方分布，检验结果如下：

**表 5　相对价格与汇率波动双变量内生性检验**

| 方　程 | $H$ 统计量 | $\chi^2_{0.05}(2)$ 临界值 | $p$ 值 |
|---|---|---|---|
| 一般贸易出口方程 | 1.381 | 5.991 | 0.5013 |
| 加工贸易出口方程 | 7.404** | 5.991 | 0.0247 |

注：** 表示检验在 5% 的水平上显著。

这一检验结果背后的含义是仅仅对于不同的贸易方式，出口需求的分析框架也并非完全适用。中国一般贸易出口商品的全部增值环节基本上是在国内完成，方程（6）的设定能够比较好地反映一般贸易的出口，检验结果也说明没有理由认为在一般贸易方程中变量存在内生性；而中国加工贸易只是承接了产品在国际产业链生产过程中的加工、装配增值环节，是全球产品内分工的中间过程，这一区别使得同样的方程（6）在描述加工贸易出口时存在遗漏重要变量的可能，所以相对价格与汇率波动才产生内生性，这亦是情理之中的。

### （三）结果及其解释

根据内生性检验结论，对一般贸易出口方程先用最小二乘法估计，然后对残差项进行 AEG 检验以确认结果不是伪回归，如果残差项拒绝了单位根过程的零假设的话，该回归实际上就是 EG 协整回归。而对加工贸易出口方程采用二阶段最小二乘法，目的在于通过工具变量修正内生性偏倚，估计结果见表 6：

**表 6　贸易方式视角估计结果**

| 变　量 | 一般贸易出口方程 | 加工贸易出口方程 |
|---|---|---|
| 常数 | 465.961*** <br> (3.191) | -553.258*** <br> (-2.933) |
| $\ln Y_t^w$ | -197.569*** <br> (-3.146) | 242.052*** <br> (2.999) |
| $(\ln Y_t^w)^2$ | 21.406*** <br> (3.170) | -26.015*** <br> (-3.012) |
| $\ln RP_t^w$ | -1.395*** <br> (-5.551) | -1.496*** <br> (-3.886) |
| $V_{t-1}$ | 3.683 <br> (0.743) | -1.752 <br> (-0.404) |
| $D_{05}$ | 0.038 <br> (1.164) | 0.120*** <br> (3.243) |
| *WTO* | 0.102*** <br> (2.682) | 0.126*** <br> (3.382) |
| 估计方法 | *LS* | *TSLS* |
| $R^2$ | 0.9230 | 0.9588 |
| *White* $nR^2$ | 15.413 | 23.597 |
| *DW* 统计量 | 1.9673 | 1.7477 |
| *F* 统计量 | 133.7976 | 256.9750 |
| 残差项 *AEG* 检验 <br> [ *CV* 临界值] | -9.4884*** <br> [-3.5199] | -8.7180*** <br> [-3.5199] |

注：①圆括号内表示 $t$ 统计量，*** 表示 1% 的水平上显著；②方括号为残差项 AEG 检验 1% 显著水平下响应面函数的临界值；③White $nR^2$ 为 White 异方差检验统计量，相应的卡方分布临界值皆为 $\chi^2_{0.05}(17)=27.587$，故没有理由认为存在显著的异方差。

两个方程中外国收入及其二次项均在 1% 的水平上显著，模型关于外国收入平方项的设定是合适的。相对价格在两个方程中均显著为负，相差不大。但绝对值都大于 1，说明无论是哪种贸易方式，出口需求都富有价格弹性。这与前文在贸易方向的分析中，中国出口主要贸易伙伴及世界的出口需求亦富于价格弹性的结论相一致。比较发现，两方程中关于参数 $\beta_1$、$\beta_2$ 的估计符号刚好相反：一般贸易的出口弹性随外国收入的增加而增加，说明一般贸易会随全球经济的增长以更快的速度增长；

加工贸易的出口弹性随外国收入的增加而减少，说明全球经济增长的同时，中国的加工贸易会以一个逐渐变缓的速度在增长。

在其他变量均有较好解释力的情况下，本文仍没有从模型所重点关注的汇率波动这一变量中找到显著抑制抑或是促进中国出口量的理由。尽管加工贸易由于多出一层进口环节使之形成一个更大的汇率风险敞口，更容易遭受汇率波动的冲击，但加工贸易方程中汇率波动项的系数估计量没有显著性，因此即使是对加工贸易而言也没有理由认为汇率波动会抑制其出口量。同样地，在一般贸易出口方程中汇率波动亦是统计不显著。于是在贸易方式这一视角的考察中，无论是一般贸易还是加工贸易，就模型（6）而言，均没有理由认为汇率波动对其出口有显著影响。

## 五、总结性评述

自汇率波动与国际贸易量这一问题提出以来，相关理论与经验分析的结果均莫衷一是。“抑制论”、“促进论”与“无影响论”争论的背后反映出来的是对某些问题的处理不够细腻，考虑不够周全，笔者所洞悉到的包括汇率波动的测算、内生性的处理以及方程形式的设定。也正是基于此，本文着重在这三个方面做深做细：第一，根据汇率的经验特征事实和计量原则使用 EGARCH 模型并指出汇率波动可能存在的非对称效应，使波动率测算更为精确；第二，通过严格的内生性检验指导工具变量的使用，以尽可能保证结果的一致性或有效性；第三，模型设定更加符合现实，在贸易方向这一视角的考察上采用联立方程，在贸易方式视角的考察中将出口量设定为外国收入的非线性关系。

分析结果发现，无论从贸易方向上看还是从贸易方式上看，出口需求方程中汇率波动项均没有显著性。从严格意义上讲，不敢就此断言人民币汇率波动对中国出口没有影响，因为这里的检验方法也只是许多方法之一。然而就本文所建模型而言，没有理由认为汇率波动对中国的出口需求有显著的促进或抑制作用，但是在贸易方向上的检验中，文章发现汇率波动会显著抑制中国的出口供给，这是采用联立方程模型同时考察出口需求和出口供给的重要发现。这一结论说明人民币汇率波动不确定性所形成的风险主要由外国进口商或投资者承担。原因在于中国的劳动成本太低，汇率波动并不构成对中国劳动力优势上的威胁；另一方面，中国出口厂商的利润空间被压得很薄，从中国出口商品均富于价格弹性且 2005 年的汇率制度改革促进了中国的出口需求中均可以得到旁证。这使得国内出口商比外国进口商对汇率波动更为敏感，且这一敏感已经对出口供给起到了负面影响。

长期内决定中国出口量最主要的因素是外国实际收入水平，其次是中国出口产品的相对价格，而盯住美元、加入世贸组织以及 2005 年的汇率改革等控制变量也都在不同程度上显著地促进了中国的出口。以上研究结论暗指汇率很重要，但没有那么重要；汇率波动很糟糕，但也没有那么糟糕。尽管没有理由认为汇率波动对中国的出口需求有显著的正面或者负面影响，然而汇率波动确实显著抑制了中国的出口供给。对于从出口供给的角度规避汇率波动风险，最根本地在于提升企业的利润率与自生能力。在汇率波动尚未显著侵蚀中国出口需求之际，不妨对占中国贸易总量半数份额的加工贸易实施提高自主性外包的转型；而对于包括一般贸易在内的更广泛层次上的出口来讲，应当培植起具有规模经济的出口供给竞争结构。

## 参考文献

[1] Arize, A. C., "The Effects of Exchange Rate Volatility on U. S. Exports: An Empirical Investigation", *Southern Economic Journal*, 1995, 62, 34 - 43.

[2] Arize, A. C., "Conditional Exchange-Rate Volatility and the Volume of Foreign Trade: Evidence from SevenIndustrialized Countries", *Southern Economic Journal*, 1997, 64, 235 - 254.

[3] Arize, A. C., "The Effects of Exchange-Rate Volatility on US Imports: An Empirical Investigation", *International Economic Journal*, 1998, 12, 30 - 40.

[4] Arize, A. C., Osang, T., and Slottje, D. J., "Exchange-Rate Volatility in Latin America and its Impact on Foreign Trade", *International Review of Economics and Finance*, 2006, doi: 10.1016/j. iref. 2006.01.004.

[5] Asseery, A. and Peel, D. A., "The Effects of Exchange Rate Volatility on Exports-Some New Estimates", *Economic Letters*, 1991, 37, 173 - 177.

[6] Bacchetta, Philippe and van Wincoop Eric, "Does Exchange-Rate Stability Increase Trade and Welfare?", *American Economic Review*, 2000, 90, 1093 - 1109.

[7] Barkoulas, J. T., Baum, C. F., and Caglayan M., "Exchange Rate Effects on the Volume and Variability of Trade Flows", *Journal of International Money and Finance*, 2002, 21, 481 - 496.

[8] Baron, David P., "Fluctuating Exchange Rates and the Pricing of Exports", *Economic Inquiry*, 1976a, 14 (9), 425 - 438.

[9] Baron, David P., "Flexible Exchange Rates, Forward Markets, and the Level of Trade", *American Economic Review*, 1976b, 66 (6), 253 - 266.

[10] Baum, C. F., Caglayan, M. and Ozkan, N., "Nonlinear Effects of Exchange Rate Volatility on the Volume of Bilateral Exports", *Journal of Applied Econometrics*, 2004, 19, 1 - 23.

[11] Box, G. E. P. and Pierce, D. A., "Distribution of Residual Autocorrelations in Autoregressive-Integrated Moving Average Time Series Models", *Journal of the American Statistical Association*, 1970, 65 (332), 1509 - 1526.

[12] Broll, U. and Eckwert, B., "Exchange Rate Volatility and International Trade", *Southern Economic Journal*, 1999, 66 (1), 178 - 185.

[13] Byrne, J. P., Darby, J., and MacDonald, R., "US Trade and Exchange Rate Volatility: A

Real Sectoral Bilateral Analysis", *Journal of Macroeconomics*, 2006, doi: 10.1016/j.jmacro. 2006.08.002.

[14] Cheong, C., Mehari, T. and Williams, Leighton V., "The Effect of Exchange Rate Volatility on Price Competitiveness and Trade Volumes in the UK: A Disaggregated Approach", *Journal of Policy Modeling*, 2005, 27, 961 – 970.

[15] Choudhry, Taufiq., "Exchange Rate Volatility and the United States exports: Evidence from Canada and Japan", *Journal of the Japanese and International Economics*, 2005, 19, 51 – 71.

[16] Clark, Peter B., "Uncertainty, Exchange Risk, and the Level of International Trade", *Western Economic Journal*, 1973, 11 (9), 302 – 313.

[17] Côté, Agathe., "Exchange Rate Volatility and Trade: A Survey", 1994, Bank of Canada, Working Paper.

[18] Cushman, David O., "The Effects of Real Exchange Rate Risk on International Trade", *Journal of International Economics*, 1983, 15 (8), 45 – 63.

[19] De Grauwe, Paul., "Exchange Rate Volatility and the Slowdown in Growth of International Trade", *International Monetary Fund Staff Papers*, 1988, 35 (3), 63 – 84.

[20] De Grauwe, Paul., In *Economics of Monetary Integration*, New York: Oxford University Press, 1992.

[21] Dellas, Harris and Zilberfarb, Ben-Zion., "Real Exchange Rate Volatility and International Trade: A Reexamination of the Theory", *Southern Economic Journal*, 1993, 59 (4), 641 – 647.

[22] Dell'Ariccia, Giovanni, "Exchange Rate Fluctuations and Trade Flows: Evidence from the European Union", *IMF Staff Papers*, 1999, 46 (3), 315 – 334.

[23] Franke, Gunter, "Exchange Rate Volatility and International Trading Strategy", *Journal of International Money and Fianace*, 1991, 10, 292 – 307.

[24] Frankel, J., and Wei, S – J., "Trade Blocs and Currency Blocs", 1993, NBER Working Papers, No. 4335 (Cambridge, Massachusetts: National Bureau of Economic Reaearch).

[25] Gotur, P., "Effects of Exchange Rate Volatility in Trade; Some Further Evidence", *IMF Staff Papers*, 1985, 32, 475 – 511.

[26] Gros, Daniel, "Exchange Rate Variability and Foreign Trade in the Presence of Adjustment Cost", Working paper no. 8704, Preliminary version. 1987, Départment des sciences économiques, Université Catholique de Louvain.

[27] Hooper, Peter and Steven W. Kohlhagen., "The Effect of Exchange Rate Uncertainty on the Prices and Volume of International Trade", *Journal of International Economics*, 1978, 8 (4), 483 – 511.

[28] Kenen, Peter B. and Rodrik Dani., "Measuring and Analyzing the Effects of Short-Term Volatility in Real Exchange Rates", *The Review of Economics and Statistics*, 1986, 68 (2), 311 – 315.

[29] Klein, M., "Sectoral Effects of Exchange Rate Volatility on United States Exports", *Journal of International Money and Finance*, 1990, 9, 299 – 308.

[30] Koray, F. and Lastrapes, W. D., "Real Exchange Rate Volatility and U. S. Bilateral Trade: A VAR Approach", *Review of Economics and Statistics*, 1989, 71 (November), 708 – 712.

[31] Lastrapes, William D. and Koray, F., "Exchange Rate Volatility and U. S. Multilateral Trade Flows", *Journal of Macroeconomics*, 1990, 12 (Summer), 341 - 362.

[32] Lee, J., 1999, "The Effects of Exchange Rate Volatility on Trade in Durables", *Review of International Economics*, 7, 189 - 201.

[33] 卢锋："中国国际收支双顺差现象研究：对中国外汇储备突破万亿美元的理论思考"，《世界经济》2006 年第 11 期，第 3—10 页。

[34] Pagan, A., Hall, D. and Trivedi, P. K., "Assessing the Variability of Inflation", *Review of Economics Studies*, 1983, 50 (4), 585 - 596.

[35] 潘红宇："汇率波动率与中国对主要贸易伙伴的出口"，《数量经济技术经济研究》2007 年第 2 期，第 73—81 页。

[36] Perée, E. and Steinherr, A., "Exchange Rate Uncertainty and Foreign Trade", *European Economic Review*, 1989, 33, 1241 - 1264.

[37] Sercu, P. and Uppal, R., "Exchange Rate Volatility and International Trade: A General-Equilibrium Analysis", *European Economic Review*, 2003, 47, 429 - 441.

[38] Sercu, P. and Vanhulle, C., "Exchange Rate Volatility, International Trade, and the Value of Exporting Firms", *Journal of Banking and Finance*, 1992, 16, 155 - 182.

[39] Sukar, Abdul-Hamid and Hassan, S., "US Exports and Time-Varying Volatility of Real Exchange Rate", *Global Finance Journal*, 2001, 12, 109 - 119.

[40] Tenreyro Silvana., "On the Trade Impact of Nominal Exchange Rate Volatility", *Journal of Development Economics*, 2007, 82, 485 - 508.

[41] Thursby, M. and Thursby, J., "Bilateral Trade Flows, the Linder Hypothesis, and Exchange Risk", *The Review of Economics and Statistics*, 1987, 69, 488 - 495.

[42] 郑恺："汇率波动与国际贸易关系研究综述"，《经济学动态》2006 第 10 期，第 107—111 页。

# 关于我国继续增加黄金储备的必要性探讨

刘辰君

## 引　言

当前在美元承受着高贬值压力的同时，我国官方的美元储备又在不断增加，我国国际储备正面临着大幅缩水的危险。黄金，作为一种天然的货币，是抵御通胀和财富缩水的工具和投资产品，我国现在1054吨的黄金储备对于近2万亿外汇储备依然显得杯水车薪，非常有必要进一步增加黄金储备。

## 一、黄金的货币地位依旧

“货币天然是金银。”黄金发挥其货币属性的作用已经有5000多年了，它是唯一不以国家信誉和承诺变现的资产，是人类最后的支付手段。虽然在1976年牙买加会议上，黄金的货币属性被人为地取消了。但在制度层面上的黄金非货币化并不等于黄金已完全失去了货币职能，时至今日，黄金依然没有退出世界货币体系；相反在金融危机来临之际，黄金抵御危机和通货膨胀的货币属性还被进一步增强。

在这次危机中，世界黄金价格在震荡中稳步攀升：从2007年4月2日危机爆发那天的658.25美元/盎司，逐步上涨到最近的930美元/盎司左右，在此过程中于2008年3月17日达到历史的最高价格1032美元/盎司。据世界黄金协会（World Gold Council）数据显示在2008年第三季度金价走低的情况下，世界各地投资者都在力求避免全球金融危机的影响，努力增持黄金：按价格计算2008年第三季度黄金需求达到史无前例的320亿美元，比第二季度高出45%；按吨数计算，达到1133.4吨，同比增长18%。

黄金虽然名义上被人为地非货币化了，但实际黄金仍在国际货币体系中发挥

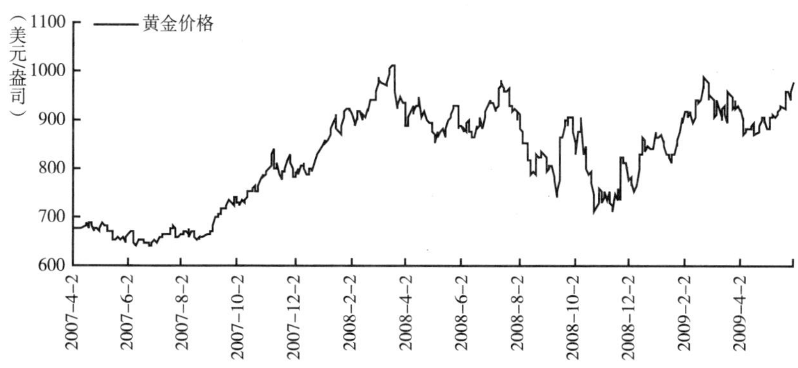


**图 1　此次金融危机开始至今世界黄金价格走势（单位：美元/盎司）**

资料来源：世界黄金协会（World Gold Council）官网：http：//www.gold.org

着重要的作用。各国央行并未大量减少黄金储备：从 1994 至 2007 年间，世界各国央行累计共出售储备黄金 5901 吨，但实际黄金储备的减少量仅为 1959 吨，只占出售量的 33%。这说明在有央行减持黄金储备的同时，又有其他国家央行增持黄金储备，可见黄金并未真正退出货币体系，世界各国的黄金储备量依然有近 3 万吨。黄金依然作为一国重要的储备资源，在世界各国货币体系中始终占据重要地位。

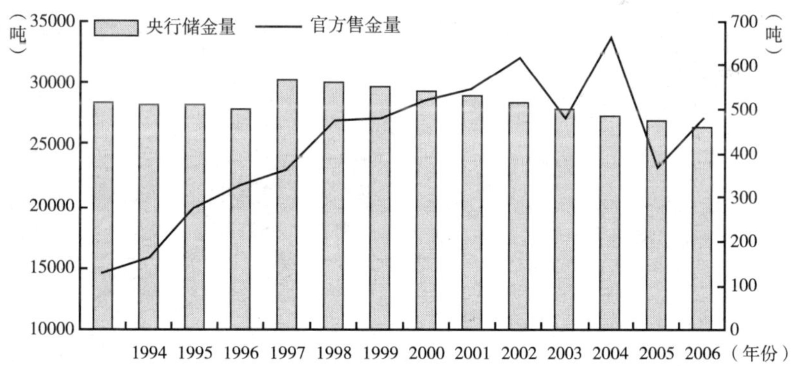


**图 2　世界各国央行售金储金量走势（单位：吨）**

数据来源：《黄金年鉴 2008》；IMF《国际金融统计年鉴 2008》。

黄金的非货币化并未在实质上体现。历史上，黄金一直都扮演着着国际货币体系中最核心的要素；今天，黄金依然以其得天独厚的自然属性，始终充当着人类社会最安全最值得信任的一种“货币”。

## 二、中国国际储备现状

### （一）我国高额的外汇储备和疲软的美元

近年来我国外汇储备都处在快速上升的状态：出口换汇的政策和出口拉动经济的发展模式为我国获得了大量以美元为主的外汇储备。由中国央行最新数据显示，2009 年 3 月份中国国家外汇储备增加 417 亿美元，同比多增 67 亿美元；国家外汇储备余额已达巨额的 19537.41 亿美元。

据国际货币基金组织 IMF 估计，我国国际储备中美元储备占到约 70%；按照这个比例计算，我国具体持有的美元储备大致在 13000 亿—14000 亿美元之间。如此高额的美元储备管理起来非常困难，一旦美元大量贬值，我国国家的资产必然面临迅速缩水的危险。

在我国以美元为主的外汇储备快速增长时，美元自 2005 年起也从本来对人民币的 8.3 汇率迅速单边下降。美元持续贬值和我国持有的美元官方储备的加速度上升同时发生，这使我国官方储备严重缩水，国家财产面临严重的贬值压力。

### （二）我国黄金储备依旧较少

今年 4 月，我国宣布黄金储备量已增加到 1054 吨，超越瑞士的 1040 吨成为世界第五大储金国，但 1000 余吨的黄金相对于我国高额的外汇储备与我国的经济情况依然略显单薄。

世界主要自由兑换货币国家的黄金储备量巨大，都占其全部储备的 40%—60%。（见表 1）

**表 1 世界主要国家黄金储备量及占外汇储备比重**

| 排名 | 国家（地区）组织 | 数量（吨） | 黄金占外汇储备% | 排名 | 国家（地区）组织 | 数量（吨） | 黄金占外汇储备% |
|---|---|---|---|---|---|---|---|
| 1 | 美国 | 8133.5 | 78.9 | 6 | 瑞士 | 1040.1 | 41.1 |
| 2 | 德国 | 3412.6 | 71.5 | 7 | 日本 | 765.2 | 2.2 |
| 3 | 法国 | 2487.1 | 72.6 | 8 | 荷兰 | 621.4 | 61.7 |
| 4 | 意大利 | 2451.8 | 66.5 | 9 | 俄罗斯 | 523.7 | 4.0 |
| 5 | 中国大陆 | 1054 | 1.9 | | | | |

资料来源：由 2008 年 3 月国际货币资金组织（IMF）报告

央行官网（http：//www.pbc.gov.cn）；中国黄金网（http：//www.gold.org.cn）

从黄金储备的绝对量上来说，虽然已由本来的600吨上升到最近公布的1054吨，但与发达国家相比依然略显单薄。2008年中国GDP总量已经达到33700亿美元仅次于美国、日本，经过许多年的经济高速增长，中国已成为世界第三大经济体。而我国黄金储备量只位居世界第五，这与我国在世界上的经济地位不符。西方发达国家都拥有高额的黄金储备，美国更是储备了8000余吨的黄金，我国1000多吨黄金仅占到美国储备的13%。这确实不能体现我国在世界上应有的经济地位。

从黄金储备的相对量上来说，我国黄金储备的比例也相当低，和外汇储备的比值仅为2%左右。而横观各个西方发达国家，该比例至少在40%以上，美国更是接近80%。在国际储备中，黄金是外汇储备的一个重要补充，不仅能降低一国持有外汇的风险，还能作为紧急情况一国最终的支付手段。所以从相对量上来说，我国仅占外汇储备不到2%的黄金储备还远远不够。

## 三、我国应继续增持黄金

黄金依然在当今信用货币主导的货币体系中占有重要的地位，增加黄金储备对于保护我国外汇资产和推动人民币国际化有着重要意义。

### （一）增加黄金储备能有效抵御美元贬值对国际储备资产的影响

美国巨额的财政赤字在2008创纪录地高达4550亿美元，是2007年的三倍左右。包括在这次次贷危机中，美国政府又连续使用赤字政策挽救危机，出台多项政策对9个金融集团实施了高额注资计划。据4月10日美国财政部公布的数据显示，2009财年前6个月，美国政府财政赤字高达9568亿美元，为前一财年赤字总额的2倍多，创历史最高纪录；按照奥巴马政府的预计，本财年美财政赤字将会达到创纪录的1.75万亿美元（约占GDP的12.4%），而下一财年赤字也将达到1.17万亿美元；同时，美国贸易赤字也相当惊人：2008年贸易赤字仍高达6771亿美元。巨额的财政和贸易赤字同时给美元以巨大的贬值压力，长此以往美元在国际货币体系中的地位必然下降。

在中国持有如此巨额的美元储备的情况下，增加一定量的黄金储备能作为美元储备的极好补充。随着美元逐步失去国际信任的同时，黄金却向着相反的方向走。

从图3看，美元指数和黄金价格的关系呈明显的反相关。根据朱永钢（2008.12）对于美元指数与黄金价格相关性研究，得出美元和黄金确实存在较强的负相关关系、美元的走势是影响黄金价格的主要因素。自1995年之后，美元指数与黄金价格的相关性一直保持在-0.9左右。也就是说，黄金和美元有着高度的替代作用。利用这种替代作用，黄金储备可以作为美元储备的极好补充：一旦当美元贬值、我国的外汇储备缩水时，世界黄金价格会相应上升，此时我国黄金储备的升值可以部分冲销外汇储备的损失。

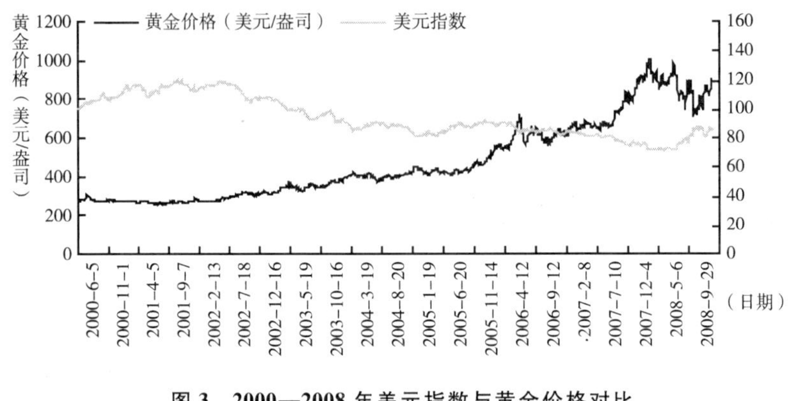


**图 3　2000—2008 年美元指数与黄金价格对比**

资料来源：世界黄金协会（World Gold Council）http：//www. gold. org；雅虎财经 http：//finance. yahoo. com

**（二）增加黄金储备有助于人民币国际化**

随着连续 20 多年经济的高速增长，中国的经济实力和国际地位得到了极大的提升，这为人民币在国际上的自由流通打下了坚实的基础。在最近的半年里，中国央行先后与多个周边国家和地区签署了总金额 6500 亿元的货币互换协议，这是人民币成为区域性结算货币的试点，也是迈向国际货币的第一步。与此同时，伴随着这次金融危机蔓延的深入，美元在世界上的信用逐渐走低，这正是加速人民币国际化的良好契机。

黄金储备是某一货币从主权货币走向国际货币的的物质基础，大量足额的黄金储备是建立信用货币能在国际上自由兑换的前提条件。从历史经验上来看也是如此，就拿美元为例，美国贸易总量早在 19 世纪末就已经超过了英国，但当时美元并未取代英镑成为世界最主要的流通货币。直到两次世界大战后，全世界的黄金都涌入美国，使美联储所拥有的实物黄金量占据世界黄金储备的 60%—70%，此时美元才取得了在国际上独一无二的地位。

纵观世界，国际上国货币在国际上广为流通的国家，都拥有较高的黄金储备。美国虽然在布雷顿森林体系崩溃之前有大量黄金外流，但现在依然保有 8000 多吨的黄金储备，美元的世界货币的地位与美国世界第一的黄金储备密不可分；在欧元出现之前；马克、法郎、里拉、瑞郎等都是世界主要流通货币，德国、法国、瑞士、意大利等国都拥有高额的黄金储备作为本国货币的基础，如今这些国家依然拥有

1000—3000 多吨的储备黄金。

同样，人民币的国际化离不开中国黄金储备的支持。有学者预计人民币将在未来的 20 至 30 年成为国际性自由兑换的货币；而仅仅 1000 余吨黄金储备显然满足不了人民币成为世界货币后对于人民币国际支付和结算能力的要求，所以中国应当随着人民币国际化进程的不断推进，逐步增加黄金储备，以提高人民币的国际信用度。

## 四、结　　论

黄金时代未曾远离，黄金的货币属性并没有因为人为地宣布就取消并因此消失并退出货币领域，其在国际货币体系中依然占据重要的位置。我国增加黄金储备不但能补充外汇储备在受美元贬值影响时的不足，保护外汇资产不缩水，还能提高人民币的信用保障，加速人民币的国际化进程。当前我国 1054 吨的黄金储备显得非常单薄，继续增加黄金储备已成必要举措。

### 参考文献

[1] 周洁卿. 黄金和黄金市场 [M]. 学林出版社，2008。

[2] 姜波克. 国际金融新编（第三版）[M]. 上海，复旦大学出版社，2005 (7)。

[3] 朱永刚. 美元指数与黄金价格的相关性分析 [R]. 厦门：厦门国贸期货经纪有限公司，2008 (12)。

[4] 姜波克、牛晓健. 局部战争视角下中国国际储备管理研究 [J]. 复旦学报，2006 (4)。

[5] 苏亮瑜. 金融危机背景下美元国际货币地位的变化及我国的应对策略 [J]. 南方金融，2009 (1)。

[6] 周洁卿. 论黄金非货币化与黄金的货币地位 [J]. 上海金融，2009 (4)。

[7] 赵庆明、骆彬. 金价波动对我国调整国际储备的启示 [J]. 中国货币市场，2006 (6)。

# 关于基尼系数按群组分解的进一步研究

刘学良　田　青

## 引　言

在研究收入分配差距时，首先要清楚收入差距究竟为多大，这需要一些具体的指标来衡量，如基尼系数、变异系数、阿特金森指数、泰尔指数等；其次需要了解什么因素对收入差距影响较大，什么因素对收入差距影响较小，这就需要对影响收入的因素进行具体分析，一般来说这种分析有两种方法，第一种方法是用回归模型对收入进行回归，但是这种方法有明显的问题，首先，在影响收入差距的因素为如城乡、地区、性别、教育年限等这种可以用虚拟变量刻画的变量时，设置虚拟变量有较大的随意性。其次，在回归时一般使用线性模型，但是当实际关系并不符合设定时也会产生问题，最后一个重要的问题则是不同的变量的作用和不同模型的结果之间较难以进行比较对照，因为首先各个变量具有不同的分布①，另外不同的模型设定形式不同，也让不同的结果难以比较。另外一个方法是采用对统计指标进行分解的方法来考察不同因素对收入差距的影响，我们知道在影响收入分配的因素中有些能够采用虚拟变量来刻画的因素，因此可以按照这个因素的虚拟变量划分对收入进行分组，然后用统计指标进行按组的收入差距分解，来考察不同的因素对收入差距的影响，由于相同的统计指标的计算方法基本是固定且统一的，所以这种方法无须考虑如回归模型设定形式，变量的量纲和变异程度等的影响，因此可以较好地进行不同因素或变量之间影响程度的比较。由于将统计指标进行分解的方法的一些优点，这种方法在我们收入差距的研究中变得越来越重要。

其中，在度量收入差距时被最广泛应用的指标是 Gini 于 1912 年提出的基尼系数，基尼系数得到广泛应用的原因除了其历史悠久外，从度量收入差距的统计指标的性质上，基尼系数能满足如相对收入原则，达尔顿—庇古转移原理，规模不变原则等统计性质，这些也是其得到广泛应用的原因，另外，还有一个十分重要的原因

---

① 主要是不同的变量具有不同的量纲和变异程度，这会对不同变量的比较产生影响。

是基尼系数是一个区间标准化的指标，其最小值为0，最大值为1，而不像其他很多度量收入差距的指标没有一个固定的取值区间。有一个标准化的取值区间让人们可以清楚地了解收入差距的水平，国际上经常将基尼系数0.4作为一个收入差距的重要的警戒线。

另外，基尼系数还能够实现按照收入来源的收入差距分解，这也是其他很多指标所难以做到的，但是，基尼系数的按群组分解却仍然存在一些未完全解决的问题，这导致在收入差距按群组分解的研究上，基尼系数的应用受到了一些限制，研究者转而采用其他能较好地实现群组分解的指标如泰尔指数等进行收入差距的分解研究。但是对基尼系数按群组分解的研究仍在继续，自从 Bhattacharya 和 Mahalanobis（1967）开始，学者们对基尼系数的按群组分解已经得出了许多结论，尤其最近又有新的发现，因此本文将针对基尼系数的群组分解问题进行探讨。

## 一、基尼系数的计算和其按群组分解研究的回顾

### （一）基尼系数的计算

现代经济学教科书上一般讲解基尼系数时都用洛伦兹曲线来解释，因此给人一种误解基尼系数是由洛伦兹曲线派生而来的，根据新帕尔格雷夫经济学大辞典第二卷，实际上 Gini 在 1912 年首先提出了基尼系数的代数形式，即基尼平均差（Gini Mean Difference），公式为

$$\Delta = \sum_{i=1}^{n}\sum_{j=1}^{n} | x_j - x_i | / n(n-1), 0 \leqslant \Delta \leqslant 2\mu \qquad (1)$$

其中 $x$ 为样本值，$n$ 为样本容量，$\mu$ 为样本均值，很明显，该公式计算的是每两个样本差的绝对值的平均值，考虑到 $\Delta$ 的上下界，基尼定义 $G = \Delta/2\mu$ 为基尼系数，其取值范围为（0，1）。1914 年，基尼证明了一个重要定理：$G = \Delta/2\mu$ 等于等分布线和洛伦兹曲线之间面积的二倍，即不平等面积除以等分布线的三角形的面积（三角形面积为 1/2）。因此，基尼系数的计算公式为：

$$G = \sum_{i=1}^{n}\sum_{j=1}^{n} | x_j - x_i | / 2n(n-1)\mu \qquad (2)$$

不过，现在人们常用的基尼系数的计算公式则为：

$$G = \sum_{i=1}^{n}\sum_{j=1}^{n} | x_j - x_i | / 2n^2\mu \qquad (3)$$

式（2）、式（3）的区别在分母中一个为 $n(n-1)$，另一个是 $n^2$，但是在大样

本下两者差别就会很小，或许为了简便后人就直接将式（3）定义为基尼系数的公式，虽然大样本下差别很小，但是严格来说基尼系数最初的定义是不太相同的，式（2）的基尼系数最大值为1，而式（3）的理论上的最大值不等于1，但是随着样本容量的增大会逼近于1。

上述内容是基尼系数的基本离散计算公式，后人则对基尼系数进行了更多的发展，建立了基尼系数的多种计算和解释方法，包括利用经验分布函数建立的连续函数形式表示的基尼系数公式，用斜方差方法表示的基尼系数公式，以及用矩阵表示的基尼系数计算公式，虽然方法多样，但这些都与基本公式是等价的。

### （二）现有传统的基尼系数群组分解方法的简单探讨

关于收入差距的按群组分解的研究从20世纪60年代就开始了，1967年Theil提出了著名的Theil指数来分解收入差距，同样是在这一年，Bhattacharya和Mahalanobis也作出了对基尼系数进行群组分解的研究，他们可能是最早探索对基尼系数进行分解的人（新帕尔格雷夫经济学大辞典）。

然而，他们关于基尼系数按群组分解的研究还很不完善，他们希望将总体收入差距分解为组内差距和组间差距两部分，因此采用先定义一个组间差距的量，然后再用总体收入差距减去组间差距，剩余的残差作为组内差距的量的方法，来实现基尼系数的分解。如Frosini（1989，1990）则对这种分解提出了批评，而他提出的方法是应先定义组内差距的量，然后用残差作为组间差距的量。然而，我们认为这与Bhattacharya和Mahalanobis的方法从思路上来说是基本相同的，这种方法是不够科学的，先验的定义一个组间差距（组内差距），然后用残差作为组内差距（组间差距）的方法缺乏足够的理论方法的基础，尤其是残差的这种定义方法并不恰当。

后人继续进行研究，其中Bourguignon（1979），Shorrocks（1980，1984）等提出了收入差距分解的加和可分解性原则（Additive Decomposability），这一原则的含义是总体收入差距能分解为子组的收入差距的加权平均和子组间收入差距的和，其中子组间的收入差距为子组的大小和子组均值的函数，满足这个性质的指标有广义熵指数，泰尔指数等。

不过，加和可分解性原则也受到了一些批评，组间差距仅为子组的大小和子组均值的函数，显然有些简单化了，这种方法不考虑不同子组的异质分布情况，即有可能两个子组的均值是相同的，但是具体的分布却不相同，按照加和可分解性，这时组间差距应为0，然而这是值得商榷的，一些学者认为加和可分解性原则限制过于严格，一些要求是没有必要的。

为了表达简便，下面我们用把总体样本分为两个子组的方法来考察基尼系数的分解问题，因为从本质上来说，两个子组和多个子组并没有根本性的区别，当子组超过两个时，只需要按方法对多个子组的分解进行推广就可以了，尽管如此，我们仍然会在需要的地方给出多个子组的分解式。

假设全体居民分为 A，B 两组，各自样本容量为 $a$，$b$，$a+b=n$，$\alpha_A=a/n$，$\alpha_B=b/n$，即为各自人口比例，$\mu$ 为总体均值，$\mu_A$ 和 $\mu_B$ 为两组各自均值，$s_A=a\mu_A/n\mu$，$s_B=b\mu_B/n\mu$ 即为各组的收入占总收入比重，总体基尼系数为 $G$，$G_A$ 和 $G_B$ 为两组各自基尼系数，则有：

$$\begin{aligned}
G &= \frac{\sum_{i=1}^{n}\sum_{j=1}^{n}|x_j-x_i|}{2n^2\mu} \\
&= \frac{1}{2n^2\mu}\Big\{\sum_{i\in A}\sum_{j\in A}|x_j-x_i|+\sum_{i\in B}\sum_{j\in B}|x_j-x_i|+\sum_{i\in A}\sum_{j\in B}|x_j-x_i|+\sum_{i\in B}\sum_{j\in A}|x_j-x_i|\Big\} \\
&= \frac{1}{2n^2\mu}\sum_{i\in A}\sum_{j\in A}|x_j-x_i|+\frac{1}{2n^2\mu}\sum_{i\in B}\sum_{j\in B}|x_j-x_i|+\frac{1}{n^2\mu}\sum_{i\in A}\sum_{j\in B}|x_j-x_i| \\
&= \frac{a^2\mu_A}{n^2\mu}\frac{1}{2a^2\mu_A}\sum_{i\in A}\sum_{j\in A}|x_j-x_i|+\frac{b^2\mu_B}{n^2\mu}\frac{1}{2b^2\mu_B}\sum_{i\in B}\sum_{j\in B}|x_j-x_i|+\frac{1}{n^2\mu}\sum_{i\in A}\sum_{j\in B}|x_j-x_i| \\
&= \alpha_A^2\frac{\mu_A}{\mu}G_A+\alpha_B^2\frac{\mu_B}{\mu}G_B+\frac{1}{n^2\mu}\sum_{i\in A}\sum_{j\in B}|x_j-x_i| \\
&= \alpha_A s_A G_A+\alpha_B s_B G_B+\frac{1}{n^2\mu}\sum_{i\in A}\sum_{j\in B}|x_j-x_i| \qquad (4)
\end{aligned}$$

式（4）中前两项为组内基尼系数的加权平均和，可作为组内差距的度量，最后一项则是组间差距的度量，我们仿照基尼系数的定义来定义：

$$G_{AB}=\frac{1}{ab\mu_{AB}}\sum_{i\in A}\sum_{j\in B}|x_j-x_i| \qquad (5)$$

为两组间的基尼系数，则总体基尼系数可以写成：

$$G=\alpha_A s_A G_A+\alpha_B s_B G_B+\alpha_A\alpha_B G_{AB} \qquad (6)$$

上述分解方法是两个子组的情况，如果为多个子组，可设子组数目为 $k$ 个，我们用 $p$，$q$ 表示组标，用 $i$，$j$ 标志组内个体，各子组样本容量用 $n_p$，$n_q$ 表示，很自然的可以将式（4）推广到多个子组的情况，结果如下：

$$\begin{aligned}
G &= \frac{\sum_{i=1}^{n}\sum_{j=1}^{n}|x_j-x_i|}{2n^2\mu} \\
&= \frac{1}{2n^2\mu}\Big\{\sum_{p=1}^{k}\sum_{i=1}^{n_p}\sum_{j=1}^{n_p}|x_j-x_i|+\sum_{p=1}^{k}\sum_{q=1,q\neq p}^{k}\sum_{i=1}^{n_p}\sum_{j=1}^{n_q}|x_j-x_i|\Big\} \\
&= \frac{1}{2n^2\mu}\sum_{p=1}^{k}\sum_{i=1}^{n_p}\sum_{j=1}^{n_p}|x_j-x_i|+\frac{1}{n^2\mu}\sum_{p=1}^{k}\sum_{q=p+1}^{k}\sum_{i=1}^{n_p}\sum_{j=1}^{n_q}|x_j-x_i| \\
&= \sum_{p=1}^{k}\alpha_p s_p G_p+\frac{1}{n^2\mu}\sum_{p=1}^{k}\sum_{q=p+1}^{k}\sum_{i=1}^{n_p}\sum_{j=1}^{n_q}|x_j-x_i| \qquad (7)
\end{aligned}$$

式（4）、（5）、（6）、（7）的分解形式与 Dagum（1987，1997）等给出的公式大同小异，这种分解形式很明显的并不满足加和可分解性原则，其组间差距并不是子组的大小和子组均值的函数。不过，即使不考虑加和可分解性原则，这种分解形式我们认为也是不恰当的，因为即使两个子组的分布完全相同，组间差距也不等于0，而是等同于单个子组的组内差距，这与组间差距应有的含义是矛盾的。

在加和可分解性原则提出后，学者们发现基尼系数的群组分解不能满足加和可分解性，但学者们仍试图将基尼系数的群组分解和加和可分解性原则糅合到一起，其中一个重要且被常常应用的研究是 Sundrum（1990）所应用的公式，其分解式在子组间的分布没有重叠时，可以得出满足加和可分解性原则的分解式。为了方便，我们继续回到两个子组的情况。

假设 $\mu_A > \mu_B$，即 A 组要比 B 组富一些，若假设两组没有重叠项，则有 $\min(x_{i\in A}) > \max(x_{i\in B})$，式（4）第三项可变为：

$$\begin{aligned}&\frac{1}{n^2\mu}\sum_{i\in A}\sum_{j\in B}|x_j - x_i|\\&=\frac{1}{n^2\mu}\sum_{i\in A}\sum_{j\in B}(x_i - x_j)\\&=\frac{1}{n^2\mu}(ab\mu_A - ab\mu_B)\\&=\alpha_A\alpha_B\frac{\mu_A-\mu_B}{\mu}\end{aligned}\tag{8}$$

而当两组有重叠项时，式（8）的计算就把重叠项带来的一部分差距给反向计算了，反向计算的部分为：$\frac{1}{n^2\mu}\sum_{(x_j>x_i)}^{j\in B}\sum_{i\in A}(x_j - x_i)$，因此当两组之间有重叠项时，就可以把第三项写成：

$$\frac{1}{n^2\mu}\sum_{i\in A}\sum_{j\in B}|x_j - x_i| = \alpha_A\alpha_B\frac{\mu_A-\mu_B}{\mu}+\frac{2}{n^2\mu}\sum_{(x_j>x_i)}^{j\in B}\sum_{i\in A}(x_j - x_i)\tag{9}$$

把式（9）第二项简写作 $\varepsilon$，记作交叉项，就可以把基尼系数变形为如下形式：

$$G = \alpha_A s_A G_A + \alpha_B s_B G_B + \alpha_A\alpha_B\frac{|\mu_M - \mu_N|}{\mu}+\varepsilon\tag{10}$$

如果把式（10）中的 $\varepsilon$ 作为0，就得到了基尼系数分解的 Sundrum 公式。这是两个子组的情况，同样可以比较方便地将这个公式推广到多个子组的情况如下：

$$\begin{aligned}G &= \sum_{p=1}^{k}\alpha_p s_p G_p + \frac{1}{n^2\mu}\sum_{p=1}^{k}\sum_{q=p+1}^{k}\sum_{i=1}^{n_p}\sum_{j=1}^{n_q}|x_j - x_i|\\&=\sum_{p=1}^{k}\alpha_p s_p G_p + \frac{1}{\mu}\sum_{p=1}^{k}\sum_{q=p+1}^{k}\alpha_p\alpha_q|\mu_p - \mu_q| + \sum_{p=1}^{k}\sum_{q=p+1}^{k}\varepsilon_{pq}\end{aligned}\tag{11}$$

但是如 Sundrum 公式这种分解式的问题是如果各个子组间有重叠项，那么 $\varepsilon$ 就不等于 0，这时的分解式就带着一个可恶的交叉项小尾巴，而一般的情况下，收入的不同分组又总是有交叉重叠的，重叠的部分越多，$\varepsilon$ 越大，这给基尼系数的分解带来了困扰。

除了 Sundrum 外，其他一些学者如 Silber (1989)，Lambert 和 Aronson (1993)，Cowell (2000) 等也进行了研究，不同学者的研究或许对组间差距项作出与他人不同的定义，但是都没有摆脱交叉项的困扰，学者们转而对交叉项的意义进行研究和解释，有的学者如 Mookherjee 和 Shorrocks (1982) 认为“这个难堪的交差项几乎不可能有精确解释”，有的学者如 Silber (1989) 等则认为交叉项并不令人难堪，它有明确的显而易见的经济学意义，它反映了不同收入组的类聚程度，即分解分析的分组排列相比于计算基尼系数时按个体收入从高到低的排列所需调整的个人收入排列，听起来好像很复杂，其实简单点说就是反映了不同群组收入的重叠程度。Yitzhaki 和 Lerman (1991) 则更进一步，认为交叉项是一个很好的度量收入类聚程度的指标，他们注意到，社会学家在使用 Theil 指数时，常常需要度量收入分布类聚的指标以益于对收入分布类聚的研究（徐宽，2003）。

在这里，我们也可以应用上面的结果简单的定义一个度量收入类聚程度的指标，根据式 (9)，两个子组间差距的度量可以分为两部分，一部分是假设两组没有重叠时的度量，另一部分是由于假设无重叠，而实际有重叠时需要再加上的重叠部分的度量，因此可以设：

$$\beta = \left[\frac{2}{n^2\mu}\sum_{(x_j>x_i)}^{j\in B}\sum_{i\in A}(x_j - x_i)\right]\Big/\left[\frac{1}{n^2\mu}\sum_{i\in A}\sum_{j\in B}|x_j - x_i|\right] \tag{12}$$

来度量两个收入分布类聚或者说重叠的程度，上式计算稍显烦琐，而根据式 (9) 则可以很简便地计算 $\beta$：

$$\begin{aligned}\beta &= \left[\frac{1}{n^2\mu}\sum_{i\in A}\sum_{j\in B}|x_j - x_i| - \alpha_A\alpha_B\frac{|\mu_A - \mu_B|}{\mu}\right]\Big/\frac{1}{n^2\mu}\sum_{i\in A}\sum_{j\in B}|x_j - x_i| \\ &= 1 - \frac{ab|\mu_A - \mu_B|}{\sum_{i\in A}\sum_{j\in B}|x_j - x_i|},\ 0\leqslant\beta\leqslant 1\end{aligned} \tag{13}$$

当 $\beta = 0$ 时，两组是完全不重叠的，$\beta$ 越大，则两组的重叠程度越高，$\beta$ 这个量可以简单地作为两个收入组重叠程度的度量。

总之，如前所述，基尼系数的分解在之前仍然没有摆脱交叉项的困扰，Yitzhaki (1998) 也总结道，在基尼系数的要素成分与子组的分解上，我们只是做了一些初步的研究工作，远未完美，因此，Cowell (1998，2000) 总结众人研究成果，在为 Handbook of Income Distribution 撰写的第二章及其个人著作中给出了基尼系数按群组分解的一般公式：

$$G = \sum_{j=1}^{J} w_j G_j + I_b + \varepsilon(f_j) \tag{14}$$

其中 $G$ 是总体基尼系数，$G_j$ 是第 $j$ 组内部的基尼系数，$w_j$ 是该组权重，一般为收入比重与人口比重之积，$I_b$ 是组间的差距系数，$\varepsilon$ 是交叉项（相互作用项），为各组的收入分布 $f_j$ 的函数。

## 二、对程永宏的新分解方法的进一步研究

然而，对基尼系数群组分解的研究尝试仍在继续，其中，我国学者程永宏（2006，2007）作出了重要贡献，他用累积分布函数的基尼系数表达式证明了如下分解式：

$$\begin{aligned} G &= \frac{\mu_1}{\mu}\alpha_1 G_1 + \frac{\mu_2}{\mu}\alpha_2 G_2 + \frac{\alpha_1\alpha_2}{\mu}\int_0^T (F_1 - F_2)^2 dt \\ &= s_1 G_1 + s_2 G_2 + \frac{\alpha_1\alpha_2}{\mu}\int_0^T (F_1 - F_2)^2 dt \end{aligned} \tag{15}$$

这是两个子组的分解式，其中 $F_1$ 和 $F_2$ 分别为两个子组的累积分布函数，其分解式前两项作为组内差距系数，是组内基尼系数的加权平均，权重为收入比重，而第三项则作为组间差距的度量，程永宏得出的这种分解式摆脱了交叉项的困扰，将差距分解为组内差距和组间差距两项，即使组间的收入存在重叠也没有影响。同时，很容易可以看出，程永宏的这种分解形式并不满足加和可分解性条件，其组间差距项并不简单的仅仅是组均值和组的大小的函数，而是体现了两个子组分布的距离的一个函数。在两个子组的分布完全相同时，组间差距项为 0，而即使两个子组的均值相同，但分布结构不同，那么组间差距项也不为 0。

虽然不满足加和可分解性，但是这并不意味着是个缺陷，如程永宏（2007）所述，加和可分解性条件过于严格，其中一部分是非必需的，组间差距只是各子组平均收入的函数而与子组内部不平等无关，这是存在疑问的，组间差距也应当反映各子组内部分布的情况，程永宏并给出了一个由于子组内部收入分布结构不同导致的迁移意愿问题来反驳加和可分解性条件的不合理性。

### （一）对程永宏的分解方法的多子组推广

不过，程永宏（2006，2007）只给出了两个子组时的分解公式，如果我们对收入样本的分组超过两个，就需要研究一个一般性的分解公式，因此下面我们将简单地把程永宏的分解公式推广到多个子组的情况。

设样本的累积分布函数为 $F(t)$ ，即为样本中收入不大于 $t$ 的个体占总体的比例，总体的样本容量为 $n$，$T$ 为总体中的最大值，$\mu$ 为样本均值，假设没有负收入样本，根据程永宏（2006，2007），基尼系数的累积分布函数形式的表达式可写为

$$G = \frac{T - \int_0^T F^2(t)dt}{T - \int_0^T F(t)dt} - 1 \tag{16}$$

可以对式（16）进行变形，得到

$$\begin{aligned} G &= \frac{T - \int_0^T F^2(t)dt - (T - \int_0^T F(t)dt)}{T - \int_0^T F(t)dt} \\ &= \frac{\int_0^T F(t)dt - \int_0^T F^2(t)dt}{T - \int_0^T F(t)dt} \\ &= \frac{\int_0^T F(t)dt - \int_0^T F^2(t)dt}{T - [F(t)t|_0^T - \int_0^T tf(t)dt]} \\ &= \frac{\int_0^T F(t)dt - \int_0^T F^2(t)dt}{\mu} \end{aligned} \tag{17}$$

若我们将总体分为 $k$ 个子组，每个子组的样本容量为 $n_1, n_2, \cdots, n_k$ ，每个子组的样本占总体的比例设为 $\alpha_i = n_i/n$ ，再令 $\beta_i = 1 - \alpha_i$ ，则有

$$\beta_i - 1 - \alpha_i = \sum_{j \neq i}^{k} \alpha_j \tag{18}$$

设每个子组各自的累积分布函数为 $F_1(t), F_2(t), \cdots, F_k(t)$ ，则各个子组的累积分布函数与总体分布函数有如下关系：

$$F(t) = \sum_{i=1}^{k} \alpha_i F_i(t) \tag{19}$$

因此，总体基尼系数可写作

$$\begin{aligned} G &= \frac{\int_0^T [\sum_{i=1}^{k} \alpha_i F_i(t)]dt - \int_0^T [\sum_{i=1}^{k} \alpha_i F_i(t)]^2 dt}{\mu} \\ &= \frac{1}{\mu}\left\{\int_0^T [\sum_{i=1}^{k} \alpha_i F_i(t)]dt - \int_0^T [\sum_{i=1}^{k} \alpha_i^2 F_i^2(t) + \sum_{i=1}^{k} \sum_{j \neq i}^{k} \alpha_i \alpha_j F_i(t) F_j(t)]dt\right\} \end{aligned}$$

$$= \frac{1}{\mu}\left\{\int_0^T \left[\sum_{i=1}^{k}\alpha_i(F_i(t) - \alpha_i F_i^2(t))\right]dt - \int_0^T \left[\sum_{i=1}^{k}\sum_{j\neq i}^{k}\alpha_i\alpha_j F_i(t)F_j(t)\right]dt\right\}$$

$$= \frac{1}{\mu}\left\{\int_0^T \left[\sum_{i=1}^{k}\alpha_i(F_i(t) - (1-\beta_i)F_i^2(t))\right]dt - \int_0^T \left[\sum_{i=1}^{k}\sum_{j\neq i}^{k}\alpha_i\alpha_j F_i(t)F_j(t)\right]dt\right\}$$

$$= \frac{1}{\mu}\left\{\int_0^T \left[\sum_{i=1}^{k}\alpha_i(F_i(t) - F_i^2(t))\right]dt + \int_0^T \left[\sum_{i=1}^{k}\alpha_i\beta_i F_i^2(t) - \sum_{i=1}^{k}\sum_{j\neq i}^{k}\alpha_i\alpha_j F_i(t)F_j(t)\right]dt\right\} \quad (20)$$

$$= \sum_{i=1}^{k}\frac{\alpha_i\mu_i\int_0^T(F_i(t) - F_i^2(t))dt}{\mu\mu_i} + \frac{1}{\mu}\int_0^T\left[\sum_{i=1}^{k}\alpha_i\beta_i F_i^2(t) - \sum_{i=1}^{k}\sum_{j\neq i}^{k}\alpha_i\alpha_j F_i(t)F_j(t)\right]dt$$

$$= \sum_{i=1}^{k}\frac{\alpha_i\mu_i}{\mu}G_i + \frac{1}{\mu}\int_0^T\left[\sum_{i=1}^{k}\alpha_i\beta_i F_i^2(t) - \sum_{i=1}^{k}\sum_{j\neq i}^{k}\alpha_i\alpha_j F_i(t)F_j(t)\right]dt$$

根据式（17）基尼系数的计算公式，可以发现式（20）的第一项即为各子组基尼系数的加权平均，每组权重为 $\alpha_i\mu_i/\mu = s_i$ ，即为每组的收入占总收入的比重。继续考察式（20）第二项，则有：

$$\frac{1}{\mu}\int_0^T\left[\sum_{i=1}^{k}\alpha_i\beta_i F_i^2(t) - \sum_{i=1}^{k}\sum_{j\neq i}^{k}\alpha_i\alpha_j F_i(t)F_j(t)\right]dt$$

$$= \frac{1}{\mu}\int_0^T\left[\sum_{i=1}^{k}\sum_{j\neq i}^{k}\alpha_i F_i^2(t)\alpha_j - \sum_{i=1}^{k}\sum_{j\neq i}^{k}\alpha_i\alpha_j F_i(t)F_j(t)\right]dt$$

$$= \frac{1}{\mu}\int_0^T\left[\sum_{i=1}^{k}\sum_{j>i}^{k}(\alpha_i F_i^2(t)\alpha_j + \alpha_j F_j^2(t)\alpha_i) - \sum_{i=1}^{k}\sum_{j>i}^{k}(\alpha_i\alpha_j F_i(t)F_j(t) + \alpha_j\alpha_i F_j(t)F_i(t))\right]dt$$

$$= \frac{1}{\mu}\int_0^T\left[\sum_{i=1}^{k}\sum_{j>i}^{k}(\alpha_i\alpha_j F_i^2(t) + \alpha_i\alpha_j F_j^2(t) - 2\alpha_i\alpha_j F_i(t)F_j(t))\right]dt$$

$$= \frac{1}{\mu}\int_0^T\left[\sum_{i=1}^{k}\sum_{j>i}^{k}\alpha_i\alpha_j(F_i(t) - F_j(t))^2\right]dt$$

$$= \frac{1}{\mu}\sum_{i=1}^{k}\sum_{j>i}^{k}\alpha_i\alpha_j\int_0^T(F_i(t) - F_j(t))^2dt \quad (21)$$

因此，根据式（20）、（21），总体基尼系数可写成：

$$G = \sum_{i=1}^{k}\frac{\alpha_i\mu_i}{\mu}G_i + \frac{1}{\mu}\sum_{i=1}^{k}\sum_{j>i}^{k}\alpha_i\alpha_j\int_0^T(F_i(t) - F_j(t))^2dt \quad (22)$$

定义 $i$，$j$ 两子组间的分布距离和组间差距系数分别为：

$$\int_0^T(F_i(t) - F_j(t))^2dt \quad (23)$$

$$\frac{1}{\mu}\int_0^T(F_i(t) - F_j(t))^2dt \quad (24)$$

其中 $1/\mu$ 用来消除量纲，从式（24）可以看出两组间的差距可以表示为一个度量两组分布的距离的量，这个量的形式和一些分布拟合检验的统计量如 $W^2$ 形式很接近。

如式（22），这样就将程永宏的分解方法推广到多个子组的情况，而两个子组只是式（22）中的一个特例，其中式（22）第一项为分解的组内差距，是各子组基尼系数的加权平均，权重为各子组收入比重，第二项为分解的组间差距，为组间差距系数式（23）的加权平均，权数为每两个子组的人口权重之积。

### （二）两子组的组间差距系数（分布距离）的离散解公式

上述分解方法的另外一个问题是组间差距系数式（24），或者说两个分布的距离式（23）这个量是累积分布函数的表达形式，如果我们有大容量的离散样本，那么在计算这个量的结果时用累积分布函数求解就会很麻烦，我们希望能有一个离散解的公式方便我们的计算。当然，我们有基尼系数的离散公式（3），同时再根据式（15），用总体基尼系数减去组内差距就可以得到组间差距的量，就能得到两个分布的距离的结果，但是这还要借助于总体和各个子组基尼系数的计算，也并不是很简便，因此我们希望能直接推导出两个分布的距离式（23）的简便易行的离散解，方便人们的使用。

设 $F(x)$ 为累积分布函数，$f(x)$ 为概率密度函数，现假设样本为 $X=(x_1,x_2,\cdots x_k)$，总共有 $k$ 个样本，并已从小到大排序，那么，我们可以通过用样本点画小矩形的方法来刻画出累积分布函数。在推导中我们发现积分的区间只要包括了样本总体，那么就对 $\int_0^T(F_i(t)-F_j(t))^2dt$ 的最终结果没有影响，因此这里我们要求积分上限 $T_1$ 要足够大以便大于样本的最大值，积分下限 $T_0$ 足够小以便小于样本的最小值，可设 $T_1\rightarrow+\infty$，$T_0\rightarrow-\infty$，允许样本值为负。我们先从计算 $\int_{T_0}^{T_1}F(x)dx$ 的离散解开始，推导的过程会让读者更清楚地了解我们的算法。

显而易见 $\int_{T_0}^{T_1}F(x)dx$ 刻画的是累积分布函数与横轴所夹的面积，由于我们这里是由离散样本构造的累积分布函数，这时求 $\int_{T_0}^{T_1}F(x)dx$ 就可以通过画小矩形的方法求，我们一开始通过以 $x$ 为分割画小矩形的方法，这时单个的小矩形面积为 $(x_{i+1}-x_i)i/k$，总的面积为 $k$ 个矩形面积的累加①，可写为：

$$\sum_{i=1}^{k-1}(x_{i+1}-x_i)i/k+T_1-x_k \tag{25}$$

① 第 $k$ 个矩形为积分上限与样本最大值之差。

这还算是一个较为清晰的离散解析解，不过，还有更简洁的方法。因为 $\int_{T_0}^{T_1} F(x)dx$ 所代表的累积分布函数与横轴所夹的区域即为累积分布函数与 $x = T_1$ 线所夹区域，所以我们可以通过积分换元来得出另外一个解，如下：

$$
\begin{aligned}
&\int_{T_0}^{T_1} F(x)dx \\
&= xF(x)\mid_{T_0}^{T_1} - \int_{T_0}^{T_1} xdF(x) \\
&= T_1 - \int_{T_0}^{T_1} xf(x)dx \\
&= T_1 - \bar{x}
\end{aligned}
\tag{26}
$$

式（26）的第二项 $\int_{T_0}^{T_1} xdF(x)$ 应用数理统计的知识可以直接写出结果，不过我们应了解如果以矩形图解的形式考察 $\int_{T_0}^{T_1} xdF(x)$，我们知道可以以 $F(x)$ 来分割矩形，则每个矩形的高为 $F(x_{i+1}) - F(x_i) = 1/k$，因此 $\int_{T_0}^{T_1} xdF(x) = \sum_{i=1}^{k} x_k/k = \bar{x}$。

与计算 $\int_{T_0}^{T_1} F(x)dx$ 一样，也可以用类似的方法计算 $\int_{T_0}^{T_1} F^2(x)dx$，

$$
\begin{aligned}
&\int_{T_0}^{T_1} F^2(x)dx \\
&= xF^2(x)\mid_{T_0}^{T_1} - \int_{T_0}^{T_1} xdF^2(x)
\end{aligned}
\tag{27}
$$

然后我们以 $F^2(x)$ 来分割小矩形求解上式第二项，需要注意的是，$\int_{T_0}^{T_1} F^2(x)dx$ 的小矩形的高变为 $F^2(x_i) - F^2(x_{i-1}) = \left(\frac{i}{k}\right)^2 - \left(\frac{i-1}{k}\right)^2 = \frac{2i-1}{k^2}$。因此，求解如下：

$$
\begin{aligned}
&\int_{T_0}^{T_1} F^2(x)dx \\
&= xF^2(x)\mid_{T_0}^{T_1} - \int_{T_0}^{T_1} xdF^2(x) \\
&= T_1 - \left[\frac{1}{k^2}x_1 + \frac{3}{k^2}x_2 + \cdots + \frac{2i-1}{k^2}x_i + \cdots + \frac{k^2-(k-1)^2}{k^2}x_k\right] \\
&= T_1 - \frac{1}{k^2}\sum_{i=1}^{k}(2i-1)x_i
\end{aligned}
\tag{28}
$$

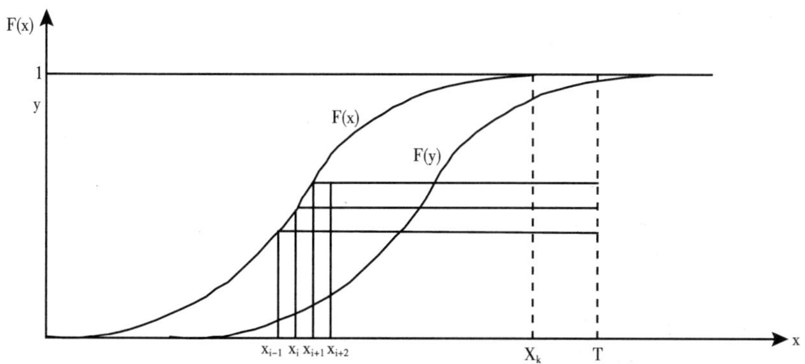


**图解 累积分布函数的积分**

设矩阵 $A = [1,3,5,\cdots,2k-1]_{1\times k}$，$X = [x_1,x_2,\cdots x_k]'$，$\int_{T_0}^{T_1} F^2(x)dx$ 的解可表示为 $T_1 - \frac{1}{k^2}AX$。

现在设有两组样本，写成向量形式 $X = (x_1,x_2,\cdots x_k)'$，$Y = (y_1,y_2,\cdots y_n)'$，均已排序，分别构成分布 $F_x$ 和 $F_y$，那么将两组样本混合起来组成分布 $F$，则有 $F = \frac{k}{k+n}F_x + \frac{n}{k+n}F_y$，$X$ 和 $Y$ 合并后构成新的向量 $Z$，也已排序。简便起见，设 $\alpha = \frac{k}{k+n}$，$\beta = \frac{n}{k+n}$。则有：

$$\int_{T_0}^{T1} Fdt = \int_{T_0}^{T1}[\alpha F_x + \beta F_y]dt = \int_{T_0}^{T1}\alpha F_x dt + \int_{T_0}^{T1}\beta F_y dt = T_1 - \alpha\bar{x} - \beta\bar{y} \tag{29}$$

以及：

$$\begin{aligned}&\int_{T_0}^{T1} F^2 dt = \int_{T_0}^{T1}[\alpha F_x + \beta F_y]^2 dt = \int_{T_0}^{T1}[\alpha^2 F_x^2 + \beta^2 F_y^2 + 2\alpha\beta F_x F_y]dt \\ &\Rightarrow \int_{T_0}^{T1} F_x F_y dt = \frac{1}{2\alpha\beta}\int_{T_0}^{T1}(F^2 - \alpha^2 F_x^2 - \beta^2 F_y^2)dt\end{aligned} \tag{30}$$

可以得到：

$$\begin{aligned}\int_{T_0}^{T1}(F_x - F_y)^2 dt &= \int_{T_0}^{T1} F_x^2 dt + \int_{T_0}^{T1} F_y^2 dt - 2\int_{T_0}^{T1} F_x F_y dt \\ &= \int_{T_0}^{T1} F_x^2 dt + \int_{T_0}^{T1} F_y^2 dt - \frac{1}{\alpha\beta}\int_{T_0}^{T1}(F^2 - \alpha^2 F_x^2 - \beta^2 F_y^2)dt \\ &= \int_{T_0}^{T1} F_x^2 dt + \int_{T_0}^{T1} F_y^2 dt + \frac{\alpha}{\beta}\int_{T_0}^{T1} F_x^2 dt + \frac{\beta}{\alpha}\int_{T_0}^{T1} F_y^2 dt - \frac{1}{\alpha\beta}\int_{T_0}^{T1} F^2 dt\end{aligned}$$

$$
\begin{aligned}
&= \frac{1}{\beta}\int_{T_0}^{T1} F_x^2 dt + \frac{1}{\alpha}\int_{T_0}^{T1} F_y^2 dt - \frac{1}{\alpha\beta}\int_{T_0}^{T1} F^2 dt \\
&= \frac{1}{\beta}\left(T_1 - \frac{1}{k^2}A_{1\times k}X\right) + \frac{1}{\alpha}\left(T_1 - \frac{1}{n^2}A_{1\times n}Y\right) - \frac{1}{\alpha\beta}\left(T_1 - \frac{1}{(k+n)^2}A_{1\times(k+n)}Z\right) \\
&= \frac{1}{\alpha\beta}T_1 - \frac{1}{\alpha\beta}T_1 + \frac{1}{\alpha\beta(k+n)^2}A_{1\times(k+n)}Z - \frac{1}{\beta k^2}A_{1\times k}X - \frac{1}{\alpha n^2}A_{1\times n}Y \\
&= \frac{1}{kn}A_{1\times(k+n)}Z - \frac{k+n}{nk^2}A_{1\times k}X - \frac{k+n}{kn^2}A_{1\times n}Y \qquad (31)
\end{aligned}
$$

如式（31），我们就推导出了 $\int_{T_0}^{T1}(F_x - F_y)^2 dt$ 的清晰且方便计算的离散解。需要注意的是在程永宏的论文中假设人们的最低收入是 0，没有负收入，因此设积分下限为 0 来排除负收入的可能，而 $T$ 为最高收入者的收入，不过，我们的结果证明 $\int_{T_0}^{T1}(F_x - F_y)^2 dt$ 的结果与积分上下限是没有关系的，只要包括了样本总体就行，因此为了不失一般性可将积分上下限都作为无穷处理，允许负收入的存在。

利用式（31）就可以简化 $\int_{T_0}^{T1}(F_x - F_y)^2 dt$ 在离散情况下的计算，利用 EXCEL 就可以很方便的得出结果，而如果利用矩阵来计算则更为简单。

### （三）基尼系数的层级分解

在收入差距的群组分解中，除了多子组的分解外，还有另外一个分解问题是层级分解，即子组内部又有子组的层级形式。以城乡差距为例，假设城乡两子组的内部各自又可以分成新的子组，比如说以男女性别分组考量的收入差距，这种情况是不同子组内部的新的子组的分解是一致的，都为性别差距，我们也可以令不同子组内部的新的子组的分解不一致，比如说将城镇子组内部分解为男女性别的差距，将农村子组内部分解为东部省份和西部省份之间的差距，也是可以的，但是由于嵌套子组的一致分解带来的数学上的对称性，一般应用中子组内部的嵌套子组都采取一致的形式。

如 Theil 指数这个指标能很方便的实现收入差距的这种层级分解，具体方法本文不再赘述，但是由于基尼系数本身原有方法的限制，用基尼系数做群组分解的应用就比较少，研究层级分解的文献就更加稀少了，这里我们再根据上面我们对程永宏分解方法研究的内容，考虑基尼系数的层级分解的问题。

为了表述方便，这里我们令子组内部的嵌套子组采取一致的分解形式，假设第一级的分解为 $a$ 个子组，第二级的分解为 $b$ 个子组，我们很自然地想到层级分解应采取的方法是将组内差距按第二级的分解形式再次分解下去，而第一级的分解的组间差距不变这种方法，这和 Theil 指数的方法思路类似。公式如下：

$$
\begin{aligned}
G &= \sum_{i=1}^{a} \frac{\alpha_i\mu_i}{\mu} G_i + \frac{1}{\mu} \sum_{i=1}^{a} \sum_{k>i}^{a} \alpha_i \alpha_j \int (F_i(t) - F_k(t))^2 dt \\
&= \sum_{i=1}^{a} \frac{\alpha_i\mu_i}{\mu} \Big[ \sum_{j=1}^{b} \frac{\alpha_j\mu_{ij}}{\mu_i} G_{ij} + \frac{1}{\mu_i} \sum_{j=1}^{b} \sum_{h>j}^{b} \alpha_j \alpha_h \int (F_j(t) - F_h(t))^2 dt \Big] \\
&\quad + \frac{1}{\mu} \sum_{i=1}^{a} \sum_{k>i}^{a} \alpha_i \alpha_k \int (F_i(t) - F_k(t))^2 dt \\
&= \sum_{i=1}^{a} \sum_{j=1}^{b} \frac{\alpha_{ij}\mu_{ij}}{\mu} G_{ij} + \sum_{i=1}^{a} \frac{\alpha_i}{\mu} \sum_{j=1}^{b} \sum_{h>j}^{b} \alpha_j \alpha_h \int (F_j(t) - F_h(t))^2 dt \\
&\quad + \frac{1}{\mu} \sum_{i=1}^{a} \sum_{k>i}^{a} \alpha_i \alpha_k \int (F_i(t) - F_k(t))^2 dt
\end{aligned} \tag{32}
$$

注：这里的 $\alpha_j, \alpha_h$ 为 $j$，$h$ 子组容量占 $i$ 子组的比例，$\alpha_{ij} = \alpha_i\alpha_j$ 为 $j$ 子组容量占总体的比例。

式（32）的第一项仍为组内差距，第二项为第二级分解的组间差距，第三项为第一级分解的组间差距，用这种方法就得到了收入差距的两级分解。

不过，必须要说明的是，和 Theil 指数一样，这种嵌套分解是不满足对称性的。这里的对称性是指两级分解的次序并不影响分解的结果，以城乡和男女为例，在分解时我们可以先采取分解城乡，再分解男女的方法得到结果，也可以先分解男女，再分解城乡的方式得到结果，这样就得到组内差距、城乡差距、男女差距三部分，但是可以发现，上述方法层级分解的次序不同，得到的结果也是不同的，Theil 指数也是这样，次序不同结果就会不一样，但是，造成的差异是否很大还是个问题，如果差异很大，方法的实用性就受到限制，笔者做过几次数值模拟，发现结果的差异不是很大，但是其结果可能严重受制于所模拟的样本的分布结构和模拟次数，因此有效性仍然是个问题。另外，在方法上虽然存在这样的问题，但是在学者们的实际应用中，经常采用按不同次序做两次层级分解然后取平均的处理方法来 定程度上克服对称性问题。

## 三、总　　结

本文概略地探讨了现有的基尼系数按组分解的方法的情况和存在的问题，并且对程永宏（2006，2007）提出的新的分解方法进行了更进一步的研究，推导了其方法的多子组的分解公式和组间差距系数在离散样本下的简单方便的计算公式，并初步探讨了基尼系数的层级分解问题，这是本文的主要内容。需要强调的是，程永宏的这种方法并不满足加和可分解性这个性质，但是加和可分解性的限制条件过于严格，并且可能有些不合理的成分，因此可能是不必要的，我们认为收入差距的指标的分解需要能够完全的将总体差距分解为组内差距和组间差距两部分，不带有交叉项等成分，而且这两部分差距的各自的度量满足一些的收入差距度量指标的常见的一些性质可能相对来说就足够了，比如现有的相对收入原则，达尔顿—庇古转移原理，规模不变原则等统计性质，而无须要求组间差距须为各组均值的函数。

另外，对于收入差距的分解，笔者认为，收入差距分解的本身当然有其重要性，但分解的重点更在于分解后收入差距之间的比较，如果没有这个比较，那么分解本身就没有太大意义。这个比较包括三个方面，第一个方面是收入差距分解后某项收入差距的值和对总体的贡献在时间序列上的变动的比较，可以让我们了解某项影响收入差距的因素在时间趋势上的变动情况，知道过去发生了什么样的变化。

第二个方面是不同的差距之间的比较，以城乡差距为例，应用不同的方法得出的城乡差距对总体差距贡献的结果经常差异很大，很多用 Theil 指数对中国的分解得出的结论占总体差距的 50% 以上①，而用程永宏的分解方法得出的结果则是城乡差距只占总体差距的 15%—30%，方法和结果上的混乱使我们常常难以判断差距是否过大或不当，重要的是城乡差距与其他的差距影响因素相比较，才会让我们有更清晰的认识，比如说城乡的分别会造成收入差距，而居民就业行业的不同，性别的不同等等也会造成收入差距，那么究竟哪个对差距的影响更大才是我们更关心的，如果结果显示城乡的差距更大，那么政策制定者应该更加考虑对农民进行补贴和加快城市化进程，而如果行业的差距也十分大甚至于超过城乡差距，那么政策制定者应该更加考虑开放行业准入，减少行业垄断，加强竞争，以及采用税收等政策对不同行业的收入进行调节，如果分解的研究发现行业的收入差距贡献相对于城乡差距等因素并不大，那么政策制定者就无须制定多余的政策来调节和控制不同行业的收入，让市场去分配，而不是去扭曲市场机制。用一致的方法估算不同的收入差距的贡献，然后不同收入差距之间进行比较，这是我们更关心的。

第三个方面则是不同国家，地区之间差距的比较，以就业行业造成的收入差距为例，我们或许会计算出我国的就业行业造成的差距和对总体差距的贡献有较高的比例，但是仍然还不足以让我们判断行业差距是否过大，除了上面行业差距与不同差距之间的比较外，我们还需要了解其他国家和地区的情况，如果我们用其他国家的数据，比如美国，测算的结果发现其他国家有更大的行业收入差距和收入差距贡献，那么这说明相比较而言我国的行业间收入差距反而并不算大。

问题是，这三种比较都要求使用的方法应是一致的，而不同的方法得出的结果可比性可能并不是很大，但是现有的收入差距分解的研究成果大量都是应用 Theil 指数等方法实现的，而基尼系数由于分解方法和数据的限制，一直没有得到广泛的应用，因此虽然现在我们又有了一个新的基尼系数分解方法，但是其结果却可能难以

① 由于缺乏微观数据，应用 Theil 指数分解的组内差距经常是各个行政单位之间的差距水平的度量，因此其总体差距并不是真正意义上的总体差距，这也与基尼系数的分解常常是不同的。

与其他的结果比较，这是一个问题，会限制基尼系数群组分解的应用，而如 Theil 指数等方法虽然有其缺陷，但仍是一个应用简便、使用广泛的方法。因此，作为一个研究来说，基尼系数的群组分解的前景是很好的，但其广泛的应用研究恐怕还有一段路要走。

## 参考文献


[1] 陈宗胜：《中国居民收入分配差别的深入研究——评“中国居民收入分配再研究”》，《经济研究》2000 年第 7 期。

[2] 陈宗胜：《关于总体基尼系数估算方法的一个建议——对李实研究员“答复”的再评论》，《经济研究》2002 年第 5 期。

[3] 程永宏：《二元经济中城乡混合基尼系数的计算与分解》，《经济研究》2006 年第 1 期。

[4] 程永宏：《改革以来全国总体基尼系数的演变及其城乡分解》，《中国社会科学》2007 年第 4 期。

[5] 金成武：《离散分布收入数据基尼系数的矩阵向量形式及相关问题》，《经济研究》2007 年第 4 期。

[6] 胡祖光：《基尼系数的理论最佳值和简易计算公式》，《经济研究》2004 年第 9 期。

[7] 李虎：《关于基尼系数分解分析的讨论》，《数量经济技术经济研究》2005 年第 3 期。

[8] 李实：《对收入分配研究中几个问题的进一步说明——对陈宗胜教授评论的答复》，《经济研究》2000 年第 7 期。

[9] 李实：《对基尼系数估算与分解的进一步说明——对陈宗胜教授评论的再答复》，《经济研究》2002 年第 5 期。

[10] 刘学良：《中国收入差距的分解：1995—2006》，《经济科学》2008 年第 3 期。

[11] 徐宽：《基尼系数的研究文献在过去八十年是如何拓展的》，《经济学季刊》2003 年第 2 卷第 4 期。

[12] Bhattacharya, N. and B. Mahalanobis, 1967, Regional Disparities in Household Consumption in India [J], Journal of the American Statistical Association, Vol 62, pp. 143 - 161.

[13] Bourguignon, F., 1979, Decomposable Income Inequality Measures [J], Econometrica , Vol. 47, No. 4.

[14] Blackorby, Charles and David Donaldson, 1980: “A Theoretical Treatment of Indices of Absolute Inequality”, International Economic Review, Vol. 21, No. 1, pp. 107 - 136.

[15] Blackorby, Charles, David Donaldson and Maria Auersperg, 1981: “A New Procedure for the Measurement of Inequality within and among Population Subgroups”, The Canadian Journal of Economics, Vol. 14, No. 4, pp. 665 - 685.

[16] Dagum, Camilo, 1987, Measuring the economic affluence between populations of income receivers [J], Journal of Business and Economic Statistics 5, pp. 5 - 12.

[17] Dagum, Camilo, 1997, A New Approach to the Decomposition of the Gini Income Inequality Ratio [J], Empirical Economics, 22: 515 - 531.

[18] Thomas M. Cover, Joy A. Thomas, 2005, *Elements of Information Theory* [M], 机械工业出版社。

[19] Frank A. Cowell, 2000, *Measuring Inequality* [M], Third Edition, Oxford University Press.

[20] Frank A. Cowell, 1998, *Measurement of Inequality* [M], Handbook of Income Distribution, Volume 1.

[21] Frosini, 1989, *Aggregate Units, Within-group Inequality and the Decomposition of Inequality Measures* [J], Statistica 49 (3): 349 - 369.

[22] Frosini, 1990, *Ordinal Decomposition of Inequality Measures In Case of Dagum Distributions* [M], In: Dagum C., Zenga M. (eds.) Income and Wealth Distribution, Inequality and Poverty, Springer-Verlag Berlin-Heidelberg, pp. 215 - 227.

[23] James K. Galbraith et al, 2004, The University of Texas Inequality Project, http: //utip. gov. utexas. edu/.

[24] Lambert, Peter J. and Aronson, J. Richard, 1993, *Inequality Decomposition Analysis and the Gini Coefficient Revisited* [J], The Economic Journal, Vol. 103, No. 402.

[25] Mookherjee, D. and Shorrocks, A. F., 1982, *A Decomposition Analysis of the Trend in UK Income Inequality* [J], Economic Journal, Vol 92, No. 368, pp. 886 - 902.

[26] Shorrocks, A. F., 1980, *The Class of Additively Decomposable Inequality Measures* [J], Econometrica, Vol. 48, No. 3, pp. 613 - 626.

[27] Shorrocks, A. F., 1982, *On the Distance Between Income Distributions* [J], Econometrica, Vol. 50.

[28] Shorrocks, A. F., 1984, *Inequality Decomposition by Population Subgroup* [J], Econometrica, Vol. 52, No. 6, 1984, pp. 1369 - 1386.

[29] Silber, Jacques, 1989, *Factor Components, Population Subgroups and the Computation of the Gini Index of Inequality* [J], The Review of Economics and Statistics, Vol. 71, No. 1 (Feb), pp. 101 - 111.

[30] Sundrum, R. M., 1990, *Income Distribution in Less Developed Countries* [M], Routledge, London and New York.

[31] Yitzhaki, Shlomo, 1998, *More Than A Dozen Alternative Ways of Spelling Gini* [J], Research in Economic Inequality, 1998, Vol. 8, 13 - 30.

[32] Yitzhaki, shlomo and Lerman, Robert, 1991, *Income Stratification and Income Inequality* [J], Review of Income and Wealth, 1991, 37 (3), 313 - 329.

# 经济二等奖

2

JINGJI ERDENGJIANG

# 自回归及 logistic 离散模型在中国人口预测中的应用

朱兴造　庞飞宇

中国是人口大国，人口问题是一直制约着我国发展的主要因素。能否对中国人口增长作出准确的分析和预测，制定相应得的人口政策，对推进中国的发展有着极为重要的实际意义。下面将引入相关的人口预测理论对中国人口进行预测。

## 一、自回归模型

### （一）一阶自回归 AR（1）预测模型

综合对中国近阶段的人口增长分析，由于现在中国生活环境相对稳定，人口政策是制约人口增长的一个关键因素，由于人口政策的滞后性，导致人口增长也有滞后性。还有近年来人口增长凸显趋于连续。所考虑用回归预测模型。

X（t）为第 t 年中国的总人口

$$X(t+1) = a_1 X(t) + a_0 + \varepsilon_t$$

其中 $\varepsilon_t$ 是随机误差，它是与时间相互独立的并且基本是服从均值为零的正态分布：$\varepsilon_t N(0,\sigma^2)$

考虑人口只是在短期内趋于光滑。所以选取最近六年的人口样本对上面预测方程做线性拟合。

通过 excel 数据拟合，结果如下：

预测模型为：

$$X(t+1) = 0.964 * X(t) + 5417.9 + \varepsilon_1 \tag{1}$$

得到模型（1）的回归系数的估计值在置信水平为 0.05 下的检验统计量如表 2。

**表 1**

单位：万人

| t | X(t+1) | X(t) | 预测值 | 残差 | 预测区间下限 | 预测区间上限 |
|---|---|---|---|---|---|---|
| 2001 | 128453 | 127627 | 128447.794 | 5.2060 | 128378.332 | 128517.2559 |
| 2002 | 129227 | 128453 | 129244.0416 | -17.041 | 129180.4367 | 129307.6466 |
| 2003 | 129988 | 129227 | 129990.1624 | -2.1623 | 129929.385 | 130050.9397 |
| 2004 | 130756 | 129988 | 130723.7513 | 32.248 | 130662.8809 | 130784.6218 |
| 2005 | 131448 | 130756 | 131464.0882 | -16.088 | 131400.2475 | 131527.9289 |
| 2006 | 132129 | 131448 | 132131.1625 | -2.162 | 132062.4728 | 132199.8522 |

**表 2**

| F 统计量 | F 临界值 | p 值 | 显著性 |
|---|---|---|---|
| 23430.9657 | 7.708647421 | 1.09E-08 | 显著 |

由表 2 可以看出 F 统计量远远地超过了 F 的临界值，p 远远小于 0.05，显著性是显著的。还有可以从表 1 看出实际值都落在预测区间内，因而我们可以说模型（1）从整体上看是可用的。

残差分析：残差是相当小的，绝对平均残差为 12.4849027，相对的相对平均误差是 0.00957381%，可见模型的预测效果是非常好。

模型检验：用 1999 到 2005 年的人口数据做样本，建立 AR（1）模型对 2006、2007 两年的结果作预测，在与 2006、2007 年的真是值作对比进行检验。

可得如下结果：

$$X(t+1)=0.9527*X(t)+6885.1+\varepsilon_t \qquad R^2=0.9997$$

可见检验模型的拟合度也是相当高的。

**表 3**

| t | 实际值 | 检验模型的预测值 | 残差值 | 误差 |
|---|---|---|---|---|
| 2006 | 131448 | 131452.5 | -4.50468 | -3.42697E-05 |
| 2007 | 132129 | 132116 | 12.95585 | 9.80546E-05 |

通过表 1-表 3 可以看误差相当小，可以看出检验模型的预测效果是相当好的。从而也可以说明模型（1）的预测效果会很不错。

## （二）AR（1）模型和二阶三阶 AR（2），AR（3）模型对比

1. AR（2）二阶自回归模型

取 2000 年到 2007 年的数据做样本可以得一下预测模型：

$$X(t) = 0.75525385 \times X(t-1) + 0.200149099 \times X(t-2) + 6686.310415 + \varepsilon_t$$
$$R^2 = 0.9998 \qquad (2)$$
$$\varepsilon_t : N(0,\sigma^2)$$

2. AR（3）二阶自回归模型

取 1999 到 2007 年的数据做样本可以的以下预测模型：

$$X(t) = 0.79146098 \times X(t-1) - 0.04472 \times X(t-2) + 0.2003 \times X(t-3) + 7905.2686 + \varepsilon_t$$
$$R^2 = 0.9999 \qquad (3)$$
$$\varepsilon_t : N(0,\sigma^2)$$

相关预测结果及对比分析：

表 4

| 人口(万) | 模型/年份 | 2002 | 2003 | 2004 | 2005 | 2006 | 2007 |
|---|---|---|---|---|---|---|---|
| 真实值 | | 128453 | 129227 | 129988 | 130756 | 131448 | 132129 |
| 预测值 | AR(1) | 128447.8 | 129244 | 129990.2 | 130723.8 | 131464.1 | 132131.2 |
| | AR(2) | 128444.6 | 129245.4 | 129995.3 | 130724.9 | 131457.3 | 132133.6 |
| | AR(3) | 128439.7 | 129245.6 | 129998.3 | 130731.4 | 131460.2 | 132125.9 |
| 残差 | AR(1) | 5.20605 | -17.0416 | -2.16236 | 32.24866 | -16.0882 | -2.16252 |
| | AR(2) | 8.408958 | -18.3625 | -7.25216 | 31.08425 | -9.26417 | -4.61435 |
| | AR(3) | 13.30879 | -18.5652 | -10.2566 | 24.63154 | -12.1853 | 3.066783 |

表 5

| 模型 | 平均误差(%) | 残差标准差 | 人口峰值(稳定值) |
|---|---|---|---|
| AR(1) | 0.00957381 | 16.46044967 | 150414.3361 |
| AR(2) | 0.010108 | 15.98871795 | 149927.1892 |
| AR(3) | 0.0105077 | 15.22929473 | 149175.4081 |

**分析：**从上面可以看出 AR（1），AR（2），AR（3）的预测精度都很高，残差值都很小，平均误差也相当小，可见模型的预测效果很不错。

但各模型还是有差别，可以看出平均误差是模型 AR（1），AR（2），AR（3）依次增高，但相差不是很大，可以得出当数据比较光滑的时候用低阶自回归模型预

测效果会好一些。

从残差的标准差可以看出模型 AR（1），AR（2），AR（3）的预测结果是越来越稳定。

AR（1）的预测效果受数据的光滑度影响较大，当出现异常数据时会对预测结果有很大影响，预测结果也不好。模型 AR（3）受数据的随机性影响较小。

人口峰值是随模型 AR（1），AR（2），AR（3）一次减小，由于模型 AR（1）的预测精度受数据的光滑度影响，直接用上一年的人口来预测下一年的人口，在短期预测中会有很好的预测效果。但在长期预测中，由于人口变化趋势随时间的推移会有很大的改变，所以模型 AR（1）的预测精度就会相对较差。此时 AR（3）模型由于是通过前三年的人口来预测下一年的人口，预测效果会相对好很多。

#### （三）模型应用

通过上面的三个模型可以相应得到如下的结果：

**表 6**

| 模型 \ 年份 | 2008 | 2009 | 2010 | 2015 | 2020 | 2030 | 2040 | 2050 |
|---|---|---|---|---|---|---|---|---|
| AR(1)(万) | 132788 | 133423 | 134035 | 136780 | 139065 | 142550 | 144965 | 146639 |
| AR(2)(万) | 132786 | 133419 | 134029 | 136755 | 139014 | 142436 | 144785 | 146397 |
| AR(3)(万) | 132788 | 133417 | 134022 | 134605 | 138937 | 142257 | 144501 | 146017 |

说明：从上面表 6 可以看出在开始的时候三个模型的预测结果基本一致，后来就有了差距，且 AR（1），AR（2），AR（3）模型一次收敛得较快且预测值也依次变小。在具体模型采用中要根据实际问题具体情况进行选择。

## 二、logistic 阻滞增长离散模型

#### （一）logistic 模型

实际在人口增长中，人口增长率应该主要受当前现有人口规模、资源和环境等因素的影响。一般来说，当人口规模较小时，资源和环境相对宽松，增长会较快些；而当人口规模很大时，资源和环境条件不足，会减缓人口的增长。所以，这里我们假设人口增长率 $r$ 视为现有人口规模 $p$ 的函数：

$$r = r(p)$$

$$\frac{dp}{dt} = r(p)p \tag{4}$$

$$p(0) = p_0$$

这里，简单地将 $r$ 设为 $p$ 的 线性函数：

$$r(p) = r - sp \quad (r > 0, s > 0)$$

这里可以将 $r$ 理解为当人数很少时（理论上是 $r = 0$）的增长率，称为固有增长率。当人口达到最大值 $N$ 时，人口不在增长，此时

$$r(N) = r - sN = 0 \text{ 可得 } s = \frac{r}{N}$$

所以：$r(p) = r\left(1 - \frac{p}{N}\right)$

则方程 2.1 写作

$$\frac{dp}{dt} = rp\left(1 - \frac{p}{N}\right), p(0) = p_0$$

解此微分方程，得

$$p(t) = \frac{N}{1 + \left(\frac{N}{p_0} - 1\right)e^{-rt}} \quad \text{令 } a = \frac{N}{p_0} - 1 \quad a > 0$$

这就是著名的 Logistic 阻滞增长模型。

### （二）模型求解

要确定参数 $N$，$a$ 和 $r$。利用 Matlab 中 cftool 工具箱可以对该函数进行非线性拟合。

拟合需要样本数据，样本的选取是相当关键的。分别选取了 1990—2005 年，1985—2005 年，和 1950—2005 年，发现 1985—2005 年的样本拟合的效果最好。

可得如下结果：

$$p(t) = \frac{1.421 \times 10^5}{1 + 0.369 \times e^{-0.06898t}} \tag{5}$$

其中是取 1985 年为第一年。

### （三）logistic 离散化

将微分方差 $\frac{dp}{dt} = rp\left(1 - \frac{p}{N}\right)$

离散化得：$p_{k+1} - p_k = rp_k\left(1 - \frac{p_k}{N}\right)$

其中 r 和 N 和连续性的意义一样　，它们的值也是相同的。

$\therefore p_{k+1} = (r+1)p_k\left[1 - \frac{r}{(r+1)N}p_k\right]$

设 $b = r+1$，$x_k = \frac{r}{(r+1)N}p_k$

得

$$x_{k+1} = bx_k(1 - x_k) \tag{6}$$

**（四）稳定性分析**

为求其稳定点 解代数方程 $x = f(x) = bx(1-x)$

得 $x^* = 1 - \frac{1}{b}$，　所以 $f'(x^*) = b(1-2x^*) = 2 - b$

当且仅当 $|f'(x^*)| < 1$　$\therefore 1 < b < 3$

即只有在 $1 < b < 3$ 是差分方程 $x_{k+1} = bx_k(1-x_k)$ 的非零平衡点 $x^* = 1 - \frac{1}{b}$ 才是稳定的，从而 $p^* = N$ 才是 $p_{k+1} - p_k = rp_k\left(1 - \frac{p_k}{N}\right)$ 的稳定点。

利用前面 Logistic 非线性拟合得到的参数可得 $1 < b = r+1 = 1.06898 < 3$，从而 N 是稳定的，即从长期看，中国人口会渐趋，达到一个峰值，不再增长。

由上面连续型的模型知 r = 0.06898 N = 142100

可以得出离散预测模型为：

$$\begin{aligned} x_{k+1} &= 1.06898x_k(1 - x_k) \\ p_{k+1} &= 1.06898 \times p_k\left[1 - \frac{0.06898}{1.06898 \times 142100}p_k\right] \end{aligned} \tag{7}$$

且预测出 2006 和 2007 年人口数做模型检验

表 7

| 时间 | 实际人口 | 预测值 | 残　差 | 相对误差 |
| --- | --- | --- | --- | --- |
| 2006 | 131448 | 131476 | -28.0406 | -0.021% |
| 2007 | 132129 | 132127.7 | 1.304722 | 0.000987% |

通过表 7 可以清楚地看出 logistic 离散模型的预测效果相当好。

通过模型可以得到以下结果：

表 8

| 年　份 | 2008 | 2009 | 2010 | 2020 | 2030 | 2040 | 2050 | 峰　值 |
| --- | --- | --- | --- | --- | --- | --- | --- | --- |
| 人口(万) | 132769 | 133940 | 134457 | 138182 | 140129 | 141127 | 141632 | 142100 |

## 三、自回归与 logistic 离散模型比较及分析

自回归模型中 AR（1）模型和 logistic 离散模型在形势上很相似，但是原理是很不相同。两个模型都有较好的预测效果。

### （一）logistic 离散模型

$$p_{k+1} = 1.06898 \times p_k - 4.85433 \times 10^{-7} p_k^2$$

其中 $4.85433 \times 10^{-7}$ 是一个相对较小的数，当 $p_k^2$ 很小时可以近似看做

$$p_{k+1} \approx 1.06898 \times p_k$$

此时人口是几乎以恒定的速度增长，当 $p_k^2$ 渐渐变大时，就会抑制增长，最后达到平衡。这个模型适用于增长的最初过程到最总平衡的整个过程。所以这个模型是适用于长期预测的。

### （二）AR（1）模型

$$X(t+1) = 0.964 * X(t) + 5417.9 + \varepsilon_1$$

由模型可以看出，人口的增长是增长速度在不断减慢地增长，由于中国现阶段正是这样的人口增长的性质，所以此模型在短期内是由很好的仿真效果，可以用来作短期预测。但是此模型不可用来预测人口增长的最初阶段。

自回归模型和 logistic 离散模型都各有自己的优点，在具体问题中可以根据具体问题选用预测模型，以得到最优的预测结果。

## 四、模型评价及小结

自回归在经济领域的利用是很广泛的，但是很少有用来人口预测。在经济领域主要考虑的是滞后性的影响或前后的影响，在人口预测中，由于各年之间人口数有很强的联系，并且人口的增长或减少在短时间内是相对稳定的，所以利用自回归可以很好地来预测发展的趋势。一阶的自回归在短期预测中有相当好的预测效果，但是作为长期预测的话，高阶的相对会好很多。在建立预测模型的时候，选用某阶数的回归模型来作预测，应据实际的情况而定。

Logistic 离散模型是一个很经典的预测模型，在形式上和自回归有很大的相似，但是模型的建立思想却不相同。值得提出的是两个模型对于预测都有很好的效果。

这对于社会国家的发展是很有用的。当然，上面的模型也存在不足，对于偶然事件无法预测，且只是宏观的知道人口的总数，并没有预测出个中年龄结构的人口。不过各种年龄结构的人口数也可依据上面的理论来做预测。

人口是影响一个国家发展的重要问题，是否能够准确地预测未来国家的人口将很大程度上影响着一个国家的发展，人口预测理论也应不断地更新。在各种学科之间的理论是存在着一定联系的，很好地了解各个学科的理论及寻找它们之间的联系必会给我们带来意想不到的应用效果。

## 参考文献

[1] 姜启源，谢金星，叶俊. 数学模型（第三版）[M]. 北京：高等教育出版社 2003. 第210—212 页。

[2] 魏巍. Matlab 应用数学工具箱技术手册 [M]. 国防工业出版社，2004。

# 国际铁矿石定价与中国钢铁企业话语权缺失

吴其勉 陈炳枝

## 一、引言

2010年的铁矿石谈判已经接近了尾声，今年的铁矿石谈判与往年有所不同，焦点不再在于价格的涨幅是多少，而在于是否应该废除延续近40年的传统年度定价模式，改为季度定价。最终三大矿山结盟“季度定价”，4月13日新日铁与巴西淡水河谷公司达成首发价，按季度定价，价格比上一年度上涨92%。中国又一次被孤立，中钢协最终妥协，内地所有钢企均与三大矿山签署临时协议，中国又一次痛失“话语权”。从2005年中国钢企参加铁矿石谈判以来，除了2006年宝钢与巴西淡水河谷达成首发价，粉矿、块矿同比增长9.5%，2009年FMG给予中国低于新日铁与力拓达成的首发价外，其他年份中国都是被迫接受高涨价。痛失“话语权”，令中国钢铁业损失惨重，过去6年中国钢铁商和铁矿石消费者，因价格谈判下铁矿石定价太高，损失高达7000亿元。我国作为铁矿石的最大的进口国，为什么会连续多次丧失“话语权”呢？其中原因值得我们分析和探讨，以期找出相应的对策。

## 二、全球铁矿石市场的贸易结构现状

### （一）世界铁矿石主要供应国家和地区分布情况

世界铁矿石供应主要来自巴西、澳大利亚、印度和南非。从图1可以看出，2008年铁矿石的全球海运贸易量为8.89亿吨，其中巴西淡水河谷（VALE）占31.4%的份额，澳大利亚的力拓公司和必和必拓公司等铁矿石公司总共占34.7%。印度目前已探明铁矿石储量为221亿吨，2008年出口铁矿石1万吨。南非和加拿大也是铁矿石储量丰富的国家，2008年两国分别出口铁矿石0.32亿吨、0.26亿吨。其实世界上还有许多地区有着丰富的铁矿石资源，如玻利维亚和巴西边境的木通（玻）乌鲁库姆（巴西）矿区，铁矿石储量580亿吨，是目前已探明的储量最大的

矿区，但由于交通不便至今未开发。

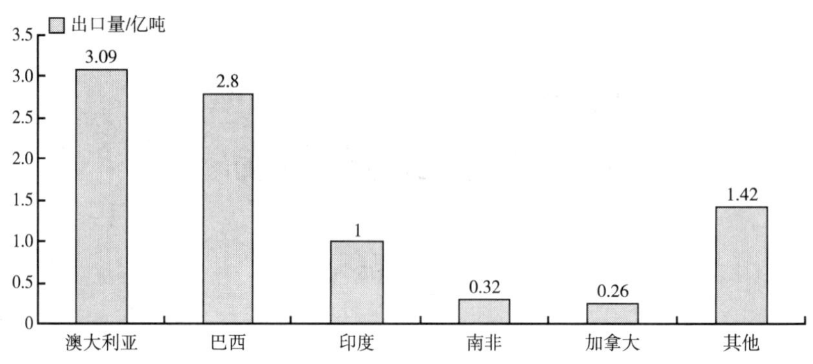


**图 1　世界主要铁矿石出口国**

资料来源：据《中国钢铁统计 2008》整理。

### （二）世界主要进口国家和地区基本概况

20 世纪 90 年代以来，世界钢铁工业稳步发展，中国、日本、韩国以及欧洲主要工业国都是进口国家。自 2003 年来我国一直维持世界铁矿石第一大需求国，由于工业化、城市化的迅速发展，对进口铁矿石需求旺盛。2009 年我国进口达到 6.28 亿吨，占世界铁矿石贸易的 52%。日本是铁矿石净进口国，近年来进口铁矿稳定在 1.1 亿吨，增长缓慢。欧洲为铁矿石净进口国，2008 年进口铁矿石 1.25 亿吨。此外，韩国由于本国钢铁产业的发展也需大量进口铁矿石，2008 年进口量为 0.5 亿吨。这些国家构成了需求量巨大的买方市场。

### （三）世界铁矿石供需双方格局的概况

从上面供需分析看，世界铁矿石贸易格局基本上呈现出双寡头格局，从卖方看主力是铁矿石“三巨头”：澳大利亚的必和必拓公司和力拓公司以及巴西淡水河谷公司组成的“两国三家”。而从买方看主力则是“四大阵营”，包括以新日铁为代表的日本阵营、以宝钢或中钢协代表的中国阵营、以浦项制铁为代表的韩国阵营以及以德国钢厂蒂森克虏伯为代表的欧洲阵营。另外，澳大利亚的 FMG、印度、俄罗斯、乌克兰、南非等一些新兴的铁矿供应公司正在成为迅速崛起的第三方力量。

## 二、国际铁矿石市场垄断价格的形成

### （一）大宗商品国际定价机制

一般来讲，国际市场上大宗商品国际贸易的定价机制问题，其内容包括大宗贸易中潜在的或普遍认可的定价规则和贸易双方所确定的或参考的基准价格两个方面。其方式有两种：一种是对于成熟的期货品种和发达的期货市场的初级产品来说，其价格由最著名的期货交易所标准期货合同的价格决定；另一种是对于尚未受到广泛认可的期货品种或期货市场的初级产品，其价格基本上由市场上的主要买方和主要卖方每年谈判达成。在大多数的大宗贸易中，比如铝、铜、煤炭、石油等，期货市场是形成这类商品基准价格的中心。

但是，铁矿石仍是一种尚未受到广泛认可的期货品种或期货市场的初级产品，所以其价格形成采用后一种方式。

但 2010 年的铁矿石的定价与往年的谈判内容不同的是，废除延续近 40 年的传统年度定价模式，改为按季度定价，让交易价格更接近现货价格。季度定价取代传统的定价模式，为日后的期货定价准备。

### （二）国际铁矿石垄断价格形成的经济模型分析

从供给方面来看，国际铁矿石被三巨头（必和必拓、淡水河谷、力拓）控制，形成寡头垄断市场。三巨头结成价格联盟统一定价，每年铁矿石的供给量稳定增长。从需求方面看，由于需求各方利益不一致，削弱了铁矿石谈判能力。由此可以建立国际铁矿石垄断定价模型，如图 2。

由于铁矿石作为要素市场上的垄断卖主，可以通过控制要素供给量来决定要素价格。在模型图 2 中，如果国际铁矿石市场完全竞争，那么需求曲线 D 和供给曲线 SMC 的交点 A 为市场均衡点，此时，国际铁矿石市场上，铁矿石的供给量在 L1 水平，相应的价格为 $W_1$。但是，在现实的国际铁矿石谈判中，三家卖方立场一致，这加大了卖方的谈判砝码。相比之下，多家买方的立场往往出于各自的某种目的很难达到一致，在价格谈判中往往造成博弈论中的“囚徒困境”，并且由于需求旺盛，对进口依赖度都很高，这又进一步增强了卖方的垄断势力。因此，铁矿石要素卖方

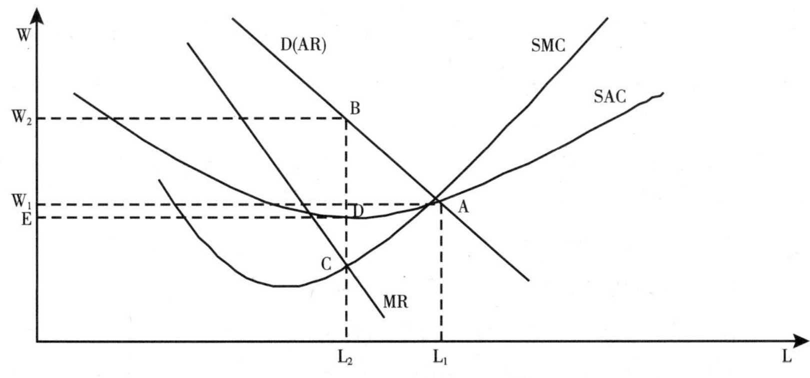


**图 2**

为了获取超额利润，根据 MR = SMC 的利润最大化原则来生产，将把铁矿石的供给量限制在 $L_2$ 的水平，相应的价格为 $W_2$，从而实现超额利润，超额利润量相当于图中的面积 W2BDE。

由此可见，买方为了解决国内铁矿石需求的缺口，只能在铁矿石价格谈判中被迫接受大幅度涨价，以期卖方能够增加铁矿石供给量。

## 三、国际铁矿石博弈中我国痛失定价权的原因分析

### （一）国际原因

1. 国际铁矿石需求各方利益不一致，中日两国存在“囚徒困境”

从当前的铁矿石供需关系看，铁矿石谈判的决定力量在于两大阵营。铁矿石的供应方主要为三大矿山，而铁矿石的需求方主要为中、日、韩、欧美。需求方中我国与日本是最大的两个进口国，但在铁矿石的谈判中双方的利益都不一致，经常都是日本接受三巨头的涨价，三巨头以此逼迫中国接受首发价。因此中日双方就类比“囚徒困境”，中日两国为“囚徒”，而三巨头为“警察”。在谈判中存在四种策略选择：

表 1　囚徒困境博弈

| | | 中国钢铁企业 | |
|---|---|---|---|
| | | 同意涨 | 不同意涨 |
| 日本钢铁企业 | 同意涨 | -2，-2 | 3，-4 |
| | 不同意涨 | 3，-4 | 2，2 |

从长期来看，双方均同意涨价或不同意涨价的利益是一致的。还有一种情况是在现实中不存在的，那就是中国同意涨价而日本不同意涨价，因为不符合中国目前钢铁行业的利益。那么最后一种情况就是日本同意涨价而中国不同意涨价，这正是历次谈判中出现的情况，今年也是如此，三大矿山撇开中国先与日本达成首发价，再以此来逼迫中国。日本的目的是想以此来击垮中国的钢铁业，提高日本钢铁市场的占有率。

2. 国际铁矿石市场处于卖方垄断，三巨头形成卡特尔价格联盟

三大铁矿石巨头必和必拓公司、巴西淡水河谷公司、力拓矿业公司对于整个铁矿石行业的控制力非常强，控制了世界铁矿石出口的 55% 左右，掌控了世界铁矿石 70% 以上的海运量，占据中国 60% 的垄断经营。这三家公司在铁矿石行业处于近乎寡头垄断的地位，有足够的能力左右市场的价格。中铝收购力拓失败后，力拓转向

必和必拓合作。现在“两拓”有兼并合作的意向，如果兼并成功的话，国际铁矿石市场将近乎形成双寡头（“两拓”和巴西淡水河谷）垄断市场，这会对我国钢铁行业产生更为不利的影响。

3. 金融资本渗入铁矿石市场、追求眼前利益，绑架中国钢铁

2010年的铁矿石谈判中，我们发现淡水河谷、力拓、必和必拓这三大矿山公司的股东构成，除淡水河谷的由本国养老基金控股外，力拓、必和必拓都已经被国际金融资本控制。铁矿石谈判不再是单纯的钢铁行业之间的事情，谈判结果更加难以体现市场上买方钢铁企业的基本利益，包括汇丰、摩根大通、花旗等国际金融大佬的利益体现必将贯穿整个谈判的始终。对比三大矿山强大的金融力量背景，中国的钢铁企业显得势单力薄。拥有更强大力量的中投公司等主权基金，没有能在铁矿石谈判中发挥作用。现在三大矿山公司都由金融资本控制，以追求当期最高利益为出发点，具有资本属性的特征，使得“中国定价”模式的实现更加艰难。

### （二）国内原因

1. 我国铁矿石过度依赖进口

如图3，我国铁矿石的进口量从2000年的0.7亿吨到2009年的6.28亿吨，增长了8.9倍，占国际铁矿石贸易的50%以上。对外依存度从2003年为31.6%到2009年的69%，可以说“极度依赖”。同时，进口来源集中度也相当高，澳大利亚、巴西、印度和南非是我国铁矿石进口的主要来源，2009年四国进口量占我国总进口量的87%以上，其中又以澳大利亚、巴西和印度比例最大，分别达到42%、21%和17%，虽然预计随着我国国产量的增加和其他产矿国产量的增加，三国比例会有所下降，但是其作为生产和出口大国的地位难以改变。这种过度依赖度使我国钢企在谈判中处于十分不利的地位。

2. 我国钢铁企业的集中度低，相关企业缺乏一致行动

当前我国有钢铁企业7000多家，但中小企业比重较大，而年产量在500万吨以上的企业则只有20多家。产业集中度CR20为56.71%。据统计，2007年韩国浦项制铁公司粗钢产量占到本国产量的60.61%，德国的蒂森克虏伯、日本的新日铁和JFE公司、美国的美国钢铁公司（USS）、俄罗斯的谢维尔等钢铁企业，其粗钢产量占本国总量都超过了20%。通过比较，可以发现我国钢铁行业的产业集中度相对较低。我国对铁矿石的进口量非常大，而我国钢铁行业的产业集中度却非常低，这样就导致我国钢铁公司或进口商在进口铁矿石时不考虑行业的整体利益，进口市场无序化，这样在国际市场上很难用一个声音说话，缺乏必要的统一协调和自律，可能导致盲目进口和竞相抬价。

3. 我国钢铁行业内部因为利益纠纷被各个击破

国内铁矿石进口秩序混乱，多头对外。虽然拥有进口铁矿石资质的企业在缩减，

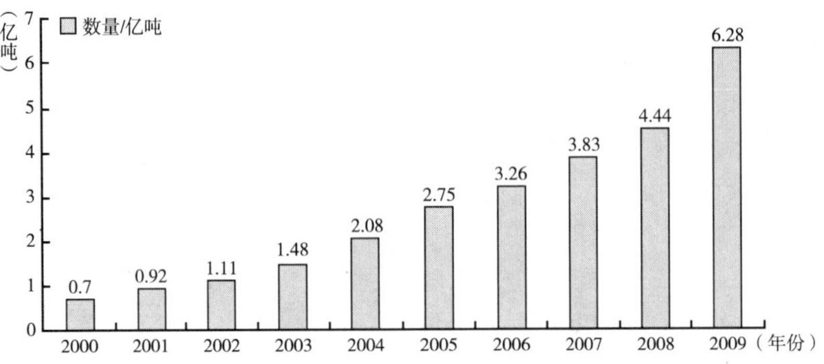


**图 3　中国进口铁矿石数量增长示意图（单位：亿吨）**

资料来源：根据《中国钢铁统计 2008》整理。

但目前拥有铁矿石进资质的钢厂还有 70 家，贸易商 42 家。进口资质的垄断造成了国内企业之间关系的不平等，拥有进口资质和没有进口资质的进口商和厂家之间，存在着利益链（如图 4）。大型钢企代表以及中钢协与三大矿商谈判，签订长期协议，然后由具有铁矿石进口资质的大型钢企和贸易商进口铁矿石，再在国内进行分配。除了由大型钢企自营贸易商进口的铁矿石部分直接进入大型钢企外，其余的铁矿石都以高价卖到了不具有进口资质的中小型钢企。中小钢企采购到的铁矿石的价格相对长协价有了大幅上涨，最高甚至翻番。所以，从力拓等三大矿山取得更多的进口配额，就可能成为某些中国钢企从事“情报”交易的原动力。这也是 2009 年力拓间谍案发生的根本原因。同时还会使得一些中小钢企“倒戈”与铁矿石商签订采购协议，使得中方代表在谈判中处于不利局面。2009 年中钢协与国际铁矿石商的价格谈判正处于胶着中，而 38 家国内中小钢企与巴西淡水河谷签订了总量 5000 万吨的长协矿合同，抬高了现货价格，使得掌握在中方的谈判筹码越来越少。

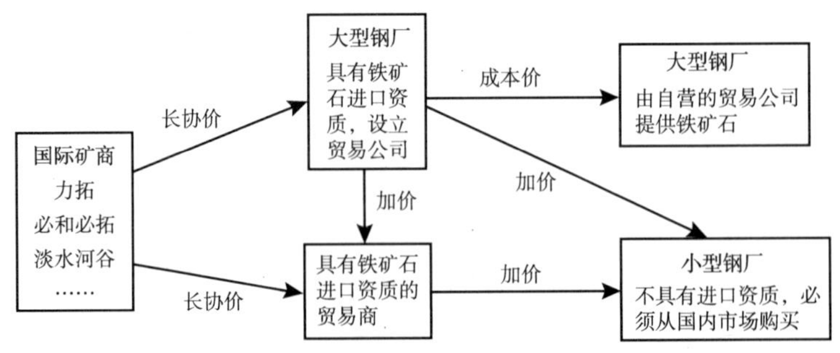


**图 4　进口铁矿石利益链**

资料来源：网易财经，2010 年铁矿石谈判，http：//money.163.com。

## 四、国际铁矿石谈判中增强话语权的对策分析

### （一）加强与日本、韩国的合作，结成价格谈判联盟

过去几年里，日本凭借自身的财力接受铁矿石涨价，企图挤垮中国新兴的钢铁企业。而现在情况是，中国钢铁企业在逐步整合中得到升级和发展，产量从 1996 年突破 1 亿吨到 2009 年的 5.6 亿吨。而日本由于全球经济危机和丰田的召回问题，汽车产量锐减，加重了日本钢铁行业的困境，所以日本钢企希望降低成本，提高竞争力。这个时候正是可以跟日本谈判、结成价格谈判联盟的时机。加强需求各方的合作，摆脱“囚徒困境”，避免我国孤立面对三巨头，有利于在铁矿石谈判中增加砝码。

### （二）利用市场份额，分化卖方的寡头联盟

我国铁资源迅速增长的需求，对于资源拥有国来说，实际上是其矿产业发展的一个重要的推动力量。澳大利亚的必和必拓矿业公司、力拓矿业公司和巴西的淡水河谷公司，在巨额利润的推动下，有许多新的铁矿石开采项目正在加速实施。澳大利亚官方资料表明，2006 年必和必拓、哈默斯利等五大铁矿的新增生产能力就达 7000 多万吨，其他国家的矿山开发力度也在加大。不难看出，铁矿石价格在高位徘徊的时间越久，距离全球产能释放、供需关系发生逆转的时间就越近。巴西和澳大利亚的经济结构单一，铁矿石开采业是其国民经济的支柱产业之一，寡头企业与所在国都希望有更多的定单，获取更大的利益。可以充分利用这一优势，通过有选择的合作与采购，不断分化寡头联盟。如 2009 年澳大利亚第三大铁矿石生产企业 FMG 就倒戈，给予中国更低的铁矿石价格。

### （三）积极参与新的铁矿石定价体系，发展铁矿石期货市场

今年国际铁矿石定价由季度定价替代传统定价，传统的基准定价机制基本被打破，铁矿石定价朝着指数化、金融化定价机制，“三巨头”背后的金融财团是铁矿石指数化定价的最大受益者。既然铁矿石价格金融化是一个不可避免的发展趋势，那么中国有关方面应当积极参与进来，进行新市场的交易、新市场规则的建立、监管等。第一，促进铁矿石市场的充分发育。现代铁矿石市场，应当包括现货市场与期货市场两个市场。第二，择机建立铁矿石期货市场。随着现货市场的充分发展，要将铁矿石期货市场的建立问题，提到议事日程上来，择机建立铁矿石期货市场。第三，支持中国金融机构参与，进行市场分析预测、实际交易活动等。因此，在提高自身铁矿石供应能力的同时积极参与到新的铁矿石定价体系的建设过程中去，在未来新的铁矿石期货市场中拥有自己的话语权。

### （四）开发国内外铁矿石资源，提高铁矿石资源掌控力

近年来我国铁矿石的进口量大幅增加，2009 年进口 6.28 亿吨，对外依存度从 2002 年的 44% 提高到 2009 年的 69%。而我国国内铁矿地质品位平均为 33%，比世界平均品位低 11%，低品位的铁矿石资源在一定程度上不利于中国钢铁业的发展。在中央政府的统筹下，全国应进行一次铁矿石勘探普查工作，尤其是对中国西部资源蕴藏量较为丰富的地区，要找出潜藏在各地的大型矿山，对其进行合理有效的开采，提高自有铁矿石的供应量。同时，中国的优势钢铁企业必须通过资本运作加强自身对国外铁矿石资源的控制权，绕开巴西、澳大利亚矿商到世界其他铁矿石资源丰富的国家开采矿石。这样拓宽铁矿石的进口渠道，有利于降低中国对国际三大矿石巨头的依赖程度。通过利用国内外铁矿石资源，国内优势钢铁企业打造全球原料供应链，有利于提高中国钢铁工业的整体竞争能力，增强铁矿石资源的掌控力。

### （五）逐渐提高我国国内钢铁企业的集中度以及规范铁矿石进口企业

提高钢铁企业的集中度主要通过兼并、合并、股权收购等手段扩大单一钢铁企业的生产规模、市场占有率和技术实力，在这方面，宝钢收购八一钢铁以及与包钢之间的战略合作为国内钢铁企业做出了榜样，在这方面我国政府有必要加大支持力度。对铁矿石进口企业进行进一步的规范，减少进口企业的数量，规范进口行为，避免相互之间的价格恶性竞争。同时，建立钢铁企业与铁矿石进口企业之间的联盟，稳定铁矿石的来源和供应，从而可以从两方面增强在国际谈判中的话语权。

## 参考文献


[1] 高鸿业．西方经济学（微观部分）第四版［M］．中国人民大学出版社，2007。

[2] 苏东水．产业经济学（第二版）［M］．高等教育出版社，2008。

[3] 陈南通．基于产业组织视角的国际铁矿石市场分析［J］沈阳工程学院学报，第 5 卷第 3 期．2009.07。

[4] 吴吉民，吴金和．我国钢铁企业铁矿石定价话语权缺失的困境与对策［J］．经济论坛，2009.09。

[5] 网易财经．聚焦 2010 年度铁矿石价格谈判［EB/OL］．http://money.163.com/special/00253VM2/2010ore.html.2010－05。

# 民营中小企业融资难的成因分析与制度环境构建

王　蕊

## 一、引　言

中小企业是我国国民经济和社会发展的重要力量，是保持国民经济平稳较快发展的重要基础，中小企业对维系民生和维持社会稳定都有着重大意义。据工业和信息化部的数据，截至2009年9月底，全国工商登记企业1030万户，按现行中小企业划分标准测算，中小企业达1023.1万户，超过企业总户数的99%。在1030万户企业中，国有企业共有13万多家①，国有中小企业占85%以上②。通过计算可知，目前我国民营中小企业共有1012.05万家（本文所指的中小企业均指民营中小企业）。目前，中小企业创造的最终产品和服务价值相当于国内生产总值60%左右，缴税额为国家税收总额50%左右，提供了近80%的城镇就业岗位③。然而一直以来，民营中小企业资金短缺问题得不到有效解决，融资难成为制约中小企业发展的重要因素。尤其是国际金融危机发生后，中小企业的生存发展举步维艰，融资困难日益凸显。笔者认为，中小企业融资难的根本原因是信息不对称造成的市场失灵，表现为金融资源配置低下。而政府的经济职能之一就是影响资源配置以提高经济效率④，因此政府有责任履行资源配置职能矫正市场失灵，提高金融资源配置效率。制度环境构建作为履行政府职能的主要工具，应该在解决中小企业融资难题上发挥重要作用。因此，改善中小企业的环境性制度，对于解决中小企业融资问题有着重要意义。

---

① 《国资委表示将关闭长期亏损的国有企业》，《北京周报》2010年第2期。

② 迟福林：《中小企业改革与经济增长》，中国改革论坛，http：//www.chinareform.org.cn/cirdbbs/dispbbs.asp? BoardID = 10&ID = 6226&skin = 0。

③ 《我国中小企业达1023.1万户》，中华人民共和国中央人民政府门户网站，http：//www.gov.cn/jrzg/2009－12/24/content_1495841.htm。

④ 刘京焕、陈志勇、李景友：《财政学原理》，中国财政经济出版社2005年版，第68页。

## 二、造成中小企业融资难的成因分析

民营中小企业融资离不开银行、担保机构和政府的支持。但正因存在如图1所示的种种因素，融资难成为困扰中小企业的长期问题，归根结底是因为信息的不对称。

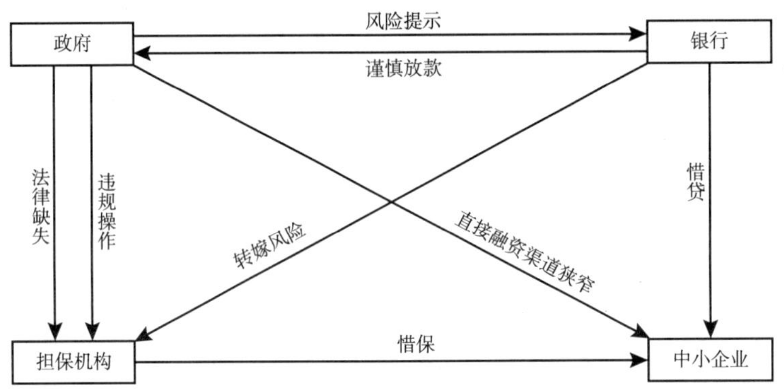


**图1　民营中小企业与相关机构关系图**

### （一）银企之间信息不对称

中小企业获取资金除去内源融资外，最被寄予厚望的外源融资途径之一就是银行贷款。然而，银行贷给中小企业的资金却远远低于人们的预期。

表1中短期乡镇企业贷款与短期私营企业贷款数之和即为中小企业从银行获取的短期贷款数，由于中小企业几乎不可能取得长期贷款，因此短期贷款额可代表中小企业从银行取得的全部贷款。2008年中小企业贷款总额仅占银行总贷款的3.85%，2009年也仅为4.04%。造成银行惜于放贷给中小企业的原因，是银行为了规避风险，减少了中小企业的贷款。根据银监会于2008年6月所做的一项统计，全国小企业贷款的不良率高达22.1%，比全国贷款的平均水平高14.7%。高不良贷款率的背后，是因为中小企业资产少、实力弱、抗风险能力差等，导致中小企业存活率低。数据显示，即使是在金融市场发达的美国，每年新创办的中小企业中至少有40%于当年倒闭，5年后依然存活的比例仅为32%，8年后为19%，10年后为13%①，而在中国由于各种因素中小企业的寿命周期更短。中小企业还贷能力差，

① 《中小企业融资策略》，《金融界》，http://finance.jrj.com.cn/biz/2010/03/1210317099044.shtml。

**表 1　金融机构人民币信贷资金平衡表**

单位：亿元

| | 2006 | 2007 | 2008 | 2009 |
|---|---|---|---|---|
| 各项贷款合计 | 225347.2 | 261690.9 | 303395 | 399683.61 |
| 短期贷款合计 | 98534.4 | 114477.9 | 125182 | 146611.48 |
| 乡镇企业短期贷款 | 6222.0 | 7112.6 | 7454 | 9029.27 |
| 私营企业及个体短期贷款 | 2667.6 | 3507.7 | 4221 | 7121.01 |
| 以上两项合计 | 8889.6 | 10620.3 | 11675 | 16150.28 |
| 以上两项占短期贷款总数比重 | 9.02% | 9.28% | 9.33% | 11.02% |
| 以上两项占各项贷款总数比重 | 3.94% | 4.06% | 3.85% | 4.04% |

数据资料来源：据 2007、2008、2009 年《中国统计年鉴》、《中国统计月报》2010 年第 1 期整理。

给银行带来巨额的不良贷款。银行与企业作为两个市场主体，信息不对称并因此产生道德风险。企业最了解自己的经营情况和还贷能力，但因存在道德风险，贷款初期，企业为了获取贷款，可能伪造财务报表，虚增企业利润，夸大企业还贷能力等骗取银行贷款；使用贷款时，企业可能单方面改变资金使用方向，追求高风险高收益；还贷时逃避还贷。银行无法了解中小企业真实的财务状况，不能把握中小企业的还贷能力，银企之间信息不对称，导致银行只能少贷甚至不贷款给中小企业。

### （二）担保机构与企业之间信息不对称

中小企业无法从银行直接获得贷款，担保机构作为第二来源，也直接影响着企业的融资状况。但现实中，中小企业普遍反映担保机构门槛高，收取过高的担保费用，致使多数中小企业得不到担保。根据 2006 年 11 月国务院办公厅转发国家发改委等五部门《关于加强中小企业信用担保体系建设的意见》第七条的规定，"为促进担保机构的可持续发展，对主要从事中小企业贷款担保的担保机构，担保费率实行与其运营风险成本挂钩的办法。基准担保费率可按银行同期贷款利率 50% 执行，具体担保费率可依项目风险程度在基准费率基础上上下浮 30%—50%"。

可事实上，我国的担保机构以非政府出资为主体，担保机构出于盈利目的收取的担保费用甚至超过 50% 的浮动上限。其原因同样在于担保机构与企业之间信息的不对称引起的"逆向选择"和"道德风险"。"逆向选择"在信用担保市场上，表现为那些具有最大风险的企业往往最积极地寻求信用担保并最有可能取得担保的情况①。担保机构不了解中小企业的经营信息和市场信息，无法对不同风险偏好的企

① 卞亦文、王有森：《中小企业信用担保的信息不对称问题探讨》，《中国管理信息化》2009 年第 4 期。

业设置不同的担保费用，同时还要保证自身的利益，只能采取“一刀切”的做法，设定统一的较高的担保费用。这样一来，统一的担保费用高于风险低企业的预期，风险低的企业选择退出，市场上只剩下高风险企业接受担保，即发生了“逆向选择”。高风险企业倚仗担保机构承担一般保证责任或连带责任，极易诱发“道德风险”，即逃避还款义务，加剧担保机构的风险。担保机构与企业间信息的不通畅导致中小企业担保门槛高，企业通过第二来源获取贷款渠道狭窄。

### （三）银行与担保机构之间信息不对称

担保机构是中小企业与银行之间的桥梁。担保机构先与银行签订合作协议，再与银行协议在一定倍数内承担担保责任并往银行存入一定数量的保证金。之后担保机构即可与企业签订担保合同，收取担保费用。如前所述，中小企业抗风险能力差，担保机构很有可能要履行连带责任。有数据显示，2008 年所调查的全国中小企业信用担保机构代偿比上年增加 11 亿元，达 43.4 亿元；单笔代偿额由上年 30.3 万元增加到 61.2 万元，增加了一倍多①。因此，银行从自身利益出发，将风险全部转移给担保机构，对担保机构要求苛刻。大部分银行对担保机构的注册资本有要求，通常上亿。而截至 2008 年底，注册资本过亿的担保机构为 723 户，仅占担保机构总数的 17%②。同时银行要求担保机构存入数额较大的担保金，严重制约担保机构生存发展空间。担保机构存入银行担保保证金的放大倍数是关系到贷款安全和担保机构效益的敏感指标，也是有效防范担保业务风险，实现担保代偿的前提条件。放大倍数过大易使担保机构风险失控③。之所以造成担保机构与银行风险比例分摊严重不公平、银行过分挑剔担保机构是因为银行在担保机构担保放款后不能跟踪担保机构的总担保金额，无法得知担保机构资产情况和经营状况，即银行与担保机构之间信息不对称给银行带来风险。银行无法承担担保机构的违约风险，因此设置高额的保证金和提高放大倍数，致使担保机构无力为中小企业担保，加剧中小企业融资难题。

### （四）政府与中小企业之间信息不对称

无论是直接从银行贷款或是通过担保机构从银行获取资金，都是间接融资。我国政府也大力倡导直接融资以解决企业融资难，最重要的途径就是大力发展创业板。但据图 2 的数据，2008 年原始股本和企业利润留存、民间融资以及银行贷款分别占中国

---

① 《2008 年度全国中小企业信用担保机构发展概况》，全国中小企业信用担保机构负责人联席会议，http：//www.smecg.org/Html/NewsView.asp？ID = 392&SortID = 26。

② 《2008 年度全国中小企业信用担保机构发展概况》，全国中小企业信用担保机构负责人联席会议，http：//www.smecg.org/Html/NewsView.asp？ID = 392&SortID = 26。

③ 陈青：《亟须规范投资担保机构的运营管理》，《淮海文汇》2009 年第 4 期。

中小企业资金来源的64.2%、14.2%、19.6%，而仅有2.1%的资金是通过发行债券等直接融资方式来解决的。高门槛成为以创业板为代表的直接融资方式的拦路虎。

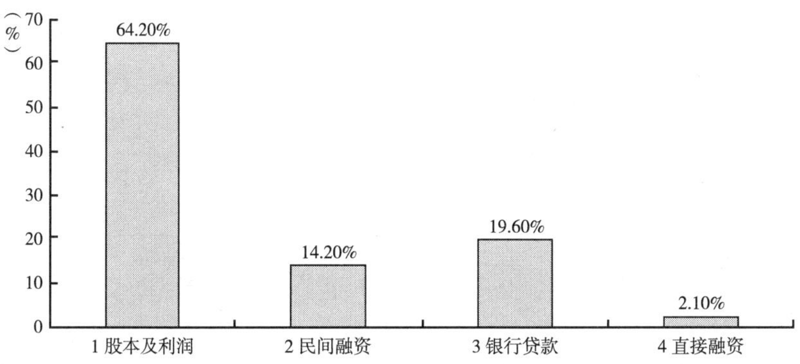


**图 2　2008 年我国中小企业资金来源**①

**表 2　《首次公开发行股票并在创业板上市管理暂行办法》**

| 条　　件 | 创业板 IPO 办法 |
|---|---|
| 盈利要求 | 最近两年连续盈利，最近两年净利润累计不少于 1000 万元，且持续增长；或者最近一年盈利，且净利润不少于 500 万元，最近一年营业收入不少于 5000 万元，最近两年营业收入增长率均不低于 30%。<br>净利润以扣除非经常性损益前后孰低者为计算依据<br>（注：上述要求为选择性标准，符合其中一条即可） |
| 资产要求 | 最近一期末净资产不少于 2000 万元 |
| 股本要求 | 企业发行后的股本总额不少于 3000 万元 |
| 成长性与创新能力 | 发行人具有较高的成长性，具有一定的自主创新能力，在科技创新、制度创新、管理创新等方面具有较强的竞争优势<br>（请参考"两高五新"，即高科技、高增长，新经济、新服务、新能源、新材料、新农业） |
| 募集资金用途 | 应当具有明确的用途，且只能用于主营业务 |

资料来源：以上资料由新浪财经 http://finance.sina.com.cn/stock/cngem/gemschool/20090331/17176048516.shtml 整理而来。

在 2009 年颁布的《首次公开发行股票并在创业板上市管理暂行办法》中，证监会对企业的盈利能力、资产、股本都有很高的要求，并且对企业的性质、潜力和资金用途都有严格规定。因此，2009 年仅有 28 家企业中签，成为首批创业板公司。

① 《中小企业融资策略》，《金融界》，http://finance.jrj.com.cn/biz/2010/03/1210317099044.shtml。

前文的数据显示，中小企业只有 2.1% 的资金是直接融资而来。政府对以创业板为代表的直接融资方式设置高门槛，根本的原因还是政企信息不对称。创业板风险高、不稳定、市场波动大，而我国中小企业数量众多，许多中小企业存在财务制度不健全、内部控制不到位、市场容量小、发展前景小等诸多弊端。国家无法监控所有中小企业，同时也缺乏统一的考核标准。如果放宽创业板的上市标准，创业板势必成为许多投机企业的变现和圈钱工具。政府掌握不了企业的经营状况，出于金融市场的稳定和国民经济的持续健康发展考虑，政府对直接融资设定了高门槛。因此，政企之间信息的不对称也导致了中小企业融资困难。

## 三、解决中小企业融资难题的对策建议

制度环境构建是政府履行财政职能的重要工具，对解决中小企业融资难题有着巨大影响，笔者将着眼于市场体系建设和改善金融资源配置环境以解决中小企业融资过程中信息不对称问题，以促进中小企业顺利融资。

### （一）完善中小企业市场法制环境，加快金融立法，严格执法，营造良好的司法环境

首先，要在法律法规上明确对非公有制经济的保护，确保中小企业享有与国有企业、集体企业相同的法律待遇。其次，要加快促进中小企业发展的金融立法建设。长期以来，我国金融立法进程不容乐观，有关中小企业的法规建设就更加滞后。目前我国仅有的有关中小企业法律就是 2002 年颁布的《中小企业促进法》，但《中小企业促进法》过于粗略不够细化，实际运用中操作性不强。因此笔者建议，要加快促进中小企业发展的实施细则和配套法律法规的建设，同时辅之以新形势新环境下的意见、办法和会计、财税等制度。此外，还要铲除不利于中小企业融资发展的法律法规，突显中小企业弱势地位，真正促进中小企业融资和发展。再次，要严格按照促进中小企业融资发展的法律法规执行，依法惩处给中小企业发展设置障碍行为，取缔给中小企业的乱摊派、乱收费等行为，切实减轻中小企业负担。

### （二）提高中小企业信用等级，构建中小企业征信系统和信用体系

笔者认为，提高中小企业信用等级是解决中小企业融资过程中信息不对称的关键。征信机制的作用在于，在减少信息不对称的条件下，企业与银行多次博弈结果的可能性将更加趋于企业遵守信用①。此机理同样有利于中小企业提高与担保机构和政府之间的信用度。因此，中国人民银行及相关部门应该组织专门机构采集、保

① 汪洋：《通过完善征信机制减少银企信息不对称》，《济南金融》2006 年第 12 期。

存、整理、分析企业的信用信息，建立中小企业信用信息数据库，将中小企业信用信息向银行、担保机构和政府公开并监督企业的信用状况。此外，国家也要制定标准、采取财税等政策支持资信评级业的发展，对中小企业的信用状况划分等级。国家要加快中小企业信用信息分享平台，提供快捷的查询服务，减少出资机构的劳动力成本。尽快实现对中小企业信用状况的社会化监督，驱使中小企业努力提高信用等级。

### （三）大力推进多层次体系化的中小企业综合服务网络建设

中小企业综合服务网络要涵盖中央和地方各级政府，以及金融机构、担保机构、资信评级机构、培训机构、中介机构、管理咨询机构等一切社会力量，组建立体化综合服务体系。首先，打造服务型政府，各级政府及职能部门要切实提高行政效率，缩短时限，方便中小企业生产经营。其次，完善为中小企业服务的金融体系。发挥政策性银行的作用，政策性银行可依托商业银行网点，提供专为中小企业融资的服务业务。各类商业银行要转变服务作风，提高服务质量，积极为中小企业提供政策解读、形势预测、贷款咨询、筹集资金、商业信息等服务，开发新型金融产品方便企业融资。同时健全信用担保体系，完善抵押制度，创新质押方式。再次，国家和各级培训机构要加强对中小企业的培训。提高中小企业管理水平，进行技术、质量检验等全方位培训。复次，推进中小企业信息网络建设，提高企业信息化水平。建立中小企业信息网络平台，分享国家政策、经济信息、市场信息、管理咨询等中小企业生产经营必要的信息，降低中小企业成本。

### （四）完善中小企业绩效考核制度，加强对中小企业经营状况的统计和监测

企业生产经营是一个动态过程，信息不对称存在于其间任何一个环节，道德风险也存在于生产经营的全过程。加强对企业的监测统计工作，完善绩效考核是动态防范中小企业道德风险的解决之道。因此，统计部门和相关部门要研究制定中小企业绩效考核的主要数据指标和测算方法，确保中小企业绩效考核制度科学合理规范。同时要加大审核力度，不断更新中小企业经营状况数据，做好中小企业分类、分析和监测工作，及时向信息需求者发布信息，减少企业和出资人之间的信息不对称。此外，要提高相关工作人员的素质，保证政策的落实质量。可以考虑财政拨款，给中小企业绩效考核制度和统计监测工作提供财力支持，逐步建立中小企业市场监测、风险防范和预警机制。

## 参考文献

[1]《我国中小企业达 1023.1 万户》，中华人民共和国中央人民政府门户网站，http：//

www. gov. cn/jrzg/2009 - 12/24/content_1495841. htm。

[2]《国资委表示将关闭长期亏损的国有企业》,《北京周报》2010 年第 2 期。

[3] 迟福林:《中小企业改革与经济增长》, 中国改革论坛, http: //www. chinareform. org. cn/cirdbbs/dispbbs. asp? BoardID = 10&ID = 6226&skin = 0。

[4] 刘京焕、陈志勇、李景友:《财政学原理》, 中国财政经济出版社 2005 年版。

[5]《中小企业融资策略》,《金融界》, http: //finance. jrj. com. cn/biz/2010/03/1210317099044. shtml。

[6] 卞亦文、王有森:《中小企业信用担保的信息不对称问题探讨》,《中国管理信息化》2009 年第 4 期。

[7]《2008 年度全国中小企业信用担保机构发展概况》, 全国中小企业信用担保机构负责人联席会议, http: //www. smecg. org/Html/NewsView. asp? ID = 392&SortID = 26。

[8] 陈青:《亟须规范投资担保机构的运营管理》,《淮海文汇》2009 年第 4 期。

[9] 汪洋:《通过完善征信机制减少银企信息不对称》,《济南金融》2006 年第 12 期。

[10]《中国创业板与主板上市条件对比》, 新浪财经, http: //finance. sina. com. cn/stock/cngem/gemschool/20090331/17176048516. shtml。

# 区域振兴、地方融资与风险防范

梅德志　　刘　源

## 一、引　言

在“十一五”时期的最后一年，回望中国经济发展，国家重大战略的推进无疑是适合中国未来发展的正确之举。以全盘的国家战略改革试验区和区域经济发展规划重构中国经济的规模形态，不仅有利于发挥经济的比较优势，对于经济的可持续发展有着战略意义。在地方政府存在“土地财政”约束化以及财政困难的背景下，地方融资无疑为区域经济的发展提供了财力保证，但是，区域振兴和地方融资所带来的债务风险不可小觑。

## 二、区域振兴与地方融资

区域振兴，作为国家重大发展战略的一部分，在推进过程中需要政策支持，更需要的是资金支持。地方政府的土地财政发展模式，显然与经济可持续发展相背，合理的债务融资，无疑是保证今后地方政府经济发展的新支柱。地方政府融资平台是必要的保证。

在这种政治经济收益的诉求下，地方融资平台能否保证可持续的资金流量呢?

### （一）我国地方政府融资平台的发展现状①

地方政府融资平台，是地方政府组建的不同类型的公司，包括城市建设投资公司、城建开发公司、城建资产经营公司等；政府通过划拨土地等，组建一个资产和

① 政府到底借了多少债，目前尚无统计数据。原因：一是现行统计体制无法对此数据进行统一；二是地方债务认定方法不一；三是预算法、担保法等法律是禁止地方债务存在的，地方债务数据属于“偷来的锣不敢敲”（时红秀：《财政分权、政府竞争与中国地方政府的债务》，中国财政经济出版社2009年版，第31页）。

现金流大致可以达到融资标准的公司，必要时辅之以财政补贴等作为还款保证，融入资金后重点投向市政建设、公用事业等项目。① 我国地方政府融资平台发展迅速，特别是2008年以后，中国为应对经济危机实施的刺激经济计划，客观上为曾已基本关闭的地方融资平台重新打开了新一轮扩张的窗口。② 来自监管部门资料显示，从2008年底以来，地方政府投融资平台的数量和融资规模呈现飞速发展的趋势，截至2009年10月，全国共有3800家以上的各级政府投融资平台，其中70%以上为县区级平台公司。2008年初，全国各级地方政府的投融资平台的负债总计1万多亿元，到2009年10月，则迅速上升到5万亿元以上，其中绝大部分来自于银行贷款。③截至目前，全国8000多家各级政府融资平台，银行贷款余额近6万亿元。尤其是在融资平台贷款中，项目贷款余额近5万亿元，占全部融资平台贷款的比例已经超过80%。据保守估计，2009年地方融资平台形成的各级政府隐形债务已达5万亿元。另据权威人士估算，到2009年底，通过各地融资平台放贷形成的贷款余额约为6.3万亿至6.5万亿元。④ 地方政府债务规模增长迅速，银监会统计数据表明，全国有13个省融资平台贷款余额是当地财政总收入的1倍以上，更有甚者达到3.2倍。县级财政可自主支配的财力少，但数量多，占融资平台总数的六成，贷款总额1.44万亿元，其负债情况、偿债能力都令人担忧。⑤

与地方融资平台数量和规模的日益扩大形成反差的是，地方政府投资公司的盈利情况并不理想。央行的调研结果显示：2009年5月末，全国共有政府投融资平台3800多家，总资产近9万亿元，负债已上升至5.26万亿元，平均资产负债率约60%，平均资产利润率不到1.3%，特别是县级平台几乎没有盈利。⑥

### （二）地方政府融资的未来的跨期性“挤出效应”

短期来看，地方政府融资效益不高。为应对金融危机的冲击，2008年11月，积极的财政政策和适度宽松的货币政策实施以来，国家信贷投放速度增长异常迅速，

---

① 刘尚希：《政府投融资平台：被逼出的“旁门左道”?》，《人民论坛》2010年1月（上）第1期（总第227期）。

② 《中国地方融资平台规模大　官方将严格规范除风险》，中国新闻网，http：//www.chinanews.com.cn/cj/cj-gncj/news/2010/03－06/2155308.shtml，2010年3月6日。

③ 《杨泽柱：规范发展地方政府投融资平台》，中国证券网，http：//news.cnstock.com/zhuan_ti/2010lianghui/lhtaya/201003/413508.htm，2010年3月9日。

④ 《地方融资平台规范破题》，新浪财经网，http：//finance.sina.com.cn/g/20100315/15067567189.shtml，2010年3月15日。

⑤ 《杨泽柱：规范发展地方政府投融资平台》，中国证券网，http：//news.cnstock.com/zhuan_ti/2010lianghui/lhtaya/201003/413508.htm，2010年3月9日。

⑥ 《地方政府被指融资链面临断裂 负债超5万亿》，《中国经济周刊》2010年第8期。

仅2009年上半年信贷投放高达7.37万亿元。① 国家高速投放信贷，支持和鼓励地方政府广建投资平台，目的是尽早摆脱金融危机的影响，防止经济继续衰退和下滑，但实际效果并不如预期所想。虽然地方政府组建投资平台，进行基础设施建设、基础产业和经营城市建设由来已久，但是投融资平台发挥的主导作用不明显。地方政府大规模融资、借款，短时间内聚集了大量流动货币，降低了有效货币供给量，直接制约了宏观货币政策的调整空间。部分地区，地方政府融投资进行的项目和工程建设，主要是出于政绩考核的需要，斥巨资大搞政绩工程和形象工程。在没有进行充分的、科学的科研论证，投资缺乏科学依据的前提下，项目决策主要依靠领带拍脑门、拍胸脯。至于投资领域正确与否、项目成活率高低已降至次要位置。2008年到2009年，地方政府融资平台降低高速增长的大量信贷投放到一些大型中长期建设项目中，商业银行借款规模大，占用周期长，这样就对未来年度信贷投放造成挤占，也使一些工程后劲不足，成为“烂尾工程”和“半吊子工程”。

长期来看，为促进地方经济发展，保护和支持本地产业和工业，一些地方政府重视组建本地区的政府融资管理体制和机制，组成地方特色较浓的管理机构，搭建当地的政府融资平台。但是，在一定程度上对民间资本和外来资本形成了阻碍及造成了挤占，进而延缓和组织了本地区要素的合理流动，造成了价格扭曲和生产扭曲，不利于地区比较优势的发挥，也不利于形成地区漏斗效应和集聚效应，容易形成保护落后、排斥先进的现象。地方政府融资规模扩张过快，在未来会由于偿还债务问题导致民生支出不足的基础效应。

### （三）偿债期的现金流压力

一般来讲，地方政府偿债主要依托于基础设施、土地收益、房地产税收以及财政收入。但是由于这些途径的特殊性，地方融资面临偿债期的现金流压力。

1. 基础设施本身不以盈利为目的。基础设施建设的特点就是使用的公有性和服务的非营利性，公共效益显著，盈利效益甚微，这决定了它一般由政府来组织供给、投资及经营，而政府提供公共产品并不是以盈利最大化为目标。

2. 土地收益不可持续。土地收益（如土地出让金）不可持续，不能成为地方政府长久稳定的收入来源。一旦土地收益大幅缩水，将导致地方财政难以为继。过度的土地出让能够保证目前政府的财政支出，但长远来看，一旦土地售完卖光，以后的经济增长难以持续，政府的财政收入也难以保障，土地出让收入显然具有不可持续性。而且土地出让收入作为非税收入，受政府经济调节政策影响较大，收入来源不稳定。

---

① 马海涛、邓鸿志、任文：《后金融危机时期我国地方政府投资融资》，《经济研究参考》2010年第10期。

3. 房地产税收可能随房地产调控政策波动。房产税作为一项重要税种，是国家宏观调控手段的有效政策。政府通过法律与制度安排来调整国内房地产市场严重的利益不均衡，而税收政策就是其中不可或缺的工具。宏观调控政策正是基于经济形势变化而不断调整以符合国家长期发展需要，所以房产税容易受到房地产调控政策影响。

4. 财政收入在一定时期内的增长能力有限。财政收入分为税收收入、国有资产收益、国债收入和收费收入以及其他收入。我国财政收入主要以税收收入为主，如2009年税收占财政收入的比重为86.91%①。财政收入在一定时期内增长能力是有限的，体现在税收中“合理负担”原则，即在组织财政收入时，按纳税人收入的多少，采取不同的征收比例，实行负担能力强的多负担，负担能力弱的少负担。而财政收入的增长与经济发展状况密切相关。这些因素决定了财政收入增长能力具有有限性。

通过上述分析，地方政府融资虽然在短期内可以满足区域振兴规划的资金需求，但是，以目前债务融资的情况来看，债务融资可能面临着现金流的不确定压力。

## 三、地方性融资与地方政府债务风险

### （一）地方性融资的放大是否会导致地方政府债务风险

改革开放以后，我国的地方政府有了相对独立的地方利益，“中国式的权力下放使地方政府获得了颇大的自治，也给地方行政当局创造了为地方繁荣而努力工作的动力”。② 随着中国市场经济的发展，特别是20世纪90年代东南亚金融危机和2008年世界金融危机的爆发，整个社会的风险意识空前提高，政府债务风险问题引发了更多的关注。2008年以来，一些地方政府或因地方政绩工程的需要，或因建设新区和高科技园区的需要，或因贯彻执行国家一揽子经济刺激计划的需要，不顾地方政府负担实际和地方经济发展现实，超负荷、超规格、超标准、超前进行融资和投资，形成大量的新增债务和或有债务，给地方政府造成了沉重的债务负担。债务软约束机制助长了地方政府欠债心理。对于具体的投融资平台来说，凡是不能够通过自身经营、项目收益偿还的和上级政府以致中央政府买单偿还的贷款，在中央财政兜底和偿债软约束机制下，最终会转嫁为商业银行的不良资产，这是普遍存在的不争事实。

从总量上看，地方政府债务规模数以万亿计，并可能随时间推移而继续放大。

---

① 来源于国家统计局《2009年国民经济和社会发展统计公报》，国家统计局网站，http://www.stats.gov.cn/。

② 世界银行：《1999/2000世界发展报告：迈向21世纪》，中国财政经济出版社。

据有关资料显示，目前全国近40%的县一级净负债率超过2300亿元，村级负债则超过2500亿元。此外，乡镇政府的债务每年还以200多亿元的速度在递增。① 如此巨额的债务与地方政府目前有限偿债能力严重不对等，在一些地方也引发了局部性债务风险，出现了支付危机。我国地方政府债务风险一旦形成并引发地方财政支付危机，一方面将会大大限制地方政府对基础设施、教育、科技等地方公务产品的投入，使经济发展的外部环境难以改善，延缓地方经济发展；另一方面国有企业破产财政兜底、下岗人员生活费和离退休人员养老金等支出缺口，不仅会影响政权运转、群众生活，严重的将会使国家金融和经济安全、社会和谐稳定遭受巨大的冲击。

政府政绩观助推下的超常规发展在很大程度上也会助长这种风险。基于发展地方经济的强烈愿望，在以投资带动为主要特征的经济增长方式刺激下，地方政府纷纷依靠"负债经营"实现经济增长和扩张。即便是在中央加大宏观调控力度，防止经济过热的时候，由于地方政府间客观存在的利益博弈和财政竞争，地方政府依然通过各类投资公司形式的政府融资平台进行各种变相融资，使中央政府的监管变得更加困难。当然，地方政府适度的"负债经营"有其积极的一面，合理的债务融资是保证今后地方经济发展的新支柱，但是不考虑本地区的偿债能力，其结果必然是进一步加重地方政府债务风险。以湖北和重庆为例，2010年湖北省推出12万亿的投资计划，截至目前，全省重大项目已入库3.76万个，投资规模达12.06万亿元。② 2009年，湖北省GDP约为1.28万亿元，这一投资计划，几乎接近湖北省GDP的10倍。此番高达12万亿的投资计划资金，湖北省将综合财政、信贷、直接融资、吸引民间资本的多渠道进行筹资。比如，2012年以前重大项目的投资计划6万亿元中，各级财政性资金将分担4300亿，国内贷款争取7700亿，各级企事业单位自筹资金目标则为32500亿；此外，拟利用债券市场和FDI（Foreign Direct Investment，国际直接投资）等渠道筹资5600亿元。近1万亿元的资金缺口，将扩大民间投资、加强招商引资。③

2010年，重庆市发改委公布的上万亿投资计划项目中，覆盖了交通、能源、城市基础设施、园区基础设施、节能减排及生态建设、水利基础设施、社会民生、科技、工业、农业产业化、商贸流通、房地产等13大类。事实上，新的万亿投资计划，仅仅是重庆市未来庞大投资蓝图的一部分。政府正大力推进事关"十二五"发展、"两江新区"建设等重大项目的前期工作，将围绕"西三角"、成渝经济区、统筹城乡综合配套改革等战略规划，策划重大项目，形成"十二五"重大项目库，储

① 何志浩：《转轨时期地方政府债务风险及其防范》，《技术经济与管理研究》2009年第6期。

② 《湖北调整重大入库项目 投资总规模逾12万亿元》，中国新闻网，http://www.chinanews.com.cn/cj/cj-gncj/news/2010/03-22/2183884.shtml，2010年3月22日。

③ 《湖北12万亿投资计划曝光 接近于湖北省GDP10倍》，搜狐新闻，http://news.sohu.com/20100324/n271047627.shtml，2010年3月24日。

备投资规模达到2万亿元。①

地方政府没有节制的大规模融资，有一个很重要的原因，就是对上级政府救助的乐观预期，在经济转轨过程中，受传统计划体制的影响，加上我国目前政治及行政体制改革步伐的滞后，地方政府一方面不断要求中央政府下放权力（包括政治和经济的），另一方面却没有能够承担起相应的责任。地方官员普遍认为地方政府经济或财政出了问题中央绝对不会坐视不管。再加上地方政府任期制不可避免的短视行为，地方政府在享受公共融资所带来的经济增长、税收增加等好处的同时，较少考虑本地区的偿债能力和未来可能发生的风险。在信贷收紧，融资平台面临整顿，特别是经济充满着不确定因素的局势下，在政府政绩观助推下，大规模的投资面临着巨大风险，天量投资易引发地方政府的债务危机。

### （二）地方政府直接债务规模估算

世界银行学者汉纳·普拉科娃（Hanna Polackova）发展和完善的财政风险矩阵模型认为，政府债务可以用两对概念组合来表示，即政府债务可以是直接的或者或有的，显性的或者隐性的。直接债务分为直接显性债务和直接隐性债务；或有债务包括或有显性债务和或有隐性债务。② 很多学者对地方政府直接债务规模进行了估算，认为2002年直接债务达到58186亿元③，2003年62297.45亿元④，2004年19985亿元⑤，2005年22886亿元⑥，2006年26358.88亿元⑦，2007年32162亿元⑧，2008年则超过3亿元⑨，2009年约为7．38万亿元⑩。2002年到2009年全国

① 《重庆推出1万亿投资计划》，网易财经，http://money.163.com/10/0406/05/63IJNTVN00252G50.html，2010年4月6日。

② Hanna Polackova Brixi：Contingent Government Liabilities：A Hidden Risk for Fiscal Stabihty，Research Working Paper，The Word Bank，1998.

③ 刘尚希、赵全厚：《政府债务：风险状况的初步分析》，《管理世界》2002年第5期。

④ 呼显岗：《中国财政风险研究》，西北大学博士学位论文，2006年6月。

⑤ 范柏乃、张建筑：《地方政府债务与治理对策研究》，《浙江大学学报人文社会科学版》2008年第2期。

⑥ 范柏乃、张建筑：《地方政府债务与治理对策研究》，《浙江大学学报人文社会科学版》2008年第2期。

⑦ 范柏乃、张建筑：《地方政府债务与治理对策研究》，《浙江大学学报人文社会科学版》2008年第2期。

⑧ 财科所课题组：《我国地方政府债务态势及其国际借鉴：以财政风险为视角》，《改革》2009年第1期。

⑨ 贾康："聚焦地方政府债务风险"，《半月谈》，通过新华网间接获得，http://news.xinhuanet.com/fortunel/2009-04/08/content_1114909/htm。

⑩ 《房价调整威胁地方融资平台堰塞湖》，中国证券报，从中金在线间接获得，http://news.cnfol.com/100512/1011277768417600.shtml，2010年05月12日。

GDP 分别为：120332.7 亿元、135822.8 亿元、159878.3 亿元、183084.8 亿元、210871 亿元、246619 亿元、314045 亿元、335353 亿元。[①] 近几年我国地方政府直接债务规模日益扩大且增加迅速，如表 1 和图 1 所示。

**表 1　2004—2009 年我国地方政府直接债务情况**

| 年　　份 | 2004 | 2005 | 2006 | 2007 | 2008 | 2009 |
|---|---|---|---|---|---|---|
| 直接债务 | 19985 | 22886 | 26358.88 | 32162 | 30000 | 73800 |
| 国内生产总值(GDP) | 159878.3 | 183084.8 | 210871 | 246619 | 314045 | 335353 |
| 负债率(债务/GDP) | 12.50% | 12.50% | 12.50% | 13.04% | 9.55% | 22.01% |

数据来源：GDP 由国家统计局网站数据整理。

地方政府直接债务负债率已超过 20%，尽管与国际公认的警戒线围 45%，欧盟国家的警戒线围 60% 相差很远，考虑到我国财政收入占 GDP 的比重为 20% 左右，与发达国家的 40%—60% 相距甚远，因此，我国的负债率警戒线应设定在 20% 为宜。[②]

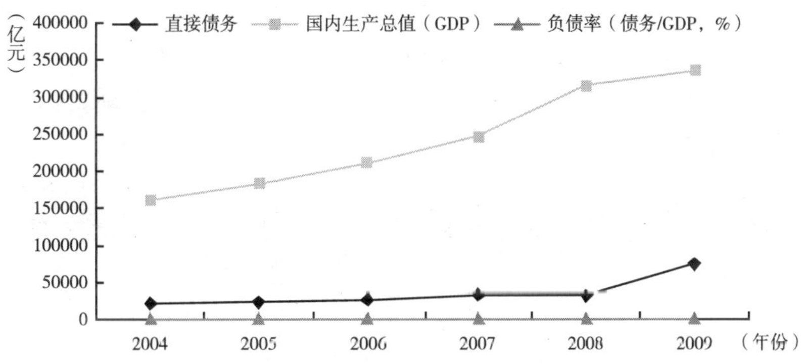


**图 1　2004—2009 年地方政府直接债务变化情况**

也有学者认为，我国应该采用国家综合负债率，除了考虑显性债务月占 GDP 的比重，同时也考虑国有银行坏账占 GDP 比重，这比仅用政府内外债余额占 GDP 比重要更全面，综合负债率的警戒线可设定在 70%—75%，但综合负债率指标对地方政府不适用。[③] 同时，考虑到 GDP 中包含有中央部分，地方直接债务以外还存

① 由国家统计局网站数据整理而得，国家统计局 http：//www.stats.gov.cn/。

② 裴育：《构建我国财政风险预警系统的基本思路》，《经济学动态》2003 年第 9 期。

③ 米建国、倪红日：《我国财政赤字与债务规模预警系统的初步研究》，《涉外税务》2002 年 4 月 2 日。

在大量债务的现实情况，以及负债率的上升趋势，如图2所示，地方债务风险不容小视。

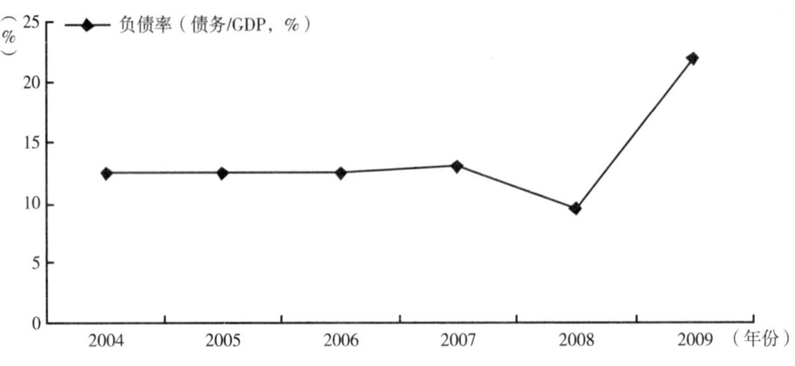


**图2　2004—2009年地方政府债务率情况变化**

### （三）地方政府或有债务的估算

政府或有债务是指政府所承担的直接债务以外的债务。① 我国地方政府或有债务规模巨大且增长加快。各省粮企财务挂账，各级政府在发展经济和社会文教事业，配置财源过程中的财政亏空，社会保障基金特别是养老金的支付缺口都形成了地方或有债务。范乃柏（2008）估算2005年、2006年地方政府或有债务分别为34786亿元和40065亿元②，财政部科研所课题组（2009）则指出2007年地方政府直接债务以外的担保债务和政策性挂账达到8997亿元③，2008年有学者估算地方或有债务约为18320亿元④，2009年则超过50000亿元⑤。

通过上述分析，我国地方政府债务存在风险隐患，需要得到关注。政府过度负债可能会导致未来偿付的风险。在推进地方政府融资替代“土地财政”形成地方政府财力形成新机制过程中如何进行风险防范显得尤为重要。

---

① 国际会计师联合会公布的政府国家会计准则将或有债务（负债）定义为，政府由于获得某种经济利益而承担的，产生于过去某种事项并且在将来会导致政府资源流失的现有责任。（国际会计师联合会，1998年）

② 范柏乃、张建筑：《地方政府债务与治理对策研究》，《浙江大学学报人文社会科学版》2008年第2期。

③ 财科所课题组：《我国地方政府债务态势及其国际借鉴：以财政风险为视角》，《改革》2009年第1期。

④ 宏观经济研究院“地方政府融资研究”课题组，《地方政府建设性债务的可持续》2009年第11期。

⑤ 尹中立：《警惕地方财政的负债风险》，FT中文网，http：//www.ftchinese.com/story/001029584，2009年11月9日。

## 四、结论及政策建议

### （一）结论

区域振兴计划的战略是正确的，但是在中国财政风险兜底、政府责任上移，特别是在GDP政绩观推动的情况下，可能导致地方政府融资的行为扭曲，在区域振兴计划的获取，导致上项目、疯狂投资的投资冲动，短期内产生挤占民间投资的挤占效应，最后，长期累积放大地方政府的债务风险，产生由于资金不足而导致的地方政府民生性支出困难等系列问题。

### （二）政策建议

1. 严格监管机制，防范地方政府融资平台问题

严格监管，首先从制度上对接。完善相关立法，使地方政府融资尽快回归到法制、透明的轨道上来，规范地方政府融资行为。政府银行平台发布相关管理制度和办法，使政府平台贷款的使用和管理健康发展。其次，建立风险防控机制。政府搭建组织征信架构，银行打造社会诚信平台监督模式，合理确保经济目标实现。再次，增加政务公开力度，制定财政信息披露制度，加强各级立法部门和社会公众对政府行为的监督能力，建立地方问责制度；加强社会诚信力量的建设，营造社会诚信环境，推动建立信息公开披露制度。①

2. 改变以GDP为纲的政绩观念

淡化上级政府对下级政府的经济发展考核指标，改变长期以来以GDP为纲的政绩观念，将地方政府的职能从经济发展与经济建设方面转换到公共管理和公共服务上来，通过政府职能调控，加大地方经济的市场化程度，推动地方经济发展。坚决杜绝“政绩工程”，要改革和完善地方干部考核选拔机制，用科学发展观来衡量干部的政绩，防止出现新的“政绩工程”，避免产生新的“政绩工程”负荷。完善政府绩效评价体系，减轻地方政府财政支出和债务压力。

3. 防范资本风险冲击实体经济，对待房地产泡沫要警惕成立预警机制

推进金融改革，建立健全货币市场、资本市场、保险市场有机结合、协调发展的机制，维护金融运行和金融市场的整体稳定，进一步提高金融风险预警能力与管控能力，防范资本风险冲击实体经济、防范系统性经济风险。警惕依靠房地产的发展来拉动经济增长的发展模式，防范房地产泡沫风险，要转型为将经济增长建立在

---

① 国务院总理温家宝在政府工作报告中提出，“切实加强政府性债务管理，增强内外部约束力，有效防范和化解潜在财政风险。”

制度改进与技术创新的本位上来。始终把经济发展的着力点放在提高投资质量和资本积累的有效性上面，将经济增长的重心转到更多地依靠技术进步，以给资本寻找新的投资渠道和创造新的需求，增强中国经济发展的内生性和自主性，最终实现经济增长方式的根本转变。

## 参考文献

[1] Hanna Polackova Brixi, Contingent Government Liabilities: A Hidden Risk for Fiscal Stability, Research Working Paper, The Word Bank, 1998.

[2] 米建国、倪红日:《我国财政赤字与债务规模预警系统的初步研究》,《涉外税务》1999年第8期。

[3] 刘尚希、赵全厚:《政府债务：风险状况的初步分析》,《管理世界》2002年第5期。

[4] 裴育:《构建我国财政风险预警系统的基本思路》,《经济学动态》2003年第9期

[5] 呼显岗:《中国财政风险研究》，西北大学博士学位论文，2006年6月。

[6] 范柏乃、张建筑:《地方政府债务与治理对策研究》,《浙江大学学报人文社会科学版》2008年第2期。

[7] 财科所课题组:《我国地方政府债务态势及其国际借鉴：以财政风险为视角》,《改革》2009年第1期。

[8] 何志浩:《转轨时期地方政府债务风险及其防范》,《技术经济与管理研究》2009年第6期。

[9] 薛刚:《中国地方财政发展研究报告——湖北省县乡政府债务问题研究》，经济科学出版社2009年版。

[10] 时红秀:《财政分权、政府竞争与中国地方政府的债务》，中国财政经济出版社2009年版。

[11] 马海涛、邓鸿志、任文:《后金融危机时期我国地方政府投资融资》,《经济研究参考》2010年第10期。

[12] 刘尚希:《政府投融资平台：被逼出的“旁门左道”?》,《人民论坛》2010年第1期。

[13]《杨泽柱：规范发展地方政府投融资平台》，中国证券网，http://news.cnstock.com/zhuan_ti/2010lianghui/lhtaya/201003/413508.htm，2010年3月9日。

# 中国制造业的国际外包与生产率增长

## ——基于服务外包和实物外包的双重度量

汪　丽　　贺书锋

国际外包作为新兴的资源组织模式自出现以来得到了突飞猛进的发展，越来越多的国家参与到国际外包的进程中，而这一进程主要是依靠制造业国际外包来实现。

由于国际外包的重要性，大量的研究开始关注国际外包的原因和结果，其中最重要的两个方面就是国际外包对生产率和就业的影响，本文关注的重点是国际外包对生产率的影响。标准的国际贸易理论告诉我们专业化的加深导致国际外包的增加，进而有利于资源更有效的全球配置。Egger et al.（2006）研究欧盟成员国实物国际外包与低技术劳动的生产效率，发现在短期内低技术劳动者的生产率会由于国际外包而降低，长期则会增加。Amiti and Wei（2005）利用美国所有行业的数据分析证明，服务业离岸外移与劳动生产率之间有很强的相关性，而制造业中间投入中实物外包对劳动生产率的影响微乎其微。Gorg and Hanley（2003）对爱尔兰1990—1995年间的数据进行研究分析，他们发现服务业离岸外移对电子行业的生产率会产生积极的影响，同时也发现同时期有形产品的离岸外移对生产率的影响不显著。Girma and Gorg（2003）发现在1980—1992年期间，英国服务业离岸外移对劳动生产率和全要素生产率都会产生正的影响。Gorg，Haley and Strol（2008）采用爱尔兰制造业企业层面的数据实证证明了服务外包与全要素生产率之间存在正效应。

大量的实证研究关注于发达国家国际外包的发展和影响，而忽略了发展中国家正在发生的改变。对发展中国家国际外包的实证研究不仅能在学术上完善对外包的研究，而且能帮助我国等发展中国家对外包的经济效应有更为正确和深入的理解，从而制定有利于本国经济发展的外包政策。本文参考Amiti and Wei（2009）的方法区分制造业国际外包为服务外包和实物外包，希望能从实证方面揭示服务外包和实物外包分别对我国制造业生产率变动的贡献，并对我国发展相应的生产者服务业有所启发。

# 一、模型与数据

## （一）模型设定

国际外包对生产率影响的分析一般做法是通过生产函数法估计生产率来实现，所以我们先建立生产函数。

$$Y_i = A_i(oss_i, osm_i)F(L_i, K_i, M_i, S_i) \tag{1}$$

其中 $Y_i$ 是产出，$L_i$ 是劳动投入，$K_i$ 是资本投入，$M_i$ 是中间实物投入，$S_i$ 是中间服务投入，$A_i$ 为技术变迁因素，且 $A_i$ 为服务外包 $oss_i$ 和实物外包 $osm_i$ 的函数。

按照生产率研究文献的经典做法，本文的模型也是基于扩展的柯布—道格拉斯生产函数。在传统柯布—道格拉斯生产函数基础上，在投入要素中加入实物投入和服务投入，技术变迁是服务外包和实物外包的函数。

$$Y_{it} = A_{it}F(L_{it}, K_{it}, M_{it}, S_{it}) = A_{it}L_{it}^{\alpha}K_{it}^{\beta}M_{it}^{\gamma}S_{it}^{\delta} \tag{2}$$

$Y_{it}$是第 i 个行业在时间 t 的产值，$A_{it}$，$L_{it}$，$K_{it}$，$M_{it}$，$S_{it}$分别代表技术水平、劳动投入、资本存量、实物投入和服务投入。α，β，γ，δ 分别为劳动的产出弹性、资本的产出弹性、实物投入的产出弹性和服务投入的产出弹性。

根据本文研究需要，技术水平被看做服务外包和实物外包的函数，因此假定：

$$A_{it} = A_{i0}e^{(OSS_{it}c1, OSM_{it}c2)} \tag{3}$$

$OSS_{it}$，$OSM_{it}$分别指服务和实物的国际外包。把（3）式带入（2）式，并两边取对数得到：

$$LnY_{it} = c_{i0} + c_1OSS_{it} + c_2OSM_{it} + \alpha LnL_{it} + \beta LnK_{it} + \gamma LnM_{it} + \delta LnS_{it} \tag{4}$$

根据上述理论模型建立的待估计实证模型如下：

$$LnY_{it} = \partial_0 + \partial_1OSM_{it} + \partial_2OSS_{it} + \partial_3LnM_{it} + \partial_4LnS_{it} + \partial_5LnK_{it} + \partial_6LnL_{it} + c_i + u_{it} \tag{5}$$

其中 $c_i$ 指不随时间改变的不可观测因素，比如每个产业所具有的特性或技术机会不同。同时，我们还想考察 OSS 和 OSM 在时间上和高中低技术制造业行业间的差异性，加入了年度（t6）和行业技术水平（th）的虚拟变量和相关交叉项。

$$\begin{aligned} LnY_{it} = {} & \partial_0 + \partial_1OSM_{it} + \partial_2OSS_{it} + \partial_3LnM_{it} + \partial_4LnS_{it} + \partial_5LnK_{it} + \partial_6LnL_{it} \\ & + \partial_7OSM_{it} * t6 + \partial_8OSS_{it} * t6 + \partial_9OSM_{it} * th + \partial_{10}OSS_{it} * th + c_i + u_{it} \end{aligned} \tag{6}$$

由于上述模型被认为存在内生性问题，通过人均工业增加值来度量生产率成为一种替代的方法。人均工业增加值（PERAV）变量通过投入产出表的实际产出减去实物中间投入和服务中间投入，再除以劳动人数来得到。因此劳动投入 L、实物投入 M、服务投入 S 将不再作为解释变量，回归模型如下：

$$LnPERAV_{it} = \partial_0 + \partial_1 OSM_{it} + \partial_2 OSS_{it} + \partial_3 LnK_{it} + c_i + u_{it} \tag{7}$$

同时为了检验国际外包对生产率的促进效应在 2002 与其他年份间以及高技术行业与中低技术行业间是否有显著区别，我们在基本模型里又加入 2002 年份和高技术行业虚拟变量 t6、th 与 OSS 和 OSM 的交叉项。

$$\begin{aligned} LnPERAV_{it} = {} & \partial_0 + \partial_1 OSM_{it} + \partial_2 OSS_{it} + \partial_3 LnK_{it} + \partial_4 OSM_{it} * t6 \\ & + \partial_5 OSS_{it} * t6 + \partial_6 OSM_{it} * th + \partial_7 OSS_{it} * th + c_i + u_{it} \end{aligned} \tag{8}$$

### （二）数据来源与数据处理

本文选取中国 14 个制造业 1987 年至 2002 年①的相关数据进行分析。服务外包和实物外包的计算要依赖于投入产出表的相关数据，我们从中国公布投入产出表和投入产出延长表的相关年份选择样本。本文既需要对生产率进行估计，又需要对服务和实物外包进行估计。由于样本时间较长，各年数据统计口径的不一致和缺失，数据处理有一定的难度。下面将从行业选择和合并、服务与实物外包的计算、与生产率估计相关变量数据的整理与指数平减等三方面对本文的数据处理进行说明。

1. 行业选择

本文选取制造业作为研究对象。因为计算外包需要《投入产出表》数据，而《投入产出表》与《中国统计年鉴》以及《中国工业经济统计年鉴》的行业统计口径不一致，所以需要调整行业。鉴于数据的可得性与可比性，我们的研究主要集中在以下 14 个制造业行业（依次排序）：食品制造及烟草加工业、纺织业、服装皮革羽绒及其制品业、木材加工及家具制造业、造纸印刷及文教用品制造业、石油加工、炼焦及核燃料加工业、化学工业、金属冶炼及压延加工业②、金属制造业、交通运输设备制造业、电气机械及器材制造业、通信设备、计算机及其他电子设备制造业、仪器仪表及文化、办公用机械制造业、通用、专用设备制造业③。

2. 服务国际外包与实物国际外包的计算

国际外包的计算参照 Feenstra and Hanson（1996）的方法，被定义为使用的各种进口服务和实物总额占所有中间投入的比率。具体计算公式如下：

---

① 由于 2000 年、2005 年《中国投入产出表》中制造业分类标准与其他年份差别较大，所以本文选取 1987 年、1990 年、1992 年、1995 年、1997 年、2002 年共 6 年的投入产出表数据。

② 合并黑色金属冶炼及压延加工业和有色金属冶炼及压延加工业。

③ 2002 年《中国投入产出表》中的“通用、专业设备制造业”对应于 2002 年之前《中国投入产出表》中的“机械工业”。

$$OSS_{it} = \sum_j SIP_{ijt} * SOS_{jt} = \sum_j \left[\frac{INPUT_{ijt}}{INPUT_{it}}\right] * \left[\frac{IM_{jt}}{Y_{jt} + IM_{jt} - EX_{jt}}\right] \tag{9}$$

$$OSM_{it} = \sum_j MIP_{ijt} * MOS_{jt} = \sum_j \left[\frac{INPUT_{ijt}}{INPUT_{it}}\right] * \left[\frac{IM_{jt}}{Y_{jt} + IM_{jt} - EX_{jt}}\right] \tag{10}$$

（9）式中，SIP 表示服务投入系数，指服务投入量占所有中间投入量的比重；SOS 表示国际服务外包比例系数，指服务外包额占所有外包总额的比重。OSS 为各行业服务投入产出系数与国际服务外包比例系数的加权平均和 INPUT 表示中间投入，IM 表示进口，EX 表示出口，Y 表示国内生产总值。i、j 表示行业，t 表示时间。同样地，（10）式中，OSM 为各行业实物投入系数（MIP）与国际实物外包比例系数（MOS）的加权平均和，MIP 指实物投入量占所有中间投入量的比重，MOS 指实物外包额占所有外包总额的比重。需要说明的是，公式考虑的中间投入品不包括能源；1995 年以前的投入产出表没有各行业进口数据，只有净出口数据，故 1997 年以前的国际外包系数使用 1997 年的数据，而投入比例系数使用当年值。

3. 行业总产值与其他投入数据

为了保持与 OSS、OSM 数据的一致性，各行业总产值、实物投入、服务投入数据也从投入产出表取得。行业总产值对应于行业总产出数据，实物投入和服务投入分别由非服务业中间投入和服务业中间投入加总得到。劳动投入以从业人员数量表示。需要说明的是，1987 年交通运输设备制造业；电气、机械及器材制造业；通信设备、计算机及其他电子设备制造业；仪器仪表及文化办公用机械制造业的就业人数数据根据 1987 年机械、电气、电子设备制造业就业人数减去机械工业就业人数后，按照 1990 年上述行业就业人数的比例计算得出。资本投入参照李小平、朱钟棣（2005）的方法，以固定资产净值年均余额衡量。由于总产值、实物投入、服务投入、资本投入等数据都是当年价格计值，所以需要对它们一一进行价格指数平减，以保证数据可比性。工业总产值用工业品出厂价格指数平减，实物投入和服务投入用实物、燃料、动力购进价格指数平减，资本投入用固定资产投资价格指数平减。其他变量数据和各种价格指数数据都来自各年度《中国统计年鉴》，实物、燃料、动力购进价格指数和固定资产投资价格指数 1989 和 1990 年份数据缺失，则通过工业品出厂价格指数对应年份推算得到。

## 二、国际服务外包与实物外包的初步分析

根据服务国际外包和实物国际外包的计算公式，我们可以得到 14 个行业 1987 年至 2002 年的制造业国际外包数据，由于篇幅原因没有给出细分行业结果。以下考察制造业国际外包中服务外包和实物外包的演变趋势与行业特性。

1. 制造业国际外包的总体水平不高，但是1997年以后增长迅速

表1是服务外包（OSS）和实物外包（OSM）各年平均水平的汇总表。OSS和OSM的总体均值分别为0.19%和10.7%，与发达国家还有很大差距。Amiti和Wei（2009）对美国制造业国际外包的研究数据显示，美国2000年的OSM已经达到17%，OSS则更是达到29%的水平，相比较而言我国OSS的水平过低。但是从时间维度上看，我国OSS和OSM的平均水平都呈现上升趋势。1997年至2002年的增幅最明显，OSS的增幅达到了300%以上，OSM水平上升了近30%。服务外包和实物外包在2002年度出现大幅上升，除了跟90年代末期以来全球一体化生产迅猛发展有关以外，与中国OSS和OSM较低的历史水平也有关系。由于缺乏最新的投入产出表数据，很遗憾不能对2002年以后的国际外包进行历史比较，但是可以预见2002年至今我国制造业国际外包水平已经有很大提高。

**表1 服务外包与实物外包的时间变化**

| 年份 | OSS | | OSM | |
|---|---|---|---|---|
| | 均　值 | 标准差 | 均　值 | 标准差 |
| 1987 | 0.00109 | 0.00028 | 0.10589 | 0.05507 |
| 1990 | 0.00121 | 0.00037 | 0.10186 | 0.05119 |
| 1992 | 0.00146 | 0.00036 | 0.09666 | 0.04425 |
| 1995 | 0.00133 | 0.00041 | 0.10196 | 0.04839 |
| 1997 | 0.00138 | 0.00043 | 0.10469 | 0.05185 |
| 2002 | 0.00486 | 0.00121 | 0.12911 | 0.06967 |
| 总　体 | 0.00189 | 0.00146 | 0.10670 | 0.05339 |

2. 服务外包平均水平行业差异不大，但增长速度相差很大

20世纪90年代末期我国对外开放加快步伐，所以本文简单地将1987—2002年分为1987—1995年、1997—2002年两个阶段进行比较分析。从增长速度看，1987年到2002年木材加工与家具业OSS下降12%，而食品加工业上升59%。分阶段看，1997年至2002年五年间各行业OSS的增速都超过1997年以前十年的增速，显示了加速增长的迹象。OSS平均水平最高的行业是仪器仪表及文化办公用机械制造业，国际外包比例为0.24%。从2002年的数据来看，服装皮革羽绒及制品业（行业3）的服务外包水平最高，接近0.8%，食品制造业（行业1）和电气机械及器材制造业（行业11）次之。虽然从增长速度来看，高技术制造业与中低技术制造业①之间OSS没有明显差别，但是高技术行业OSS的平均水平高于中低技术行业。

① 我们按照制造业名称进行行业编号为1—14共14个制造业行业。参考OECD对制造业的技术分类，本文中的行业10至行业14为高技术行业，行业1至9为低技术行业。

表 2 服务外包和实物外包的行业特征

| 行业编号 | 服务外包增长率(%) | | | 实物外包增长率(%) | | |
|---|---|---|---|---|---|---|
| | 1987—2002 | 1987—1995 | 1997—2002 | 1987—2002 | 1987—1995 | 1997—2002 |
| 1 | 59 | 24 | 28 | 364 | -2 | 371 |
| 2 | 51 | 9 | 39 | 311 | 15 | 257 |
| 3 | 46 | 13 | 29 | 789 | 27 | 603 |
| 4 | -12 | -16 | 4 | 405 | 45 | 249 |
| 5 | 10 | 5 | 4 | 340 | 5 | 319 |
| 6 | 18 | 1 | 16 | 256 | -3 | 267 |
| 7 | 27 | 5 | 21 | 406 | 41 | 259 |
| 8 | 5 | 8 | 14 | 303 | 55 | 160 |
| 9 | 2 | 14 | 20 | 322 | 107 | 104 |
| 10 | 13 | 2 | 15 | 366 | 1 | 362 |
| 11 | 34 | 5 | 28 | 444 | 91 | 184 |
| 12 | 20 | -6 | 27 | 399 | 5 | 375 |
| 13 | 38 | -4 | 44 | 124 | -20 | 181 |
| 14 | 16 | 0 | 17 | 268 | 39 | 165 |

3. 实物外包超高速增长，并且高技术行业与中低技术行业实物外包水平差异明显

从表 2 中的增长率指标可以看到，OSM 增长速度迅猛，1987 年到 2002 年最低的行业（仪器、仪表及文化、办公用机械制造业）增长速度也高达 124%，增速最高的行业（服装皮革羽绒及其制品业）几乎增长了 7 倍。如果更细致地分析可以发现，OSM 的行业高速增长集中在 1997 年到 2002 年间。从行业的横向比较来看，最明显的特征是高技术行业 OSM 水平高于中低技术行业。高技术行业 OSM 平均水平都在 10% 以上，最大值（2002 年）从 11% 到 28% 不等，而中低技术行业（行业 1 至 9）的 OSM 平均水平都在 10% 以下（除行业 6），各行业 OSM 最高水平在 3% 到 20% 不等。高技术行业中通信设备计算机及其他电子设备制造业（行业 12）和仪器仪表及文化、办公用机械制造业（行业 13）OSM 已经高达 28% 和 25%。

4. 制造业的服务外包和实物外包表现出不同特点

首先，我国制造业的服务外包水平远低于实物外包水平。服务外包的平均水平只有 0.19%，而实物外包平均水平为 10.7%。而在发达国家，实物外包低于服务外包的比例。这固然与国内服务业发展水平有关，但这也与重实物投入、轻技术服务投入的思想有关。我国制造业的服务投入，尤其是国际服务投入亟须提高。其次，实物外包的增长速度远高于服务外包的增长速度。从表 2 的增长速度对比可以明显

看到，两者的差异是数量级的差异。这一点恰恰反映了我国制造业增长粗放型、重实物投入的特点。服务外包增长速度低于实物外包说明服务在制造业生产中的重要性还没有受到重视。再次，高技术水平行业实物外包水平明显高于中低技术水平，而它们的服务外包水平只有些微的差异。

## 三、实证结果与分析

基于上面的初步分析我们看到制造业的服务外包和实物外包高速增长是一个不争的事实，那么制造业国际外包的经济效应如何，尤其是对生产效率的影响成为重要的研究问题。下面将使用中国 1987 年至 2002 年之中的六年作为样本进行面板数据的实证分析，我们分别从生产率的水平值和增长率两个角度考量服务外包和实物外包的影响。

面板数据的回归方法有混合最小二乘估计（POLS）、随机效应方法（RE）、固定效应方法（FE）、面板数据校正误方法（PCSE）和矩估计 GMM 等多种。本文首先使用 Breusch-Pagan LM 检验对回归方程的不可观测效应进行检验，如果不存在不可观测效应，混合最小二乘估计（POLS）就是最有效的估计（Wooldridge，2002），如果存在不可观测效应，则需要考虑固定效应方法和随机效应方法。对 FE 和 RE 的选择根据 HAUSMAN 检验的结果来作出判断。Beck and Katz（1995）提出的 PCSE（panel-standard-corrected-errors，面板矫正标准误）估计方法是对面板数据模型估计方法的一个创新，目前影响较大，它对面板数据的误差相关结构给予了更细致的考虑（同步相关、序列相关、异方差），为提高面板数据回归的一致性和有效性，本文也会给出 PCSE 的结果。由于服务外包和实物外包变量在其他学者的研究中（例如 Amiti and Wei，2009）普遍被认为具有内生性，同时这两个变量缺乏合适的工具变量，所以本文也会使用 GMM 方法作为参考，消除可能存在的内生性。三种方法回归结果的综合可以更好保证结果的稳健性。

### （一）国际外包与全要素生产率

在理论模型部分，我们已经建立计量模型（5）来考察制造业国际外包对全要素生产率的影响。对（5）式进行初步回归后进行 Breusch-Pagan LM 检验，在原假设（Var（u）=0）下，chi2（1）统计量为 81.95，P 值小于 0.01，拒绝原假设，说明存在不可观测效应，因此需要使用 Hausman 检验在固定效应方法和随机效应方法之间进行选择。Hausman 检验卡方统计量为 0.69，通过了两种方法结果没有系统性差异的原假设，因此应该选择随机效应方法。同时由于 Wooldridge 面板数据自相关检验显示存在一阶自相关，在随机效应回归时也考虑了自相关，用 Stata10 的 xtregar 命令进行实现。REAR（1）、PCSE 以及 GMM 的结果见表 3。

1. 服务国际外包和实物国际外包对全要素生产率有显著的正影响。从表 3 模型（5）的回归结果来看，OSS 和 OSM 的系数为正，即在保持资本、劳动、原材料和服务投入不变的情况下，服务外包和实物外包通过提高全要素生产率实现了产出的增加。以 RE AR（1）回归结果为参考，OSS 和 OSM 都通过 10% 显著性检验。OSM 变量增加一个单位，可以导致总产出增加 2% 到 3%，OSS 增加一个单位，总产出增加 55% 到 65%。国际外包对产出的影响越大，说明对全要素生产率的影响也越大。

2. 2002 年国际外包对全要素生产率的影响比其他年份更大。从表 3 模型（6）结果可以看到，OSS、OSM 与 t6 的交叉项度量系数都是正的。OSS、OSM 与 t6 的交叉项度量了第 6 个样本年度（2002 年）与其他年份比较 OSS 和 OSM 对生产率的影响。OSS2002 年以后对生产率的影响更明显，说明 20 世纪 90 年代后期信息技术的发展和普及极大地提高了服务业对实体经济的影响，这一点在 Mann（2003）对美国 IT 技术发展与美国生产率关系的研究中得到证实。OSM 虽然在 1997 年以后对生产率的影响也增加，但是在统计上并不显著，规模也不大。

3. 高技术行业国际外包对全要素生产率的影响更大，但是统计显著性较弱。th 是高技术行业的虚拟变量，当该行业是高技术行业时 th 取 1，否则取零。th 与 OSS、OSM 的交叉项系数代表高科技行业与中低技术行业相比对生产率影响的大小。虽然三种方法结果上有分歧，但是总体来看，高技术行业国际外包对生产率的影响更大，OSS 更是如此。这一结论恰恰印证了可能存在的内生性问题。因为高技术行业相比中低技术行业生产率较高，那么是国际外包引起了生产率的提高，同时高生产率行业更倾向于国际外包将导致本文上述回归模型所隐含的内生性问题。

**表 3　国际外包与全要素生产率的实证结果**

| LnY | 模型(5) | | | 模型(6) | | |
|---|---|---|---|---|---|---|
| | RE AR(1) | PCSE | GMM | RE AR(1) | PCSE | GMM |
| 常数项 | 0.779<br>(0.233) | 0.534**<br>(0.248) | 0.909*<br>(0.487) | 1.064***<br>(0.21) | 1.141***<br>(0.291) | 1.358***<br>(0.431) |
| OSM | 2.382*<br>(1.325) | 2.154<br>(1.439) | 3.173*<br>(1.522) | 0.681<br>(1.284) | -0.198<br>(0.423) | 0.333<br>(1.367) |
| OSS | 54.567**<br>(26.656) | 65.204**<br>(25.511) | 9.501<br>(56.33) | -105<br>(54.824) | -179***<br>(68.215) | -231.69**<br>(103.07) |
| LnM | 0.427***<br>(0.099) | 0.488***<br>(0.094) | 0.135<br>(0.183) | 0.26***<br>(0.081) | 0.293***<br>(0.079) | 0.236<br>(0.18) |
| LnS | 0.031<br>(0.075) | 0.025<br>(0.066) | 0.122<br>(0.076) | 0.222***<br>(0.059) | 0.195**<br>(0.079) | 0.226**<br>(0.089) |

续表

| LnY | 模型(5) | | | 模型(6) | | |
|---|---|---|---|---|---|---|
| | RE AR(1) | PCSE | GMM | RE AR(1) | PCSE | GMM |
| LnK | 0.401 ***<br>(0.084) | 0.4488 ***<br>(0.079) | 0.662 *<br>(0.317) | 0.421 ***<br>(0.062) | 0.46 ***<br>(0.038) | 0.479 ***<br>(0.091) |
| LnL | 0.008<br>(0.015) | 0.015<br>(0.017) | 0.016<br>(0.027) | 0.002<br>(0.016) | -0.001<br>(0.034) | -0.014<br>(0.024) |
| OSS * t6 | | | | 160.83 ***<br>(58.252) | 264 ***<br>(72.319) | 342.5 ***<br>(100.18) |
| OSM * t6 | | | | 0.775<br>(0.714) | 1.188<br>(0.823) | 1.372<br>(0.829) |
| OSS * th | | | | 20.43<br>(22.672) | 0.379<br>(12.26) | 14.7<br>(25.799) |
| OSM * th | | | | -0.944<br>(1.511) | 0.279<br>(0.459) | 0.26<br>(1.451) |
| R-Squared | 0.9716 | 0.9914 | | 0.9701 | 0.9648 | |

注：***、**、*分别代表1%、5%和10%的水平上的显著性。括号内的数据为系数的标准差。

### （二）国际外包与劳动生产率

正如上文分析，内生性问题是全要素生产率与国际外包实证模型的必然考虑。虽然上文使用GMM方法进行回归，但是由于工具变量仅限于其他外生变量的滞后项，可能导致回归结果存在偏差和不一致。对原回归模型进行差分也是减弱内生性问题的方法之一，但是Griliches和Hausman（1986）发现一阶差分后得到的增长率会加重由于测量误差造成的内生性问题。另外一种间接的解决内生性问题的方法是通过人均工业增加值来度量生产率，即通过模型（7）和（8）来检验国际外包对生产率的影响。

首先对基本模型（7）进行Breusch-Pagan LM检验，看是否有不可观测效应，chi2（1）统计量为14.39，拒绝了Var（u）=0原假设，等价于说明存在不可观测效应。进一步进行RE与FE选择的HAUSMAN检验，chi2（3）统计量为21.90，拒绝两种方法没有系统性差异的原假设，因此选择固定效应方法，同时提供面板数据矫正误（PCSE）方法结果作参考。对模型（8）没有提供FE方法的结果，因为与PCSE和GMM结果相比，FE偏差太大。模型（7）和（8）的回归结果见表4。

表 4 国际外包与劳动生产率的实证结果

| nPERAV | 模型(7) | | | 模型(8) | | |
|---|---|---|---|---|---|---|
| | FE | PCSE | GMM | RE | PCSE | GMM |
| 常数项 | 3.272***<br>(0.385) | 3.958***<br>(0.231) | 3.956***<br>(0.177) | 3.921***<br>(0.414) | 4.006***<br>(0.346) | 4.012***<br>(0.381) |
| OSM | 3.413<br>(4.000) | 1.312*<br>(0.741) | 1.183<br>(1.513) | 3.887<br>(3.538) | 3.575***<br>(1.338) | 3.250<br>(3.416) |
| OSS | 133.646***<br>(47.536) | 298.813***<br>(74.176) | 310.279***<br>(70.727) | 38.705<br>(178.144) | 220.920<br>(182.119) | 225.906<br>(222.429) |
| LnK | 1.008***<br>(0.141) | 0.335***<br>(0.083) | 0.329***<br>(0.108) | 0.529***<br>(0.107) | 0.284***<br>(0.091) | 0.288***<br>(0.088) |
| OSM*t6 | | | | 1.23<br>(2.258) | 2.477**<br>(1.352) | 2.282<br>(1.874) |
| OSS*t6 | | | | 148.632<br>(154.267) | 39.347<br>(159.311) | 34.386<br>(144.594) |
| OSM*th | | | | -1.479<br>(2.724) | -1.937*<br>(1.164) | -1.851<br>(2.793) |
| OSS*th | | | | -53.836<br>(92.590) | -93.057<br>(73.970) | -66.729<br>(99.565) |
| R-Squared | 0.353 | 0.515 | | 0.518 | 0.572 | |

注：***、**、*分别代表1%、5%和10%的水平上的显著性。括号内的数据为系数的标准差。

表4模型（7）的估计结果可以看到，OSM 和 OSS 对劳动生产率都有正效应，但是 OSM 的影响系数不显著。从影响规模来看，OSS 对人均工业增加值的影响远远高出 OSM，与模型（5）的估计结果一致。模型（7）的估计结果还显示资本投入对人均工业增加值至关重要，人均工业增加值对资本的弹性在 0.3 到 1 之间，显示了中国制造业生产中资本对生产效率的影响——资本投入越高，人均工业增加值越高。模型（8）主要关注 OSS 和 OSM 对人均工业增加值的正效应在时间上的变化和行业间的差异。OSM、OSS 与 t6 的交叉项系数都为正，说明 2002 年正效应高于早期年份，与模型（6）的估计结果一致，但是不显著。OSM、OSS 与 th 的交叉项系数与模型（6）的回归结果差异较大，系数为负值，似乎高技术行业国际外包对人均工业增加值的影响反而低于中低技术行业。这一结果产生的原因可能与模型（6）的因变量人均工业增加值有关，高技术行业人均工业增加值平均水平低于中低技术行业的平均水平，而高技术行业的全要素生产率高于中低技术行业。总体来看，使用人均工业增加值为因变量回归结果保持了高度的稳健性。

## 四、结论与政策建议

当前经济全球化的发展及国际生产分工的深化，中国制造业企业参与国际生产分工成为一个不可回避的现实。承接跨国公司及其在华投资企业的外包业务是中国制造业企业参与国际生产分工的途径之一，但不是唯一的途径。国内目前主要关注中国作为国际外包的接包方对产业升级以及就业的影响，却忽视了中国制造业也可以通过发包来转移没有比较优势的生产环节从而提高生产效率。本文采用 Feenstra 和 Hanson 的国际外包计算方法，利用 1987 年至 2002 年的投入产出表和投入产出延长表数据计算了中国 14 个制造业行业的服务国际外包和实物国际外包，初步分析了 14 个行业服务国际外包和实物国际外包的发展变化和行业间差异。同时通过标准的计量分析工具和多种计量方法，我们分析了制造业服务外包和实物外包对制造业生产率的影响。我们得到的初步结论是：（1）制造业国际外包的总体水平不高，但是 1997 年以后增长迅速。（2）高技术行业与中低技术行业的实物外包差异较大，而服务外包差异相对较小。（3）服务外包和实物外包对全要素生产率有显著的正影响，但是服务外包正效应更强，并且服务外包的正效应 2002 年显著高于以前年份。（4）虽然高技术行业国际外包的水平高于中低技术行业，但是高技术行业国际外包对生产率的正效应并没有显著高于中低技术行业国际外包。

本文的研究结论也具有一定的政策含义。目前发达国家生产者服务占整个服务业的比重大约在 70%，比我国要高十几个百分点，由于生产者服务业发展滞后，我国服务外包比重很小。实证结果显示服务外包比实物外包在影响生产率效应方面作用更为显著，以后继续增大服务外包的比重，以此带动我国国内的生产者服务业发展。相对应我国制造业仍然面临缺乏技术创新能力、自主知识产权、知名品牌的被动局面。因此一方面需要制造业本身的升级改造，另一方面要加强对其高级投入要素生产者服务业的发展力度的支持，从而促进整个制造业的能力提升，实现从“制造大国”到“制造强国”的转变。

同时，本文的研究还存在一些有待深入的方面。例如，由于我国的地区差异比较大，不同的地区其经济发展水平和社会环境都有很大的不同。对不同的地区来讲，服务外包和实物外包对制造业的支撑作用会有很大的差异，如何根据各个地区的不同情况制订适合本地区的产业政策是更加实际的问题。由于我国最新（2007）的投入产出表没有公布，关于 2002 年以后制造业国际外包对生产率的影响从本文的结论来看有增强的趋势，如果取得最新数据进行进一步的验证也很必要。

## 参考文献

[1] 陈景华. 服务业离岸外移的经济效应分析［J］. 世界经济研究，2007（2）：16－22。

[2] 江静，刘志彪，于明超. 生产者服务业发展与制造业效率提升：基于地区和行业面板数据的经验分析［J］. 世界经济，2007（8）：52－62。

[3] 李小平，朱钟棣. 中国工业行业的全要素生产率测算——基于分行业面板数据的研究［J］. 管理世界，2005（5）：56－64。

[4] 郑春霞、陈漓高. 国际分工深化中生产者服务贸易的增长及对我国的启示［J］. 世界经济研究，2007（1）：23－27。

[5] Amiti, Mary and Shang-Jin Wei. Service outsourcing, productivity and employment: Evidence from the US. mimeo, *IMF*, 2005.

[6] Amiti, M., and Shang-Jin Wei. Service Offshoring and Productivity: Evidence from the US [J]. *The World Economy*, 2009, (32), 203－219.

[7] Chen, Hogan, Matthew Kondratowicz and Kei-Mu Yi. Vertical specialization and three facts about U.S. international trade [J]. *North American Journal of Economics and Finance*, 2005, (16), 35－59.

[8] Egger, Hartmut and Peter Egger. International outsourcing and the productivity of low-skilled labor in the EU [J]. *Economic Inquiry*, 2006, (44), 98－108.

[9] Feenstra, R. C. and G. H. Hanson. Globalization, Outsourcing, and Wage Inequality. *American Economic Review*, 1996, (86), 240－245.

[10] Görg, Holger and Aoife Hanley. Does outsourcing increase profitability? Working Paper 01/2003, Nottingham University Business School.

[11] Girma, S. and H. Görg. Outsourcing, foreign ownership and productivity: Evidence from UK establishment level data. *Review of International Economics*, 2004, Vol. 12, pp. 817－832.

[12] Gorg, H., A., Hanley and E. Strobl. Productivity Effects of International Outsourcing: Evidence from Plant Level Data. *Canadian Journal of Economics*, 2008, (41), 670－688.

[13] Mann, C. L.. Globalization of IT Services and White Collar Jobs: The Next Wave of Productivity Growth. *International Economics Policy Briefs* (PB03－11), 2003.

# 对中国适度外汇储备的测度

王凌云　王　恺

## 一、引　　言

改革开放以来，尤其是1994年外汇体制改革以来，由于出口的迅猛增长和国际直接投资（FDI）流入的不断增多，我国国际收支经常项目和资本项目常年出现双顺差，外汇储备不断积累和增长。从图1可以看出，20世纪90年代初我国外汇储备量未有大幅增长。但自1994年开始用银行结售汇制取代外汇留成制的外汇体制改革以来，中国外汇储备稳定增长。1997年亚洲金融危机的爆发减缓了这种持续增长态势，但2000年后储备量恢复迅速增长。外汇储备规模从1978年的1.67亿美元上升至了2009年的23991.52亿美元，年均增长率高达34.87%，占世界外汇储备的比重从1988年的2.64%升至2009年的29.67%。

持有的外汇储备资产对一国经济而言，既能取得收益，又须付出成本。外汇储

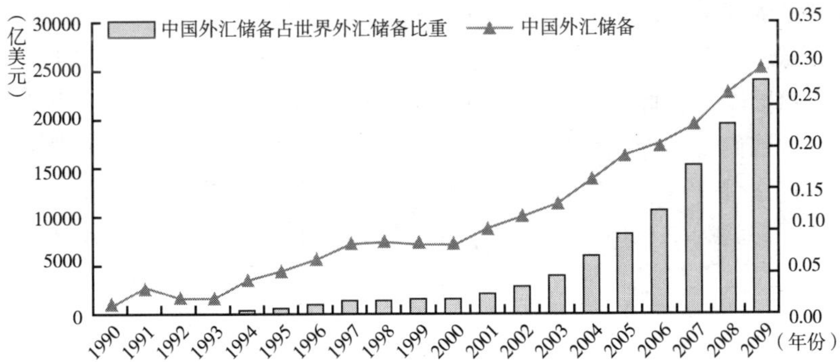


**图1　1990—2009年中国外汇储备额（单位：亿美元）和其占世界外汇储备比重**

资料来源：国家外汇管理局网站 http：//www. safe. gov. cn/model_safe/index. html，国际货币基金组织网站 http：//www. imf. org/external/np/sta/cofer/eng/index. htm，2000、2003年《国际金融统计年鉴》。

备的迅速增长增强了我国国际清偿力，提高了我国抵御国际金融风险的能力，有利于降低国内企业的融资成本，提高了人民币的国际地位。但与此同时，高额的外汇储备也会加大通货膨胀压力，弱化货币政策的独立性和有效性。目前，由“次贷”危机引发的全球金融海啸还远未结束，人民币升值的压力不断增大，如何根据我国国情确定适度的外汇储备规模成为当前外汇管理的一项极为重要的任务，从而对中国外汇储备适度规模问题进行研究具有理论和现实的双重意义。本文结构安排如下：第二节是文献综述，第三节是基于比例分析法的外汇储备适度规模测度，第四节是外汇储备适度规模模型的构造，数据的说明和结果的测算，第五节总结全文。

## 二、文献综述

国外对外汇储备规模问题的研究较早。二战后，学者们主要根据预防性审慎动机对国际储备水平进行了定量研究，其中比率分析法是最早的研究方法，其基本思想是用若干指标来判断一国是否持有了充分的国际储备量,① 如针对经常项目赤字融资能力的“储备对进口额的比率”（Triffin，1946；1960）、针对短期偿债能力的“储备对短期对外负债比率”②、针对货币管理能力的“储备对广义货币供应量比率”和“储备对 GDP 比率”等。之后，随着各国外汇储备的累积，人们将目光转向最优储备规模问题的研究。当一国经济出现外部不平衡时，从内部进行调节必然要付出成本。鉴于此，Heller（1966）提出了成本—收益模型，其中持有外汇储备的收益就是所节约的调整成本，而持有外汇储备的成本就是其投资收益。③ 当边际收益等于边际成本时，外汇储备达到最优。但该模型假定一国经济的外部失衡只能通过储备支出的变动来纠正，而忽视了支出转移等方法的作用。④ Kreinin 和 Heller（1973）、Claassen（1975）对 Heller 的模型进行了改良，Agarwal（1971）将工作扩展到了发展中国家。在此基础上，Frenkel 和 Jovanovic（1981）提出了影响极大的缓冲存货模型。他们认为最优外汇储备量取决于对外失衡的宏观调节成本和持有储备的机会成本间的平衡点。但该模型并未设定最优储备上限，从而并不符合实际。Jung（1995）据此对模型进行了修改。Ben-Bassat 和 Gottlieb（1992a；1992b）提出

---

① 充分的国际储备量，是指一国国际储备必须持有的最低安全数量。

② 国际货币基金组织将该指标归入其所建议的各国为预防金融危机需设立的早期预警系统内。资料来源：Berg，A.，E. Borensztein.，G. Milesi-Ferretti. and C. Patillo. 1999. “Anticipating Balance of Payments Crises：The role of early warning systems.” IMF Occasional Paper.

③ 即投资于实体经济的收益减去其金融收益，后者指以外国债券、银行存款等形式保有外汇储备的收益。

④ 支出转移指如在对外有赤字时，一国可通过汇率贬值和改变其他相对价格的方法，来使支出的方向发生变化，从原来用于国外商品的支出，转为在本国商品上花费，从而改善或纠正赤字。

了新模型。他们认为，如果一个国家依靠国际借款来弥补经常项目赤字，则外汇储备能够使其避免违约风险。最优外汇持有量就是使违约风险的预期成本最小时的数量。基于效用最大化的模型是将外汇储备作为社会福利函数的自变量，并考察在各种约束条件下社会福利函数的最大值。Jeanne 和 Ranciere（2008）在上述模型的基础上，研究了在跨时期动态均衡框架下代表性消费者的最大福利，并在这一框架内得出最优外汇储备水平。他们指出，对于新兴市场来说，最优外汇储备水平大约是该国 GDP 的 9%。Barnichon（2008）将上述模型进一步发展，研究了有特殊国际收支制约的中低收入国家，认为最优外汇储备对进口的比率，在自然灾害和贸易条件恶化这两类冲击同时发生的情况下，在加勒比国家应当为 1.78，在非洲撒哈拉地区国家应为 4.13。

从结论上，国内的研究可分为两种基本倾向。一是储备过多论。如王国林（2003）基于比例分析法的计算认为，1991—2000 年我国外汇储备大大高于国际公认的合理水平。吴丽华（1997）、汤学兵和胡亚权（2005）、刘宇敏和欧阳秋珍（2008）分别运用Agarwal 模型、ARIMA 模型和回归分析法得到相似的结论。二是储备过少论。如刘斌（2000）认为我国当前外汇储备尚不足以防止汇率冲击。管于华（2001）对外汇储备数据进行调整后发现，我国外汇储备远低于适度规模的下限。从方法上，国内学者也曾对中国适度外汇储备的理论模型进行研究。如胡援成（1997）提出类似成本—收益方法的模型，许承明（2001）建立了动态调整的储备需求模型，刘莉亚、任若恩（2004）的储备需求模型则运用了回归与协整的方法。

首先，比例分析法以经验为基础，理论基础较为薄弱，分析的因素也比较单一，且测量出的结果为最低安全需求量。故本文运用该法先测算出我国外汇储备的最低安全需求量。其次，学者们普遍认识到，外汇储备适度规模应该是一个区间而不是某一确定的点（吴丽华，1997；管于华，2001），但对区间的界定存在较大争议。学者们往往根据模型中变量系数的上下界赋值的方法来计算区间边界，但该方法并不能全面反映外汇储备的不同需求。为了弥补这一不足，本文采用不同的模型对我国 1985—2008 年外汇储备适度规模区间进行测算，其中储备需求模型基于交易性、偿债性和预防性需求，用于测度适度规模的下限。成本—收益模型不仅考虑了这三种需求，而且还纳入了收益性需求。我们用该模型测度适度储备规模的上限。

## 三、基于比例分析法的外汇储备适度规模测度

由于侧重点的不同，国内外学者对外汇储备适度规模的定义也不同。本文认为，在开放经济条件下，随着全球经济一体化步伐的加快，国际金融市场波动幅度增大，

一国的外汇储备已由最初的主要满足交易性需求即维持国际清偿能力和抵补国际收支逆差的功能逐渐转变为宏观稳定器，即具有维持公众信心、防止金融冲击和减弱宏观经济波动的功能。在这里，本文将外汇储备适度规模的内涵界定为：在低通胀、低失业率和内外均衡的条件下，一国经济持续稳定增长所需的储备水平即为其适度规模。

本文首先用应用比例分析法，根据四个比例计算出外汇储备最低规模，并与我国外汇储备实际值进行对比，以检验我国外汇储备是否充足。① 这四个比例具体是：（1）R/M（储备额比进口额）。Triffin（1946；1960）认为，判断一国储备水平是否充分，应根据该国是否有能力用自身资源来为其国际交易可预见的赤字进行融资。R/M 比率是一个简单易操作的指标。他认为一国储备充分性的下限是 R/M 比率为 25%，较适当的比率是 40%。若用月份来折算，一国储备充分性比率应当是该国储备大约相当于其 3—4 个月的进口价值额。（2）储备比短期对外负债（又称 Geenspan-Guidotti 规则）。这一规则认为，对新兴经济体来说，它们持有的外汇储备量最低要能支付下一年内将要到期的外债总量。有学者认为，这一比率若为 40%，则外汇储备较充裕。（3）R/M2（储备额比广义货币供应量）。现有研究认为，该比率越高，发生金融危机的可能性就越低。Wijnholds 和 Kapteyn（2001）指出，对实行管理浮动制或固定汇率制国家，可以把 10%—20% 的 R/M2 比率作为外汇储备是否充分的最低判断准绳；对实行自由浮动汇率的国家，则把 5%—10% 的 R/M2 比率作为判断标准比较适当。（4）储备比 GDP。Jeanne 和 Ranciere（2008）指出，对小型开放经济，一国持有的国际储备的最优水平为该国储备对 GDP 比率等于 9%。

这样，本文分别通过进口额 ×25%、短期外债 ×40%、广义货币量 ×20%、国内生产总值 ×9% 的值来估算外汇储备最低安全需求量。图 2 为用四种比例分析法对我国 1985—2008 年的外汇储备规模进行估算，为统一单位，本文用人民币兑美元年均汇率将以人民币衡量的各个数值（亿元）换算成用美元衡量的相应数值（亿美元）后，进行对比和计算。

由图 2 可知，我国外汇储备已大大超出国际认可的最低储备量。这对储备货币国来说也许并不重要，但对非储备货币国特别是发展中国家来说，情况就完全不同。随着我国改革开放的深化，经济有了长足的发展，我国已拥有超过最低安全水平的国际储备。但是，由于人民币不可自由兑换，我国又必须准备充足的外汇储备来应对因内外环境变化而可能引发的储备枯竭。在这种背景下，确定国际储备的最优水平，对我国来说非常重要。

① 这里充足是指一国国际储备必须持有的最低安全数量。

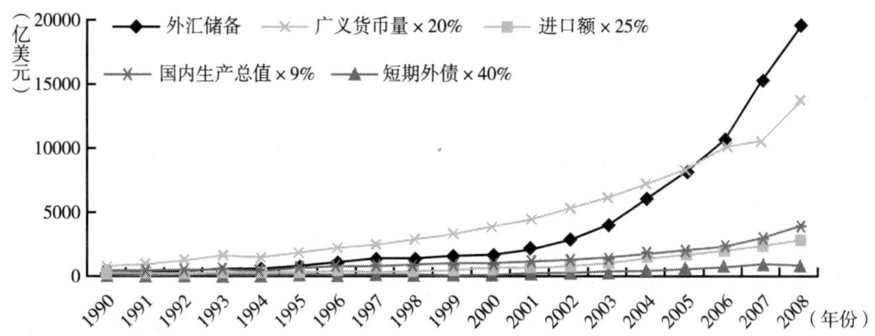


**图 2　用比例分析法对我国 1985—2008 年外汇储备规模估算图（单位：亿美元）**

资料来源：外汇储备、进口量、国内生产总值数据来源于 1990、2006、2009 年《中国统计年鉴》，广义货币供应量数据来源于 2008 年《中国统计年鉴》、《中国统计月报 2009. 01》，短期外债数据来源于国家外汇管理局网站 http：//www. safe. gov. cn/model_safe/index. html 和 2009 年《中国金融年鉴》。

## 四、测度外汇储备适度规模区间的模型、数据及结果

国内理论界一般认为，把外汇储备随时调整到适度储备量几乎是不可能的。适度的外汇储备量不是一个点而是一个区间。鉴于此，本文接下来测算我国外汇储备适度规模区间。根据凯恩斯的货币需求理论和外汇储备适度规模的定义，对外汇储备量的需求主要有交易性需求、偿债性需求、预防性需求和收益性需求。区间的下界即最低外汇储备应满足交易性、偿债性和预防性需求，即保证一国不至于为交易、偿债或突发危机而将外汇储备消耗殆尽从而对国内经济造成巨大冲击和动荡，这构成国民经济发展的临界制约点。区间的上界应满足除上述需求之外的收益性需求，使外汇储备在成本不变时收益最大化或在收益不变时成本最小化。这时的外汇储备既能满足收支逆差时的对外支付，又能够保证经济增长时所需资源的投入，且不会引起通货膨胀。

### （一）测算方法

1. 外汇储备适度区间下限——储备需求模型

在引言中，外汇储备被作为一种“缓冲存货”应用到储备需求模型当中，该模型弥补了比例分析法的缺陷，实现了从规范分析到实证分析，从粗略测算到精确定量计算的转变。由于学术界测度具体国家外汇储备时所采用的经济变量各不相同，故本文根据中国国情选择适当变量构建模型。这样，基于三种需求的储备适度规模下限 $R_{min}$ 为：

$$R_{min} = R_j + R_c + R_y \tag{1}$$

其中 $R_{min}$、$R_j$、$R_c$ 和 $R_y$ 分别表示适度外汇储备规模下限、交易性需求、偿债性需求和预防性需求。具体地：

$R_j$——交易性需求包括商品交易需求和资本交易需求。目前，中国对外资本输出较少，所以基于资本交易需求的储备需求较少。这样，交易性需求 $R_j$ 简化为 $R_j = r_j \times IM$，其中 $IM$ 为我国年进口额、$r_j$ 为交易性外汇储备需求与进口额的比率。根据 Triffin（1946；1960）法则我们取 $r_j = 0.25$。

$R_c$——偿债性需求包括偿付短期外债及距离到期日不满一年的长期外债本息的需求，还包括外商直接投资利润汇回需求和居民的用汇需求。① 按照国际惯例，一国每年会偿付 30% 的长期外债的本息。这样，偿债性需求为 $R_c = r_c \times SD + 0.3 \times r_c \times LD + r_f \times FDI + r_s \times NI$，其中 $SD$ 和 $LD$ 分别为短期和长期外债余额、$NI$ 为本国居民收入、$r_c$ 为外债还本付息率、② $r_f$ 为外商直接投资利润汇回率、$r_s$ 为居民用汇需求占其收入的比率。国内学者普遍认为，外商直接投资利润汇回率在 10% 至 15% 之间，此处我们取为 10%。根据我国 1985—2008 年的国际收支平衡表可以看出，我国居民近几年外出旅游所需外汇占总收入的比重在 2% 到 6% 之间，因计算最低外汇储备，我们取为 $r_s = 0.02$。

$R_y$——预防性需求为一国政府为了预防金融危机等突发性危机而采取的动用一国外汇储备来避免本国经济动荡的储备需求。具体地，$R_y = r_y \times ET$，其中 $ET$ 为外汇市场交易总额、$r_y$ 为干预外汇市场所动用的外汇储备比率。根据国际经验，$r_y$ 在 0.1—0.2 之间，本文取为 $r_y = 0.1$。

综上，将交易性需求 $R_j$、偿债性需求 $R_c$ 和预防性需求 $R_y$ 带入（1）式，外汇储备适度规模的下限进一步表示为：

$$R_{min} = r_j \times IM + r_c \times SD + 0.3 \times r_c \times LD + r_f \times FDI + r_s \times NI + r_y \times ET \tag{2}$$

2. 外汇储备适度区间上限——成本收益模型

外汇储备适度规模区间的上限除满足交易性需求、偿债性需求和预防性需求外，还应当满足一定的收益性需求。成本—收益模型便能将这四种需求同时考虑在内。成本—收益模型中的 Agarwal（1971）模型继承和发展了 Heller 模型，将研究对象扩展到了发展中国家，其假设与中国的现状较为相似，如一国进出口需求弹性较低、存在大量闲置资源、急需大量资金进口生产型物品、国际收支调节的速度较慢、在国际市场上的融资能力不强、出现国际收支逆差时政府也偏好采用一些管制措施进

① 由于我国与世界经济渐渐融为一体，外出旅游的居民越来越多，需加入居民用汇需求作为分析的因素之一。

② 外债还本付息率为偿债率比外债债务率。

行调节等等。因此，本文借鉴 Agarwal 模型建立最高外汇储备模型。

外汇储备的成本包括持有外汇储备的机会成本、资产负债表成本和冲销成本等。[①] 这些成本又可以通过交易性需求、偿债性需求、预防性需求来表示，从而外汇储备持有成本为：

$$TC = C_j + C_c + C_y \tag{3}$$

其中 $TC$ 为外汇储备的总成本，$C_j$、$C_c$、$C_y$ 分别表示因交易性需求、偿债性需求、预防性需求而持有的外汇储备所产生的成本。具体地：

$C_j$——由于持有用于交易的外汇储备而无法进口初级品进行生产所产生的机会成本即生产产品的产值。$C_j = R_j \times m/q_1$，其中 $R_j$ 表示放弃的产出、$m$ 表示资本产出比的倒数（等于当年 $GDP$ 的增加值同上一年资本形成总额之比）、$q_1$ 为生产性产品进口与新增固定资产投资比值。[②]

$C_c$——持有用于偿还一年内到期的外债和支付外商直接投资利润汇回的外汇储备而无法进行国际投资获得收益的机会成本。$C_c = R_c \times r_t$，其中 $R_c$ 表示偿债性储备、$r_t$ 表示国际投资收益率。[③]

$C_y$——持有预防性外汇储备而无法进行国际投资获得收益的机会成本。$C_y = R_y \times r_t$，其中 $R_y$ 表示预防性储备。

所以，外汇储备总成本为：

$$TC = R_j \times m/q_1 + R_c \times r_t + R_y \times r_t \tag{4}$$

而持有外汇储备的收益指因持有作为宏观经济缓冲器的外汇储备而获得的避免、减缓和应对不利的经济冲击所带来的福利。同上，外汇储备总收益为：

$$TR = TR_j + TR_c + TR_y \tag{5}$$

其中 $TR$ 为外汇储备总收益，$TR_j$、$TR_c$、$TR_y$ 分别表示因交易性需求、偿债性需求、预防性需求而持有的外汇储备所带来的收益。具体地：

$TR_j$——由于持有交易性外汇储备而避免的国际收支出现逆差时不得不通过减少进口而减少的产品产值。$TR_j = R_j/q_2 \times \pi_1^{Rj/W}$，其中 $W$ 表示对外赤字的总额、[④] $q_2$ 表

① 资产负债表成本是指因汇率的变动而造成的外汇储备的实际价值的减少。冲销成本是指为了冲销过多的外汇储备对本国货币供应量的增加而发行债券以吸收流动性所须付出的利息成本。

② 进口生产性产品用海关进口商品分类初级产品和工业产品中的生产资料部分来计算，包括非食用原料、矿物、燃料、润滑油及有关原料、动植物油脂及蜡、化学品及有关产品、机械及运输设备。新增固定资产投资指报告期内已经完成建造和购置过程，并已交付生产或使用单位的固定资产价值。该指标是表示固定资产投资成果的价值指标，也是反映建设进度，计算固定资产投资效果的重要指标。

③ 由于我国外汇储备多购买美元债券，故国际投资收益率为美国政府债券收益率。

④ $W$ 取 1978—2008 年间出现的最大贸易逆差额，即 1985 年时出现的 149 亿美元贸易逆差。

示生产性产品进口与总产出 $GDP$ 的比值、$\pi_1$ 表示发生国际收支不平衡的概率。由于从 1978 年到 2008 年，中国国际收支逆差共出现了 5 年，$\pi_1$ 取为 5/31。

$TR_c$——由于持有偿债性外汇储备而避免的在发生债务危机时不得不通过减少进口而减少的产品产值。$TR_c = R_c/q_2 \times \pi_2^{Rc/(SD + rc \times LD + rf \times FDI)}$，其中 $\pi_2$ 表示发生债务危机的概率。在 1978 至 2008 年期间，1982 年和 2006 年底爆发了席卷全球的债务危机。我们据此将中国发生债务危机的概率 $\pi_2$ 取为 2/31。

$TR_y$——由于持有预防性外汇储备而避免的在发生经济危机时不得不通过减少国内投资而造成的产出损失。$TR_y = r_n \times R_y \times \pi_3^{Ry/F}$，其中 $F$ 表示发生经济危机时动用的储备额、① $r_n$ 表示国内投资收益率、② $\pi_3$ 表示发生经济危机的概率。1978—2008 年期间世界共发生过七次大的金融危机：日本（1990）、英国（1992）、墨西哥（1994）、亚洲（1997）、俄罗斯（1998）、南美和阿根廷（1999）以及目前的全球金融危机。这些金融危机对中国的经济安全产生过影响。随着改革开放的深入，金融危机对中国的影响逐渐增大，其中影响最严重的是 1997 年亚洲金融危机和目前的全球金融危机，故发生经济危机的概率 $\pi_3$ 取为 2/31。

所以，外汇储备总收益为：

$$TR = R_j/q_2 \times \pi_1^{Rj/W} + R_c/q_2 \times \pi_2^{Rc/(SD + rc \times LD + rf \times FDI)} + r_n \times R_y \times \pi_3^{Ry/F} \tag{6}$$

当满足 $C_j = TR_j$，$C_c = TR_c$，$C_y = TR_y$ 时，对这三个等式的两端分别取对数后，可分别求出 $R_j$、$R_c$、$R_y$，则外汇储备适度规模上限的模型为 $R_{max} = R_j + R_c + R_y$，即：

$$R_{max} = (lgm + lgq_2 - lgq_1) \times W/lg\pi_1 + (lgr_t + lgq_2) \times (SD + r_cLD + r_fFDI)/lg\pi_2 + (lgr_t - lgr_n) \times F/lg\pi_3 \tag{7}$$

### （二）测算结果

根据公式（1）—（7）计算可得我国外汇储备适度规模的上下限，则适度外汇储备的区间为［$R_{min}$，$R_{max}$］，见表 1。进一步地，我们根据适度规模区间计算出中间值，将之与实际外汇储备量进行比较即得出 1985—2008 年我国外汇储备是否充足、过量抑或是不足的结论。在这里我们定义，若实际外汇储备与适度区间中值之比小于 60% 则为外汇储备严重不足、在 60%—90% 之间为偏少、在 90%—110% 之间为适度、在 110%—150% 之间为偏多、大于 150% 为过多。③ 图 3 进一步直观地报告这一关系。

---

① $F$ 为发生危机时动用的储备额，这里取各年份经常项目和资本项目顺差之和减去当年新增外汇储备额的最大值来计算，即 1997 年，$F = 579.78 + 1398.9 - 348.61 = 231.17$（亿美元）。

② $r_n$ 为人民币一年期定期存款利率。

③ 大多数研究人员，并未对外汇储备实际值偏离适度规模区间的程度进行定义。

表 1　1985—2008 年我国外汇储备实际值与适度区间对比表格

| 年份 | $R_{min}$ | $R_{max}$ | 适度区间中值 | 实际外汇储备 | 结　论 |
|---|---|---|---|---|---|
| 1985 | 176.93 | 271.37 | 224.15 | 26.44 | 严重不足 |
| 1986 | 184.48 | 377.18 | 280.83 | 20.72 | 严重不足 |
| 1987 | 189.34 | 363.82 | 276.58 | 29.23 | 严重不足 |
| 1988 | 236.80 | 367.06 | 301.93 | 33.72 | 严重不足 |
| 1989 | 256.49 | 421.92 | 339.21 | 55.50 | 严重不足 |
| 1990 | 234.94 | 490.12 | 362.53 | 110.93 | 严重不足 |
| 1991 | 269.99 | 528.55 | 399.27 | 217.12 | 严重不足 |
| 1992 | 335.19 | 523.01 | 429.10 | 194.43 | 严重不足 |
| 1993 | 445.55 | 693.41 | 569.48 | 211.99 | 严重不足 |
| 1994 | 514.48 | 647.23 | 580.86 | 516.20 | 偏　少 |
| 1995 | 618.20 | 758.89 | 688.55 | 735.97 | 适　度 |
| 1996 | 661.64 | 819.30 | 740.47 | 1050.29 | 偏　多 |
| 1997 | 716.77 | 1023.13 | 869.95 | 1398.90 | 过　多 |
| 1998 | 725.71 | 1211.69 | 968.70 | 1449.59 | 偏　多 |
| 1999 | 781.62 | 1115.10 | 948.36 | 1546.75 | 过　多 |
| 2000 | 965.74 | 979.94 | 972.84 | 1655.74 | 过　多 |
| 2001 | 1089.84 | 1681.60 | 1385.72 | 2121.65 | 过　多 |
| 2002 | 1290.84 | 1885.43 | 1588.13 | 2864.07 | 过　多 |
| 2003 | 1688.67 | 2301.47 | 1995.07 | 4032.51 | 过　多 |
| 2004 | 2197.72 | 2564.59 | 2381.15 | 6099.32 | 过　多 |
| 2005 | 2666.92 | 3597.30 | 3132.11 | 8188.72 | 过　多 |
| 2006 | 3266.61 | 3974.71 | 3620.66 | 10663.40 | 过　多 |
| 2007 | 4048.74 | 4821.21 | 4434.98 | 15282.49 | 过　多 |
| 2008 | 4838.91 | 4915.42 | 4877.17 | 19460.30 | 过　多 |

资料来源：$R_{min}$、$R_{max}$均为文中公式计算所得，其中$R_{min}$计算数据中外汇市场交易额数据来源为2008年《中国金融年鉴》，进口额、FDI来源于2008年《中国统计年鉴》，短期外债、偿债率、债务率、长期外债数据来源于国家外汇管理局网站 http://www.safe.gov.cn/model_safe/index.html。$R_{max}$计算数据来源于2008年《中国金融年鉴》，国家外汇管理局网站 http://www.safe.gov.cn/model_safe/index.html，2008年《中国统计年鉴》。适度区间中值为$R_{min}$和$R_{max}$的算术平均数。

根据表1或图3，改革开放初期至1994年以前，我国外汇储备量严重不足。这是由于我国出口产品竞争力弱，经常项目时常表现为逆差所致。随着1989年和1990年两次人民币汇率的下调，出口增加，资本流入稳定增长，到1993年外汇储备余额已达到211.99亿美元。但这与本文估算的适度外汇储备规模下限仍有一定的距离。1994年，我国进行了外汇体制改革，实行了汇率并轨和结汇售汇制，使中国

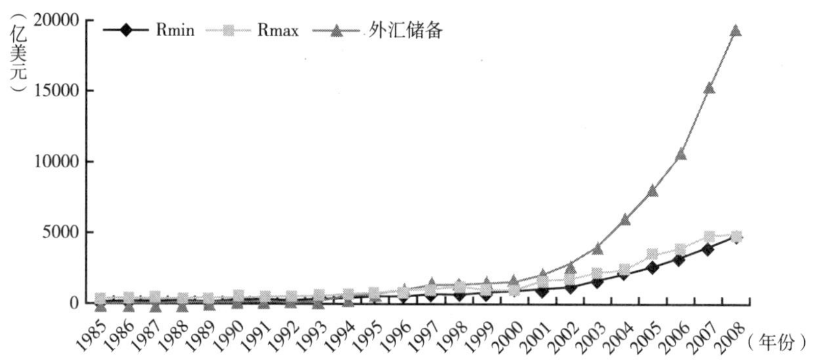


**图3　1985—2008年我国外汇储备实际值与适度区间对比图**

实现了经常账户下有条件的人民币自由兑换。自此，人民币汇率大幅下调，极大刺激出口，官方又出台多项招商引资政策，使中国实现了经常账户和资本账户的“双顺差”，外汇储备持续大幅增长。1997年7月始的金融危机，使东南亚以致中国周边国家和地区的货币纷纷大幅贬值。为了维护东亚地区的金融稳定，中国坚持人民币不贬值，这使得出口受到冲击。与此同时，部分外资的抽逃，中国资本项目出现逆差。这两个因素相加导致中国外汇储备增长缓慢，但其总量已稍高于适度规模的上限。金融危机过后，随着国际市场的回暖，中国的经常账户、资本账户均出现巨额顺差，外汇储备进入了大幅加速增长阶段。2006年外汇储备量超过日本，成为外汇储备余额最多的国家。截至2009年，我国外汇储备已达2.4万亿美元，占世界储备总量的近三分之一。

经过分析，可知我国外汇储备规模主要是由出口、进口、人民币汇率、外债余额等因素决定，其中出口和人民币汇率是影响我国外汇储备最主要的因素。当出口额增加、人民币汇率上升即人民币贬值时，经常项目和资本项目会出现“双顺差”，这会导致我国外汇储备量大幅增加。显然，这一分析是符合我国现实的。

## 五、结论性评论

本文首先利用比例分析法，对我国外汇储备最低安全量进行了测算。结果发现，近年来我国外汇储备已远远超过国际认可的最低安全储备量，故本文的侧重点是研究在最低安全外汇储备量之上的最优外汇储备水平。本文通过建立储备需求模型，衡量了我国外汇储备适度规模的下限，通过建立成本—收益模型，衡量了我国外汇储备适度规模的上限，并用相关数据，计算外汇储备适度规模上限和下限的数值。通过将测算的外汇储备适度规模上下限的数值及适度规模区间的中值与实际外汇储备额进行比较，我们发现：我国外汇储备在1994年以前都是严重不足的；在1994

年汇率制度改革后至1998年间在一个较正常的区间内波动，自1999年起，我国外汇储备规模由于种种原因一直高于上限并持续增多。如2008年，我国外汇储备规模已达1.9万亿美元，远超出适度规模上限，是适度区间中值的近4倍。

本文研究的政策含义非常明显。从上述分析可以看出，我国近些年的外汇储备确实已远远超过了必要的、适度的水平，所以，如何阻止外汇储备的进一步增长、降低外汇储备成为我们必须认真面对的问题。对此，我们建议如下：一方面，我国可以从引起外汇储备持续增长的原因入手，调节和管理好影响外汇储备的因素。另一方面，我国可以有效利用如此庞大的外汇储备，如在尽量不引起通货膨胀的前提下，更好地刺激内需，提高社会保障水平，使国家和人民真正受益。此外，由于中国目前已成为美国最大的债权国，而金融危机导致的美元相对于人民币的持续贬值，直接威胁到了中国在美国外汇储备资产的安全，故我国还应设法保障外汇储备在国外投资的安全，使其保值增值。

## 参考文献

[1] 管于华：《论我国外汇储备的适度规模——兼谈我国外汇储备资料的统计口径错位》，《统计研究》2001年第1期。

[2] 胡援成：《我国外汇储备适度规模的再探讨》，《当代财经》1997年第4期。

[3] 刘　斌：《人民币自由兑换的外汇储备要求》，《财经研究》2000年第11期。

[4] 刘莉亚、任若恩：《我国外汇储备适度规模的测算与分析》，《财贸经济》2004年第5期。

[5] 刘宇敏、欧阳秋珍：《中国外汇储备适度规模实证分析》，《经济与管理》2008年第11期。

[6] 汤学兵、胡亚权：《我国外汇储备的预测分析与政策选择》，《大众科技》2005年第4期。

[7] 王国林：《我国外汇储备适度状况分析》，《中国外汇管理》2001年第7期。

[8] 武　剑：《我国外汇储备规模的分析与界定》，《经济研究》1998年第6期。

[9] 吴丽华：《我国适度外汇储备量的模型与外汇储备管理》，《厦门大学学报》（哲学社会科学版）1997年第4期。

[10] 许承明：《我国外汇储备需求的动态调整模型》，《经济科学》2001年第5期。

[11] Agarwal, J. 1971. "Optimal Monetary Reserves for Developing Countries." *Review of World Economics/ Weltwirschaftliches Archiv*, 107 (1): 76－91.

[12] Barnichon, R. 2008. "International Reserves and Self-Insurance against External Shocks." IMF Working Paper, WP: 149.

[13] Ben-Bassat, A., and D. Gottlieb. 1992a. "Optimal International Reserves and Sovereign Risk." *Journal of International Economics*, 33: 345－362.

[14] Ben-Bassat, A., and D. Gottlieb. 1992b. "On the Effect of Opportunity Cost on International

Reserve Holdings." *Review of Economics and Statistics*, 74 (2): 329 - 332.

[15] Claassen, E. M. 1975. "The Demand for International Reserves and the Optimum Mix and Speed of Adjustment Policies." *American Economic Review*, 65 (3): 446 - 453.

[16] Frenkel, J., and B. Jovanovic. 1981. "Optimal International Reserves: A Stochastic Framework." *Economic Journal*, 91 (362): 507 - 514.

[17] Heller, H. R. 1966. "Optimal International Reserves." *Economic Journal*, 76 (302): 296 - 311.

[18] Jeanne, O., and R. Ranciere. 2008. "The Optimal Level of International Reserves for Emerging Market Countries: A New Formula and Some Applications." CEPR Discussion Paper, 6723.

[19] Jung, C. 1995. "Optimal Management of International Reserves." *Journal of Macroeconomics*, 17 (4): 601 - 602.

[20] Kreinin, M., and H. Heller. 1973. "Adjustment Cost, Optimal Currency Areas and International Reserves." In W. Sellekaertas (ed.), *International Trade and Finance: Essays in Honor of Jan Tinbergen*, London: Macmillan, 127 - 140.

[21] Triffin, R. 1946. "National Central Banking and the International Economy." *Review of Economic Studies*, 14 (2): 53 - 75.

[22] Triffin, R. 1960. *Gold and the Dollar Crisis.* New Haven, Conn: Yale University Press.

[23] Wijnholds, J., and A. Kapteyn. 2001. "Reserve Adequacy in Emerging Market Economies." IMF Working Paper, WP: 143.

# 中国财政政策和货币政策效率研究

## ——基于随机前沿模型的实证分析

王智强

## 一、引　　言

财政政策和货币政策的搭配无非四种情况：一松一紧（两种）、双松、双紧。在应对经济危机的时候，去掉双紧的政策搭配，剩余的可能性为三种：紧货币、松财政；紧财政、松货币；松财政、松货币。财政政策和货币政策之间，到底应当以何者为主，何者为辅，这里需要权衡的便是二者对经济增长和诱发通货膨胀问题的不同影响。本文所要研究的正是财政政策和货币政策的效率反转边界，从而为合理的政策搭配方式提供参考。

除了会导致通货膨胀这一问题之外，还应当注意到，财政政策和货币政策的政策效果本身就各自有不同的特点。相比之下，货币政策具有明显的不对称性。张延（2010）指出，在萧条和繁荣时期，影响政策效果的因素发生了变化，会导致政策的效果在萧条和繁荣时期的不对称性。对于货币政策而言，由于在萧条时期货币需求的利率弹性上升，趋于无穷大，这极大地削弱了货币政策降低利率的效果，使得货币政策在萧条时期增加总产量的效果很小；反之，在繁荣时期，货币需求的利率弹性处于正常的范围，运用货币政策减少总产量的效果很大。大多数经济学家倾向于认为，货币政策的效果具有不对称性，促进经济增长不行，促退还是可以的。因而有时货币政策被戏称为“成事尚不足，败事颇有余”。如果货币政策促进和促退的效果像“双刃刀”，那么这是一面迟钝一面锋利的“双刃刀”。

从以上的分析可以发现，财政政策理应成为应对经济危机、实现宏观经济目标的首选，而货币政策更多应当起到辅助性的作用，如果抛开财政政策而一味单单实施过度扩张的货币政策，则有喧宾夺主，诱发严重的通货膨胀之虞。历史经验上看，1998 年我国政府面对从未遇到过的亚洲金融危机的冲击，果断地采用积极的财政政策和稳健的货币政策，从而很好地解决了经济危机的挑战。在 1999 年的政府工作报告中，时任国务院总理的朱镕基指出，为应对金融危机，中央果断决定实施积极的财政政策，经全国人大常委会批准调整预算后，国务院增发1000亿元财政债券，重点用于增加基础设施建设投资。朱镕基还进一步指出，财政政策如果运用得当，不会引发通货膨胀。1998年财政增发1000亿元国债加强基础设施建设，银行也相应增加了贷款，但全年货币发行还比1998年初计划少了近500亿元；社会商品零售价格和消费价格的总水平都比1997年下降。历史经验很好地验证了财政政策在应对经济危机方面的强有力作用，而且在合理的货币政策辅助下，不会诱发严重的通货膨胀。

2008年由美国次贷危机诱发的全球性经济危机的阴霾尚未退去，包括中国政府在内的各国政府普遍使用财政政策和货币政策来应对经济危机。因此，如何合理搭配使用财政政策和货币政策，从而提升我国财政政策和货币政策实施的效率水平，就成为了一个非常重要的问题。本文首先在经济稳定增长和抑制通货膨胀率这两大目标之间进行权衡，运用主成分分析法得到一个宏观经济目标变量，然后用随机前沿模型来分析财政政策和货币政策对这一目标实现的影响。

## 二、文献回顾

国内相关研究的大多单独从财政政策或者货币政策的视角分析其效力及对经济的影响，王新霞等（2009）以1999年第一季度至2008年第三季度为观测期，选取财政货币政策的若干中间变量，基于向量自回归（VAR）模型进行格兰杰检验、脉冲响应函数分析及方差分解，研究财政货币政策冲击对宏观经济的影响渠道及影响力度。徐亚平（2006）分析了货币政策透明性与货币政策有效性之间的关系，说明货币政策透明制度能够兴起的一个关键因素在于货币政策的透明性有利于提高货币政策的有效性。当考虑到经济主体对经济运行结果和经济运行过程的不完全认知时，货币政策透明性对于促进经济主体的学习过程，稳定和引导公众的通胀预期，进而提高货币政策的有效性就起着至关重要的作用。盛松成、吴培新（2008）利用1998年1月到2006年6月的经济金融月度数据，主要运用VAR模型对中国货币政策的中介目标、传导渠道进行实证检验和理论分析，他们指出，更应关注信贷规模指标并以此为核心来调控经济。当然，这种货币传导模式存在缺陷，只是阶段性地起作用。从未来的发展模式来看，要采用包含更多信息的利率作为政策中介，其前提条件是利率和汇率的市场化改革。也有一部分研究是综合讨论财政政策和货币政策对经济目标实现的影响，肖芸、龚六堂（2003）讨论财政分权框架下的政府财政政策和货币政策，通过消费者行为、地方政府行为和中央政府行为之间*Nash*均衡解，得到了经济增长率和各参数的隐式关系，并且通过数值模拟得到经济增长率与各种税收以及政府间转移支付的关系。杨子晖（2008）结合最新发展的“有向无环图”（DAG）技术，研究我国财政与货币政策对私人投资的影响，并考察政策工具在传导过程中的有效性及其动态关系。研究结果表明，尽管“信贷渠道”在我国货币政策传导中发挥着主导作用，但由于货币到信贷传导环节的断裂，使得“信贷渠道”自身存在着较大的政策局限性，与此同时，财政政策对私人投资的影响具有较强的独立性和有效性。

## 三、模型设定及数据说明

对于效率的分析，通常可以有两种方法。第一种方法为非参数方法，称为数据包络分析法（DEA，Data Envelopment Analysis）。第二种方法为参数方法，称为随机前沿分析法（SFA，Stochastic Frontier Analysis）。其中第一种方法假设任何对于效率前沿的偏离都是由于确定性的无效率因素所导致的，不考虑随机扰动误差的干扰。但是我们知道，利用财政政策和货币政策来实现宏观经济目标的过程中不可避免会受到随机因素的干扰，而随机前沿模型中包含了随机扰动项，所以本文将采用随机前沿模型分析中国财政政策和货币政策的效率。

在分析财政政策和货币政策的效率之前，必须得到衡量宏观经济目标变量。这里我们拟采用等权重的 Z－score 法或者非等权重的主成分分析（PCA，Principle Component Analysis）法，将保持 GDP 稳定增长和控制通货膨胀率两大目标进行加权平均，从而得到一个标准化的宏观经济目标变量 $goal$ 。

然后，根据随机前沿分析方法，具体将模型设定为如下的多项式函数形式：

$$goal_t = a + \sum_i \beta(VG/G)_t^i + \sum_j \gamma_j (VM/M)_t^j + v_t = u_i$$

其中 $t = 1,2,\cdots T$ 表示时期，$goal$ 表示 $t$ 期的宏观经济目标，$VG/G$ 表示 $t$ 期的财政政策，$VM/M$ 表示 $t$ 期的货币政策，$v_t$ 为随机扰动因素服从标准正态分布 $v_t \sim N(0,\sigma_v^2)$ ，$u_t$ 为无效率项，满足 $u_t > 0$ 且假定服从某种分布，可能的待选分布为半正态分布，指数分布以及截尾正态分布（truncated normal distribution）。

考虑到年度数据样本较小，本文选取的数据皆为季度变量。数据来源为中经网统计数据库，最终的样本期间为 1993—2009 年共 17 年 68 个季度。具体各变量的衡量方法如下：GDP 变量以季度名义 GDP 衡量，通货膨胀率变量以消费品价格指数 CPI 的变动率衡量，财政政策以政府预算支出的变动率衡量，货币政策以货币供给 M1 的变动率衡量。

## 四、实证分析

首先，利用主成分分析法得到的第一主成分表明，GDP 稳定增长和控制通货膨胀率两大目标的合理权重都是 0.71，其累积贡献率达到了越 70% 。因此，采用主成分分析法和 Z-score 法是同样的权重，得到的 $goal$ 变量是等价的。宏观经济整体目标的实现，GDP 稳定增长和控制通货膨胀率同样重要，不能忽视任何一方的作用。

其次，利用得到的 $goal$ 变量，用最大似然函数法，对随机前沿模型进行实证分析。上文提到，待选的无效率项 $u_t$ 满足的分布可能有三种，分别是半正态分布，指数分布以及截尾正态分布。计量结果表明：采用截尾正态分布的假设得不到凹的（concave）似然函数，因此无法拟合；采用半正态分布的假设可以得到拟合结果，其中货币政策和财政政策的线性多项式最高次数为 2，但是似然比检验表明，Prob > = chibar2 = 0.284，无法拒绝 $\sigma_u = 0$ 的零假设，因此无效率项存在异方差性；采用指数分布的假设得到了和半正态分布假设类似的拟合结果，其中货币政策和财政政策的线性多项式最高次数为 2，且各系数的符号也完全一致，另外似然比检验结果为 Prob > = chibar2 = 0.000，拒绝了 $\sigma_u = 0$ 的零假设，因此无效率项不存在异方差性。综上，我们最终采用指数分布的无效率项的假设，拟合出随机前沿模型的各参数，最终得到的拟合结果如下

$$
\underset{\phantom{(0.00)}}{goal} = \underset{(0.39)}{-0.47} + \underset{(4.13)}{10.94}(VG/G) - \underset{(10.60)}{23.84}(VG/G)^2 + \underset{(2.84)}{6.78}(VM/M) - \underset{(24.33)}{83.58}(VM/M)^2 + v - u
$$

括号内为各系数的标准差，各变量（除常数项外）在 5% 水平下显著，$\sigma_u = 0.60$，$\sigma_v = 0.37$，沃尔德统计量为 Wald chi2（4） = 27.96，表明模型整体可以通过检验。似然比检验表明 chibar2（01） = 17.38，所以拒绝了 $\sigma_u = 0$ 的零假设，无效率项 u 不存在异方差性。

下面对拟合结果作进一步的分析：

第一，财政政策和货币政策的系数都出现了一次项系数为正，二次项系数为负的情况。这表明财政政策和货币政策对宏观经济目标的影响存在倒 U 字形的现象，即扩张性财政政策和货币政策在某一范围内会促进宏观经济目标的实现，但一旦超过了某一范围，随着财政政策和货币政策的继续扩张，反而会削弱宏观经济目标的实现，导致了过犹不及的现象。这和本文第一部分引言所提到的凯恩斯主义的宏观经济理论是相符合的，过度扩张会导致通货膨胀率的上升，从而降低国民整体的福利水平，对宏观经济目标的实现起反作用。从具体数值来看，$\frac{\partial goal}{\partial(VG/G)} = 10.94 - 47.68(VG/G)$，$\frac{\partial goal}{\partial(VM/M)} = 6.78 - 167.16(VM/M)$，因此当扩张性财政政策超过 22.9%，扩张性货币政策超过 4.1% 的时候就会出现过犹不及的现象。综上可见，货币政策比财政政策的应用要更为谨慎，其反转效应出现的边界要明显小于财政政策，这在某种程度上验证了货币主义“任何通货膨胀都是货币现象”的结论，稍微过度的扩张性货币政策就会造成对宏观经济目标的危害，而相比较而言财政政策的扩张效应区间比较广，低于 22.9% 的扩张性财政政策都可以促进 GDP 增长而又不用

过分担心通货膨胀率的升高。

第二，利用随机前沿模型可以得到各季度的政策效率 TE（total efficiency），考虑到财政政策和货币政策可能会具有季节性变动趋势，因此我们画出了 1993—2009 年度平均 TE 的折线图，如图 3 所示。从图中可以看到，从 1994 年到 1998 年政策效率基本呈现稳步上升的态势，随后呈现出上下波动的现象，达到了比较稳定的水平，1993—2009 年整体平均的效率水平达到了 63.16%。因此，我国的财政政策和货币政策的运用水平尚处于比较低的水平上，亟待进一步的提高。

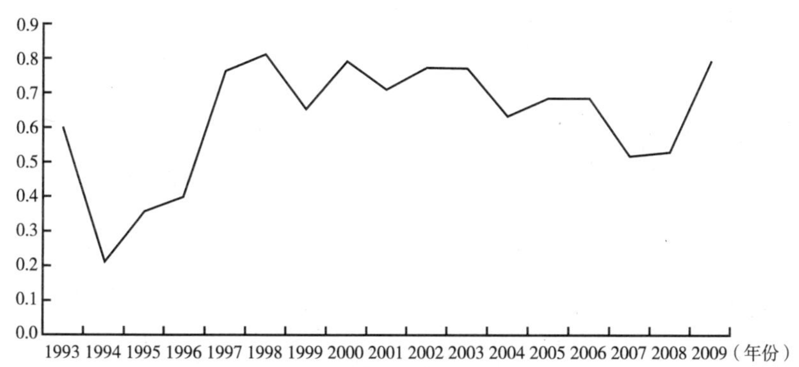


**图 1 中国财政政策和货币政策效率：1993—2009 年**

第三，我们可以观察每个季度的财政政策和货币政策效率，分析是否存在季度差异。表一给出了 1993—2009 年四个季度的平均政策效率及效率波动率水平。从表中可以看到，第一、三季度的效率水平大致相等，而第四季度最高，第二季度的政策效率明显低于其他三个季度；与此同时，第二季度的效率波动率最高，第四季度的波动率最低。因此，1993—2009 年期间，第四季度的效率比较高，而且相对稳定，而第二季度的效率相对比较低，而且不稳定，波动很大。一种可能的解释是第二季度政府所面临的压力比较小，即使政策出现失误也仍然可以调整，因此更易于出现过度扩张的危险，从而导致政策效率相对较低。所以，未来应当密切关注第二季度的货币政策和财政政策使用情况，以提高政策效率。

**表 1 季度政策效率及波动率：1993—2009 年**

单位：%

| 季 度 | 政策效率 | 效率波动率 | 季 度 | 政策效率 | 效率波动率 |
|---|---|---|---|---|---|
| 第一季度 | 64.63 | 20.17 | 第三季度 | 64.40 | 17.23 |
| 第二季度 | 56.09 | 28.74 | 第四季度 | 67.53 | 12.80 |

## 五、结论及政策建议

本文通过随机前沿模型分析了实现宏观经济目标的两大主要工具——财政政策和货币政策的效率，以及它们对宏观经济目标的影响。本文的主要结论如下：

第一，主成分分析法表明在宏观经济稳定增长和抑制通货膨胀率之间应该赋予同样的权重，不应当过度重视经济增长这一目标而忽视了通货膨胀的危害。经济增长并不意味着各个产业部门都同时增长，而必然会有一些发展相对落后的产业，与此同时，通货膨胀却意味着全社会居民的购买力水平下降，社会福利水平会因此而降低。所以，在考虑宏观经济目标的时候，应当保持两大目标的平衡，而不能“唯GDP论”。

第二，随机前沿模型表明，扩张性财政政策和货币政策对宏观经济目标的影响呈现倒U字形，在某一范围内会促进经济目标的实现，而超过某一临界水平后反而会对目标的实现有害。实证结果表明，财政政策和货币政策的这一临界水平不同，前者为22.9%，后者仅为4.1%。因此，政府应当更多地使用财政政策来促进宏观经济目标的实现而不是使用货币政策，因为货币政策更容易超过4.1%的临界水平，2010年以来，央行多次调整存款准备金率和央票利率，说明央行已经意识到了过度扩张性货币政策的危害。除此之外，在引言部分已经提到，货币政策在拉动经济走出衰退方面其作用不如财政政策明显，属于“成事不足，败事有余”的类型，而且又容易诱发通货膨胀。因此，从政策选择上，在应对经济危机的问题上，财政政策优于货币政策，理应成为首选，而货币政策应当更多地起到稳定和配合的作用，政府部门要密切关注和监测信贷发放以及货币供应量 $M_1$，避免货币供给增速高于临界水平4.1%、降低政策效率，从而妨碍宏观经济目标实现的情况出现。

第三，中国的财政政策和货币政策效率水平不高，其平均值仅仅为63.16%。这可能和多个方面有关，例如我国的利率市场化尚处于继续发展的进程中，我国财政分权制度下中央政府和地方政府利益可能有不一致的现象，货币政策和财政政策都有比较长的传导环节，而且都有一定的内部和外部时滞。以上因素都导致了财政政策和货币政策效率的低下，未来应当更好地解决上面提到的问题，使宏观调控技术日臻完善。

第四，财政政策和货币政策的效率水平会受到季节性的影响。从历史情况看，第四季度的效率水平最高，且波动率低，第二季度的效率水平最低，而且波动率高、不稳定。因此，未来实施财政政策和货币政策、提升政策效率的时候应当着力于提高第二季度的政策效率，换言之，降低存款准备金率、调整央票发行利率的最佳时机是第二季度，这样更有利于整体效率水平的提高。

当前中国的宏观经济形势不容乐观。一方面，长期以来中国经济结构属于出口驱动型的增长模式，与此相对的却是国内消费能力严重不足，容易受到外部冲击的影响，2010 年 1—4 月份贸易顺差下降了 78.6%，1—5 月份贸易顺差下降了 59.9%，因此 2010 年出口贸易对经济增长的驱动力会减弱。另一方面，进入 2010 年之后，政府对房地产市场的调控趋于严厉，打击房地产投机炒作、抑制房地产市场过度膨胀的调控措施纷纷出台；而一直以来，中国严重依赖投资来拉动和刺激经济增长，对房地产市场的调控必然会导致投资的减少。因此，2010 年中国宏观经济面临着动力不足、重新下行回落的风险。与此同时，通货膨胀的压力却并未消减，甚至日益高涨。2010 年上半年，居民消费价格指数（CPI）同比增长 2.6%，粮食和猪肉价格上涨等诸多不确定因素仍然存在。这和 2009 年的宽松的货币政策不无关系，宽松的货币政策为经济增长提供了有力的金融支持，但在实践过程中适度的宽松变成了过度宽松、极度宽松，甚至是放任式的货币政策，信贷资金从各个渠道流动到股市、房地产市场，从而拉动资产价格的快速上升，也带动了其他价格的上升。综上所述，中国目前面临的问题是经济回落的同时又要承受巨大的通货膨胀压力。本文的实证研究研究，以及 1998 年亚洲金融危机的历史经验共同表明：实施稳健扩张的财政政策，辅之以适度从紧的货币政策应当是应对当前经济形势，实现宏观经济目标的首选之策。

## 参考文献


[1] 王新霞、黄显林、何旭波：《我国财政货币政策实施效果的实证分析》，《统计与决策》2009 年第 24 期。

[2] 徐亚平：《货币政策有效性与货币政策透明制度的兴起》，《经济研究》2006 年第 8 期。

[3] 盛松成、吴培新：《中国货币政策的二元传导机制——“两中介目标，两调控对象”模式研究》，《经济研究》2008 年第 10 期。

[4] 杨子晖：《财政政策与货币政策对私人投资的影响研究——基于有向无环图的应用分析》，《经济研究》2008 年第 5 期。

# Fiscal Decentralization and Public Education Provision in China

Luo Weiqing　Chen Shi

## 1. Introduction

There is no doubt that, as an important human resources output industry of China's economic and social development, education is always being highly concerned by central government. The absolute value of public education expenditure is increasing from 86.78 billion yuan in 1993 to 869.08 billion yuan in 2007, and it has increased by 10 times in 15 years. However, if we look at relative value we can find that, public education expenditure-to-GDP ratio is always below 3.5% (see Figure 1), and it is much less than the world average of 4.6%. Shortage of education is harmful to socio-economic sustainable development of China. In May 2010, the State Council pointed out in "State Long-term Education Reform and Development Plan (2010—2020)", that fiscal education expenditure-GDP ratio should be increased to 4% in 2012. Therefore, we need to find out main factors for education provision shortage in China in public finance regime, and this issue is critical for China's social and economic sustainable development in the next few decades and even in longer term.

One of the most important features of China's tax-sharing fiscal regime is fiscal decentralization. The definition of fiscal decentralization is that, central government decentralizes some fiscal authorities to local governments. If the authorities of local government has reached a certain level, we can say that this country is fiscal decentralized.

Some scholars believe that fiscal decentralization is an important reason of the decrease of public education provision. Busemeyer (2008) uses a pooled-data of 21 OECD countries analysis, and finds out that fiscal decentralization decreases public education expenditures at national level but increases public education spending at regional level. Lu and Li

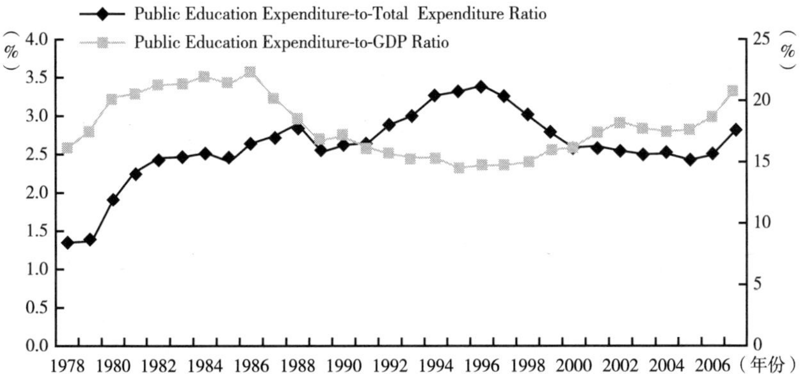


**Figure 1　China's Public Education Expenditure-to-GDP Ratio and Total Expenditure (1978—2007)**

(2006) develop a linear model which is derived from utility function, through empirical test, they believe that financial decentralization has caused the backwardness of rural compulsory education, and has widened the gap between urban and rural educations. However, their utility function models assume that government is "benevolent", which does not meet the current theory of fiscal decentralization in the field of incentive compatible framework. Moreover, existing studies are based on the data above provincial level, but using provincial and national data ignores the "concentrated down" feature of China's public education expenditure – fiscal education expenditure of local governments takes a large proportion. Thus, our research tries to enrich the theoretical and empirical literature of this issue.

Therefore, this paper analyses main factors of education provision shortage from the perspective of public financial regime, and then after panel-date regression empirical tests, we provide policy proposals according to empirical test results. Main contributions and innovations of this paper are: Using all of the prefectural jurisdictions panel data in China to make this research more detailed; using UNESCO uniform education provision indicators; Comparing public education provisions in different regions (East, Middle, West and Northeast).

This paper is organized as follows: Section 2 and 3 briefly analyse two main factors of how fiscal decentralization reduces public education provision. Section 4 summarizes impact path of fiscal decentralization on public education provision. Section 5 describes data and regression model. Sections 6 presents empirical analysis results, and Section 7 concludes and provides policy proposals.

## 2. Decentralized Public Finance Regime And Education Finance Regime

Since 80s of 20th century, federal index, which is the degree of decentralization, has increased steadily in most developed, developing and transition countries. In fiscal expenditure side, China is one of the most decentralized countries in the world, and local governments should bear more than 70% of the expenditure responsibility in recent years. However, this number is only about 15% in developing countries, and about 26% in transition countries, even in OECD countries it is only about 32%. Therefore, Wang (1997) believes that China is over decentralized.

What make things worse, major responsibilities fall on local governments in China, in many areas, in which central government should take major responsibilities. For example, Wong and Deepak (2003) point out that China's education expenditure regime is over decentralized. 90% of China's education expenditure is taken by local governments, and 70% happens in the governments below prefectural level, which is different from international common structure of education expenditure, and proportion of local government expenditure is higher. Central government accounts for a relatively higher proportion of education expenditure in major unitary countries, while local governments take a lower proportion, which is 35.3% in average (see Table 1). They believe that this may lead to distortion in government expenditure structure.

**Table 1 Education Expenditure Distribution among All Levels of Governments, in Major Countries**

| Federal Counties | Share of Education Expenditure | | | Unitary Countries | Share of Education Expenditure | |
|---|---|---|---|---|---|---|
| | Central | State | Local | | Central | Local |
| Australia | 8.5 | 91.3 | 0.2 | France | 75.3 | 24.7 |
| Canada | 4.8 | 34.5 | 60.7 | United Kingdom | 12.7 | 87.3 |
| Germany | 1.0 | 73.8 | 25.2 | Denmark | 46.8 | 53.2 |
| Switzerland | 6.2 | 57.5 | 36.3 | Kenya | 94.0 | 6.0 |
| US | 4.2 | 24.5 | 71.3 | Thailand | 94.8 | 5.2 |
| Unweighted Average | 4.9 | 56.3 | 38.7 | Unweighted Average | 64.7 | 35.3 |

First-generation theory of fiscal decentralization① believes that, market failure occurs in the provision of public goods and public services with positive externalities, which is usually called "tragedy of the commons"②. So the government should enter these areas, and correct these market failures through appropriate policies. As public service with positive externalities, if education is only provided by the market, the equilibrium value will be less than the social optimum. What's more, the first-generation theory of fiscal decentralization believes that the beneficiaries of education are all of the citizens in the region③, and the local governments could understand local conditions better than central government. Therefore, providing local public goods by local governments will make local citizens "better-off" than providing local public goods uniformly by the central government. Fiscal decentralization theory of Tiebout (1956) was very famous and influencial, but his theory is based on several restricted assumptions, and cannot be used in countries outside United States, as he said. For example, "Hukou" system in China, prevents a lot of population from moving to other regions, which is not consistent with basic assumptions of Tiebout model.

However, second-generation theory of fiscal decentralization believes that appropriate incentive mechanisms must be designed to ensure that local government has sufficient incentives to provide efficient public goods and public services (Oates, 2005; Qian and Weingast, 1997). The largest difference between second-generation and first-generation theories of fiscal decentralization is that, second-generation theory holds the thinking that governments are not pure "Guardians of Public Interests", they concern about their own private interests, and behavior distortions may occur if there is no restriction for local officials. Therefore, an efficient government structure should fulfill the incentive compatibility between local governments and local citizens' welfare. But without appropriate incentive regime constraints, citizens can not enjoy benefits of fiscal decentralization, but are "worse-off" because of distorted behaviors of local governments (Luo, 2010). China is centralized in politics, but decentralized in fiscal regime and administration regime, whether such government structure is able to restrict the self-interest of local government officials, and whether it is able to promote local economic development and local public services, are both worth being studied.

---

① The first-generation theory of fiscal decentralization comes from AMS public economics theory which contains research of Paul A. Samuelson, Richard A. Musgrave and Kenneth J. Arrow in the 50s of $20^{th}$ century. In addition, Tiebout (1956) also creates an effective theory, however, the basic assumptions of his theory is too strong that this theory cannot be used in other countries.

② Tragedy of the commons: Because property rights of public goods are difficult to define (high transaction costs of defining their property rights), they are usually over-used or encroached.

③ Of course, this argument deserves further discussion.

## 3. Positive Externalities Of Education And Competition Among Regions

The second factor is positive externalities of education. Definitely, people can benefit a lot from education, especially from its internal influences. Haveman and Wolfe (1984) points out five types of internal influences of education, for instance, it leads to higher wage and human capital efficiency. On the other hand, education has positive externalities. In economic theories, the definition of positive externalities is: some behaviors have spillover effects on other people or public interest, but the beneficiaries do not have to compensate. People can get private benefit and generate social benefit when they are in education. They can not only improve themselves, but also increase the social productivity and the degree of social civilization (Psacharopoulos and Patrinos, 2004).

However, the positive externalities of education will cause reduction of provision of education. Specifically, if education is provided by market, the equilibrium value of education provision is probably lower than social optimum (Zhao, 2008). Therefore, the main provider of education should be government.

The inter-regional relationship in China is competition but not cooperation (Shen and Fu, 2006), and the competition among regions makes local governments more inclined to invest in infrastructure to attract outside capital, but not willing to invest in public services, such as education, to prevent spillover effects of public services investment. For example, education can improve the degree of civilization of local citizens, and then decrease crime rate of adjacent regions. Additionally, educated citizens may be employed in other regions. The objective of local government officials is to internalize investment benefit as much as possible. If we take a region as an rational individual, when local governments think that if they invest in education to themselves, some of the investment benefit will be externalized, the regions will all decrease investment in education. Calabrese et al (2009) finds that, fiscal decentralization causes lower efficiency of public services, and they consider the positive externalities of public services as the main reason.

## 4. How Does Fiscal Decentralization Affect Public Education Provision: The Path

In our current economic situation, to promote economic development, local governments can invest directly in infrastructure[①] or in provision of public services. However, since 80s of 20th century, in evaluation criteria of yard-stick competition among local government officials, the most important "fixed target" is economic growth, especially GDP growth rate, while public services are lower ranked as "soft target", such as education, health care, etc. In the constraints of fiscal capacity, local government officials must make choice between infrastructure investment and public services provision.

In this selection process, local officials usually choose to maximize "political achievements", rather than maximize local public interest, because they are assigned by upper governments but not voted by local citizens, that is also an important reason for rapid economic growth and low efficiencies of local public service provisions (Zhou, 2007). As long as the investment is beneficial to maximize their "political achievements", local officials will strive to provide. In general, investment in infrastructure can contribute directly in GDP, and can attract outside capital and promote local economic development, thus, infrastructure investment will become the first choice for local officials. On the other hand, public services such as education and healthcare needs more fiscal expenditure but can provide less "political achievements", so local governments are not willing to provide public services.

China's fiscal decentralization can stimulate enthusiasm of local governments for economic development, but inappropriate decentralization degree intensifies competition among regions, and then leads to distortion of local government behaviors. In decentralized fiscal expenditure regime and decentralized education expenditure regime, local governments have more power to determine education expenditures. However, education has positive externalities, the investment in education will not only bring return to local citizens, but also cause benefit to other regions. Therefore, under fiscal decentralization and blind pursuit of local officials for "political achievements", "vacancy" and "offside" behaviors of local governments will occur, such as over-investment in competitive areas, like infrastructure, but under-investment of basic public services. Ultimately, these factors will result in inadequate supply of local public services, for example, in education area.

What fiscal decentralization brings is incentive for self-interest of local governments. This incentive is necessary for local economic growth. However, maximization of local governments' utilities, does not necessarily lead to maximization of local citizens' utilities, because local governments are not necessarily representatives of local citizens; and,

① In this paper, infrastructure is "hardware infrastructure" which can attract outside capital, and do not include education, health and other public services.

maximization of local citizens's utilities in each region does not lead to maximization of population's utilities in nationwide, because when each region competes with each other for its own benefit, "prisoners' dilemma" may happen, and it will bring damage to each region.

After clarifying the path of how fiscal decentralization affect public education provision, we examine whether this situation exists in China through empirical tests based on panel-data of all prefectural jurisdictions (including prefectural cities, prefectures, Autonomous regions and Leagues) 1996—2007.

## 5. Data And Empirical Test

### 5.1 Dependent Variables

In this paper, we use indicators used uniformly in "World Education Report" and "Education Statistical Yearbook" published by UNESCO (United Nations Educational, Scientific and Cultural Organization) as indicators of public education provision and denoted by *EDU*.

(1) Public education expenditure-to-GDP ratio;

(2) Public education expenditure-to-total government expenditure ratio;

(3) Public education expenditure per student.

### 5.2 Independent Variables

We construct fiscal decentralization (indicated as *FD*) as: prefectural expenditure per person/consolidated expenditure per person, to measure the degree of fiscal power of this prefectural jurisdiction government. The formula of *FD* is:

$$FD_{ijt} = \frac{\dfrac{PRX_{ijt}}{P_{ijt}}}{\dfrac{PRX_{ijt}}{P_{ijt}} + \dfrac{PX_{it} - \sum_{j}^{m} PRX_{ijt}}{P_{it}} + \dfrac{CX_t}{P_t}} \tag{1}$$

In this formula, $i$ denotes province $i$, $j$ denotes prefectural jurisdiction $j$ in province $i$, $t$ denotes year $t$. $FD_{ijt}$ denotes fiscal authorities of prefectural jurisdiction $j$ in province $i$ in year $t$, $PRX_{ijt}$ denotes fiscal expenditure of prefectural jurisdiction $j$ in province $i$ in year $t$, $P_{ijt}$ denotes population of prefectural jurisdiction $j$ in province $i$ in year $t$. Therefore, $PRX_{ijt}/P_{ijt}$ denotes fiscal expenditure per person of prefectural jurisdiction $j$ in province $i$ in year $t$. $PX_{it}$ denotes fiscal expenditure of province $i$ in year $t$, $P_{it}$ denotes population of province $i$ in year $t$, $CX_t$ denotes central fiscal expenditure in year $t$, $P_t$ is population in year

$t$. Therefore, $PX_{it}/P_{it}$ denotes fiscal expenditure per person of province $i$ in year $t$, $CX_t/P_t$ denotes fiscal expenditure per person in year t①. 0 < FD < 1, the closer to 1 FD is, the more fiscal authorities of this prefectural jurisdiction has.

The economic sense of this indicator is that: $PRX_{ijt}/P_{ijt}$ denotes the fiscal expenditure prefectural jurisdiction $j$ in province $i$ spend on one person in year $t$, $\sum_j^m PRX_{ijt}/P_{ijt}$ denotes summer of fiscal expenditures of all $m$ prefectural jurisdictions in province $i$ in year $t$, $\frac{PX_{it} - \sum_j^m PRX_{ijt}}{P_{it}}$ is provincial government fiscal expenditure spend on one person in province $i$ in year $t$, therefore, $\frac{PRX_{ijt}}{P_{ijt}} + \frac{PX_{it} - \sum_j^m PRX_{ijt}}{P_{it}} + \frac{CX_t}{P_t}$ denotes the fiscal expenditure spent on one person of the whole country in year $t$.

Thus, $FD_{ijt}$ denotes the share of fiscal expenditure spent on this person of prefecture $j$ in the fiscal expenditure spent on this same person of the whole country in year $t$. By using this indicator, we can get rid of population effect in fiscal expenditure and effect of grant transfers from central government to local governments, and fully denotes the share of local government fiscal power. Many scholars have used this indicator (Ying, 2004; Qiao et al, 2005).

Other control variables are:

(1) GDP per capita in prefecture: economic development affect education provision. We take natural logarithm of per capita GDP to reflect economic development, denoted by *LNGDPPC*;

(2) Public expenditure-to-GDP ratio in prefecture: denoted by *PE_ GDP*;

(3) Number of Students in School in prefecture: to control demand for education, denoted by *TS*;

(4) Year dummy variables: to control different education and public finance policies each year②, denoted by $D = [D_1, D_2, \cdots D_{11}]$.

### 5.3 Data Descriptions

The panel data we use is all prefectural regions in China from 1996 to 2007 (including urban and rural areas; excluding four municipalities: Beijing, Tianjin, Shanghai and

① The assumption here is that fiscal expenditure is spent equally on each citizen at all levels of jurisdictions.

② There are 12 years, therefore, 11 dummy variables are needed.

Chongqing①, and excluding Taiwan, Hongkong and Macau), 12 years, 3980 observations in all②.

Data sources are: Fiscal Data Statistics of All Prefectures, Cities and Counties in China (1997—2008), China Statistical Yearbook for Regional Economy (2000—2008), and Statistical Yearbooks of all provinces (1997—2008). The description statistics of all variables are in Table 2.

**Table 2　Descriptive Statistics of All Variables (Dummy Variables Omitted)**

| Variables | | Observations | Average | Std. Err. | Min | Max |
|---|---|---|---|---|---|---|
| Dependent Variables | Public Education Expenditure-to-Total Expenditure Ratio | 3978 | 20.0544 | 5.4209 | 2.0152 | 41.7126 |
| | Public Education Expenditure-to-GDP Ratio | 3978 | 2.4032 | 1.9294 | 0.1223 | 17.6481 |
| | Public Education Expenditure per Student | 3978 | 1194.8033 | 905.5112 | 120.3599 | 24042.0002 |
| Independent Variables | Fiscal Decentralization | 3980 | 0.5068 | 0.1275 | 0.2097 | 0.9795 |
| | Natural Logarithm of GDP per Capita | 3980 | 8.9393 | 0.7677 | 6.7530 | 11.4968 |
| | Fiscal Expenditure as Share of GDP | 3980 | 12.3157 | 10.1178 | 1.3841 | 94.7462 |
| | Total Students in School | 3980 | 59.3957 | 42.0391 | 3.8300 | 242.5697 |

## 5.4 Regression Model

In the regression model, individuals are all prefectures in China, time is year. Panel data regression model can overcome multi-collinearity problem, and provide more information, more freedom degree and higher estimate efficiency. Statistical software is STATA 11.

The panel data regression model is:

① Municipalities are special, so regression results can be more objective by excluding municipalities.

② As in these 12 years, China's prefecture level jurisdictions have changed, from 324 in 1996, to 334 in 2007; and there are some name changes. These changes have been considered, therefore, it is an unbalanced panel data model. In regression, because of some data defect, there will be some reduction of the amount of observations.

$$EDU_{ijt} = \alpha_0 + \alpha_1 FD_{ijt} + \alpha_2 LNGDPPC_{ijt} + \alpha_3 PE\_GDP_{ijt} + \alpha_4 TS_{ijt} + \beta D_{ijt} + \varepsilon_{ijt} \quad (2)$$

In panel-data regression model, to avoid false regression, we need to analyze stability of data series by unit root test①. The null hypothesis $H_0$ is that unit root exists. Fisher test rejects null hypothesis at 5% significance level, so all data series are stationary (see Table 3).

**Table 3 Unit Root Test Results of Data**

| | Variables | $x^2$ Statistic | P-Value |
|---|---|---|---|
| Dependent Variables | Public Education Expenditure-to-Total Expenditure Ratio | 1639.31 | 0.0000 |
| | Public Education Expenditure-to-GDP Ratio | 1045.25 | 0.0000 |
| | Public Education Expenditure per Student | 962.94 | 0.0000 |
| Independent Variables | Fiscal Decentralization | 745.09 | 0.0209 |
| | Natural Logarithm of GDP per Capita | 739.83 | 0.0276 |
| | Fiscal Expenditure as Share of GDP | 990.94 | 0.0000 |
| | Total Students in School | 1134.12 | 0.0000 |

By covariance analysis ( *F* statistic) to identify the model type, we find that it should be variable intercept model, which means "there is no significant difference in marginal effect of fiscal decentralization on education provision among regions, but education provision varies among regions." In addition, regression model should be fixed-effects panel-data model, because some unobservable factors should be controled for different prefectures. Hausman test also reveals that it should be fixed-effects model.

## 6. Empirical Test Results And Analysis

### 6.1 International Comparison

First of all, we make international comparisons. Public education expenditure-to-GDP ratio dropped from the highest point of 3.49% in 1984 to the lowest of 2.32% in 1995, and then slowly rose to 3.32% in 2007. As we can see from Table 4, 3.32% is closed to the level of low-income countries (GNI per capita \$976— \$3855), even lower than the average of Latin America and the Caribbean countries 3.5% and Sub-Saharan African countries 4.1%.

① Unit root test in STATA is Fisher test. Fisher test is a combination of multiple unit root tests.

**Table 4 Public Education Expenditure-to-GDP Ratio in Some Countries in the World, in the Year of 2007, Grouped by Income and Region**

单位:%

| Country, Grouped by Income | Public Education Expenditure-to-GDP Ratio | Country, Grouped by Region | Public Education Expenditure-to-GDP Ratio |
|---|---|---|---|
| Middle-Income | 4.5 | Europe and Middle East | 4.1 |
| Lower Middle Income | 3.2 | Europe | 5.2 |
| Upper Middle Income | 4.5 | Latin America & Caribbean | 3.5 |
| High Income | 5.1 | Sub-Saharan Africa | 4.1 |
| World Average | 4.6 | World Average | 4.6 |

Source: World Development Indicator 2009

## 6.2 Inter-regional Comparisons

Then we look into the situation of different regions in China (see Figure 2), and we can see that public education expenditure-to-total expenditure ratio is the highest in eastern regions, then central regions, and northeast and western regions are the lowest; public education expenditure-to-GDP ratio is the highest in western regions, then central and northeast regions, and eastern regions is the lowest (see Figure 3); while public education expenditure per student is the highest in central regions (see Figure 4).

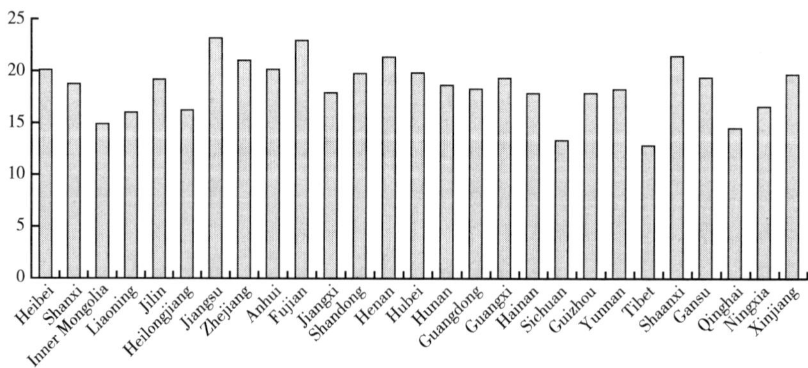


**Figure 2 Provincial Public Education Expenditure-to-Total Expenditure Ratio 1996—2007, Annual Average, Excluding Four Municipalities**

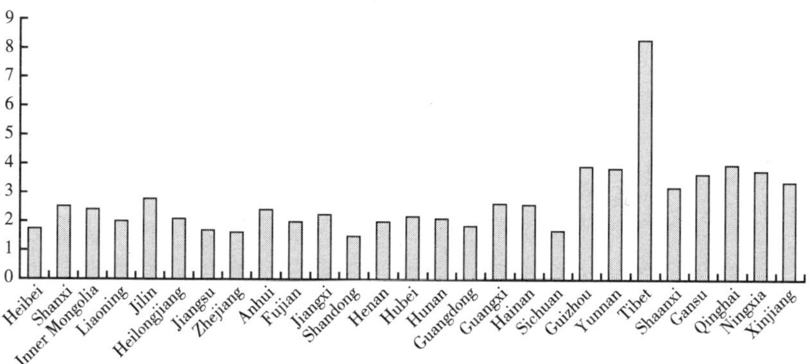


**Figure 3 Provincial Public Education Expenditure-to-GDP Ratio 1996—2007, Annual Average, Excluding Four Municipalities**

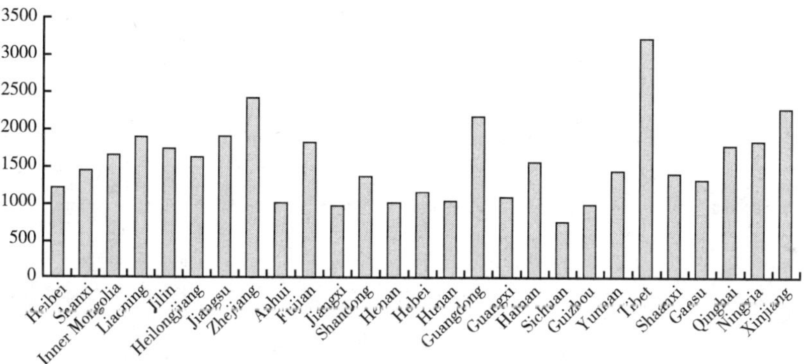


**Figure 4 Provincial Public Education Expenditure per Student 1996—2007, Annual Average, Excluding Four Municipalities**

Analysis of variance (ANOVA) results also show that the description of statistical conclusion above is not false (see Table 5). Comparisons of different indicators show different comparison results, which is probably due to higher GDP in eastern region and lower GDP in western region. Therefore, we need to use indicators as a group, and detailed analysis to get conclusions.

**Table 5　Comparison of Public Education Provision in Different Regions in China, Analysis of Variance**

| Region | Observations | Public Education Expenditure-to-Total Expenditure Ratio | | Public Education Expenditure-to-GDP Ratio | | Public Education Expenditure per Student | |
|---|---|---|---|---|---|---|---|
| | | Average | Rank | Average | Rank | Average | Rank |
| East | 84 | 20.60 | 1 | 1.88 | 4 | 1320.45 | 1 |
| Central | 72 | 19.54 | 2 | 2.25 | 2 | 899.73 | 4 |
| West | 132 | 17.25 | 3 | 3.72 | 1 | 1291.43 | 1 |
| Northeast | 36 | 17.28 | 3 | 2.30 | 2 | 1315.38 | 1 |

## 6.3　Results of Regression Model

Empirical test results of regression model are in Table 6 (because of limited space, year dummy variables regression results omitted; F test indicates the panel data model is significant; t test statistics corresponding to coefficients are in the parentheses).

**Table 6　Empirical Test Results (Results of Year Dummy Variables Omitted)**

| Independent Variables | | Dependent Variables | | |
|---|---|---|---|---|
| Name | Abbreviation | Public Education Expenditure-to-Total Expenditure Ratio | Public Education Expenditure-to-GDP Ratio | Public Education Expenditure per Student |
| Fiscal Decentralization | *FD* | -30.11*** (-11.75) | -2.07*** (-8.35) | -375.75* (-1.69) |
| Natural Logarithm of GDP per Capita | *LNGDPPC* | 1.05* (1.76) | 0.31*** (5.36) | 530.13*** (12.09) |
| Total Expenditure as Share of GDP | *PE_GDP* | 0.04*** (6.50) | 0.12*** (44.37) | 36.21*** (11.81) |
| Total Students in School | *TS* | -0.0006 (-0.10) | -0.0011 (-1.47) | 3.8988*** (7.87) |
| Constant | *_cons* | 31.75*** (6.53) | 4.76*** (10.13) | -4087.15*** (-12.41) |
| $R^2$ | | 0.47 | 0.83 | 0.68 |
| Observations | | 3978 | 3978 | 3978 |

*** Significant at 1% Significant Level; ** Significant at 5% Significant Level; * Significant at 10% Significant Level

As we can see from Table 6, fiscal decentralization significantly reduces public education expenditure-to-total expenditure ratio and public education expenditure-to-GDP ratio. If the degree of fiscal decentralization increases 1 percent, public education expenditure-to-total expenditure ratio decreases 0. 301 percent, public education expenditure-to-GDP ratio decreases 0. 021 percent, public education expenditure per student decreases 3. 758 yuan. This empirical result is consistent with the analysis and conclusions of theoretical model above: fiscal decentralization significantly reduces public education provision. The greater fiscal expenditure authorities local governments have, the more local government officials are inclined to allocate fiscal expenditure to areas like infrastructure but not education and other public services. Therefore, the expenditure allocated to education definitely decreases.

In control variables, GDP per capita significantly increases public education provision at 1% significance level, which indicates that, economic development could enhance education, although local government may over-invest in infrastructure and under-invest in education to accelerate economic development. Public expenditure-to-GDP ratio also significantly increases public education provision, which means education provision will increase with the increase of fiscal expenditure in prefectural cities and regions. Total students in school is only significant positively related to public education expenditure per capita, but not related to relative size of education provision.

### 6.4 Results of Regional Comparisons in Regression Model

Next, for further research, we divide China into four regions: eastern, central, western and northeast regions. Table 7 shows marginal effect of fiscal decentralization on public education provision in prefectural cities and regions in East, Central, West and Northeast China (control variables omitted because of limited space).

As we can see from Table 7, in four regions, fiscal decentralization reduces education provision by various degrees. The marginal negative effect of fiscal decentralization on education provision is the highest in central and western regions. In central region, if degree of fiscal decentralization increases 1 percent, public education expenditure-to-total expenditure ratio decreases 0. 347 percent, public education expenditure-to-GDP ratio decreases 0. 032 percent, and public education expenditure per student decreases 7. 554 yuan. In western region, if the degree of decentralization increases 1 percent, public education expenditure-to-total expenditure ratio decreases 0. 290 percent, public education expenditure-to-GDP ratio decreases 0. 041 percent, and public education expenditure per student decreases 6. 434 yuan. Eastern region is in the middle. In eastern region, if the degree of decentralization increases 1 percent, public education expenditure-to-total expenditure ratio decreases 0. 248 percent, and public education expenditure-to-GDP ratio decreases 0. 027 percent, public education expenditure per student does not significantly change. The marginal effect of fiscal decentralization on education provision is the lowest in northeastern region.

**Table 7 Empirical Test Results in Different Regions (Results of Control Variables Ommited)**

| Region | Dependent Variables | | |
|---|---|---|---|
| | Public Education Expenditure-to-Total Expenditure Ratio | Public Education Expenditure-to-GDP Ratio | Public Education Expenditure per Student |
| Eastern | -24. 84 ***<br>( -9. 36) | -2. 70 ***<br>( -11. 13) | -248. 34<br>( -0. 41) |
| $R^2$ | 0. 60 | 0. 67 | 0. 71 |
| Observations | 1008 | 1008 | 1008 |
| Central | -34. 69 ***<br>( -10. 33) | -3. 22 ***<br>( -8. 36) | -755. 35 ***<br>( -3. 22) |
| $R^2$ | 0. 59 | 0. 86 | 0. 91 |
| Observations | 989 | 989 | 989 |
| Western | -28. 99 ***<br>( -5. 24) | -4. 06 ***<br>( -7. 92) | -643. 42 **<br>( -2. 26) |
| $R^2$ | 0. 39 | 0. 84 | 0. 74 |
| Observations | 1549 | 1549 | 1549 |
| Northeast | -17. 10 ***<br>( -3. 53) | 1. 73 **<br>(2. 52) | 1249. 72 ***<br>(2. 80) |
| $R^2$ | 0. 67 | 0. 74 | 0. 82 |
| Observations | 432 | 432 | 432 |

*** Significant at 1% Significant Level; ** Significant at 5% Significant Level; * Significant at 10% Significant Level

Possible reason of the results above is that, although the economic growth is not slow in western region in recent years, however, previous economic foundation is too weak in western region, so if western prefectures have more fiscal power, fund is still over-invested in infrastructure to attract outside capital to enhance economic development. Thus, education and other public services are neglected. Central region is facing similar problems. What's make things worse, outflow of human capital is higher in central and western regions, therefore, incentive for local governments to develop education is quite weak there.

Eastern region is the most economically developed area in China, but also need to undertake the pressure of economic development. In current yard-stick competition regime, local officials could relatively neglect education. Relatively, northeastern region has higher economic development than central and western regions, in the same time, it does not undertake as much pressure as eastern region in economic development. That is a reason why fiscal decentralization has the lowest negative effects on public education provision in northeastern region. In addition, different economic and fiscal policies from central government to different regions is another important reason.

## 7. Conclusions And Policy Proposals

Education can improve the overall quality of population, and more importantly, it has long-term positive effects on the entire country, both on the economy and society. In China, the education expenditure-to-GDP ratio is too low, what makes things worse, decentralized fiscal regime decreases public education provision.

This paper discusses how the decentralized tax-sharing regime affects public education provision, and find out that fiscal decentralization decreases the public education provision, through empirical test based on panel data of all prefectural cities and regions 1996—2007, we verify that this phenomenon exists in China.

The degree of fiscal decentralization significantly decreases public education provision. Education has positive externalities, so investment in education by local governments will benefit both local citizens and other regions. In addition, decentralizing most of the education responsibility to local governments is inconsistent with most countries of the world. If local governments have greater autonomy in fiscal expenditure, it will reduce investment in education because of positive externalities of education provision. Therefore, it is necessary to retrieve some education responsibilities back to central government.

While fiscal decentralization increases enthusiasm and autonomy of local governments, it also brings negative effects on local public services. In fact, except for education, the under-investment in public service is also observed in other areas of local public services, such as healthcare and environment (Luo, 2010), which are also important to people's life.

From public finance regime, to improve population welfare, central government should alleviate some expenditure burden of local governments, and increase the revenue for them, to re-balance between decentralization and centralization, and relieve vertical fiscal imbalance of China's public finance regime; or subsidize public services input of local governments through direct transfer payments, especially for western region. Division of expenditure responsibilities should be clarified, and should include which public goods and services should be provided by each level of government. The public goods and services benefited by the whole national population should be provided exclusively by central government; local government should provide public goods and services benefited by local residents; in public projects with "externalities", central government should be involved. What's more, local government officials' performance assessment regime needs to be adjusted to prevent fierce yard-stick competition, by reducing the relative importance of GDP growth rate to public services. If all of those policy proposals above can be finished, the problem of shortage of public education and other public services will be resolved essentially.

## References

[1] Busemeyer, Marius R. (2008). The Impact of Fiscal Decentralization on Education and Other Types of Spending. *Swiss Political Science Review*, 14 (3), 451 - 481.

[2] Calabrese, Stephen, Dennis Epple and Richard Romano. (2009). Inefficiencies from Metropolitan Political and Fiscal Decentralization: Failures of Tiebout Competition. Working paper.

[3] Haveman, Robert H. and Barbara L. Wolfe. (1984). Schooling and Economic Well-Being: The Role of Nonmarket Effects. *The Journal of Human Resources*, 19 (3), 377 - 407.

[4] Lin, Justin, Y. and Zhi-qiang Liu. (2000). Fiscal Decentralization and Economic Growth in China. *Economic Development and Culture Change*, 49 (1), 1 - 23.

[5] Lu, Hong-you and Ling Li. (2006). Reasons for the Laggard Rural Compulsory Education from the Perspective of Fiscal Decentralization. *Finance and Trade Economics*, 12, 57 - 60.

[6] Luo, Wei-qing. (2010). New Thoughts on Fiscal Decentralization Theory: Decentralization Regime and Local Public Services. *Public Finance Research*, 3, 11 - 15.

[7] Oates, Wallace E. (2005). Toward a Second-Generation Theory of Fiscal Federalism. *International Tax and Public Finance*, 12, 349 - 373.

[8] Psacharopoulos, George and Harry A. Patrinos. (2004). Returns to Investment in Education: A Further Update. *Education Economics*, 12 (2), 111 - 134.

[9] Qian, Ying-yi and Barry R. Weingast. (1997). Federalism as a Commitment to Preserving Market Incentives. *Journal of Economic Perspectives*, 11, 183 - 192.

[10] Qian, Ying-yi and Gerald Roland. (1998). Federalism and the Soft Budget Constraint. *The American Economic Review*, 88 (5), 1143 - 1162.

[11] Qiao, Bao-yun. (2002). The Trade-Off Between Growth and Equity. People's Publishing House: Beijing.

[12] Qiao, Bao-yun, Jian-yong Fan and Xing-yuan Feng. (2005). Fiscal Decentralization and Compulsory Primary Education in China. *China Social Science*, 6, 37 – 46.

[13] Shen, Kun-rong and Wen-lin Fu. (2006). Tax Competition , Region Game and Their Efficiency of Growth. *Economic Research Journal*, 6, 16 – 26.

[14] Thornton, John. (2007). Fiscal Decentralization and Economic Growth Reconsidered. *Journal of Urban Economics*, 61 (1), 64 – 70.

[15] Tiebout, Charles M. (1956). A Pure Theory of Local Expenditure. *The Journal of Political Economy*, 64 (5), 416 – 424.

[16] Wang, Shao-guang. (1997). The Bottom Line of Decentralization. China Planning Press: Beijing.

[17] Wong, Christine P. W. and Deepak Bhattasali. (2003). China: National Development and Sub-National Finance. China Citic Press: Beijing.

[18] Ying, De-sheng. (2004). Optimal Fiscal Decentralization and China Economic Development. *The Journal of World Economy*, 11, 62 – 71.

[19] Yu, Fu-rong. (2008). Educational Utilitarianism: The Pain of Education Reform. *Chinese Foundation Education*, 1, 45 – 46.

[20] Zhang, Tao and Heng-fu Zou. (1998). Fiscal Decentralization, Public Spending, and Economic Growth in China. *Journal of Public Economics*, 67, 221 – 240.

[21] Zhao, Hong-mei. (2008). External Influences of Education and Analysis of Investment Subject. *Productivity Research*, 24, 89 – 90.

[22] Zhou, Li-an. (2007). Governing China's Local Officials: An Analysis of Promotion Tournament Model. *Economic Research Journal*, 7, 36 – 50.

# 吸引外资与我国劳动收入份额

## ——基于工业行业的经验研究

邵　敏　黄玖立

## 一、问题的提出

自20世纪90年代中期以来的十多年里，我国劳动收入占GDP的比重出现了持续下降的趋势。中国社会科学院工业经济研究所编写的2007年企业蓝皮书《中国企业竞争力报告（2007）——盈利能力与竞争力》指出，1990年到2005年我国劳动者报酬占GDP比例从53.4%降至41.4%，降幅高达12个百分点；而同期营业余额占GDP的比重却从21.9%增加至29.6%，增加了7.7个百分点。

这一现象已经引起了社会各界的广泛关注。中共十七大报告指出，“初次分配和再分配都要处理好效率和公平的关系，再分配更加注重公平。逐步提高居民收入在国民收入分配中的比重，提高劳动报酬在初次分配中的比重”。而国内一些经济学者也对劳动收入占比下降这一现象表达了忧虑。例如，赵俊康（2006）分析指出劳动分配比例的下降会导致收入差距的扩大、社会保障财政负担加重以及劳资冲突加剧。蔡昉（2005，2006）指出1998—2003年资本收入份额逐年上升，势必会导致收入分配不均。李稻葵（2007）则指出一次分配中如果劳动者收入比重较低，则在很大程度上意味着该国最终消费比重不会很高，当劳动者收入比重下降时，最终消费也会下降。刘尚希、王宇龙（2007）指出劳动所得是社会多数成员的主要收入来源，其在GDP中的比重下降，说明大多数人没有同步享受到经济发展的成果。在这样一种趋势下，居民所得的不确定性加大，必然强化储蓄意愿，使大多数居民的消费难以提升。

尽管劳动者报酬份额下降的现象受到广泛关注，但对该现象进行系统解释的文献并不多见。赵俊康（2006）认为劳动分配比例下降的主要原因在于重视节约劳动的技术开发与使用、资本对劳动的相对价格持续走低与市场需求不足。李稻葵（2007）则认为三大因素导致了劳动收入份额的下降，即经济结构的改变、企业利润率的提高以及税收尤其是生产税净额在GDP中占比的提高。这两篇文献都是从定性分析的角度对劳动者报酬份额下降这一现象进行了解释。也有部分文献对劳动者报酬份额变化的影响因素进行了计量分析，如姜磊、王昭凤（2009）认为中国劳动分配比例的下降是由现代部门（第二产业+第三产业）劳动分配比例的下降引起的。作者利用1996—2004中国省区市级面板数据估计发现现代部门劳动分配比例下降的主要原因在于就业压力、劳均资本和教育水平的提高。白重恩等（2008）与白重恩、钱震杰（2009）两篇文献均对我国工业部门劳动收入份额变化的原因进行了计量分析，估计结果表明国有企业改制和市场垄断能力的提高是导致工业部门劳动收入份额下降的主要原因。

上述文献都只是从国内因素出发寻找我国劳动者报酬份额下降的原因，却忽略了开放经济行为，尤其是引资行为对劳动者报酬份额的影响。我国凭借旺盛的国内市场需求、丰裕的劳动力资源等优势因素吸引了大量的外商直接投资。20世纪90年代中期以来至2005年，各项经济指标中FDI所占的比重逐年提高，FDI在我国经济中的重要性呈现出不断提高的趋势①。引资程度的提高与劳动者报酬份额的下降，二者间这种截然相反的变化趋势为我们的研究提供了激励。

本文的研究目的即在开放视角下研究吸引外资对我国劳动者报酬份额的影响。由于进入我国的FDI主要流向了工业行业，因此我们选择工业行业作为本文的分析对象。本文的研究表明工业行业外资进入程度的提高会导致该行业劳动者报酬份额的下降。这对已有研究FDI的文献来说是一个有益的补充。已有文献大都强调外资对东道国的技术外溢，并基于此提出扩大引资的政策。而本文的研究则表明，外资也会对东道国产生一些负面影响。因此，外资流入是一把“双刃剑”，引资政策的制定更应该关注其“净效应”。

文章的结构安排如下：第二节首先从现实数据上分析了我国工业行业劳动者报酬份额的时间变化趋势及其存在的省市差异，并将外资的影响纳入至分析框架；第三节则基于已有经验文献建立计量模型和选取影响劳动者报酬份额的其他控制变量；第四节为计量检验与实证分析，通过对估计结果的具体分析引出本文的基本结论，同时考虑内生性问题、外资变量的不同度量、异常样本点的影响以及被解释变量的不同度量对本文基本结论的影响；第五节则对本文的主要结论进行了归纳总结，并基于此提出了相关的政策建议。

① 例如1995年至2005年，实际利用外资额占GDP的比重（外资依存度）、外商投资企业进出口贸易总额占我国进出口贸易总额的比重、城镇外资单位从业人员占城镇单位从业人员的比重等指标都呈现出逐年上升的趋势，2005年以后上述各指标所度量的外资进入程度都呈现出了下降的趋势，但由于本文的分析样本期间为1998—2003年，因此可认为引资程度在这段期间内为不断提高的趋势。

## 二、我国工业行业的劳动者报酬份额分析

《中国国内生产总值核算历史资料：1952—2004》中提供了1993—2004年我国31个省区市按产业大类划分的国内生产总值按要素划分的情况。我们选择工业行业作为本文的分析对象，还基于如下考虑：首先，只分析工业部门要素分配份额的变化情况及影响因素可以在一定程度上弱化部门间产出构成不同对分析结果所可能造成的影响；其次，由于个体经济所有者所获得的劳动报酬和经营利润不易区分，所以在我国的国民收入核算体系中，劳动者报酬的统计范畴包括了个体经济所有者的劳动报酬和经营利润，这就会使劳动者报酬份额的计算产生向上的偏差，而采用工业部门样本则能在一定程度上减少这种偏差，因为工业部门中个体经济所占的比重是很小的；再者，我国工业行业增加值占GDP的比重一直较高，其劳动者报酬份额的变化对全国总体劳动者报酬份额的变化有着重要的影响（白重恩，钱震杰，2009）①。此外，由于收入法国内生产总值的核算在2004年出现了两个变化（白重恩，钱震杰，2009），其中第一变化即个体经济业主收入从劳动收入变为营业盈余，这导致了非农部门劳动收入份额在2004年陡降；同时由于本文的分析对象为工业行业，而工业行业的相关统计在1998年发生了重大变化，1998年以前各年鉴中“工业企业”的统计口径为“独立核算工业企业”，而1998年及以后统计口径变为“全部国有及规模以上工业企业”。为了剔除这两种统计核算方法的改变对要素分配份额的影响，我们将分析的样本期间确定为1998—2003年。

我们计算了1998—2003年间我国31个省区市工业行业国内生产总值中劳动者报酬（ls1）、资本收入②（cs1）和生产税净额（gs）三者所占的份额，并将每一年31个省区市要素收入分配份额的均值置于一张表中，见表1。

**表1 按省区市平均的ls1、cs1和gs（1998—2003年）**

| | 1998 | 1999 | 2000 | 2001 | 2002 | 2003 | 变化幅度 |
|---|---|---|---|---|---|---|---|
| ls1 | 0.3947 | 0.3914 | 0.3741 | 0.3703 | 0.3628 | 0.3469 | -12.11% |
| cs1 | 0.3888 | 0.3846 | 0.4078 | 0.4081 | 0.4193 | 0.4368 | 12.35% |
| gs | 0.2165 | 0.2240 | 0.2181 | 0.2216 | 0.2179 | 0.2163 | -0.09% |

注：表中最后一列数值表示与1998年相比，2003年相应指标的变化幅度。

① 白重恩，钱震杰（2009）将全国总体劳动者报酬份额的变化分解为两部分：结构影响与产业影响，前者取决于产业结构转型是否发生在劳动者报酬份额差异较大的产业之间，而后者取决于经济比重较高部门的劳动者报酬份额变化。

② 资本收入为折旧与营业盈余之和。

从三者的水平值来看，1998 年和 1999 年劳动者报酬份额 $ls1$ 要大于资本收入份额 $cs1$，但 1999 年以后资本收入份额均要显著大于劳动者报酬份额，且两者间的差异呈逐年扩大的趋势；生产税净额份额为三者中最低，其大小基本维持在 0.22 左右。从三者的变化趋势来看，1998—2003 年劳动者报酬份额呈现出显著的逐年下降趋势，而资本收入份额则呈现出与之相反的变化趋势，生产税净额份额值波动较小。与 1998 年相比，2003 年我国工业行业的劳动者报酬份额平均下降了约 12.11%，而资本收入份额却上升了约 12.35%，劳动者报酬份额下降的幅度大约相当于资本收入份额上升的幅度。由此可知，1998—2003 年我国工业行业劳动者报酬份额的下降主要源于资本收入份额的显著上升，而生产税净额的影响较小。

为了更深层次地理解 1998—2003 年我国工业行业劳动者报酬份额下降的内在原因，我们将劳动者报酬份额 $ls1$ 进行分解。由 $ls1$ 的计算公式：

$$ls1 = wL/PQ = w/(PQ/L)$$

得 $\ln(ls1) = \ln(w) - \ln(PQ/L)$，其中 $w$ 为平均劳动者报酬，$PQ$ 为工业行业国内生产总值，从而 $PQ/L$ 则为全员劳动生产率。进一步地，我们可以得到劳动者报酬份额变化的分解式：

$\Delta\ln(ls1) = \Delta\ln(w) - \Delta\ln(PQ/L)$，$\Delta\ln(ls1) > 0$ 则意味着劳动者报酬份额为上升趋势。该式即将劳动者报酬份额的变化分解为平均劳动者报酬的变化与全员劳动生产率的变化，当 $\Delta\ln(w) > \Delta\ln(PQ/L)$ 即劳动者报酬的增长快于劳动生产率的增长时，劳动者报酬份额会上升，反之则会下降。由于《中国国内生产总值核算历史资料：1952—2004》中并没有统计各省区市工业行业从业人员人员（$L$）数据，因此我们以《中国工业经济统计年鉴》中工业企业“全部从业人员年平均人数”作为 $L$ 的代理指标。将各指标数据代入劳动者报酬份额变化的分解式，计算得到 1998—2003 年我国 31 个省区市工业行业的 $\Delta\ln(ls1)$ 值、$\Delta\ln(w)$ 值与 $\Delta\ln(PQ/L)$ 值，具体计算结果见表 2。

首先观察各省区市的 $\Delta\ln(ls1)$ 值。对于大部分省区市而言①，$\Delta\ln(ls1)$ 值都小于零，这说明与 1998 年相比较，2003 年间大部分省区市工业行业的劳动者报酬份额均有了不同程度的下降，其中降幅最大的为天津市。大部分省区市的 $\Delta\ln(w)$ 值和 $\Delta\ln(PQ/L)$ 值均大于零，说明样本期间内各省区市工业行业的劳动者报酬和劳动生产率均有了不同程度的提高，但 $\Delta\ln(w)$ 值小于 $\Delta\ln(PQ)$ 值，即劳动生产率的提高幅度大于劳动者报酬的增长幅度，由此导致了样本期间内 $ls1$ 的下降趋势。

① 吉林、山东、海南、四川、云南、西藏、宁夏这 7 个省区的 $\Delta\ln(ls1)$ 值大于零，这 7 个省区工业行业的工资增长幅度基本高于全国平均水平，但劳动生产率的增长幅度却基本低于全国平均水平，从而 1998—2003 年这 7 个省区工业行业的劳动者报酬份额总体上为上升趋势。这 7 个省区中有 5 个属于中西部省区。

**表 2　31 个省区市工业行业劳动者报酬份额变化的分解（1998—2003）**

| | $ls1$ | 变化（1998—2003） | | |
|---|---|---|---|---|
| | | $\Delta\ln(ls1)$ | $\Delta\ln(w)$ | $\Delta\ln(PQ/L)$ |
| 北　京 | 0.3825 | -0.0261 | 0.8707 | 0.8968 |
| 天　津 | 0.3313 | -0.4255 | 0.4058 | 0.8313 |
| 河　北 | 0.3678 | -0.1635 | 0.4121 | 0.5756 |
| 山　西 | 0.3385 | -0.1793 | 0.5526 | 0.7318 |
| 内蒙古 | 0.4366 | -0.2076 | 0.7844 | 0.9920 |
| 辽　宁 | 0.3288 | -0.3621 | 0.3755 | 0.7376 |
| 吉　林 | 0.5735 | 0.1761 | 1.2404 | 1.0643 |
| 黑龙江 | 0.2970 | -0.0231 | 0.9149 | 0.9380 |
| 上　海 | 0.3386 | -0.1072 | 0.5136 | 0.6208 |
| 江　苏 | 0.4226 | -0.0010 | 0.6621 | 0.6631 |
| 浙　江 | 0.3655 | -0.0133 | 0.0624 | 0.0757 |
| 安　徽 | 0.3124 | -0.1816 | 0.5023 | 0.6839 |
| 福　建 | 0.3818 | -0.1581 | -0.0159 | 0.1422 |
| 江　西 | 0.4894 | -0.1677 | 0.7372 | 0.9049 |
| 山　东 | 0.3295 | 0.1631 | 0.7186 | 0.5555 |
| 河　南 | 0.3174 | -0.2233 | 0.4631 | 0.6864 |
| 湖　北 | 0.4622 | -0.1183 | 0.6765 | 0.7949 |
| 湖　南 | 0.4753 | -0.0458 | 0.5675 | 0.6133 |
| 广　东 | 0.4273 | -0.1808 | 0.1529 | 0.3337 |
| 广　西 | 0.4412 | -0.1503 | 0.4435 | 0.5938 |
| 海　南 | 0.2379 | 0.1798 | 0.8681 | 0.6883 |
| 重　庆 | 0.3705 | -0.3972 | 0.3326 | 0.7298 |
| 四　川 | 0.3694 | 0.0231 | 0.6456 | 0.6225 |
| 贵　州 | 0.3974 | -0.3303 | 0.3191 | 0.6493 |
| 云　南 | 0.2231 | 0.0072 | 0.4384 | 0.4311 |
| 西　藏 | 0.4249 | 0.1548 | 0.5597 | 0.4049 |
| 陕　西 | 0.3796 | -0.1968 | 0.7761 | 0.9730 |
| 甘　肃 | 0.4220 | -0.3581 | 0.1707 | 0.5287 |
| 青　海 | 0.3238 | -0.4046 | 0.6435 | 1.0481 |
| 宁　夏 | 0.3540 | 0.0094 | 0.8687 | 0.8593 |
| 新　疆 | 0.2522 | -0.3286 | 0.9591 | 1.2877 |
| 均　值 | 0.3733 | -0.1302 | 0.5684 | 0.6987 |

注：表中第 2 列数值为 1998—2003 年各省区市劳动者报酬份额的均值；“变化”为相应变量的 2003 年值减去 1998 年值；“均值”为对应指标按 31 个省区市平均的均值。

1998—2003年我国工业行业劳动者报酬与劳动者报酬份额的变化并不是同步的，即劳动者报酬增长幅度较高的省区市，其劳动者报酬份额的提高幅度却并不一定也较高。如劳动者报酬增长幅度排第二位的新疆，其劳动者报酬份额的提高幅度却较低，位列倒数第七位；而劳动者报酬增长幅度排倒数第二位的浙江，其劳动者报酬份额的提高幅度反而较高，位列第9位。这种差异产生的原因即在于各省区市工业行业劳动生产率的变化存在着较大的差异。

现在将外资的影响纳入分析框架。由劳动者报酬份额的分解式可知，外资影响我国工业行业劳动者报酬份额的途径有两种：一方面，外资能够通过影响 $\ln(w)$ 即工资增长①进而影响我国工业行业劳动者报酬份额，另一方面，外资能够通过影响 $\ln(PQ/L)$ 即劳动生产率增长②进而影响我国工业行业劳动者报酬份额。假定 $\ln(w)_t = \alpha \cdot fdi_t$，$\ln(PQ/L)_t = \beta \cdot fdi_t$，$fdi_{t+1} = fdi_t + \Delta fdi$。从而，在第 $t+1$ 期时，$\ln(w)_{t+1} = \ln(w)_t + \alpha \cdot \Delta fdi$，$\ln(PQ/L)_{t+1} = \ln(PQ/L)_t + \beta \cdot \Delta fdi$。

进一步地，我们得到 $\ln(ls1)_{t+1} - \ln(ls1)_t = (\alpha - \beta) \cdot \Delta fdi$。

当 $\alpha > \beta$ 时，$\Delta fdi > 0 \Leftrightarrow \ln(ls1)_{t+1} > \ln(ls1)_t \Leftrightarrow ls1_{t+1} > ls1_t$。

即当外资对 $\ln(w)$ 的边际作用相对较大时，外资进入程度的提高能够增加东道国的劳动者报酬份额，反之则会使其降低。

本文接下来将在已有经验文献的基础上，结合我国实际，通过引入一些重要控制变量构建计量模型，对 $fdi$ 变量与 $ls1$ 变量间的关系进行较为细致的实证检验。

## 三、计量模型与数据来源

本文的主要考察对象为吸引外资对我国工业行业劳动者报酬份额的影响，故借鉴 Harrison（2002）一文设置如下同时包括截面特定效应与时间特定效应的线性模型：

$$ls1_{it} = c + c_i + \lambda_t + \alpha \cdot fdi_{it} + \beta \cdot Z_{it} + \varepsilon_{it} \tag{1}$$

下标 $i=1, 2\cdots31$ 为31个省区市，$t=1998, 1999\cdots2003$ 为样本期间。$c_i$ 为省区

---

① 主要指外资进入对东道国工资水平的直接效应与“工资溢出”效应。对于前者，已有经验文献得出了较为一致的结论，即外资企业支付的工资水平高于内资企业（如 Haddad and Harrison, 1993; Aitken et al, 1996）。对于后者，已有研究表明，对于不同的东道国，外资企业的这种“工资溢出”效应也是不同的。对于有些发展中东道国，外资会产生正向的溢出效应，如 Lipsey 和 Sjoholm（2001）对印度尼西亚的研究等；而对于有些发展中东道国，外资却会产生负向的溢出效应，如 Aitken、Harrison 和 Lipsey（1996）对墨西哥和委内瑞拉两个发展中国家的研究等。

② 主要指外资进入对东道国劳动生产率的直接效应与“技术外溢”效应。对于前者，已有经验文献得出了较为一致的结论，即外资企业的劳动生产率水平高于内资企业（如 Helpman et al., 2004; Decreuse et al., 2008）。对于后者，已有研究并未得出一致结论。

市特定效应，控制不随时间变化的个体影响因素，如省区市的地理位置和期初的经济发展水平等对工业行业劳动者报酬份额的影响；$\lambda_t$ 为时间特定效应，控制技术进步或宏观经济环境变化对工业行业劳动者报酬份额的影响。

*ls*1 为工业行业劳动者报酬份额。计算指标为劳动者报酬在工业行业 GDP 中的占比，数据来源于《中国国内生产总值核算历史资料：1952—2004》。

*fdi* 为工业行业的引资程度。计算指标为三资工业企业工业增加值与内资工业企业工业增加值的比重，数据来源于《中国工业经济统计年鉴》各期。根据前文，该变量估计系数的预期符号并不能确定，它取决于外资对 $\ln(w)$ 与 $\ln(PQ/L)$ 的正向影响孰大孰小。当外资对 $\ln(w)$ 的正向作用相对较大时，外资变量 *fdi* 的估计系数预期为正；反之则预期为负。

$Z_{it}$ 为影响各省区市工业行业劳动者报酬份额差异及变化的控制变量，具体包括 $\ln(K/L)$、$K/Y$、*female*、*state* 这四个与行业特征相关的控制变量；*city*、*dual* 这两个与地区经济结构相关的控制变量；*gov*、open 这两个分别度量地方政府经济绩效竞争和地区贸易开放水平的控制变量。

$\ln(K/L)$ 为工业行业的要素投入比例，度量行业的资本密集度。计算指标为全部国有及规模以上非国有工业企业固定资产净值年平均余额与全部从业人员年平均人数的比重，数据来源于《中国工业经济统计年鉴》各期。借鉴于蒋殿春、张宇（2009），本文以工业企业固定资产净值年平均余额作为企业资本存量 K 的度量指标。根据 Harrison（2002），该变量估计系数的符号取决于资本投入与劳动力投入替代弹性 $\varepsilon$ 的大小。当 $\varepsilon<1$ 时，该变量的估计系数预期为负；当 $\varepsilon>1$ 时，该变量的估计系数预期为正；当 $\varepsilon=1$ 时，该变量估计系数的符号不能确定，且不显著。

$K/Y$ 为单位产出的资本投入，为资本回报率的倒数。计算指标为全部国有及规模以上非国有工业企业固定资产净值年平均余额与工业总产值的比重，数据来源于《中国工业经济统计年鉴》各期。一般来说，资本回报率越高，则资本收入份额就越高，劳动者报酬份额则越低。因此，该变量的估计系数预期为正。

*female* 为工业行业女性就业人员比重。计算指标为城镇单位工业行业女性就业人员年末人数与就业人员年末人数的比重，数据来源于《中国劳动统计年鉴》各期。如果将 1999 年我国男性的工资设定为 100，则女性的工资为 70.1，女性劳动力的工资低于男性劳动力，此即为劳动力市场上的性别工资差异（李实、马欣欣，2006）。另有研究发现，在男性与女性工资的总差异中，54.4% 要归结于个体特征差异的影响，45.6% 要归结于歧视的影响（谢嗣胜、姚先国，2005）。因此，由于我国劳动力市场上存在着普遍的性别歧视，女性劳动力的平均工资水平要低于男性劳动力，从而女性劳动力所占比重越高，工业行业劳动者报酬份额就越低。该变量的估计系数预期为负。

*state* 为工业行业的国有化特征。采用两种计算指标：其一为国有控股工业企业全部从业人员年平均人数与全部国有及规模以上非国有工业企业全部从业人员年平均人数的比重 *state*1，其二为国有控制工业企业产品销售收入与全部国有及规模以上非国有工业企业产品销售收入的比重 *state*2。数据来源于《中国工业经济统计年鉴》各期。由于国有企业平均劳动力收入份额明显高于非国有企业（白重恩、钱震杰，2009），所以国有比重越高的行业，其劳动者报酬份额越高。因此，该变量的估计系数预期为正。

*city* 为各省区市的城镇化水平。计算指标为城镇人口数与年底总人口数的比重，其中各省区市城镇人口数来源于《新中国五十五年统计资料汇编》，年底总人口数来源于《中国统计年鉴》各期。该比重值越大，则城镇化水平越高。城镇化水平的度量指标有多种，本文考虑到数据获得的便利性，采用城镇人口比重这一单一指标来衡量城镇化水平。虽然该指标在统计上有一定的不足和缺陷，但并不影响我们主要结论的得出，而且在单一指标法的城镇化水平计算方法中，尤以城镇人口比重指标法的计算结果最符合实际（王德成等，2004）。当工业发展落后于城镇化时，会造成“过度城镇化”，正规就业水平持续下降，进而导致工业行业劳动者报酬份额下降；当工业化与城镇化基本同步发展时，正规就业水平不断提高，进而会促进工业行业劳动者报酬份额的提高①。该变量估计系数的预期符号取决于我国的城镇化模式。

*dual* 为各省区市的二元经济结构特征。计算指标为高帆（2007）中的综合二元反差指数 $dual = [(E_m/E_t) \times (W_t/W_m)]^{1/2}$，其中 $E_m$、$E_t$ 分别为现代部门（非农业部门）和传统部门（农业部门）的劳动生产率，其比值反映了部门劳动生产率差异，二元经济结构强度与这种差异正相关；$W_t$、$W_m$ 分别为传统部门和现代部门的劳动力占比，其比值反映了部门劳动力配置结构，二元经济结构与该比值正相关。相关数据皆来源于《中国统计年鉴》各期。二元经济强度与综合二元反差指数 *dual* 正相关。二元经济强度的扩大会造成大量农村剩余劳动力的存在，这一方面会抑制工业行业工资的增长，使工业行业劳动者报酬份额下降；但另一方面又有利于发展劳动密集型制造业，提高工业行业劳动者报酬份额；二元经济结构强度对工业行业劳动者报酬份额的最终影响取决于这两方面的综合作用。因此，该变量估计系数的预期符号不确定。

---

① 非正规就业的一个显著特点即为劳资双方没有签订正规的劳动合同。劳动者不能享受养老、医疗、失业、工作等各项福利待遇；其劳动报酬不受政府保护，也没有成为工会组织的维权对象，因此其劳动报酬具有不确定性。非正规就业水平越高，劳动者报酬份额就越低，也即劳动者报酬份额与正规就业水平正相关。

*gov* 为地方政府间的经济绩效竞争特征①。改革开放以来，中央对地方官员的晋升标准由过去的政治表现为主转变为以经济绩效为主，而地方官员为了得到政治晋升，致力于辖区经济发展，进行着政治锦标赛（徐现祥、王贤彬和舒元，2007）。由于资本具有更好的流动性，地方政府倾向于将财政压力施加至劳动所得上，从而导致初次收入分配中劳动所得份额偏低（王贤彬、徐现祥，2009）。我们采用两种指标来度量地方政府间的经济绩效竞争：其一是 $\ln(pgdp)$，为各省区市的经济发展水平，度量指标为“人均 GDP（现价）”，数据来源于《中国统计年鉴》各期；其二是 *fenquan*，为各省区市的财政分权水平，借鉴于周业安、章泉（2008），采用人均地方本级财政支出与总财政支出的比值度量，其中总财政支出等于人均地方本级财政支出与人均中央本级财政支出总和，数据来源于《中国财政年鉴》各期。这两个变量的估计系数预期为负。

此外，由于大量经验文献都验证了贸易开放一国劳动者报酬份额的重要影响，如 Harrison（2002）、Finnoff and Jayadev（2006）、Decreuse et al（2008）等，所以我们最后也在估计模型中加入贸易开放度变量 open。由于样本期间内外商投资企业贸易总额在我国贸易总额中平均约占 51.08%，因此在计算各省区市贸易开放度时，我们将外商投资企业的贸易额从我国贸易总额中剔除。最后，变量 *open* 的计算指标为各省市内资单位按经营单位所在地分进出口总额（人民币）与各省区市 GDP（人民币）的比值，数据来源于《中国统计年鉴》各期。由于无法获得分省区市工业行业的贸易数据，我们只能用各省区市的贸易开放度指标来近似代表各省区市工业行业的贸易开放度。由于我国的贸易主要发生在制造业，因此我们认为这种替代是合理的。综合已有文献，该变量估计系数的符号并不能确定②。

上述各变量的基本统计信息见表 3。各省市工业行业的引资程度存在着较大差异，如样本期间内各省区市工业行业引资程度最小值为 0.001，对应着西藏自治区 2003 年的引资程度，而 2003 年 31 个省区市引资程度最大值为 1.478（福建省），其次为 1.468（广东省）。从整个样本期间内的均值来看，西藏自治区引资程度均值仅约为 0.002，而福建省和广东省引资程度均值分别达 1.280 和 1.246，约为西藏自治区的 640 倍，差异悬殊。后文将尝试将这些引资程度很高及很低的省区市从估计样本中剔除，以判断异常样本点的影响。

---

① 感谢评审人为本文指出这个变量。

② Harrison（2002）中贸易开放变量的估计系数显著为负，Finnoff and Jayadev（2006）中贸易开放变量估计系数的符号随着估计样本的不同而不同，而 Decreuse et al（2008）中贸易开放变量的估计系数并未通过显著性检验。

表 3　各变量的基本统计信息

| | 变量含义 | obs | mean | min | max | 符号 |
|---|---|---|---|---|---|---|
| ls1 | 劳动者报酬在工业行业 GDP 中的占比 | 186 | 0.373 | 0.185 | 0.676 | |
| fdi | 三资工业企业工业增加值与内资工业企业比重 | 186 | 0.251 | 0.001 | 1.478 | ? |
| 与行业特征相关的控制变量 | | | | | | |
| ln(K/L) | 人均固定资产净值年平均余额对数值 | 186 | 2.334 | 1.662 | 3.411 | ? |
| K/Y | 资本回报率的倒数 | 186 | 2.486 | 1.166 | 5.900 | + |
| female | 女性就业人员比重 | 186 | 0.268 | 0.069 | 0.652 | - |
| state1 | 国有控股工业企业全部从业人员比重 | 186 | 0.627 | 0.079 | 0.936 | + |
| state2 | 国有控制工业企业产品销售收入比重 | 186 | 0.635 | 0.165 | 0.913 | + |
| 与省区市特征相关的控制变量 | | | | | | |
| city | 城镇人口数与年底总人口数的比重 | 170 | 0.462 | 0.174 | 0.881 | + |
| dual | 高帆(2007)中的综合二元反差指数 | 186 | 2.483 | 0.635 | 5.480 | ? |
| ln(pgdp) | 人均 GDP(现价) | 186 | 8.937 | 7.759 | 10.752 | - |
| fenquan | 人均地方本级财政支出与总财政支出的比值 | 186 | 0.700 | 0.519 | 0.928 | - |
| open | 省市内资单位进出口总额与 GDP 的比重 | 186 | 0.141 | 0.024 | 1.096 | ? |

注：表中最后一列表示各变量估计系数的预期符号，其中符号“?”表示相应变量估计系数的预期符号不能确定。

# 四、计量检验与实证分析

本节将采用面板数据模型对模型（1）进行估计。我们选取的样本为 1998—2003 年我国 31 个省区市工业行业的面板数据。面板数据模型根据对截面特定效应的不同假设，划分为随机效应模型与固定效应模型，本文根据 Hausman 检验结果来判定选择哪种估计模型。本节将首先运用普通最小二乘法对模型（1）进行估计，并对基本估计结果进行具体分析，得出本文的基本结论；然后对估计结果的稳健性进行分析，主要考虑内生性问题、外资变量的不同度量、异常样本点以及被解释变量的不同度量对本文基本结论的影响。

## （一）基本估计结果

表 4 报告了模型（1）的主要估计结果。表 4 中的第①列至第⑥列各列皆为一种具体的估计模型，各估计模型间的唯一区别即在于加入的控制变量不同。在第一列的估计模型中，我们只将工业行业劳动者报酬份额对外资变量进行回归，此后则在该估计模型的基础上，逐渐往模型中添加一些控制变量。由于部分省市的部分年份变量数据存在少量的缺失，所以加入该变量后，参与回归的样本点由原来的

186 个减少为 170 个。由各列模型估计的 Hausman 检验结果可知，第①、②、③、⑤列模型应采用随机效应模型进行估计，而第④列和第⑥列模型应采用固定效应模型进行估计，表 4 所报告的结果为各列随机效应模型或固定效应模型所对应的估计结果。

**表 4　基本估计结果**

| | ① | ② | ③ | ④ | ⑤ | ⑥ |
|---|---|---|---|---|---|---|
| fdi | -0.021<br>(0.030) | -0.063**<br>(0.029) | -0.072**<br>(0.029) | -0.130***<br>(0.028) | -0.082***<br>(0.031) | -0.156***<br>(0.026) |
| ln(K/L) | | -0.132***<br>(0.024) | -0.130***<br>(0.024) | -0.150***<br>(0.030) | -0.128***<br>(0.027) | -0.160***<br>(0.031) |
| K/Y | | 0.134***<br>(0.023) | 0.127**<br>(0.023) | 0.170***<br>(0.031) | 0.135***<br>(0.023) | 0.183***<br>(0.032) |
| female | | -0.051<br>(0.058) | -0.025<br>(0.057) | -0.0004<br>(0.063) | -0.011<br>(0.059) | -0.048<br>(0.060) |
| state1 | | -0.165**<br>(0.067) | -0.125*<br>(0.066) | | | |
| state2 | | | | -0.323***<br>(0.099) | -0.220***<br>(0.068) | -0.395***<br>(0.099) |
| city | | 0.123***<br>(0.030) | 0.123***<br>(0.029) | 0.104***<br>(0.039) | 0.129***<br>(0.030) | 0.099***<br>(0.038) |
| dual | | | -0.025**<br>(0.010) | 0.005<br>(0.019) | -0.026**<br>(0.012) | 0.005<br>(0.018) |
| ln(pgdp) | | | | | -0.051<br>(0.035) | |
| fenquam | | | | | | -0.409*<br>(0.213) |
| open | | | | | 0.123*<br>(0.035) | 0.240***<br>(0.077) |
| province dummies | yes | yes | yes | yes | yes | yes |
| time dummies | yes | yes | yes | yes | yes | yes |
| prob > chi2 | 0.928 | 0.239 | 0.236 | 0.096 | 0.347 | 0.078 |
| adj - $R^2$ | 0.185 | 0.488 | 0.488 | 0.530 | 0.522 | 0.557 |
| 观测值 | 186 | 170 | 170 | 170 | 170 | 170 |
| 截面单位 | 31 | 31 | 31 | 31 | 31 | 31 |

注：括号内为估计系数的标准差。*、**、*** 分别代表 10%、5%、1% 的显著性水平。Prob 值为时间固定效应联合检验的相伴概率。prob > chi2 值为 Hausman 检验的相伴概率值。

我们首先关注外资变量的作用。在六个估计模型中，外资变量的估计系数基本为负，且基本在1%的显著性水平下显著（只有第一个估计模型中外资变量的估计系数未能通过显著性检验），该变量估计系数的大小在区间（-0.156，-0.063）内浮动。根据第二部分内容的相关阐述，我们将模型（1）中的被解释变量分别替换成 $\ln(w)$ 和 $\ln(PQ/L)$，并采用表4第⑥列估计模型分别进行估计①，主要估计结果为：在被解释变量为 $\ln(w)$ 的估计方程中，外资变量的估计系数为-0.404，且在1%的显著性水平下显著，相应的估计标准差为0.117；在被解释变量为 $\ln(PQ/L)$ 的估计方程中，外资变量的估计系数为0.062，但未能通过显著性检验，相应的估计标准差为0.084②。由此可知，样本期间内外资进入程度的提高反而降低了工业行业的劳动者报酬，同时却并未对行业劳动生产率产生显著作用，这说明引资程度的提高对工业行业劳动者报酬份额的负向作用③主要源于其对行业劳动者报酬的负向作用。

外资企业支付的平均工资水平高于内资企业（以2004年为例④，外资工业企业的平均劳动者报酬比内资工业企业多812.39元），即外资企业对我国工业行业工资水平的直接效应为正，从而我们可以认为外资对行业劳动者报酬的负向作用主要源于其负向的“工资溢出”效应。因此，本文的估计结果支持了Aitken、Harrison和Lipsey（1996）对墨西哥和委内瑞拉两个发展中国家的研究结论。该文认为这种负向的“工资溢出”效应可能是由于外资企业为了避免劳动力的反向流动（turnover）而支付了高工资，劳动力流动限制使其技术外溢效应受到制约。而根据Gordon和Li（1999），这种负向的“工资溢出”效应产生的可能原因在于，在东道国技能劳动力供给不足的情况下，由于外资企业支付的工资水平高于内资企业，技能劳动力或其他人才会向外资企业流动，使内资企业的平均工资水平下降。由于无法获得样本期间内除2004年以外其余年份外资工业企业的报酬数据，所以这里我们无法对这种负向的“工资溢出”效应进行计量检验。

计算 $ls1$ 与 $fdi$ 每年按31个省区市平均的均值，并将该均值的2003年值减去其1998年值，得到样本期间内两个变量均值的变化幅度，将 $fdi$ 变量的变化幅度乘以其估计系数得到样本期间内 $fdi$ 变量的变化所引起的 $ls1$ 值的变化，然后将该变化值除以样本期间内 $ls1$ 值的实际变化值，得到样本期间内外资变化对工业行业劳动者

① 作者感谢匿名评审人为本文提出这点。

② 由于篇幅的限制，这里不将这两个估计方程中其他变量的估计结果列出，因为这并非本文关注的重点。

③ 罗长远、张军（2009）运用1987—2004年省级面板数据对中国劳动收入占比下降的事实进行了实证分析，结果也表明FDI与劳动收入占比为负相关关系。

④ 只有《中国经济普查年鉴2004》中提供了按省区市划分的外资工业企业的劳动报酬数据。因此，这里我们只能以2004年的相关数据进行近似分析。

报酬份额变化的实际解释力。计算结果见表 5。样本期间内我国工业行业劳动者报酬份额平均减少了约 5 个百分点，而由表中数据可知，样本期间内外资进入程度的扩大对我国工业行业劳动者报酬份额下降的实际解释力为 15.70%—38.89%。

**表 5　外资变量的实际解释力（1998—2003 年）**

| | ① | ② | ③ | ④ | ⑤ | ⑥ |
|---|---|---|---|---|---|---|
| *fdi* | — | 15.70% | 17.95% | 32.41% | 20.44% | 38.89% |

再看控制行业特征的两个主要变量 ln（$K/L$）和 $K/Y$ 的估计结果。变量 ln（$K/L$）的估计系数在 1% 的显著性水平下显著为负，而变量 $K/Y$ 的估计系数则在 1% 的显著性水平下显著为正，与预期一致。根据前文的变量说明，我们可以由此得出结论认为我国工业行业资本与劳动力两种要素投入的替代弹性 $\varepsilon < 1$。白重恩等（2008）利用我国 1998—2005 年工业年报数据对工业行业资本收入份额的影响因素进行了计量检验，估计发现变量 $K/Y$ 的估计系数并不显著，从而得出结论认为我国工业行业资本与劳动力投入的替代弹性应该在 1 附近。而本文的估计结果则进一步表明，我国工业行业资本与劳动力投入的替代弹性应该在低于 1 的附近。资本密集度变量与资本回报率变量的估计结果与李稻葵等（2009）对我国总体劳动者报酬份额下降的解释比较一致。

其他控制变量的估计结果分析具体如下。

女性就业人员比重变量 *female* 的估计系数虽然为负，但都没有通过显著性检验。这说明样本期间内我国工业行业劳动者报酬份额的变化并不受其就业人员性别构成的影响。

两种度量指标下行业国有特征变量 *state* 的估计系数基本在 10% 的显著性水平下显著为负，与预期并不一致。白重恩、钱震杰（2009）利用 1998—2005 年 37 个工业行业的面板数据估计得到国有比重变量的估计系数显著为正。而李稻葵等（2009）基于我国省区市数据研究发现更多的国有企业也会降低 GDP 中劳动者报酬的份额，其原因主要在于国有企业盈利能力的提高。本文的估计结果支持了后者的结论。

城镇化水平变量 *city* 的估计系数均在 1% 的显著性水平下显著为正，说明样本期间内我国城镇化进程基本遵循了"正规就业为主"的城镇化模式。二元经济结构强度变量 *dual* 的估计系数符号及显著性并不稳定，因此将其分析放置后文的稳健性分析中。

两种度量政府间经济绩效竞争指标的估计结果并不相同。变量 ln(*pgdp*) 的估计系数虽然为负，但未能通过显著性检验；而变量 *fenquan* 的估计系数在 10% 的显著性水平下显著为负，与预期一致。考虑到变量 ln(*pgdp*) 与模型中大多数控制变量都可能存在因果关系①，我们将 ln($pgdp$) 变量的滞后一期值替换其当期值后再进行回归，其估计系数仍未能通过显著性检验；我们还尝试用人均 GDP 年增长率变量替换变量 ln($pgdp$) 进行估计，但其估计系数仍不显著。因此，经济发展水平变量的估计系数不显著的原因在于其还度量了很多其他非政府间经济绩效竞争因素的影响。与之相比，财政分权指标与政府行为具有更为直接的联系，其估计系数显著为负说明政府间经济绩效竞争降低了劳动者报酬份额。

贸易开放度变量 *open* 的估计系数在 5% 的显著性水平下显著为正。贸易后一国出口商品的相对价格会上升，根据 H－O 定理，一国出口商品密集使用的生产要素是其丰富要素，因此出口商品相对价格的上升，由斯托珀—萨缪尔森定理，这将导致该国丰富要素的实际报酬上升。我国的丰富要素是劳动力，因为贸易开放度的提高会提高我国劳动者报酬份额。

### （二）估计结果的稳健性分析

本文接下来主要是检验外资变量与工业行业劳动者报酬份额间的这种负相关关系的稳健性②。为了得到稳健性的估计结果（Robustness），本文以下分别考虑了不同情形对检验结果的影响：首先是内生性问题。内生性问题的产生可能源于两个方面的原因：其一是解释变量及各控制变量可能与残差项相关，其二是劳动者报酬份额也会影响外资的进入，即可能存在外资进入与劳动者报酬份额之间的双向因果关系。严重的内生性将使得模型的估计系数有偏和非一致。本节将分别对这两种内生性问题进行处理。其次是外资进入程度指标的不同度量方法。表 4 的估计结果用三资工业企业与内资工业企业工业增加值比重这一指标，后文采用了三资工业企业的就业人员和工业总产值两种不同度量指标，来考察行业外资进入程度的指标差异对估计结果的影响。然后我们将 31 个省区市中引资程度均值低于全部样本均值 10% 百分位数和高于其 90% 百分位数的省市都从样本中剔除，以检验本文的主要估计结果是否受这些异常样本点的影响。最后，我们将被解释变量替换成按要素成本法定义的劳动者报酬份额 $ls2$，以检验外资变量与劳动者报酬份额间的这种显著负相关关系是否依赖于劳动者报酬份额度量指标的选取。稳健性分析主是基于表 4 中的第⑥列模型，即后文所指的“模型⑥”。

#### 1. 内生性问题

如前所述，模型内生性问题的产生可能源于两个方面的原因：其一是解释变量

---

① 如城市化水平的提高会促进经济增长（如吴福象、刘志彪，2008），二元经济转型也有利于经济增长（邵宜航、刘雅南，2007）等。

② 估计结果的稳健性分析对象为表 4 中的模型⑥，因而本文接下来的稳健性分析所采用的估计模型均为固定效应模型。

与各控制变量可能与残差项相关。解释变量、各控制变量以及劳动者报酬份额可能会受到相同或相关的冲击，从而使得解释变量、控制变量与残差项相关，引致内生性问题。以模型⑥为检验模型，将模型中外资变量及各控制变量的当期项替换为其各自的滞后一期项，仍然采用固定效应模型对模型⑥重新进行估计，主要的估计结果见表 6 第二列。由于变量的滞后一期项与当期项存在较高的相关性，所以表 4 的估计结果仍然可信，且有效地避免了当期变量与当期残差项相关所引致的内生性问题。由滞后一期变量的估计结果可知，外资变量与工业行业劳动者报酬份额间仍然存在显著的负相关关系，只是这种负向的影响比模型⑥要小一些。同前方法，仍然计算外资变量的实际解释力。但由于此时参与回归的外资变量为 $fdi_{t-1}$，且由于统计口径变化，1997 年数据并不具可比性，所以样本期间内外资变量平均变化幅度的计算起始年份为 1998 年至 2002 年，而劳动者报酬变量的平均变化幅度的计算起始年份为 1999 至 2003 年。最后计算得外资变量的实际解释力①为 31.49%，略低于表 4 中模型⑥的计算结果。

内生性问题产生的第二种可能原因即是劳动者报酬份额的高低也会影响外资的进入，即可能存在外资进入与劳动者报酬份额之间的双向因果关系。例如，劳动者报酬份额较高的省市，其一般具有良好的社会环境，这会降低投资风险，从而吸引更多的外资进入。如果存在劳动者报酬份额对外资的这种正向引致作用，则表 4 中模型①至⑥会低估外资的进入对劳动者报酬份额的负向作用。将外资变量的滞后一期项替换当期项这一处理方法并不能消除这种双向因果关系所带来的低估偏差（Decreuse *et al*，2008）。处理这种内生性问题的通常做法就是寻找与外资变量相关、但不受当期劳动者报酬份额影响的工具变量。大多数经验文献的通常做法是选择外资变量的滞后一期变量作为工具变量，如 Wang（2005）。本文也考虑将外资变量的滞后一期项作为外资变量的工具变量。

仍然采用固定效应模型，运用两阶段最小二乘法（2SLS）对模型⑥进行估计，同时对估计系数进行消除异方差处理，主要估计结果见表 6 的第 3 列。内生性检验（*endog prob*）是检验变量内生性的统计量，该检验的原假设为“变量应该是外生的”。首先看外资变量的内生性检验结果，由内生性检验统计量的相伴概率值可知，外资变量能够在 5% 的显著性水平下拒绝原假设，从而外资变量为内生变量，2SLS 估计结果是无偏且一致的。在 2SLS 估计结果下，外资变量的估计系数为 -0.645，且在 5% 的显著性水平下显著②。与模型⑥及滞后一期项模型估计结果相比，该系数

① 具体计算方法见前文。

② 在两阶段最小二乘估计方法下，将被解释变量替换成 ln(w) 和 ln(PQ/L) 后分别进行估计，主要估计结果与 OLS 估计下大致相同：ln(w) 估计方程中外资变量的估计系数显著为负，而 ln(PQ/L) 估计方程中外资变量的估计系数虽然为正，但未能通过显著性检验。

的绝对值要大很多，约为两者的 4 倍。可见，劳动者报酬份额确实对外资存在着一种正向引致作用，从而使得 *OLS* 估计结果下外资变量的负向作用被严重低估。仍然计算外资变量的实际解释力，劳动者报酬变量的平均变化幅度的计算起始年份仍然为 1999 至 2003 年，但外资变量平均变化幅度的计算起始年份也变为 1999 年至 2003 年，最后计算得外资变量的实际解释力为 77.39%，约为模型⑥及滞后一期项模型计算结果的 2 倍。

**表 6　OLS 估计结果的稳健性分析**

| | 滞后一期 | $IV_1$ | femp | foutput | outliers | ls2 |
|---|---|---|---|---|---|---|
| fdi | -0.138***<br>(0.039) | -0.522***<br>(0.163) | -0.195***<br>(0.055) | -0.277**<br>(0.100) | -0.503***<br>(0.145) | -0.668***<br>(0.200) |
| ln(K/L) | -0.100**<br>(0.044) | -0.229***<br>(0.051) | -0.185***<br>(0.041) | -0.185***<br>(0.038) | -0.134***<br>(0.046) | -0.269***<br>(0.060) |
| K/Y | 0.115***<br>(0.041) | 0.244***<br>(0.059) | 0.189***<br>(0.042) | 0.200***<br>(0.046) | 0.170***<br>(0.062) | 0.254***<br>(0.061) |
| female | 0.047<br>(0.139) | -0.039<br>(0.075) | -0.031<br>(0.062) | -0.052<br>(0.067) | 0.141<br>(0.109) | -0.026<br>(0.093) |
| state2 | -0.385**<br>(0.163) | -0.536***<br>(0.134) | -0.369***<br>(0.034) | -0.422***<br>(0.110) | -0.575***<br>(0.126) | -0.600***<br>(0.156) |
| city | 0.074**<br>(0.034) | 0.035<br>(0.049) | 0.080**<br>(0.034) | 0.057<br>(0.038) | -0.006<br>(0.054) | 0.102<br>(0.067) |
| dual | 0.031<br>(0.022) | 0.053**<br>(0.026) | 0.031<br>(0.020) | 0.035<br>(0.021) | 0.051**<br>(0.025) | 0.048<br>(0.031) |
| fenquan | -0.451*<br>(0.241) | 0.448*<br>(0.232) | -0.384**<br>(0.192) | -0.339<br>(0.210) | -0.399<br>(0.262) | -0.724**<br>(0.283) |
| open | 0.174**<br>(0.086) | 0.465***<br>(0.153) | 0.158**<br>(0.074) | 0.368***<br>(0.107) | 0.336**<br>(0.158) | 0.615***<br>(0.188) |
| *endog prob* | | 0.009 | 0.004 | 0.022 | 0.022 | 0.007 |
| *obs* | 140 | 143 | 143 | 143 | 113 | 143 |
| 实际解释力 | 31.49% | 77.39% | 35.36% | 46.16% | 57.00% | 68.65% |

注：括号内为估计系数的标准差。*、**、*** 分别代表 10%、5%、1% 的显著性水平。Prob 值为外资变量内生性检验的相伴概率。

2. 外资变量的不同度量

为了检验外资变量对劳动者报酬份额的这种负向作用是否依赖于外资变量度量指标的选取，我们采用另外两种常用度量方法，即外资工业企业与内资工业企业全部从业人员年平均人数之比 *femp* 和工业总产值之比 *foutput*，仍然以外资变量的一期滞后项作为外资变量的工具变量，运用2SLS法对模型⑥进行估计，主要估计结果见表6。

首先看外资变量的内生性检验结果，由内生性检验统计量的相伴概率值可知，两种度量指标下的外资变量均在小于或等于10%的显著性水平下拒绝“变量为外生”的原假设，从而两种度量指标下的外资变量均为内生变量，2SLS估计结果是无偏且一致的。在两种度量指标下，外资变量均对工业行业劳动者报酬份额均产生了显著的负向作用。采用同前方法，计算两种度量指标下外资变量对我国工业行业劳动者报酬份额变化的实际解释力，最终计算得到两种度量指标下外资变量的实际解释力分别为35.36%和46.16%，均要比工业增加值度量指标下外资变量的实际解释力（77.39%）低。

3. 异常样本点的影响

由前文分析可知，31个省区市中存在着引资程度很高与很低两组子样本，这两组子样本的平均引资程度均偏离31个省市均值较远。如样本期间内西藏自治区的平均引资程度仅为0.002，约为31个省区市均值的0.008倍，而广东省和福建省的平均引资程度却达1.47左右，约为31个省区市均值的5.856倍。为了检验本文的主要估计结果是否受这些异常样本点的影响①，我们首先计算样本期间内31个省区市引资程度均值，然后计算其10%和90%百分位数，以这两个百分位数为标准将31个省区市中引资程度均值低于10%百分位数和高于90%百分位数的省区市都从样本中剔除，最后得到25个省区市样本②。在这25个省区市样本下运用2SLS法对模型⑥进行估计，其中外资变量的度量指标仍然采用“三资工业企业工业增加值与内资工业企业工业增加值的比重”，主要估计结果见表6。

外资变量的估计系数为-0.503，且在1%的显著性水平下显著。说明在将引资程度偏离31个省区市均值较远的省市从样本中剔除后，引资程度的提高仍然会对工业行业劳动者报酬份额产生显著的负向作用。采用同前方法，计算25个省区市样本下外资变量的实际解释力为57.00%。

总观表6的各列估计结果，发现各变量估计系数的大小及显著性均没有发生显著变化，估计结果比较稳健。对样本期间内我国工业行业劳动者报酬份额产生显著负向作用的变量包括行业引资程度变量 *fdi*、行业要素投入比例变量 ln（*K/L*）、行业国有比重变量 *state* 和财政分权变量 *fenquan*；而对我国工业行业劳动者报酬份额产生显著正向作用的变量包括资本产出比变量 *K/Y* 和贸易开放度变量 *open*。计算这几个变量1998—2003年按省区市平均的均值如表7所示，并将各变量该均值的2003

① 作者感谢评审人提出这一点。

② 引资程度均值低于31个省区市均值10%百分位数的省市包括贵州、西藏和新疆共3个省区，引资程度均值高于31个省区市均值的90%百分位数的省区市包括上海市、福建省和广东省。

年值与1998年值相减得到样本期间内各变量的变动幅度。最后将各变量的变动幅度与其估计系数相乘便得到各变量对样本期间内我国工业行业劳动者报酬份额变化的最终作用。由于不同的模型下，各变量估计系数的大小也不同，所以这里我们只关注各变量对 *ls*1 最终作用的方向。样本期间内，我国工业行业劳动者报酬份额均值下降了约5个百分点，且下降的主要原因在于行业外资进入程度和行业资本密集度的提高，以及资本回报率的提高。样本期间内行业国有比重的下降以及地区财政分权程度的下降和贸易开放度的提高，均使得我国工业行业劳动者报酬份额得以提高。由此说明发展劳动密集型产业、国有企业改制、弱化地方政府间经济绩效竞争和扩大贸易均有利于我国劳动者报酬份额的提高。

**表7 各变量的平均变化幅度及其对工业行业劳动者报酬份额的实际最终作用**

| | ls1 | fdi | ln(K/L) | state | fenquan | K/Y | open |
|---|---|---|---|---|---|---|---|
| 1998—2003年 | -0.048 | 0.119 | 0.556 | -0.098 | -0.010 | -0.176 | 0.093 |
| 估计系数 | | - | - | - | - | + | + |
| 最终作用 | | - | - | + | + | - | + |

4. 被解释变量为 *ls*2 的估计结果

白重恩等（2008）及白重恩、钱震杰（2009）中均使用按要素成本法定义的要素分配份额作为被解释变量，即为了剔除间接税对劳动者报酬份额下降的影响，将生产税净额从增加值中剔除掉，此即为要素成本法增加值。虽然本文第二节内容中已经证实了1998—2003年我国工业行业劳动者报酬份额的下降主要源于资本收入份额的上升，而生产税净额的影响较小，但为了检验外资变量与劳动者报酬份额间的这种显著负相关关系是否依赖于劳动者报酬份额度量指标的选取，我们仍然计算将生产税净额从增加值中剔除掉后的按要素成本法定义的劳动者报酬份额 *ls*2 。

以 *ls*2 作为被解释变量，以工业增加值比重度量的外资变量为解释变量，仍然以外资变量的一期滞后项作为外资变量的工具变量，运用2SLS法对模型⑥重新进行估计，主要估计结果见表6的最后一列。表7所示的基本结论仍然没有改变。外资变量的估计系数仍然显著为负，但其边际影响变大了。计算样本期间内外资变量对 *ls*2 值变化的实际解释力为68.65%，略低于其对 *ls*1 值变化的实际解释力。

## 五、结论及政策含义

本文分析了1998—2003年我国工业行业劳动者报酬份额变化的原因，重点探讨了外资的作用。本文的研究表明，1998—2003年我国工业行业劳动者报酬份额平均降低了约5个百分点，其中外资进入程度的提高对工业行业劳动者报酬份额的降幅具有相当的解释力，而外资对劳动者报酬份额的这种负向作用主要来源于其负向的“工资溢出”效应。总的来看，1998—2003年导致我国工业行业劳动者报酬份额下降的主要因素还包括行业资本密集度及资本回报率的提高。行业国有企业改制、地方政府间经济绩效竞争的弱化和贸易开放度的提高则会促进行业劳动者报酬份额的提高。

本文关于我国工业行业劳动者报酬份额变化原因的分析可以帮助我们更深入地探讨有关要素分配的政策建议和措施。

首先，本文虽然研究发现吸引外资与劳动者报酬份额间存在显著的负相关关系，但并不意味着要抑制引资。Decreuse *et al.*（2008）指出当东道国政府没能设计出合适的财政政策工具对外资企业征税时，大部分开放利益被外国投资者获得，导致劳动收入份额下降。而自20世纪80年代以来，我国对内外资企业所得税的征收实行了双轨制，采取了一些对外资企业倾斜的政策优惠。这种税收优惠政策诱发了许多虚假的外资或合资行为，造成了国家税收的大量流失。据统计，近几年来自维尔京群岛等避税港的FDI占我国FDI总额的比重飞速上升，从2001年的50亿美元增加至2005年的90亿美元，而本质上这些FDI的大部分均属国内资金外溢所致（中国科学院预测研究中心，2006）。因此，要弱化外资对我国劳动者报酬份额的负向作用，政府应该对外资企业合理征税，不能一味地依赖税收优惠政策吸引外资，地方政府应该在经济环境、市场前景、政策稳定性等方面不断加强。2007年十届全国人大五次会议通过了《中华人民共和国企业所得税法》，对内外资企业规定了统一的所得税率25%。实行新税法，外资企业的税负略有上升。新税法的实行有利于弱化外资对我国劳动者报酬份额的负向作用。

其次，发展劳动密集型产业、继续深化国有企业改革、弱化地方政府间经济绩效竞争以及扩大贸易开放都将有利于提高工业行业劳动者报酬份额。林毅夫（2007）认为按照比较优势发展劳动力相对密集型产业，以及资本密集型产业中劳动力相对密集区段的生产活动，这样可以创造更多的就业机会，让更多具有劳动力的穷人加入到正式的就业市场，分享经济发展的果实。

社会财富不断增加，劳动者报酬占GDP的比例却逐年下降的现象表明，不断增加的社会财富越来越朝着少数人集中，社会贫富差距在不断扩大，发展的成果越来越为少数人所分享。目前我国劳动者报酬占GDP比例不升反降的非正常现象，实际上是社会不公在财富分配领域的折射，是收入分配不公的结果与反映。经济社会发展的最终目的是实现共同富裕，实现全社会的相对公平，才能使社会和谐发展。要想达到这个目标，就必须建立健全利益共享机制，在促进效率提高的同时也要注重促进社会公平，提高劳动者报酬在国民收入初次分配中的比重。

## 参考文献

[1] Aiken, B., Harrison, A., Lipsey R., "Wages and foreign ownership: a comparative study of Mexico, Venezuela, and the United States", *Journal of International Economics*, 1996, 40, 345－371.

[2] Ann E. Harrison, "Has Globalization Eroded Labor's Share? Some Cross-Country Evidence", UC Berkeley and NBER, 2002.

[3] 白重恩、钱震杰："国民收入的要素分配：统计数据背后的故事"，《经济研究》2009年第3期，第27—40页。

[4] 白重恩、钱震杰、武康平：《中国工业部门要素分配份额决定因素研究》，《经济研究》2008年第8期，第16—28页。

[5] 蔡昉："实现最大化就业是社会和谐的经济基础"《文汇报》2006年10月24日。

[6] 蔡昉："探索适应经济发展的公平分配机制"，《人民论坛》2005年10月17日。

[7] Decreuse, Bruno and Maarek, Paul, "FDI and the labor share in developing countries: a theory and some evidence", Munich Personal RePEc Archive Paper No. 11224, 2008.

[8] Driffield, N., Taylor, K., "FDI and the Labor Market: A Review of the Evidence and Policy Implications", *Oxford Review of Economic Policy*, 2000, 16 (3), 90－103.

[9] 高帆："中国各省区二元经济结构转化的同步性：一个实证研究"，《管理世界》2007年第9期，第27—47页。

[10] Haddad, M., Harrison, A., "Are there positive spillovers from direct foreign investment? Evidence from panel data for Morocco", *Journal of Development Economics*, 1993, 42, 51－74.

[11] Helpman, E., Melitz, M. J., Yeaple, S. R., "Exports vs FDI with heterogenous firms", *American Economic Review*, 2004, 94, 300－316.

[12] Kade Finnoff, Arjun Jayadev, "Feminization and the Labor Share of Income", GEM-IWG Working Paper, 2006, 4, 1－29.

[13] 姜磊、王昭凤："国现代部门劳动分配比例的变化趋势与影响因素"，《财贸研究》2009年第1期，第1—7页。

[14] 蒋殿春、张宇："经济转型与外商直接投资技术溢出效应"，《经济研究》2008年第7期，第26—38页。

[15] 李稻葵："重视GDP中劳动收入比重的下降"，《新财富》2009年第9期。

[16] 李稻葵、刘霖林、王红领："GDP中劳动份额演变的U型规律"，《经济研究》2009年第1期，第70—82页。

[17] 李实、马欣欣："中国城镇职工的性别工资差异与职业分割的经验分析"，《中国人口科学》2006年第5期，第2—13页。

[18] 林毅夫："初次分配要实现公平与效率的统一"，《人民日报》，2007年，引自新华网http://news.xinhuanet.com/fortune/2007－04/28/content_6038867.htm。

[19] Lipsey, A. E. and Sjoholm, F., "Foreign Direct Investment and Wages in Indonesian Manufacturing", NBER Working Paper, No. 8299, 2001.

[20] 罗长远、张军："劳动收入占比下降的经济学解释"，《管理世界》2009年第5期。
[21] Roger H. Gordon, David D. Li, "The effects of wage distortion on the transition: Theory and evidence from china", European Economic Review. 1999 (43): pp. 163 - 183.
[22] 王德成、张领先、王志琴："城镇化水平计算方法比较分析"，《农机化研究》2004年第3期，第61—66页。
[23] 王贤彬、徐现祥："转型时期的政治激励、财政分权与地方官员经济行为"，《南开经济研究》2009年第2期，第58—79页。
[24] 谢嗣胜、姚先国："农民工工资歧视的计量分析"，《中国农村经济》2006年第4期，第49—55页。
[25] 徐现祥、王贤彬、舒元："地方官员与经济增长—来自中国省长、省委书记交流的证据"，《经济研究》2007年第9期，第18—31页。
[26] Yanling Wang, "North-South Technology Diffusion: How Important Are Trade, FDI and International Telecommunications", Carleton University, 2005.
[27] 赵俊康："我国劳资分配比例分析"，《统计研究》2006年第12期，第7—12页。
[28] 周业安、章泉："财政分权、经济增长和波动"，《管理世界》2008年第3期，第6—15页。

# 促进对外直接投资应对当前贸易保护主义

## ——中国与20世纪80年代日本的比较研究

马光明

## 一、引 言

贸易保护主义指的是一国利用关税、非关税壁垒、汇率打压等措施对进口进行限制，保护本国的产品与服务在本国市场上免受外国产品与服务的竞争，并对本国出口的产品和服务给予优惠与补贴的行为。从世界经济史来看，每当主要国家经济发展面临危机或相对落后，或贸易收支处于严重失衡，世界范围内便会兴起贸易保护主义风潮。例如，20世纪30年代资本主义经济大萧条后主要发达国家的超贸易保护主义，以及20世纪70年代后发达资本主义国家经济滞胀所引致的新贸易保护主义。

进入21世纪以来，尽管自由贸易在WTO等国际组织的推动下成为主流，但随着2006年前后美国次贷市场信用危机导致的世界性金融危机的蔓延，新一轮贸易保护主义如约而至。而这次贸易保护主义的矛头主要指向近十几年来出口迅速增长的中国等发展中国家。以美国为代表的各发达国家甚至少数发展中国家纷纷对华加强贸易保护，尤其进入2009年以来，中国最大出口国和顺差国——美国的对华贸易保护呈现明显加速趋势。自2009年1月奥巴马宣誓就职以来，奥巴马政府已经对中国产品开展了至少10多次反倾销、反补贴调查。2009年9月的“输美轮胎贸易特保案”以及之后美国对中国出口的无缝钢管、金属丝网托盘、铜版纸、石油钢管等产品的反倾销、反补贴措施都反映了本轮贸易保护主义浪潮的激烈程度。

就应对贸易保护主义而言，国际经济学理论和各国政策实践已经给出了许多可能的方案：从短期来看，顺差国政府往往采取加大对逆差国产品的采购以缓解其对自己的贸易保护压力，或寄希望于世贸组织争端解决机制；而从长期来看，由于贸易保护的根源在于贸易失衡及其导致的国民收入减少，贸易双方往往采用宏观经济政策减小贸易差额，以降低采取贸易保护措施的必要性。例如，利用汇率调整（即支出—转换政策），以及财政货币政策通过收入与进口渠道（即支出—改变政策）调整贸易收支；但这些传统途径均有其不足之处，例如汇率调整要求进出口产品弹性满足马歇尔—勒纳条件；使用货币财政政策调整进出口不能与内部经济均衡冲突，且时滞较长；政府采购规模有限且受制于WTO《政府采购协议》和政府财政收支状况，等等。更重要的是，无论采取货币汇率调整渠道或是通过收入—进口渠道，都会对顺差国也就是遭受贸易保护国家的出口企业竞争力与收入带来负面影响。因此，我们需要寻求更为有效、对出口影响更小的应对措施。其中，对外直接投资可能是一个新颖且有效的途径。

## 二、对外直接投资应对贸易保护的理论基础

对外直接投资指的是通过对外输出生产性资本，将原本需要通过出口贸易输出的产品改为在国外生产并销售。许多国际经济学理论，例如弗农（1966）的产品生命周期理论、邓宁的国际生产折衷理论、小岛清的边际产业替代理论、赫奇（1976）的企业进出口与直接投资替代模型、帕特瑞的直接投资动机理论等都可以从理论上推出一国对外直接投资可能存在对出口的替代作用（例如邓宁国际生产折中理论中基于市场区位优势的直接投资、小岛清理论中的向东道国转移比较优势、帕特瑞的基于市场导向的直接投资等），从而避开投资国的贸易保护措施。而以下两个经典学说则直接讨论了对外投资对应对贸易保护主义的作用：

1. 蒙代尔“贸易与投资替代模型”——通过对外投资规避贸易保护

Mundell（1957）的“贸易与投资替代模型”认为，当生产要素不能自由流动而不存在贸易障碍的前提下，两国必然会产生国际贸易，并导致商品和生产要素价格均等化；而当贸易障碍阻碍商品自由流动，并引起资本要素边际收益的差异，则一国企业会以对外投资的方式绕过贸易壁垒，代替出口达到商品和资本要素价格的均等化，也称为“关税引致投资”。这一模型主要反映贸易保护背景下资本要素如何通过对外投资实现收益最大化的理论机制，但其中蕴涵了应对东道国贸易保护主义的政策建议，即通过对外直接投资来替代出口，从而达到规避贸易壁垒的目的。

2. 巴格瓦蒂、蒂诺普洛斯“补偿投资模型”——通过对外投资化解贸易保护

Bhagwati和Dinopoulos等学者（1986，1987，1992）从政治经济学角度，通过一系列研究提出了所谓“补偿投资”学说，认为对外直接投资并非全部如同蒙代尔模型中所述是仅仅为了当期“绕过”东道国的贸易壁垒，而是从长期利润最大化的角度，考虑到下一时期东道国继续采取贸易保护的损失，而在当期通过对外直接投资

在出口市场国直接进行生产和销售，即所谓“补偿投资”，其目的是减小对东道国的贸易顺差，减少东道国继续采取贸易保护的可能性，是为了“化解关税”或其他贸易保护。

综上所述，可见从理论角度而言，对外直接投资一方面可以对投资国出口起到替代作用，直接绕开贸易保护壁垒，另一方面还可能在减少投资国出口的同时增加东道国对投资国的出口，从而减小贸易差额，间接减小东道国对投资国实行贸易保护主义的可能性。此外，这种方式还不会影响投资国出口企业的产出与收入，甚至可以促进投资国企业的国际化进程。

## 三、对外直接投资应对贸易保护的实证研究

由于国际直接投资发展历史相对国际贸易而言较短，历史上通过促进对外直接投资应对贸易保护的例子并不多；而且，还由于中国对外直接投资发展较晚，且相对其贸易而言规模过小，考察我国 1980—2008 年年均不足 50 亿美元的对外直接投资与年均将近 3000 亿美元的进/出口之间的关系并没有太大统计意义上的说服力。而对外直接投资大国——日本在 20 世纪 80 年代中期通过加强海外投资应对美国贸易保护的案例，则是研究对外直接投资应对贸易保护可行性的典型样本。

根据美国统计局的贸易统计数据，直到 2000 年被中国取代以前，日本一直是美国的最大货物贸易顺差国。1985 年日美整体货物贸易顺差已经达到 462 亿美元之多，占日本当年整体顺差 467 亿美元的 99% 以上、美国当年货物贸易逆差 1222 亿美元的 37.8%。这使得美国为代表的各逆差国纷纷对日本施加压力，要求日本在其优势出口产业（例如汽车产业）对美采取自动出口限制，并通过广场协议强迫日元对美元大幅度升值。而这一阶段的日本便利用日元升值的机会采取了扩大海外直接投资的策略：这一方面绕开了美国对日贸易壁垒，另一方面还可以把生产力和出口能力转移到国外，减少了日本对美国的出口，并通过产品返销日本，增加进口，因此对减小日美贸易差额从而缓解美国对日本的贸易保护起到了作用。例如，在个别产业方面，日本在被迫采取了对美自动汽车出口限制之后，自 20 世纪 80 年代末起一直加大对美国汽车行业直接投资的力度；到 1991 年日本在美国的直接投资企业已经生产了 600 万辆以上的轿车，其占美国汽车市场 31% 的份额中，有 13 % 是通过在美国本土生产得来的。① 关于这点，Blonigen（2001）的一项实证研究证明了日本在美国的汽车生产对美国汽车出口日本具有正向作用；而从日本整体产业来看，1985 年之后，日本整体对外直接投资流量明显增长，而日本对其最大贸易顺差国——美国的贸易顺差增长则明显出现相应减缓趋势（如图 1）。

---

① ［美］萨尔瓦多：《国际经济学》，朱宝宪、吴洪等译，清华大学出版社 1998 年版，第 205 页。

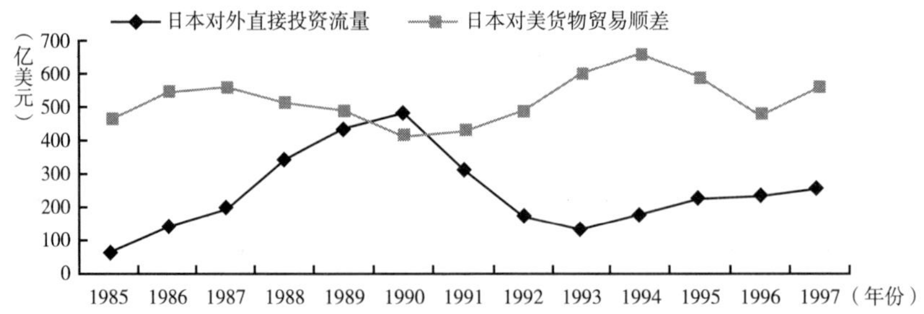


**图 1　广场协议后日本对外直接投资流量与日美货物贸易顺差走向趋势**

数据来源：日美贸易差额数据取自美国统计局，http：//www.census.gov/；日本对外直接投资流量数据取自联合国贸发会议《统计手册 2008》。

由图 1 可见，20 世纪 80 年代中期以来，日本对外直接投资与日美贸易顺差明显呈现相反趋势，这初步印证了日本对外直接投资对其主要顺差国贸易顺差的抑制作用，从而缓解了美国对日本的贸易保护压力，而这种应对方法丝毫没有损害日本企业的国际竞争力和市场份额。

此外，笔者对影响日美 1980—2008 年贸易差额的因素进行了实证研究，证明了日本对外直接投资确实对日美贸易差额起到抑制作用。篇幅所限，加之本文重点在于中日比较研究，这里省去了单位根检验、协整检验、残差单位根检验等中间过程（均已通过检验），仅列出最终协整方程：

$$\ln bop = 1.3419 - 0.4811\ln gdpj + 0.7607\ln gdpu + 0.5341\ ln e - 0.1519\ln ofdi_{-1}$$

$$T2statistics:\ (-2.2161_{33})\quad (7.4181_{333})\quad (1.3956)\quad (-2.3547_{33})$$

$$R2Squared: 0.8591\quad F2statistic: 27.4362_{333}\quad AIC: -1.7546\quad SC: -1.5078$$

其中，ln*bop* 为日美贸易顺差的对数形式，ln*gdpj*，ln*gdpu* 表示日、美国内生产总值的对数形式，反映两国的需求总量；ln*e* 表示日元名义有效汇率的对数形式，ln*ofdi* -1 表示日本对外直接投资流量的一阶滞后（反映投资变为产出以及出口能力所需的时间滞后）的对数形式。这些都是可能影响日美贸易的因素。从实证研究结果看到，日本 20 世纪 80 年代中期后的对外直接投资确实对其主要贸易顺差国的贸易顺差起到了抑制作用：对外直接投资每上升 1 个百分点，日美贸易顺差减小约 0.15 个百分点，从而在绕开美国对日本的贸易壁垒之外，还可有效减小贸易顺差，缓解美国对日本的贸易保护行为。

## 四、当前中国经贸形势与 20 世纪 80 年代日本的相似性

已有研究从理论和实践角度说明了对外直接投资这一措施对削减贸易差额，从

而应对贸易保护可能起到积极作用。而事实上，中国当前面临的经济贸易形势与20世纪80年代的日本有许多相似之处，同样存在借助促进对外直接投资来应对贸易保护主义的必要性和可能性。

**（一）必要性**

1. 均处于贸易顺差快速增长期，在经济危机背景下遭遇逆差国贸易保护

对特定国家贸易顺差的快速累积是导致逆差国实行贸易保护主义行为的直接原因。根据WTO的数据，20世纪80年代的日本与当前中国都处于贸易顺差迅速增长时期：日本货物贸易顺差从1980、1981年的-106亿、86亿美元快速上涨到1985、1986年的467亿、832亿美元；而近年中国货物贸易顺差也历经了21世纪初的不到300亿美元快速上涨至2008年的2955亿美元，5年内增长幅度都将近10倍。

除了贸易顺差的积累以外，其主要出口国面临的经济危机都是引发贸易保护主义的诱因。就20世纪80年代的日本而言，当时世界经济处于石油危机和拉美债务危机所引发的全球性资本主义经济滞胀时期；而就当前中国而言，世界经济正经历了一场全球性金融危机。内部经济停滞再加上外部需求减小，诱发了主要逆差国采取贸易保护主义措施。

更为相似的是，二者主要贸易顺差国都是美国，且美国在不同时期都针对中日采取了不同类型的贸易保护主义措施：例如，美国20世纪80年代通过广场协议强迫日元升值，迫使日本签署各类产品自动出口限制；而在近年中国取代日本成为美国最大逆差国后，美国同样不断向人民币施加升值压力，并通过反补贴、反倾销、特保措施等构筑新型贸易壁垒。这是当前中国可以借鉴20世纪日本大力促进对外直接投资减小贸易差额，应对贸易保护的必要性之一。

2. 货币升值与财政货币政策对贸易摩擦调节作用都有限

一方面，当前中国与20世纪80年代的日本都主动或被动尝试使用货币升值的方法来减小贸易差额从而缓解贸易保护主义压力，但效果却都不太明显。以日本为例，1985年广场协议使得此后10年间日元币值平均每年上升5%以上，但日本在之后直至2000年一直保持美国第一大逆差国地位。日本对美国出口确实受到一定程度限制，但美国对日本出口却并没有随着美元贬值而增长。且从总体差额来看，笔者实证研究的参数检验（T检验）说明日元实际汇率的变动对缓解日美贸易差额的作用并不显著。而中国的情况就更为明显，人民币兑美元汇率由2005年7月的1:8.1936上升到2009年12月末的1:6.8283，而根据美国统计局的数据，2005—2008年中美贸易顺差分别为2016亿、2325亿、2563亿、2663亿美元，不降反升。可见，汇率对当时日美贸易和近期中美贸易差额的调节作用都有限。另一方面，通过美国紧缩财政货币来减少收入从而减少对日、中进口的方法在两个时期都行不通，因为无论20世纪80年代还是当前，美国都面临经济发展停滞的局面，需

要用扩张财政货币政策刺激经济。① 因此，这是当前中国可以借鉴日本采取其他措施例如促进对外直接投资应对贸易保护的必要性之二。

## （二）可能性

1. 产出和出口地位都处于上升阶段，且比重类似

不断扩张的生产和出口能力反映了一国经济良好的基本面，是一国扩大对外直接投资、占领国外市场的前提条件。就20世纪80年代的日本而言，自从二战之后经济重建以来，日本在美国的扶持下通过发展外向型经济和战略性贸易政策，其产出和出口在世界的地位迅速增长；就中国而言，经过30年改革开放，已经成为一定意义上的世界（加）工厂，经济增长速度连续9年在8%以上，货物出口跃居世界第二。可以说当前中国与当时的日本一样，都处于一个国际经济地位上升的阶段，图2展示了美国、欧洲、日本和中国在不同时期产出和出口占世界比例的变化趋势。

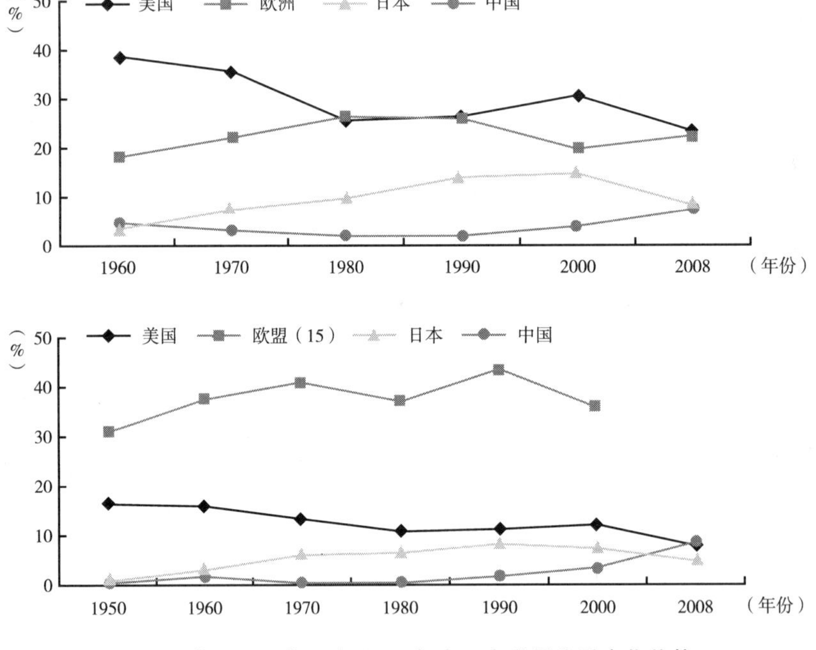


**图2　中、日、美、欧GDP与出口占世界比重变化趋势**
**（上图为GDP比重，下图为货物出口比重）**

数据来源：根据世界贸易组织、世界银行数据库数据整理计算。

① 美国在20世纪80年代中期前曾经使用紧缩货币政策希望解决当时严重的通货膨胀，但不久就因为出现了失业率上升而放弃了紧缩政策。

由图 2 可以明显看出，20 世纪 80 年代的日本和当前中国产出与出口占世界比重都处于迅速上升期，且当前中国 GDP 占世界比重（7.1%）与日本 1970 年的水平相等并接近其 1980 年比重。当前中国货物出口占世界比重（8.9%）已经超过日本 1980 年的水平（6.4%），甚至超过其 1990 年的水平（8.3 %）。可见，当前中国的产出与出口在世界的绝对地位与相对发展趋势都与当时的日本十分类似，这是我国当前扩大直接投资的可能性之一。当然，这也是造成中日两国贸易顺差积累招致贸易保护的原因。

2. 货币都处于升值趋势，可降低对外直接投资成本

出口激增本身会带来货币升值，同时主要逆差国也会通过政治外交等途径迫使顺差国货币升值，这种升值一方面会影响出口，但另一方面可以降低对外直接投资的本币成本，有助于扩大直接投资的规模。就 20 世纪 80 年代日本而言，根据国际清算银行的数据计算，由于受到广场协议的约束，日元有效汇率由 1984 年的 54.7425 快速上升到 1993 年的 100.3333，这是日本在该阶段对外直接投资大幅度提高的重要诱因；就当前中国而言，在美国等逆差国不断要求人民币升值的压力下，从 2005 年 7 月汇改开始至 2009 年 12 月末，人民币兑美元汇率已经从 1∶8.1936 上升到 1∶6.8283，且其升值势头不减。这种大幅度升值与日本当时的情况类似，是当前我国扩大对外直接投资所面临的良好机会。

3. 之前对外直接投资规模都较小，处于增长转折点

日本在广场协议之前对外直接投资规模很小，例如 1980—1985 年其对外直接投资流量仅仅为 24 亿、49 亿、45 亿、36 亿、60 亿、65 亿美元，相对其对外贸易规模而言无足轻重，而广场协议后对外直接投资流量出现大幅增长，在接下来 5 年内快速增长至 1990 年的 480 亿美元，占到当年货物出口额的 16.7%；而在这一点上 21 世纪初的中国也是相当类似：1990—2004 年中国对外直接投资流量一直在 100 亿

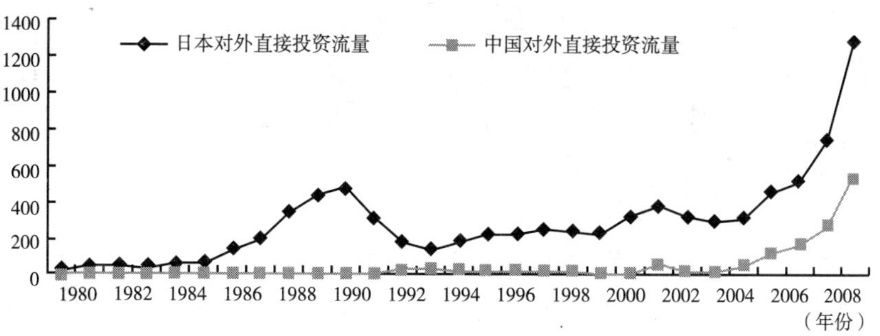


**图 3 中日对外直接投资流量变化趋势对比**

数据来源：联合国贸发会议《统计手册 2008》；2008、2009 年数据取自联合国《世界投资报告 2009》。

美元以下徘徊，直到最近4年才出现大幅度增长的趋势，2008年达到559亿美元，占当年货物出口额的3.9%，正与20世纪80年代中期日本对外直接投资的增长趋势相符合。图3显示了这种趋势的相似性。

## 五、当前中国促进对外直接投资的机遇与障碍

上文论证了中国当前与20世纪80年代日本所面临的经贸状况存在较高的相似性，我国当前存在借鉴日本扩大对外直接投资以应对贸易保护主义的必要性和可能性。从另一角度看，当前中国发展对外直接投资还存在一些当年日本所不具有的机遇以及障碍，值得我们仔细考察比较。

### （一）独有机遇

1. 当前中国扩展对外直接投资面临更为宽松的货币政策环境

在日本着力扩展对外直接投资的20世纪80年代，诱发贸易保护主义的是石油危机等导致的世界主要经济体的经济滞胀，属供给冲击。美国等逆差国在失业率剧增的同时面临严重通货膨胀压力。因此，20世纪80年代初美国总统里根和美联储主席保罗开始推行紧缩货币政策以控制通货膨胀，英国首相撒切尔夫人也开始了减少货币供给的中期金融战略。而这一时期加拿大、联邦德国、瑞士等主要发达国家也都采取货币主义的紧缩货币控制通胀政策。可以说在日本准备大力促进对外直接投资之前，世界范围内利率水平处于一个较高的水准，这不利于对外投资企业进行海内外融资。而近期中国面临的却是一个相对宽松的世界货币环境。诱发贸易保护的是各国金融市场的收入效应及其通过进口—收入渠道导致的各国收入和需求减少，属于需求冲击，在主要危机国经济增长停滞的同时却没有20世纪80年代的通货膨胀。这使得各主要经济体得以采取宽松货币政策以促进经济恢复和刺激需求。例如2006年底，美国联邦基金利率曾高达5.26%，随后为了对抗金融危机，美联储在之后两年连续降息，到2008年底达到了0.09%的极低水平。2009年末，美联储宣布继续维持宽松货币政策，将0.25%的联邦基金利率再延长一段时间。与此同时，世界主要国家央行也纷纷效仿美国采取降息政策，例如英国央行在2009年初将基准利率降到其1694年成立以来历史最低的1.5%；加拿大央行在2009年1月底将其基准利率降至历史最低的1.0%，并表示要采取更多降息措施来刺激经济；澳大利亚央行于2009年2月将基准利率降至45年最低水平的3.25%；甚至一向重视通货膨胀、严格控制货币政策的欧盟央行自2008年10月以来也进行了4次降息，至2009年1月中旬降至2.0%，累计降息2.25个百分点；2009年末在苏格兰圣安德鲁斯举行的20国集团财长和央行行长会议发表的联合公报也称："各国将继续保持宽松的财政货币刺激措施，直到全球经济复苏得到

确认。”① 可见，这种世界范围内的相对宽松货币环境使得我国近期对外直接投资比当年日本更具融资优势。

2. 当前中国产出与出口发展潜力大大高于日本，是对外直接投资的更大压力和动力

20 世纪 80 年代日本产出与出口的增长可归因于日本的战略性贸易政策以及抓住了汽车、电子等朝阳产业的发展契机，因此受到产品生命周期的限制；而近期中国的产出与出口发展则更多归因于其本身大量廉价劳动力以及大量国际生产资本的结构性涌入，这比当年日本更具有持久性。从产出来看，根据世界银行的数据，从 2000 年以来，中国实际经济增长率已经连续 9 年在 8% 以上，而尽管产出和出口不断增长，日本在 20 世纪 80 年代的经济增长率也仅在 3%—5% 徘徊，相对增长速度远不如近期的中国。即使从绝对规模上来看中日同期的国内生产总值也在不断接近，根据增长速度的差异很快就会超过日本。而从出口来看，中国 21 世纪以来的出口增长率明显快于同期乃至 20 世纪 80 年代的日本。这种更大的产出和出口潜力使得中国比当年的日本更具有对外直接投资的压力和动力。压力源于产出和出口持续增长带来的贸易保护，动力则源于经济增长带来的企业国际竞争力的上升。

### （二）发展障碍

尽管我国当前就促进对外直接投资应对贸易保护而言具有众多与当年日本类似甚至更多的可能性和必要性，但另一方面也存在不少日本当时没有的障碍，需要我们在发展对外直接投资过程中予以克服。

1. 跨国企业海外业务和海外资产规模与主要国家差距较大

20 世纪 80 年代中期日本开始扩展对外直接投资之时，已经拥有较多具有雄厚海外资金规模和国际竞争力的企业，例如索尼、三菱、松下等著名跨国公司，并上演过索尼兼并哥伦比亚三星电影公司、三菱集团购买洛克菲勒大楼等著名跨国兼并案例，其效果与投资利润暂且不论，但至少显示了日本企业雄厚的海外投资实力。而当前中国虽然有不少企业营业额绝对数量不小（例如美国《财富》杂志评出的 2009 年世界营业收入最大的 500 强企业中中国已占到 43 家），但其中大多数都是以国内业务为主，海外业务和海外资产规模与世界主要国家差距较大。例如根据《联合国世界投资报告 2009》的数据，就非金融企业而言，截至 2008 年底，世界海外资产规模最大的 100 家非金融跨国企业中中国仅有 1 家（中信集团）；就金融类企业而言，截至 2008 年底，按照业务地理分布系数（GSI）排名的世界前 50 家金融企业中没有 1 家中国企业入榜。这些都反映了我国跨国企业海外业务和资产规模尚有待提高。

① 魏群：《二十国集团财长：将继续保持经济刺激措施》，中国新闻网，2009 年 11 月 8 日。

2. 向发达国家对外直接投资规模很小，无法有效减少贸易差额应对贸易保护

20世纪80年代日本对外直接投资的区位主要集中于美国等发达国家，目的以开拓海外市场、避开贸易壁垒为主。而当前中国对外直接投资区位分布却是以国际避税港和发展中国家为主。根据商务部《2008中国对外直接投资公报》的数据计算，尽管2008年我国对外直接投资总体流量已经超过了500亿美元，但其中绝大部分流入国际避税港，例如2006—2008年，我国流入香港、开曼群岛、英属维尔京群岛三地的对外直接投资占据当年流量的86.9%、68.7%、75.8%，而流入欧洲、美国、日本的直接投资仅占到当年总量的4.94%、10.60%和2.61%。由于我国出口的主要地区是欧美发达国家，这种对外直接投资区位结构无法发挥其规避各类贸易保护措施的作用。

3. 人民币尚未实现国际化，是扩大对外直接投资的障碍之一

货币的国际化可以大大便利对外直接投资企业进行结算，降低汇兑成本。20世纪80年代日元已经初步实现了国际化，日本银行1987年末至1989年末对外贷款中以日元计价的部分已经达到了25%，80年代末世界外汇市场中日元交易比重达到将近15%，日元计价进出口比例分别在15%与40%左右。①而当前人民币虽然已经在周边国家/地区部分行使了国际货币的作用，且在上海、广州、深圳、珠海、东莞等地也开设了跨境贸易人民币结算试点，但从世界范围来看并没有广泛运用于贸易和投资，这也是我国企业对外直接投资与当时日本相比的不利之处。

## 六、总结与启示

综上，本文论证了对外直接投资对减小贸易差额从而应对贸易保护主义的可行性，同时通过中日比较分析发现，我国当前所面临的国内、国际经济贸易形势与20世纪80年代的日本非常类似，并且在世界货币政策环境和经济基本面上具有当年日本所不具有的条件和机遇，这使得我国近期可以考虑通过对外直接投资来应对当前新一轮的贸易保护主义。尽管我国在对外直接投资区位分布、企业海外投资规模以及货币国际化方面还存在不足，但随着对外直接投资实践的逐步发展，这些结构性问题也将逐步得到解决。

最后应当提出的是，通过对外直接投资转移出口是应对贸易保护主义方法的一种，并不是全部。贸易保护产生的根源在于贸易差额，而我国的贸易顺差又可以归结为我国高储蓄、低消费的经济结构。在长期内，我们可以通过增加国民收入，尤其是国民消费从而带动进口来减小对主要顺差国的贸易差额，这是解决贸易保护主

① ［日］菊池悠二：《日元国际化——进程与展望》，陈建译，中国人民大学出版社2000年版，第183页。

义困扰的根本途径，然而这种调整需要解决当前收入分配、房地产价格、教育医疗等多方面的结构性问题，需要相当长的调整时间。而在短期和中期内，通过对外直接投资来避开贸易保护主义壁垒、转移生产和出口则是相对见效较快的途径，这更有利于企业拓展海外市场，增强国际竞争力。

## 参考文献

[1] 方福前：《现代西方经济学主要流派》，中国人民大学出版社 2004 年版。

[2] [日] 菊池悠二：《日元国际化——进程与展望》，陈建译，中国人民大学出版社 2000 年版。

[3] 李荣林：《国际贸易与直接投资的关系：文献综述》，《世界经济》2002 年第 2 期。

[4] [美] 萨尔瓦多：《国际经济学》第五版，朱宝宪、吴洪等译，清华大学出版社 1998 年版。

[5] 商务部、国家统计局、国家外汇管理局：《2008 年度中国对外直接投资统计公报》。

[6] 王迎新：《论海外直接投资与贸易的关系》，《财贸经济》2003 年第 1 期。

[7] 项本武：《中国对外直接投资的贸易效应研究》，《财贸经济》2009 年第 4 期。

[8] 小岛清：《对外贸易论》，南开大学出版社 1987 年版。

[9] Bhagwati, Richard A. Brecher, Dinopoulos, Srinivasan, Quid Pro Quo Foreign Investment and Welfare: A Political Economy Theoretical Model, *Journal of Development Economics*, Vol. 27, Oct 1987, pp. 127 - 138.

[10] Bhagwati, Dinopoulos, Kar-yu Wong, Quid Pro Quo Foreign Investment, *American Economic Review*, Vol. 82, No. 2, May 1992, pp. 186 - 190.

[11] Blonigen. A, A Review of the Empirical Literature on FDI Determinants, NEER Working Paper, No. 11299, 2001.

[12] Dinopoulos, Bhagwati, Quid Pro Quo Foreign Investment and Market Structure, Unpublished Manuscript Presented at the 61st Annual Western Economic Association Conference, San Francisco, July 1986.

[13] Hirsch, An International Trade and Investment Theory of the Firm, Oxford Economic Papers, 1976.

[14] R. Mundell, International Trade and Factor Mobility, *American Economic Review*, Vol. 47, No. 3, June 1957, pp. 321 - 335.

[15] R. Vernon, International Investment and International Trade in the Product Cycle, *Quarterly Journal of Economics*, Vol. 80, No. 2, May 1966, pp. 190 - 207.

[16] UNCTAD:《World Investment Report 2009》, 2009.

[17] UNCTAD:《Handbook of Statistics 2008》, 2008.

# 经济三等奖

JINGJI SANDENGJIANG

3

# 房地产市场价格形成分析

## ——基于市场进化博弈和供需平衡

苏辰飞　王亚君

近几年来由于房地产价格的剧烈波动，房地产市场已成为国民经济关注的热点。而对于房地产价格的形成分析，也逐渐成为学术界讨论的话题之一。在前人的著述中对决定房地产价格的各个因素进行实证研究。结果表明，房地产价格和人口、居民储蓄额、利率、房屋租赁价格指数存在协整关系。通过误差修正模型，发现房地产价格已经偏离了均衡房价，价格中出现了非理性的上涨。

但是纵观对于房地产市场价格形成因素的讨论，历史的研究却并未能很好地将房地产市场的供给与需求市场有效地加以区分分析；并未基于流动性宽松背景下房地产的融资能力强和土地财政两大前提对于房地产价格形成进行深入分析；也并未能有效区分需求市场的刚性需求和投机性需求，并对其对房价的形成加以探讨。本文希望能基于已有的研究成果通过需求和供给两个市场加以分析房地产价格的形成过程，加以模型辅助建立说明房地产市场供需均衡体系，独创性地利用对称进化博弈证明房地产市场存在投机行为，利用非对称进化博弈模拟出市场开发商与消费者决策变动的过程，从而构建两个群体的关系，并在论文结尾处从供给弹性和投机性需求角度来探讨对于房地产市场的价格的形成与控制。

## 一、房地产市场供给分析

在房地产市场的供给中，价格主要是由成本和溢价所决定的。而房地产开发的成本又集中表现在了土地成本、长流程管理和建设成本当中。本文在供给方面着重就土地财政对于房地产价格的推动进行论述。

近年来，特别是过去的 2009 年，在中国“地王”无疑是最深入人心的词语之一。中国指数研究院发布的 2009 年中国土地出让金年终盘点报告中指出 2009 年中国土地出让金总金额达 15000 亿元。较 2008 年增加 140%，而与 2007 年相比也有 49% 的增加。而地王频出的原因也正是因为近两年来“土地财政”越来越成为各地方政府财税收入的支柱，据国家统计局最新公布的 2009 年 GDP 总量 335353 亿元计算，全国的土地出让金约占 2009 年 GDP 的 4.47%。土地财政推高了房地产开发商的开发成本，下面就理论上对这一推涨过程进行论述。

从经济属性来看，土地作为一种不可再生资源是具有稀缺性的。大卫·李嘉图认为土地的总供给弹性是不足的，不论通过竞争给予它的价格有多大，它的价值是由它的产品所反映出来的，而亚当·斯密也明确指出过：“地租成为商品价格构成部分的方式和工资与利润是不同的。工资和利润的高低是价格高低的原因，而地租的高低是价格高低的结果。”所以按照传统的经济学观点来看应该是房价决定地价而非地价决定房价。但是事实上在当今土地供给的无弹性不是绝对的，从长期来看正是由于土地用途是可以转换的，所以土地的供给是有弹性的。不管是对于房地产开发商还是消费者，未来土地升值的预期也会引发房地产价格的上升。本部分将通过构建土地市场与房地产市场的四象限法来说明这一观点，从而论证土地价格是房地产供给市场价格形成的一部分。

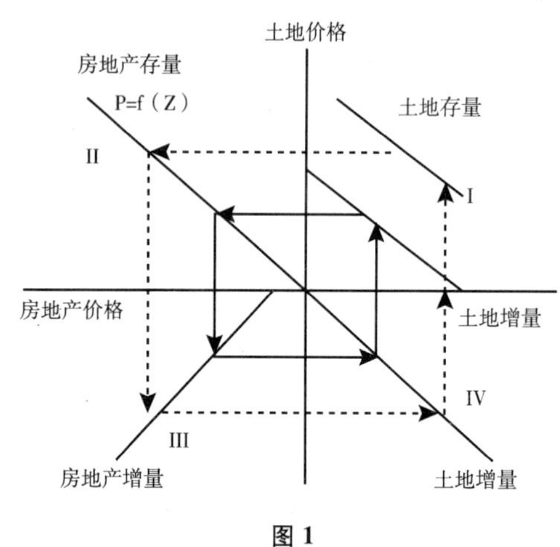


图 1

从图 1 的四象限法中我们可以看到当经济水平增长，特别是在通胀预期水平下，房地产作为抗通胀的一种有效资产，对于房地产需求增加则导致土地的存量增加的同时也导致了土地价格的上涨。而在第 II 象限中，原点为起点的射线代表了房地产资产的资本化率，是投资者持有愿意持有的房地产资产的当期期望收益率。其收益程度主要是受地价的上涨预期、银行贷款利率和税收政策（用 Z 表示）等因素影响。由于地价上涨，所以使得原来存量的房地产价格上涨。由于存量的房地产价格上涨，所以使得开发商的开发动机就越来越强烈，在预期收益的推动下，房地产的供给弹性增加，新开发的房地产规模增加，也就是象限 III 所展现的。而最终房地产的增量又推动了土地的增量，并最终又推动了地价的上涨反过来继续循环推动房地产价格的上涨。

由此本文根据 2009 年 4 月份全国工商联房地产商会发布的一份房地产公报，房地产开发的总费用支出中，流向政府的部分（土地成本 + 税收）所占比例为 49.42%。那么就可以利用垄断市场的定价模型基于土地市场的定价实现房地产供给市场只考虑成本因素的定价模型的建立（图 2）得出未经供给弹性分析的供给曲线的。

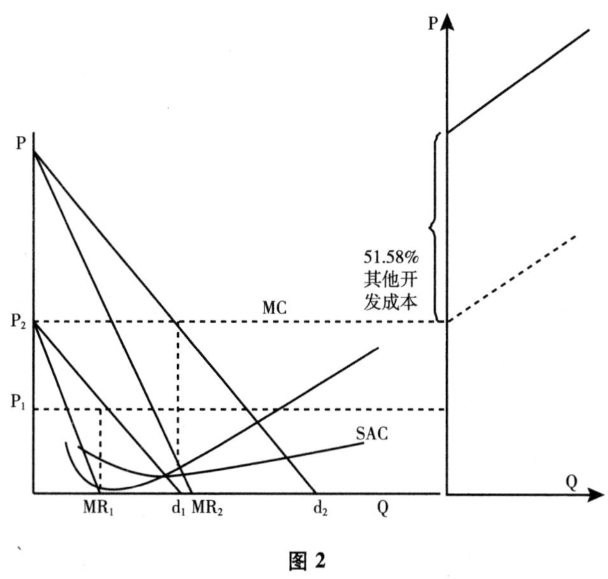


图 2

## 二、房地产市场需求分析

### （一）刚性需求

随着改革开放，中国经济不断发展，特别是 1998 年房改以来，我国的人均住房面积在不断升高，1979 年，中国人均住房面积 3.6 平方米，合建筑面积 7.2 平方米。到 2005 年全国城镇人均住宅建筑面积 26.11 平方米。而以北京市为例，根据规划，到 2010 年，北京市城镇人口人均住房建筑面积达到 30 平方米左右，“十一五”期间，新增住房建筑面积约 1.23 亿平方米，年均约 2500 万平方米；规划审批居住用地总量约 90 平方公里，年均约 18 平方公里。到 2020 年，北京市城镇人口人均住房建筑面积预计将达到 35 平方米左右。与此同时中国各大城市虽然通过计划生育政策实现了本地人口增长的控制。但是由于中国经济发展的二元性，使大城市的经济集聚效应更加明显，吸引人口向其集中，所以大城市的人口还是处于增长阶段。中国的城市化率也从 2000 年 36% 上升到 2008 年末的 45.7%，截至 2008 年末我国已拥有 6.07 亿城镇人口，而预计到 2020 年中国城市化水平将接近 60%，也就是还将有 2.5 亿左右的农村人口将涌入城市。人口的数量和年龄组成是构成对房地产需求的重要因素。近 20 多年来，中国的家庭规模正在逐年变小，传统的三代同堂的大家庭越来越少。许多大家庭分解为若干个小家庭。家庭小型化的趋势增加了对房地产的需求。以北京为例，虽然通过严格的户口准入制度等措施，北京的常住人口从

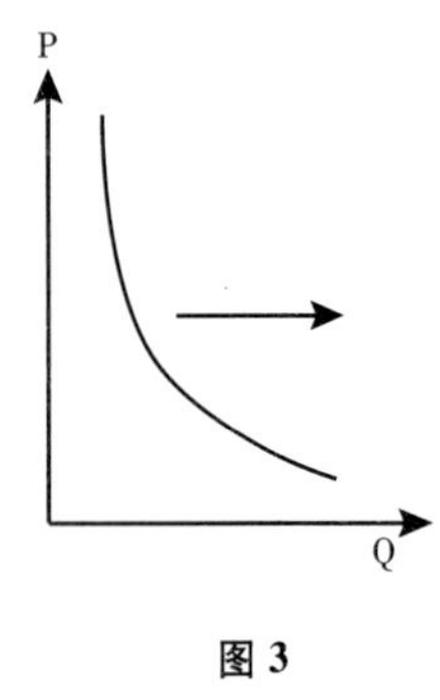

图 3

2002 年初到 2006 年末仍然增加了 70 多万人，增幅为 6.6%，同时随着平均家庭人口数的减少，常住北京的家庭户数增加了 11%。这说明对于房地产需求的增长受家庭户数增长的推动，且比绝对人口的增长还要迅速。这些合力也就产生了对于房地产市场的刚性需求。

而就刚性需求而言，由于市场存在租房行为，而租房行为又恰恰与买房行为是一种互补现象。而就近几年的市场来看，租房市场的价格并未能像房地产市场一样发生爆炸式上涨，所以刚性需求下的买房行为在坐标轴上表现为 P 关于 Q 的减函数，而上文所提到的合力将在未来数年内使得需求曲线继续向右移动。

### （二）投机性需求

在现实生活中不仅仅存在刚性需求者，还存在出于对资产保值或者以房地产投资为目的的投机性需求者，而在刚性需求者中，同样存在所谓“以房养房”的投机性需求在内。而在需求方，究竟是买房子还是不买房子，取决于利率、收入预期、房价预期等诸多影响因素，但是其核心问题还是取决于房价的水平是否满足了购房者的购房需求效用，其本质是购房者群体与开放商群体的一种博弈。如果房价够高，但是预期的房价还要高，而房地产开发商在当期并没有把价格抬升到购房者认为相对于预期比较高的房价时，那么具有投机性动机的购房者将会忽略利率、预期收入等噪声因素而买入房子，如果房价再低，但是比较下一期价格购房者认为房价仍高于预期的房价，那么他们也不会购买房子。而它在投机性需求局部表现出来的实际上是观望购房群体和购买购房群体之间的博弈。所以在分析投机性需求的过程中，本文将基于生态学家梅纳德·史密斯和普莱斯所提出的进化博弈论证投机性需求的存在，并构造出投机性动机下的需求曲线。

在投机性需求群体中有观望和购买两个群体存在，我们假定市场当期价格为 P；而市场存在价格波动风险，并设风险系数为 a（$0 \leq a \leq 1$）。当房价不可能上涨时，令 $a=0$；当房价一定上涨时，令 $a=1$。则设消费者购买房地产的效用函数为：$U=f(a, p)=a/p$。

这样效用函数就和价格成反比，也就是说价格越高消费者购买房子所获得的效用越少，而风险系数越接近 0，也就是房价必然上涨的时候所能获得的效用就越大。

由此我们获得消费者购买住房的效用表（表 1），其中 $P_2 > P_1 > P_0$。

由表 1 可知，当市场中所有的消费者全部准备购买住房的时候，开发商必定在更高价位卖出房子，则价格必然上涨，则即期所获得的效用为 $1/P_2$；而当市场有一部分消费者处于观望状态的时候，购买的群体以即期 $P_0$ 的价格成交价格有 a 的可能性上涨，而观望的群体会以 1 - a 的可能性获得更高的价格即 $P_1$

成交，而当市场中所有群体都处于观望的时候，则所有人都是在 $P_0$ 的价格处成交。

表 1 消费者群体均衡博弈

| | | 消费者群体 1 | |
|---|---|---|---|
| | | 购买(1－X) | 观望(X) |
| 消费者群体 2 | 购买(1－X) | $\left(\frac{1}{p_2},\frac{1}{p_2}\right)$ | $\left(\frac{1-a}{p_1},\frac{a}{p_o}\right)$ |
| | 观望(X) | $\left(\frac{a}{p_o},\frac{1-a}{p_1}\right)$ | $\left(\frac{1}{p_o},\frac{1}{p_o}\right)$ |

而根据进化博弈论的观点：假定有限理性的博弈方组成的群体中各成员进行随机配对的反复博弈。若存在两种备选策略，把选择两种策略的博弈方的收益分别记为 U1，U2。把时间记为 t。把整个群体中选择策略一的博弈方的比例记为 x（$0\leqslant x\leqslant 1$），则选择策略二的博弈方比例为 $1-x$。博弈方调整策略的速度受到两方面因素的影响：一是模仿对象的比例，也就是学习优势策略的难易程度，可模仿对象的比例越大，模仿起来就越容易；二是模仿对象的收益超过平均收益的程度，也就是学习优势策略的激励大小，模仿对象的收益超过平均收益的程度越大，博弈方就更愿意去模仿其策略。于是，选择策略一的博弈方的比例随时间的变化速度可以表示为：$dx/dt=x/(U1-U)$ 当等式右边大于 0 时，选择策略一的人数会随时间增加，最终集体决策趋向策略一；当等式右边小于 0 时，选择策略一的人数随时间减少，最终的集体决策偏离策略一。

那么根据表格我们设市场中观望的群体所占的比重为 X，而购买的群体所占的比重为 1－X，由此我们可以得到：$U_{购}=(1-x)\frac{1}{p_2}+x\frac{a}{p_0}$ $U_{观}=(1-x)\frac{1-a}{p_1}+x\frac{1}{p_0}$

而所有群体所要实现的效用为：$\overline{U}=xU_{观}+(1-x)U_{购}$ 继而引入进化博弈模型为：

$$\frac{dx}{dt}=X(U_{观}-\overline{U})$$

由此整理可得：$g(x)=\frac{dx}{dt}=x(1-x)\left[(1-x)\left(\frac{1-a}{p_1}-\frac{1}{p_2}\right)+x\frac{1-a}{P_0}\right]$

继而求解可得方程有三个零点分别在 $x=0,x=1,x=\frac{p_0[p_1-(1-a)p_2]}{p_2(1-a)(p_1-p_0)+p_0p_1}=k$

由此当 $(1-a)\ p_2>p_1$ 的时候，则 K 小于 0 恒成立，则 $g'(1)<0,g'(0)>0$ 则当 $x=0$ 和 $x=1$ 的时候得到关于原函数 f（x）的极值点，所以得到相位图即图 4。

当（1 - a）$p_2 < p_1$ 的时候，则 $0 < k < 1$ 则当 $0 > x > K$ 则 $\frac{dx}{dt} < 0$；当 $K > x > 1$ 则 $\frac{dx}{dt} > 0$。由此可以得到相位图为图 5。

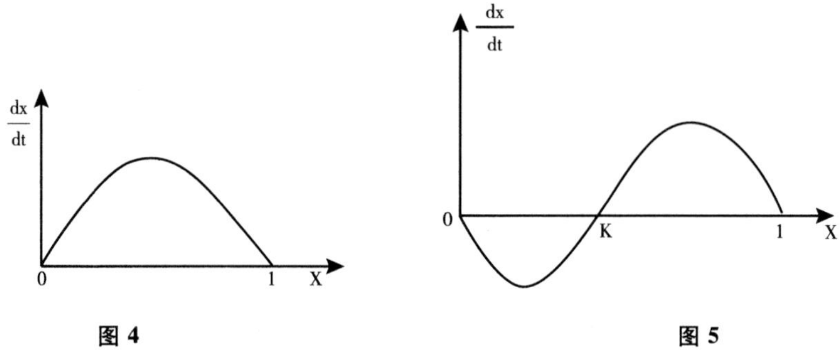


图 4　　　　图 5

由以上的两张图形我们可以得出这样的结论，当市场上对于房地产价格上涨预期很高的情况下（a 的值比较小，使得原来比较大的 $P_2$ 反而小于 $P_1$）时，市场上的初始群体为购买者，但是随着价格逐渐升高，并且达到一定程度，购买群体就会分化，并逐渐转化为观望群体（图 5），这也说明市场的投机性需求会随价格升高而减少，最终整个市场趋于理性。而如果最初的市场价处于弱势，则市场内的群体以观望群体为主导（图 4）。

由此我们就可以根据两张相位图推导出房地产投机需求的需求曲线和总的需求曲线：

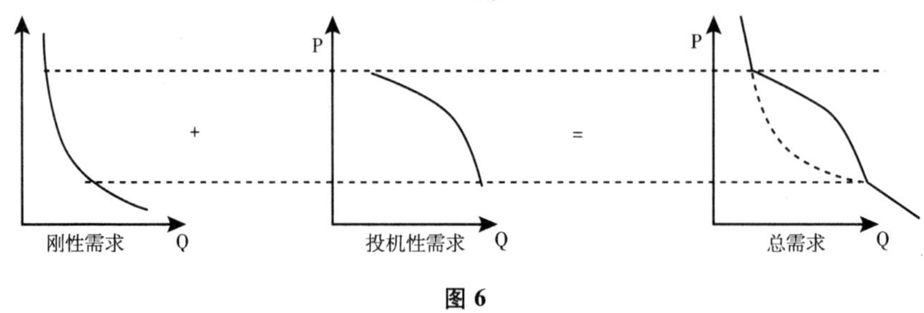


图 6

## 三、房产开发商和消费者的进化博弈

事实上在房地产市场上消费者群体的博弈仅仅是消费者这个大群体和房地产开发商博弈的一个表现，而在供给的均衡分析前，本文将继续通过进化博弈模型建立房地产开发商群体和消费者群体之间的博弈模型，并以此模型为基础，推导出溢价的供给曲线并说明其本质。

在房地产市场上存在两个群体：房地产开发商群体和消费者群体。假设在房地产开发商群体中，售卖的开发商占 1 - X，而捂盘的开发商占 X；假设在消费者群体中，购买的群体占（1 - Y），而观望的群体占 Y。在市场博弈中会形成如下的博弈图：

**表 2 房地产与消费者群体博弈图**

| | | 房地产开发商 | |
|---|---|---|---|
| | | 售卖(1 - X) | 捂盘(X) |
| 消费者群体 | 购买(1 - Y) | (I,I) | $(I+P_1, I-P_1)$ |
| | 观望(Y) | $(I-P_2, I+P_2)$ | (0,0) |

其中 I 为在当期价格时的效用水平；$P_1 > P_2$。在图中，如果房地产开发商选择售卖而消费者群体选择购买，则市场价格不发生变化，双方效用维持不变。如果房地产商选择捂盘，而消费者选择购买，则消费者必定会在更高的价格 $P_1$ 处买到房子，则他们减少了 $P_1$ 的效用，而房地产商获得相应的效用的增加。如果房地产商选择抛售，而消费者群体选择观望，则这意味着只有房地产商把价格降到更低（$P_2$），的时候消费者才会选择购买。那么房地产开发商损失 $P_2$ 的效用。如果消费者观望而房地产开放商也选择捂盘，理论上市场内没有发生成交，双方都没有获得效用，所以是（0，0）。

由此我们获得房地产开发商选择售卖和捂盘时候的收益 $U_{售}$ 和 $U_{捂}$ 以及整体收益 $\overline{U_1}$：

$$U_{售} = (1-y)I + y(I-p_2) \qquad U_{捂} = (1-y)(I+p_1) \qquad \overline{U_1} = XU_{捂} + (1-X)U_{售}$$

消费者群体选择购买和观望的收益为 $U_{购}$ 和 $U_{观}$ 以及整体收益 $U_2$：

$$U_{购} = (1-x)I + x(I-p_1) \qquad U_{观} = (1-x)(I+p_2) \qquad \overline{U_2} = yU_{观} + (1-y)U_{购}$$

现在我们把对进化博弈的复制动态分析用于博弈方群体得到在博弈方位置上得到复制动态方程为：

$$f(x) = \frac{dx}{dt} = x(U_{售} - \overline{U_1}) = x(1-x)(U_{捂} - U_{售}) = x(1-x)[(p_2 - p_1 - I)y + P_1)]$$

$$f(y) = \frac{dy}{dt} = y(U_{购} - \overline{U_2}) = y(1-y)(U_{观} - U_{购}) = y(1-y)[(p_1 - p_2 - I)x + P_2)]$$

求解方程可得到均衡点的概率分别为：

$$x = \frac{p_2}{(I-p_1)+p_2} = r$$

$$y = \frac{p_1}{(I-p_2)+p_1} = k$$

我们首先对房地产开发商复制动态方程进行分析。根据 f(x)动态方程，当 y = k 时 F(X)始终为 0，这意味着市场所有的 x 都趋于平衡状态；如果 y > k 时，f(x) > 0，则在 x = 0 时 F′(x) < 0，表明 x = 0 是进化稳定解（ESS），用图 7 表示。当 y < k 的时，f(x) < 0，则在 x = 1 时 F′(x) < 0，表明 x = 1 是 ESS，用图 8 表示。图 7、图 8 相位图表示 x 群体的动态趋势。

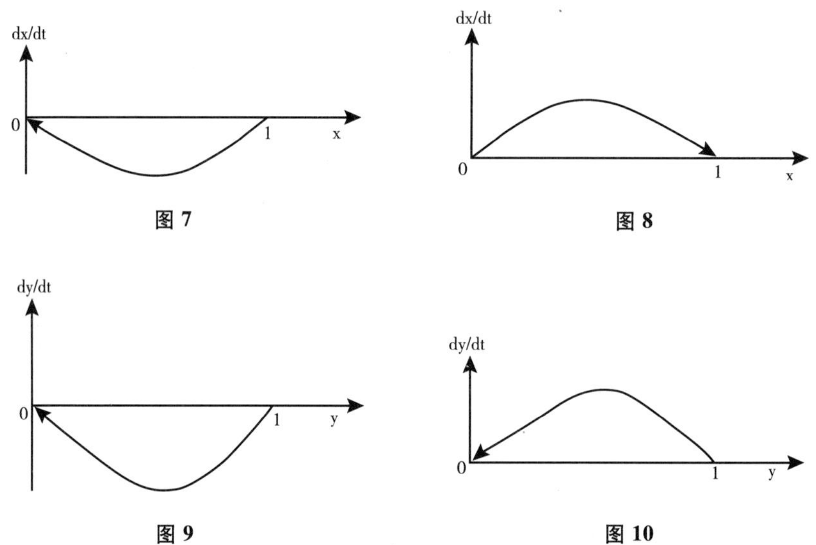


图 7　　图 8

图 9　　图 10

继而我们对消费者群体的复制动态方程进行分析。根据根据 f(y)动态方程，当 x = r 时 F(y)始终为 0，这意味着市场所有的 y 都趋于平衡状态；如果 x > r 时，f(y) > 0，则在 y = 0 时 F′(y) < 0，表明 y = 0 是进化稳定解（ESS），用图 9 表示。当 x < r 的时，f(y) < 0，则在 y = 1 时 F′(y) < 0，表明 y = 1 是 ESS，用图 10 表示。图 9、图 10 两张相位图表示 y 群体的动态趋势。

对于 k 值来说，如果 I < P1 + P2 时则 k − (1 − k) > 0；当 I > P1 + P2 时则 k − (1 − k) < 0

对于 r 值来说，如果 I < P1 + P2 时则 r − (1 − r) > 0；当 I > P1 + P2 时则 r − (1 − r) < 0

$$k - r = \frac{(p_1 - p_2)[I - (p_1 + p_2)]}{(I - p_2 + p_1)(I - p_1 + p_2)}$$

以对于 k 与 r 的大小比较为表 3：

**表 3　各种情况下 k 与 r 的大小比较**

| | P1 > P2 | P1 < P2 | | P1 > P2 | P1 < P2 |
|---|---|---|---|---|---|
| I < P1 + P2 | k < r | k > r | I > P1 + P2 | k > r | K < r |

由以上相位图和数据假设大小情况，我们可以得到以下四种情况的进化博弈分析下的博弈方类型比例变化趋势示意图：

第一种情况：当 $I < P1 + P2$ 且 $P1 > P2$ 得到 $(k-(1-k)>0，r-(1-r)>0，k<r)$

由图 11 我们可知 I 区趋向于（1，1）点表示观望与捂盘；而 II 区趋向于（1，0）点表示表示购买与捂盘；III 区趋向于（0，0）点表示购买与售卖；IV 区趋向于（0，1）点表示观望与售卖。根据图中箭头我们可以看出在混合策略里，真正的 ESS 点为（0，1）和（1，0）两个点。落在 I 区的点若先到达 K 线则收敛于 IV，若先到达 R 线则先收敛于 II 区。同理落在 III 区的点也分别会收敛于 IV 与 II 区。根据假设条件我们可以清楚地看到最终市场收敛于 IV 区的可能性大于 II 区。其现实解释为，如果市场在一定时间内上下价格波动的绝对值加总大于原来市场价格，而且市场向下价格波动比较大，则市场最终会趋向于观望与售卖，在 T+1 期价格继续向下的可能性加大。值得指出的是，这种情况与情况四的区别在于，情况一的初始状况 I 区大于 III 区，且情况一的 I 区大于情况四的 I 区，所以表明市场的观望氛围比较强，在 T 期中，市场的投机性需求逐渐减弱（消费者均衡进化博弈里的图四所表示），趋向于观望者在时间序列里增加进而开发商趋向于抛售，最终导致了市场价格的下跌。

第二种情况当 $I < P1 + P2$ 且 $P1 < P2$ 得到 $(k-(1-k)>0，r-(1-r)>0，k>r)$

同理由图 12 我们可知 I 区表示观望与捂盘；而 II 表示购买与捂盘；III 区表示购买与售卖；IV 区表示观望与售卖。真正的 ESS 点为（0，1）和（1，0）两个点。落在 I 区的点若先到达 K 线则收敛于 IV，若先到达 R 线则先收敛于 II 区。同理落在 III 区的点也分别会收敛于 IV 与 II 区。根据假设条件我们可以看出在此种情况下收敛于 II 区的可能性大于收敛于 IV 区。其现实解释为：如果市场在一定时期内上下价格波动的绝对值加总大于原来市场价格，而且市场向上价格波动比较大，则市场最终趋向于购买与捂盘，在 T+1 期价格上涨的可能性加大。值得指出的是与下面情

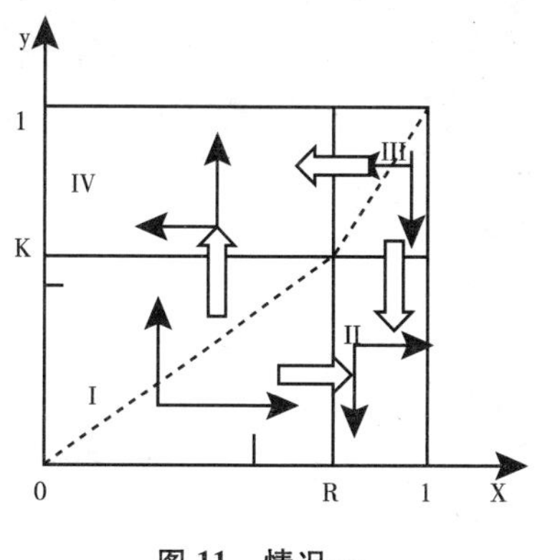

图 11　情况一

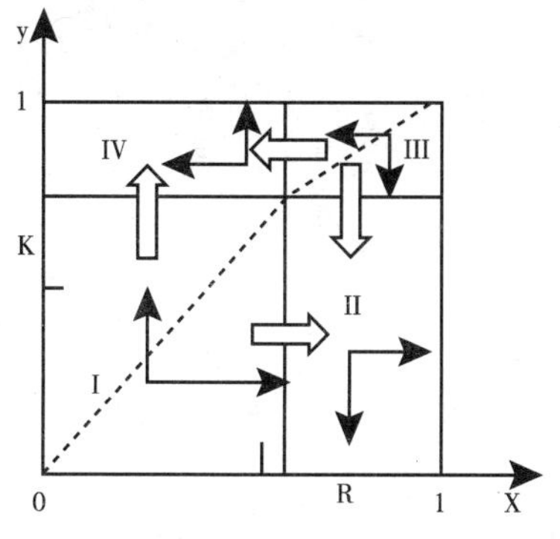

图 12　情况二

况三的区别是起始 I 区的面积在情况二的状态下大于情况三，而且情况二里面的 I 区面积也大于 III 区面积。也就是表明市场初试状态下观望情绪比较强烈，但是随着时间的变化，消费者投机性需求变大，原来观望的群体迅速向购买群体转变（消费者对称进化博弈图五 x 轴中 $0-k$ 的部分所表示），并最终使得整个市场的趋势的可能性偏向于 II，导致价格的上涨的可能性更大。

第三种情况当 $I>P1+P2$ 且 $P1>P2$ 得到（$k-(1-k)<0$，$r-(1-r)<0$，$k>r$）

情况三的现实解释简要说明：短期内价格波动并不十分剧烈，但是向下价格波动大于向上价格波动。但是市场的刚性需求十分强烈。也由于期初市场选择购买的比例十分大，市场内投机性需求有所释放，但是依旧呈现“买涨不买跌”的形态。所以出现了市场偏向于购买与捂盘。但是在期末市场趋于平衡后，趋于 II 区的面积明显小于 II 区与 III 区的面积，市场趋于观望的比例已经有所增加。价格在未来可能继续上涨但是相比于起初要明显减弱。

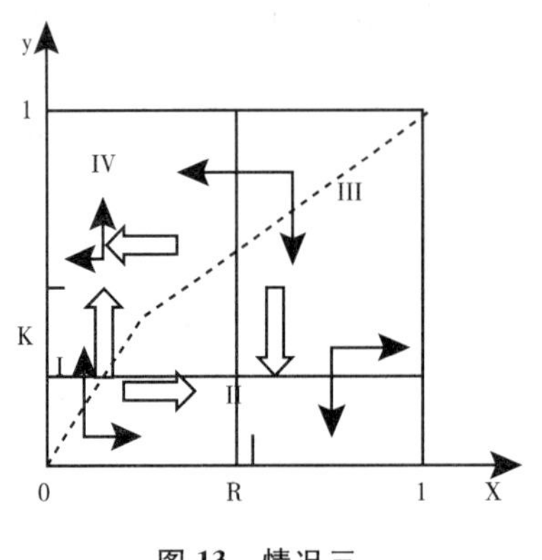


**图 13　情况三**

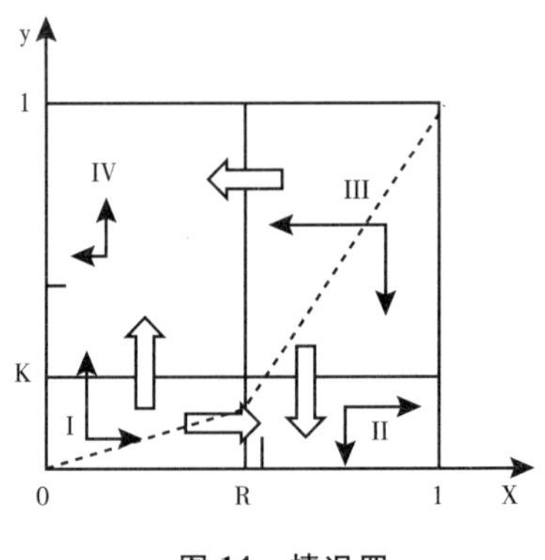


**图 14　情况四**

第四种情况当 $I>P1+P2$ 且 $P1<P2$ 得到（$k-(1-k)<0$，$r-(1-r)<0$，$k<r$）

情况四的现实解释简要说明：短期内价格波动很小，但是向上的波动大于向下的波动。但是市场期初市场 III 区的面积就大于 IV 区，说明市场上开发商对后市看空的意愿增加，而这也影响到了消费者的心理，使得看空被消费者学习，并最终使得整个市场趋于观望与售卖，并导致市场在未来下降的可能性增加。

## 四、结论及其政策建议

由上文的消费者对称进化博弈和开发商和消费者的非对称进化博弈分析，我们已经构建出了两者的联系和市场的供求曲线。事实上在供给市场决定市场价格除了成本因素外，通过非对称进化博弈分析，我们看出开发商的所提供的价格也受到消费者的因素影响。消费者通过群体行为的趋向影响了供给价格弹性，当然开发商群体的趋向也会影响消费者投机性需求。由于刚性需求在未来数年之内是不可忽略的推动市场价格上涨的因素，但是它带给房地产市场的是稳定的价格上涨，是稳定的需求曲线向右移动结果下的价格上；就短期而言，能影响供给弹性的是消费者的投机性需求，在上文混合策略实际意义的解释中本文也试图联系了消费者内部群体变化对市场价格的影响，由此我们构建出市场供给均衡图（图 15 和图 16），分别表示市场价格上涨和价格下跌的动态供需图变化。

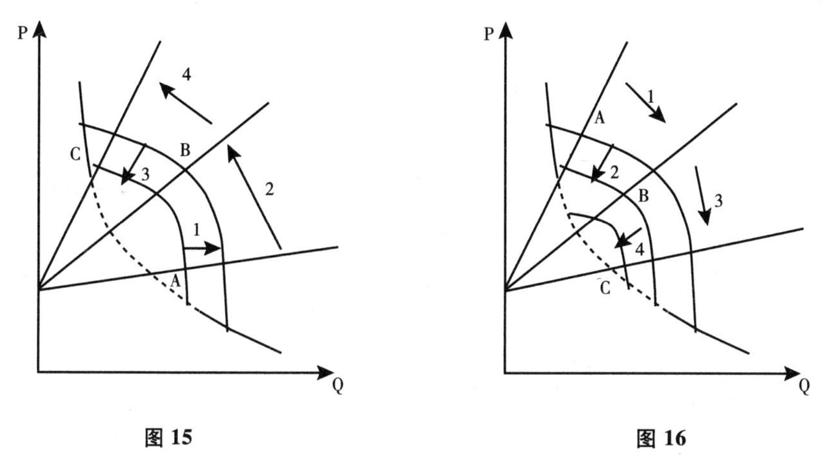


图 15　　　　图 16

图 15 表示的是市场价格上涨的情况。对应情况二，当市场的投机性需求增加，投机性需求曲线向右移动（箭头 1 表示的运动方向）房地产开发商的供给弹性增加（箭头 2 表示的运动方向），均衡点由 A 点移动到 B 点。对应情况三，市场出现买涨不买跌，但是投机性需求减弱（箭头 3 表示的运动方向）但是供给弹性依旧增加（箭头 4 表示的运动方向）则均衡点由 B 点移动到 C 点。

图 16 表示的是市场价格下跌的情况。对应情况四，开发商开始抛售，供给弹性减少导致投机性需求减少均衡点有 A 移动到 B。对应情况一，消费者群体由购买转向观望，开发商继续抛售供给弹性继续减少则均衡点由 B 点移动到 C 点。

而从 2004 年以来的房地产价格的不断抬高，不仅为中国经济发展带来了泡沫化的阴影，同时带来的社会分配不公、贫富差距拉大也日益成为一个严峻的社会问题。就此基于本文研究成果对房地产市场解决房价不断上涨的建议是：抑制投机性需求使得投机性需求曲线向内移动，从而带动供给弹性减弱；稳定土地拍卖价格，以此降低供给曲线的初始高度；加快核心城市卫星城建设，以此来减少刚性需求。就抑制投机性需求而言：严格控制一套房以上的房贷发放，主要从提高利率和抬高首付着手；征收财产税；对二手房交易增收重税；加强中国金融市场的发展，推出更多的金融投资工具，以稀释对于房地产的投资。就稳定地价而言：控制地方融资平台以土地收益进行激进式的市政建设和资本运作；加快市政债券和地方担保等相关法律法规的建设和完善；对各商业银行对房地产开发商贷款设上限，要求主营业务非房地产的央企尽快剥离其相关子公司。就解决刚性需求而言，向日本学习，在主要的都市圈附近建立庞大快捷的交通体系，将城市人口向各卫星城转移，同时降低捷运价格。以此实现中国房地产乃至中国经济的平稳、可持续发展。

## 参考文献


[1] 周京奎．金融支持过度与房地产泡沫——理论与实证分析［C］．北京：北京大学出版社 2005 年。

[2] 徐滇庆．房价与泡沫经济［M］．北京：机械工业出版社。

[3] 约翰·梅纳德·史密斯．演化与博弈论［M］．上海：复旦大学出版社 2008 年。

[4] 科林·凯莫勒．行为博弈——对策略互动的实验研究［M］．北京：中国人民大学出版社 2006 年。

[5] 曼昆．经济学原理——微观经济学分册［M］．北京：北京大学出版社 2009 年第二版。

[6] 郭于玮．进化博弈与房地产市场消费者决策［J］．建筑经济，2009（6）。

[7] 赵晗萍，冯允成，蒋家东．进化博弈模型中有限理性个体学习机制设计框架［J］．系统工程，2005（9）。

[8] 陈珊珊．基于进化博弈论的股权分置改革研究［D］．福建：厦门大学。

# 关于建立新型
# 农村养老保障制度的探索

张慧祯　陈炳枝

## 一、导　言

我国农村社会形态处于快速转型期，农村家庭和个人储蓄养老功能减弱，推进新型农村社会养老保障制度建设成为社会主义新农村建设的重要内容。农村居民养老保险制度是采取个人、单位和国家等多方出资筹集养老基金并为老年人提供经济帮助和服务、保障其基本生活的一项制度，它是未来社会化养老保障的核心和基础。我国农村社会养老保险起步于20世纪80年代。党的十七大以及2008年中央经济工作会议上提出“探索建立农村养老保险制度”，“积极开展农村社会养老保险试点”。2008年3月全国人大通过的《政府工作报告》指出，“鼓励各地开展农村养老保险试点”。目前，部分地方开始新型农保试点，但全国性政策试点尚未开始。妥善解决农民的养老问题，对于完善我国的社会保障体系，解决“三农”问题，统筹城乡经济社会一体化发展，实现和谐社会目标具有重要意义。

## 二、建立新型农村养老保障制度的必要性

### （一）农村人口老龄化高峰期到来

全国老龄办发表的《报告》中将中国人口老龄化分为三个阶段，第一阶段（2001年到2020年），中国进入快速老龄化阶段。这一阶段，中国将平均每年新增596万老年人口，年平均增长速度达到3.28%，到2020年，老年人口将达到2.48亿，老龄化水平将达17.17%。中国人口老龄化趋势带来的矛盾和压力必将对未来经济和社会的发展提出新的挑战。随着经济的发展，农村人口向城市迁移的速度加

快，而老人则留守农村，这在一定程度上加速了农村人口的老龄化，这就从客观上要求加快建立新型农村养老保障制度。

### （二）家庭养老功能严重弱化

我国农村具有深厚经济、文化基础的“反哺式”家庭养老保障模式随着社会变迁，以及制度性瓶颈和一系列外生因素的冲击，表现出脆弱性和不可持续性。第一，家庭联产承包责任制的实行，使农业生产经营小规模化，无法实现规模效益，农产品的生产成本难以下降。第二，城市化进程的加快，耕地数量的减少使得土地养老保障功能难以实现。第三，农村劳动力的转移降低了家庭的凝聚力，削弱了家庭成员的互助功能。市场经济的发展和传统小农经济的萎缩、分化乃至瓦解，动摇了家庭养老的经济、思想基础。

### （三）收入分配结构扭曲

城乡二元结构的壁垒使我国社会产生工农业产品剪刀差，税费负担造成城乡居民巨大的贫富差距。庇古福利经济学主张进行国民收入的再分配，使资源得到更加合理的配置，使经济获得增长，从而增加社会福利。因此国家应通过社会保障制度对居民收入进行再分配，以消除贫困与社会不公。但实际上，城市居民享受较为完善、水平较高的社会保障服务；而农村居民缺乏社会保障，几乎没有养老保险，一亿多丧失劳动能力的农村老人没有社会化的养老保障，故现行的社会保障制度没有发挥相应的调节作用。

## 三、以莆田为例的农村养老保障制度的试点分析

在中央政府还没有出台全国统一的新型农村社会养老保险试点工作的指导意见的情况下，目前全国已有25个省、自治区、直辖市，300多个县按照党的十七大和十七届三中全会的精神，根据当地实际开展了新型农村社会养老保险试点工作，并取得了较好的效果。福建省新型农村社会养老保险试点在2010年2月在全省正式启动，2009年省政府出台了《关于开展新型农村社会养老保险试点工作的实施意见》，莆田市荔城区作为全国首批新型农村社会养老保险试点区随即启动，标志着荔城区农村居民进入社会养老新时代，制度实施时60周岁及以上的老年农民可以直接按月领取养老金，安度幸福晚年。

由以上的表格我们可以看出新农保有以下创新之处：

### （一）制度设计的突破

原农保采取基金积累制个人账户，主要以农民投保为主，集体补贴为辅，养老

**表 1　不同缴费档次对应的养老金计发标准预测**

| 个人缴费档次（元／年） | 政府补贴（元／年） | 缴费 15 年个人账户积累额（元） | 个人账户养老金（元／月） | 基础养老金（元／月） | 养老金合计（元／月） |
|---|---|---|---|---|---|
| 100 | 30 | 2289 | 16 | 55 | 71 |
| 500 | 30 | 9333 | 67 | 55 | 122 |
| 1000 | 30 | 18137 | 130 | 55 | 185 |
| 1200 | 30 | 21659 | 156 | 55 | 211 |

资料来源：荔城区新型农村社会养老保险试点政策

注：以上测算的基本条件：一是个人账户按当前银行一年期存款利率 2.25% 计息。二是基础养老金 55 元/月，个人缴费政府补贴 30 元/年，计算时假定 15 年不变，实际上要调整提高。三是连续缴费 15 年。

金靠存银行本金利息增值发放。而新农保采取社会统筹与个人账户相结合的模式，新农保在支付结构上的设计是两部分：一部分是基础养老金，一部分是个人账户的养老金。个人账户养老金按照不同档次有每月 16 元、67 元、130 元、156 元四档，而基础养老金是由国家财政全部保证支付的，每月 55 元。这在一定程度上也体现了新农保制度上的优越性。

### （二）保险范围的扩大

原农保缺少了政策倾斜和财政支持，使得养老保障成一种农民的自我储蓄养老，农民得不到必要的补贴，而新农保遵循“保基本、广覆盖、有弹性、可持续”的基本原则，其目标是覆盖全体农村居民、满足不同收入水平农民多样化保障需求。条例中规定凡年满 16 周岁（不含在校学生）、未参加城镇职工基本养老保险的农村居民均可参加。

### （三）设计理念的优化

目前家庭养老仍是我国农村养老的基础，而社会养老保险由于农民的缴费额过低起不到应有的作用。新农保试点规定村集体可给予补助，充分考虑到了当前中国城市化和人口老龄化发展趋势对家庭保障方式的负面影响，并且拓宽各项配套政策，将社会养老保险与家庭养老、社会救助等配套衔接。

### （四）基金管理模式的升级

原农保采取集权管理方式，在基金管理方面存在制度缺陷，由此引发众多地方政府的道德风险，使保障基金缺乏监督和保障。新农保试点借鉴并吸收了城镇基本养老保险基金管理模式，实行财政专户管理和收支两条线管理模式，一定程度上解决了传统农保基金管理中的制度性缺陷，也制止了违规挪用保障基金的情况。

### （五）保障水平的提高

原农保没有明确规定具体的缴费基数与缴费比例，而是实行个人账户积累制。新农保养老金由基础养老金和个人账户养老金组成，基础养老金按月支付，每人每月 55 元，所需费用由政府财政支付，政府建立起待遇调整机制，随着当地经济发展水平提高，不断增加基础养老金领取数额，让参保人共享经济发展的成果。

## 四、新型农村保障制度存在的不足之处

### （一）缺乏统一运作，各地保障分散化

这个问题不仅体现在不同经济发展水平的地区，还体现在统一经济区内的不同地区，比如不同城市对管辖内的农村养老保障制度的保障范围、资金的筹集和管理、财政的补贴力度都不一样。而在同一个经济区内的不同农村的经济发展水平和农民的收入也是不一样的，这样也影响了参保范围的大小、参保的可持续性等方面。因此，各地的保障分散化，缺乏统一规划和运作，阻碍了新农保的发展进程。

### （二）财政补贴力度不大，养老金统筹层次低

各地试点模式在具体设计上存在一定的差异，不同地方的两个账户基金的构成不同，有的只是在“原农保”的个人账户里加入了集体补助和政府补贴，采用完全积累模式，农民养老保险金的筹措主要靠自己，降低了农民参保的热情。此外农村的养老保障的基金筹集层次低及运作不畅，保险基金在运行中面临着一定的风险，如增值风险、被私吞等风险，在大多数农村，养老保险基金是由当地民政部门独立管理的，缺乏有效的监督，加剧了资金被非法使用的可能性。

### （三）农民参保意识不高，制度推行范围不广

由于经济和教育水平的差异，农民的一些传统观念仍然根深蒂固，对新农保认识不够，加之目前农村还是以传统的家庭养老为主要的养老方式，其转变成社会养老保障需要一个过程，这就导致了农村养老保险覆盖面窄、保障水平低问题的出现。另外，从参保对象来看，参保者大多是经济发达地区的农民或者在一般水平的农村具有相对稳定收入的人群，这些人的养老问题不大，而真正需要保障的人却因保费等各种原因没有得到应有的照顾，出现了“保富不保贫”的现象。

### （四）养老保障可持续性差，城乡分割严重

养老保障制度的可持续性差主要原因还是制度的运行没有严格按照法定程序，

表现在缴费是一个长期的过程，而农民的收入不稳定，年轻时可以多缴费，而年老时或遭遇天灾人祸时收入就成问题。另外，城乡分割严重影响当前农村养老保障建设进程。众所周知，农村养老保障体系需要有强大的经济实力作后盾，而长期的经济城乡分割使得农村养老保障建设缺少经济基础，使城乡收入差距拉大，阻碍了农村养老保障制度的运行。此外，城乡的社会保障制度存在着政策倾斜，这也使得农村的养老保障没有同等的发展机会。

### （五）服务体系没跟上，办公效率低下

随着扩面工作的开展，面对大量新增参保人员带来的庞大的工作量，然而政府对农村社会保障的投入力度不够，办公地点少、办公人员不足，加上目前农村社保工作仅由基层组织人员或是乡镇劳动所兼职人员完成，这些人员由于缺乏专业训练，已经不能够适应业务发展的需求。而实际中，绝大多数农村办公设备不齐全、其应有的系统功能设置和实际操作不配套，造成工作相对滞后、办公效率不高，这些矛盾的凸显必然影响新型农村养老保险工作的顺利开展。

## 五、完善新型农村养老保障体系的建议

### （一）加强统筹规划，建立全国性的保障体系

目前，各地进行的新农保的试点，都是按照自己制定的试行或暂行办法等相关规定展开的，其规定都各不相同，有的规定相差较大，这就为将来建立统一的农村社会养老保险制度、城乡统一的养老保险制度增加了一定的困难。另外，即使同种类型的新老制度的衔接及社会保险关系转移方式都存在不同之处，有的地方规定参保者可根据自己的意愿，选择继续参加原农保，也可选择按照规定折算转入新农保，有的地方则规定必须把原农保转入新农保，这样就会出现“一保两制”不统一的现象。

### （二）加大财政补贴力度，提高基金统筹层次

新型农村社会养老保险必须由政府统筹规划，加大财政投入力度和分配力度，协调各方关系。虽然新农保养老金在基础养老金的财政的投入力度上比老农保大，但考虑到物价的增长和贫富分化差距拉大等因素时，则需要进一步加大财政投入力度。政府在保证基金来源的情况下应逐步提高基金的统筹层次，拓宽基金保值增值的渠道，同时要健全对养老保障基金的监督体系，通过农村社会养老保险基金投资政策信息披露等方式，确保新型农村社会养老保险制度健康持续发展。

### （三）加强制度宣传和推广力度

目前各职能部门对于新型农村养老保障的宣传和普及力度还不够。由于信息传播和实践有限导致有些农民对农保还存有偏见，比如认为新农保报销不保大、主要依靠家庭养老等。因此，要让更多的农民都支持和参加农村社会养老保障，就必须深入持久地做好宣传普及工作。制度的推广在于基层，基层组织除了必要宣传单、流动广播、电视等宣传工具外，要深入群众，积极耐心地向群众讲解新农保，让农民了解新农保，从公众从思想层面接受，引导更多农民走上新农保之路。

### （四）注重可持续性，减少城乡差距

由于城乡经济水平的差距，城乡居民缴费能力不同，城镇居民承担的消费种类多、水平高，推行制度一元化、城乡养老保障制度统一是不合适的做法，应该为农民建立一个城乡有别的、符合其自身经济条件、能够保证“底线公平”的保险体系，实现城乡整合的社会养老保障，在城乡间建立任意两种保险关系都可折算的三种制度（新型农村养老报站、城市养老保障、被征地农民养老保障）。创造在农村推行现代社会养老保障制度的城乡整合的社会经济条件，以促进传统养老保障模式向新型社会养老保障过渡。

### （五）完善服务体系，提高办公效率

服务体系包括基础设施建设和专业人才的培养。制度要先行，基础设施是保障，办公地点、材料、设备等直接影响了办公的效率，县乡应加大经费投入，扩大办公场所，配备必需的办公设备。其次，专业人才的培养才能应对日新月异的环境，改变由职能部门人员兼职的情况。劳动保障部门要切实加强对新型农保队伍的业务培训，不断提高新型农保工作队伍的整体素质，建立一支业务精、素质高的专业队伍，为推进新型农村社会养老保障事业的健康和可持续发展提供保障。

## 参考文献

[1] 王章华. 关于新型农村社会养老保险模式［J］. 南昌大学学报：人文社会科学版，2009（3）。

[2] 赖吉盛. 新时期我国农村养老保障建设［J］. 经济师，2009（4）。

[3] 唐青生，王云. 我国农村社会养老保险存在的主要问题及其对策［J］. 云南财贸学院学报（社会科学版），2008（3）。

[4] 沈英. 论农村养老保障体系的建立［J］. 河南司法警官职业学院学报，2009（3）。

[5] 杜艳辉，刘婷. 我国农村养老方式的现状分析［J］. 现代商贸工业，2009（9）。

[6] 李宗华，许淑华. 转型期中国农村养老保障模式的反思与前瞻 [J]. 农业经济，2009（2）。
[7] 初吉斌. 我国农村养老保障体系发展走向 [J]. 合作经济与科技，2009（7）。
[8] 郎明朗，卢营. 建立和完善我国农村养老保障制度问题研究 [J]. 科学理论，2009（5）。
[9] 钱吉. 中国农村养老保障制度研究 [D]. 苏州：苏州大学，2008。
[10] 汪沅. 中国农村养老保障制度改革研究 [D]. 长春：东北师范大学，2008。

# 财税政策扶持低碳农村建设的路径选择

赵和楠　王亚丽　李　乐

我国是一个城镇化水平相对较低的农业大国，农村拥有更为广阔的增加碳汇、减少碳源进而发展低碳经济的空间，因而发展低碳经济不仅要注重发展低碳工业、建设低碳城市，还要发展低碳农业、建设低碳农村。低碳农村是低碳经济在农村建设和发展中的实现形式，是指在农业生产、农民生活以及农村工业化进程中实行低能耗、低排放、低污染的发展模式，并最终建设成为环境友好、资源节约、人与自然和谐共处的社会主义新农村。

作为农业大国，我国长久以来大都实行的是粗放型的经营方式，随着农村城镇化、工业化进程的加快，当前我国低碳农村建设主要面临着以下几个问题：

## 一、农业生产污染日趋严重

农业是我国的基础产业和战略产业。在农业生产过程中，由于农用化肥的不合理施用、农业机械的迅猛发展和畜禽的高碳养殖方式等，使得农业生产过程中的碳排放量不断升高，制约了我国低碳农村的建设。一是农用化肥的不合理施用。农作物生长需要大量摄入氮、磷、钾元素，为提高农业产出，大量的农用化肥被投入农业生产中，且施用量不断上升。一方面，由于土壤圈是碳素重要的储存库和转化器，化肥的大量使用加速了农田土壤中有机碳的矿化，向大气中排放大量的二氧化碳和甲烷；另一方面，由于我国生产化肥（尤其是氮肥和磷肥）仍旧以煤炭为主要原料，故伴随着化肥施用量的增加，化肥生产所耗费的煤炭总量也不断上升，温室气体排放量大大增加。此外，化肥的不合理施用还表现在其利用率不高。不合理的施肥导致大量的化肥流失，从而引起地面、水体的富营养化。二是农用机械的迅猛发展。伴随着国家支农惠农力度的不断加大，农用机械化得到迅猛发展。由于当前广大农村地区所使用的农用机械大都为汽油、柴油或电动机械，所需能源大都为高碳能源，加之地块分散、农业生产人员操作水平低，导致机械作业效率低、能源浪费严重、废气排放量大。可以说，当前我国农用机械化的迅猛发展也是造成农业生产碳排放量高、污染严重的重要原因之一。三是畜禽的高碳养殖方式。随着我国人民生活水平的提高，畜禽产品需求量不断增加，畜禽生产规模也随之扩大。然而，规模化畜禽养殖造成的有机污染成为当前我国农村地区最为重要的污染问题之一。畜禽养殖中产生的污水、畜禽粪便中含有大量的有机物氮、磷等，严重威胁农村地区水体质量和农田环境。据国际粮农组织统计，仅畜禽养殖生产活动产生的温室气体就达到全球温室气体总量的18%，其中氧化亚氮约占65%，甲烷约占37%，且二者的“增温效率”远远超过二氧化碳。由此可见，畜禽的高碳养殖方式对气候变暖的影响是十分巨大的。除上述三种主要制约低碳农村建设的因素外，农业生产中农药和农用塑料薄膜的不合理使用等问题同样不可小视。根据国家统计局农村社会经济调查司公布的数据，我国农药使用量由1990年的73.3万吨增加到2008年的167.2万吨，增幅128.1%；农用塑料薄膜的使用量由1990年的48.2万吨增加到2008年的200.7万吨，增幅316.39%。农药和农用塑料薄膜的大量使用不仅会对土壤和水体造成危害，而且在分解过程中还会释放大量的温室气体，因而是低碳农村建设中不可忽视的问题。

## 二、农民生活能源消费结构单一且效率低下

低碳农村建设不仅要求农业生产实行低能耗、低排放、低污染的发展模式，而且要求将低碳理念应用到农民的日常生活中，而农民生活中阻碍低碳农村建设的最主要问题，是农民生活能源消费结构单一且效率低下。当前我国农村生活用能仍旧以薪柴和煤炭为主，其他可再生清洁能源则很少应用。农村生活煤炭消费量不仅绝对数量大，其在城乡生活煤炭总消费量中所占比重也是不断上升。更严重的是，由于农村居民大都采用传统的非省柴灶，对煤炉的使用也是在正常的使用后任由其随意燃烧，能源使用效率低下，造成能源的浪费和温室气体的大量排放。

## 三、乡村企业污染严重

农村工业化以农村资源的就地开发、就地利用为主要特征，它是破解“三农”问题、实现农业现代化、建立城乡经济社会发展一体化格局并最终统筹城乡发展的重要步骤。乡村企业作为农村工业化的主要实现形式，得到各地方政府的鼓励和支持。然而，由于乡村企业规模小、布局分散、技术落后，加之生产经营者环保意识淡薄，且多数乡村企业为高碳排放企业，在发展农村经济的同时不仅导致农村“三废”的出现，也增加了农村温室气体的排放量。

此外，低碳农村建设是一个包含农业生产、农民生活、农村工业化在内的综合性较高且比较复杂的问题，在这一过程中，农村环保投入力度不大、农民环保意识淡薄同样也是不可忽视的问题。据 2009 年《中国农村统计年鉴》统计，在农村固定资产投资结构中，用于水利、环境和公共设施管理的投资额为 1255.2 亿元，仅占农村固定资产投资总额的 5.21%。政府对农村环境保护的投入不充分，致使农村生态保护型公共产品建设进程缓慢，农村环境污染问题得不到有效的治理；加之当前关于环境保护的宣传城市较多、农村较少，工业较多、农业较少，农民环保意识淡薄，在日常生活中对外部自然环境随意施加影响，加剧了农业生产、农民生活对农村环境的破坏程度，制约了我国低碳农村的建设。

由此可见，我国低碳农村建设进程中面临着一系列的问题，既存在于农业生产领域，也包括在农民生活过程和农村工业化进程中。建设低碳农村要以低碳技术为支撑，以低碳农村发展政策为支持，以农民的广泛参与为保证。财税政策作为国家宏观调控的重要工具，可以为低碳农村建设提供相应的激励或约束机制，鼓励或规范相应市场主体的行为，进而扶持我国低碳农村建设。

### （一）进一步增加财政投入，优化支出结构

低碳农村建设需要研发新技术（例如提高化肥使用率技术、高效低毒农药研发技术、农用机械节能减排技术等），使用清洁能源（例如太阳能、风能、沼气等），需要有相应的环保型基础设施。而新技术的研发、新能源的推广与环保型基础设施的建设与维护均需要充足的财政资金支持。根据联合国教科文组织公布的数据，当前发展中国家科技研发投入占 GDP 的比例一般在 1% 左右，而我国近些年虽然有所上升，但仍低于 1%，与发达国家在科研上的投入更是相差甚远。新技术研发、新能源推广与环保型基础设施建设与维护所需的资金不足是制约我国低碳农村建设的瓶颈，因此必须通过优化财政支出结构，加大财政资金投入予以有效解决。

### （二）加大财政补贴力度，发挥财政补贴的替代效应

低碳农村建设需要以农村为市场的企业进行技术研发，生产低能耗、低排放、低污染的低碳产品，更需要广大农村消费者购买这些低碳农用产品，这就需要充分发挥财政补贴的替代作用。从供给角度看，财政补贴可以促进具有外部经济的部门的发展，优化资源配置。通过财政直接补贴或间接补贴，例如企业亏损补贴、财政贴息、税收补贴等，提高企业生产的补贴商品价格，进而调动企业从事新技术研发和环保型产品供给的积极性。从需求角度看，主要通过加大农副产品价格补贴、农业生产资料（尤其是低碳农业生产资料）价格补贴的力度，进而引导广大农村居民购买、使用新技术，促进低碳农业生产资料的推广。

### （三）安排低碳预算支出项目，增强财政扶持低碳建设的稳定性

安排预算支出是实现财政所承担的资源配置职能的重要途径。通过将促进经济低碳化发展的财政支出纳入财政预算支出范畴，同时安排低碳预算支出项目，进而有利于政府将占有的社会经济资源配置到低碳经济发展中最为需要的领域。此外，在条件成熟的情况下，通过立法形式确立每年低碳预算支出的规模和增长速度，既使得财政在支持低碳经济发展时有法可依，同时也有利于增强我国财政支持低碳建设，尤其是支持低碳农村建设的可持续性和稳定性。

### （四）完善税收政策，实现农村经济转型

完善税收政策，需要通过完善税收优惠政策和征税政策增强税收的环境保护功能。税收优惠是一种正面的税收鼓励或间接的财政援助，如企业所得税是调节范围最为广泛、作用最为直接的税种，针对当前农村工业化进程中乡村企业污染严重的现状，应以当前我国节能减排的总体要求和各企业节能减排的自身特点为立足点，将直接优惠和间接优惠相结合，将减税基与降税率相结合，科学合理地设计企业所得税体系，引导乡村企业可持续发展。征税政策意在抑制实施者的某些行为，例如通过扩大资源税的征税范围，提高资源税的税额，即可以实现对资源的全面保护。此外，乡村企业多为城市所淘汰的高碳产业，还可以考虑通过开征新的税种，例如碳税等，将一些超过国家规定的高能耗、高排放、高污染的企业所生产的产品纳入碳税的征税范围，降低这些企业的利润空间，从而迫使企业转变生产方式，在其他相关政策措施的扶持下逐步采用低能耗、低排放、低污染的生产方式，实现农村经济的转型。

# 农民维护农地权益积极性地区差异的经济分析

张小凤

## 一、农民维护农地权益积极性的地区差异的表现

当前农民维护农地权益的积极性受经济地理位置等因素的影响，呈现地区差异特点。经济发展好的城市及城郊农民维权意识高，维护农地权益的积极性高；远离市中心地区及偏远农村的农民农地权益维护意识较弱，维护农地权益的积极性低。这两类情况在我国非常之多，以下是诸多案例中的几个。

2005 年 6 月河北省定州市绳油村的数十名农民因反对低价征地，在荒地窝棚里“死守”土地。11 日凌晨，这些农民遭到了二三百名男子突袭，造成 6 名农民死亡，51 人受伤送院等伤情（据《新京报》）。绳油村隶属河北省保定市定州市小油村乡，位于 107 国道定州段西侧，距定州 15 公里，距石家庄不足 30 公里，地理位置优越，土地经济价值高，农民维护土地权益的积极性高。

2009 年 11 月 4 日上海迪士尼项目申请报告获国家有关部门核准。对于迪士尼项目首期动迁成本的 60 亿元，被征地的人只关心自己能从中拿到多少补偿。于是为了增加补偿额，当地村民大兴土木，趁机搭建大棚，甚至连有些六灶镇（离征地范围几公里之外）的人也搭起了假山（假山的补偿金比大棚高）。虽然村民的做法违规，但由于上海是个国际大都市，人多地少，地价高，土地价值大，特别是迪士尼落户后，川沙新市镇及周围地区瞬间成了“天价地”。所以当地农民土地被征收后，断了财源，他们为维护农地权益不惜违规，可见他们的积极性多高。

福建省三明市梅列区洋溪乡的岩兜村是个交通不便、地势崎岖、人烟稀少、房屋分散的小山村，村中大多是留守儿童和老人，年轻人大多外出打工，土地大多荒置，土地的耕种面积占土地总面积额百分比很小，因为农业回报率低，农民耕种的收入少，所以土地价值很低。当调研人员问村民农地权益受损时是否会去维护权益，60% 的人回答不会，30% 的人回答不知道，10% 的人回答会。数据显示大多数人采

取消极接受事实的态度，不会主动维权。

地理位置优越地区因为土地地价昂贵，价值高，所以农民维护农地权益的积极性就大，而小山村的地理位置经济价值低，对于村中稀少人口而言，土地供过于求，价值很低，所以农民维护农地权益的积极性很低。不同的社会经济概况决定了农民维护农地权益积极性的地区差异的存在。

## 二、农民维护农地权益积极性的地区差异原因分析

农民维护农地权益的积极性呈现地区性差异归根结底是由经济发展程度决定的。土地价格高低受当地经济发展程度的影响，而农民维护农地权益的积极性主要是由土地利润决定的。土地带来的收益和成本的问题，直接影响了农民维护农地权益的积极性。

### （一）受级差地租大小的影响

经济发展好的城市及郊区地理位置优越，但土地资源有限，土地需求量大，土地供不应求，价值高。而远离市中心地区及偏远农村的土地地理位置不好，土地需求少，而且农村可耕种土地面积与人口总数的比例较大，土地价值低，所以农民维护农地权益的积极性呈现地区性差异。土地有肥沃程度、地理位置等方面的差别，所以等量资本投入生产条件相同、面积相同的土地，劳动生产率和产量收益不相同，土地带来的利润不相同。级差地租的产生，是由于个别资本利用了有利于提高土地生产力的自然条件，而比其他一般资本具有相对较高的生产率。经济发达地区的改善土地肥力措施设备比较完善，所以多数土地肥力程度更高。而且处于经济发达地区的土地地理位置优越，为开发利用土地节省了运输费用，成本低，收益高，投资商投入同量资本相应会产生较高的利润率，因此取得超额利润。受经济利益的驱使，投资商纷纷购买土地，而土地资源有限，当供给小于需求时，地价就会上涨，土地增值速度随供不应求的加剧而加快。土地的价值很高时，土地带来的收益高，当自身合法农地权益受损时，农民维权的积极性就高。相比之下，远离市中心地区及偏远农村地区地理位置差，交通不便，没有区位优势，投资当地土地的收益少，投入产出比低。而且农村限于经济落后，没有资金改善土地肥力，土地自然生产力逐年下降，传统农业产出低。所以土地给农民带来的经济效益少，土地价值低，当农地权益受侵犯时，农民维权的积极性不高。

### （二）受人口密度的影响

远离市中心地区及偏远农村人口密度较经济发达地区低，地广人稀，再加上经济不发达，交通不方便，人口流动性差，人民生活水平低，对农产品的需求量少，

对住房的需求量也小。农民产品大多是自给自足，生产过剩造成了资源浪费，也不能给农民带来增收，土地经济价值无法实现。再者是由于农民收入少，改善生活条件的能力低，生活简单，生活质量低，房地产业发展程度低甚至无法发展。所以土地除了耕种功能外基本无其他功能，功能的局限性导致了土地经济附加值低。土地在当地人眼中的地位不高，价值不大。所以农民对于维护农地权益的积极性不高。经济发达地区人口密度高，人口流动性高，农产品需求量大，农产品销售利润大，耕种土地的经济效益好。而且城市住房需求量大，房地产业利润高，促使房地产业迅速发展，开发商对土地的需求大，土地价值高，所以一旦农地权益受损，农民的维权意识高积极性也高。

### （三）受产业结构的影响

据核算，2009 年国内生产总值 335353 亿元，比上年增长 8.7%。分产业看，第一产业增加值 35477 亿元，增长 4.2%；第二产业增加值 156958 亿元，增长 9.5%；第三产业增加值 142918 亿元，增长 8.9%。第一产业增加值占国内生产总值的比重为 10.6%，比上年下降 0.1 个百分点；第二产业增加值比重为 46.8%，下降 0.7 个百分点；第三产业增加值比重为 42.6%，上升 0.8 个百分点①。由数据可知第二产业对一地经济发展的重要程度高于以农业为主的第一产业，农业对经济的贡献率低于工业。经济较发达地区产业结构较完善，主要以工业、服务业为主，辅以农业。厂房、员工宿舍建设需要土地量大。特别是工业发展水平越高的地方，对产房的面积要求越高，而土地总面积有限，所以当发展产业对土地的需求量大于供给量时，地价飙升，土地价格昂贵。当自身合法农地权益受损时，农民的维权积极性就会更高。而偏远地区产业结构以农业为主，种植结构过于单一，且限于技术水平农村无法发展“两高一优”即高产、高效、优质农业，耕地产出低，纯农业户收入渠道狭窄，不易增收，农民收入随农产品价格上下波动而波动，稳定性低。而且偏远农村由于村落的分散性，再加上土地地势高低起伏不一，农业的发展无法形成规模，更不可能建农场发展混合农业。土地带来的收入少。由于农村的第二产业发展基础薄弱且后劲不足，无法形成完整的产业链，而且由于资金不足无法发展特色产业。土地经济效益低，无法满足农民追求稳定收入的生活需求，给农民带来的物质、精神享受都不高，土地价值低。所以农村如果不能优化传统产业结构，增加土地的利用价值，农民维护农地权益的积极性就不会高。受产业结构的影响，土地给农民带来的收益高低不一，农民维护农地权益的积极性也不一样。

---

① 据《中华人民共和国 2009 年国民经济和社会发展统计公报》。

### （四）受城乡二元结构导致交易费用差异的影响

城乡二元结构是指以社会化大生产为主要特点的城市经济和以小生产为主要特点的农村经济并存的经济结构。我国城乡经济发展主体不同，城市主要发展现代化大工业生产，农村则发展传统小农经济，城市的基础设施发达于农村，人均消费水平也远远高于农村，城郊农民收入也比农村农民收入高。城乡二元结构导致了城乡农民维护农地权益的费用占农民收入的比例的大小不同。交易费用是指在一笔交易中，交易双方在买卖中产生的各种费用。二元结构的存在，阻碍了城乡农民平等的维护权益，也决定了维权的困难程度不同。当维权费用高于维权所带来的收入时，农民就会亏损，所以对于经济条件差的农民来说维护农地权益的交易成本很高。从个人利润最大化角度来看，农民不会去维权。而且农民法律意识不高，维权途径狭窄，成功维护农地权益的不多，所以农民的维权积极性低。相比之下，经济发展好的城市及城郊农民经济状况比较好，比较能承担起费用，再加上文化程度比较高，法律意识比较强，维权胜算大，维护权益的交易费用相对比较少，所以维权的积极性更高。

### （五）受土地利用模式及经济效益差异的影响

远离市中心地区及偏远农村的土地利用模式单一，以种植业为主，回报率低，农民利润低，同时农民自己生产的农产品销售也受到实验室高科技农产品的替代效应的影响。出于对新生事物的好奇心理及购物者的从众心理，大众逐渐由购买农民自己生产的农产品转向购买高科技农产品，产生了羊群效应。农民自己生产的农产品的价格就会下降，由于农产品是必需品，需求价格弹性系数小于一大于零，需求缺乏弹性，价格上升，需求量减少，价格下降，需求量增加，但是降价所引起的需求量的增加率小于价格的下降率，所以降价最终会使销售收入减少，农民的收入就会减少，从事农业的收入低，土地带来的效益不高。

再加上消费者的食品安全防范意识的增强对农产品销售造成了间接影响。由于某些农民的农产品农药残余超标问题，市场上的消费者对农民摆摊销售的农产品质量信心下降，大多数消费者转向生鲜超市购买新鲜的蔬菜瓜果等农产品。使得农民摆摊销售的市场销售额下降，利润降低。迫不得已把农产品转卖给超市，超市从买卖交易活动中赚取价差利润，由于农民在交易中的被动地位，超市压低进价，导致农民收入不多，甚至收入小于支出。土地给农民带来的利益少，农民对于继续种植农作物的发展未来缺乏信心，所以土地的价值就不高，农民维护农地权益的积极性就不高。

而城市及城市郊区土地利用模式多样化，可以发展高科技农业、旅游业、房地产业等，开发途径多，经济效益高。并且城市未来发展前景广阔，农民对土地未来价格的心理预期高，所以不会轻易放弃维护农地权益。两地区土地的利用模式单一与多样之间的差异造成土地的需求量及其所带来的经济效益高低不一样，农民对土地的珍惜程度就不一样，维护农地权益的积极性就不同。

## 参考文献

[1] 陈征、李建平、郭铁民等．政治经济学［M］．北京：高等教育出版社．2008。
[2] 中华人民共和国2008年国民经济和社会发展统计公报［R］．2009。
[3] 高鸿业．西方经济学（上册）［M］．北京：中国经济出版社．2007。
[4] 迪士尼地块首期动迁至少要花60亿．［N］．每日经济新闻．2009-11-13。
[5] 上海村民抢建农用大棚 欲借迪士尼拆迁致富．［N］．东方网．2009-11-12。
[6] 伍海平．加速农村市场化进程推动城乡经济社会一体化发展［J］．中国经济与管理科学．2009年第1期。
[7] 周天勇．维护农民农地权益的几个问题［J］．理论视野．2006年第4期。
[8] 刘顺伯．基于纯农业户角度谈农民增收［J/OL］．经济学家．2008-11-20。
[9] 王小映．全面保护农民的土地财产权益（一）［J］．中国农村经济．2003年第10期。
[10] 陈立新．失地农民的社会心理状况及对策研究［J］．长沙铁道学院学报．2009年7月15日。

# 长三角区域商务成本比较研究

## ——以沪、苏、杭三城市为例

朱俊宇

2008年9月16日，国务院出台了《关于进一步推进长江三角洲地区政府开放和经济社会发展的指导意见》，明确提出了长江三角洲区域（以下简称长三角）“到2012年，产业结构进一步优化，服务业比重明显提高；创新能力显著增强，科技进步对经济增长的贡献率大幅提升；区域分工和产业布局趋于合理，对外开放的质量和水平明显提升；单位地区生产总值能耗低于全国平均水平，重点地区生态环境恶化的趋势得到遏制；社会保障体系覆盖城乡，公共服务能力进一步增强，基本实现全面建设小康社会的目标”。这是因为，长三角区域是我国综合实力最强的区域，在社会主义现代化建设全局中具有重要的战略地位和带动作用。改革开放特别是推进上海浦东开发开放以来，长三角区域经济社会发展取得巨大成就，对服务全国大局，带动周边发展作出了重要贡献，积累了丰富经验。在当前国际经济环境发生重大变化、国内各项改革深入推进的新形势下，进一步推进长三角区域改革开放和经济社会发展，具有重要意义。这就表明，在推进长三角区域经济社会发展中，要注意企业商务成本的设计和比较，才能提高区域经济发展质量，为促进区域经济一体化发展创造良好的微观经济环境。

## 一、长三角区域商务成本分析

为了更好地分析长三角区域商务成本，本文选取了上海、苏州、杭州这三个主要城市进行研究，上海是长三角区域经济龙头，苏州是江苏省经济最发达的城市之一且是重要的制造业基地和外资集聚地，杭州是浙江省省会同时也是浙江省经济最为发达的城市、三个城市分别在长三角不同区域占据着重要的经济地位。本文通过查阅相关数据、调查问卷和实地走访企业等形式获取原始资料，再依据商务成本三级科目体系，通过整理和比较，研究三个城市的商务成本特点和区别。本文主要从劳动力成本、土地成本两个方面来分析商务成本。

**（一）长三角区域劳动力成本**

从长三角区域劳动力成本方面看，主要体现在：一是从工人工资方面分析。根据2008年河海大学出版社出版的《长三角年鉴（2008）》所公布的数据，分别统计了上海、苏州、杭州三城市的城市居民家庭可支配收入和农村居民家庭可支配收入，（见表1）。

**表1　沪、苏、杭家庭可支配收入比较**

| 地　　区 | 城市居民家庭可支配收入 | 农村居民家庭可支配收入 |
| --- | --- | --- |
| 上　　海 | 23623 | 10222 |
| 苏　　州 | 21260 | 10300 |
| 杭　　州 | 21689 | 9549 |

从这些数据中可以看出，上海的城市工资水平最高，杭州第二，苏州第三。上海作为长三角龙头，经济最为发达，所以工资最高；杭州和苏州相比差距不大。二是从劳动力素质方面分析。通过实地走访上海、苏州、杭州的用人单位，进行问卷调查，归纳总评之后，发现上海的劳动力素质明显高于其他两座城市，上海是全国人才的流向地，聚集了相当多的优秀劳动力。苏州排名第二，苏州高新技术企业多，多为技术密集型产业，对劳动力素质的要求高，与杭州相比，杭州多为劳动密集型产业，注重实际工资水平而对劳动力素质要求相对不高。

**（二）长三角区域土地成本**

从长三角区域土地成本方面看，主要体现在：一是从土地价格方面分析。这里所说的土地价格是工业用地价格，在长三角的企业当中，制造业占了很大的比重，而工业用地价格是这些制造业企业的直接商务成本。上海地区的每亩土地平均总价约24.16万元，杭州每亩土地平均总价约24.59万元，苏州每亩土地平均总价约25.67万元，可以看出土地价格相差不大，但是却出现了上海的土地价格比杭州、苏州的土地价格低的现象，笔者认为，这在一定程度上反映出上海产业结构正在发生变化，从简单的制造业向金融、贸易、物流等现代服务业升级。二是从房产价格方面分析。目前，房产价格的飞速上涨已经成为各大城市的普遍状况，过高的房产价格会制约外来人才的进入，可能会降低劳动力素质和性价比，对比三城市的房产价格，上海的房产均价最高，为22207元/$m^2$，杭州次之，为13834元/$m^2$，苏州最低，且与上海、杭州差距较大，房产均价为6871元/$m^2$。三是从写字楼租金方面分析。写字楼租金价格在一定程度上代表了现代服务业的发展情况，根据2008年第四季度甲级写字楼的租金情况，上海的均价为8.1元/$m^2$/天，杭州均价为3.8元/$m^2$/天，苏州均价为3.6元/$m^2$/天。(见表2)

表2　沪、苏、杭土地成本比较

| 地　区 | 土地价格(万元/亩) | 房产价格(元/平米) | 写字楼租金(元/平米/天) |
|---|---|---|---|
| 上　海 | 24.16 | 22207 | 8.1 |
| 苏　州 | 25.67 | 13834 | 3.6 |
| 杭　州 | 24.59 | 6871 | 3.8 |

在当前推进长三角区域经济协调发展的新形势下，分析和研究长三角区域的商务成本效应，有以下几个方面的意义：一是有利于优化商务成本结构，科学和有效地降低商务成本。二是有利于提升长三角区域整体经济素质和实力，更好地提升长三角区域的城市竞争力。三是有利于推进转变经济发展方式，更好地推进长三角区域经济一体化。四是有利于推进体制创新，促进建立健全充满活力、富有效率、更加开放的市场经济体制机制。

## 二、对降低长三角区域商务成本的若干建议

根据国务院出台的《关于进一步推进长江三角洲地区政府开放和经济社会发展的指导意见》精神，使长三角区域的产业结构进一步优化，服务业比重明显提高，单位地区生产总值能耗低于全国平均水平，重点地区生态环境恶化的趋势得到遏制，为促进区域经济一体化发展创造良好的微观经济环境，就必须建立符合科学发展观要求，建立科学有效的长三角区域商务成本管理、调控、协调和引导等“四位一体”的商务成本联动机制。

### （一）建立科学有效的长三角区域商务成本管理机制

根据建立科学有效的长三角区域商务成本管理机制的要求，政府不要片面追求要素成本的低价格，因为要素成本并不能单方面的说明问题，不能代表地区商务成本低，所以，政府在考虑商务成本时不要一味的创造超低生产要素价格，关键是根据本地区不同的经济发展模式和产业结构规划和制定不同的方针和策略。增强服务意识，明确各政府职能部门的相关管理职责，提高行政效率，再加上与本地区适应的要素成本，才能真正降低本地区的综合商务成本并提升本地区的对外形象。所以，要素成本绝对不能成为政府追求的唯一目标。政府要转变观念和职能，增强服务意识，实行科学发展，积极营造良好的商务环境，坚持以人为本，充分尊重投资者的

利益。笔者认为，应该做到以下几点，一是把优化商务成本和招商引资效率作为考核有关职能部门和政府经济工作效率的重要指标。二是进行企业项目审批改革，开放项目审批权，增加企业审批效率。三是规范各项收费，一切收费制度必须有法可依、有规可循。

### （二）建立与本地区产业结构相适应的商务成本调控机制

根据建立与本地区产业结构相适应的商务成本调控机制的要求，正确评价和采取相应的江浙沪三地城市商务成本调控措施。各地政府应在充分认清本地区主要产业商务成本比较优势的基础上，因地制宜地调控各类产业的商务成本，通过财政政策和出台法律法规，调整区域产业结构，不断合理优化区域产业结构。

### （三）建立长三角区域工业园区统筹规划商务成本协调机制

根据科学和有效降低长三角区域商务成本的要求，政府应当集中做好长三角区域工业园区的统筹规划协调机制。上海和杭州缺少整体综合规划和配套的大型工业园区，苏州工业园区给笔者留下了很深的印象，规划合理、布局科学，而上海和杭州的情况不是这样，笔者没有发现规划得很好的工业园区。因为区域产业的规划和配套，可以促进生产要素的更合理地流动，可以有效降低商务成本。如果一个地区在分工协原作材料供应、产品配套、技术服务、中介服务等方面形成完善的产业链，商务成本便会下降。笔者认为，上海和杭州应该积极注重产业和区域的合理科学规划，促进行业与企业的配套合作，共同发展，形成良好的产业链，增强本地区的竞争力。所以，长三角区域间政府应当做到以下几点，一是科学地做好工业园各方面的配套工作，如基础设施建设、生态环境建设等。二是综合考虑地区经济发展、产业结构特点和产业发展调整等因素，合理布局产业集群和工业园。三是还要突出特色，确定重点发展项目，打造高地，强化优势。

### （四）建立积极发挥长三角区域人才效应的商务成本引导机制

根据建立发挥长三角区域人才效应的商务成本引导机制要求，在长三角区域商务成本中，要高度重视人才成本效应最具有弹性这一特点。因为，人才是长三角区域经济发展中不可或缺的重要资源，是长三角区域城市经济社会可持续发展的动力。这就要求我们：一是要真正把人才成本作为决定城市竞争力的一个重要因素来看待，要实施城市人才战略、构筑人才高地、积极发挥人才效用。二是要真正把人才科学配置作为推进城市各项事业发展的关键因素，在城市化不断加快的进程中，努力造就一大批高素质劳动者、专门人才和拔尖创新人才，建设规模宏大、结构合理、素质较高的人才队伍。三是要真正把人才成本效应作为区域经济协调发展的重要保证，充分发挥各类人才的积极性、主动性和创造性，开创人才辈出、人尽其才的新局面，卓有成效地提升城市核心竞争力和综合实力。为此，政府就必须要有人才发展战略思想，采取切实可行的措施，重视人才培养，增强教育科研投入，培养高科技人才，同时加大政策力度吸引国内外各层次人才。这样，才能优化长三角区域劳动力成本，为切实降低长三角区域商务成本，提高长三角区域国际竞争力创造良好微观经济环境，从而使长三角区域成为我国综合实力最强的区域，在社会主义现代化建设全局中起着带动作用。

## 参考文献


[1]《国务院关于进一步推进长江三角洲地区政府开放和经济社会发展的指导意见》，中国政府网站，2008 年 9 月 16 日。

[2]《长三角年鉴（2008）》，河海大学出版社。

[3] 上海招商网，2008 年。

[4] 陈建军、郑瑶：《长江三角洲地区城市群商务成本比较研究——以杭、沪、嘉、甬、苏为例》，《上海经济研究》2004 年第 12 期。

[5] 伏玉林：《上海商务成本分析及调控对策》，《华东理工大学学报（社会科学版）》2004 年第 4 期。

[6] 陈建军、郑瑶：《长江三角洲地区城市群商务成本比较研究——以杭、沪、嘉、甬、苏为例》，《上海经济研究》2004 年第 12 期。

# 福建吸引台资的问题、原因和对策分析

江海燕

## 一、前　　言

在全新的两岸关系形势下，党中央制定了一系列关于“海峡西岸经济区”建设的重大战略决策，特别是党的十六届五中全会把“海峡西岸”写入中央“十一五”规划建议，使这一战略从地方决策上升为中央决策，将海峡西岸经济区建设纳入全国区域经济战略布局；2009 年 5 月 4 日国务院常务会议讨论并原则通过《关于支持福建省加快建设海峡西岸经济区的若干意见》，两岸交流与合作的深度与广度被推向新台阶。海峡西岸经济区是指台湾海峡西岸，以福建为主体包括周边地区，南北与珠三角、长三角两个经济区衔接，东与台湾岛、西与江西的广大内陆腹地贯通，具有对台工作、祖国统一，并进一步带动全国经济走向世界的特点和独特的地域经济综合体。

本文在过去研究的基础上进一步对作为闽台合作主体的海峡西岸经济区进行探讨，以投资诱发要素组合理论为指导，从新的角度阐释闽台合作的动因和条件。该理论核心观点是：任何形式的对外投资都是在投资直接诱发要素和间接诱发要素的组合作用下而发生的。所谓直接诱发要素，主要是指各类生产要素，包括劳动力、资本、资源、技术、管理及信息知识等，直接诱发要素既可存在于投资方，也可存在于引资方；间接诱发要素是指除直接诱发要素以外的其他诱发对外投资的因素，主要包括经济政策、法规、投资环境以及宏观经济。

## 二、福建吸引台资存在的问题

改革开放以来，两岸经济交流与合作不断取得新的进展，如图 1 显示，台商在大陆投资金额从 1998 年的 15.19 亿美元上升到 2007 年的近 80 亿美元。闽台合作在两岸合作中占据重要地位，目前，闽台合作在电子信息、机械、石化、轻纺、食品、服装鞋帽等领域已形成较强的配套能力，产生了一定的聚集与规模效应，出现了友达光电、华映光电、东南汽车、翔鹭化纤等产业关联度强的大型台资项目。在取得可喜成果的同时也遗留下不少问题，主要表现在：

### （一）投资分布不平衡

台资在福建的分布绝大多数集中在福州、厦门、泉州、漳州等沿海经济较发达、交通运输便捷地区，其中福州、厦门一直是台资分布最密集的热点地区，并且相对集中于台商投资区及各类开发区，区内可以说已经达到饱和状态，而处于较为落后的西部与北部山区则分布很少，投资环境也处于劣势，难以获得资金支持，得不到发展。

### （二）台商投资增速放缓

有关资料表明，在进入 20 世纪 90 年代以后，福建省的投资比重呈大幅下降趋势，比重由 1997 年的 10.9% 下降至 2007 年的 3.89%；如今，长三角经济区台商的投资呈明显上升并有占据领军地位的趋势，同时环渤海经济区成为台地区商投资新热点，而中西部地区也开始跻身两岸经济交流与合作浪潮。如图 1、表 1 所示，台湾地区在大陆的整体投资逐年都有所增加，而投资福建所占的比例却一年比一年少。

### （三）高新技术产业投资比重较少

近些年来台商对福建的投资中，资本和技术密集型产业投资有所增加，但高技术、高附加值的项目只占少数，两岸在高科技领域的合作尚缺乏得力的统筹协调执行机构和灵活有效的运行机制，更为突出的是产业高新区的集聚效应不明显。

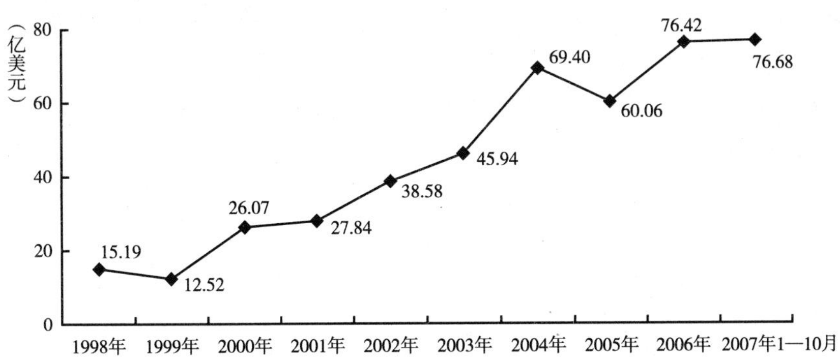


**图 1　1998—2007 年台商在大陆投资金额**

资料来源：《台商投资内地的 5 个“TOP”》，中国政务信息网。

**表 1　台资在大陆地区不同时期的分布结构**

单位：%

| 地　　区 | 1991—1995 | 1996—2000 | 2001—2005 | 2006(1—9) |
| --- | --- | --- | --- | --- |
| 福建 | 13.78 | 7.78 | 7.34 | 6.1 |
| 广东 | 29.88 | 38.17 | 23.55 | 17.75 |
| 长三角经济区 | 34.38 | 20.77 | 59.14 | 64.31 |
| 环渤海地区 | 10.98 | 8.28 | 5.57 | 6.29 |
| 四川 | 1.79 | 1.28 | 0.95 | 2.03 |
| 湖北与湖南 | 2.4 | 1.38 | 1.19 | 0.32 |
| 其他地区 | 6.79 | 2.34 | 2.26 | 3.2 |
| 合计 | 100 | 100 | 100 | 100 |

资料来源：高长，蔡依帆. 贸易、投资与两岸产业分工之发展［J］. 政治大学中国大陆研究中心中国，经济数据库讲座，2007.7－8.

### （四）大企业大公司投资不多

根据台湾工业总会调查报告显示，台湾对大陆的投资大多以上市公司和大型企业为主，投资金额比重占台商总投资过半以上，而在福建投资的百大企业及上市公司却不到 100 家，占比不超过 10%，并且主要集中在三大主导产业中，如电子信息产业中的冠捷、友达光电以及机械制造业的东南汽车等。在大公司、大企业日益成为台商对外投资的主体时，福建在这方面的工作表现却不尽如人意。

## 三、阻碍福建吸引台资的诱发要素

投资诱发要素组合理论从新的角度阐释对外投资的原因和条件，其创新之处在于更加强调间接诱发要素包括经济政策、法规、投资环境以及宏观经济对诱发投资发挥的作用，而以往诸多研究都仅从直接诱发要素单方面来解释对外投资的产生，从而导致某些片面性和局限性。事实上，一地区企业对外直接投资往往是建立在直接诱发要素和间接诱发要素的共同作用之上的。下面就根据投资诱发要素组合理论，着重从直接诱发要素和间接诱发要素两大方面探讨影响台资在福建区位决策的主要因素，分析福建吸引台资状况不佳的原因。

### （一）直接诱发要素

1. 劳动力成本优势下降

劳动力成本是劳动力密集型产业成本构成的主要部分，廉价的劳动力成本自然对高昂劳动力成本的台湾企业有很大诱惑力，所以早些年台湾劳动密集型企业纷纷到福建落户。经过近十几年的合作发展，曾经支撑福建吸引台商到此投资的劳动力成本优势正在逐步消失，最低劳动力工资从1000元每人每月上升为1500元每人每月。再者，台湾已不再以劳动密集型产业对外投资为主，而转向资本密集型与技术密集型的对外投资。

2. 高素质人才不足

与其他外资企业相比，台资企业以中小型居多，鉴于自身力量有限，更擅长于"就地取材"；而充分利用投资地的人力资源，提高研发本地化水平，即是其中非常突出的一个方面。随着台湾高科技产业不断转移大陆，台商对于投资地高层次人力资源的供应必然会有更多的要求。而福建的人才队伍虽说较为齐全，但整体水平不高，高层次人才的劳动力极少，在营销策略、企业管理等方面的人才也明显欠缺。

3. 科学技术基础较为落后，发展步伐缓慢

先进的科学技术自然能够诱使投资者蜂拥而来，同样投资者拥有先进的科学技术也会四处寻觅能够获得最佳利益的投资区位。由于台湾采取重点发展应用研究技术和工业制造技术的策略，使其基础研究相对薄弱，技术创新后劲不足，在技术发展上不得不充当追随者，关键技术受制于人，这样台湾高科技产品中绝大部分附加价值被发达国家占有。台湾已经早想摆脱这种尴尬境地，然而，凭台湾单方力量却难以实现，所以希望在大陆寻找合作伙伴共同进行技术基础研究，与北京、上海、江苏以及广东相比，福建自然也就黯然失色，不仅技术研究起步迟底子薄，而且技术进步相当缓慢，科研院所与技术开发难成气候，没有了诱发台商到福建投资的本钱。

在科学技术要素和劳动力素质要素都未能形成投资诱发因素的背景面前，直接诱发要素中的其他要素福建也很难具有绝对优势。资本、土地资源要素难以挽回不利局面，原本土地资源是一个相当优越的诱发要素，福建非工业用地地价与台湾比相差二三十倍，厂房和其他基础设施建设的费用也比台湾低廉，但这些年来沿海工业较发达县市出现用地紧张，工业用地价格也高速飙涨，而山区土地却无法得到利用，潜在使用价值未得到实现；再者，福建的管理与信息知识要素也不具备足够的条件使其处于诱发台商投资的绝对优势地位，这样台湾企业早已在商讨是在长三角投资获益更大还是珠三角投资最佳。

**（二）间接诱发要素**

1. 投资环境不理想

（1）福建地处丘陵地区，投资修建交通设施的难度较大，铁路与公路网相对长三角和珠三角地区而言很不完善，与周边省份的交通不够畅通，货轮及班机的航班

也较之更少，运输不便且成本高。这样福建经济辐射范围有限，腹地也窄，交通成为福建经济发展的瓶颈。

（2）产业配套能力差。福建在这方面表现出明显的弱势，改革开放以来，依靠着引进台资、外资，逐步建立了电子、机械、化工、轻纺等产业，但就目前为止，尚未形成具有强辐射和带动能力的支柱产业和龙头企业，产业配套能力差，集群化程度低。也未能组织形成相对于其他省份具有绝对优势的产业配套。

（3）在软环境方面也不尽如人意。政府服务意识不够彻底，重招商、轻安商；重引进、轻服务。同时政府部门的办事效率低，职能交叉，手续繁杂，一块地三五个月无法批下来是常有的事，就这一点福建批地难吓跑了许多台商。

2. 宏观经济不佳

在30多年的改革开放中，福建沿海城市虽然作为经济特区，先行一步得到了一定发展，但仍旧无法摆脱“先天”不足的制约，加之早期两岸政治关系紧张的影响，工业发展缓慢甚至倒退。据相关资料对福建经济综合实力竞争力的比较分析表明，福建区域竞争力在沿海7个省份中，落后于上海、广东、江苏、浙江、山东，位居第6位，尽管高于广西。总体与人均GDP水平、财政收入等指标均不及上述沿海省份。其他竞争力指标在沿海地区都处于相对落后的状态，其中产业竞争力位居第五位，科技竞争力、企业竞争力、基础设施竞争力均居第六位。

**表2　2008年7省GDP、规模以上工业总产值、财政收入与排名**

单位：亿元

| | 山东 | 江苏 | 上海 | 浙江 | 福建 | 广东 | 广西 |
|---|---|---|---|---|---|---|---|
| GDP | 31072.06 | 30312.61 | 13698.15 | 21486.92 | 10823.11 | 35696.46 | 7171.58 |
| 排名 | 2 | 3 | 5 | 4 | 6 | 1 | 7 |
| 规模以上工业总产值 | 62958.53 | 67798.68 | 25120.92 | 40832.10 | 15212.16 | 65424.61 | 6071.98 |
| 排名 | 3 | 1 | 5 | 4 | 6 | 2 | 7 |
| 财政收入 | 1533.53 | 2278.71 | 2223.43 | 1792.09 | 704.45 | 2801.79 | 346.49 |
| 排名 | 5 | 2 | 3 | 4 | 6 | 1 | 7 |

资料来源：《中国统计年鉴2009》。

3. 优惠政策淡化

福建早期由于其特殊的区位优势和政策优势，依靠给予投资者相当多的优惠政策来吸引台资。20世纪90年代初在大陆各省区市吸引台资中，福建雄踞榜首，引进台资占全国比重高达58.9%。但是，随着台湾对大陆投资的全面推进，福建的政策优势逐渐淡化，加之目前国家两税标准统一，给台资企业有所不利，特别是享受特殊优惠政策的台企受到更大程度上的影响，减少了他们从税收优惠上得到的收益。

因此在很长一段时间内政策上的优惠已经褪去历史的光辉，而如今就要进入 21 世纪第二个十年，从中央到地方全国又重新给予了闽台合作新的契机。

表 3　2003—2007 年台商投资大陆极力推荐城市 TOP10

| 排名 | 2003 年 | 2004 年 | 2005 年 | 2006 年 | 2007 年 |
|---|---|---|---|---|---|
| 1 | 杭州萧山 | 杭州萧山 | 上海闵行 | 苏州工业区 | 苏州工业区 |
| 2 | 青　岛 | 上海闵行 | 杭州萧山 | 宁波北仑区 | 昆　山 |
| 3 | 无　锡 | 成　都 | 昆　山 | 昆　山 | 杭州萧山 |
| 4 | 上海闵行 | 扬　州 | 成　都 | 杭州市区 | 江苏江阴 |
| 5 | 宁波市区 | 徐　州 | 江苏江阴 | 江苏江阴 | 天津滨海新区 |
| 6 | 大　连 | 江苏江阴 | 徐　州 | 苏州市区 | 宁波北仑区 |
| 7 | 苏州市区 | 天津市 | 天津市 | 天津滨海开发区 | 苏州新区 |
| 8 | 成　都 | 苏州昆山 | 上海浦东 | 南京市区 | 上海闵行 |
| 9 | 杭州市区 | 嘉　兴 | 扬　州 | 扬　州 | 成　都 |
| 10 | 扬　州 | 大　连 | 南　昌 | 北京亦庄 | 南京江宁 |

资料来源：《台商投资内地的 5 个“TOP”》，中国政务信息网。

通过对上述间接诱发要素的分析，我们不难理解台商投资福建速度放缓，甚至在两岸合作中有被“边缘化”危险的尴尬境地。引资方福建诱发和影响外来投资的因素未成火候，即使投资方诱发和影响对外投资的条件成熟，台湾企业有到大陆投资的意向也不会再考虑正对岸的福建，而是诱发因素较好的上海、江苏、浙江、广东又或更北的山东、天津。如表 3 所示，台商投资大陆极力推荐城市 TOP10 却没有一个属于福建。

## 四、推动福建吸引台资的对策

投资诱发要素组合理论的提出，就是为了克服以往对外投资理论的片面性和局限性，以免理论指导实践时丧失了基本的科学性。下面就从两类诱发要素出发，先针对间接诱发要素提出改进建议，在间接诱发要素成熟的基础上后针对直接诱发要素探讨改进措施，具体通过对新优惠政策的利用以及对产业配套、投资环境、人才素质、科学技术区位因素的改进，努力实现“人无我有，人有我高，人高我新”的优势，提高福建吸引台资的竞争力。

### （一）借助“海西”建设的大好政策，塑造新优势

由于外部政治经济环境的变化，在对台往来合作中福建原有的“五缘”独特优势地位已逐渐被淡化，同时面临的竞争也更加激烈。现今，福建必须重新审视和评

估自己已有的对台优势，重塑对台新优势。一是加强海西品牌建设与宣传。让更多台商了解海西的实质所具有的巨大经济效益和良好前景，两岸合作是能够实现双赢的良机，而这一良机的不二人选就是站在两岸合作最前头的福建；二是加快实施闽台经济合作实验区建设，平潭综合实验区的建设牵涉到全省范围和闽台合作的各方面，必须在原有规划基础上制订更加详细、具体、清晰的实施方案，有步骤、有重点地付诸实施，确保规划落到具体地点和项目上；三是要时刻密切关注两岸关系动向，特别是两岸经贸合作关系上的变化。

### （二）延伸产业链，完备产业配套

福建省现有产业配套薄弱已是客观事实，虽短时期难以改进，但仍必须着眼未来。围绕产业配套能力差的现实状况制定相应的政策：一通过招商，吸引一批互为配套的台、外资项目落地福建，提高产业的集中度和关联度；二积极培养福建省的民营企业、国有企业跻身台资产业链，以提高产业配套能力；三认真研究台湾新一波产业转移和骨干企业外移动态，以引进龙头骨干项目为重点，按照上、下游延伸与配套的思路，主动接纳台湾电子信息、机械、石化等产业的转移，建立闽台产业合作带。

### （三）积极改善台商投资的软环境

随着海峡西岸经济区建设的推进，福建港口、网络、能源等方面的建设都将得到进一步的提升，但是与此同时，投资软环境能否同步发展的问题突显出来。在今后相当长的一段时期内，改善投资软环境是提升福建引资水平的重中之重。一是要营造有利于台商投资的政务环境。提高各级政府的办事效率，应促使各地政府尽快从管理型政府向服务型政府转变，通过为台资企业提供优质、个性化的服务，让台商有宾至如归的感觉。二是进一步完善政策和法律环境。加快《福建省促进台湾同胞投资条例》的立法工作，进一步完善有关知识产权保护、台商合法权益保护、司法行政公正执行等法律法规，用良好的法制环境为台商营造一个公开、公平、公正的良好投资环境。

### （四）本地人才培养与“引智”工作并重，注重高新技术人才培养

在廉价劳动力这一救命稻草失去功效后，福建必须借助建设“海西”的大好态势，抓住机遇培养自己的高素质人才，可从以下几方面努力：一是加强福建本地人才培养教育。建立海峡人才培养基地以及闽台人才、青年培养基金等政策，同时逐步扩大、集聚福建自己的高层次人才群，为适应闽台高新技术产业合作打好人才基础；二是建立引智工作激励机制。激励企事业单位引进外来高科技人才，以优惠的政策、良好的发展空间和宽松环境吸引并留住外来高科技人才，提升福建人才整体素质较低的不利局面，弥补在吸引台资中的短板。

### （五）大力推进科技进步，提升产业技术水平

要使福建省能在新一轮的招商引资中谋求更大的发展，就应加大科技的开发投入。一应在福建省选择 2—3 个办得较好的台商投资区，推动其与台湾高科技园合作，引进台湾的技术开发能力，企业创新能力，科技和管理人才的创业能力以及整个园区的良好的管理机制，以提升福建省产业技术含量，促进福建省产业向资本技术密集型转化；二应加强“产、学、研”合作，通过一定的方式，如：建立高科技孵化园等同省内、外大学、科研机构、相关的实验室建立定向联系，为科研机构与企业之间搭建一个交流的平台，使科研成果能以最快的速度运用到生产过程中；三企业应建立适应市场需求的、有实力的技术开发中心，着重研究开发一批重点产品和关键技术。

## 参考文献


[1] 严正. 海峡经济区探索 [M]. 北京：社会科学文献出版社，2006：11-13。

[2] 陈晓丹，孙磊. 发展中国家和地区对外投资理论文献综述 [J]. 临沧教育学院学报，2005，14（3）：13-16。

[3] 曾玉荣等. 加强闽台高新技术交流与合作的若干思考 [J]. 台湾农业探索，2008，3（1）：25-28。

[4] 江成岩. 招商引资——对台经济合作方法和策略 [M]. 北京：清华大学出版社，2006：91-95。

[5] 马元柱. 福建省产业及其发展战略的若干思考 [J]. 福建论坛，2004（6）：151-154。

[6] 王华. 台商对大陆投资区位选择的影响因素分析 [J]. 台湾研究集刊，2009（1）：25-30。

[7] 贺晋峰，史明媛. 应对台资第二次“北上”的政策建议 [J]. 太原大学学报，2006，7（3）：45-49。

[8] 李非，李继翔. 台商投资中国大陆区位选择的实证研究 [J]. 《厦门大学学报》，2004，（6）：6-10。

[9] 郑晓东. 台商大陆投资现状与趋势 [J]. 发展研究，2009，（8）：5-10。

[10] 段小梅. 台商投资祖国大陆的区位选择及其投资环境研究 [M]. 北京：中国经济出版社，2006：78-85。

[11] 周明华. 国际产业转移的动因研究 [J]. 广东：经济研究导刊，2009，（15）：11-16。

[12] 吴节. 广西北部湾经济区招商引资形成产业集群效应研究 [J]. 湖南：湖南工业职业技术学院学报，2008，（5）：29-35。

[13] 周明伟. 实现厦门吸引台资新一轮跨越式发展分析 [J]. 厦门特区党校学报，2006，（2）：11-13。

# 低利率时期美国经济风险的贸易转移

## ——基于中国案例的研究

李　锋　石金普

## 一、引　　言

在一年多前金融危机席卷全球的大背景下，各国为了避免经济的衰退，纷纷调低利率，欧美发达市场国家的利率很多接近于零。经过各国一年多的救市及经济刺激措施的实施，目前许多国家的经济已经好转，有些国家已步入了加息的通道，但由于对经济可能二次探底的担忧，以及中东和欧盟等地区的一些国家出现的主权债务危机，让各国尤其是美日欧等经济体在加息的问题上更加谨慎。低利率政策虽然在刺激投资、消费促进经济快速走出低谷方面有着积极的作用，但其对经济将带来的负面作用也不容忽视。在全球经济一体化的今天，各国更是希望通过国内政策的调整将内部风险转移出去，以达到尽快摆脱经济危机的目的。

在国际经济活动中，要想摆脱困境转移国内经济风险，一个最主要的方式便是通过国际贸易途径进行转嫁，一国先调整财政货币等政策，并通过贸易将风险转移给另一国的进出口企业，此国的进出口企业再将风险在国内进行空间上和时间上的传递，最后完成一国向另一国的风险转移。我国在美爆发危机后不久便出现了出口萎缩、经济减速的现象，而且历史经验表明，美国在每次经济危机后，总是试图减少进口增加出口，实行贸易保护主义。美国是我国的第一大贸易国，研究美国如何通过贸易方式转移危机，并找出应对策略，对减少中国经济损失显得至关重要。由于此次危机源于美国，其货币又是主要的国际储备货币，它的危机转移方式与一般国家有共同点但也存在差别，其中通过美元的国际储备地位转移经济风险更是美国的一大特点。

## 二、通过历史贸易向中国的风险转移

美国经济学家罗伯特·特里芬在其1960年的论著《黄金与美元危机》中指出：

因美元是世界主要储备货币，随着世界贸易的发展和国际储备的需要，各国对美元的需求将不断扩大。为满足世界对美元的需求，美国需要实行贸易逆差不断输出美元，但这不利于美元价值的稳定，容易导致美元的贬值；相反如果美国国际收支持续顺差，则美元的供给就会减少，这又将难以满足国际需求。这样，以美元为主导的国际货币体系就陷入了“两难境地”。这就是被称为“特里芬难题”的著名悖论。长期以来，美国通过财政和国际收支双赤字实现的美元扩张给其带来了巨大的红利，而且美国很可能会继续利用美元的国际地位把“特里芬难题”利用到极致，以便将此次危机积累的内部经济风险逐步转移给世界贸易中的顺差大国。中国作为美国的第一大贸易逆差国，世界第一大出口国，并拥有世界最多的美元储备，在美国定量宽松的货币政策下，我们的美元资产无疑面临着大幅缩水的危险，这也是美国利用历史贸易沉淀在各国的美元进行风险转移的重要前提。

### （一）风险转移的条件

截至2009年底，中国共持有23991亿美元的外汇储备，接近中国经济总规模的二分之一，占全球储备比重的30.7%。国家外汇管理局公布的数字显示，2009年2月底我国的外汇储备中美国国债为8536亿美元，超过日本成为全球第一，由此，持有的美国国债总额占外汇储备的31.07%。达到历史峰值的中国外汇储备将可帮助美国成功出售空前的债务，以渡过此次经济危机。

另外，中国外汇储备中的一部分并非来自于贸易顺差，而是国际游资。2009年下半年国际游资开始加速流入中国，例如9月份我国新增外汇储备约为613亿美元，其中贸易顺差为129.3亿美元，外商直接投资为70.99亿美元，外汇储备中不可解释的部分数额约为400亿美元。截至2009年9月份，我国外汇储备新增数额为3265.65亿美元，扣除贸易顺差1354.4亿美元以及外商直接投资637.66亿美元，1—9月份流入的疑似热钱约为1273亿美元。截至10月30日，外管局批准的QFII（合格境外机构投资者）额度为157.2亿美元，按照这种流入趋势，不可解释的境外资金在10月份达到QFII的10倍数额。热钱的大量流入一方面虚增了中国的外汇资产，增加了外汇资产的不稳定性，另一方面让中国的资产价格飞涨，使中国经济面临潜在威胁。

### （二）风险转移的政策支撑

20世纪70年代以来，美国联邦基金利率是解释美元长短期走势最好的指标。80年代初美元的升值源于联储抗通胀的高利率政策，而此后的美元贬值则伴随着降息周期。由图1可以看出，90年代随着美国联邦基金利率的提高，美元总体保持强势，而自2000年以来美国持续的低利率政策促使美元持续贬值。

泰勒认为，保持实际短期利率稳定和中性政策立场，当产出缺口为负和通胀缺

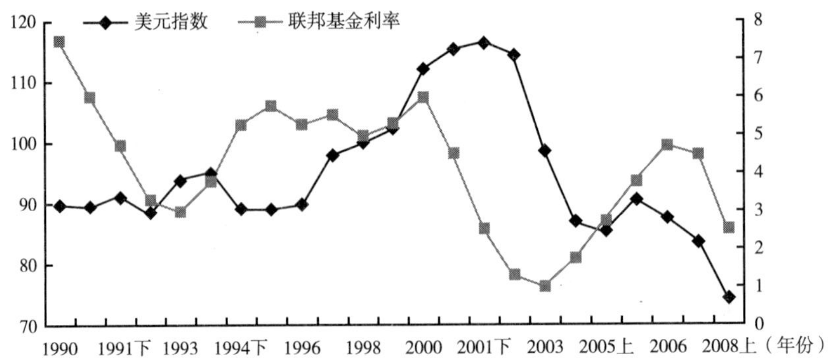


**图1　1990—2008 年美国联邦基金利率与美元指数走势图**

注：数据来源于 www. federalreserve. gov

口低于目标值时，应降低实际利率。对经济二次探底的担忧及 20 世纪 80 年代以来的货币政策经验都将促使美联储继续遵循泰勒规则的指示，把低利率政策继续执行下去，并到 2011 年左右。而低利率将使美元维持弱势，从中长期来看，美元已步入了贬值的漫漫长路。

### （三）风险转移给美国带来的收益

一般来讲，美元作为国际储备货币可以获得三个好处，在投放美元时获得铸币税收入，在美元贬值时获得了通货膨胀税，另外，促使美国金融市场的交易规模变得更大，更具有流动性，从而降低了以这种货币标价的金融资产的风险溢价，进而减少了筹资成本。

静态上来看，各国通过国际贸易都积累了一定量的美元储备，当美元贬值时，意味着各国的本币升值，这就造成一方面美国之外的国家所持有的美元资产贬值，另一方面美国及其居民持有的外汇资产价值上升，并且他们的债务不发生变化。这就会使美国的外汇资产表现为正的财富效应。动态上来看，美元贬值将提高美国商品的国际竞争力，促使美国贸易逆差的缩小。因为当美元走强时，外国商品吸引力增强，美国进口增加，出口减少，贸易逆差不断扩大，而当美元走弱时，相反的情景发生，即美国的商品吸引力增强，出口增加，进口减少。这让美国不必使用各种贸易壁垒便轻易完成了贸易保护，一方面弥补了因经济危机造成的消费下降，促进了产能的消化，另一方面推动了就业，缓解了社会矛盾，实现了经济风险的贸易转移。

### （四）风险转移给中国带来的威胁

美国定量宽松的货币政策其实质是美国财政部发放国债，美联储开动印钞机购买美国国债，这虽为美国救市提供了资金，却容易造成全球性美元泛滥的后果，美元弱势不可避免。而美联储在美元疲软之际继续维持低利率政策，为国际投机者提供了巨大的美元套汇、套利机会，美元由美国流向新兴市场国家吹大了当地的股市和楼市泡沫，从而对新兴市场经济的复苏形成了潜在的冲击。从 2008 年年中以来，人民币对美元汇率采取“紧盯”策略，但美元最近半年来已有超过 15% 的贬值，这强化了市场对人民币的升值预期。目前市场对人民币升值空间的预期为 10% 左右，当升值速度明显跟不上预期，就会进一步强化热钱的套汇动机。在美联储主席伯南克表示美国将长时间保持低利率政策以及中国未来可能进入加息通道的大背景下，中美利差有逐渐扩大的可能，这又为投机者提供了套利的动机。自 2008 年年底以来，中国股市已累计上涨了 70% 左右，楼市也是狂飙猛进，股票价格与房地产价格的加速上涨进一步刺激了热钱到中国套利。据估计，2009 年 1—10 月份流入我国的疑似热钱约为 1400 亿美元，且有加速流入之势。热钱流入我国有多种渠道，其中重要一条便是利用中国对出口企业的应收账款、应付账款等管制有所松动的机会，通过贸易渠道“合法”地将不明资金转移进来，这种方式非常不易被监管部门察觉。国际短期资本大量流入中国，将使得美国的流动性过剩直接转化为中国内部的流动性过剩，这将推动中国资产价格的泡沫，最终威胁我们经济增长的可持续性。

## 三、通过当期贸易向中国企业的风险转移

从时间上看，如果说美国通过贬值美元来转移经济风险是以历史贸易中沉淀在各国的美元为前提的话，那其经济风险向中国进出口企业的转移则是建立在当期贸易的基础上。从直接承受者来看，因为我国实行严格的外汇管制制度，国家控制绝大多数的外汇储备，所以国家直接承担了美元贬值的风险，而美国通过当期贸易转移出的风险则由中国具体的企业来承担。从最终承担者来看，两者的风险大多数都将转移到中国的普通民众身上。

### （一）风险的转移路径

中美两国经济交往密切，2008 年双方贸易额达到 3337.4 亿美元，在 30 年间增长了 130 多倍，目前，中美两国已互为第二大贸易伙伴，美国是中国的第二大出口市场和第六大进口来源地，中国是美国的第三大出口市场和第一大进口来源地，并连续 7 年成为美增长最快的主要出口市场。中美两国利益联系的密切虽为两国关系的深化奠定了基础，但也让中国在美出现危机时变得很脆弱，有时甚至会沦为美国经济问题的“替罪羊”。如图 2，美国经济危机在给美国进出口带来影响的同时也给中国的进出口企业带来变化，据有关数据，2009 年上半年中美贸易额同比下降 16.6%，下降幅度之大是几十年来罕见的，这也必然让中国的一些进出口企业面临

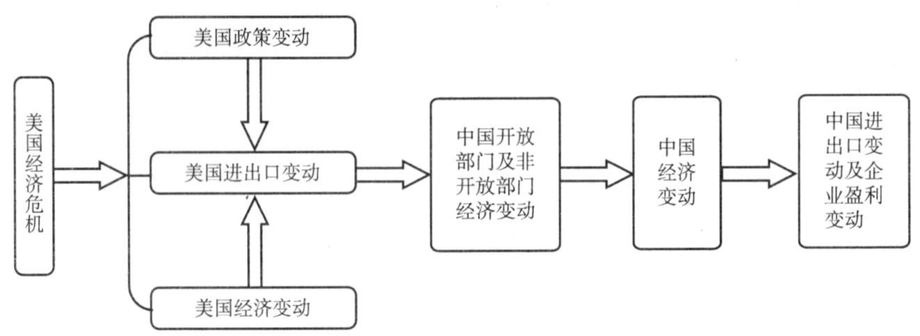


**图 2　美国经济风险的转移路径**

经营上的困境。中国是美国的最大贸易逆差国，美国的一些利益团体也会借此向国会及政府施压，促其推出一些不利于中国的法案或政策，通过加重中国企业的负担来提高自己的竞争力，以缓解目前的困境，进而转移了经济风险。

### （二）风险的转移形式

美国通过当期贸易向中国的风险转移有多种形式，而扩大出口、限制进口是其最基本的两种形式。为了扩大国内的就业，奥巴马在 2010 年 1 月份的国情咨文中提出了五年内使美国的出口翻一番的目标，但外界对此并不看好，国际舆论认为短期内奥巴马要想缓解国内民众对高失业率的不满，还是要借助贸易保护的大旗，尽力压缩进口。现实是，美国对中国也正在这样做。为保护国内缺乏竞争力的产业，提高就业率，美国不顾国际会议中多次重申的反对贸易保护主义的主张，向中国提出一系列的贸易调查，企图削弱中国的对美出口。例如，2009 年 9 月 11 日，美国提出轮胎特保案。9 月 23 日，美国联合钢铁工人工会联同三家造纸公司对中国的铜版纸提起反倾销调查。10 月 7 日，美国对中国进口的无缝钢管发起反倾销和反补贴税调查。美国总统奥巴马提出两年创造 250 万就业的计划进一步增加了贸易保护主义抬头的可能，贸易政策明显会受到政治的影响，美国的失业率至今仍徘徊在 10% 左右，若其继续居高不下，可以预料贸易保护主义必会成为美国政治家们的不二选择。

### （三）风险的最终归宿

1. 中国进出口企业向国内普通民众的转移

在金融危机前，我国的诸多产品便以低成本优势牢牢地占领着各国市场，中国成为世界名副其实的制造业中心。这主要得益于中国的出口产品要素成本低，因为我们的劳动力、地租和资本被廉价地折进出口产品中，汇率也存在一定程度的低估，便造成了中国产品的低价格。实际上，中国产品成本要素的折价转移，在很大程度上支撑着美国的消费与经济增长，在危机爆发后更是如此。

在中国受到美国经济危机冲击出现出口下滑生产低迷的情况下，我国也迅速加入到降息的行列，经过几轮降息，目前的存款利率为2.25%。我国的货币政策调整让银行的贷款规模迅速扩大，进出口企业在获得充足的流动性和低廉的资本注入的情况下，生产得以继续，中国的产品竞争力也得以维持。表面上看，进出口企业摆脱危机是受了国家贷款政策的影响，似乎与普通民众无关，但实际上各企业获得的低息补贴却是以普通民众的利息损失为代价的，即老百姓补贴了各进出口企业，补贴了美国消费者。目前我国的民间贷款利率达13%以上，而银行存款利率只有2.25%，贷款利率也不过8%，根据2009年上半年7.72万亿元的天量贷款规模来看，5%的贷款利差就使由民间向各企业半年的财富转移量高达3860亿元。因此，美国危机使中国进出口企业陷入困境，而中国企业通过国家的利息补贴慢慢摆脱危机，普通民众成为风险的最后承担者，并且无从转嫁。

2. 中国经济风险向未来的转移

历史经验表明，每次经济危机都会导致一些产业的衰落，同时催生出一大批新的产业，推动经济结构社会结构的改造与进步。经济危机对于中国也同样是机遇与威胁并存。我国虽然被喻为世界的工厂，但实质却只是世界的加工厂，我们以资源的大量消耗和环境的高污染为代价，用低廉的劳动力、土地和资本要素赚取微薄的加工费。在金融危机之初，我国某些地区的一些企业出现严重的经营困境有的甚至倒闭了，从某种程度上讲，这属于经济危机推动产业结构调整的正常现象。一些不适应社会发展现状缺乏竞争力的企业是应该被市场所淘汰的，否则既不利于产业结构的升级也不利于社会资源的高效利用。但现实是，我国采取的过于宽松的货币政策可能延迟了这一升级进程。我国的天量贷款，让中国进出口企业坐享低成本资本收益的同时，缺乏产业转型结构升级的动力，这势必造成我国结构调整进展缓慢，暂时虽没了阵痛，但却将问题转给了未来。

## 四、应对策略

美国通过贬值美元转移内部风险的事实已经相当明显，对于中国应当采取怎样的措施来确保自己巨额外汇储备的安全，当今学术界已有相当多的讨论，虽见仁见智，但有些却未必具有可操作性。2009年年初，中国央行行长周小川提出了改革国际货币体系，推动IMF特别提款权成为国际主要储备货币的设想，在当时引起了国际舆论界的巨大关注。用特别提款权（SDR）逐步取代美元，从理论上讲虽然可行，但现实阻力却不容忽视，其中最大的阻力便是来自美国。美元作为国际主要储备货币为美国带来的好处不言而喻，美国必会竭力阻挠有损美元地位的国际货币体系改革，在世界最大经济体的反对下，SDR的前景也只能用渺茫来形容了。况且，远水救不了近火，在SDR存在巨大不确定的情况下，我们当以更现实的态度来思考中国外汇储备的安全问题。短期来看，人民币应该继续盯住美元，并联合世界各国向美国施加压力，推动美国保持美元币值的稳定。另外，中国新增外汇应不再购买美元资产，长期持有的美元资产到期不再持有。中期来看，推动人民币国际化，提高人民币在地区及世界贸易结算中的使用比例。加强区域货币合作，解决周边贸易结算对美元的过分依赖。长期来看，以中国逐渐上升的经济实力，推动建立中日韩甚至包括东盟在内的地区一体化货币，比 SDR 要更现实且更具操作性。由区域合作逐步上升到国际联合，循序渐进的世界货币一体化应当是全球摆脱对美元过分依赖的必然选择。

对于美国试图通过当期贸易转移经济风险，我们也应当加强防备。首先是积极利用世界贸易组织规则应对美国的贸易保护，维持我们的出口竞争力，同时要加强与美国的经济沟通和协商，避免双方陷入恶性的贸易战。其次，加强对热钱流入渠道的监控，阻止异常资金的大量流入，避免中国资产的泡沫化。另外，在美国低利率和美元贬值的大背景下，为避免套汇、套利的横行，维持出口企业的竞争力，要求我们必须实行低利率政策，但内部经济风险转移的存在和经济结构调整的需要，以及对未来通胀的担忧，又要求我们提高利率，在此种困境下，我们最好采用相机选择的货币政策，在权衡利弊的情况下谨慎调整利率政策。

## 参考文献

[1] 陈晓燕. 利率调整对我国出口贸易的影响 [J]. 科技和产业，2005，(8)。

[2] 方虹，张帆. 金融危机的贸易传导机制及其对中国出口企业的传染 [J]. 中国科技投资，2009，(3)。

[3] 易宪容，袁秀明. 金融抑制下低利率政策对我国经济成长负效应分析 [J]. 上海金融学院学报，2006，(6)。

[4] 静婧，潘永轩. 国际贸易、利率及其相关性 [J]. 前沿，2008，(11)。

# 我国当代农村土地制度小议

## ——基于中国古代田制的思考

郑 鑫 郑 林

## 一、中国古代田制的演变更替

中国古代的土地所有权制以统治阶级的政权利益为核心，历经井田制、屯田制、占田制、限田制等多种土地所有制。据史料记载，最早出现的田制制度为井田制。夏朝已有井田制，而有据可考的乃是商朝，到西周时已经发展充分。“井田”一词，最早见于《穀梁传·宣公十五年》：“古者三百步为里，名曰井田。”“井田者，九百亩，公田居一。”“方里而井，井九百亩，其中为公田，八家皆私百亩，同养公田”。即将一井分为9个方块，呈“井”字型。周围的8块田由8户耕种，谓之私田，私田的收成全部归耕户所有；中间是公田，由8户共耕，收入全归封邑贵族所有。井田制是封建国家理想中的乌托邦式田地制度，属公有制性质。它的出现促进了铁犁牛耕的发展，生产力水平进一步提高。但随着历史推移，小块田生产逐渐不能满足人们的需要。至战国时期，商鞅推行新的农战思想，并颁布《墨令》，主张“废井田，开阡陌”。《史记·商君列传》曾记载其变法内容，“明尊卑爵秩等级各以差次，名田宅臣妾衣服以家次”，“为田开阡陌封疆”，即废除井田制，制订十二等爵，按爵位竣工给予田地，逐渐建立起封建土地私有制。

秦汉时期，封建土地私有制日益明显，土地分配不均问题加重，贵族豪强的土地兼并使得阶级矛盾日趋尖锐。为此，董仲舒提出“不患寡而患不均，不患贫而患不安”，提醒统治者认清现状，恢复井田制，并提出限田论。荀悦也曾提出“宜以口数占田，为之立限，人得耕种，不得买卖，以赡民弱，以防兼并”。《汉书·食货志》记载了董仲舒的建议：“古井田法虽难卒行，宜少近古，限民名田以澹不足，塞兼并之路。”颜师古注：“名田，占田也，各为立限，不是富者过制。”这就是在肯定土地私有制基础上平均地权的理想。汉哀帝曾下诏：“关内侯吏民，名田皆无得过三十顷。”一定程度上维护了土地分配的公正性，缓解了阶级矛盾。同时赵过与氾胜之提出代田法及区田法，“代田者，更易播种之名。甽播则垄休，岁岁易之，以甽代垄，以垄处甽，故曰岁代处也。”在土地分配基础上提出提高土地产量和耕种方法的土地管理制度，即土地可利用轮番交替耕种来恢复和增进地力。而“区田法”是一种精耕细作提升土地产量的方法。即将土地划分为区田，增强保水保肥的能力。

至魏晋南北朝时期，政权更迭，土地制度进一步发展，出现了“屯田制”、“占田制”以及“均田制”。所谓屯田制是指利用士兵和农民垦种荒地，以取得军队供养和税粮。其主要分为军屯、民屯、商屯（亦称盐屯）三类。即国家强制要求农民与士兵耕种国有土地，征收一定的数额来确保军队行军的粮草与国家的赋税，用以恢复国家的社会生产力，解决社会问题。这是封建制度下典型的田制思想，是战争时期的产物，是封建阶级为维护阶级利益的体现。它提高了生产资源的分配效率，解决了军粮的供应问题，是当时社会重要的田制思想。占田制是为控制土地兼并，保证国家赋税徭役的征发而规定贵族及各级官僚的占田数以及占劳动力的数目的一项田制制度。规定了丁男丁女的占田课田数和地租额以及国王公侯在京郊近郊的占田数。其作用是为适当限制贵族的封建特权以及保证农民保有必要的土地数量以资耕种。而均田制是中国古代北魏至唐中叶封建政府推行的土地分配制度，于太和九年（公元485年）颁布执行，主要是为了保证国家赋税来源。按性别、爵位、奴婢数及耕牛数划分土地。这一制度的实行是建立在土地国有化的基础上，将那些因长期战乱而遗留的无主荒地，产权不确定或已发生争执的农地进行没收，进行土地跟人口的合理配置以减少荒田的数量，对在较短时间内恢复战乱前国家的安定和地税的稳定有着重要的战略意义。

“井田制”、“屯田制”、“均田制”在中国古代经济思想中具有深远的影响力。北齐、北周、隋、唐都沿用均田制。三国时期的曹操颁布了《置屯田令》：“定国之术，在于强兵足食，秦人以急农兼天下，孝武以屯田定西域，此先代之良式也。”兴置屯田，解决军粮。北魏李安世写了《均田疏》提出解决土地所有权纠纷的意见，并对井田制进行描述，提倡实行均田制。此后，中国古代的田制也均沿用“井田制”、“屯田制”与“均田制”，但在三者的选择上有所偏重。

## 二、从中国古代田制思想中获得的启示

中国古代的田制思想虽已成为历史，但其田制思想的诸多优点值得当代农村土地改革学习借鉴，同时其缺点与不足也应作为前车之鉴，防患于未然。

### （一）土地是民生之源，应为民所用

无论是井田制、均田制抑或是限田制，都强调要归田于民。土地是百姓生命之

源，是其生产、生活的主要要素。封建时期的土地虽属国家所有，但按人口数额分配，保证百姓得以自给自足，才能安定民心，发展生产力。

### （二）田地应合理配置，公正高效

均田制的产生正阐述了这一特点，将田地划分，使劳动力与田地合理配置，不仅有效减少了土地的荒废数量，安置了闲散劳动力，还缓解了社会矛盾。同时，在安逸生产下，配上代田制、区田制等精耕细作的方法，高效率地恢复了战争时期的社会生产力，促进了农业的发展。

### （三）田制管理机制应加强完善

中国古代田制的更替不仅受封建阶级的政策影响，更主要的原因是田制的管理机制欠缺完善。封建统治阶级为扩大贵族官宦的势力范围，封田赏地，与均田、限田背道而驰。同时，田地的产权因朝代变更频繁，赋税负担重，常出现朝代更替过渡时期的农民丧失生产资本，对农业生产失去信心。因此，田地的户籍管理与赋税的缴纳应记录清晰，减少更变次数，维护生产作息。

### （四）转变土地所有制性质，搞活经济

秦汉时期前，土地为公有制，随后土地的私有化日益明显，商业开始发展。有的朝代允许土地的出租、买卖，完善了市场土地的供需。经济发展元素开始多元化，不只局限于依靠农业创造价值与资料。土地归国家所有利于土地的管理以及国家政权的维护，而土地私有利于农民积极性的提升以及经济的多样化发展。转变土地的所有制性质，在土地归国家所有的范围内，适当地加入私有的比例成分，既能保障国家政权，又可激励经济的繁荣。

## 三、当代农村土地制度的背景

中共十五届三中全会以后，理论界着重转向探讨怎样稳定农村土地承包关系、地权的稳定性与农业增长是什么关系、农村土地承包立法等专题。“集体所有，家庭经营”的农村土地制度20年的实践运营经验证明其具有广泛的适应性和强大的生命力。因此，中共十五届三中全会提出要继续长期稳定地以家庭承包经营为基础、统分结合的双层经营体制，提出要坚定不移地贯彻土地承包期要延长30年的政策决定，同时要加紧制定确保农村土地承包关系长期稳定的法律法规，赋予农民长期而有保障的土地使用权。因此，家庭联产承包责任制是我国现阶段的土地制度。所谓家庭联产承包责任制是指将农民合作经济组织通过契约，将集体公有的土地等基本生产资料和经营项目发包给农民家庭自主经营，在农民家庭分散经营的基础上，合

作经济组织统一经营单家独户难以承担的公共服务，统分结合、双层经营，因而它通常被人们表述为“家庭联产承包责任制”。它是中国的基本农业经营制度，也是改革开放的重要环节。它极大地促进了农业农村经济的全面发展，减轻了劳动力过剩的状况，引导农村结构转向城市化，给我国农村带来了翻天覆地的变化。但在20多年的运行中也暴露了一些制度缺陷，对整个农业、农村人口、农业经济的发展造成了一些负面影响，迫切需要进一步创新完善。

## 四、当代农村土地制度面临的困境

### （一）土地产权模糊，监管不善

宪法和法律明确规定，土地属于国家和集体所有。《中华人民共和国土地管理法》（简称《土地管理法》）规定，“农民集体所有的土地依法属于村农民集体所有的，由村集体经济组织或者村民委员会经营管理；已经分别属于村内两个以上农村集体经济组织农民集体所有的，由村内各该集体经济组织或者村民小组经营、管理；已经属于乡（镇）农民集体所有的，由乡（镇）农村集体经济组织经营、管理”。其中“农民集体”的概念值得进一步思考，因其不是法律制度上的“组织”，易导致监管失效。现实生活中，在农村的不少地方，村委“一套班子，两块牌子”，掌握着土地的经营管理权，试图钻法律的空子，借助集体名义，进行土地流转获利。同时依照管理法，土地的产权主体即可为乡，也可为村，还可为村小组，造成土地产权主体模糊虚化，不利于土地的管理和规划。农村荒地增多，粮食减产，不安定因素累积。

### （二）土地流转不畅，市场化不健全

目前我国可进行市场交易的土地限定为国有土地，我国《土地承包法》规定土地的流转“不得改变土地所有权的性质和土地的用途”，垄断了土地的市场准入权，给农民所承包土地的市场化设置了门槛，农民无法合理流转土地。由此形成的市场低效率成为以家庭联产承包获得土地的农民的一大遗憾。同时，土地产权的模糊与土地产权监管的不善也给土地流转制造了障碍。农民认为自己承包的土地由自己做主，法制观念不强，私下进行转包、出租、互换等行为，未通过法定程序，形成租金不合理、土地浪费的情况，亦使得土地流转局面混乱，亟须规范管理。

### （三）旧制度已无法满足农民新需求

改革开放初期（1985年以前），国家归还了农民的土地，实行了家庭联产承包责任制，农民给中国的农业生产带来了惊喜与奇迹。但随着时间的推移，中国农业

放慢了增长步伐，城乡差距逐渐拉大，农民的收入徘徊不前，家庭联产承包责任制的制度效应逐渐下降，暴露出新的弊端。归根结底是因为土地的安排已达到均衡，无法获得额外收益。同时经济社会仍处于快速发展阶段，土地的低收益无法满足农民日益增长的多样化需求。因此，劳动力从农村释放出来，发生了转移，许多土地变成了荒地，家庭联产承包责任制的不足愈发明显。

### （四）农村土地经营权不稳

农村家庭联产承包责任制的产生孕育了土地承包经营权。土地制度的改革是一项长期的任务，需要在实践中逐步调整，这给土地承包经营权的界定带来了一定的难度。在新《农村土地承包法》实施前后，土地承包经营权由债权转向物权。这一权益的转型依赖政府的行政手段，具有一定的主观操作空间。因此，偏远农村常出现土地经营权的不稳定，使农户对土地的信心减少，转向粗放式的短期生产，以致地力下降。

## 五、当代农村土地制度的对策建议

农村土地出现困境的根本原因在于土地产权的界定不明、流转机制不完善以及法律缺乏规范。因此，土地产权的确立是保障农民所有权的基础，流转机制的完善是实现农村土地制度市场化转变的核心内容，而法律法规的规范更是为二者的实现添加保护衣，从源头和实施过程为农民的利益把关。

### （一）衔接法律，明确土地产权

进行农村土地法律法条的统一整理，做好相互间的衔接，减少法律的重复，补充法条的不足与注释。重点立足于土地产权的法律界定和注释说明，如前所述，《土地管理法》对土地主体“农民集体”的诠释存在纰漏，出现定义不清的状况；同时管理法对归乡（镇）、乡、乡小组分别管理的土地的分块不够细致，多方作用就形成了土地产权界定的操作复杂性。土地民生问题在我国各级法律中均有涉及，其中最高的是我国的根本大法《宪法》，为实现土地法规的串联性，《土地管理法》、《土地承包法》与土地的地方条例等要以宪法精神为主导，进行相互的梳理衔接，才能使土地产权有法可依，严法把关。

### （二）转变市场机制，健全土地流转市场化

转变现有的市场土地准入门槛，对农民承包的土地进行新的界定，按市场机制划分公用土地数量、面积与商业土地区，在源头上保证公用地。在商用土地上，完善征收补偿机制，确保农民补偿金足额。针对土地流转市场化，应坚持统一、公正、

开放制度。规范土地租金，建立健全土地转包、出租、互换、转让等中介机构，保证土地流转的合法性，规避农民因不懂法而造成的利益损失。开放土地交易的准入线，允许农民参与土地的市场交易，满足农民的多向需求。同时，政府要发挥“守夜者”的角色作用，行使宏观调控职能，确保农业新型发展的经济成果。

### （三）寻找农村土地新制度，开拓农村土地发展方式

土地联产承包责任制的效用基本释放完毕，在新阶段寻找适合农村土地改革的新制度，是扭转农业经济效益下滑、增加农民收入、缩短城乡差距的必要途径。“两田制”是一种将农民承包地分为基本生活保障田与增加收益发展田的新型土地制度。类似山东省平度市的“口粮田”和“责任田”的分法，“口粮田”按人口均分，如同中古田制的“均田制”；而“责任田”按劳动力或竞标方式分配，以此提高土地规模效率。这一制度既能长期维系农民生活的基本保障，又能充分利用发展田进行农业规模经营、产业化发展或非农建设，增加农民收入来源的多样化，提高农民对承包地的积极性，从实践中减少土地抛荒现象，开拓农村土地发展方式。

## 六、小　　结

中国古代的田制制度是适应一定的历史背景而制定的以统治者利益为目的的田地制度，代表的是统治阶级的利益。在当今的社会主义阶段，田制制度的性质有所转变，不是以统治者的利益为核心，而是着力于解决社会矛盾与缩短分配差距。中国古代田制所阐述的具体方案虽已不适合当代的田制改革，但思想的内涵与方法具有重要的理论价值。因此，如何从这一思想长流中正确认识当今农村土地制度的缺陷，以及如何在田制发展过程中寻求适当的解决方案是当代田制改革面临的重大问题，也是解决“三农”问题的关键。

### 参考文献

[1] 宋敏，陈廷贵，刘丽军. 中国土地制度的经济学分析 [M]. 中国农业出版社，2008 年 9 月。

[2] 赵冈. 历史上的土地制度与地权分配 [M]. 中国农业出版社，2003 年 8 月。

[3] 董栓成. 中国农村土地制度改革路径优化 [M]. 社会科学文献出版社，2008 年 6 月。

[4] 周正宾. 我国农村土地制度改革困境：基于重庆“顾田制”改革实验的思考 [J]. 法制与经济，2009 年 5 月。

[5] 朱振辉. “两田制”在化解三农问题中的现实作用 [J]. 经济管理。

[6] 郑蔚. 中国经济思想史 [J]. 福建师范大学经济学院. 2009 年 9—10 月。

# 浅析资源税改革

张德志

改革开放30多年来，我国经济的持续高速发展以高能耗、低效率的粗放型经济增长方式为基础。这种以能源过度消耗和环境污染为代价的经济增长方式，使得资源短缺和环境问题成为制约我国当前经济发展的重要因素。原有的资源税制体系不能满足我国经济社会发展的需要，资源税费改革势在必行。

## 一、资源税改革的必要性

2010年5月17日，资源税费改革率先在新疆试点推行，将石油、天然气资源税由从量计征改为从价计征。资源税费改革的呼声由来已久，下面将从环境与资源税制本身两方面阐述资源税改革的必要性。

### （一）资源税面临的新环境

1. 国内环境的变化

我国人口众多、自然资源相对不足，同时我国的资源利用率比较低，矿产资源总回采率仅为30%，比世界平均水平低20个百分点，单位产值能耗明显低于世界平均水平，单位资源产出水平相当于美国的1/10，日本的1/20。伴随经济发展和人口增长而来的能耗和环境压力等问题促使我国经济发展方式转轨，节能减排、绿色经济成为我国经济结构转型的目标，资源类产品带来的盈利需要对环境破坏和国民财富流失作出补偿，原有的资源税制已经不能适应国内经济环境变化的需要。

2. 国际大环境的变化

当前，资源短缺与环境问题已经成为制约世界经济发展的关键因素之一。世界各国将能源安全问题提升到国家战略的高度，甚至以战争手段争夺能源，能源的可持续利用将成为各国经济发展研究中的重要命题。

### （二）资源税制本身所存在的缺陷

1. 理论基础有待完善

在我国，资源税课征的理论基础是马克思的级差地租理论，以此为理论基础我国实行“普遍征收、级差调节”的资源税制。这种税制定位与世界范围内“绿色税收体系”的思想相悖，既不能体现资源本身的内在价值和不同资源在经济中的不同作用，也不能将资源开采的社会成本内部化，因而无法起到遏制资源掠夺和浪费的作用。

2. 征税范围过窄

我国目前的资源税征税范围过窄，对于未开征资源税的具有生态环境价值资源的开采和利用缺乏税收调控，使得征税资源的价格高于未征税资源，将有可能导致企业为避免税收负担抢夺未征税资源及其后续产品。

3. 课税依据不合理

资源税原有的从量计征的课税依据存在诸多弊端：以纳税人的应税产品的销售数量或者自用数量为课税依据，在客观上鼓励了企业和个人对资源的掠夺式开采；使资源税税负与资源价格相脱离，使资源税对应税产品价格变动丧失了弹性。这种方式不能将资源开采的社会成本内在化，不利于企业经济增长方式的转变。

4. 单位税额过低

在此次资源税费改革前，我国资源税税负过轻，占总税收收入的比例呈逐年下降的趋势，2007 年资源税税收收入为 261.15 亿元，占税收总收入的 0.57%，2008 年这一比例下降为 0.56%。资源税负过轻使得企业对资源的浪费惊人、资源利用率低下，不能发挥资源税保护国家资源、调节级差收入的作用。

## 二、资源税改革的影响

资源税费的改革必然会对我国的生态环境、自然资源、经济社会发展等各个方面产生一定的影响。下面将从利与弊两方面探讨资源税改革可能产生的影响：

### （一）资源税改革可能产生的有利影响

1. 从宏观经济层面来看

首先，资源税改革有利于我国经济的可持续发展。资源税改革可以提高资源的利用效率，延缓资源枯竭的速度，实现资源使用的代际公平，为我国经济持续发展提供长久的动力支持。同时提高资源税负，可以增加政府财政收入，为替代能源开发与能源技术创新产业的发展提供财力支持，有利于我国经济的可持续发展。

其次，资源税改革有利于资源的合理开发利用。扩大资源税的征收范围，将不可再生的自然资源以及对生态环境具有重大意义的资源纳入税收的保护体系之中，遏制了企业对不征税资源的抢夺和破坏。同时提高资源税负，将资源开发利用所造成的生态破坏等社会成本内部化，企业和投资者作为理性的经济人在开发时就会尽可能地提高资源的开发利用率。这一改革又将从量计征改为从价计征，改变了资源产品定价受行政命令调控的局面，建立起资源产品价格由市场调控的定价制度，充分发挥价格在配置资源性产品中的重要作用，鼓励资源的合理开发和利用。

2. 从微观层面来看

首先，资源税改革提高了企业的相关成本，企业可以通过税负转嫁的方式将这部分成本转移出去，也可以通过改进生产技术、提高生产效率的方式将这部分税负进行内部消化。在相关配套措施健全的前提下，企业必然依靠技术进步的优势进行集约型生产，降低资源不必要的浪费，同时也提高了企业持续发展的能力以及在同行业中的竞争力。对消费者个人而言，资源税改革提高了相关产品的价格，间接影响消费者的选择，有利于消费者增强资源节约的观念。

其次，资源税税负的增加提高了当地政府的财政收入，这不仅在一定程度上调动了地方政府开发资源的积极性，而且地方财政收入的增加为当地生态环境的保护和修复提供了更为充足的资金。在另一方面资源税改革可以促进资源丰富地区形成完整的资源产业链，提高当地的经济发展水平，缩小该地区与东部发达省份的贫富差距，有利于当地社会稳定和民族团结。

再次，资源税改革压缩了相关企业的利润空间，企业投资者不得不考虑减少对征税资源的投资而转向利润相对较高的行业，投资方向和投资规模的改变，对其他产业而言是一次机遇，加之政府对可再生能源与能源利用技术创新行业的支持，可再生能源行业将会得到进一步的发展。

### （二）资源税改革可能产生的负面影响

1. 资源税改革可能会降低产业竞争力，影响进出口贸易

资源税改革增加资源税负水平，这将使得我国资产资源成本密集型产品价格大幅度上涨，削弱我国自产产品在国内的产业竞争力，同时也使我国资源成本密集型产品的出口价格上升。国内资源类企业将面临进出口与国内市场上竞争力下降的压力，部分企业甚至会因此而倒闭、转向或被兼并。

2. 资源税改革可能会引起短期内物价上涨，引发通货膨胀

资源税改革提高资源税税负、增加资源类企业成本，上游开采资源企业可能会通过提高资源价格的方式将税负向下游企业转移。目前我国经济的主要增长点仍然是制造业，能源及基础资源价格的上升，可能会加剧全社会成本推动型通货膨胀，再加上乘数效应的推动作用，会加大政府的调控难度。

## 三、完善资源税改革的建议

我国现行的资源税改革还处于试点阶段，仍然存在较多的问题需要完善，下面将从对国际经验的借鉴、与其他政策手段的配合使用两方面提出完善资源税改革、强化其作用的建议：

### （一）对国际经验的借鉴

西方市场经济国家具有以权利金为主体的立体资源税费管理体系，其资源税费体系既包括资源税、资源费，也包括可交易的许可证制度、环境激励补贴以及自愿性方案，形成一种真正意义上的资源耗竭补偿机制。借鉴国际经验我国应从以下方面入手建立完善的资源保护补偿体系：在资源税费改革的基础上，理顺资源税与资源费之间的关系，确立资源税在资源税费体系中的主体地位，缓解税与费重复征收的矛盾；开发配套的激励补贴机制，资源税费改革势必会增加政府财政收入，这就为激励补贴机制的建立提供了财力保障，对企业提高资源利用率、增加高新技术投入的行为进行补贴激励。

### （二）与其他政策手段配合使用

1. 建立健全资源税税收收入分配体制

就现阶段而言，资源税收入大部分属于中央，地方政府仅取得25%，但资源开采所造成的生态环境破坏支出全部由地方财政收入支撑，难以调动地方政府保护本地区自然资源、生态环境的积极性。应当建立资源税税收收入返还体制，由中央政府将部分资源税税收收入返还地方政府，地方政府利用这一返还资金，建立一整套的资源开发和环境保护补偿机制。

2. 建立规范的监督与约束机制，防止税负向消费者转嫁

我国当前的资源市场价格形成机制并不健全，占有资源的企业在资源价格的定制上具有主导地位。因而，资源开采企业很可能会借机抬高资源产品价格，通过转嫁最终由消费者承担资源税税负。如果税负由消费者承担，资源税的征收就背离了应有的作用，政府只是增加了一项税收收入，既不能调控企业和投资者的行为，也不能起到保护自然资源、促进可持续发展的作用，更不能给消费者带来福利。因此，在进行资源税费改革的同时，要建立起规范的监督与约束机制，防止企业借机抬高资源产品价格，将资源税负的转嫁控制在上下游企业之间，鼓励企业通过采用高科技的生产技术、提高资源利用率等途径将税负增加的成本内在化，而非向消费者转嫁。

3. 大力发展可再生能源，优化产业结构

资源税费改革主要增加了矿产资源企业的税负和成本，作为理性的经济人，投资者可能会缩小矿产资源行业的投资规模，转而投资其他利润更高的资源行业，这对于可再生能源行业而言是一次发展机遇。我国应抓住这一契机，颁布实施有利于可再生能源以及替代能源行业的扶持政策，如利用资源税税收收入对其进行补贴、给予该行业一定的税收优惠政策、大力培养行业人才等，促进可再生能源以及替代能源形成产业体系，将有利于优化产业结构，提高技术密集型产品的比例，减少资源密集型产品。对于资源密集地区而言，应当抓住这一契机，延长资源生产行业的产业链条，大力发展科技含量和附加值高的产业，优化本地区的产业结构，促进本地区经济可持续发展。

4. 加强资源税体系建设，协调税费关系

我国现有的资源税体系，既有税又有费，费的征收名目众多，且收入比例远高于税收，费源挤占了税源，不仅扰乱企业的正常生产经营活动，而且缩小了税收的执法空间，在一定程度上造成了重复征收，造成了企业的负担，削弱了资源税应有的作用，不利于资源税体系的建设。因此，在提高资源税税负的同时，应规范资源费的征收和管理，采取税费合并等方式解除税费矛盾，建立完整和规范的资源税体系。

5. 采取一定的税收优惠政策

资源税费改革在推行前期势必会遭到来自各方面的阻力，再加之改革会对一些实力较弱的资源企业造成较大的压力。考虑这些方面，在资源税费改革初期采取一定的税收优惠政策是必要的，它可以鼓励资源企业改进自身的生产条件、提高资源利用效率、发展可再生能源等。因此，在资源税费改革的基础上，对于企业节约能源、环境保护方面的支出以及引进先进设备的支出，在计算应纳税所得额时给予一定的扣除。

6. 推进环境税收体系构建

生态环境保护、经济社会可持续发展的建设是一项持久而重要的任务，不是依靠资源税这一项税种就能解决的问题。开征环境税，与资源税配合发挥作用，建立起完善和规范的大环境税收体系，将使税收的杠杆作用得到较大程度的发挥，构建起生态环境保护的立体税收网络，可以极大地推进经济社会的可持续发展。

## 参考文献

[1]《中华人民共和国资源税暂行条例》。

[2] 张婷婷，冯相昭，庞军．国际经验对我国资源税改革的启示［J］．环境保护．国际瞭望，2009。

[3] 林芝. 试析我国资源税费制度的不足 [J]. 经济论坛，2009 (13)。
[4] 薛惠锋，周奕琛. 推行资源税改革正逢其时 [J]. 环境科学与管理，2009 (5)。
[5] 祝照红. 资源税改革对我国进出口贸易影响分析 [J]. 现代商贸工业，2009 (19)。
[6] 雷又生. 可持续发展下的资源税政策思考 [R]. 九江学院会计学院，2009。
[7] 侯丽艳，胡蝶，赵亚霄. 中国资源税制改革研究 [N]. 石家庄经济学院学报，2009-02。
[8] 任佳宝. 完善资源税改革方案的几点建议 [J]. 当代经济. 经济生活，2009 (3)。

# 完善我国廉租房准入退出机制的思考

凌洁雯

## 引　言

改革开放30多年来，我国市场经济体制逐步完善，各项制度的市场化改革有序推进。随着我国工业化和城市化进程的逐步深入，我国住房货币化分配逐步实施，住房投资和消费的主体由单位转变为城镇居民个人，全方位的市场化运作提高了资源配置效率，但同时也给低收入家庭解决住房问题增添了重重困难。城镇居民的住房问题日益突出，这已成为制约我国经济社会持续健康发展的瓶颈。廉租房制度的推行有效地解决了部分低收入群体的住房问题。随着我国廉租房制度的不断发展，制度设计中的不足逐渐凸显出来。准入与退出机制作为廉租房有效运转的核心，其监管方面存在一系列问题，影响了廉租住房资源的有效流动与利用。因此，建立完善的准入退出监管机制对推进廉租房建设具有重要意义。

## 一、我国目前廉租房政策在准入退出机制方面的不足

现阶段我国政府把廉租住房制度视为住房制度改革，特别是解决最低收入居民家庭的住房问题的一项重要工作，并在实践中不断深化和完善。在这一大背景下，一些大中型城市的廉租住房建设大面积展开，它解决了部分低收入群体的住房问题。然而我们必须认识到，在准入退出机制方面，我国出台的相关政策仍存在一些不足，它主要表现在：

### （一）准入审核流于形式，“只进不出”现象普遍

2004年国务院出台的《城镇最低收入家庭廉租住房管理新办法》规定：以“书面申请—审核—公示—登记—调查—核实—排队轮候—公布结果”的基本程序安排保证廉租房的配置。但是在实际操作过程中，由于工作量大、取证困难等原因，基层监管程序往往流于形式，导致廉租房申请人在申报财产的真实性和全面性等方面

大打折扣，而且对廉租房的后续管理方面缺乏系统性方案。从建设部公布的统计数字得知，从 1998 年至 2008 年 8 月，全国有 95 万户通过廉租住房制度改善了条件，但是其中因收入提高而腾退的人却寥寥无几。

#### （二）信用体系不健全，收入监督困难

廉租房退出监督机制一般是建立在对廉租房家庭的经济条件进行严格跟踪管理基础上的。然而在收入来源多元化的今天，个人的隐性收入难以准确计算，只有单位工资部分是有记录的，申请人收入申报存在道德风险，工作人员的入户调查也难以完全掌握与收入相关的真实数据，同时银行不准许查询个人账户，由此导致监管部门在退出机制上对接困难。

#### （三）退出保障不到位，退出动力不足

目前，我国一些大城市的廉租房在退出机制方面开始“试水”。北京市于 2009 年 6 月发布《关于廉租住房实物配租管理若干问题的通知》，其中明确规定要根据承租家庭收入水平高低实行分档补贴，一旦承租家庭不符合条件，政府部门即停止计发补贴，由承租家庭负担全部租金。各地也陆续出台相关规定，要求收入水平达到一定标准时应该腾出房源。但是廉租对象的经济状况有所改善但并非大幅度提高，面对高价房，退出廉租房后没有一定的福利政策保障，他们依然是买不起房的住房困难户，退出机制无法推动住户们向上流动，因此逃避廉租退出自然成为住户们理性的选择。

#### （四）对骗租行为惩罚力度不够，责任意识缺乏

各地相关法规对廉租房“骗租”行为主要有“收回廉租房资格”、“罚款”、“一定期限内丧失申请廉租房资格”等惩罚措施，与发达国家和地区的措施相比，其惩罚力度十分有限，一旦获取廉租资格，骗租的违约收益远远大于违约成本。这在一定程度上刺激了更多的人钻政策的空子。另外一些廉租住户存在将房子占为己有或利用廉租房进行获利的思想，因此在申报时往往会隐瞒真实的家庭收入。

## 二、进一步完善廉租房准入退出机制的理论依据与作用空间

完善准入退出机制是推动廉租住房政策发展的重要方面。但是各地政府在准入退出的设计方面存在一些问题，这将限制廉租房作用的进一步发挥。出于公平和效率的目的，政府部门需要在监管机制上不断完善。

#### （一）完善准入退出机制促进廉租住房政策发展的理论依据

当前城镇居民的住房问题日益突出，这已成为制约我国经济社会持续健康发展

的瓶颈。由于廉租房是政府以租金补贴或实物配租的方式向符合条件的家庭提供社会保障性质的住房，住房保障体制实际上就是政府向居民提供的一种公共产品，其效用就是通过支付转移的方式实现社会收入的再分配，使广大中低收入和最低收入人群也能够享受经济发展的成果，从而保持分配公平和社会稳定。通过完善的准入退出评估机制，才能保证真正需要廉租住房的低收入群体享受到适当的住房权。

廉租住房制度通过低廉的租金引导低收入家庭较为稳定地租住房屋，在租户收入达到一定标准之后，则通过合理的退出机制，有效地将脱贫致富的家庭引入商品房市场。这在一定程度上能激励低收入人群工作的努力程度，帮助自己脱离贫困。另一方面，也有利于逐步改变中国人传统的住房消费模式，减少盲目攀比、过度消费等非理性的住房行为，引导住房市场形成良好、健康的发展格局。

### （二）完善廉租房准入退出机制的作用空间

廉租房作为我国住房保障制度中的重要组成部分，在构建和谐社会中发挥着基础性作用，具有调节居民收入分配、维护社会公平、保障社会成员的基本人生权利等功能。完善好这一利国利民的重大举措是政界、学界在一定时期内的重大议题。在研究我国廉租房政策的同时，加强对廉租房住户准入退出机制的研究，能促进这一有限公共资源的流转，让更多需要廉租房的居民得到妥善安置，使其更好地为构建和谐社会服务。准入与退出的评估机制有利于实现廉租住房的良性循环和可持续发展，并有利于在将来逐步实现与公共租赁住房政策的并轨。

## 三、发达国家和地区对廉租房准入退出机制的设计

### （一）严格申请编配程序，加大骗租惩罚力度

为了保证廉价公屋资源的有效利用，香港地区建立了严格的廉租住房保障管理制度，其中最主要的就是对于入住资格（入息限额）的限定及配套措施。香港对入住公屋的家庭有着严格的分类，规定公屋申请人须在香港住满七年并没有私人住宅物业，家庭月入息在规定限额以下者，可以申请轮候租住廉价公屋，同时必须接受包括家庭收入和家庭资产的全面经济状况审查。政府的补贴方式以租金补贴为主，实物配租为辅。在经过一系列审查和三年以内的轮候期，申请人才能获得住房权。美国现对低收入家庭的住房补助主要以租金补贴方式进行。申请者也必须经过公共住房机构严格审查，包括家庭收入、财产、有无犯罪记录等，通过审查的家庭才能列入等候名单。

按照香港房屋条例，任何人在申请公屋时蓄意虚报资料，即为违法，一经定罪，可判刑事诉讼条例所规定第5级罚款（最高罚款额为5万港币）及监禁6个月。严厉的惩罚措施加大了骗租者的违法成本。

### （二）加强过程管理，建立过渡性退出机制

根据美国相关法律规定，已接受补贴的人必须遵守一系列规定和要求，才能继续获得补贴，其中包括向公共住房机构及时、准确报告家庭收入及成员变化。另外，政府通过税收减免和抵押贷款等政策鼓励中低收入群体购买自己的住宅。

自1987年香港房委会开始实施公屋租户资助政策，根据该政策，在公屋居住满10年的租户，须两年一次申报家庭收入，不申报收入或家庭收入超逾所定限额的租户须缴付额外租金。同时，政府通过租金杠杆使其进入“资助自置居所”队伍，购买“居屋”，“居屋”是政府提供“居者有其屋计划基金”兴建的楼宇，以低于市场价格30%左右的价格售给中下收入家庭及租户，或者申请“自置居所贷款”，自购私人楼宇，从而腾出廉租房给轮候登记册上的申请家庭。这样，就能使有限的公屋有序地流动起来，形成动态管理的有效机制。

## 四、进一步完善廉租房准入退出机制的政策建议

### （一）明确廉租房入住对象，加大社会监督力度

对廉租住房的供应对象要根据各地的实际情况进行界定，明确申请人应具备的资格条件。在具体的落实过程中，则要实行严格的申报审批制度，遵循“逐级审核、分期轮候”的原则，完善申请人资料核查、审批公示、事后监督、加强监管等各个环节。对弄虚作假者应将其不良行为记录至其个人信用体系中，政府部门应及时收回住房并进行一定的经济处罚，同时要追究相关审核人的责任，确保将廉租住房申报审核制度纳入公开、公平、公正的社会监督体系中。

### （二）推进廉租房租金补贴制度改革

针对我国目前廉租房建设过程中，普遍的租金“暗补”模式出现的种种问题，现行租金补贴方式应逐步过渡为“明补”。根据承租家庭收入水平高低，政府可实行分档补贴，对低保对象，提供全额补贴，其他家庭只提供部分补贴，从租金中减去，剩余部分则由受助家庭自行承担。一旦承租家庭不符合条件，政府部门应立即停止计发补贴，由承租家庭负担全部租金。同时，为妥善安置廉租房迁出用户的住宿问题，政府部门应及时出台配套措施予以衔接。

### （三）引入市场运作机制，进行动态管理

通过价格杠杆建立合理的廉租房准入退出机制，对廉租房的价格实行不同的价格补贴。当租赁者收入低时，选择廉租房对于他们而言可能比较划算，而当租赁者

收入增加时，他们实际支付的租金也应该相应地增加。因为这样再继续租用廉租房并不能增加效用，反而会挤占公共资源。要明确廉租房的定位不是政府主导的永久性住房保障措施，而是引导市民逐步进入正常商品房体系过程中的中转站。应及时使不符条件的住户退出廉租房，将房源转让给其他生活较为困难的市民使用，以实现动态管理。由此，逐步引导和建立由政府主导的廉租房、经济适用房到由市场发挥主要作用的普通商品房体系的良性住房保障机制。

## 参考文献

[1] 常红. 有必要完善廉租住房退出机制，中国经济时报，2008-05-04。

[2] 潘向敏. 我国廉租住房保障体制研究——以上海市为例，复旦大学硕士学位论文，2008（4）。

[3] 吴佩佩. 借鉴香港公屋经验，完善廉租房准入与退出机制，商业文化，2007（8）。

[4] 刘迎. 浅议我国廉租住房准入与退出机制，城市，2008（7）。

# 基于不对称信息的企业纳税研究

周海灯　方　伟

信息不对称不仅广泛存在于市场领域，在非市场领域以及非市场领域和市场领域之间也存着大量的信息不对称，信息不对称现象在税收征管领域的存在是广泛的，如税务机关与企业之间、国税与地税之间、税务机关与相关部门之间、税务征管人员与税务管理机构之间。税务部门和企业之间的信息不对称会造成企业之间的逆向选择，出现“劣企驱逐良企”的现象。而由于征纳双方信息不对称是一种普遍现象，征纳双方正是围绕着不对称的信息在纳税问题上处于无休止的博弈中。

本研究分为三个部分。前两部分建立两个模型分析，第三部分得出分析结论。

## 一、信息不对称引起纳税企业的逆向选择

按照“理性经济人”假说理论，企业都是“理性经济人”，它们会对是否遵守税收法律法规缴纳税款进行成本收益分析，如果发现违反税法的收益大于它们因此受到惩罚的成本，企业就会选择少缴或不缴税款。在税收征管实践中，企业由于利益的相关性，掌握着对自身经济状况和经营情况比较完备的信息，企业对自己应该缴纳的税款数额是很清楚的，但这并不代表其一定就会照章纳税，它还要先进行成本收益分析。如果税务机关拥有完全信息，那么只要依法征税，并对违法行为进行处罚就可以了，但这种情况只在理论上存在，实际情况是税务机关受到客观条件制约无法完全了解企业信息。这里先假设税务机关不存在“道德风险”，由于税务机关在企业私有信息的掌握上处于“信息劣势”，就会发生漏征或未能发现企业纳税违法的现象，此时企业违反税法的成本极少甚至为零，而收益却较大，企业因此获得较大正收益。企业成功隐匿的信息或提供的不实信息越多，那么它对税务机关的“信息优势”也就越大，获得的收益也就越多，这会进一步激励企业隐匿有关的纳税信息甚至向税务机关提供虚假信息，以获取更大利益，形成恶性循环。恶性循环的结果还会造成企业之间的逆向选择，催生“劣企驱逐良企”现象，造成税务征纳的混乱。

如果说企业诚信纳税，税务机关和企业之间形成帕累托最优的话，企业逃税会增大自身的收益却损害了税务部门的效用。

下面对企业在信息不对称条件下的逆向选择现象进行建模阐述：

建模假设前提：

1. 假设税务部门和企业都是理性的经济人，企业与企业之间更是如此，均追求自身效用最大化，且税务部门不存在“道德风险”，即不存在税务部门与企业合谋，或者合谋成本极高，或严重损害效用最大化的实现。

2. 假设税务部门下辖有 N 家企业，所有企业的负税能力均相同，都是 H。N 家企业的逃税率为 P，且 N 家企业的逃税率均匀分布，即 $P_1 > P_2 > P_3 \cdots > P_N$。

3. 税务部门不了解具体企业的逃税率，但是了解企业逃税率的分布，即了解 $P$ 的分布。

作一简单图形分析：

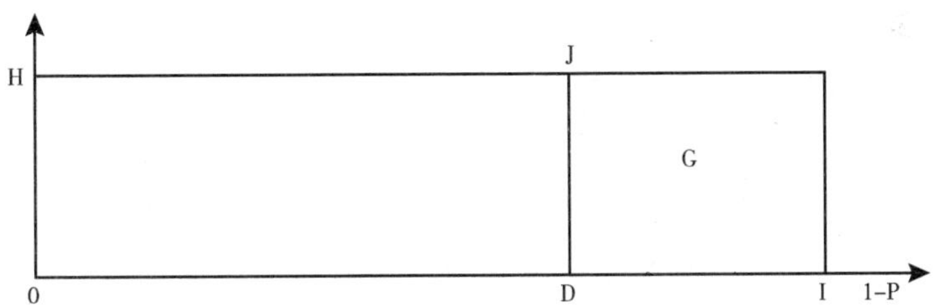


由坐标示，1 - P 上，自左往右，由于 P 越来越小即逃税率越来越小，所以1 - P 越来越大。越向右延伸，越是依法纳税的企业。此时由于信息不对称税务部门并不知道各个企业的信誉如何，也没有任何一个企业有过信息显示，此时税务部门对所有的企业一视同仁。应纳税款应该为 NH，由于部分企业的逃税行为，实际平均收缴的税款仅为$\frac{NH}{2}$。由于逃税率从左往右是均匀分布的，即意味着$\frac{NH}{2}$的税款多由 DI 段企业缴纳。这对守法经营、依法纳税的纳税人来说，显然是不公平的，一方面它们在市场竞争中会受到损害，更严重的是它们自身也是理性的“经济人”，也要进行成本收益分析，结果自然也会利用自身的“信息优势”来牟取利益。如果把合法经营、照章纳税的企业称为“良企”，反之则称为“劣企”。则如图所示，G 部分将会被驱逐，如果砍去 G 部分，则税务系统还剩下 ODJH 的劣企。原本合法经营、照章纳税的良企会理性地分析到不照章纳税会更有利于自身利益的最大化，于是会加入到劣企中，重新填补 G 的空缺。此时“劣企驱逐良企”的现象产生，并伴之企业整体质量的下降和诚信企业的减少，这就是信息不对称引起企业的逆向选择。如果税务机关与企业信息不对称越明显，则“劣企”在税收上获得的利益越大，退出“良企”的纳税人就越多，结果使社会诚信纳税程度降低，市场公平竞争环境遭到破坏。

## 二、信息不对称下纳税企业与税务部门的博弈

在信息经济学中由于信息的不对称性产生的委托代理关系与征纳双方的委托代理关系有着同样的本质，都是一方处于信息优势另一方处于信息劣势的关系。税务机关掌握的企业纳税信息较少，我们可以认为税务机关是经济学意义上的委托人，则企业为经济学意义上的代理人。

下面对税务机关为委托人企业为代理人这种形式的信息不对称，用非对称信息条件下征纳双方的博弈模型进行阐述：

建模假设前提：

1. 税务机关与企业都是经济上的理性人，即都追求自身效用的最大化，并且税务机关不存在与纳税人合谋的情况，或者说合谋一旦被发现合谋成本极高，使得税务部门不敢与纳税人合谋。

2. 税务机关的行为区域为｛检查，不检查｝，企业的行为区域为｛偷税，诚实纳税｝。

3. 引入纳税诚信收益变量 X，它是指由于企业严格遵守税法所带来的长期额外收益，如税务部门更少检查纳税诚心度高的企业（可以减少纳税成本），并且会给予一定的税收优惠或者对企业生产给予一定税收上的支持（提高盈利能力），银行更愿意贷给纳税诚信度高的企业（对于银行来讲，纳税诚信度高的企业还本付息的可能性也更高，对于企业来说就可以减少筹资成本，增加盈利能力）。故 X = 减少的纳税成本 + 盈利能力高所获得的收入 + 减少的筹资成本 + 其他潜在收益。

4. 设企业应该缴纳的税收为 T，P 为处罚率，S 为检查成功概率。$C_1$，$C_2$ 分别为税务部门检查时的征税成本和纳税人由于税务部门检查所造成的纳税成本。A 为纳税人偷税额，$A \subset (0, T)$。

博弈过程：

1. 企业选择偷税行为，税务部门选择检查。如果税务部门检查成功，双方的支付水平为 $(T + PA - C_1, -T - PA - C_2)$；如果检查失败，则双方的支付成本水平为 $(T - A - C_1, -T + A - C_2 + X)$。故税务机关的预期支付水平为 $(T + PA - C_1)S + (T - A - C_1)(1 - S) = PAS + AS + T - A - C_1$；企业的预期支付水平为 $(-T - PA - C_2)S + (-T + A - C_2 + X)(1 - S) = -PAS - SA - SX - T + A - C_2 + X$。如果税务部门不检查，则双方预期支付水平为 $(T - A, -T + A + X)$。

2. 企业选择诚实纳税，如果税务部门选择检查，则双方的预期支付水平为 $(T - C_1, -T - C_2 + X)$；如果税务部门选择不检查，则双方的预期支付水平为 $(T, -T + X)$。从税务部门决策角度出发，也是从整个社会福利的角度，税务部门

当然最希望的就是每一个企业都能照章据实诚信纳税，即税务部门希望出现的均衡是｛不检查，诚实纳税｝。而税务部门和企业的决策取决于各自的支付水平的比较。在博弈中，若税务部门选择不检查，则纳税人的最优选择不是诚实纳税，而是偷税，因为此时偷税的支付水平 $-T+A+X > -T+X$；所以｛不检查，诚实纳税｝不构成“纳什均衡”，所以税务部门只能希望出现第二个均衡：｛检查，诚实纳税｝，而｛检查，诚实纳税｝要成为纳税中的一个“纳什均衡”则必须满足：

$$-T - C_2 + X > -PAS - SA - SX - T + A - C_2 + X$$

即

$$(PA + X)S > A - SA$$

这个模型具有重要意义，PA 为纳税人偷税被发现后处罚的金额，从另一方面如果没有被发现的话，也可以认为企业的潜在收益，X 为诚信纳税的长远潜在收益，故（PA + X）S 即为纳税人选择诚信纳税的“潜在”收益。即企业选择诚信纳税所能获得的潜在收益大于偷税所能获得的收益时，企业就会选择诚信纳税，此时潜在收益主要取决于 X 与 S，还有 P。

## 三、模型分析下纳税问题改进的措施

通过两个模型的分析，在企业和税务机关信息不对称的情况下，从企业的角度看，企业与企业之间会产生“良企驱逐劣企”的逆向选择，市场的公平竞争性将会遭到严重的破坏。而从征纳双方的博弈中可以看出，税务机关和企业达到自我效用最大化时的均衡时，企业诚信纳税取决于税务机关查税成功率（即模型中的 S）、企业诚信纳税的额外收益（即模型中的 X）还有逃税处罚率（即模型中的 P）。

于是笔者认为税务机关应该从以下几个方面采取措施，有效促进企业依法纳税，从而减少税收流失，以实现税收收入的最大化。

### （一）设计信号显示机制，促使信息充分披露，减少企业的逆向选择

国外税收征管的实践证明，在税收征管中甄别企业税收信息的最优信号显示机制就是建立税收信用制度。美国有一个信用局，每一个企业有一个信用号码，这个号码是唯一的，并且有一套全国联网的庞大数据库，一旦企业出现信用上的污点，计算机会对此进行记录，累计达到一定的数量后企业就会发现在任何地方，无论是购物、休闲还是贷款，将变得非常困难，为了避免这种情况出现，企业一般都会选择诚实纳税。我们应该建立适合国情的信用制度，税务机关尽量详细了解企业纳税的相关信息，减少其利用信息不对称能够获得的税收利益，同时加大对税收违法行

为的打击力度，增大其违反税法的成本，双管齐下，使理性的纳税人认识到违反税法的成本大于其收益，从而退出“劣企”，加入“良企”的行列，以减少逆向选择行为，促使其向“正向选择”转变。

### （二）强化惩罚措施，加大违规行为惩罚力度

即提高处罚率 P 的值，在纳税企业选择违规时，一个重要的考虑是其所面临的风险，亦即企业违规行为发生后将面临的被检查罚款的可能性的轻重。企业违规的博弈模型告诉我们，检查和惩罚都是防止和减少违规行为的有效措施，但由于高检查率相应地会增加检查成本，且检查的概率与惩罚轻重成反比，所以高罚款比率比高检查率更加有效。相比国外哪怕数额很小也会被罚得倾家荡产、声名狼藉的处罚，我国对违法纳税企业惩处显得太轻了，根本起不到惩一儆百的作用。我国的一些企业之所以对违规企业持无所谓态度，很大程度上检查和处罚的力度不够，不能够撼动作为“理性经济人”企业的切身利益。

### （三）税务机关应该建立具有强烈吸引力的企业激励机制

建立具有强烈吸引力的激励机制，比如对纳税企业实行分类管理，充分利用声誉效应亦即增加 X 的值。税收机关根据企业过去的依法纳税记录，将企业分成若干类。对于纳税记录不好、声誉差的企业给予惩罚性的管理待遇，如重点稽查、给予曝光等；对于诚信纳税的企业给予表彰如减少稽查次数、授予荣誉等，让企业都来重视自身的声誉，但一旦企业违反行为，必须及时调整，促使其长期保持在“良企”中，这样有助于企业激励机制的建立，还在一定程度上有利于遏制逆向选择问题的出现。对于企业申报的纳税信息是否反映企业的实际经营情况，是否正常申报，有无相应的履约能力及信用情况，可直接与社会其他资源挂钩，供社会公众查阅，如银行、消费者、上市企业的股权持有者等，充分利用外部强制力。

### （四）提高税务征管部门的征管手段，改进检查技术

即针对模型中检查成功率 S 的提升。税务人员素质高低和检查技术先进与否关系到检查成功率 S 值的大小。针对目前我国企业偷逃税程度严重的局面，要树立正确的税务稽查观念，变任务型稽查为执法型稽查；规范机构，明确职责，合理配置税务稽查资源；强化税务稽查人员的专业化培训；提高业务素质。也可以不断借鉴国外对税收征收中的各种成功经验或良好的税收技术。而检查成功率的提升也和税务部门检查的制度性有一定关系，良好的立法和制度也在一定程度上有利于检查成功率的提升。

## 参考文献

[1] 刘慧芳. 信息不对称条件下税收征管问题研究［J］. 东北财经大学研究生论文，2000，(4)。

[2] 李玉军. 从信息不对称理论看税收流失治理［J］. 广西财政高等专科学校学报，2003，(10)。

[3] 吴春山，常青. 在税收征管中运用信息不对称理论的思考［J］. 广西财政高等专科学校学报，2004，(4)。

[4] 张维迎. 博弈论与信息经济学［M］. 上海：上海人民出版社，1996。

[5] 徐春秀，顾建平. 微观经济学［M］. 北京：中国财经出版社，2004，(9)。

# 我国关税收入变化及原因分析

戴赛莉麦

当今世界，随着经济和科学技术的发展，交通运输的现代化，特别是高效率的运输工具的出现和物流产业的兴起，商品交换的空间日益缩小，这些变化极大地推动了贸易国际化的进程。改革开放以来，特别是自2001年12月11日中国加入WTO以后，中国对外贸易迅速发展，进出口总额连年增长。WTO的核心是促进贸易自由化，要求成员国大幅度削减和取消关税及其他贸易壁垒并消除国际贸易中的歧视待遇。毋庸置疑，这有利于国际贸易发展和国际范围内的生产合作与分工。然而对于海关而言，其征收关税的职能却被弱化。一方面，入世使得关税水平降低，另一方面，入世也使得进出口贸易量急遽上升。2008年，就在中国经济迅速发展的阶段，一场突如其来的金融危机席卷全球，进出口贸易也在风雨中摇摆。在如此复杂多变的国际形势大背景下，中国关税收入将会有什么样的变化，关税的职能将发挥怎样的作用，都是值得探讨的重要内容。

## 一、2000—2008年我国的关税收入

根据资料，我国自2001年底入世以来，除2002年关税收入较前一年缩水外，其余均呈现逐年递增的趋势。而到了2008年，关税收入更是达到了前所未有的1769.95亿元，是2002年的两倍还多。这种发展速度令人惊叹。为什么关税税率的下降，不仅没有减少关税收入，反而使得关税收入大幅提高呢？要回答这个问题，就要从影响关税收入变化的多方面原因来考虑。

## 二、影响我国关税收入变化的多因素分析

### （一）关税水平

要分析影响关税收入变化的因素，首先要明确衡量关税水平的指标。

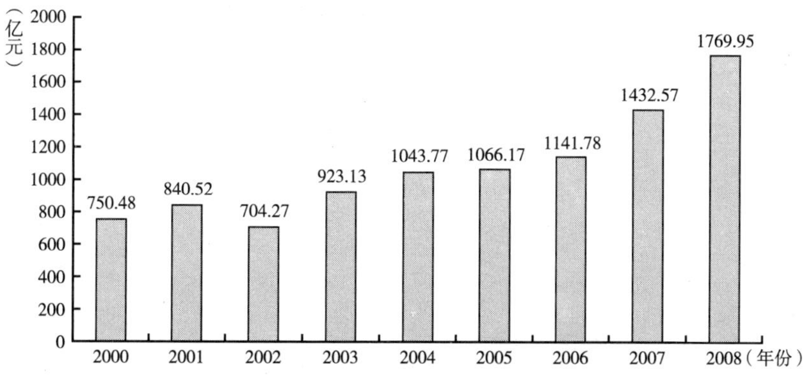


**图1　2000—2007 年我国关税收入统计**

数据来源：中国统计年鉴。

1. 简单算术平均关税水平

简单算术平均关税水平是指以一国进口税则中全部税目的税率之和除以税目总数而得到的简单算术平均数。

$$\text{简单算术平均关税水平} = \frac{\sum_{i=1}^{n}\text{第 } i \text{ 种商品进口关税税率}}{\text{全部税目总数}} \times 100\%$$

我国简单关税水平逐年降低，由 2000 年的 16. 44% 下降至 2008 年的 9. 8% 。但是这种关税水平没有考虑不同商品进出口数量的不同，不能真实地反映我国关税的实际水平。

2. 加权平均关税水平

影响关税收入的因素不能仅看简单关税水平，更重要的是考察其加权关税水平。

加权平均关税水平，是以各种进口商品的价值在进口总值的比重作为权数计算出来的关税水平。

$$\text{全部商品加权平均关税水平} = \frac{\sum_{i=1}^{n}\text{第 i 种商品进口额} \times \text{第 i 种商品进口关税税率}}{\sum_{i=1}^{n}\text{第 } i \text{ 种商品进口额}} \times 100\%$$

我国 2001 年底入世，第二年加权平均关税水平就骤降 1. 29 个百分点，此后便一直逐年递减。从入世前的 4. 15% ，一路下调到了 2007 年的 1. 71% 。从原理上看，如果其他条件未改变，加权平均关税水平的下降，必然导致关税收入的下降。但是我国关税收入却大幅上升，表明其他因素对关税收入的影响更为明显。这就是关税的税基。

## （二）进出口贸易额

关税的基础是进出口贸易。

2000年以来，特别是我国加入WTO以后，我国的国际贸易呈现出惊人的增长。虽然WTO的核心是促进贸易自由化，是自由贸易所追求的低税率，但是它给中国关税收入带来的关税职能上的削弱远不如其积极的一面。加入WTO所带来的进出口总额的增长远远大于关税水平降低造成的影响。

根据中国统计年鉴的资料，2007年的进出口总额，是2002年的3.25倍。进出口贸易总额的增大扩展了税源，使得关税收入不减反增。

### （三）汇率

不论是进口关税还是出口关税，都会涉及国际金融中的汇率。这是因为：

$$关税税额 = 完税价格 \times 关税税率$$

完税价格是将外币折算为人民币的价格，因此，汇率在一定程度上也会影响关税收入。

在2005年以前，人民币与美元的汇率基本稳定在1∶8.277左右，但是2005年后，1美元/人民币的中间价开始逐月走低，这意味着人民币在不断升值。这种变化主要是因为2005年7月21日，中国人民银行宣布我国开始实行以市场供求为基础、参考一揽子货币进行调节、有管理的浮动汇率制度。浮动汇率制度的出现打破了以往只盯住美元的局面，人民币对美元的汇价在数值上不断走低。在进出口方面，这种人民币的升值导致外国的商品价格相对降低，中国国内的商品价格相对上升，从而扩大进口、抑制出口。在国际资本流动方面，人民币升值，即人民币的购买力增强，从而使本国资本扩大对外投资，外商直接投资（FDI）会减少。从这一点上可以看出，人民币的不断走高有利于进口，通过扩大进口从而影响关税收入。

### （四）弹性

货物的弹性也是影响关税收入的重要因素。

对于那些弹性大的货物，关税税率或价格的极小调整，都会导致进出口数量的大幅改变。如果货物进出口数量的改变程度超过了关税税率调整对关税收入的影响，那么，就算降低关税税率，我国关税总收入依然会呈现上升趋势。

如图2所示，对于弹性大的进出口货物，假设其成本为$P_0$，关税税率调整前，对每件商品征税$T_0$，调整后，对每件商品征税$T_1$。

关税税率调整导致每件商品都少征了$T_0 - T_1$的税款，但进出口数量却由$Q_2Q_3$增加到了$Q_1Q_4$。税率未调整前，国家关税总收入为$Q_2Q_3 \times T_0$，即图2中$a + d$的面积；关税税率调整以后，关税总收入为$Q_1Q_4 \times T_1$，即图中$b + c + d$的面积。若$b + c$的面积大于$a$的面积，即使关税水平降低，国家关税总收入实际上还是增加的。

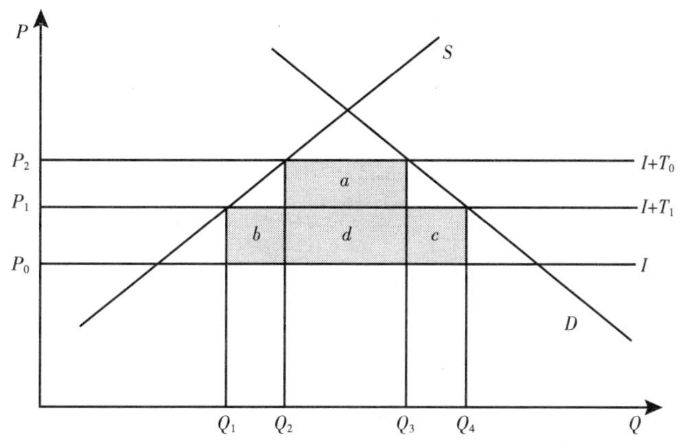


**图 2　关税税率调整对弹性大的货物的影响**

# 三、金融危机以来我国进出口贸易的局面

## （一）金融危机造成的进出口缩水

2007 年末的美国住房次贷危机在 2008 年以一种令人始料未及的速度发展成了全球性的金融危机。2008 年以来，我国进出口贸易在其影响下前景不容乐观。

作为一个外贸依存度相当大的国家，这场金融危机的到来无疑给正飞速发展的中国经济兜头泼了一盆冰水，其对中国企业，尤其是对主要依赖进出口贸易的企业的打击不言而喻。而关税和进口环节税的税基是一般贸易进口额。2008 年我国对外贸易进出口增速前高后低，“入世”7 年来，增长速度首次低于 20%。据统计，2008 年我国对外贸易进出口总值达 25616.3 亿美元，比上年增长 17.8%，增长速度却比上年回落了 5.7 个百分点。其中出口总额 14285.5 亿美元，增长 17.2%，比往年回落 8.5 个百分点；进口总额 11330.8 亿美元，增长 18.5%，增速回落了 2.3 个百分点。

这种进出口贸易总额的缩水势头持续到了 2009 年，并且在一定程度上有愈演愈烈之势。把 2008 年的进出口总额月度数据与 2007 年同期作一对比，我们可以很明显地看到，比起 2007 年进出口总额的“飞速增长”，2008 年的增长速度却只能用“急转直下”来形容。在年末甚至出现了负增长的情况。2008 年 12 月，与 2007 年同期相比，进出口总值更是有了 10% 以上的降幅。进出口的减少对于关税收入的影响无疑是直接的，这意味着税基的缩水，带来的直接后果就是关税收入的减少。

2009 年，这一变化趋势在年初也无法很快得到改变。无论是进口还是出口，2009 年前四个月都比去年同期出现了不同程度的负增长。1 月份的进口总额更是比

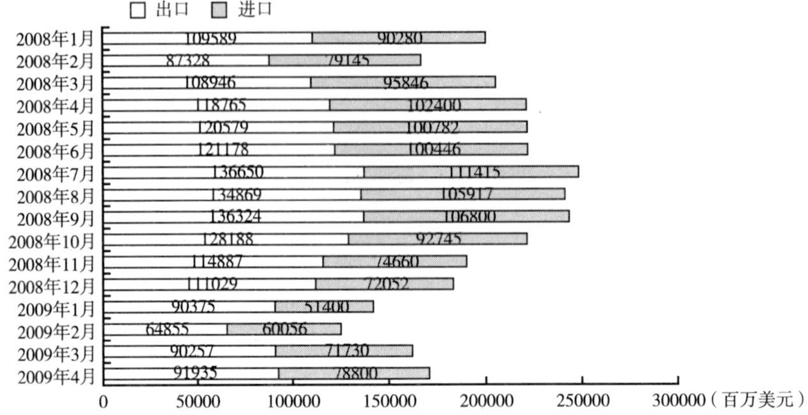


**图 3　2008 年以来我国进出口额月度数据**

数据来源：海关统计。

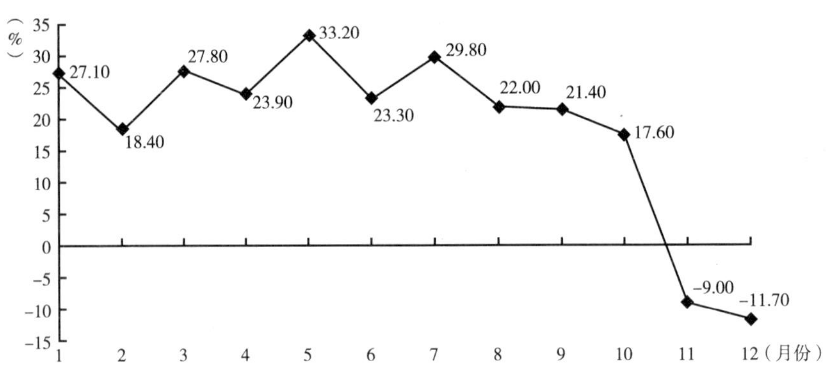


**图 4　2008 年我国月进出口总值与去年同期同比增减**

数据来源：中国统计年鉴。

去年同期减少了 43.10%。其余各月，进口总额也都有 23.00% 以上的减少。出口总额减少相对较少，但也有 17.00% 以上。这样大幅度减少的进出口贸易总额，带给关税收入的，绝不会是什么积极的影响。

### （二）进出口减少导致的关税收入变化

随着进出口贸易总额自 2001 年 10 月份以来首次出现负增长，关税收入也出现了多年未有的减收，且减收幅度逐月加大。11 月份进出口贸易总额同比下降 9%，进口环节税同比下降 19.5%，关税同比下降 18.5%；12 月份减收愈发严重，进出口贸易总额同比下降 11.7%，进口环节税同比下降 49.1%，关税同比下降 35.6%。

虽然年末统计，2008 年关税完成总额为 1769. 95 亿元，与去年相比仍同比增长 23. 6%，但其增速受负增长的拖累仍比上年回落了 1. 9 个百分点。

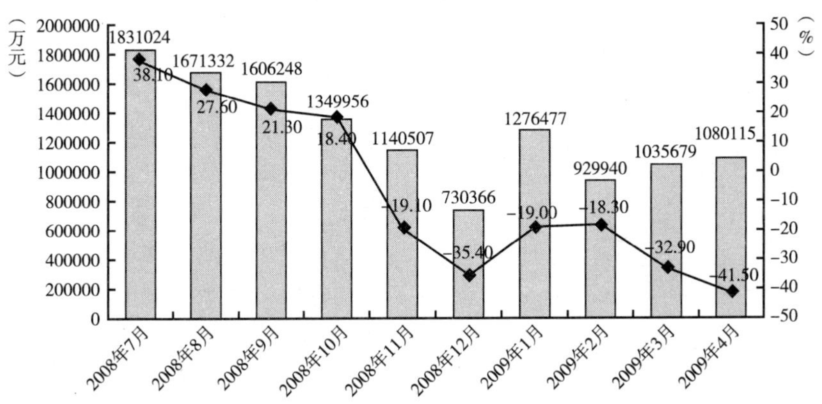


**图 5　2008 年 7 月至 2009 年 4 月我国月度关税实际征收额及与去年同比增减**

2008 年上半年关税收入占全年关税总收入的 52. 94%，七八月份的关税收入也与上半年的月平均关税收入水平相近，甚至由于生产资料价格持续走高而有所增收。但 9 月起，剩下的四个月的关税收入仅占全年关税收入的三成。特别是 12 月，关税收入仅为 73 亿元人民币，与上半年月平均关税收入水平相比，仅为后者的 46. 84%。

2009 年，虽然月度关税收入总额有所回升，但与去年同期相比，仍然处于负增长的状态。

## （三）关税收入大幅减少的原因分析

2000 年以来，进出口环节税收占中央财政收入的比重始终保持在 3 成左右，2004 年最高达到了 32. 7%，与国内流转税、企业所得税成为中央财政收入三驾马车之一。自从我国加入 WTO 后，我国便积极履行 WTO 成员国的义务，不断下调关税总水平。但由于进出口总额不断增加，导致进出口环节税收并没有随着关税总水平的下调而减少，反而持续快速增收。2001 年至 2008 年，年度外贸进出口总额由 5096. 5 亿美元增至 25615. 3 亿美元，年均增长 25. 9%。这期间，进出口关税由 2492. 3 亿元增至 9161. 1 亿元，年均增长 20. 4%。如此惊人的增长在 2008 戛然而止。缘何 2008 年下半年起，关税收入会出现如此大幅度的减少呢？究其原因，我主要归纳为以下三点。

1. 进出口下滑

关税和进口环节税的税基是一般贸易进口额。国际金融危机导致的直接后果就是国际贸易的大幅缩减。由于外贸合同的签订具有一定的时间延迟，这种滞后性导致了国际金融大环境的影响并没有在第一时间反映到进出口总额上，而是在已事先签订的贸易合同履行完成，新的贸易合同尚未签订时，才逐渐反映到宏观经济数据上。

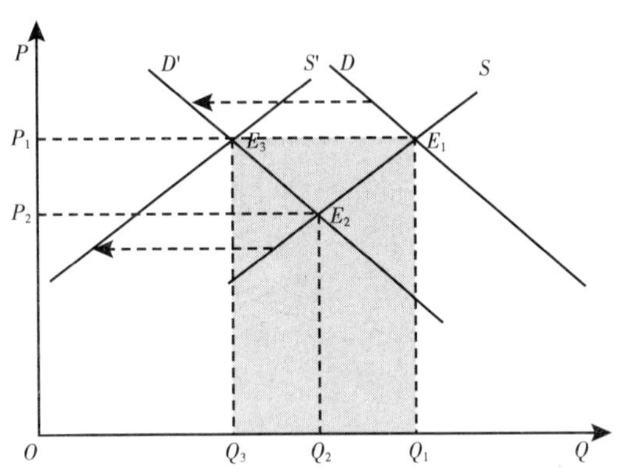


**图6　消费者需求减少导致的进出口总额减少**

如图6所示，由于消费者的需求减少，市场上的需求曲线由 $D$ 左移到 $D'$，而市场供求均衡点也随之由 $E_1$ 移到 $E_2$。如果厂商不介意降价销售，则新的均衡点 $E_2$ 确定的供给量由原先的 $Q_1$ 减少为 $Q_2$。而若供给商不愿降价，则会减少产品的供给。供给曲线由原先的 $S$ 左移到 $S'$。此时均衡点 $E_3$ 的均衡供给量为更少的 $Q_3$。若该种产品完全从我国进口或出口，则我国的进出口额总额就减少了图中 $E_3Q_3Q_1E_1$ 部分面积。即税基减少矩形 $E_3Q_3Q_1E_1$ 的面积。

国际金融危机导致更多的企业更倾向于选择短期小额的合同，而不是签订长期合同。这种短期小额合同比之长期合同更为灵活，一旦进口商一时间有资金周转问题或者其他原因，导致其不能继续进行进口业务，则可以非常方便地在本期合同到期后不再续签，从而造成进出口总额的下滑。此外，金融危机不只影响到了企业，作为消费者的个人也深受其影响。金融危机导致消费者对于自己的钱袋子管得比以往更紧，一些可有可无的消费自然被缩减。这就从本质上减少了市场上的总需求。而由需求供给曲线可得，为达到新的均衡点，市场供应商自然会减少产品的供给，因此也不用进口和原来一样多的商品，从而影响进出口总额。

2. 初级产品价格下跌

2008年下半年起，国际初级产品价格大幅下跌造成进口额锐减。如进口依存度超过70%的大豆前三季度进口价格暴涨80%，但10月份后，大豆进口价格暴跌超过30%；原油价格也已经由7月份的147美元/桶下跌到2008年末的40美元/桶左右。国际初级产品价格的大幅下跌造成了进口额相应走低。自然会造成关税收入的减少。

根据文华财经2008年芝加哥商品交易所大豆期货的走势，2008年下半年，国际大豆价格大幅下降，到了年末，其成交价格已与年初基本持平，甚至还有所下跌。初级产品中不仅大豆如此，其他主要初级产品也基本类似。

国际初级产品价格降低，意味着按照从价税征收的关税其计税依据大幅减少。到了2009年，统计数据显示：一季度进口降幅的25.1个百分点中，价格因素影响了18.3个百分点，占72.91%，而数量仅影响了6.8个百分点，仅为27.09%。将近 3/4 的进口降幅是由于价格因素的影响。

此外，据海关统计，2009 年第一季度主要初级产品价格均呈现下跌态势，且跌幅不断加深。出口下降则进一步抑制了进口需求。数据显示，一季度外资企业投资进口设备和物品、加工贸易进口设备、出口加工区进口设备分别同比大幅下降了 63.3%、34.7% 和 60.2%。这种进口需求的减少抑制了企业扩大再生产的能力，也减少了企业潜在的未来出口，从而形成一种恶性循环。

3. 人民币持续升值

自从我国开始实行以市场供求为基础、参考一揽子货币进行调节、有管理的浮动汇率制度以来，人民币就开始不断升值。

1 美元/人民币汇率中间价从 8.27 一路下滑，最终稳定在 6.84 左右。人民币升值，很大程度上是通过影响价格和进出口贸易量，从而间接影响关税收入。

这三个原因共同作用，导致了 2008 年下半年以来我国关税收入的减少。

## 四、中国关税收入的未来

2000 年后，随着我国正式成为 WTO 成员国，我国进出口贸易有了质的飞跃。而关税收入也随之连年攀升。但这种大好势头在 2008 年国际金融危机面前不得不停下它过快的脚步。国际金融危机对国际贸易造成了相当大的影响，市场萎缩，需求减少，方方面面都在抑制国际贸易。这样的国际形势对关税的税额产生了极其严重的负面影响。虽然 2009 年，随着我国政府宏观调控等措施，目前我国外贸形势出现了一些积极变化，但外部市场需求萎缩的态势未发生根本改变。关税涉及国际贸易，不太可能为了增收而作调整。因此，关税收入的提高只能依赖中国企业和国际经济环境的好转。后者并不能由我国一国之力使之好转，从而政府只能把工作的重心放到前者上。

当前，虽然国际经济形势略有好转，但是进出口贸易的局面依然不容乐观。这就导致了短期内进出口贸易额不会有太大的回升。因此，我认为，在短期内，关税收入将保持这种较去年同期有所减少的局面，而不会有太大的改观。

然而所谓“危机”，有“危”也有“机”。在危险与机遇并存的国际金融局势下，中国政府不应当仅仅看重于当前的一点关税收益，而应当引导企业抓住这个相对空闲的时间，发展自己，充实自己。我国当前主要出口的是劳动密集型的产品，这些产品除了廉价之外，几乎没有其核心竞争力。

为改善这一局面，企业应当与高校及研究部门展开密切合作，把创新作为当前及未来的发展纲领。要想方设法做自己的产品，并且做只有自己能生产的具有知识产权的产品。这样的产品才是独一无二的。就算未来再遇到国际贸易的寒流，有这样的产品就意味着手中掌握着贸易的主动权，才能真正在风暴中屹立不倒。

作为政府，应当加大政府财政对科技经费的投入。科学技术是经济增长的最大基础，只有科学技术才是经济增长的最大动力。这种投入或许不能一时带来立竿见影的效果，但是就长期而言，其收益不可估量。

全社会应该多渠道、多层次增加科技投入，产学研紧密结合、共同研发，政府积极引导、合理配置，提高科研投入—产出的效益。这种富含科学技术的产品，在国际上才具有竞争力。也许会对一时的进出口额造成影响，但我们要用发展的眼光看问题，其技术独占性所能带来的正面影响无疑更为广阔。何况，关税从来都不是我国财政收入的支柱部分，全球经济一体化最终的结果会使得关税不断被削减直至趋向于零。到时，我国的产品如果没有自己的技术特色，不具有不可仿制和不可复制的特性，那么我们又将用什么去和外国高科技含量较高的产品竞争？仅仅是低廉的人力资本吗？如果不断压低劳动力的价格，最终只能陷入恶性竞争。

就长期而言，随着国际贸易形势的逐渐好转，进出口贸易的止跌回升，关税收入会逐步回复。但是随着我国的产业结构调整，世界经济一体化的进程，海关的关税职能会进一步弱化，关税收入不会无止境地随着进出口贸易额的增加而增加。关税收入绝不是政府的目的，未来的关税税率应当是总体水平较低但有效保护率较高的税率。未来的关税收入在国家财政中的比重会进一步降低。低关税、高国际贸易量才是未来的发展方向。而主要的进出口货物也会从目前的劳动密集低成本逐步转型成为技术密集型高附加值。这种长期发展方向才是我们要把握住的。

## 参考文献


[1] 国家统计局．中国统计年鉴——2008［R］．北京：中国统计出版社，2008。

[2] 商务部．中国商务年鉴——2008［R］．北京：中国商务出版社，2008。

[3] 中国石油天然气股份有限公司．2008年年度股东大会文件［Z］．2009。

[4] WTO Secretariat. world tariff profiles——2008.［R］. 2008.

[5] International Monetary Fund. World Economic Outlook Database［DB］. 2008.

# 关于社区教育资源的调查与研究

## ——以武汉市社区为例

姚　鑫　邓璐琦

## 一、引　　言

党的十六大发出号召“形成全民学习、终身学习的学习型社会，促进人的全面发展”，根据这个要求，以教育文化活动为载体的社区教育能为建设和谐社区提供智力支持和精神动力。通过整合社区教育资源，构建终身教育体系，为个人的终身学习创造条件、提供支持和保障。社区教育资源的开发和利用，越来越受到人们的重视。

## 二、社区教育资源的界定

社区教育资源是在一定区域内能够提高社区全体成员整体素质和生活质量，并服务于区域经济建设和社会发展的教育活动活动资源。社区教育资源分为“人力资源”（这里包括对某一历史事件或者历史和现实人物）、“事件资源”（主要指具有教育意义的事件、活动，或行为）、“环境资源”（包括自然物理环境和人为物质环境等）和“物力资源”（指是社区里那些可以使用的工具或物品等）。

## 三、社区教育资源的开发与利用的重要性和必要性

从功能上看，社区教育资源不仅是社区教育开展的重要支撑，而且还具有提升社区成员整体品质，增强竞争力，促进学习型社区、学习型社会进程的功能。开发和利用社区教育资源，开展社区非正规化教育，对社区及居民具有重要作用：

对青少年学生。解除班级教学同一化、标准化的束缚，提供给学生多方面的学习和实际锻炼的机会，扩展和深化学生所学知识，发展学生的智力和动手能力，促进学生可持续发展乃至终身发展。

对于老年人。通过开展诸如医疗、保健知识专题讲座等，提高老年人生活质量，丰富他们的精神生活，为老年人提供其他教育服务，增强社会对于老年人的关注。

对下岗失业人员或在职人员。通过开展成人夜校、再就业培训班等，提高劳动技能和职业素质；同时也为下岗和失业人员提供信息引导和支持。

对社区。充分开发和利用社区教育资源，促进社区资源的充分、合理利用；同时促进社区的文化建设和社区的长远发展。

## 四、社区教育资源现状及原因分析

### （一）调查对象及调查内容

本次调查，我们围绕武汉市社区教育资源情况为主线，把调查对象分为居民和社区负责人两类。根据调查对象的不同情况，对资料的收集采取了问卷调查和个案访谈的方式（以问卷调查为主）。对社区负责人则主要做个案访谈，通过交谈了解一些社区教育发展及资源的现状；最后通过对回收的有效问卷进行科学的统计和分析，得到调查对象的基本信息分布如下表：

表 1

| 变　量 | 具体指标 | 变　量 | 具体指标 |
|---|---|---|---|
| 年龄（后者为社区负责人年龄分布百分数） | 20 岁以下　23.4%/0% | 文化程度 | 大学及以上　20.1% |
| | 20—29 岁　29.9%/16% | | 大专　16.2% |
| | 30—39 岁　14.9%/8% | | 中专或高中　30.5% |
| | 40—59 岁　24.0%/63% | | 初中　26.0% |
| | 60 岁及以上　7.8%/13% | | 小学　6.5% |
| | | | 其他　0.6% |
| 职业 | 机关干部　0.6% | 调查社区所属街道 | 荣华街　17.4% |
| | 企事业单位职工　9.1% | | 崇仁街　10.4% |
| | 个体经营者　20.1% | | 流芳街　25.9% |
| | 下岗或失业人员　19.4% | | 纸坊街　14.3% |
| | 离退休人员　11.7% | | 其他　32.3% |
| | 教育工作者　11.0% | | |
| | 学生　28.6% | 调查对象及方式 | 社区居民　问卷调查 |
| | 其他　10.4% | | 社区负责人　访谈、问卷 |

### （二）社区教育资源现状及存在问题

通过对调查问卷分析统计得到：仅有 7.1% 的居民参加成人夜校，14.3% 的参加过再就业培训班，对于学前教育（幼儿园）、老年人学校等几种基本社区教育形式，居民的参与程度均不高。这也客观地反映了社区教育资源在武汉社区中的利用现状，情况不容乐观。综合各种数据来看 80% 以上的居民完全没有参与过社区教育活动，社区教育资源并没有充分利用，武汉市社区教育主要存在以下问题：

1. 社区教育的发展势头较好，但观念尚需创新

武汉市市长李宪生在市十届人大一次会议上正式提出：适度超前发展教育，构筑终身教育体系，建设学习型城市。武汉市各区在建设学习型社区方面都作出了相关探索，其中武汉市青山区、江岸区等分别进入国家社区教育实验区的行列，且青山区在理论研究方面也走在前列。但是社区教育不是不是小教育，而是全民的教育。然而居民对构建终身教育体系的了解不足（见图 1），对学习型社区的观念更不明确。因此，武汉市从宏观层面上应该对社区教育的认识、观念进行创新。

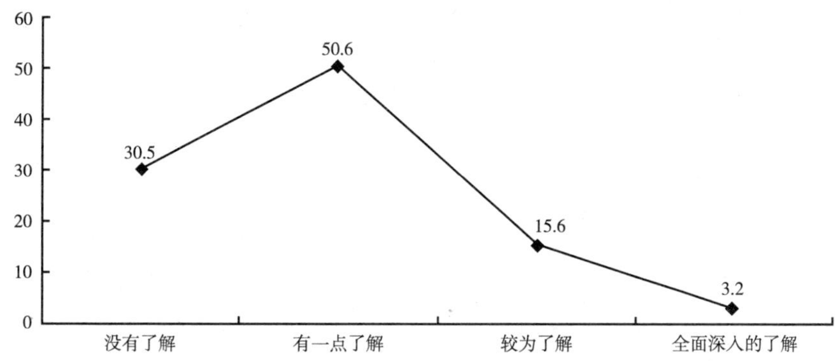


**图 1　您对于国家号召的“构建终身教育体系，创建学习型社区、学习型社会”的了解和认识情况**

2. 社区教育活动形式多样，但重点尚需突出

调查显示，社区根据居民年龄阶层利用不同层次的资源开展了不同的教育活动，形式多种多样。但是社区建设的主力是中青年阶层，长远发展依靠青少年，因此社区教育资源的利用，要更多地向青少年和中青年阶层倾斜，有目的、有重点地优化资源配置。

3. 社区教育初具规模，但建设力度需进一步加强、规模需完善

根据社区负责人的访谈和问卷调查显示，83% 的社区设立了相关领导机构或组织，58% 的社区有专门的教育队伍培训机构，但仍难以满足社区教育管理发展的需求。现在很多地方缺少一支专业的管理队伍和师资队伍，这势必影响整个社区教育发展的大局。

4. 社区教育发展中的社会资源紧张，不能满足社区教育管理的发展需求，居民参与积极性不高

由于体制的不完善，运行机制不流畅，造成社区资源特别是教育资源的大量闲

置或浪费，同时，由于教育项目单一或脱离学习需要的实际，不能满足居民学习需要，造成居民参与积极性不高，隐性的资源不能有效开发和利用；另一方面，居民愿意并且想参加相关的教育活动，却苦于资源紧张而无法开展。

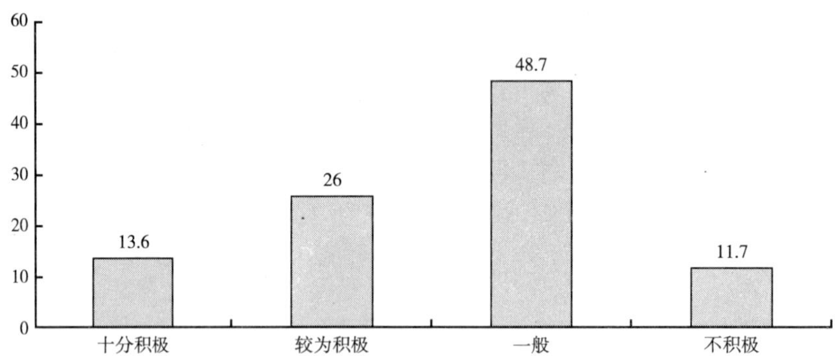


**图 2　你所在的社区对社区教育活动表现出的态度**

5. 缺乏必要的经费支持

目前政府拨款是教育经费的主要来源，并且财政性教育经费也在逐年增加，但这些经费主要用在了基础教育建设和教师工资等方面，社区教育更得不到政府拨款方面得的有力支持。同时，由于认识不到位，很多社区内部融资渠道少，资金短缺严重。根据调查显示，在社区教育活动方面，33%的社区根本没有经费，96%的社区最大困难是没有经费；居民普遍认为需要改进的是：增加经费投入，完善基础设施。

## 五、关于社区教育发展的建议

### （一）高度重视社区教育，将其纳入社区建设范畴

武汉市社区“883”行动计划是社区建设一项重要措施，但社区教育并未列入其中，仅教育局一个部门抓社区教育，这显然有失偏颇。社区建设与社区发展是相辅相成的，缺一不可；因此，全市应将社区教育纳入社区建设的统一领导管理之中，统一部署，节约资源，统筹发展。

### （二）建立社区教育法律、法规，加强社区教育制度建设，规范社区教育的管理，推进社区教育深入展开

日本社会教育（即社区教育）先进，一个最显著的特征，就是制定一系列的法

律，从法律上规范制度、规范管理。并且日本有关社会（社区）教育的法规随着时代的进步、人口结构的变化、社会结构的变化而不断调整与充实，如1990年6月，日本国会通过的《关于整备振兴终身学习措施的推进体制的法律》。

由此可知，社区教育要得以有序运行和健康发展，法律是根本保障。鉴于此，武汉市甚至全国可以在当前社区教育发展现状下，将某些地区现有的“社区教育章程”、“暂行条例”等加以修改和充实，使之上升为社区教育的法规，通过社区教育法规的建设，将发展社区教育提高到一个新的高度。

### （三）保障社区教育的经费，加大社区教育经费投入，并建立多渠道的经费筹措机制

经费投入是社区教育的保障，是落实制度的物质条件和社区教育队伍建设的基础。根据社区教育的公益性质，要改变过去那种由政府按统一标准确定社区工作经费的做法，建议将社区教育经费列入地方财政预算，实行社区教育经费单列，并加大各级人大对社区教育经费投入的监督力度。此外，根据调查结果显示，社区教育经费主要靠政府财政拨款和社区创收补助，这样渠道单一，缺乏保障。社区应充分发挥社区教育的公益性质，寻求社会捐助，或企业赞助等保障社区教育的经费多渠道来源。

### （四）大力开发和利用社区教育资源，加强资源整合，寻求合理配置

1. 充分利用、开发社区人力资源、物质和环境资源

在社区中，一些企业界人士、专家学者、先进人物以及具有各种专业特长的居民等，都是社区教育可以充分利用的人力资源。而社区的公园、电影院、儿童乐园等基础设施始终是校外教育的重要场所，能为居民提供广阔的活动空间；同时，在社区内因地制宜建立学校、社区、家庭二结合的多功能社区活动站，在很大程度能弥补一些地区文化设施不足的缺陷，调查过程中，纸坊街龙井社区在这种三位一体的社区教育形式中取得良好效果。

2. 资源整合，引进高校教育资源

学校可以充分利用自身的教学硬件和师资条件，配合社区进一步开展如职工上岗培训等活动。同时，高校学生还可以为社区老年人学校、成人夜校或幼儿园等提供志愿服务，促进了社会教育化的进程，充分利用学校的空间与办学优势为社区大教育提供物质基础。

### （五）抓好社区教育培训活动，结合实际，突出重点

一是教育培训活动的层次上，从未成年人到老年人群，从在岗人员到失业人群，从城市居民到农民工等各层次……使社区教育真正体现全民教育。特别是失业人员、

农民工的短期培训尤为重要。二是教育培训活动的内容上，根据调查结果统计情况，建议武汉市开展社区教育示范区的工作，根据需求办培训，如青少年开展假期补习班，下岗、失业者提供职业技能培训，老年人提供医疗保健讲座等。三是教育培训活动形式上，大力提倡与推广培训形式创新，培训模式创新。

### （六）加大社区教育队伍建设的力度，加强社区教育理论研究

社区教育队伍（包括管理队伍和师资队伍）的建设，一是人员的数量要落实，二是人员素质要优化，三是社区师资队伍应与中专教师的待遇对等。从全市的角度，要有全市性的社区教育培训中心或武汉市社区教育学院。

在加强队伍建设和教育实践的基础上，积极构建社区教育理论体系，以理论指导实践，减少盲目性。目前，部分社区已取得一定成绩，但其成果仅代表一个阶段的水平，许多领域和问题还未涉及。今后的研究应深化并拓展到社区教育全方位，即以大教育观为指导，以建立终身教育体系为目标，从教育社会化和社会教育化相统一的角度，进一步研究社区教育的基础理论和应用理论，用以指导社区教育工作实践。

## 参考文献

[1] 李珠，欧阳云等. 武汉市社区教育的现状与对策研究. 武汉冶金管理干部学院学报第16卷第4期. 2006—12。

[2] 姜华. 我国社区教育发展存在的问题及解决措施. 教育与职业第9期（总第613期）. 2009—03。

[3] 张萍. 促进学校教育与社区教育相结合. 中国教育学刊. 2009—05。

# 华东四省产业结构演进优化的实证探究

付晓军

## 一、引　　言

改革开放以来，伴随着国民经济的显著增长，我国的产业结构日趋有机化、合理化、现代化，并衍生出一系列朝阳产业，为经济发展注入新的活力。产业结构的全面转变，是现代经济增长的显著特征。一方面，经济总量的高增长率决定了产业结构的高变换率。在不同的经济发展水平下，产业结构呈现出不同的状态和特征。另一方面，经济增长又是一个部门化的过程，产业部门间技术变化的差异、生产率上升的差异以及组织变化和制度创新的差异等因素，导致经济增长在部门间的差异，决定了经济总体的增长特征。近年来，通信行业、微电子制造业等朝阳产业迅猛发展，体现出技术、知识等要素对经济发展的强大助力，表明伴随着产业结构的演变，现代经济正呈现出部门化、精细化、多层次、全方位的发展势头。

产业结构是指各产业组成的状态和发展水平以及产业间的生产联系和数量的比例关系。各产业能否实现均衡发展取决于各产业的配置比例及产业内部的运行机制。产业结构的优化包括两个方面：其一，产业结构高度化的阶段性目标要以产业结构关系相对协调为基础；其二，要使产业结构在协调化的过程中反映出产业结构高度化的要求。产业结构高度化是指产业结构不断从低级走向高级的演变过程。它是一个动态过程，一个重要标志是在国民经济发展过程中，第一产业比重逐渐下降，第二产业比重先升后降，第三产业比重逐步上升，最终占据主导地位。在现代经济发展的潮流中，第三产业的发达程度，已经成为衡量一个国家文明程度和经济发展水平的重要标志。

华东地区的国民生产总值位居全国前列，而江浙沪鲁四省（市）更是中国经济发达省份，其产业结构对我国经济发展宏观大局具有较强的导向作用。在这一经济活跃地带，存在着产业结构趋同现象，但产业结构调整仍较为激烈。无论是产业结构的趋同还是异化，都是产业结构与经济增长相适应的结果。下面我们将从产业视角出发，通过统计计量模型的建立、求解和分析，探讨该区域内产业结构演变优化进程，并为该地区未来的产业发展提供建议。

## 二、统计建模及模型分析

### （一）基本假设

1. 数据来源真实可信；
2. 地区产业结构特征通过各产业生产总值体现；
3. 在模型建立的过程中，不考虑经济危机、政策变化等外生变量的影响；
4. 采样数据标准一致。

### （二）符号说明

$m_{ijk}$——第 $i$ 地区 $j$ 年 $k$ 产业生产总值

$p_{ijk}$——第 $i$ 地区 $j$ 年 $k$ 产业所占当年总产值比例

$\bar{x}_i$——$i$ 产业平均值

$n$——省市个数

### （三）模型一——数理统计模型

1. 问题分析

新中国成立至今，江浙沪鲁四省（市）的经济发展水平一直位居全国前列，分析该区域的经济状况，尤其是产业结构，有助于我们了解全国从过去到现在的产业演进状况。对该区域内的各个省份来说，其产业结构是不断变化的；对整个华东地区来说，不同省份之间产业结构又具有差异性。通过建立一个简单模型分析各地区以及不同地区之间的差异情况可以得出基本、真实的结论。

2. 模型建立与求解分析

首先对数据进行归一化处理，以 1952 年的数据为基准，各年的数据为相对 1952 年的折算数据。利用公式：

$$p_{ijk} = \frac{m_{ijk}}{\sum_{k=1}^{3} m_{ijk}}$$

得到各地区每年一、二、三次产业产值所占比重。

表 1 1999—2008 年江苏省三次产业比例

| 年　份 | 第一产业所占比重 | 第二产业所占比重 | 第三产业所占比重 |
|---|---|---|---|
| 1999 | 0. 134762 | 0. 509255 | 0. 355984 |
| 2000 | 0. 12256 | 0. 518594 | 0. 358846 |
| 2001 | 0. 115734 | 0. 518932 | 0. 365333 |
| 2002 | 0. 104691 | 0. 528384 | 0. 366925 |
| 2003 | 0. 093423 | 0. 545462 | 0. 361115 |
| 2004 | 0. 091166 | 0. 562388 | 0. 346446 |
| 2005 | 0. 079838 | 0. 565674 | 0. 354488 |
| 2006 | 0. 071379 | 0. 565987 | 0. 362633 |
| 2007 | 0. 070558 | 0. 555779 | 0. 373663 |
| 2008 | 0. 069278 | 0. 549732 | 0. 38099 |

表 2 1999—2008 年浙江省三次产业比例

| 年　份 | 第一产业所占比重 | 第二产业所占比重 | 第三产业所占比重 |
|---|---|---|---|
| 1999 | 0. 111374 | 0. 546433 | 0. 342193 |
| 2000 | 0. 102748 | 0. 533124 | 0. 364128 |
| 2001 | 0. 095643 | 0. 517933 | 0. 386423 |
| 2002 | 0. 085611 | 0. 511076 | 0. 403314 |
| 2003 | 0. 073967 | 0. 525128 | 0. 400905 |
| 2004 | 0. 069888 | 0. 536573 | 0. 393539 |
| 2005 | 0. 066441 | 0. 533281 | 0. 400278 |
| 2006 | 0. 058764 | 0. 540547 | 0. 400688 |
| 2007 | 0. 052502 | 0. 540373 | 0. 407124 |
| 2008 | 0. 050981 | 0. 538948 | 0. 410071 |

表 3 1999—2008 年山东省三次产业比例

| 年　份 | 第一产业所占比重 | 第二产业所占比重 | 第三产业所占比重 |
|---|---|---|---|
| 1999 | 0. 162934 | 0. 486309 | 0. 350757 |
| 2000 | 0. 152153 | 0. 499486 | 0. 348361 |
| 2001 | 0. 147851 | 0. 495486 | 0. 356663 |
| 2002 | 0. 135273 | 0. 504596 | 0. 36013 |
| 2003 | 0. 122591 | 0. 536924 | 0. 340485 |
| 2004 | 0. 118391 | 0. 564424 | 0. 317185 |
| 2005 | 0. 104113 | 0. 573997 | 0. 32189 |
| 2006 | 0. 096882 | 0. 577569 | 0. 325549 |
| 2007 | 0. 096669 | 0. 568908 | 0. 334422 |
| 2008 | 0. 096635 | 0. 569714 | 0. 333651 |

**表4　1999—2008年上海市三次产业比例**

| 年　份 | 第一产业所占比重 | 第二产业所占比重 | 第三产业所占比重 |
|---|---|---|---|
| 1999 | 0. 017783 | 0. 473805 | 0. 508412 |
| 2000 | 0. 016072 | 0. 462702 | 0. 521226 |
| 2001 | 0. 014971 | 0. 461252 | 0. 523777 |
| 2002 | 0. 013879 | 0. 456791 | 0. 52933 |
| 2003 | 0. 012105 | 0. 479443 | 0. 508453 |
| 2004 | 0. 010337 | 0. 482126 | 0. 507537 |
| 2005 | 0. 00976 | 0. 473763 | 0. 516477 |
| 2006 | 0. 008873 | 0. 470094 | 0. 521032 |
| 2007 | 0. 008151 | 0. 445898 | 0. 54595 |
| 2008 | 0. 007946 | 0. 432544 | 0. 55951 |

由上面表1、2、3、4中我们可以得到以下基本信息：

（1）1999—2008年间，四省（市）的三次产业都有如下发展趋势：第一产业所占比重逐年减小；第二产业比重基本不变，略有浮动；第三产业比重稳中有升。

伴随着经济全球化的发展趋势，中国和世界经济的融合进一步加强，第一产业——农业的比重减小是必然的。现代社会高度发达，经济的发展对农业的依赖程度越来越小，农业的使命逐渐转变为满足人民日常需要。传统农业逐渐被工业化农业新形态所取代。

第二产业保持稳定。新中国成立以来，特别是改革开放以来，党和国家重视工业发展，出台了许多刺激方案，制定了大量优惠政策促进工业经济的腾飞，并以次为着力点来激活整个国民经济棋局。可以说，当代中国经济的发展是由第二产业（主要是工业）带动起来的。

第三产业所占比重是衡量一个国家经济发达程度的显著标志。但产业结构转型必须与经济发展要求相适应，我国的产业结构的全面转变需要一个渐进的过程。因此，以服务业为主的第三产业稳中有升是符合客观事实的。

（2）具体到各省份而言，上海市的第三产业比重已经超过第二产业并逐年上升，这标志着上海的产业结构已日臻成熟；浙江的第三产业比重维持在40%，稳中有升；江苏、山东的第三产业比重在40%以下而第二产业比重在50%以上，山东省更是逼近60%，经济增长模式依旧是工业拉动型。

（3）从时间纵向上看，1999—2008年十年间，上海、江苏三次产业曲线较为平缓，而浙江、山东波动幅度相对较大，尤其是山东省。说明进十年来山东省产业结构调整幅度较大，各产业相互作用程度较为激烈。

### （四）模型二——模糊综合评价模型

1. 模型分析

四省（市）的经济基础不同，经济增长层级结构各异，不能根据产值大小武断地说明某地区经济状况较差，或某地区经济状况较好。应该从数据的全面性角度出发进行分析，对数据进行适当的加权处理。在这里，我们采用比较成熟的模糊综合评价模型进行分析。

2. 模型建立

我们对 1999 年至 2008 年四省（市）发展情况进行评判。

为了更好地体现评判的公平性，以鼓励经济增长、肯定经济实力为原则，把三次产业产值和当年相对上一年的进步度作为模型中两个重要的基准来加以判断。地区当年的综合经济指标就可以通过这四个值的加权和来进行评判。

由于三次产业的权重是不同的，进步度赋予的权重也应不同。结合当前我国的实际情况，我们认为能体现当地经济实力的指标重要度依次为：第二产业、第三产业、第一产业。我们认为三个产业所占比重依次为 0.2、0.5、0.3，三次产业进步度所占比重依次为 0.2、0.5、0.3；而经济实力与进步度相比，显然进步度更能反映当地经济的走势及增长情况，所以它们的权重比设定为 4∶6。这样，我们就得到了各种因素对评判结果影响作用的大小，对评价得分有了整体的把握。

综合以上假设与相关理论，可以通过未知量的表达式体现对应关系，并通过以上权重的赋值计算出华东各地区的综合评价得分。

设评价集为

$$X = [X_1, X_2]$$

$X_1$ 表示产业产值；

$X_2$ 表示产业进步度；

$$X_1 = [X_{11}, X_{12}, X_{13}]$$

$X_{11}, X_{12}, X_{13}$ 分别表示 1—3 产业的产值；

$$X_2 = [X_{10}, X_{20}, X_{30}]$$

$X_0$ 表示上一年度的产值；

$X_{10}, X_{20}, X_{30}$ 分别表示 1—3 产业的进步度。

为了计算的方便，不妨把权重也设成对应的矩阵，

即有

$$n_1 = [n_{11}, n_{12}, n_{13}] = [0.2, 0.5, 0.3]$$

$$n_2 = [n_{10}, n_{20}, n_{30}] = [0.2, 0.5, 0.3]$$

$$n = [0.4, 0.6]$$

根据模型的分析结果及数学表达式，综合评价得分的结果较容易得出。

$$M = [X_1 n_1, X_2 n_2] n^T$$

3. 模型求解

鉴于数据组数太多，在此仅对近十年的山东综合评价得分列出计算过程，其他省（市）以及其他年份计算依此类推。

其中，1999—2008 年山东三次产业产值矩阵为：

$$X_1 = \begin{bmatrix} 1221 & 3644.32 & 2628.52 \\ 1268.57 & 4164.45 & 2904.45 \\ 1359.49 & 4556.01 & 3279.53 \\ 1390 & 5184.98 & 3700.52 \\ 1480.67 & 6485.05 & 4112.43 \\ 1778.45 & 8478.69 & 4764.70 \\ 1927.85 & 10628.62 & 5960.40 \\ 2138.9 & 12751.20 & 7187.26 \\ 2509.14 & 14776.53 & 8680.24 \\ 3002.65 & 17702.17 & 10367.23 \end{bmatrix}$$

进步度矩阵为：

$$X_2 = \begin{bmatrix} 5.19 & 236.26 & 231.03 \\ 47.57 & 520.13 & 275.93 \\ 90.92 & 391.56 & 375.08 \\ 30.51 & 628.97 & 420.99 \\ 90.67 & 1300.07 & 411.91 \\ 297.78 & 1993.64 & 652.27 \\ 149.4 & 2149.93 & 1195.7 \\ 211.05 & 2122.58 & 1226.86 \\ 370.24 & 2025.33 & 1492.98 \\ 493.51 & 2925.64 & 1686.99 \end{bmatrix}$$

首先，分别计算产值矩阵与相应权重矩阵转置的乘积、进步度与相应权重矩阵转置的乘积，结果如下：

$$X_1 n_1^T = \begin{bmatrix} 2855 \\ 3207 \\ 3534 \\ 3981 \\ 4772 \\ 6024 \\ 7488 \\ 8960 \\ 10494 \\ 12562 \end{bmatrix} \qquad X_2 n_2^T = \begin{bmatrix} 188.5 \\ 352.4 \\ 326.5 \\ 446.9 \\ 791.7 \\ 1252.1 \\ 1463.6 \\ 1471.6 \\ 1534.6 \\ 2067.6 \end{bmatrix}$$

那么最后的总评价得分为：

$$M = [X_1 n_1^T, X_2 n_2^T] n^T = \begin{bmatrix} 1255.1 \\ 1494.2 \\ 1609.5 \\ 1860.5 \\ 2383.8 \\ 3160.9 \\ 3873.4 \\ 4467.0 \\ 5118.4 \\ 6265.4 \end{bmatrix}$$

四省（市）的综合经济得分情况如表 5 所示：

**表 5　模糊评价法下四省（市）经济得分**

| | 江　苏 | 山　东 | 浙　江 | 上　海 |
|---|---|---|---|---|
| 1999 年 | 1319.7 | 1255.1 | 962.5 | 741.7 |
| 2000 年 | 1554.7 | 1494.2 | 1133.5 | 877.6 |
| 2001 年 | 1700 | 1609.5 | 1257.7 | 916.7 |
| 2002 年 | 1966.5 | 1860.5 | 1519.8 | 1017.3 |
| 2003 年 | 2458.9 | 2383.8 | 1968.6 | 1298.7 |
| 2004 年 | 3067.5 | 3160.9 | 2347.9 | 1606.7 |
| 2005 年 | 3785.4 | 3873.4 | 2577.3 | 1726.4 |
| 2006 年 | 4339.3 | 4467 | 3107 | 1971.4 |
| 2007 年 | 5128.5 | 5118.4 | 3765.9 | 2358.5 |
| 2008 年 | 5975.3 | 6265.4 | 4113.5 | 2515.6 |

3. 结果分析

（1）显然，四省（市）每一年的综合评分都好于上一年，体现出我国经济高速发展的连贯性和持续性特征。

近年来，我国对外资的引进力度逐步加大，建设资金较为充足；劳动力资源丰富，生产成本低；消费市场广阔，资金流通周转速度加快，经济活跃；政策制定从发展实际出发，举措合理。种种因素促进了中国经济的快速增长。

（2）每一年的评分相对上一年的增长率是不同的，略有起伏，这也是符合客观事实的。

受国内外经济增长诸多变量因素的共同影响，任何一年的增长都不可能复制上一年经济的增长状况。只能说四省（市）每一年的增长率都维持在较高水准，同步于现实经济的发展幅度。

（3）就总得分来说，山东、江苏、浙江、上海得分依次减小，各省现实的经济表现力也符合以上排名。其中，山东 2004 年首次超越江苏居四省（市）第一，保持着强劲的发展势头；而江浙沪也保持高速增长态势。

（4）当然，结果中有一点不容忽视，现实中经济发展水平最高的上海竟然得分最低。这是由于上海地域面积、人口总数远小于其他省份，生产总值必然小于其他省级单位，由此，上海的得分必然较低。此外，我们应该认识到，上海的经济起步较早，发展较早，经济的饱和程度远大于其他省份，基数较高，故而近十年来上海经济的增长逐步减慢。由于我们的模型对经济的进步要求较高，这在客观上降低了上海的得分。所以在该模型中，上海得分最低。

由于数据中没有人均生产总值，故上海得分低是不可避免的。从总体来看模型评价结果比较符合实际情况，故该模型是比较理想的。

在实际计量应用中，我们可以将类似上海的这种省级行政单位却只有市级行政单位面积的地区作单独处理。

### （五）模型三——层次分析法评价模型

1. 模型分析

层次分析法是一种定性与定量分析相结合的多目标决策分析方法论，即利用行为科学的特点，将决策者的经验判断加以量化。在目标（因素）结构复杂而且缺乏全面数据的情况下，此方法较为实用，是系统科学中常用的系统分析方法。层次分析法的关键是合理分层以及确定判断矩阵。

2. 模型建立

首先，将问题层次化，我们确定的目标层 A 是省市的经济情况，准则层 C 为衡量省市经济状况的指标，主要有三个产业当年产值以及进步程度。而决定准则层 B 的子准则层 P 包括该省市三个产业各自的生产总值，三个产业各自的进步程度。层次结构为：

目标 A：省市经济情况

准则层 C：产业产值、进步情况

子准则层 P：第一、二、三次产业产值；第一、二、三次产业进步度

模型建立步骤为：

（1）建立判断矩阵

（2）计算特征值及特征向量

（3）进行单排序一致性检验

（4）进行层次总排序

（5）进行层次总排序一致性检验

3. 模型求解

层次分析法的比较标度如表 6 所示：

**表 6　层次分析法的比较标度**

| 标度 $a_{ij}$ | 定　　义 |
|---|---|
| 1 | 因素 $i$ 与因素 $j$ 相同重要 |
| 3 | 因素 $i$ 比因素 $j$ 稍重要 |
| 5 | 因素 $i$ 比因素 $j$ 较重要 |
| 7 | 因素 $i$ 比因素 $j$ 非常重要 |
| 9 | 因素 $i$ 比因素 $j$ 绝对重要 |
| 2,4,6,8 | 因素 $i$ 与因素 $j$ 的重要性的比较值介于上述两个相邻等级之间 |

为鼓励经济基础较差省份努力发展经济，我们认为衡量各省市经济状况时，经济的进步度最为重要，产业产值在其次。

取判断矩阵如下：

$A-C$ 判断矩阵为

$$\begin{bmatrix} 1 & \frac{1}{4} \\ 4 & 1 \end{bmatrix}$$

运用 matlab 计算得，$\lambda_{\max} = 2$，相应权向量 $w = (0.20, 0.80)^T$

进行一致性检验：

一致性指标 $CI = \dfrac{\lambda_{\max} - n}{n-1} = 0$

随机一致性比率 $CR = \dfrac{CI}{RI} = 0 < 0.1$

所以我们认为判别矩阵的不一致程度在容许范围内，一致性检验通过。

类似的，分别取 $C_1-P$，$C_2-P$ 判断矩阵为

$$\begin{bmatrix} 1 & 1/5 & 1/30 \\ 5 & 1 & 2 \\ 3 & 1/2 & 1 \end{bmatrix},\begin{bmatrix} 1 & 1/3 & 1/5 \\ 3 & 1 & 1/2 \\ 5 & 2 & 1 \end{bmatrix}$$

特别说明：与模糊评价法类似，我们认为在当前国情下，第二产业的产值比较重要，但从长远看，相对于进步度来说，我们认为第三产业的进步度最为重要。

$\lambda_{max}$ 都为 3.0037，对应的权向量分别为 $w=(0.1095, 0.5815, 0.3090)^T$，$w=(0.1095, 0.3090, 0.5815)^T$

一致性指标 $CI=\dfrac{\lambda_{max}-n}{n-1}=0.00185$

查表可得，当 n=3 时，随机一致性指标 RI=0.58

随机一致性比率 $CR=\dfrac{CI}{RI}=0.00319<0.1$

所以我们认为判别矩阵的不一致程度在容许范围内，一致性检验通过。

所以，进行层次总排序结果如表 7 所示：

**表 7　层次总排序结果**

| 层次 A | C1 | C2 | 层次 P 的总排序权值 |
|---|---|---|---|
| 层次 P | 0.2 | 0.8 | |
| P1 | 0.1095 | 0 | 0.0219 |
| P2 | 0.5815 | 0 | 0.1163 |
| P3 | 0.3090 | 0 | 0.0618 |
| P4 | 0 | 0.1095 | 0.0876 |
| P5 | 0 | 0.3090 | 0.2472 |
| P6 | 0 | 0.5815 | 0.4652 |

总排序一致性检验

$$CI=\sum_{j=1}^{2}a_j CI_j=0.2*0.00185+0.8*0.00185=0.0185$$

从而 CR<0.1

因而，层次总排序结果具有满意的一致性。从而，我们得出一个地区的评价得分模型为：

得分=0.0219*第一产业产值+0.1163*第二产业产值+0.0618*第三产业产

值 +0.0876 * 第一产业进步度 +0.2472 * 第二产业进步度 +0.4652 第三产业进步度

我们计算出 1999—2008 年四省（市）经济的综合表现，如表 8 所示：

**表 8　层次分析法下四省（市）经济得分**

| | 江　苏 | 山　东 | 浙　江 | 上　海 |
|---|---|---|---|---|
| 1999 年 | 822.2 | 779.4 | 612.2 | 519.6 |
| 2000 年 | 1010.1 | 952.7 | 782.5 | 633.6 |
| 2001 年 | 1108.1 | 1041.6 | 871 | 610.9 |
| 2002 年 | 1293.6 | 1216.1 | 1082 | 693.1 |
| 2003 年 | 1669.2 | 1561.7 | 1408.7 | 900.4 |
| 2004 年 | 2086.4 | 2141.8 | 1644.3 | 1199.2 |
| 2005 年 | 2720.1 | 2747.5 | 1788.3 | 1244 |
| 2006 年 | 3052.4 | 3087.9 | 2166.8 | 1407 |
| 2007 年 | 3653 | 3537.5 | 2707.3 | 1831.6 |
| 2008 年 | 4203.3 | 4316.5 | 2820.9 | 1813.8 |

4. 结果分析

（1）从得分情况来看，上海地区的得分偏低，这同样是由上海市的地域范围较小，生产总值总量较小造成的。实际应用中，可以加以区分，单独考虑上海市。

对于其他三省而言，从得分来看，山东、江苏、浙江依次降低，但三省份无论是产值还是相对上一年的增长率均表现较好。

（2）总体来看，十年来四省（市）得分一直相差不大，各省市经济保持了协调稳健增长。其中山东和江苏更是齐头并进、同步增长；浙江经济增长略为落后于两省但也保持着较高的经济增长率。

这充分说明华东四省（市）经济增长模式已经日臻有机化和动态化，省际之间的经济关联性逐步增强。通过产业联动机制和传导机制，各省（市）三次产业在动态中逐步完善和日渐成熟，产业之间相互带动效应增强，这必然会促进华东四省（市）整体经济的进一步腾飞。

### （六）模型优缺点分析

1. 模型优点

（1）数理统计模型从最基本的概率统计概念出发，运用统计软件进行运算分析，数据处理直接简便，结果一目了然。

（2）模糊评价模型充分考虑诸多经济变量因素，评价客观、真实、全面。我们根据统计数据，对各变量赋予不同的权重，最终得到四省（市）的综合评分，结果可信。

（3）层次分析法采用先分解后综合的数学分析方法，将问题层次化；分析问题彻底明了，易于理解；加权合理。层次分析法的结果类似于模糊数学模型，真实有效。

2. 模型缺点

（1）模糊评价模型对于结果有效性范围的确定不是很准确，采用人为划定的方式。如果这次评价无效，其后的处理方法没有详细说明。

（2）层次分析法的缺点在于要对问题的影响因素有充分的理解，对使用者的理论知识要求较高。现实世界中很多联系是非层次性的，如多对多联系、一个结点具有多个双亲等，层次模型表示这类联系的方法较为笨拙，只能通过引入冗余数据（易产生不一致性）或创建非自然的数据组织（引入虚拟结点）来解决。

## 三、基于统计模型的现实建议

通过对上述三种模型的建立、求解和分析，联系当前经济社会发展实际，从产业的视角出发，我们对四省（市）的经济发展提出如下建议：

### （一）三大产业协调发展

从模型分析中可以看出，第一、第二产业的发展状况在一定程度上影响着第三产业的发展。从华东四省（市）经济发展大局着眼，要稳定第一产业、保障第二产业，为第三产业的发展提供坚实的基础；发展第三产业要把量的增长和质的提高统一起来；继续深化落实“三、二、一”的产业发展方针，促进第三产业比重的平稳增长，实现三大产业之间协调、可持续发展。

### （二）业结构转型与国际经济发展趋势相结合

伴随着经济全球化的发展趋势，华东地区的对外开放程度将进一步加强，国际经济结构调整对该区域经济格局的影响越来越大。因此，无论工业、农业还是服务业，发展眼光都不能局限于华东区域内，而是要与国际相结合，在国际分工中确立该地区的主导产业。

### （三）遵循市场经济发展的客观规律，因时因地制定经济、产业政策

四省（市）的产业结构调整要从市场经济发展的客观规律出发，充分发挥市场基础性调节作用，在国家宏观调控政策和相关产业政策的指引下，综合考虑国内外的市场需求因素和市场环境，实现三大产业结构的优化升级以及产业间均衡、协调发展。

**（四）实现消费主导的增长模式**

中国整体经济对出口和固定资产投资的依赖程度是世界平均水平的两倍。这种增长模式会造成收益率的迅速下降和经济增长的缓滞。江浙沪鲁四省（市）作为中国区域经济的“领头羊”，应率先实行消费主导的经济增长模式，进一步刺激第三产业的发展，提高第三产业在产业整体中的比重。只有这样才能改善消费投资比例，进一步实现整体经济的均衡协调，促进国民经济的稳健性增长。

## 四、结　　语

产业之间存在着极其复杂的直接或间接的经济联系，形成自变与应变之间的函数运动，使整个产业形成一个有机的经济系统。一个产业的存在，会成为其他产业出现和发展的条件；一个产业内部结构的变化会直接或间接引发其他产业的变化。产业作为一个经济实体，是随着社会生产力的发展逐步形成和完善的。通过对产业经济成分数据模型的建立、求解和分析，我们可以看到华东四省（市）的产业结构是一个多层次的经济系统，具有函数关系的显著特征。四省（市）经济的平稳运行和未来发展态势，和产业结构的调整与变迁息息相关。通过模型分析，我们对该地区的经济走势作出评价，证实了经济发展的惯性和经济走势的连贯性。

**参考文献**

[1]《现代产业经济分析》. 刘志彪、安同良等. 南京大学出版社，2002。
[2] 中国统计年鉴 2009 [M]. 北京：中国统计出版社，2005。
[3] 数学建模与实验 . 陈恩水等 . 北京：科学出版社，2008。
[4] Lingo 和 Excel 在数学建模中的应用袁新生等 . 北京：科学出版社，2007。

# "金砖四国"经济周期互动与中国核心地位：基于SVAR的实证分析

贺书锋

## 一、引　　言

"金砖四国"（BRIC）从2001年诞生起就被赋予了金灿灿的希望。它代表世界的中富群体和财富新贵，经济规模占全球的15%，拥有全球四成外汇储备。它的出现改变了人们将世界看做发达国家与发展中国家的两极思维。2009年6月16日四国领导人叶卡捷琳堡首次峰会的举行预示着"金砖四国"合作进入了实质性阶段，蒯辙元（2009）认为这是"金砖G4"的开始，更有美国经济学家认为这是21世纪以来对美国经济和政治霸权最大挑战的一次会议。

然而，"金砖四国"之间的差异性使很多人对其合作前景产生质疑。从经济结构上来看，巴西重点发展农业，俄罗斯依赖大宗商品，印度服务业最发达，中国则以制造业为重，俄罗斯和巴西都是大宗商品出口国，而印度和中国则是能源和原材料的主要消耗国。从经济规模和发展速度看，中国已把巴西、俄罗斯和印度甩在身后，后三者与墨西哥更般配，甚至有人提出"帽檐四国"（Brim）。从政治制度和政局稳定性来看，中国强有力的集中领导体制更有利于改革和稳定，印度的政治体系是建立在各党派、各权力阶层不断妥协的基础上的，对发展有阻碍作用，巴西处在政局不稳的南美洲，俄罗斯由于经济对石油的过度依靠而存在较高的政治风险。诸多差异性必然导致经济利益和政治诉求的不一致，四国对此次峰会的态度也可见一斑——俄罗斯对这次投入极大热情，巴西更是积极回应，而中国与印度的态度则不温不火、平静有加。

本文将从经济周期的协同与互动的角度寻找"金砖四国"存在的现实基础，并为未来四国合作和政策协调提供依据，同时分析中国在"金砖四国"经济互动中的地位和作用。经济周期不但是各国经济结构、发展模式、政治稳定性、政策偏好、决策机制等多种国内因素综合作用的结果，也是各国对国际经济环境变化进行反馈的结果。如果四国经济周期存在显著协同性和互动关系，一方面说明四国经济内部具有天然的互补性和融合性，另一方面说明四国经济会产生相互影响，政策会产生溢出效应。不管是哪一种情况发生，"金砖四国"更紧密的合作形式和制度安排都是必要的。

虽然按照Burns和Mitchell（1946）对经济周期的经典定义，经济周期的考察应该参考主要经济时间序列的共变性，而不是单个时间序列。但是在实际分析中，学者们大都沿用Stock和Watson（1998）的方法，把GDP滤波后的周期序列作为经济周期的基准周期。由于本文研究重点是"金砖四国"的互动关系，因此沿用Stock和Watson（1998）的做法，把各国GDP周期序列看做该国经济周期的代表。本文分析的初始数据为四国的年度GDP指数，已经消除了名义影响，具有年度可比性。GDP指数数据来源于IMF的IFS CD－ROM数据库。由于俄罗斯的GDP指数数据只有1989年以后各年，所以本文选择的数据区间为1989—2007年。在进行分析之前，作者先使用HP滤波方法对四国的GDP指数序列进行滤波，得到各自的周期序列。

本文结构安排如下：第二部分通过同步性、协动性和因子分析来初步检验四国经济周期的互动关系，第三部分进行SVAR模型的设定和识别，第四部分对SVAR模型进行检验和估计，第五部分通过脉冲响应函数和方差分解对"金砖四国"经济周期的互动关系进行考察，最后，给出本文的主要研究结论和一些政策启示。

## 二、"金砖四国"经济周期初步分析

### （一）同步性分析

周期的同步性指周期序列的同步相关性，用Pearson相关系数衡量。同步相关性见表1，中国与巴西的同步相关性最高（0.695），其次是印度与巴西（0.54），中国与俄罗斯的同步相关性最低（－0.72）。分国家来看，巴西与其他三国的同步相关性最高，俄罗斯与其他三国的同步相关性最低。图1可以明显看出其中的原因。中国、巴西、印度三国周期走势完全一致，同步性很高，只有些微的相位差，而俄罗斯周期与中国、巴西、印度三国几乎完全互逆，其中与中国周期互逆程度最高。

**表1　金砖四国同步相关系数与交叉相关系数**

| 国家 | 中国 | | | 巴西 | | | 印度 | | | 俄罗斯 | | |
|---|---|---|---|---|---|---|---|---|---|---|---|---|
| | 同步相关 | 最大交叉相关 | LAG | 同步相关 | 最大交叉相关 | LAG | 同步相关 | 最大交叉相关 | LAG | 同步相关 | 最大交叉相关 | LAG |
| 中国 | | | | 0.7 | 0.695 | 0 | 0.38 | 0.49 | －1 | －0.72 | 0.531 | 6 |
| 巴西 | 0.7 | 0.695 | 0 | | | | 0.54 | 0.583 | －1 | －0.3 | 0.36 | 5 |
| 印度 | 0.38 | 0.49 | 1 | 0.54 | 0.583 | 1 | | | | 0.02 | 0.482 | 6 |
| 俄罗斯 | －0.72 | 0.531 | －6 | －0.3 | 0.36 | －5 | 0.02 | 0.482 | －6 | | | |

数据来源：中经网数据库中各国不变价GDP数据经过HP滤波后计算得到。

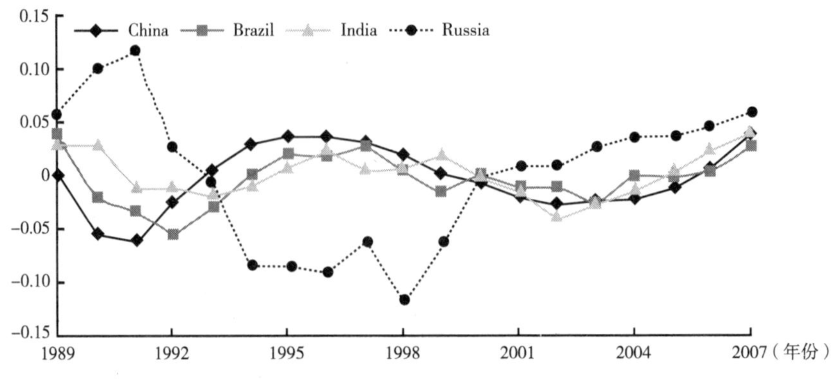


**图 1　金砖四国 GDP 滤波后周期序列**

数据来源：中经网数据库中各国不变价 GDP 数据经过 HP 滤波后得到的 GDP 周期序列。

### （二）协动性分析

协动性指两个波动序列在时间上继起和相互影响的关系，通过交叉相关系数和领先滞后期来刻画。同步相关性对于周期性变量关联关系的度量可能存在偏差——周期长度和波幅相同的两个变量同期相关系数可能会因为相位的不一致而很低。协动性分析不但可以弥补同期相关性这一缺陷，并且可以发现各国经济周期之间的领先滞后关系。

表 1 的交叉相关系数和滞后期是指第一行各国与各列对应国家 GDP 周期序列的最大交叉相关系数和对应滞后期。以中国为例（表 1 第 3、4 列），中国周期与其他三国交叉相关系数都较高，在 0.49 至 0.70 之间，同时与巴西保持同步，领先印度 1 期，滞后俄罗斯 6 期。总体来看，四国协动性有一个明显的特点——中国、印度、巴西三国同期性较强，俄罗斯与其他三国则有 5 到 6 期的相位差，这是俄罗斯与其他三国经济周期互逆的另一个证据。

### （三）共同周期——因子分析

因子分析是利用变量间的相关系数找到多变量背后潜在共同成分（因子）的复杂统计方法。下文将利用因子分析方法寻找“金砖四国”背后可能存在的共同周期。在进行因子分析之前要先进行 KMO 抽样适当性检验和 Bartlett 球面性检验。KMO 值在 0 到 1 之间，越接近 1 说明进行因子分析的效果越好。Bartlett 球面性检验是假设变量间的偏相关系数矩阵是单位矩阵，拒绝原假设说明适合因子分析。KMO 抽样适当性检验统计量值为 0.548，基本满足因子分析要求，Bartlett 球面检验显著性为 0.000，也满足因子分析条件。为了明确解释变量与因子间的关系可以通过因子转轴的方法。因子旋转的方法可以分为正交旋转和斜交旋转两种，其中正交旋转又可分为最大变异法（Varimax method）、四分变异法（quartimax）、均等变异法（equimax）等三种。本文选择最大变异法。正交旋转可以保证所得到因子是独立的，同时让所有变量在同一因子的负荷量平方的变异量最大，从而便于找到特定变量负荷量较大的因子并进行解释。

因子分析得到两个特征值大于1的共同因子，两个因子的特征值大小相差不大，说明两个因子重要性相当。方差贡献表（表2）显示两个因子可以解释74%的方差。

**表2　共同因子方差贡献表**

| 因　子 | 初　始　解 | | | 旋　转　后 | | |
|---|---|---|---|---|---|---|
| | 特征值 | 方差贡献(%) | 累积方差贡献(%) | 特征值 | 方差贡献(%) | 累积方差贡献(%) |
| 1 | 2.175 | 54.365 | 54.365 | 1.564 | 39.106 | 39.106 |
| 2 | .785 | 19.616 | 73.981 | 1.395 | 34.876 | 73.981 |

注：SPSS16.0对各国GDP周期序列进行因子分析结果。

从表3可以看到，俄罗斯、中国在因子1有较高的载荷量，俄罗斯载荷量为-0.957，说明中国与俄罗斯之间有强逆周期性，因此因子1可以看做"中俄周期"。印度、巴西在因子2有较高的载荷量（0.925和0.779），同时中国载荷量为0.48，可以把因子2看做"中巴印周期"。但是总体来看，不存在四个国家载荷量都较高的因子即四国共同周期，但是存在受中国影响的两个次群体周期，中国核心地位初步显现。

**表3　因子载荷表**

| | 因子1 | 因子2 |
|---|---|---|
| 俄罗斯 | -0.957 | 0.058 |
| 中　国 | 0.83 | 0.48 |
| 印　度 | -0.059 | 0.925 |
| 巴　西 | 0.435 | 0.779 |

注：SPSS16.0对各国GDP周期序列进行因子分析结果。

## 三、SVAR模型建立与识别

### （一）SVAR模型的建立

上述同步性、协动性和因子分析已经显示"金砖四国"经济周期之间的内在联系，下文将通过SVAR模型来分析四国周期之间如何相互影响以及中国在这个过程中的核心作用。为了检验金砖四国之间经济周期的互动，作者建立了如下 SVAR（p）模型：

$$B(L)y_t = (B_0 - B_1L^1 - B_2L^2 - \cdots - B_pL^p) * y_t = u_t \quad (1)$$

$$B_0y_t = B_1y_{t-1} + B_2y_{t-2} + \cdots + B_py_{t-p} + u_t \quad (2)$$

$$E(u_tu_t') = \Lambda, \; y_t' = (China, Russia, india, brazil)' \quad (3)$$

B（L）是 p 阶滞后算子，$B_0$ 是对角元素为 1 的非奇异矩阵，$y_t$是由金砖四国 GDP 周期序列构成的四维向量，$u_t$ 是均值为零、无序列相关、协方差为对角阵 Λ 的四维结构冲击向量。

与 SVAR 模型对应的简约式 VAR 模型如下：

$$A(L)y_t = (I - A_1L^1 - A_2L^2 - \cdots - A_pL^p) * y_t = \varepsilon_t \quad (4)$$

$$A(L)y_t = B_0^{-1} * B(L) \; y_t \quad (5)$$

$$\varepsilon_t = B_0^{-1} * u_t \quad (6)$$

$$E(\varepsilon_t\varepsilon_t') = \Sigma = B_0^{-1}\Lambda B_0^{-1} \quad (7)$$

对简约式 VAR 两边同乘以 A（L）$^{-1}$就可以得到 VMA 表示，进一步代换可以得到 SVMA 表示：

$$y_t = A(L)^{-1}\varepsilon_t = \psi(L)\varepsilon_t = \sum_{k=0}^{\infty}\psi_k L^k\varepsilon_t = \sum_{k=0}^{\infty}\psi_k B_0^{-1} L^k u_t \quad (8)$$

上式是脉冲响应函数和预测误差方差分解的基础。

### （二）SVAR 模型的识别与约束条件

SVAR 模型的估计分三步：1. 对简约式 VAR 方程逐个进行 OLS 回归，得到 $B_1 \cdots B_p$ 的估计；2. 通过 $\Sigma = B_0^{-1}\Lambda B_0^{-1}$ 的关系，估计 $B_0$ 和 Λ；3. 利用 VAR 估计得到的 A（L）和 $B_0^{-1}$ 进一步得到 SVMA。在 SVAR 的估计过程中最重要的问题是识别问题。由于 Λ 是对角阵，$B_0^{-1}$ 的对角线元素为 1，所以 $B_0^{-1}$ 和 Λ 总共有 n * n 个自由参数需要估计，而Σ是对称矩阵，只能提供 n（n+1）/2 个参数的设定信息，意味着需要至少 n（n-1）/2 个（本文为 6 个）约束条件才能完全识别上述 SVAR 模型。这些约束可以是短期（同期）的，也可以是长期的。建立约束条件的途径有多种，Stock and Watson（2001）进行了很好的综述。一个简单直接的办法是对简约式 VAR 模型的残差进行正交化，这一方法由 Sims（1980）最早提出，但这种方法隐含了变量间的递归结构，即 Wold 因果链，限制变量间的同期关系，因此不能被看做通用的方法。其他学者通过现有理论结论来建立约束条件，比如 Blanchard and Watson（1986），有些学者依赖于先前的经验研究，并没有一致认可的方法，但是

Faust（1998）认为在不同合理的假设下结果的稳健性最重要。

判断一个SVAR模型是否适合使用Sims（1980）的递归因果结构来建立约束条件和Cholesky因子分解，要根据简约式VAR模型估计残差的协方差矩阵。如果协方差矩阵是对角阵，说明变量的顺序不会影响IRF和方差分解的结果，那么使用Sims的方法是合适。作者对本文VAR回归后的残差协方差矩阵进行分析发现它并不是对角阵，说明不适合使用简单的正交化方法来建立约束矩阵，而需要根据现实情况和经验研究来建立约束条件。根据金砖四国的经济结构和经济联系，本文通过对结构因子矩阵 $B_0$ 的设定来建立6个短期约束：

（1）中国经济由于其庞大的规模和高度的外向性，会对其他三国产生即期影响，而其他三国中不能对中国经济产生同期影响，即 $b_{12}=b_{13}=b_{14}=0$；

（2）巴西不能影响同期俄罗斯经济，即 $b_{24}=0$；

（3）中国由于地缘和经济结构的关系可能同期影响印度经济，俄罗斯和巴西不能同期影响印度经济，即 $b_{32}=b_{34}=0$。

短期约束通过 $B_0$ 矩阵来实现，所以待估计 $B_0$ 以及SVAR（1）模型的矩阵表示如下：

$$\begin{bmatrix} 1 & 0 & 0 & 0 \\ b_{21} & 1 & b_{23} & 0 \\ b_{31} & 0 & 1 & 0 \\ b_{41} & b_{42} & b_{43} & 1 \end{bmatrix} \times \begin{bmatrix} CN_t \\ RU_t \\ ID_t \\ BZ_t \end{bmatrix} = \begin{bmatrix} a_{11} & a_{12} & a_{13} & a_{14} \\ a_{21} & a_{22} & a_{23} & a_{24} \\ a_{31} & a_{32} & a_{33} & a_{34} \\ a_{41} & a_{42} & a_{43} & a_{44} \end{bmatrix} \times \begin{bmatrix} CN_{t-1} \\ RU_{t-1} \\ ID_{t-1} \\ BZ_{t-1} \end{bmatrix} + \begin{bmatrix} u_{1t} \\ u_{2t} \\ u_{3t} \\ u_{4t} \end{bmatrix}$$

## 四、模型检验与估计

### （一）稳定性检验

用于SVAR分析的数据是经过HP滤波后的GDP周期序列，通过单位根检验，在10%的显著性水平上都可以拒绝原假设。然后根据EVIEWS6.0提供的滞后长度选择统计量，AIC和SC统计量都显示滞后一期为最佳。对VAR（1）进行初步估计，AR特征多项式根模的倒数小于1，说明VAR（1）模型是稳定的，可以进行进一步分析。

### （二）GRANGER因果检验

由于SVAR模型是一种非理论的模型，它的设定是否合理需要通过相关检验来验证，GRANGER因果检验即是其中之一。通过GRANGER因果检验可以判断所有变量是否都是内生的。表4显示，所有变量至少在两个方程中10%水平下卡方统计量显著，并且每一个方程的解释变量整体显著，说明模型设定基本合理，所有变量满足内生要求。

表 4　Granger 因果检验

| | 被解释变量 | | | |
|---|---|---|---|---|
| | 中国 | 俄罗斯 | 印度 | 巴西 |
| 中　国 | | 3.409*<br>(0.065) | 2.984*<br>(0.084) | 11.818***<br>(0.001) |
| 俄罗斯 | 3.133*<br>(0.077) | | 1.993<br>(0.158) | 1.821<br>(0.177) |
| 印　度 | 0.722*<br>(0.096) | 2.982*<br>(0.084) | | 0.009<br>(0.923) |
| 巴　西 | 11.337***<br>(0.001) | 1.889<br>(0.169) | 0.281*<br>(0.096) | |
| 所有变量 | 15.219***<br>(0.002) | 7.095*<br>(0.069) | 8.104**<br>(0.044) | 19.729***<br>(0.000) |

注：括号中数字为 F 统计量的 p 值。*，**，*** 分别代表 10%，5%，1% 的显著性水平。数据来源于中经网数据库中各国不变价 GDP 数据经过 HP 滤波后得到的 GDP 周期序列。

### （三）结构因子矩阵的估计

结构因子矩阵 $B_0$ 的估计见表 5。除印度对俄罗斯同期影响不显著（p 值 0.206）之外，其他变量同期影响都是显著的。中国经济对其他金砖三国都有显著的同期影响。中国对俄罗斯的同期影响是负的，说明中俄经济周期运行趋势相反，当资源价格和通胀率较低时，中国经济从中受益、平稳增长，俄罗斯经济低迷，而当资源价格高涨、通胀率提高时，中国经济则会受到资源硬约束被迫进行政策调整进入收缩通道，俄罗斯经济受益于能源价格上行。中国对印度、巴西的同期影响都是正的，对巴西的影响尤其显著。俄罗斯对巴西也存在显著的同期影响，其影响方向和中国一致，但是影响规模比中国小。印度对俄罗斯的同期影响不显著，对巴西有显著的负影响，说明中国、印度各自与巴西的关系由于经济结构的差异而有差异。

表 5　结构因子矩阵估计结果

| | 中　国 | 俄罗斯 | 印　度 | 巴　西 |
|---|---|---|---|---|
| 中　国 | 1 | 0 | 0 | 0 |
| 俄罗斯 | 1.030**<br>(0.047) | 1 | -0.729<br>(0.206) | 0 |
| 印　度 | -0.406**<br>(0.032) | 0 | 1 | 0 |
| 巴　西 | -0.713***<br>(0.000) | -0.295***<br>(0.000) | 0.417**<br>(0.013) | 1 |

注：括号中数字为 p 值。*，**，*** 分别代表 10%，5%，1% 的显著性水平。数据来源于中经网数据库中各国不变价 GDP 数据经过 HP 滤波后得到的 GDP 周期序列。

结构因子矩阵 $B_0$ 的估计结果很显著，说明根据检验建立的短期约束是恰当的。除印度对俄罗斯的当期影响不显著外，其他所有的当期影响都是显著的。中国对其他三国都有显著的当期影响，不过对俄罗斯的当期影响是负的，对巴西和印度当期影响为正。

## 五、基于SVAR的互动分析

### （一）脉冲响应函数（IRF）分析

脉冲响应函数反映了对一个内生变量的一次性冲击引起所有内生变量当前和未来值的变化。由于VAR残差协方差矩阵不是对角阵，本文没有Cholesky正交分解法，而使用结构因子分解方法得到IRF。基于稳健性考虑，作者对结构因子分解方法和广义脉冲方法（GIRF）的脉冲响应结果进行了比较，两者差别很小。图2是四国对来自不同国家冲击的响应曲线，第一至四列分别是中国、俄罗斯、印度、巴西的一个单位标准差新息冲击在其他国家产生的脉冲响应曲线图。

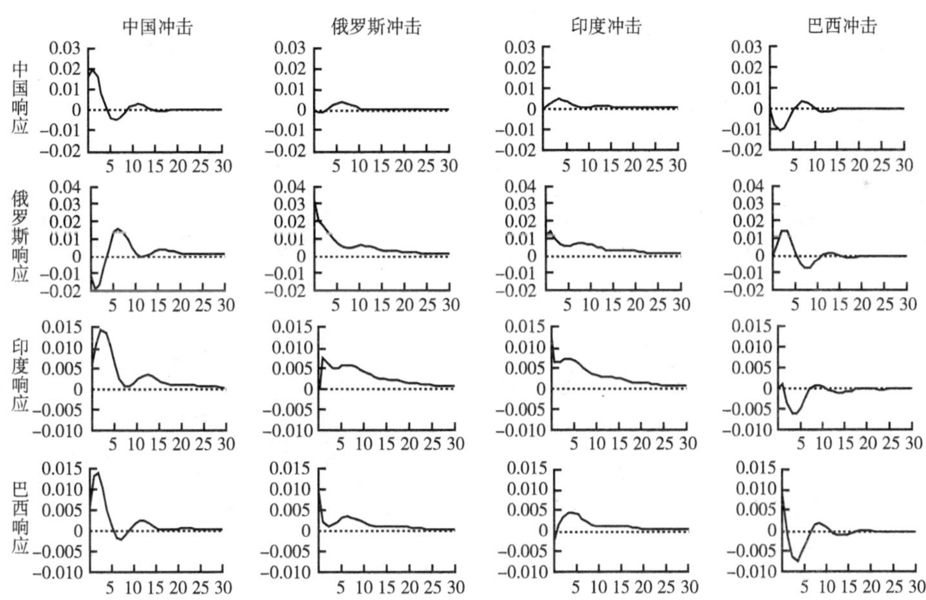


**图2　一单位标准差新息冲击的脉冲响应图**

注：使用EVIEWS6.0对四国GDP周期序列进行脉冲响应分析得到。

1. 中国经济的冲击效应

中国经济的正向冲击在当期立即引起四国经济的响应，并且在2到3期达到最大值。中国经济对自身冲击的反应很敏感，在第2期达到最大值0.019，随后正向冲击开始减弱，并于第6期转变为负向影响，第7期负向影响最大，响应值为-0.004，随后负向影响的幅度也开始减弱，第10期重新转变为正向影响，并于15期冲击效应减弱。从整个冲击过程看，中国自身冲击的持续效应并不长，并且负向响应的存在说明中国经济本身存在反增长机制，正向冲击产生的经济增长会催生下一阶段经济危机的诱因（比如结构失调、通货膨胀），致使正向冲击会导致一段时间后经济的负向响应。巴西和印度两国对中国经济的正向冲击反应表现出相似的响应过程，都在第3期达到冲击效应的最大值，并且两国响应的最大值也很接近，在0.014附近。中国冲击对巴西和印度经济冲击的持续效应要长于中国经济自身，分别在25期和30期趋于消失。虽然中国正向冲击短期内会改善印度和巴西的经济，却使俄罗斯经济恶化。中国正向冲击对俄罗斯经济的正向影响要在第5期才能显现，第7期达到最大响应值。俄罗斯经济对中国冲击的负面响应与两国经济结构有关。中俄分别是能源的需求大国和生产大国，因此能源价格的外生冲击对两国的影响却是相反的。能源价格下跌对中国是一个利好消息，而对俄罗斯经济是噩耗，但是随着中国经济高涨、需求上升带动能源价格的上升，必然伴随通货膨胀的产生，随后将是中国经济的收缩，俄罗斯经济将走向高涨。

2. 俄罗斯经济的冲击效应

俄罗斯冲击对自身经济的影响更显著些，冲击当期就可以使经济产生0.032的正向响应，虽然之后正向响应在下降，但是一直保持正向效应持续30期以上。但是俄罗斯经济冲击对中国经济在短期和长期都没有太大影响（GIRF结果稍大些），在冲击的前3期中国经济作出负向的响应，但是响应值很小，第4期开始中国经济开始对俄罗斯的正向冲击表现出正面的响应，但是响应值也不大。中国经济对俄罗斯冲击的上述响应特征说明俄罗斯经济由于能源价格上涨的正向冲击会在短期给中国经济造成压力，但在中长期却会由于俄罗斯市场需求的膨胀对中国经济产生正向的拉动作用。俄罗斯正向冲击对印度、巴西在短期内都会对两国经济产生正向影响，虽然正向响应值很小并且很快就减弱，但是持续时间在30期以上，从一个侧面说明能源对经济影响的持久性。

3. 印度经济的冲击效应

印度经济对自身冲击的响应与俄罗斯对自身冲击的响应类似，即期达到最大响应值，然后保持正向响应30期以上。这一特点与中国对自身冲击的响应不同，这一差异反映中国经济内部的固有矛盾，即结构性的矛盾，正向冲击使经济在短期走向高涨，但是经济结构性矛盾却使上升的过程一直保持，通过经济过热推动经济走向下行通道。而印度和俄罗斯的国内经济可能并不存在明显的结构矛盾，因此可以使正向冲击一直保持正的响应。

4. 巴西经济的冲击效应

巴西经济的冲击效应仅次于中国，似乎与它的经济规模并不相称。巴西经济一个标准差的正向冲击会引起中国经济在第3期有最明显的负向响应，在第7期才开始正向的响应。这一点与俄罗斯相似，只是巴西正向冲击后中国经济的负向响应持续时间和响应值都大于俄罗斯的正向冲击，并且从累计效应看，俄罗斯正向冲击对中国的总体影响为正面的，而巴西的正向冲击对中国经济的累积影响是负面的。俄罗斯和巴西都是能源国家，这是中国对两个正向冲击作出负向响应的原因，两国冲击对中国的累积效应不同的原因却在于中国可以便利地利用向俄罗斯市场出口来减小俄罗斯正向冲击的负面效应，而无法充分享受巴西经济正向冲击的好处。印度对巴西正向冲击的响应类似中国，原因如上。在对自身冲击的响应模式上，巴西和中国有相似之处——在短期有经济正向响应，之后是负向响应，然后是冲击效应震荡减弱，在第20期左右即趋于消失。正如分析中国与印度、俄罗斯对自身冲击的反应模式差异时指出的原因，巴西国内经济本身也存在制约机制，最突出的表现是通货膨胀，因此正向冲击带来的经济繁荣很快会由于通货膨胀的制约而进入萧条。

总之，脉冲响应分析即揭示了四国经济的内部结构特点，也反映了四国经济周期之间的互动机制和潜在的利益关系。

## （二）方差分解

方差分解是对SVAR模型内生变量间相互影响大小更直观的表示。它根据SVMA表示把每一个内生变量的变异分解为结构冲击各期方差的线性组合，通过计算结构冲击在不同期限内方差总和占各内生变量总方差的比例来度量结构冲击对内生变量的影响。从图3可以得出以下结论：

1. 中国经济波动的主要原因在国内

从长期看，中国经济波动方差的73%可由国内冲击解释。来自巴西的冲击不可小视，可以解释22%的中国经济波动。俄罗斯和印度经济冲击对中国经济的影响不大。虽然巴西和俄罗斯都是资源性大国，但是两国与中国的竞争性和互补性关系是不同的。中国与俄罗斯、巴西经济的竞争性都不高，但是中国与巴西的互补性高于中国与俄罗斯（蔡春林，2008），这可能解释了为什么中国与巴西的经济周期的互动关系更强，巴西对中国经济的影响大于俄罗斯的原因。

2. 俄罗斯经济波动短期主要源于国内冲击，而长期受到外部冲击的影响较大

中国、印度、巴西可以解释俄罗斯50%以上的波动，其中中国可以解释俄罗斯经济波动的27%。经济的脆弱性与经济结构的单一性和国际贸易产品的低端化密切相关。叶静怡等（2007）研究中俄贸易结构发现，中俄贸易模式已由俄罗斯出口重工业产品，中国出口轻工业产品转向俄罗斯出口基础资源、原材料型产品，中国出

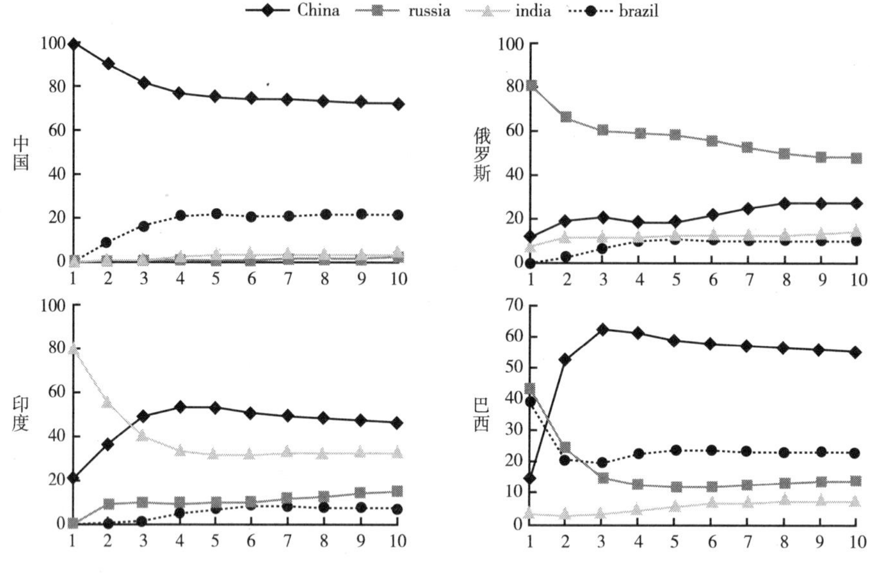


**图3　方差分解图**

注：使用 EVIEWS6.0 对四国 GDP 周期序列进行方差分解得到。

口工业制品的模式。在中俄贸易中，中国占据产业链高端，而俄罗斯成为农业、工业原材料、能源的供给方。中俄贸易结构反映了俄罗斯经济结构的单一化和产业低端化，这两者都会导致一国经济的高度波动。

3. 印度经济波动的原因在于国内因素和中国经济的冲击

在短期，国内因素和中国冲击分别可以解释 80% 和 20% 的波动，在长期，中国经济冲击的影响（46%）超过印度国内冲击（32%）。中国经济对印度的长期影响一方面源于中国与印度经济之间高竞争性（蔡春林，2008），易于受到同样的外部冲击，另一方面源于中印不断增强的经济联系。

4. 巴西经济波动主要受到中国和俄罗斯的冲击以及自身的冲击影响

在短期，俄罗斯的冲击影响甚至高于巴西国内冲击，可以解释巴西经济波动的 43%，原因在于俄罗斯冲击可以看做国际能源市场冲击，巴西经济对能源有很大的依赖性。从长期来看，中国经济冲击对巴西经济的影响巨大的，可以解释 55% 到 62% 的巴西经济波动，没有其他国家可以相比。1993 年中巴建立战略伙伴关系后，经济合作在航空、能源、技术等领域展开，双边贸易高速增长，中国成为巴西的第二大进口来源国，巴西成为中国第九大进口来源国。即使在经济危机的严冬中，中巴经贸仍然保持高速增长，2009 年 3 月，巴西对中国的出口同比增长 134.6%，中国首次超过美国成为巴西最大的出口目的国和最大贸易伙伴，飞速发展的中巴经贸预示两国未来的经济互动将更加紧密。

## 六、主要结论与政策启示

"金砖四国"经济周期的互动和中国在其中的角色是本文关注的重点。借助同步性和协动性指标、因子分析和SVAR方法，本文考察了四国经济周期的协同性和互动性。研究发现：(1) 中国与巴西具有高度的同步性，而中巴印三国协动性很强，俄罗斯与其他三国，尤其与中国经济周期互逆程度较高；(2) 因子分析发现"金砖四国"不存在共同周期，而是存在"中俄"和"中巴印"两个群体周期，其中"中俄"周期由于其内部互逆性具有一定的特殊性；(3) 脉冲响应分析显示中国经济冲击效应在四国中最强，并且持续时间长，但是中国正向冲击对俄罗斯经济产生相反的效果，对巴西、印度产生正向效果；(4) 方差分解显示中国经济波动受印巴俄三国影响有限，而对这三国经济波动具有很强的影响，巴西、印度、俄罗斯经济波动的60%、46%、27%可以由中国经济冲击来解释。

上述分析结论说明"金砖四国"的提出并不是文字游戏（胡俞越，2009），四国经济具有一定程度上的内在一致性，在过去的20年里，四国经济周期的协同性和互动性都达到了很高的程度。但是，"金砖四国"并不是铁板一块，它们内部也有分化，这种分化反映经济的互补性和竞争性，因此未来四国的合作和政策协调必须考虑这些差异性，如何制定灵活、弹性的政策和有针对性的制度安排将是未来"金砖四国"合作的挑战。

同时，本文研究结论有以下几方面重要启示。第一，中国要以策略性、博弈的思维制定政策。中国已经是一个世界大国，中国的政策会影响其他国家国内经济政策及其执行效果，对与中国经贸密切的发展中国家尤其如此。那么，中国在制定政策时必须要考虑其他国家可能的政策反应，从而使政策效果最大化，否则可能导致政策间的冲突，减弱政策效力。第二，在当前金融危机下，中国经济的恢复对其他三国经济恢复有重要影响，中国的大规模经济刺激计划也会使其他国家受益。大规模经济刺激计划相当于正向经济冲击，中国、印度、巴西都会从这一冲击中得到立即的经济改善，而俄罗斯经济需要一段时间后才能得到正面的响应。第三，"金砖四国"未来发展取决于中国的意愿。虽然俄罗斯觊觎"金砖四国"领导权之心昭然若揭，但是中国的核心地位事实上已经形成。其他三国都与中国具有一定程度的互补性和相似性，交错的利益关系只有通过中国才能协调一致。建立中国主导的"金砖四国"组织或"G4"是未来四国合作的必然选择，中国政府应该利用这一机会进一步提升国际影响力，服务国家利益。

## 参考文献


[1] 蔡春林. 2008. 中俄、中印、中巴经贸合作——基于竞争性与互补性分析 [J]. 国际经济合作 (3)。

[2] 胡俞越. 2009-06-26. "金砖四国"不再是文字游戏 [N]. 上海证券报。

[3] 蒯辙元. 2009-7-16. "金砖四国"能成为G4吗? [N]. 中华工商时报。

[4] 叶静怡, 王沛, 邱建业. 2007. 中俄贸易现状与发展趋势 [J]. 经济学动态 (8)。

[5] Blanchard, Olivier J. and Mark W. Watson. 1986. Are Business Cycles All Alike? [M]. in The American Business Cycle: Continuity and Change. R. J. Gordon, ed. Chicago: University of Chicago Press.

[6] Burns, A. F., and Mitchell, W. C. 1946. Measuring business cycles [M]. MA: NBER.

[7] Faust, Jon. 1998. The Robustness of Identified VAR Conclusions About Money [J]. Carnegie-Rochester Conference Series on Public Policy, 49: 207-44.

[8] Sims, C. A., 1980. Macroeconomics and Reality [J]. Econometrica, 48 (1): 1-48.

[9] Stock, James H. and Watson, Mark W., 1998. A Comparison of Linear and Nonlinear Univariate Models for Forecasting Macroeconomic Time Series [EB/OL]. NBER, Working Papers 6607.

[10] Stock, James H. and Watson, Mark W., 2001. Vector Autoregressions [J]. The Journal of Economic Perspectives, 15 (4): 101-115.

# 通货膨胀不确定性及其对宏观经济的影响

马文涛

## 一、引　　言

过去的20年间，以居民消费者价格指数CPI衡量，我国既经历了20世纪90年代初高达25%的高通货膨胀，也经历了21世纪初的通货紧缩，还经受了近些年来以石油、铁矿石等大宗商品价格为代表的外生冲击。整体来看，我国通货膨胀存在一定的不确定性。当前，受美国次级债券危机影响，各发达国家中央银行采用“量化宽松”的货币政策缓解市场流动性、刺激经济，我国政府也实施了积极的财政政策和适度宽松的货币政策，但是，众多经济学家认为如果政府不采取适时的退出策略，全球性通货膨胀出现的可能性会增大，不确定性也会随之增加，势必给正处于恢复性增长阶段的全球经济蒙上阴影。因此，在上述背景下，研究通货膨胀不确定性对宏观经济的影响有重要的理论与现实意义。

理论上，完全预期到的通货膨胀能从微观层面减少经济个体对未来经济形势的不确定性，并从宏观层面降低经济运行成本，避免不必要的福利损失。但是大多数时候，通货膨胀并不能被很好地预期，具有不确定性，而且这种不确定性会对经济的平稳运行产生影响。事实上，通货膨胀不确定性影响宏观经济的途径主要有两个：一个是通过利率的变动影响微观个体的跨期（intertemporal）消费决策，另一个是通过实际生产成本与最终产品之间相对价格的调整影响企业的期内（intratemporal）生产决策。国外文献中，学术界在这种影响的研究上存在分歧。部分学者认为，这种影响是负面的，Friedman指出通货膨胀不确定性会减少市场价格的信息内涵，使价格不能有效地发挥引导市场交易活动的功能，并引起产出的下降；Cabellero等认为，通货膨胀不确定性的上升会提高投资的期权价值，降低公司的投资意愿，并抑制投资活动，导致总产出的减少；Reagan和Stulz的研究表明，较高的通货膨胀不确定性会导致总成本变大，即通货膨胀不确定性的提高可能会降低实际产出；实证方面，

Byrne 和 Davis 揭示出通货膨胀不确定性对美国非住宅投资的负面影响，Grier 和 Grief 等发现通货膨胀不确定性对美国和墨西哥的实际产出有显著的负面影响。另有部分学者认为通货膨胀不确定性对宏观经济有正面效应，Abel 等发现生产函数的凹性意味着通货膨胀不确定性能够改变产出价格与可变成本比率，使得公司有激励去扩大资本支出；Dotsey 和 Sarte 采用现金现行模型（cash - in - advance model）的分析显示，通货膨胀不确定性会促使居民增加预防性储蓄，从而提高总投资水平。但是，也有证据表明，这种影响可能是不确定的，与分析方法和样本区间有关，这一点在 Bredin 和 Fountas 对 1957—2003 年 G7 国家的经验分析中得到体现。

国内文献中，贾俊雪、郭庆旺、曹勇刚探讨了货币增长不确定性对工业增加值、消费和出口的影响，王凯、庞震实证发现通货膨胀不确定性是宏观经济波动的格兰杰原因。国内研究大多采用 ARCH 模型测度通货膨胀不确定性，该方法仅分析了条件方差变动，而通货膨胀不确定性还可能来自于条件均值变动。因此，ARCH 模型对通货膨胀不确定性的测度有局限性，马尔科夫范式转换模型（Markov Regime Switching Model，以下简称 MRSM）恰好能弥补 ARCH 模型的不足，同时刻画方差与均值变动。目前国内采用该方法分析通货膨胀不确定性的文献较少，仅有赵留彦、王一鸣、蔡婧和龙如银、郑挺国、云航的工作，尽管他们测度了通货膨胀不确定性的不同组成部分（均值不确定性和方差不确定性），但是，并没有进一步分析通货膨胀不确定性的不同组成部分对消费、投资和贸易顺差等宏观经济变量的影响，这正是本文研究的创新所在；又由于宏观经济可能存在不同的状态（譬如高波动状态和低波动状态），本文研究还考虑宏观经济状态转换对分析结果的影响，引入了时变参数的单方程回归模型进行实证分析。

基于以上文献和事实，本文首先利用自回归形式的马尔科夫范式转换模型测度通货膨胀不确定性（均值不确定性和方差不确定性），并引入单方程的马尔科夫范式转换模型，考察通货膨胀不确定性对宏观经济的影响，作为对比，还采用了传统非时变参数模型进行计量分析。接下来，本文结构如下：第二部分，数据选取、模型建立及其估计；第三部分，通货膨胀不确定性的测度及其对宏观经济波动的影响；第四部分，结论以及政策含义。

## 二、数据选取、模型建立及其估计

本文选取了从 1985 年 1 月到 2009 年 7 月的居民消费者价格指数 CPI 进行实证分析，数据来源于 CEIC 数据库。本文以消费者价格指数的月度环比变化率表征通货膨胀变化率。整体来看，过去 20 多年中，我国通货膨胀呈现不同的变化趋势，既在个别月份（如 1988 年 8 月）出现较高的通货膨胀水平，又在一些时段内出现相对的通货紧缩状态（如亚洲金融危机之后的 1998 年，美国次级债券危机之后的 2009 年），说明我国通货膨胀可能发生了结构性变化或者存在结构性断点，即通货膨胀可能存在范式转换（regime switching）。借鉴 Hamilton 的思想，通过尝试发现二阶自回归的两状态马尔科夫范式转换模型（AR（2）-MRS（2））能较好地刻画我国通货膨胀，形式如下：

$$\pi_t - \mu_{s_t} = \varphi_{s_t}[\pi_{t-1} - \mu_{s_t}] + \Phi_{s_t}[\pi_{t-2} - \mu_{s_t}] + v_t, v_t = \sigma_{s_t}\varepsilon_t, \varepsilon_t \sim N(0,1) \quad (1)$$

其中，St 为取值为 0 或 1 的状态变量，它决定通货膨胀的状态，St = 0 表示通货膨胀较低，St = 1表示通货膨胀较高。St 服从如下的马尔科夫过程：

$$\Pr(s_t = 0 \mid s_{t-1} = 0) = P_{00}, \Pr(s_t = 1 \mid s_{t-1} = 0) = P_{01}, P_{00} + P_{01} = 1$$
$$\Pr(s_t = 1 \mid s_{t-1} = 1) = P_{11}, \Pr(s_t = 0 \mid s_{t-1} = 1) = P_{10}, P_{11} + P_{10} = 1$$

（1）式显示，通货膨胀均值、标准差以及自回归系数均在两个状态间转变。如果通货膨胀不存在状态转换，模型（1）简化为自回归模型 AR（2），模型如下：

$$\pi_t - \mu_0 = \varphi_0[\pi_{t-1} - \mu_0] + \Phi_0[\pi_{t-2} - \mu_0] + v_t, v_t = \sigma_0\varepsilon_t, \varepsilon_t \sim N(0,1) \quad (2)$$

表 1 列出 MRSM 模型和 AR（2）估计结果。模型（1）中，通货膨胀高低状态的自回归系数分别为 φ1 + Φ1 = 0. 28 + 0. 45 = 0. 73，φ0 + Φ0 = 0. 23 + 0. 24 = 0. 47，说明通货膨胀较高时波动持续性较大，通货膨胀高低状态的均值分别为 μ1 = 1. 09%、μ0 = 0. 10%，标准差分别为 σ1 = 1. 16% 和 σ0 = 0. 29% 高状态均值为低状态的 10. 90 倍，标准差为低状态的 4 倍，即通货膨胀较高时波动性较大，不确定性也较高。从计量检验角度看，模型（1）对数似然值为 -200. 89，模型 AR（2）对数似然值为 -224. 21，对应似然比统计量（Likelihood ratio）为 46. 63，该统计量服从自由度为 8 的卡方分布，1% 显著性水平下临界值为 20. 09，似然比统计量大于临界值，拒绝零假设：通货膨胀不存在状态转换。这表明马尔科夫范式转换模型 MRSM 比自回归模型 AR（p）能更好刻画通货膨胀过程，也较好地测度通货膨胀的不确定性。

**表 1　马尔科夫范式转换模型（MRSM）和线性模型的估计**

| 参　数 | μ0 | μ1 | φ0 | φ1 | Φ0 | Φ1 | σ0 | σ1 | 对数似然值 |
|---|---|---|---|---|---|---|---|---|---|
| MRSM | 0. 10 *** [6. 44] | 1. 09 *** [4. 47] | 0. 23 *** [3. 27] | 0. 28 *** [2. 12] | 0. 24 *** [2. 13] | 0. 45 * [1. 86] | 0. 29 *** [18. 32] | 1. 16 *** [9. 85] | -200. 89 |
| AR(2) | 0. 49 *** [3. 51] | | 0. 47 *** [11. 20] | | 0. 30 *** [6. 73] | | 0. 52 *** [36. 63] | | -224. 21 |

注：1）[ ] 内是 T 统计量。2）*** 、** 和 * 分别表示在 1%、5% 和 10% 水平下显著。

# 三、通货膨胀不确定性测度及其对宏观经济波动的影响

## （一）通货膨胀不确定性的测度

模型（2）的估计结果还显示，通货膨胀的标准差和均值有两种状态。这说明通货膨胀不确定性不仅包括标准差在不同状态转换所引起的不确定性，即方差不确定性CV，还包括均值在不同状态转换时所带来的不确定性，即均值不确定性CM。用基于信息集It－1的条件方差代表t期通货膨胀不确定性（以下称为总体不确定性UV），利用Evans和Wachtel的思想，进行如下分解：

$$\mathrm{var}(\pi_t \mid I_{t-1}) = E\{\mathrm{var}(\pi_t \mid I_{t-1}, S_t) \mid I_{t-1}\} + \mathrm{var}\{E(\pi_t \mid I_{t-1}, S_t) \mid I_{t-1}\} \tag{3}$$

其中，It－1为t－1期信息集，πt为通货膨胀，St为通货膨胀的状态。公式（3）将通货膨胀的总体不确定性UV分解为方差不确定性CV（右边第一项）和均值不确定性CM（右边第二项），Evans和Wachtel指出方差不确定性仅反映了未来通货膨胀冲击，如政策变换、石油价格上涨等宏观经济层面的内外生冲击，均值不确定性反映了未来通货膨胀的状态转变，与人们对未来通货膨胀的预期变化相关。基于前面的估计结果，利用（4）式和（5）式分别测度方差不确定性CV和均值不确定性CM：

$$\mathrm{E}\{\mathrm{var}(\pi_t \mid \mathrm{I}_{t-1}) \mid \mathrm{I}_{t-1}\} = \sigma_0^2 \Pr(s_t = 0 \mid \mathrm{I}_{t-1}) + \sigma_1^2 \Pr(s_t = 1 \mid \mathrm{I}_{t-1}) \tag{4}$$

$$\mathrm{var}\{\mathrm{E}(\pi_t \mid \mathrm{I}_{t-1}, \mathrm{S}_t) \mid \mathrm{I}_{t-1}\} = \sum_{i \neq j} [\mathrm{E}(\pi_t \mid \mathrm{I}_{t-1}, \mathrm{S}_t = i) - \mathrm{E}(\pi_t \mid \mathrm{I}_{t-1}, \mathrm{S}_t = j)]^2 \Pr(s_t = i \mid \mathrm{I}_{t-1}) \Pr(s_t = j \mid \mathrm{I}_{t-1}) \tag{5}$$

Pr（）为概率公式。（4）式显示，用信息集It－1下两个状态方差估计值的加权平均值衡量方差不确定性，而（5）式显示，用信息集It－1下两个状态通货膨胀均值之差平方的数学预期表示均值不确定性。利用（3）、（4）、（5）式，得到图1、图2、图3的不确定性测度，所有不确定性均用标准差表示。

由图1—3可知，从1985年1月到2009年7月的大部分时间里，通货膨胀的方差不确定性CV与总体不确定性UV较为接近，均值不确定性CM在大多数时间内保持在0.1%左右，仅在通货膨胀较高时才明显增大，如1988年，趋势与总体不确定性一致，均呈现上升趋势。上述结论证实了宏观层面的内外生冲击是通货膨胀不确定性的主要来源，同时，也说明高通货膨胀时不确定性也较大。

## （二）通货膨胀不确定性对宏观经济波动的影响

正如引言所述，通货膨胀不确定性可能对宏观经济产生深刻影响。接下来，以

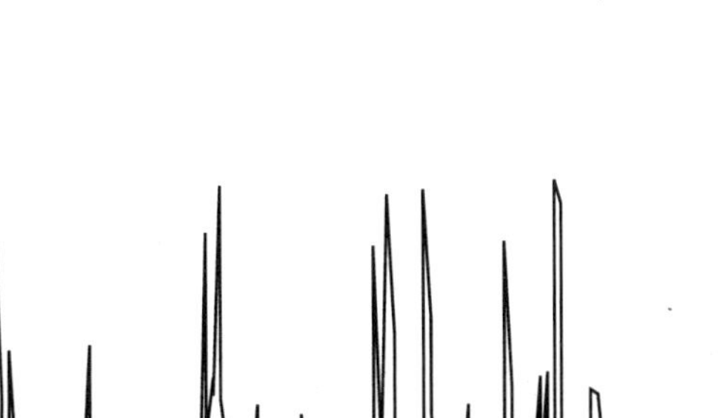


**图 1　通货膨胀总体不确定性 UV**

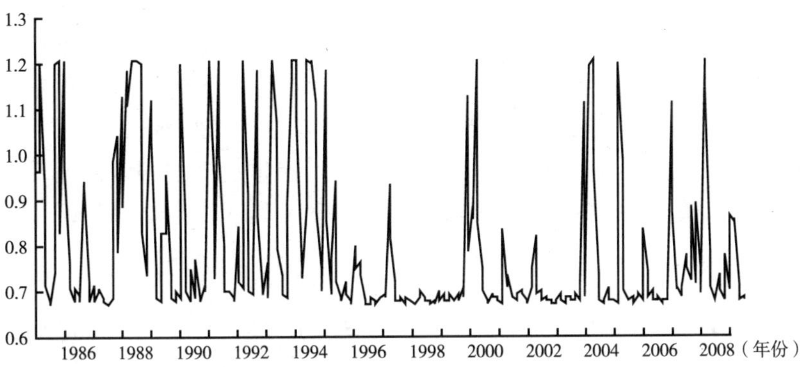


**图 2　通货膨胀方差不确定性 CV**

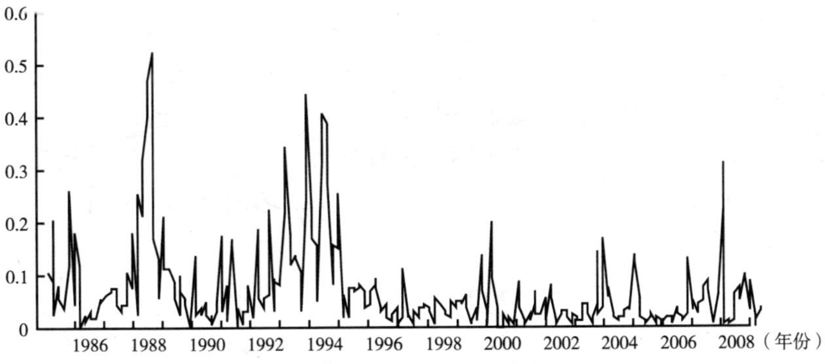


**图 3　通货膨胀均值不确定性 CM**

两种通货膨胀不确定性（方差不确定性 CV、均值不确定性 CM）为基础，运用单方程的马尔科夫时变参数模型，分析通货膨胀不确定性对我国主要宏观变量波动（消费、投资以及净出口）的影响。本文以全社会零售商品总额表征消费（用 C 表示），以城镇固定资产投资表征投资（用 I 表示），以净出口表征贸易顺差（用 NX 表示），数据来源于国家统计局网站和 Wind 数据库。受上述宏观数据样本区间的限制，本文的分析区间是 1995 年 1 月到 2009 年 7 月。在各年度固定资产投资数据中均缺少 2 月份数据，通过线形插值法补足。利用前面的通货膨胀环比，得到以 1985 年 1 月为基期的 CPI 定基数据，并用此数据对消费、投资和贸易顺差数据进行平减，得到宏观变量的实际值，经过季节性调整和 HP 滤波处理后，进一步得到变量的周期性波动部分。

前面的分析已证实通货膨胀存在高低两种状态。一般而言，通货膨胀较高时，宏观经济增长较快，偏离长期均衡路径较远，经济波动幅度也较大，而通货膨胀较低时，宏观经济增长缓慢，接近长期均衡路径，经济波动幅度较小。据此，笔者认为，宏观变量波动也存在两种状态，一种是波动幅度比较大的状态（以下简称高波动状态），一种是波动幅度比较小的状态（以下简称低波动状态），

当宏观经济波动处于不同状态时，通货膨胀不确定性对宏观经济波动的影响并不相同，存在差异。依据 Lam（1990）的思路，设定如下时变参数模型（6）式：

$$M_t = C_{K_t} + \alpha_{K_t} CV_t + \beta_{K_t} CM_t + e_{K_t}\ ,\ e_{K_t} = \sigma_{K_t}\varepsilon_t\ ,\ \varepsilon_t \sim N(0,1) \tag{6}$$

Kt 为取值为 1 或 0 的状态变量，代表了宏观经济波动的状态，对应如下的马尔科夫过程：

$$q_{11} = \Pr(K_t = 1 \mid K_{t-1} = 1),\ q_{10} = \Pr(K_t = 0 \mid K_{t-1} = 1),\ q_{11} + q_{10} = 1$$
$$q_{00} = \Pr(K_t = 0 \mid K_{t-1} = 0),\ q_{01} = \Pr(K_t = 1 \mid K_{t-1} = 0),\ q_{00} + q_{01} = 1$$

模型（6）中，确定宏观经济波动状态的依据是扰动项的标准差估计值 σKt 的大小，如果一种状态下该标准差值越大，说明该状态是高波动状态，反之，则为低波动状态。该模型为一般化的时变参数模型，共有 4 个时变参数，包括常数项 CKt，方差不确定性的影响系数 αKt 和均值不确定性的影响系数 βKt，以及扰动项标准差 σKt，Mt 代表宏观变量（消费、投资以及贸易顺差）的波动部分。对比分析中，还引入非时变参数模型（7）式：

$$M_t = C_1 + \alpha_1 CV_t + \beta_1 CM_t + e_1\ ,\ e_1 = \sigma_1 \varepsilon_t\ ,\ \varepsilon_t \sim N(0,1) \tag{7}$$

此外，为了避免伪回归，还对分析变量进行单位根检验，检验结果列于表 2 中。

表 2 的结果显示，在 1% 显著性水平下所有分析变量均平稳，可用于分析。模型（6）式和模型（7）式的具体估计结果分别列于表 3 和表 4 中。可用似然比统计量 LR（Likelihood Ratio）判断两类模型的优劣，该统计量服从自由度为 8 的卡方分布。

表 2 变量的 ADF 单位根检定

| 变 量 | C | I | NX | CV | CM |
|---|---|---|---|---|---|
| ADF 检验形式 | (0 0 4) | (0 0 4) | (0 0 4) | (C 0 0) | (0 0 0) |
| 1% ADF 临界值 | -2.57 | -2.57 | -2.57 | -3.46 | -2.57 |
| ADF 统计量 | -2.87 | -3.91 | -4.13 | -8.81 | -7.11 |
| 结 论 | 平 稳 | 平 稳 | 平 稳 | 平 稳 | 平 稳 |

注：ADF 检验形式括号内分别代表是否包含常数项，趋势项以及最大滞后阶数。

从表 3 和表 4 的对比分析看，在消费 C、投资 I 以及贸易顺差 NX 的波动方程中，LR 统计量分别为 68.06、40.94、83.83，均大于 1% 显著性水平下临界值 20.09，这表明时变参数模型（6）式优于非时变参数模型（7）式，即前者能更好地分析通货膨胀不确定性对宏观变量波动的影响。由表 3 可见，所有宏观经济变量在 Kt =1 状态时的标准差 σ1 均大于 Kt =0 时的标准差 σ0，这说明 Kt =1 对应的是高波动状态，Kt =0 对应的是低波动状态。在时变参数的消费波动方程中，消费处于高波动和低波动状态的持续概率分别为 0.92、0.31，对应的持续时间分别为 1/（1 -0.92） = 12.5 个月，1/（1 -0.31） = 1.47 个月，说明消费维持高波动状态的时间大约在 1 年，长于低波动状态；方差不确定性和均值不确定性对消费波动的影响均显著，影响系数大小与宏观经济所处的状态有关，当宏观经济处于高波动状态时，影响系数分别为 1.45 和 -4.71，低波动状态时分别为 0.91 和 -4.52，可见，宏观层面外生冲击所引起的方差不确定性会加剧消费波动，而与人们对未来通货膨胀预期变动相关的均值不确定性则会抑制消费波动。可能的原因是当人们对未来通货膨胀预期发生改变时，人们对整个宏观经济形势的不确定性增加，预防性动机使得消费时更加谨慎，主动减少消费以规避未来的不确定性，而各种影响宏观经济的外生冲击（如石油价格冲击等）对通货膨胀的影响是不确定的，人们无法对之形成较为准确的预期，只能被动地调整消费行为，从而使得消费的波动增大。此外，高波动状态时的影响系数绝对值大于低波动状态，表明宏观经济波动性越大即经济过热时，通货膨胀不确定性对消费的影响也越大。从时变参数的投资和贸易顺差波动方程来看，两者处于高波动状态的持续概率分别为 0.96 和 0.91，持续时间分别为 25 个月和 11.11 个月，与消费波动相比，投资的高波动状态持续时间大于消费的高波动状态持续时间，而贸易顺差持续时间小于消费波动持续时间；其处于低波动状态的持续概率分别为 0.13 和 0.58，持续时间分别为 1.15 个月和 2.38 个月。与消费波动相比，投资的低波动持续时间小于消费的低波动时间，而贸易顺差的低波动持续时间大于消费的低波动持续时间。这表明在我国投资的高波动状态持续时间最长，而贸易顺差的低波动持续时间最长。就通货膨胀不确定性对两者波动的影响而言，除了低波动状态时方差不确定性对贸易顺差波动有显著影响之外，在其他情形下，均值不确定性和方差不确定性对两者波动无显著影响，整体而言，通货膨胀不确定性对投资波动和贸易顺差波动影响不显著，事实上，通货膨胀不确定性分别通过利率和汇率变动来影响投资和贸易顺差，而在我国利率尚未完全市场化，汇率浮动空间又相对狭窄，从而导致了通货膨胀不确定对投资和贸易顺差的影响不显著。

从上可以看出，通货膨胀不确定性仅对消费波动有显著影响，对投资波动和贸易顺差波动无显著影响，说明通货膨胀不确定性对我国宏观经济波动的影响主要体现在消费波动上，同时可能反映了微观决策个体进行消费决策时，考虑了未来通货膨胀变化的不确定性。

**表3 时变参数模型（6）式的估计结果**

| | $C_1$ | $C_0$ | $\alpha_1$ | $\alpha_0$ | $\beta_1$ | $\beta_0$ |
|---|---|---|---|---|---|---|
| C | 2.56*** [2.66] | -2.47*** [7.32] | 1.45*** [4.95] | 0.91** [1.98] | -4.71* [1.85] | -4.52* [1.78] |
| I | -2.28 [0.83] | 7.46 [0.83] | 1.24 [0.83] | -4.74 [1.06] | -3.78 [0.53] | 5.02 [1.18] |
| NX | -38.27 [0.95] | 22.6 [0.86] | -12.69 [0.61] | 21.35*** [3.64] | 57.02 [0.91] | 46.91 [1.51] |

| | $\sigma_1$ | $\sigma_0$ | $q_{11}$ | $q_{10}$ | $q_{00}$ | $q_{01}$ | 似然值 |
|---|---|---|---|---|---|---|---|
| C | 0.87*** [12.65] | 0.67** [2.01] | 0.92*** [7.66] | 0.08** [2.00] | 0.31** [1.94] | 0.69*** [3.83] | -224.40 |
| I | 3.82* [1.80] | 1.57*** [9.94] | 0.96* [1.88] | 0.04*** [2.00] | 0.13*** [2.6] | 0.87 [1.02] | -388.40 |
| NX | 49.42*** [5.88] | 14.02*** [3.61] | 0.91*** [3.25] | 0.09 [1.28] | 0.58* [1.75] | 0.42*** [2.8] | -836.90 |

**表4 非时变参数模型（7）式的OLS估计结果**

| | $C_1$ | $\alpha_1$ | $\beta_1$ | 可决系数 | D.W.统计量 | 对数似然值 |
|---|---|---|---|---|---|---|
| C | 1.82*** [2.69] | -0.63*** [2.26] | 1.74* [1.88] | 0.55 | 1.90 | -258.44 |
| I | -3.46*** [1.78] | 1.09 [1.35] | 4.27 [1.53] | 0.23 | 1.33 | -442.06 |
| NX | 11.97 [0.52] | 1.44 [0.15] | 14.40 [0.47] | 0.18 | 1.18 | -878.83 |

## 四、结论以及政策含义

本文利用马尔科夫范式转换模型分析了我国1985年1月到2009年7月的通货膨胀变化率的状态转换特性，刻画了与之伴随的不确定性（均值不确定性和方差不确定性），并量化了上述两种通货膨胀不确定性对主要宏观变量（消费、投资和贸易顺差）的影响。研究发现，无论宏观经济处于何种状态，方差不确定性和均值不确定性仅对消费波动有显著影响，且通货膨胀的方差不确定性和均值不确定性分别导致了消费波动增大与减小，对投资、贸易顺差无显著影响或者影响较小。这说明通货膨胀不确定性对宏观经济波动的影响主要体现在消费波动上，反映了居民进行消费决策时考虑到未来通货膨胀变动的不确定性。因此，政府的有效宏观调控政策应该要减少消费所面临的不确定性，保证居民消费的稳定和可持续增长，并使其成为未来我国经济的重要增长点。具体来看，通货膨胀不确定性可能反映了经济个体处理有关通货膨胀信息上的有限理性，居民进行消费决策时不可能掌握所有有关通货膨胀的信息，这就要求政府扩大政策透明度，并保持政策的平稳性和连续性，使消费者获取更多关于未来经济发展的信息，有利于减小消费者对未来状态的不确定性，稳定通货膨胀预期，降低通货膨胀不确定性以及由此引发的未来收入不确定对居民消费的影响。而进一步完善社会保障体系和收入分配机制，则能够缓解社会环境不确定性对居民消费的负面效应。从货币政策角度看，通货膨胀目标制无疑是减少通货膨胀不确定性，稳定通货膨胀预期的较好的政策框架，有利于微观个体对中央银行的货币政策形成合理的预期，且能减少通货膨胀不确定性以及其对宏观经济波动的影响，对于我国有较强的借鉴意义。

### 参考文献

[1] Chan, L. K. Consumption, Inflation Risk, and Real Interest Rates: An Empirical Analysis [J]. Journal of Business, 1991, (67): 69-96.

[2] Huizinga, J. Inflation Uncertainty, Relative Price Uncertainty, and Investment in U. S. Manufacturing [J].
Journal of Money, Credit and Banking, 1993, (25): 521-549.

[3] Friedman, M. Inflation and umemployment [J]. Journal of Political Economy, 1977, (85): 451-472.

[4] Caballero, R. On the Sign of the Investment - uncertainty Relationship [J]. American Economic Review, 1991, (81): 279-288.

[5] Reagan, P., Stulz, R. Contracting Costs, Inflation, and Relative Price Variability [J].

Journal of Money, Credit and Banking, 1993, (25): 585 - 601.

[6] Byrne, J. P., Davis, E. P. Permanent and Temporary Inflation Uncertainty and Investment in the United States [J]. Economics Letter, 2004, (85): 271 - 277.

[7] Grier, R., Grier, K. On the Real Effects of Inflation and Inflation Uncertainty in Mexico [J]. Journal of Development Economics, 2006, (80): 478 - 500.

[8] Abel, A. Optimal Investment under Uncertainty [J]. American Economic Review, 1983, (73): 228 - 233.

[9] Dotsey, M., Sarte, P. Inflation Uncertainty and Growth in a Cash - in - advance Economy [J]. Journal of Monetary Economics, 2000, (45): 631 - 655.

[10] Bredin, D., Fountas, S. Macroeconomic Uncertainty and Macroeconomic Performance: Are They Related [J]. Manchester Shool, 2005, (73): 58 - 76.

[11] 贾俊雪，郭庆旺，曹勇刚. 中国货币增长的不确定性及其对宏观经济的影响 [J]. 中国软科学，2006，(11)：22 - 30。

[12] 王凯，庞震. 货币供应量、通货膨胀不确定性与经济增长 [J]. 山西财经大学学报，2008，(30)：37 - 42。

[13] Evans, M., Wachtel, P. Inflation Regimes and the Sources of Inflation Uncertainty [J]. Journal of Money, Credit and Banking, 1993, (25): 475 - 511.

[14] Hamilton. J. D. Time Series Analysis [M]. New York: Princeton University Press, 1994: 824 - 854.

[15] 赵留彦，王一鸣，蔡婧. 中国通胀水平与通胀不确定性：马尔柯夫域变分析 [J]. 经济研究，2005，(8)：60 - 72。

[16] 龙如银，郑挺国，云航. Markov 区制转移模型与我国通货膨胀波动路径的动态特征 [J]. 数量经济技术经济研究，2005，(10)：111 - 117。

[17] Lam, P. The Hamilton Model with a General Autoregressive Component: Estimation and Comparison with Other Models of Economic Time Series [J]. Journal of Monetary Economics, 1990, (26): 409 - 432.

# 提高劳动报酬占比的财税政策研究

刘　慧

近年来，收入分配问题得到了广泛关注。2010 年“两会”期间，国务院总理温家宝所作的政府工作报告指出，要调整国民收入分配格局，深化收入分配制度改革，逐步提高居民收入在国民收入分配中的比重，提高劳动报酬在初次分配中的比重。2010 年政府工作报告 2010 年全国政协会议期间，九三学社提交的《关于优化国民收入分配结构，推动经济社会持续健康发展》的提案就认为，我国收入分配结构中的一些问题值得高度重视。文中通过对 1995 年到 2007 年居民收入占国民中收入比重和劳动者报酬占比的逐年下降，分析目前我国收入分配领域存在的问题。

## 一、我国劳动报酬占比现状分析

劳动报酬占比即劳动者报酬在 GDP 中所占的比重。在国民收入分配阶段，按照收入法计算 GDP 分为劳动者报酬、营业余额、固定资产折旧、生产税净额四项，其中营业余额和固定资产折旧合称为资本收入。由于劳动者报酬是构成居民收入的主要来源，它的变化会影响居民可支配收入在经济中所占比重，进而影响宏观消费需求。其次，劳动报酬占比迅速下降时，通常也是收入分配变得更为不公平的时期。①

### （一）我国居民收入占国民总收入比重

国民收入分配主要由政府收入、企业收入和居民收入三部分构成。其中政府收入主要是指以税金形式形成的收入，企业收入主要是指国民收入扣除国家收入与劳动收入之后留给企业的收入（它一般应该包括资本收入即资本要素所有者所获得的收入），居民收入包括劳动者报酬和居民的其他财产性收入。在国民收入总量一定的情况下，政府收入、企业收入和居民收入三者之间是此消彼长的。通过图 1 我们可以看出，近年来我国居民收入比重呈逐年下降趋势，同时企业和政府收入呈上升趋势。

① 我国劳动者报酬在 GDP 中的比重下滑，白重恩，钱震杰. 人民网。

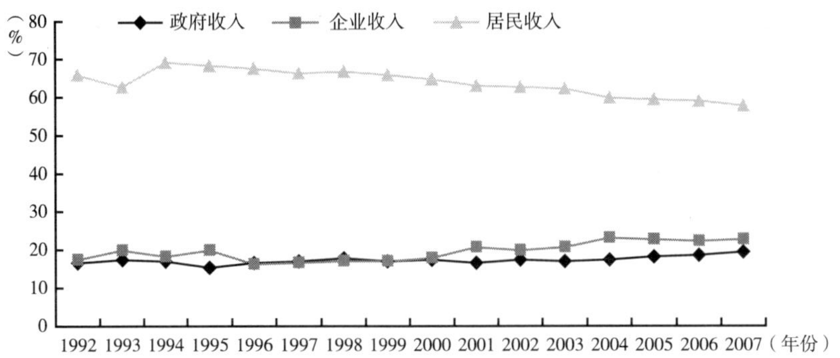


**图 1　我国政府、企业和居民收入分配状况**

资料来源：根据历年《中国统计年鉴》、中国经济信息网数据库计算而来。

### （二）劳动报酬占 GDP 比重的变化

通过观察劳动报酬总额占 GDP 比例变化情况可以从绝对量的递增变化中发现递增变化的相对变化程度。近年来虽然劳动报酬绝对量不断增加，但增长率却低于 GDP 增长率。

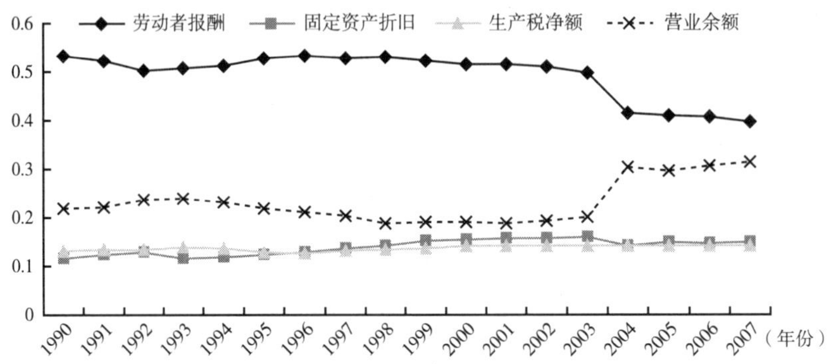


**图 2　按收入法计算的国内生产总值各组成部分所占比重及趋势**

资料来源：根据历年《中国统计年鉴》、中国经济信息网数据库计算而来。

如图 2 所示，从 1996 年开始，劳动报酬在国民收入初次分配中的占比持续下降，到 2007 年不足 40%，而英国、美国和巴西等国近十年的平均劳动者报酬占比分别约为 60%、68% 和 50%。显然，我国劳动者报酬占比远低于英、美等发达国家，而且由于近十年来降幅颇大，这一比重也低于同为发展中国家的巴西。与此同时，营业盈余和生产净税却保持了较快的增长。劳动收入占比的持续下降的一个明显结果就是消费率的下降及其经济增长效应下降。在发达国家，工资一般会占企业运营成本50%左右，而在中国则不到10%。发达国家劳动报酬在国民收入中所占的比重一般在55%以上，在中国则不到40%，并呈逐年下降趋势；资本回报的比重却节节上扬。

## 二、影响劳动报酬比重下降的财税因素分析

目前国内研究关于影响劳动报酬比重下降的因素包括很多方面，如工资决定机制不健全、劳动力市场不完善、垄断程度增加、服务业发展不充分等。由于劳动者报酬是由平均工资水平和劳动数量共同决定的，单纯提高工资水平并不一定意味着会增加全社会的劳动者报酬。研究表明，劳动力相对价格的变化和由之带来的劳动力需求降低对劳动者报酬的影响正好抵消，因此通过行政或法律手段提高工资水平的结果是增加失业，对劳动者报酬占比的影响并不大。

本文在探求影响劳动报酬比重的原因中，主要从财政税收的角度研究其对劳动报酬占比下降的调节功能的不足。另外，本文将劳动报酬的内涵作进一步延伸，即不仅包括初次分配中获得的体力或脑力活动的对价，还包括在再分配过程中所获得实际意义上的基于劳动的所得。在初次分配中，流转税发挥着重要作用，而在再分配中，所得税和财政支出对劳动报酬占比产生影响。因此，主要从财政收入和财政支出两方面作分析：

### （一）财政收入

1. 财政收入的规模

在国民收入的初次分配环节，政府收入比重不断上升，过高的财政收入必然对劳动收入产生“挤出效应”。即是一些学者认为过高的税负是影响中国劳动收入占比的重要原因。近年来政府税收的增长速度明显高于GDP增速，导致税收尤其是生产环节征收的税在GDP中的比重提高比较快，这也挤压了劳动者收入在GDP中的比重。

从最终的税收负担来看，在我国，由于剩余劳动力相对充裕，课税对我国劳动力的影响主要通过劳动需求来体现的。我国的劳动力市场中，特别对于以劳动报酬为主要的来源的劳动而言，劳动力市场的供给弹性几乎为零。通常在劳动供给弹性小于劳动需求弹性的情况，对劳动所得课税将主要由劳动供给者负担。从而导致最终劳动量的减少。但是由于我国存在劳动供给过剩、高失业率和社会保障制度不健全的问题，劳动所得课税对劳动量的影响不大，但是劳动工薪阶层却成为了税收的实际负担者。这也是导致劳动报酬占比下降的另一个重要原因。

2. 税制结构

税收是我国财政收入的主要来源。目前我国的税制结构主要是以流转税为主、

所得税为辅。我国流转税因累退性强、存在重复征税等因素，使得流转税对劳动要素收入份额影响程度高于资本要素；所得税对要素收入分配有明显影响；现行税制结构通过对要素收入分配的影响，扩大了经济中供求失衡局面。总之，在税收高速增长背景下，现行税制结构是我国要素收入分配格局变动的重要原因。以下主要从几个主要税种来探讨。

（1）增值税

增值税作为我国税收收入的第一大税种，主要发挥筹集财政收入的功能。但增值税对包括所有日用必需品在内的货物都征税，即使是食品类、生活类必需品例如煤气，也要征收增值税，而这些在中低收入阶层生活开支中占有相当比例，尤其对低收入阶层，必然会导致税制一定的累退性，即高收入家庭实际消费水平的下降幅度小于低收入家庭，相比较而言，以劳动报酬为主要收入来源的中低收入者往往成为增值税的实际负担者，这显然不符合税制的纵向公平原则。

（2）消费税

在流转税中，消费税是最能发挥调节收入分配功能的一个税种。但是由于消费支出水平及支出项目结构的差异，消费税往往会形成轻重不一的税收归宿，从而对收入分配的最终格局产生影响①。主要表现在两个方面：一方面，现行消费税把某些生活必需品和少数生产资料列入了征税范围，存在“越位”问题②。对其征收消费税不仅限制了人们对生活必需品的消费，而且由于征税增加了生产成本，使生产发展受到影响，起到的是一种逆向调节作用。另一方面，现行消费税未把一些高档商品、高档消费娱乐纳入征税范围，存在“缺位”问题。如高档娱乐场所、高档服饰等奢侈品。归结原因，主要是消费税税基过小以及对现有消费结构掌握的不准确，这些都直接导致消费税税负的不公平。

（3）个人所得税

税收的收入分配职能主要是通过个人所得税的累进税率实现的。因此，个税也被赋予“罗宾税”的称号。但是目前有关个税改革的呼声不断，个税的收入分配职能也比较微弱。主要有以下原因：一是财产性收入和其他收入的税负比较低，而劳动收入的税负比较高。目前，在个税的九大项中，工资薪金的课税约占个税收入的一半。分析我国高收入者的收入来源，其他所得才是“致富”之本，而工资薪金是普通老百姓的主要收入来源。而其他所得通常都是采用比例税率，无法起到收入调节功能。二是个税的税率级次过多，最高边际税率高达45%，过高的边际税率形同虚设，没有现实意义。表面看来，有利于收入调节功能的实现，但是由于高收入阶层会因为规避高边际税率而将收入转移或者隐匿，造成了税收的流失，也就意味着

① 于洪：《消费课税的收入分配机制及其影响分析》，《税务研究》2008年第7期。

② 安体富、樊勇：《对我国消费税改革的评析与展望》，《税务研究》2006年第12期。

个人所得税的主要收入来源是以劳动报酬为主的工薪阶层。最后是费用扣除标准没有考虑经济发展物价指数和居民生活消费支出不断攀升的客观因素，费用扣除额的调节节奏明显滞后于物价指数的增长速度，另外费用没有考虑家庭差异。

（4）房产税

目前，我国现行房产税只对经营性房产和出租性房产征税，对自有住房不征税。一方面是不断上涨的高房价和以劳动报酬所得为收入来源的低收入者，另一方面则是高收入者的多处高档房产和房地产投机，如何通过房产税调节高收入者收入水平，是值得深入研究的课题。

### （二）财政支出

对于再分配环节，主要是通过财政支出来调节劳动报酬的比重。财政支出包括政府购买支出和政府转移支出，本文主要是政府转移支出对不同收入阶层的影响。这里主要是通过支出结构和支出政策来影响。

1. 支出结构

政府转移支付，大都具有福利支出的性质，如社会保险福利津贴、抚恤金、养老金、失业补助、救济金以及各种补助费等，农产品价格补贴也是政府转移支付①。通常转移性支付会产生两种效应，一是福利支出可能会降低劳动者工作的努力程度，增加对政府的依赖程度。也就是说在面对政府的转移支付时，由于劳动者接受转移支付的机会成本相对较低，有可能出现逆向选择或者机会主义倾向，从而选择不劳动或者降低劳动的努力程度。社会中一个典型的现象就是“骗吃低保”等。另一方面，相对于高收入群体，以劳动报酬为主要收入来源的中低收入者往往受到转移性收入的影响较大，以社会保障为主要内容的转移支付在客观上能够显著提高劳动者的劳动能力和积极性。

政府的支出结构主要通过对教育、医疗、社会保障等的支出来提高社会各成员的福利水平，导致居民可支配收入的增加，从而提高其消费水平，这从一定角度上相当于增加其劳动报酬。

2. 支出政策

一个国家的财政支出政策也能够影响到劳动收入。为较快地实现工业化、城市化和现代化，长久以来，我国财政支出具有明显的“投资性和经济性”色彩，大量的财政资金投入到工业化的建设当中，资本量的大量、快速累积需要较高的资本回报作为支撑。相比较而言，中国服务业的发展相对落后，表现在服务业在 GDP 中的比重只有 40% 左右，远远低于许多其他国家，如印度的 50%、美国的 70%，而在

---

① 虽然转移性收入和工资收入均属于居民的收入来源，在这里均归结为劳动收入或劳动报酬，因为这些转移支付大多是基于劳动而产生的。

服务业部门中，劳动者所得比重较工业部门高得多，这也使得中国一次收入分配中劳动者收入比重下降（李稻葵，2007）。政府支出比重能否能否从工业部门向服务业部门倾斜，是改变劳动报酬占比的另一个重要方面。

## 三、提高劳务报酬占比的财税政策

### （一）继续落实结构化减税

结构性减税措施作为积极财政政策的重要组成部分，对于充分发挥税收的杠杆调节和服务保障作用，促进发展方式转变，加大民生改善力度，促进经济社会又好又快发展等方面发挥着重要作用。如何借助于结构化减税进一步解决劳动报酬占比下降问题，主要从以下几方面来说明：

第一，适当降低政府收入比重，降低企业在生产过程中的税收负担。近年来，随着中国经济的蓬勃发展，政府税收快速上升，在2009年金融危机中，仍保持了9.1%的增长率，高于GDP增长水平。在初次收入分配中，政府的收入比重稳步上升。适当地推行结构化减税对扭转初次收入分配中劳动者收入比重下降有着重要的影响。

第二，发挥税收优惠政策的调节作用，调整税收优惠政策的调节范围。目前我国劳动力市场就业容量大，供给弹性很小，导致了买方市场的强势地位，对提高劳动报酬占比极为不利，应通过税收优惠等手段给予一定支持。另一方面，过度的税收政策会造成劳动力市场的扭曲，那么税收政策的方向更应该放在努力整合劳动要素市场，使劳动要素收益不受其他要素和特权阶层的侵蚀，特别是加强对垄断行业的调节力度。

第三，创造鼓励全民创业的氛围，鼓励微型企业的发展。创业企业、微型企业的发展，本身起到了弥补劳动收入和资本收入差别的重要作用。创业企业、微型企业的所有者既是资本所有者，又是劳动者，发达国家的经验表明，在创业企业、微型企业较活跃的国家中，收入分配往往比较合理，社会比较和谐，经济比较有活力。

### （二）优化税制结构，充分发挥税收的收入分配功能

1. 增值税

在扩大增值税的税基的同时，对一些社会成员的生活必需品逐步减少课税。目前我国将生活必需品优惠税率定在13%，远远高于欧盟现定的5%—10%的税率。而像农产品、食用油、自来水、燃气等生活必需品在中低收入阶层的消费支出中占有很大比重，因此应逐渐减弱增值税的累退性，减轻中低收入者的税收负担。

2. 消费税

调整消费税的课税对象、税目、计税依据、纳税人、税负归宿等。一方面根据

经济和消费水平不断调整生活必需品的种类，明确对生活必需品免税或实行低税率；另一方面对于高档消费品和奢侈品甚至炫耀性消费应坚持逐档提高的累进结构的高税率。并根据实际价格和供求弹性确立准确的高低税率。

于洪（2008）分析了我国城镇居民的消费支出数据，发现低收入群体对生活必需品消费支出的需求弹性很小，其中对食品类需求价格弹性为正，而高收入群体对交通通讯类、医疗保健类食品的需求性较低，应在深入分析消费者行为并把握价格变化及弹性状况的基础上，确定消费税最终税负在不同收入群体的归宿分布情况和消费税结构。

3. 个人所得税

一是加快实现综合所得税为主、分类所得税为辅的混合个人所得税模型，将居民收入划分为劳动收入和非劳动收入两大项，采用分类综合计征办法。二是缩小累进税率级次，加强征收管理。普遍存在的工薪、工资等劳动收入，分级不宜过多，以降低中低收入者的实际税负；对于不是普遍存在但能决定贫富差距的非劳动所得，可采取级别较多的超额累进税率，扩大低税率的适用范围。三是应该充分考虑家庭差异，以家庭为征税对象，在综合家庭全部收入的基础上，结合其赡养人口数、医疗状况、婚姻状况等多种因素确定费用扣减额度，然后采用累进税率进行征收。

4. 社会保障税

目前社会保障制度亟待完善，但其深化改革面临扩大范围难、缴费基数不统一、缴费基数不实、资金安全存在隐患、征缴成本高昂等一系列障碍。因此，开征社会保障税是化解社会保障制度改革诸障碍的一个突破口（庞凤喜，2007）。通过开征社会保障税有利于缓解收入差距不断扩大的矛盾，为中低收入者构筑安全网，进一步提高劳动者的劳动能力和积极性。针对社会保障税的开征，研究表明，对社会保障税而言，经济发展水平，以及对社会保障资金具有需求、供给与保障能力的诸因素，如社会保障的覆盖范围、保障水平、筹资模式、责任划分、计税依据选择，以及财政安全能力等，都将对社会保障税的开征产生重要影响。

5. 房产税

一方面要扩大征税范围，不仅对经营性房产和出租性房产要征税，对自住房产也需要征税；另一方面，在税率的设置上，应该根据房产的价值、面积、实际用途等因素分层分类确定税基和税率。对满足生活基本需求的房屋面积实行低税率或零税率，对超过住房标准的房屋面积实行高税率，使高收入群体在享有大面积住房的同时也承担更多税负，从而缩小贫富差距。

### （三）优化政府支出结构，加大社会保障支出力度

税收的功能只是将公共产品和服务成本在居民中进行分配，社会各阶层通过财政支出获得的公共产品和服务差异对于收入分配的影响更大。对低收入阶层来讲，

为其提供均等化的公共服务更有利于实现社会公平。

目前，我国的社会保障体系正处于建立阶段。新农村合作医疗已基本建立，并收到良好的效果。开始着手进行的新型农村养老保险、城镇居民养老保险的跨省流动等都为城乡居民的消费逐步地解决了“后顾之忧”，但是覆盖城乡统一的社会保障体制尚未建立。对此，一是应该建立起覆盖城市和农村的社会保障体制，尤其是农村社会保障体制要逐步的健全，而且农村居民生产经营收入是其收入主要来源之一，稳定和提高各种农业补贴和农产品保护价格标准，都有利于巩固农村居民的家庭经营收入；二是逐步实现城市和农村社会保障体制的有序衔接，为农村劳动力的合理流动奠定基础。

此外，在转移支付的形式上可以加大创新力度。可以借鉴美国的劳动所得税收抵免制度，这一制度的优点在于，与传统意义上的转移支付相比，具有税式支出的特点，能够在提高中低收入者劳动积极性的基础上实现税收减免、转移支付，要比传统意义上的转移支付的激励效应更大。

## 参考文献


[1] 哈维·S. 罗森：《财政学》，中国人民大学出版社 2006 年版。

[2] 西蒙·詹姆斯、克里斯托弗·诺布斯：《税收经济学》（中译本），中国财经出版社 1988 年版。

[3] 庞凤喜、于晶：《论社会保障税开征必须考虑的因素》，《税务研究》2006 年第 12 期。

[4] 安体富、任强：《税收在收入分配中的功能与机制研究》，《税务研究》2007 年第 10 期。

[5] 庞凤喜：《论社会保险税的征收与深化社会保障制度改革的关系》，《税务研究》2007 年第 10 期。

[6] 贾康：《论居民收入分配——基于政策理性的分类分层调节》，《财政研究》2008 年第 2 期。

[7] 李稻葵：《重视 GDP 中劳动收入比重的下降》，《新财富》2007 年 9 月 21 日。

[8] 陆铭：《劳动收入占比下降：为什么？怎么办?》，《上海证券报》2008 年 9 月 9 日。

[9] 刘怡、聂海峰：《间接税负担对收入分配的影响分析》，《经济研究》2004 年第 5 期。

[10] 财政部科研所课题组：《我国居民收入分配状况及财税调节政策》，《税务研究》2003 年第 10 期。

[11] 于洪：《消费课税的收入分配机制及其影响分析》，《税务研究》2008 年第 7 期。

[12] 安体富、樊勇：《对我国消费税改革的评析与展望》，《税务研究》2006 年第 12 期。

[13] 韩金华、李忠华、白子芳：《改革开放以来劳动报酬占初次分配比重演变轨迹、原因及对策研究》，《中央财经大学学报》2009 年第 12 期。

[14] 王剑锋：《流转税影响个人收入分配调节的分析基础》，《财经研究》2004 年第 7 期。

[15] 刘树杰、王蕴：《合理调整国民收入分配格局研究》，《宏观经济研究》2009 年第 12 期。

# 横向兼并、福利增进与反垄断政策

刘大勇

## 一、引　　言

反垄断法是市场经济的基础性法律，对维护自由竞争机制和促进社会福利发展有重大作用。2007 年我国已经通过了《反垄断法》，2008 年 8 月 1 日《反垄断法》正式实施。作为最受关注的一起兼并案，可口可乐公司能否收购汇源股份，从 2008 年 9 月以来引发各方激烈争议。2009 年 3 月 18 日商务部宣布，可口可乐收购汇源案将对竞争产生不利影响，因此未通过反垄断审查。于是，可口可乐收购汇源成为中国《反垄断法》实施以来第一起未能通过审查的案例。对于这次兼并行为是否构成垄断，各方专家有不同的标准和观点：可口可乐与汇源的交易中止是让更多人正确认识竞争秩序和竞争文化，从而推动中国《反垄断法》实践向前发展，还是阻止过多外资进入中国果汁市场，从而保护国内生产商不受强大的外国竞争者挤压。本文试图根据不同的福利标准，对企业的横向兼并行为分别进行分析，得出满足该标准进而通过反垄断审查的条件。

根据兼并企业与被兼并企业产品之间的关系，企业兼并一般可以划分为纵向兼并、横向兼并和混合兼并。当兼并企业的产品处于被兼并企业的上游或下游，或生产与销售之间的关系时，我们称这种兼并为纵向兼并。横向兼并是指兼并企业与被兼并企业处于同一行业，或产品属于同一市场。可口可乐与汇源作为两大互为竞争的饮料品牌，在饮料乃至果汁行业具有较大的市场份额，这起兼并属于典型的横向兼并行为。

1982 年，美国司法部反托拉斯局推出了新版《企业合并指南》（简称指南），后来又不断作出修订。该《指南》整合了很多经济学分析的视角。

在企业的横向兼并行为方面，新《指南》重点强调了两个指标：企业的市场份额（Market Share）和产业集中程度（Industry Concentration）。竞争部门利用这两个指标在反垄断审查过程中进行判断。

在本文的第二、三、四部分通过模型分析会得到相关结论，分别证明在什么条件之下，企业的横向兼并可以满足不同的福利标准，在该结论中，我们会使用到上文《指南》中给出的两个指标：

1. 市场份额

市场份额是指企业销售占总体市场销售的百分比。在本文第二部分的模型假定条件中，设定在由 $n$ 个企业组成的市场中，企业 $i$ 的产量为 $x_i$，而市场中总产量为 $X$。则企业 $i$ 的市场份额可表示为 $\frac{x_i}{X}$。

2. 产业集中度

产业集中度是指某行业的资源或者利润等其他经济效益指标向某特定或者某几个特定企业集中的程度。计算产业集中度时最为常用也比较有效的指标是 $HHI$（Herfindahl-Hischman Index，赫芬达尔—赫希曼指数），是指某特定产业市场上所有企业的市场份额的平方和：$HHI = \sum_{i=1}^{N}\left(\frac{x_i}{X}\right)^2$。另外，我们如果希望除去市场总需求的价格弹性带来的影响，可以处理得到经过弹性调整的赫芬达尔—赫希曼指数：$HHI_\varepsilon = \frac{1}{\varepsilon}\sum_{i=1}^{N}\left(\frac{x_i}{X}\right)^2$。$HHI$ 值越大表示行业集中程度越高，市场垄断程度越高。

## 二、反垄断理论与福利标准

### （一）文献回顾

George Stigler 在 1950 年提出，横向兼并（或合谋）企业的典型行为是降低产品产量，提高产品价格。Williamson① 继承了 Harberger 的早期垄断福利损失分析的传统，运用了局部均衡福利理论，采用福利权衡模型研究横向兼并对社会福利的改变，他把社会福利的变化量作为评价横向兼并的绩效标准。Mcafee 和 Williams② 又在此模型基础上，进一步研究了横向兼并对社会福利的改变，考虑如果行业内资产集中的大企业不参与兼并，小企业之间的兼并行为提高社会福利的可能性会很大。Mcafee 和 Joseph Farrell、Carl Shapiro③ 等人在此基础上分析了兼并企业和非兼并企业的市场集中度差异与社会福利的关系，并指出：当非兼并企业的资产越集中，则横向兼并越会提高社会福利。本文依据横向兼并企业的市场份额与该行业的市场集

---

① Williamson. Economies as an antitrust defense: the welfare tradeoffs. American Economic Review, 1968, 58, 18 - 36.

② McAfee R P, Williams M A. Horizontal mergers and antitrust policy. The Journal of Industrial Economics, 1992, 11 (2), 181 - 187.

③ Joseph Farrell, Carl Shapiro. Horizontal Mergers: An Equilibrium Analysis. The American Economic Review, Vol. 80, 107 - 126 .

中程度的等各种关系条件，作出进一步分析，结合我国的实际案例，得到实现福利增进的反垄断政策。

### （二）反垄断福利标准

企业的横向兼并行为能否通过国家竞争部门（如我国的商务部）的审查，完成兼并，关键在于该兼并是否满足国家竞争部门的反垄断标准，即判断该兼并是否导致社会福利的增加。于是，反垄断标准也就成为一种福利标准。

企业的横向兼并行为会产生两种反竞争效果，即削弱市场竞争的价格效应：一种是剩余转移，即消费者剩余的一部分转移为生产者剩余；另一种是绝对剩余损失。然而，兼并同时会改进市场效率，即效率效应（成本节约）。这体现横向兼并研究的复杂性。所以，福利标准判定的核心问题就是，在兼并产生的效率效应与价格效应（剩余转移、剩余损失）之间进行权衡。

各国使用的不同的福利标准，可以主要归纳为以下三种。

1. 价格标准

价格标准最初是由美国竞争部门提出并采用的。该标准要求：如果横向兼并行为产生的效率效应足以扭转反竞争效果，并以更低的价格形式传递到消费者身上的话，这种兼并行为就可以通过反垄断审查。价格标准是权衡企业兼并效率与垄断效果（反竞争效果）的要求最高（也最为苛刻）的福利标准，它强调的是消费者的最直接的利益。

2. 消费者剩余标准

现在美、英、欧盟等国家和地区多采用该标准。消费者剩余是指，消费者购买一定数量的商品时，愿意支付的最高价格与该商品实际市场价格之间的差额。消费者剩余标准是指，企业的横向兼并产生效率效应（成本节约），使得市场的消费者剩余增加。消费者剩余增加的途径有二：一是降低价格，二是提高产品品质。

3. 总剩余标准

澳大利亚等国家的竞争部门采用了总剩余标准。总剩余是指消费者剩余和生产者剩余之和，这种标准更加强调市场整体的经济效率。总剩余标准不认为消费者剩余转移为生产者剩余属于反竞争效果，也并不严格保证消费者的利益，只要总剩余增加，即便企业兼并行为会损害消费者福利，政府竞争部门也会批准企业兼并计划。

在此本文对以上三种福利标准做简单归纳，本文主要研究以下两种情况：

**情况 1**：包括第一种标准和第二种标准中的第一种途径，即满足价格标准的情况。该情况的实现，要求企业横向兼并后市场价格降低，于是保证该兼并提高社会福利，进而通过反垄断审查。

**情况 2**：包括第三种标准，即满足总剩余标准。该情况的实现，要求企业横向兼并后社会总剩余增加，提高了社会福利，进而通过反垄断审查。

## 三、不同福利标准下的兼并条件

### （一）模型说明

本文分别根据情况 1、情况 2 进行分析，得到兼并后实现福利增进所必须满足的企业及市场条件，由此得出企业的横向兼并分别在满足何种条件时，应该通过反垄断审查。Joseph Farrell、Carl Shapiro（1990）根据古诺模型对企业横向兼并行为进行分析，得到了一个对于兼并产生影响的分析程序。[①] 本文结合 Joseph 模型的分析程序，进一步研究满足本文情况 1、情况 2 的企业及市场条件。

假设：市场中的某产业由 $n$ 个企业构成。市场中总产量为 $X$ 。对于任意总产出水平 $X$ ，该产业的逆需求函数为 $p(\cdot)$ ，$p'(\cdot) < 0$ ，企业 $i$ 的产量为 $x_i$ ，设市场中除了企业 $i$ 之外的所有企业的产量之和为 $y_i$ ，即 $y_i = \sum_{j \neq i} x_j = X - x_i$ ，满足古诺均衡时，企业 $i$ 的利润函数为 $\pi_i(x_i, y_i) = p(x_i + y_i)x_i - c_i(x_i)$ ，当企业 $i$ 的利润实现最大化时，$\frac{\partial \pi_i(x_i, y_i)}{\partial x_i = 0}$ ，于是可得企业 $i$ 的古诺一阶条件 $p(X) + x_i p'(X) - c_i'(x_i) = 0$。设企业 $i$ 的市场份额为：$s_i = \frac{x_i}{X}$ 。该产业逆需求函数的斜率的弹性为 $E = \frac{-Xp''(X)}{p'(X)}$，假设：$E < 1$ ，$Xp''(X) + p'(X) < 0$ ，$c_i''(x_i) > p'(\cdot)$ 。同时，所有企业 $i$ 存在 $x_i \leq X$。

接下来，我们进一步研究：在上文的两种情况下，为了实现福利增进，企业与市场分别需要满足何种条件，进而可以更加清晰进行反垄断审查。

### （二）不同福利标准下的市场条件

1. 情况 1 的市场条件：满足价格降低的福利标准

通过 Williamson 均衡分析得知，横向兼并应该产生效率效应（成本节约），也同时会产生剩余转移和绝对的剩余损失。我们需要研究：在什么条件下，企业兼并可以节约足够多的成本最终导致市场价格下降、社会福利增进。

当市场中的企业 1 欲与企业 2 兼并。令 $\hat{X}$ 表示发生兼并前市场中的总产量，$\hat{x}_1$ ，$\hat{x}_2$ 分别表示企业 1 与企业 2 在兼并前的产量，令 $\hat{x}_1 \geq \hat{x}_2 > 0$ 。在古诺竞争产业中，市场价格下降一定是由于市场的总产量增加导致的。在当前市场中，我们假定：市场中总产量增加一定来自兼并企业产量的增加，即假定当且仅当兼并企业提高了其

---

① Joseph Farrell, Carl Shapiro. Horizontal Mergers: An Equilibrium Analysis. The American Economic Review, Vol. 80, 107 - 126.

兼并的共同产量的时候，市场的总产量才会增加。该过程中，非兼并企业的产量不变。我们需要研究：在什么条件下，（企业 1 与企业 2）兼并后的新企业，相对于不发生变化的非兼并企业的产量（$\hat{X} - \hat{x_1} - \hat{x_2}$，会增加其最优产量。

假定兼并后企业的成本函数为 $c_M(\cdot)$，其利润函数为 $\pi_M(\cdot)$，其产量为 $x_M$，当其利润最大化时，满足：$\frac{\partial \pi_M}{\partial x_M = 0}$。然而，当 $x_M = \hat{x_1} + \hat{x_2}$ 时，并未实现利润最大化，即：$\left.\frac{\partial \pi_M}{\partial x_M}\right|_{x_M = \hat{x_1} + \hat{x_2}} > 0$。又因为企业 1 与企业 2 满足古诺一阶条件，综合计算得到：

$$c'_M(\hat{x_1} + \hat{x_2} < c'_1(\hat{x_1}) \quad (1)$$

这个不等式说明，若要求兼并导致的成本节约足够大，以至市场价格下降，那么，兼并后的新企业在原有产量水平（$\hat{x_1} + \hat{x_2}$）上的边际成本，小于兼并前（企业 1 和企业 2 中）任何一家企业的边际成本。故可得：

价格标准下的市场条件：两家企业兼并，只有兼并后企业的边际成本小于兼并前任何一家企业的边际成本的时候，市场价格才会下降。

2. 情况 2 的市场条件：满足总剩余增加的福利标准

在此分析本文第二部分列出的第二种情况——不要求价格下降，通过改善社会总剩余实现福利增加。我们首先假设：发生兼并会提高价格。那么，在价格一定提高的情况下，如何提高社会总剩余？本文采用 Joseph 模型的分析程序，假定兼并行为对于选择兼并的企业来说有利可图，即在内部有利的前提下，我们分析兼并产生的外部效应。通过研究兼并行为对于非参与者，即消费者和非参与兼并企业，所带来的效应，我们可以得到横向兼并可以提高社会总剩余的一个充分条件。假设企业在阶段 I 试图兼并，企业 $i$ 的产量为 $x_i$，所有进行兼并的企业产量 $X_I = \sum_{i \in I} x_i$，消费者和不参与兼并的企业的福利之和为：

$$W = \int_{p(X)}^{\infty} x(p)\,dp + \sum_{i \notin I} [p(X)x_i - c(x_i)] \quad (2)$$

$\int_{P(X)}^{\infty} x(p)\,dp$ 为消费者剩余，$\sum_{i \notin I} [p(X)x_i - c(x_i)]$ 为价格上升带给不参与兼并的企业的福利。当 $dW \geqslant 0$ 时，即兼并产生的正外部效应时，可满足：

$$s_I \leqslant - \sum_{i \notin I} s_i \left(\frac{dx_i}{dX}\right) \quad (3)$$

我们假设：逆需求函数为线性函数，设 $p(X) = a - X$。对于拥有 $K$ 单位资本的企业，根据柯布—道格拉斯生产函数 $x = AL^{\alpha}K^{\beta}$，假定规模报酬不变，令 $\alpha = \beta = \frac{1}{2}$，工资率 $w = \frac{1}{2}$，可得：$-\frac{dx_i}{dX} = \frac{s_i}{\varepsilon}$，于是，式（3）可以变形为：$s_I \leqslant \frac{1}{\varepsilon} \sum_{i \notin I} (s_i)^2$，

满足该条件时，$dW > 0$，可得以下条件。

总剩余标准下的市场条件：当逆需求函数为线性函数时，当兼并企业的市场份额低于非兼并企业的经过弹性调整的赫芬达尔—赫希曼指数（$HHI_{\varepsilon}$）的时候，兼并行为可以带来正的外部效应，增加社会总剩余，实现福利增进。

# 四、案例分析——可口可乐收购汇源

## （一）对现有解释的再思考

通过前文不同福利标准下的市场条件，我们可以分析在什么情况下，企业横向兼并可以实现福利增进。2009 年 3 月 18 日我国商务部宣布，可口可乐收购汇源案未通过反垄断审查，因其将对竞争产生不利影响。这种“不利影响”具体是什么？自去年 9 月以来，“维护国内饮料行业公平竞争的市场环境”成为普遍论调。而“击退外资品牌进攻，捍卫民族品牌”也成为另一个被媒体炒作的新闻点。

首先，“中国汇源”品牌是 2005 年在开曼群岛完成的境外注册。同时，本次可口可乐公司收购的股份中，有 60% 的股权拥有方是来自包括达能在内的境外股东。所以，以“捍卫民族品牌”的视角来分析这一事件显得过于表面化。

其次，对于我国依据新出台的《反垄断法》作出的首个重大裁定，事实上商务部并没有具体说明所采用的标准。那么，我们自然会猜测，作出此次裁决的标准是否接近于本文第二部分列举出的三个标准中某一个。而如果依据前文中的福利标准，该兼并案是否真的对产业发展“造成了不利影响”？

我们试图找到该案例中的一些关键指标对此进行分析和解释。我们将可口可乐、汇源等公司的果汁品牌的市场份额列举如下，见表 1。

**表 1　我国果汁市场主要品牌的市场份额**

<table>
<tr><th colspan="7">果汁行业市场份额（%）</th></tr>
<tr><td colspan="2">汇源</td><td>8.50</td><td>统一</td><td>16.14</td><td>三得利</td><td>5.11</td></tr>
<tr><td rowspan="3">可口可乐系列</td><td>美汁源</td><td>4.30</td><td>露露</td><td>7.14</td><td>椰树</td><td>10.48</td></tr>
<tr><td>酷儿</td><td>6.20</td><td>娃哈哈</td><td>2.71</td><td>大湖</td><td>2.13</td></tr>
<tr><td>其他</td><td>1.00</td><td>康师傅</td><td>9.43</td><td>其他</td><td>26.56</td></tr>
</table>

资料来源：新浪财经 http://finance.sina.com.cn/；新华网 http://news.xinhuanet.com

### （二）“可口可乐——汇源”并购的相关指标

通过计算我国果汁市场在完成“可口可乐——汇源”兼并后的 *HHI* 与未发生兼并时的 *HHI*，我们可以对我国果汁市场的集中程度进行分析。可口可乐、汇源等公司的果汁品牌的市场份额见表 1，根据 $HHI = \sum_{i=1}^{N}\left(\frac{x_i}{X}\right)^2$，*HHI* 的计算结果见表 2。

**表 2 “可口可乐——汇源”兼并前后的市场份额与市场集中度**

| | | | |
|---|---|---|---|
| 市场份额 | 可口可乐市场份额 | 汇源果汁市场份额 | 兼并后市场份额 |
| | 11.8% | 8.5% | 20.3% |
| 市场集中度 | 非兼并企业 *HHI* | 兼并前市场 *HHI* | 兼并后市场 *HHI* |
| | 1.4(140) | 3.52(352) | 5.52(552) |

从表 2 可知，即使可口可乐与汇源实现完全兼并，果汁市场整体的 HHI 值的变化只是从 352 增长到 552。根据西方国家普遍的审查标准（详细判别标准见表 3），当 $1000 > HHI \geqslant 500$，表明两家公司兼并后的果汁市场依然属于竞争Ⅰ型的市场，并没有非常严重的垄断后果。

**表 3 不同 HHI 下的市场结构**

| 市场结构 | 寡占型 | | | |
|---|---|---|---|---|
| | 高寡占Ⅰ型 | 高寡占Ⅱ型 | 低寡占Ⅰ型 | 低寡占Ⅱ型 |
| *HHI* 值 | $HHI \geqslant 3000$ | $3000 > HHI \geqslant 1800$ | $1800 > HHI \geqslant 1400$ | $1400 > HHI \geqslant 1000$ |
| 市场结构 | 竞争型 | | | |
| | 竞争Ⅰ型 | | 竞争Ⅱ型 | |
| *HHI* 值 | $1000 > HHI \geqslant 500$ | | $500 > HHI$ | |

资料来源：苏东水：《产业经济学》，高等教育出版社 2000 年版。

### （三）根据本文的福利标准对并购案进行检验

首先，我们分析一下我们饮料市场现状，饮料市场目前处于高度竞争状态，我国的果汁市场的消费者对于果汁的需求在不断增加，果汁产业的发展空间较大，果汁市场的逆需求函数可以近似认为是线性的，于是可以应用本文得到的总剩余标准下的市场条件。由于饮料种类相对较多，市场中果汁的总需求价格弹性较大，大约在 4（中商情报网：《2008 年中国果汁市场调查咨询报告》）。应用表 2 中的数据，我们进一步分析该并购能否满足本文列举的福利标准。

1. 总剩余福利标准的检验

根据总剩余标准下的市场条件，当兼并企业的市场份额低于非兼并企业的经过弹性调整的赫芬达尔—赫希曼指数的时候，则兼并行为才可以带来正的外部效应，增加社会总剩余，实现福利增进。应用表2中的数据进行计算：

$$\frac{1}{\varepsilon}\sum_{i\notin I}(s_i)^2 = \frac{1}{4}\times 1.4 = 0.35, s_I = 0.203, s_I \leqslant \frac{1}{\varepsilon}\sum_{i\notin I}(s_i)^2$$

由此可得，当依照总剩余福利标准，可口可乐公司与汇源公司兼并后，总的市场份额小于非兼并果汁企业的 $HHI_{\varepsilon}$ ，则 $dW \geqslant 0$ ，即兼并行为才可以带来正的外部效应，增加社会总剩余，社会福利增进。这说明，可口可乐公司与汇源公司兼并符合总剩余标准下的市场条件。

2. 价格福利标准的检验

根据本文的价格标准下的市场条件，只有兼并后企业的边际成本小于兼并前任何一家企业的边际成本的时候，市场价格才会下降。然而，兼并后的边际成本低于先前任一家的条件，要求兼并可以产生良好的协同效用，这却在纵向兼并中体系得更加明显。因为纵向兼并可以减少各生产流程的分离，避免生产过程中环节间隔，降低管理、操作成本，促进研发、创新，更容易实现协同效用。

而可口可乐兼并汇源，属于横向跨国并购，更多依靠扩大生产规模和企业间产量的再分配来增加利润。这使得我们很难相信兼并可以的边际成本会同时低于可口可乐公司、汇源公司现有的边际成本。所以，这起兼并案虽然满足社会总剩余的福利标准，但不满足价格标准。

3. 原因推测

对于商务部否决兼并申请的原因，我们可以找到如下几种可能：

（1）该案例中，此项兼并可能已经满足了增加社会总剩余的标准，但难以满足严格增加消费者剩余甚至降低市场价格的要求。我国的反垄断行动可能更加关注消费者利益，对果汁产业这一个关系日常生活的商品价格变化更加敏感。商务部在裁决这起兼并案中使用的反垄断标准（福利标准）可能更加接近于价格标准。商务部确保消费者利益和公共利益的指向相对突出。

（2）商务部可能担心可口可乐会利用其在碳酸软饮料市场的支配地位，搭售、捆绑销售果汁饮料，或者设定其他排他性的交易条件。这种捆绑销售确实会限制果汁饮料的市场竞争，也可能导致消费者被迫接受更高价格、更少种类的产品。不过这种可能出现的“可口可乐—果汁”的捆绑销售带来负面影响的程度大小却并容易准确预测。

（3）我国果汁产业发展空间大，需要尽可能多的竞争。中国水果资源丰富，很多品种水果产量居世界前列。我国虽人口众多，果汁饮料的消费量却较低，人均年消费量还不到 1 公斤，是世界平均水平的 1/10，是发达国家平均水平的 1/40。不过伴随消费者的健康意识增强，消费者对果汁的需求正在大幅增加，果汁市场在中国仍有巨大的发展空间。而“可口可乐——汇源”兼并很可能挤压了国内大量中小型果汁企业生存空间，这给正在壮大的中国果汁市场竞争格局造成不良影响。

## 五、结　　论

首先，尽快明确我国反垄断审查标准。根据本文不同的福利标准可以得到不同反垄断判断标准这一分析结果，不明确的反垄断福利标准将导致企业与竞争部门之间缺少清楚的市场信号，难以建立良好的市场规则。商务部应当尽早在接下来的横向兼并案中明确表示依据的是三种福利标准中的哪一种或者是其他何种标准，这样可以更加准确地进行反垄断审查。

其次，获取清晰、准确的市场及行业指标。在具体测定市场集中度之前，首先需要明确兼并企业所在的行业。“汇源——可口可乐”兼并案中出现了许多如“果汁饮料市场份额”、“纯果汁市场份额”、“软饮料市场份额”等混乱的市场指标。竞争部门需要精准地掌握兼并企业和当前该行业的信息，才能从市场份额、市场集中度入手进行准确分析。

再次，对兼并企业的生产条件进行调查。由第三部分模型分析可知，如果竞争部门采用了最为严格的价格标准，或者面对消费者剩余标准中的第一种途径，竞争部门就要对兼并企业的边际成本进行分析。如果条件允许，竞争部门应当对兼并企业生产能力进行多角度的考量，分析企业兼并后能否产生协同效应，以降低边际成本。但在短期内完成这样的审查是很难的，需要完备的反垄断分析体系。

### 参考文献

[1] Williamson. Economies as an antitrust defense: the welfare tradeoffs. American Economic Review, 1968, 58, 18 - 36.

[2] McAfee R P, Williams M A. Horizontal mergers and antitrust policy. The Journal of Industrial Economics, 1992, 11 (2), 181 - 187.

[3] Joseph Farrell, Carl Shapiro. Horizontal Mergers: An Equilibrium Analysis. The American Economic Review, Vol. 80, 107 - 126.

[4] 温斯顿：《反垄断经济学前沿》，东北财经大学出版社 2007 年版。

# 政府偏好、农户需求与城乡基本公共服务均等化

## ——基于武汉市两次农户调查的对比分析

祁 毓 狄继卓

## 一、引 言

Lewis（1954）、Mas-colell and Razin（1973）、Lucas（2004）等发展经济学者的研究表明，经济发展的过程就是城市化、工业化和城乡差距缩小的过程。根据中国统计局的数据显示，近年来中国的 GDP 长期保持或接近两位数的速度增长，而城乡收入差距却呈现逐步拉大之势，2008 年城乡收入差距首次突破万元大关。由此可见，中国的城乡经济发展和城市化进程伴随着不少传统发展经济学难以解开的“谜”（陈钊、陆铭，2008）。经济的发展不会自动调节城乡之间公共服务、收入等方面的差距，两者之间的传导机制既不是直接也不是自发形成的，掌握公共资源及其分配的政府在其中起着重要的作用。公共资源在城乡之间的分配不公往往又是城乡收入差距持续拉大的重要原因，在其中起着决定性作用的是政府的偏好。

在许多发展中国家，国家与农民的关系或城乡关系都是强制性的，或者说城市偏向的，这与发达市场经济国家所发生的农业和农民受到保护的情况恰恰相反（Kym Anderson and Yujiro Hayami，1986），在中国也就被称为城市偏向型政策（蔡昉，2003）。长期以来的城市偏向型发展战略造成了中国城乡发展之间的巨大差异（蔡昉，2000）。1978 年以前，利益集团压力和选民的声音在中国基本是不存在的，与重工业优先发展战略相关的一套干预政策导致了稳定的城市偏向；改革后，城乡差距的周期性变化则主要导源于城市利益集团的压力以及传统经济体制遗留的制度障碍（蔡昉、杨涛，2000），再加上城市居民运用其特有的“投票”和“呼声”机制，影响着城乡关系政策，继续维系着城市偏向政策。很显然，城市偏向型的政策或者偏好主要是基于经济发展和政治稳定的双重目标约束。从经济学角度来看，虽

然可将政府视为一个独立的微观主体分析，但其偏好与其他微观经济主体存在很差差别，因为政府偏好更多地体现了社会各方博弈的结果（丁菊红、邓可斌，2008）。这就等于是在告诉我们，农村与城市在政府公共资源的博弈过程处于明显的劣势地位。笔者认为，这主要源于以下两个方面的原因：一是农业是天生的弱势产业，表现在农业面临着市场和自然双重风险；农产品市场是一种典型的发散性蛛网市场；农业的比较利益低①；二是农村居民缺乏反映农村实际需求和偏好的机制和平台，或者这种需求偏好与城市居民的“投票”和“呼声”机制相比，明显较弱。也就形成了农村的“天生的弱质”和“后天的不足”。“天生的弱质”是在一定阶段和程度上无法改变的现实，而“后天的不足”则能够通过一定的努力（也称为制度安排）进行改进的。实现城乡基本公共服务均等和城乡均衡发展的关键在于农村，而农村关键又在于能否改变其“后天不足”，也就是要通过一定的制度安排为农村居民反映其需求和偏好提供适当的平台和激励，并且农民的这种“声音”要能够真正的影响到或被纳入到政府公共资源配置的决策的函数中。

基于此，本文结构安排如下：第二部分对城乡基本公共服务均等化的相关文献进行总结和评述；第三部分立足政府偏好视野探讨城乡发展失衡和城乡基本公共服务不均等的宏微观机理；第四部分基于 2007 年和 2009 年两次微观实证调查动态把握目前农村居民对基本公共服务的需求和偏好；第五部分重点探讨如何通过相关制度安排，立足农村和农民视角将农村居民的需求和偏好纳入政府决策的函数中。

## 二、研究述评

基本公共服务均等化理念在我国从引入到最终被确立下来经历了一个曲折的过程，基本公共服务均等化是对基本公共服务问题研究的深化和延伸。关于基本公共服务均等化内涵的研究，比较有代表性的有，李华（2005）提出公共品供给均等化是一个与“公平”紧密相连的概念；于吉、方栓喜（2006）提出公共服务均等化是指政府为社会公众提供基本的、在不同阶段具有不同目标的、最终大致均等的公共物品和公共服务；唐钧（2006）指出公共服务均等化是在基本的公共服务领域应该尽可能的是全国人民享有同样的权利。正如项继权、袁方成（2008）所述，向国民均等地提供公共产品和公共服务是政府的基本职责，政府对基本公共服务的财政投入在相当程度决定了基本公共服务的数量和质量，公共财政资源的分配及投入方式直接影响甚至决定基本公共服务均等化的程度。也就是说，基本公共服务均等化问题的实质是公共财政问题，其核心和关键是如何实现公共财政资源的公平分配。关于基本公共服务均等化的评价原则和标准及路径，诸多学者进行了尝试，但未达成

① 刘京焕、陈志勇、李景友：《财政学原理》，中国财政经济出版社 2005 年版，第 107—108 页。

共识。江明融（2007）从供需是否对等的角度来探讨了评价原则，王谦（2008）认为应该从公共和效率的视角来审视公共服务均等化问题，吕炜（2008）从“标准人需求”发出，提出了从国际比较、国内中值和政府能力三个角度来衡量公共服务均等化。在对公共服务均等化的内涵界定、评价和路径选择等方面作了一般性研究之后，大多数学者将研究的重点放在城乡基本公共服务均等化问题上（马海涛、程岚、秦强，2008；李一花，2008；徐增阳，2009），这不仅仅源于：城乡公共服务均等化是公共服务均等化的重要内容（王谦，2008）、我国公共服务不均等的最集中和突出的表现为城乡之间公共服务的差距（徐勇、项继权，2008）和基本公共服务均等化是政府统筹城乡发展的一种可行性选择（王国华、温来成，2008），更在于其统筹城乡发展的战略意义和其在构建社会主义和谐社会中的重要地位（王梦奎，2004；陈锡文，2003）。

在中国城乡发展失衡的一个重要表现就是，相对于城市来说，政府对农村公共服务的投入严重不足（国务院发展研究中心课题组，2006）；再加上由于管理体制和决策机制方面的原因，在农村许多公共服务内容严重背离农户需求（贾康、孙洁，2006）。形成了目前农村公共领域基本公共服务的规模不足和结构失衡。从短期来看，既定的资源配置基础上的结构改善相比较规模的增加，更具有现实性和效率性。林万龙（2007）指出，农村公共服务供求结构失衡的主要表现为，一是供给错位；二是政府把公共服务大量推向市场，但农户对市场化供给的评价却不高；三是农村的公共服务需求差异日趋明显，但公共服务的供给机制比较单一。

假如政府不对城乡的生产活动和要素市场进行干预的话，资本和劳动力的配置将会作出调整，使得两个地区的报酬趋于相等；相反，当观察到在城乡同质劳动力之间有很大的收入差异时，就意味着存在政府干预及其相应制度扭曲导致的生产要素的错误配置。政府的目标和政策意愿不仅决定了差距的程度，还决定了政策手段的形式（蔡昉、杨涛，2000）。也就是说发展失衡虽然有基本公共服务提供不足的原因，但症结在于政府责任的缺失（吕炜，2008）。这实质上反映了政府在城乡之间分配基本公共资源时偏好失误和“歧视”。由于特殊国情，自改革开放以来我国的政府偏好及其形成既不是自上而下的“集中关怀式”，也并非是自下而上的“民意制度式”，而是介于两者之间的“民主集中制”（丁菊红、邓可斌，2008）。政府在城乡基本公共资源配置的决策中虽然从宏观上考虑到农村实际而采取了系列的惠农政策，并且对扭转城乡差距起到不可估量的作用，但是从微观上依然忽视了农村居民的需求偏好。正如汤玉刚（2003）所指出的，如果政府的供给方式能够朝着能更充分反映微观经济主体需求的公共品提供方式转变，从根本上来说是市场经济发展所内生的效率增进。本文正是沿着这样的一个进路，从宏观到微观、从政府偏好到农户偏好、从规范到实证，来分析政府的偏好是如何影响到城乡基本公共资源的配置、农户需求偏好是如何在动态中变迁的以及重视农户需求偏好的重要性，并在此基础上探讨如何通过制度安排将农民需求偏好纳入政府偏好的决策函数之中，形成对政府决策思维转变的激励和约束。

## 三、城乡基本公共服务均等化的内在机理

发展失衡是当前中国经济社会运行中的突出问题，一般认为其直接原因是公共服务的提供不足（吕炜、王伟同，2008）。城乡之间的发展不均等亦是经济社会发展失衡的重要体现。

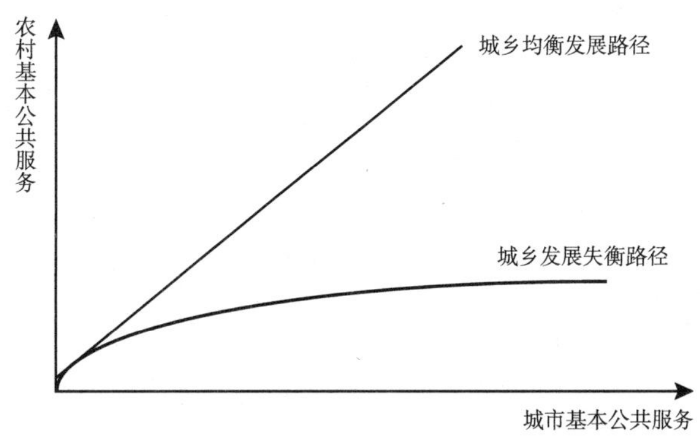


**图 1　基于城乡基本公共服务不均等的发展失衡**

图 1 清晰地解释了城乡之间基于基本公共服务不均等而形成的城乡发展路径失衡，城乡之间基本公共服务投入的均等有利于形成城乡均衡发展的路径；而城乡发展失衡的路径则是由于城乡之间基本公共服务投入的不均等而形成的。“失衡”一词来源于物理学领域，引入社会科学领域后常被用来形容本应该却没能协调发展的一对变量的状态。以上主要立足宏观视角，就城乡基本公共服务的均等化与否与城乡之间发展是否均衡之间的关系。建立了一个城乡均衡发展的宏观机理模式。

下面我们将从微观分析的视角来分析基本公共服务在城乡之间配置不均等的内在机理。

如图 2，在政府提供的基本公共服务的预算约束线 L 上，基于政府 θ 和 β 偏好的政府无差异曲线分别与政府预算约束线相切，形成均衡状态。我们假设点 B 为保障农村最基本公共服务需求的点，基于政府偏好 θ 和 β 与预算约束线 L 所形成的均衡反映在农村基本公共服务供给上为 A 和 C 两点，它们分别位于农村最基本公共服务的左右两侧，A 点所代表的农村基本公共服务规模很显然是满足不了农村居民的基本公共服务需求，而 C 点所代表的恰好是形成城乡基本公共均等化的点。从目前

的现实来看，政府的偏好恰好为图中的 β 所代表的无差异曲线，而理想状态下的政府偏好为 θ 所代表的政府差异曲线，B 点正是保障农村居民最基本公共服务的临界点。基于此，从今后的城乡基本公共服务均等化的发展趋势来看，应该向如图中双箭头所表示的方向发展。

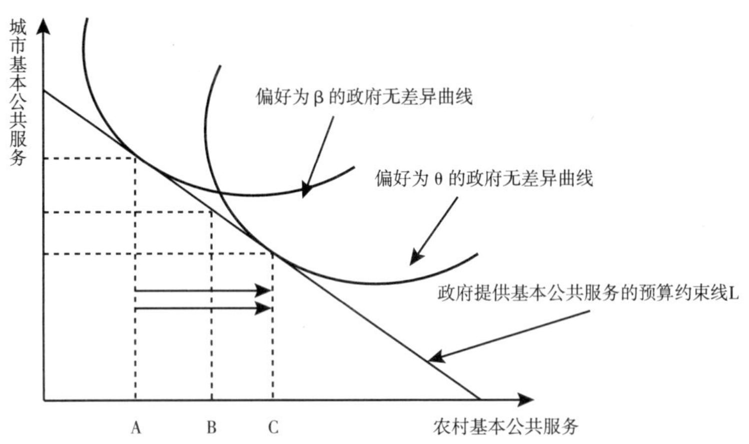


**图 2　基于政府偏好的城乡之间基本公共资源配置模型**

至此，我们从宏观和微观的视野分析了城乡基本公共服务均等化的内在机理，从中我们发现，基于基本公共服务在城乡之间分配的政府偏好差异是影响城乡基本公共服务均等化进程的关键因素。同时这种政府偏好的调整不能仅仅基于政府有关城乡之间均等化的偏好而进行，相反，这种偏好的调整与农村居民的实际需求想联系，也就是说要将农村居民的对于基本公共服务需求偏好纳入政府这种偏好改变的函数模型中，这就是我们本课题研究的逻辑框架。

## 四、农村基本公共服务现状与动态演变：基于两次调查对比分析

将农村居民对基本公共服务的需求偏好纳入到政府决策函数是改进城乡基本公共服务供给效率的第一步，接下来的关键就在于如何获取农村对基本公共服务的需求信息。对此，我们选择了 2007 年 8 月和 2009 年 8 月的农户问卷调查的数据作为获取基本公共服务需求的手段。通过跨年度数据来动态把握农户的基本公共服务需求主要是基于这样的考虑：动态把握基本公共服务需求偏好是了解农户基本公共服务需求演变趋势的关键，而这又是政府构建公共资源科学决策机制的必备条件，使政府动态的决策与农户需求偏好趋势对接。

### （一）总体样本的描述

1. 调查时间、地点与方法

（1）调查时间、地点。调查时间分别集中在2007年8月和2009年8月，均选取了武汉市远城区（黄陂区和江夏区）的相同区域进行调研，调研村数共6个，集中组织本科生和研究生15人分别对农村居民和村委会进行问卷和访谈。选择相同区域是为了保证两次调查数据对比的可行性。

（2）调查方法。主要采取集中式入户调查和分散式入户调查相结合的方式。在调查前，根据研究的需要设计了相应的调查问卷和访谈问题，通过调查了解整体和各方面状况，通过访谈调查可能遗漏的信息。

2. 样本的人口描述

样本的人口特征描述主要包括性别、文化程度、年龄分布、以前和目前的工作性质、家庭收入来源和纯收入等七个方面。对调查对象的人口特征进行分析主要基于两方面的考虑：一是了解调查对象人口特征的基本情况，为综合评价数据的客观性和准确性提供基础；二是通过对比2007年和2009年人口特征数据，评估本文中对比分析和动态把握趋势的可行性。从获得的基本人口特征数据来看，无论是2007年还是2009年，各类别人口特征中具体各项的比率分布基本一致和吻合，这能够在一定程度上保证动态分析的可行性；具体到各类别来看：从性别来看，女性比率略高于男性，这与目前农村男性劳动力外出务工数量大于女性务工者的现实情况相吻合；从文化程度上来看，依然以初中文化程度左右为主，其中文盲（半文盲）和小学文化程度的被调查者所占比率略有下降，这与普及九年义务教育工程的密不可分；从年龄结构来看，以中老年人为主，这在一定程度反映了目前相当一部分农村青壮劳动力外出务工的现实。在当前是否务农和以前是否从事过非农职业选项中，目前务农的被调查对象依然占多数，并且大部分的被调查对象有从事非农职业的经历；从家庭收入来源来看，

务农收入和外出务工收入成为被调查对象的两大支柱收入，其中外出务工收入占家庭收入的比重逐步提升；从收入水平来看，大致呈现正态分布的趋势，以5000—8000元和8000—12000元这两档收入为主，而且从各收入当比重来看，低收入者所占比重逐步降低，中间收入的被调查对象所占比率逐步上升。

### （二）农村居民对基本公共服务需求的动态趋势

1. 享受基本公共服务的农户所占比率不断上升，农村基本公共服务的覆盖群体不断扩大

公共财政覆盖农村是一个渐进的过程。覆盖的范围和力度取决于对政府职能和

公共财政职责和公共财政职能的认识及公共财力状况①。农村基本公共服务供给不足的问题，在我国长期没有得到有效解决（贾康、孙洁，2006）。近年来国家采取“多予、少取、放活”的方针，推行农村税费改革、出台了“两减免”、“三补贴”、“综合直补”、农村新型合作医疗、农村义务教育经费保障机制和新农保试点等政策，使农村基本公共服务面貌发生了翻天覆地的变化，农民负担减轻，收入得到显著的提高。从农户的主观感受来看，享受基本公共服务的农户所占的比率不断上升，农村基本公共服务的覆盖面越来越广。在十二大类基本公共服务中，有十类左右的基本公共服务的覆盖面和享受群体的比率在2007年至2009年得到了显著的提升。特别是免费义务教育、农村医疗卫生、农村公路、农村人畜饮水等基本公共服务的覆盖面达到了60%以上，根据卫生部统计数据显示，在2003年起，新型农村合作医疗制度开展试点并逐步在全国推行，目前已覆盖全国所有含农业人口的县（市、区），参合人数为8.33亿人，截至2008年年底，我国拥有卫生机构27.8万个，另有村卫生室61.3万个，覆盖城乡居民的卫生服务体系已经基本建立。

覆盖面扩大蕴涵两层含义，一是从公平的角度来看，有越来越多的农村居民享受到基本公共服务带来的实惠；二是从效率的角度来看，提供的基本公共服务越来越大程度覆盖到农村，基本公共服务得到有效享用。但是，我们也应看到，一些基本公共服务的覆盖群体虽然较2007年有了一定的扩大，但是覆盖面依然停留在较低的覆盖面和使用率上，尤其是以农业技术指导、农业市场信息和农业技能培训、文化健身娱乐为代表的“软基本公共服务”覆盖面还不到20%。农业技术指导和农业市场信息是农户提高农业生产能力和拓宽农产品销售渠道的关键，农业技能培训和文化娱乐健身提升农村人力资本积累和农村居民文化水平的重要组成部分。根据访谈结果分析，这四类基本公共服务覆盖面的较窄的原因主要有二：一是这四类基本公共服务的投入保障机制尚未建立，投入软约束。如调查中一些乡村的没有专门的资金来配置的农业技术指导部门和工作人员，农业市场信息的内容少而且时效有限；二是由于一些人员、制度和意识等方面的问题致使一些基本公共服务被闲置，如访谈中发现，一些村的文化报刊阅览室属于“面子工程”，开放时间少而且不定期，一些农户对于这些文化娱乐健身等方面的了解不多、使用意识不强。当然针对上述问题，一方面需要财力适当向这些方面倾斜，以尽快扩大这些基本公共服务的覆盖面；另一方面，乡村管理服务部门要有意识地诱导农户对这些公共服务的需求。

*2. 农村居民对基本公共服务总体和分项评价不断提升*

覆盖面主要是从广度上对农村基本公共服务进行评价，如果要从深度上对农村基本公共服务进行评估，那就需要科学选择的评价主体和标准。基于此，我们立足基本公共服务的享用者——农村居民角度，以农村居民对十二项基本

---

① 丁学东、张岩松：《公共财政覆盖农村的理论和实践》，《管理世界》2007年第10期。

公共服务及总体的满意度作为评估标准，对农村基本公共服务的绩效进行动态考察。

选择农村居民作为农村基本公共服务的评价主体既是目前学者达成的普遍共识，更是众多评价主体中的最优选择。从静态角度来看，2007 年和 2009 年的数据均显示，农村居民对于社会保障型和部分经济发展型基本公共服务的评价较高，而对公共服务型和大部分经济发展型基本公共服务的评价不高。如免费义务教育、农村公路、农村医疗卫生、农村人畜饮水等的满意程度较高，2007 年和 2009 年农村人畜饮水的满意度分别达到 66.28% 和 68.75%；而类似农业技术指导、农业市场信息、农业技能培训等基本公共服务的满意度较低，均低于 20%。总体来说，农村基本公共服务的满意度仍停留在较低水平，农村基本公共服务的质量进一步改进的空间还比较大。从动态发展角度来看，满意度上升幅度较大的有免费义务教育、农村医疗卫生、农村公路、农村基本社会保障和治安维护，而类似农田水利设施建设、农业技术指导的生产型基本公共服务的满意度提升幅度较小，这从侧面说明，近两年来，生产型基本公共服务供给改进不够，这直接导致了农村居民对此的评价不高。通过计算发现，2009 年农村居民对基本公共服务的总体满意度较 2007 年上升了近 9 个百分点（见图 3）。

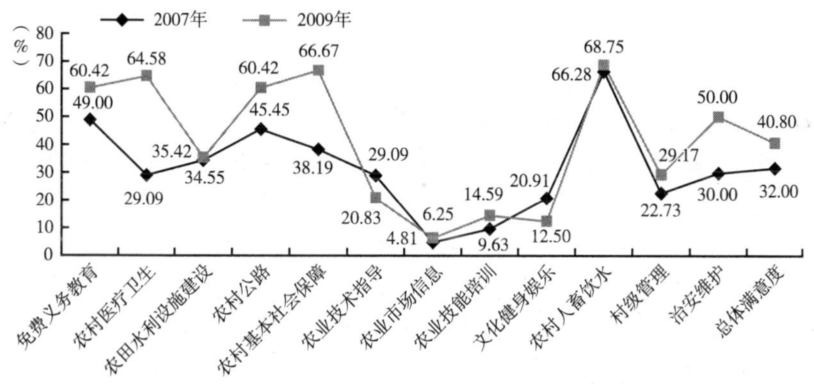


**图 3　2007 年和 2009 年农村居民对基本公共服务的总体和分项评价**

3. 农村居民对基本公共服务的需求开始呈现多样化的趋势

在了解农村居民对基本公共服务的使用情况和满意度之后，有必要就其对基本公共服务的需求进行分析。基于此，在第三部分，我们主要就农村居民的基本需求状况和趋势进行把握，这一方面可以与前述部分进行有效的衔接，另一方面更为主要的是掌握基本需求、偏好及动态演变趋势，以促进公共部门进一步改进基本公共服务供给。

在对2007年和2009年数据进行处理的基础上，我们根据陈池波等人①（2006）的分类方法，将十二类基本公共服务②分为四类，分别为经济发展型公共产品、公共服务型公共产品、社会保障型公共产品和生态保护型公共产品③。总体上看，经济发展型公共产品和社会保障型公共产品始终是农村居民的首选，无论是在2007年还是2009年，这两类公共产品的需求较大而且趋于稳定；生态保护型公共产品和公共服务型公共产品的需求偏好较弱，但是从动态趋势来看，生态保护型公共产品和公共服务型公共产品的需求偏好开始凸显，尤其是公共服务型公共产品的需求递增趋势最强。上述这些变化，符合马斯洛的需求层次理论（Maslow's hierarchy of needs），即人的需求分为五类，依次由较低层次向较高层次变化；而且低层次的基本需要得到满足以后，它的激励作用就会降低，高层次的需求就会显现，高层次的需要比低层次的需要有更大的价值。在本文中，经济发展型公共产品和社会保障型公共产品类似于马斯洛需求层次理论中较低层次的需求，这些公共产品主要用于满足农村居民的基本生产生活需要；待这些需求得到满足之后，更高层次的需求如公共服务型和生态保护型公共产品的需求就会凸显，而且这类公共品的需求偏好可能更强，因为这类公共品所具有更强的自我尊重和自我实现属性。在2009年的数据显示公共服务型公共产品的需求比率达到了45.28%，高于同期任何一类公共品的需求的递增幅度。

4. 农村居民自发反映自身需求和偏好的意愿不断增强，但依然缺乏相应的平台和机制

张应良、官永彬（2009）基于诺斯国家模型的理论视角，认为供给决策制度改进的关键在建立自上而下和自下而上相结合的供给决策机制，而这又需要以居民需求意愿表达机制的建立为出发点，激励农村居民真实显示消费公共产品偏好，使政府供给乡村公共产品动机与决策行为有机衔接，从而实现供需对接，供求平衡④。即改进目前的供给决策机制，需要从供需两方入手，从需求方角度来看，农村居民要有显示或表达对基本公共服务需求偏好的意愿；从供给方角度来看，政府要搭建供农村居民反映其需求偏好的平台和机制，而且要运用各种手段激励农村居民主动反映其真实需求和偏好。基于此，我们从农村居民参与公共产品供给决策的意愿和

---

① 陈池波、胡振虎、傅爱明：《新农村建设中公共产品供给问题研究》，《中南财经政法大学学报》2006年第4期。

② 正如在文献综述中所指出的，在学术界，对公共服务等同于公共产品的观点基本上保持一致，故而在本文中，农村基本公共服务可以看做是农村公共产品。

③ 有关生态保护型公共产品的题目我们分别从村容整洁、自然环境两个方面进行了讨论。在本文中没有具体的指出，在此说明。

④ 张应良、官永彬：《政府供给乡村社区公共产品的动机与行为分析》，《中南财经政法大学学报》2009年第3期。

影响因素入手，探究上述两个方面的问题。

我们以“是否愿意参与基本公共服务供给决策意愿”来衡量农村居民反映其需求偏好的意愿。基于2007年和2009年的数据，我们发现，大部分农村居民有表达其需求偏好的意愿，2007年愿意参与基本公共服务供给决策的比率为40%，而且有33.27%的被调查对象表示将视情况而定；2009年的相应的比率分别为43.18%和27.16%，也就是说农村居民有着较强的需求偏好显示意愿，而且有这种表达意愿的群体会越来越多；但是不可忽视的是，依然有相当部分的农村居民表示不会参与供给决策的活动，2007年和2009年的相应的比率分别为24.77%和22.42%，也就是说，有将近1/4的被调查对象没有这方面的意愿，并且还有一小部分被调查对象选择了“不清楚”。总体上来看，农村居民表达其对基本公共服务需求偏好的意愿较强，但是一些因素制约着其中一部分人群参与决策的意愿。

基于此，我们将进行如下的分析，即进一步了解被调查对象选择不愿意参与基本公共服务供给决策过程的原因。我们主要设置了“没有这样的机会参与(没有这样的平台)”、“操作性不强而且不现实”、“即使参加了，上级也不会按照（或参考）我们的意愿来提供”、“自身能力有限难以胜任”这四个选项，这四个选项的比率分别为51.37%、12.84%、25.68%和10.9%。也就是说机制的不完善是农村居民选择不参与基本公共服务供给决策行为主要原因，同时内外生因素也影响着农村居民的参与意愿，如自身能力方面、参与决策后结果有效性等因素。

## 五、实现城乡基本公共服务均等化的政策建议

虽然，中国当前由于政府偏好及政府效率引起了经济社会发展的失衡，是一个特定经济转轨背景下出现的特有问题，而且政府主观行为在相当程度上受到了客观体制因素的影响和制约①。但这并不意味着有关缩小城乡基本公共服务不均等的努力可以搁置和放松，相反，在既有的客观体制约束框架下，对既有的政府的主观偏好模型进行改进是实现城乡基本公共服务均等化帕累托改善的关键一步，笔者认为，可以从以下五个方面进行：

一是改进目前的政府绩效评价体系，从意识层面将公共服务尤其是农村基本公共服务水平的提高列为政府的重要职能和责无旁贷的责任，并将其纳入政绩考核指标中。现有的政府绩效考核体系，重经济轻民生、重城市轻农村，虽然中央从多角度显示出其加大惠农支农力度的决心，但是从根本上讲由于农业的经济增长效应有

① 吕炜、王伟同：《发展失衡、公共服务与政府责任——基于政府偏好和政府效率视角的分析》，《中国社会科学》2008年第4期。

限，形成不了对各级地方政府加大基本公共服务（尤其是农村基本公共服务）重视的“硬约束”。基于此，改进现有政府政绩评价指标，将公共服务尤其是农村公共服务纳入到政府绩效考核中，应该是从宏观上形成政府“投入”农村基本公共服务的激励。

二是在既有的财力条件下，将更多的财力资源用于提升基本公共服务水平，将用于基本公共服务领域的公共资源更多地配置到农村。一方面，政府除了将公共资源投入到基本公共服务领域，还会投入公共投资领域；另一方面，政府除了将基本公共服务资源投入农村，还会投入城市。从市场经济条件下政府职能转变和缩小城乡基本公共服务差距的现实出发，有必要更多的财力资源用于基本公共服务领域，将更多的基本公共服务资源配置到农村，形成对公共服务领域尤其是农村公共服务领域的投入的长效机制。

三是要静态和动态把握居民尤其是农村居民对基本公共服务的需求和偏好趋势，配置城乡基本公共服务资源既要考虑公平分配，又要考虑效率提供。调查显示，农村居民对基本公共服务的需求处在动态变化之中，但趋势明显。也就是说，需要从静态和动态两个角度把握农村居民对基本公共服务需求趋势。这既是实现城乡基本公共服务资源公平配置的要求，更是实现农村基本公共服务供给效率提高的长远之计。

四是运用多种激励手段，鼓励农村居民客观、大胆反映自己的需求偏好。协调政府供给的动机和行为，需要变强制性供给决策为诱致性供给决策，激励农村居民充分表达需求意愿、真实显示消费偏好（张应良、官永彬，2009）。调查表明，年龄因素、学历因素、社会职务因素以及一些制度环境因素（如没有决策机会、对政策的不信任）制约着农村居民的参与意愿。加大农村居民的素质提升培训工作，搭建更多的平台、制定更多的激励制度，从“推”、“拉”农村居民参与到吸引其资源参与决策行为。同时，还需要建立适应各地社会风俗等实际情况的具体的显示方式，如参与式预算、一事一议等，总之，最终目的都是平稳、有序、真实让农村居民表达需求偏好。

五是既要考虑建立基本公共服务需求和供给的信息联动和反馈机制，又要考虑如何通过制度安排将农民需求偏好纳入政府偏好函数中。农村居民能够反映其真实偏好是改进农村基本公共服务供给决策机制的一个方面，从另一方面来看还需要政府有勇气直面农村居民的真实偏好，并通过一定的制度安排将这种偏好纳入政府有关基本公共服务的决策函数之中。在调查中，有 25.68% 的被调查对象反映“即使参与了决策过程，上级也不会按照（参考）我们的意愿来提供基本公共服务”，这是农村居民对目前决策机制的真实表露。从制度层面看，既要考虑建立基本公共服务需求和供给的信息联动和反馈机制，又要通过激励和约束形成对政府决策模式（模型）的改进。

## 参考文献

[1] 高培勇. 科学发展观：引领中国财政政策新思路 [M]. 中国财政经济出版社，2004年版。

[2] 吕炜. 公平增长与公共支出的政策安排 [J]. 经济社会体制比较，2004 (5)：12－29。

[3] 王梦奎. 关于统筹城乡发展问题 [J]. 求是，2004 (10)：5－9。

[4] 项继权. 基本公共服务均等化：政策目标与制度保障 [J]. 华中师范大学学报（社科版），2008 (1)：2－9。

[5] 林万龙. 经济发展水平制约下的城乡公共品统筹供给：理论分析及其实现含义 [J]. 中国农村观察，2005 (2)：31－37。

[6] 马海涛、程岚、秦强. 论我国城乡基本公共服务均等化 [J]. 财经科学，2008 (12)：96－104。

[7] 吕炜、王伟同. 我国基本公共服务提供均等化问题研究 [J]. 财政研究，2008 (5)：10－18。

[8] 安体富、任强. 中国公共服务均等化水平指标体系的构建 [J]. 财贸经济，2008 (6)：79－82。

[9] 陈锡文. 中国农村公共财政制度理论、政策、实证研究 [M]. 中国发展出版社，2005年版。

[10] 吕炜、王伟同. 发展失衡、公共服务与政府责任 [J]. 中国社会科学，2008 (4)：52－64。

[11] 陈钊、陆铭. 从分割到融合：城乡经济增长与社会和谐的政治经济学 [J]. 经济研究，2008 (1)：21－32。

[12] 蔡昉、杨涛. 城乡收入差距的政治经济学 [J]. 中国社会科学，2000 (4)：11－22。

[13] 丁菊红、邓可斌. 政府偏好、公共品供给与转型中的财政分权 [J]. 经济研究，2008 (7)：78－89。

[14] 祁毓. 新农村建设背景下农民参与公共产品供给决策意愿及影响因素分析——兼论农民对公共产品的需求偏好 [J]. 中国农村研究（徐勇主编），2008年上卷，中国社会科学出版社。

[15] Lewis, W. Arthur, 1954, "Economic Development with Unlimited Supplies of Labour", The Manchester School, 22 (2), 139 －191.

[16] MasColell, A. and A. Razin, 1973, "A Model of Intersectoral Migration and Growth", Oxford Economic Papers, 25 (1), 72 －79.

[17] Lucas, R. E., 2004, "Life Earnings and Rural Urban Migration", Journal of Political Economy, 112 (1), 29 －59.

# 金融危机影响下大陆台商的机遇与挑战

陈炳枝

由美国次贷危机引发的金融风暴，从局部快速地扩展到全球，从发达国家传导到发展中国家，从金融领域扩散到实体经济领域，对世界各国的经济乃至全球范围内的经济结构和社会发展都产生了极其深刻的影响。

根据环球透视机构（Global Insight Inc.）2008 年 11 月的数据显示，2008 年全球经济成长率将由 2007 年的 3.9% 减缓至 2.7%。在主要经济体中，美国、欧元区、日本 GDP 成长率分别为 1.3%、1.0% 与 0.4%，亚洲发展中国家 GDP 成长率则温和走缓至 6.6%。[①] 在这场 20 世纪 30 年代以来世界最严重的金融危机面前，任何国家和地区都无法独善其身，中国大陆和台湾地区都深受拖累，对两岸经济发展带来了严峻的考验。

## 一、金融危机对大陆和台湾实体经济的影响

### （一）金融危机对中国大陆实体经济的影响

受金融危机的影响，我国经济面临通货膨胀压力加大、投资增长过猛、经济增长过快等问题的挑战。这里主要从金融领域、出口和流动性市场三个方面来进行阐述和分析。

1. 对中国大陆金融领域的影响

我国外汇储备、金融机构、企业在美国的投资主要是债券。一旦美国这些金融机构破产，其债券及其他投资品的价值就会急速下滑，从而会引起国内金融市场的动荡，国内资产价格的调整，进而可能会出现极大的市场风险。如 2008 年 1 月份股市显示的数据，发达国家市场跌幅为 7.83%，新兴市场平均跌幅为

① 李应博. 全球经济危机对两岸和平发展提供的机遇与挑战［EB/OL］. 中国台湾网，2009－04－24. http://www.chinataiwan.org/plzhx/gjshd/200904/t20090424_877021.htm.

12.44%，而中国 A 股以 21.4% 的跌幅位居全球跌幅的前列。① 不过中国金融机构规模比较大，经营状况较好，次债投资所占的比例比较小，所以能够承受和消化一定的损失。

2. 对中国大陆出口的影响

根据有关机构的测算，中国出口增长率与美国 GDP 增长率之间存在着较强的正相关关系，美国 GDP 增长率每下降 1 个百分点，中国出口增长率平均将下降 5.2 个百分点。同时外部需求的减少是我国 GDP 增速减缓的因素之一。商务部新闻发言人姚坚指出，在国际金融危机不利影响的过程中，2009 年全年出口同比下降 16.0%，进口同比下降 11.2%，进口降幅比出口少 4.8 个百分点，贸易顺差下降 34.2%。

3. 对中国大陆货币政策和流动性市场的影响

针对紧张的货币市场，美联储采取了诸如不断地降息，加长提供给银行运作的流动性的平均期限，中央银行接受更宽泛的抵押担保品范围以帮助银行再融资等措施来增加市场上的流动性。

中国正处在通货膨胀的压力下，为防止结构性价格上涨演变为明显的通货膨胀，中国采取加息的货币政策。比如从 2010 年 1 月 18 日起，上调存款类金融机构人民币存款准备金率 0.5 个百分点。而中美利差的扩大将会吸引更多的国际资金流入中国，加剧中国的流动性过剩的局面，从而中国紧缩性货币政策的加息空间会被压缩，以致可能造成流动性市场的相对不稳定。

### （二）金融危机对台湾地区实体经济的影响

全球金融危机给台湾经济发展造成了不小的冲击，例如消费能力的减弱，失业率攀升等。未来金融危机的负面效应将持续发酵，以下将着重分析此次危机对台湾金融市场，进出口以及消费投资等领域的影响。

1. 对台湾地区金融市场的影响

这一波的金融海啸，对金融市场的冲击远大于生产与消费等实质面。根据台湾“中央银行”公布的货币统计数，2008 年 9 月狭义货币 M1A 和 M1B 各较去年同期衰退 0.59% 和 4.89%，代表股市资金动能的狭义货币 M1B 年增长率持续低迷，并连续第十个月低于反映整体资金供需状况的广义货币 M2，形成所谓的“死亡交叉”。根据台湾地区“金管会”调查，由于误踩美国雷曼公司地雷，台湾地区金融业曝险金额高达 400 亿新台币，金融机构包含当前台湾地区证券、银行、保险、投信。② 除了货币市场外，台湾的股票市场也受影响，如果下跌严重将进而影响到民众的生产和消费的能力。

① 陈华，赵琳. 美国次贷危机对中国经济影响及应对措施［J］. 经济前沿，2008（9）.

② 台商“落地生根”风暴难撼［N］. 中山日报，2009－3－11.

2. 对台湾地区出口的影响

表 1　台湾地区进出口贸易情况

| 日期 | 海关进出口贸易额 | | | |
|---|---|---|---|---|
| | 出口金额(百万美元) | 年增长率 | 进口金额(百万美元) | 年增长率 |
| 2007 | 246.677 | 10.12 | 219.252 | 8.17 |
| 2008 | 255.629 | 3.63 | 240.448 | 9.67 |
| 2009 | 203.698 | -20.31 | 174.663 | -27.36 |

资料来源：由台湾中华经济研究院资料整理而得，http：//www.cier.edu.tw/mp.asp？mp＝1。

由于受到全球两大市场欧美经济衰退、消费力减低的影响，台湾的进出口出口成长也将趋缓。从表中可以看出，2007 年到 2009 年的出口年增长率在逐年下降，进口从 2008 年到 2009 年出现一个较大的缺口，减少 27.36%。进出口的减少影响了台湾实体经济的发展。

3. 对台湾地区消费和投资的影响

由于经济的衰退，企业资本严重缩水，因此不得不采取缩减支出的政策，裁员与减薪就是其中一种方式；缩减工作机会与成本的结果，使得失业率上升、民众可支配所得缩水、民间消费紧缩。同时，受金融危机影响，台湾的民众财富缩水，消费动能受挫，产业前景趋于悲观，民间投资持续保守观望，加以先进经济体景气下滑加速向新兴市场扩散，外贸动能转弱，内外需部门对经济成长之贡献分别为 -0.80及 2.67 个百分点。中山大学社会学系教授林玉芬说，2009 年台湾的经济增长率是 0.56%，这将是 2002 年以来的新低。①

## 二、金融危机下大陆台商的发展机遇

大陆改革开放后，两岸经济贸易关系总体上不断向前发展，经济贸易联系逐步加深，确立了经济相互依存的关系，两岸经济合作已具有坚实的经济基础。作为台商的第一大投资地，从 1989 年到 2007 年，祖国大陆台资项目已经达到 75147 项，实际利用台资累计达到 456.71 亿美元，合同金额从 1989 年的 4.3 亿美元上升到 2005 年的 103.6 亿美元。

首先，大陆具备迎战经济危机的实力。② 在今年的十一届全国人大第三次会议温家宝总理所作的报告称中国 2009 年国内生产总值 33.5 万亿人民币。根据汇通网今年

① 破解台商融资难题：融资“金钥匙”到底在哪？［EB/OL］. 中国台湾网，2009－04－29. http：//www.chinataiwan.org/jm/jjgc/200904/t20090429_881657_1. htm。

② 朱磊. 两岸需要共同应对全球金融危机［J］. 金融与保险，2008（12）：33—34。

最新的世界GDP总量排名中国排世界第三。大陆近年来一直以其庞大的经济规模保持着高速经济增长，即使受经济周期和全球金融危机影响，GDP增速有所回落，但增长潜力仍然很大。中国大陆拥有如此大的市场，同时产业升级具有相当大空间，后发优势明显。温家宝总理在报告中称中国财政收入快速稳定增长，外汇储备不断增加，外汇储备到2009年12月为止是23991.52亿美元，这些都使其有实力对抗全球经济危机。

其次，两岸的交流与合作出现了新的机遇。双方都推出了一系列有助于两岸发展的新举措。从2008年6月海协会与海基会两会协商的恢复到台湾农产品免税，从高层领导的往来接见到两岸“大三通”的实现，包括两岸金融监理备忘录（MOU）的生效等，一系列的事件为台商向中部地区转移创造了便利条件。特别是2008年底海峡两岸海上直接通航与常态化包机协议的签署，使得两岸海运通商港口延伸到中部地区的内河港口与机场空港，从而为目前扩大中部地区与台湾的经济合作提供了便利、快速的通航条件。

最后，大陆积极制定和落实各项有利于台商发展的投资和贸易政策。面对危机，大陆方面沉着应对，采取各种措施来刺激内需，同时也加强对台商的帮扶。从2009年签署的《海峡两岸金融合作协议》以来，两岸的金融合作步伐加快，最近也在商议两岸金融相互参股的问题。此外，大陆加快推进商签两岸经济合作框架协议（ECFA）进程，并有望在2010年6月份签订。今年2月27日，温家宝总理在与网民在线交流时称会“充分照顾台湾中小企业和广大基层民众的利益”。在今年3月14日，十一届全国人大三次会议闭幕，温家宝又再度提及“要让利给台湾”。

总之，全球经济危机虽对两岸造成不同程度的冲击，但也迎来了两岸关系发展的难得机遇，共同开启了两岸关系发展的新航程。两岸要合作互补，共渡难关，创造共赢。台商应以此为契机，在大陆做大做强、扎根发展，推动两岸经济合作走向更为全面发展的新阶段。

## 三、金融危机下大陆台商面临的主要问题

中国大陆、台湾实体经济受到冲击，也不可避免地传导到在大陆的台资企业，使其在市场营销、流动资金来源、技术创新升级等方面面临的前景显得不确定，这些因素导致不少台商明显放缓了发展的步伐。

### （一）金融危机下台商面临的外部压力

1. 从资金层面上看，台商面临资金链紧绷、融资难的问题①

台商来大陆投资踊跃，众多台资企业在大陆投资兴业需要金融支持，但大陆金

① 周忠菲．两岸经贸——新的挑战与机遇［J］．经济导报，2009（4）：34—36。

融业所提供适合台商的金融产品和服务还不够丰富。不少台资企业在祖国大陆的生产经营中面临融资难题。特别是一些中小台资企业，由于信息不对称，大陆金融机构对这种跨两岸的中小企业难以进行相关的资产评估和有效的监控。加上台资企业自身存在“两头在外”的特点，即市场在外，总部和技术在外，使得商业银行因为自己的商业利益和规避风险的要求，不敢轻易发放贷款。这就在一定程度上加剧了台商的资金困难程度。

同时，受次贷危机影响，以及在国际经济日趋疲软、全球性通货膨胀日渐蔓延的大环境下，大陆方面采取从紧的货币政策，如从2010年1月18日起，上调存款类金融机构人民币存款准备金率0.5个百分点。中美利差扩大，人民币升值，市场上的流动性货币减少，这使本就融资难的台商面临着更大的融资问题。

2. 从生产层面上看，沿海台商在大陆不同区域面临重新布局的问题

市场的动荡和紧缩，已经使两头在外的台资出口加工型企业受挫极大。[①] 最严重的影响是其传统外销市场的萎缩。在大陆的台企中有80%是生产型企业，其中又有80%左右是外销型企业。[②] 有数据显示：2008年，绝大部分台资企业出口外销产品订单销量比上年下降35%，最大降幅达到60%。美国经济的衰退，直接导致台商来自海外的订单大幅减少，台商在大陆的生产加工活动受到巨大冲击。东南沿海地区部分台资企业被迫压缩生产或停工停产。此外，东南地区产业结构调整，对台外商投资的行业与领域选择有了新的标准与要求，这一形势的变化，促使台商重新思考在海峡两岸的投资布局与投资营运策略，不得不寻求新的投资区域。

### （二）金融危机下台商自身存在的问题

随着中国大陆经济的飞跃和社会的进步，台商在大陆的发展频繁遭遇“瓶颈”，比如土地越来越难以取得，《新劳动法》带来的劳工维权意识高涨，以及环保要求的相应提升等；而这些发展的“阻碍”使得台商不得不正视自身存在的问题。

其一，从其所从事的产业分工来看，台商在大陆投资以加工贸易为主，形同产业“飞地”，与大陆本地产业和市场没有形成密切关联，这无疑增加了台商利用大陆内需市场转型升级的难度。金融危机冲击下，台商难以追随制造业拓展大陆市场，发展潜力和国际竞争力大受影响。[③] 其二，从其生产规模来看，大陆台商所经营的企业规模大多较小，所施行的多是科级层次管理制度，抵御市场风险的能力较弱，

---

① 朱磊. 两岸需要共同应对全球金融危机［J］. 金融与保险，2008（12）：33—34。

② 破解台商融资难题：融资“金钥匙”到底在哪？［EB/OL］. 中国台湾网，2009-04-29。http://www.chinataiwan.org/jm/jjgc/200904/t20090429_881657_1.htm。

③ 台商“落地生根”风暴难撼［N］. 中山日报，2009-3-11。

这容易在金融海啸中受挫，甚至一蹶不振。其三，从其社会认知度来看，大陆台商多较为封闭，较少与大陆本土的企事业单位有合作联系，这点是有悖于现代的营销管理制度的，当然也不利于其更好的发展。

## 四、金融危机下大陆台商发展的对策建议

现阶段，两岸经贸关系的深入发展和机制化已经提上议事日程。作为采取的出口导向型经济发展模式的台湾地区，如果不能够与祖国大陆构成的经济共同体，将会致使自身丧失经济重振的重要机遇。所以台商要尽快摆脱金融危机的影响，应在两岸“三通”基础上，深化与大陆的经济合作，双方加快建立更加紧密的经贸关系，联手行动，这是两岸化解金融风险、减轻全球金融和经济波动冲击的双赢选择。

### （一）台商可通过参与大陆内需市场的拓展，获得更大发展空间

祖国大陆经济的发展，不仅可以成为周边国家和地区经济的主要外部推动力，而且可以在内需市场的发展方面，为商提供更多的参与机会。大陆技术含量较高的产品目前在世界市场所占份额不大，即使在总体国际市场低迷的状况下，仍然有较大的空间。此外，危机促使技术含量高的产品更多地向发展中国家转移，中国大陆由于承接国际产业转移，可能获得经济下行带来的额外发展动力。台商在大陆经营多年，熟悉大陆的市场环境和政策环节，完全可以通过参与祖国大陆的内需市场，投资技术含量较高的产品，在大陆内需的发展与外需稳定相结合的宏观经济背景之下，通过积极参与，实现企业转型和多元化经营，克服金融危机带来的困难，提升企业的市场竞争力。

### （二）台商应积极为自己的企业拓宽融资渠道，抓住机遇发展自己

两岸金融的交往障碍在一定程度上限制了大陆台企的融资手段和渠道。推动两岸金融合作尽快步入制度化轨道是破解台商融资难的关键所在。建立信息沟通渠道、实现货币直接兑换、允许双方机构进入对方市场开设分支机构，是目前两岸金融合作亟待解决的三大问题。为应对当前国际金融危机的挑战，加强台资企业融资服务，大陆各银行一直在进行更加积极的努力。事实上，尽管目前大陆融资工具品种尚少，专门面向中小企业的更少，但在银行贷款和上市以外，还是有一些成长中的新型工具可资利用。中小企业应积极学会利用新的金融工具，以有效地拓展融资渠道，如金融租赁、典当融资、自然人担保贷款等。最近两岸也在探讨金融可以互相参股的议案。两岸金融监理备忘录（MOU）早2010年在1月15日生效，这是两岸金融合作的里程碑，必将大大拓宽台商的融资渠道。

### （三）台商应当在国内外经济形势新格局下加快“北移西迁”的步伐

金融风暴冲击下，以加工出口为主的沿海台商受到重创，许多沿海台企倒闭，他们不得不思考在大陆不同区域重新布局。中央对台资的政策出现新的调整，开始向中西部与内陆地区实行倾斜的优惠政策，鼓励台商向这一地区发展；两岸“大三通”的实现，也为台商向中部地区转移创造了便利、快速的通航条件。商务部新闻发言人姚坚发表谈话表示，2010 年，中国将采取进一步扩大进口的政策措施，促进对外贸易平衡发展。由此可见，在新环境与形势下，中部地区经济资源与区位优势将逐步凸显，成为下一波中国经济发展的核心区域之一，也将是台商大陆投资的重要选择之地。① 因此，台商要充分了解中部地区的产业优势与弱点，扬长避短，发挥独特优势；要充分利用产业振兴计划，中部地区尤其是湖北省在其中的汽车、有色金属等很多产业颇具优势，积极主动地争取在这些项目上寻找合作契机；要了解台湾推动的“两岸产业搭桥计划”，其中包括太阳能光电、汽车电子、资讯服务、流通服务、中草药、航空、纺织与纤维、食品、通讯、自行车、风力发电、设计、石油、机械与光储存等 15 个两岸产业合作重点产业，充分掌握这一政策信息与发展态势，结合中部地区产业优势，争取在这些领域选择合适的投资与合作项目。②

### （四）台商应积极抓住产业转型升级的机遇，与大陆开展高端技术合作

台商在金融风暴中所遇到的经济困难，与其长期以来传统制造业外移，经济转型升级不利有很大关系。台商的优势不在于资金优势和人脉，而是服务业的细腻度，若台资转型成功，竞争力提升，未来将在大陆占有更大市场份额。从这种意义上看，金融危机正是从事加工制造业企业审视自检，努力提升的契机。在大环境如此低迷的情况下，台商应该避免单打独斗的无效拓展，要发挥灵活吃苦的优势，集中力量有组织有计划地进行布局和推广，才可获得一线生机。通过提高自身研发功能，完善质量的基础上强化品牌树立，并及时利用国家政策倾斜借力发展，是台企抓住产业升级的出路所在。积极参与国家和地方相关科技计划，参与国家和区域创新体系建设，充分利用大陆基础研发能力强，吸引质优价廉的庞大科教人才队伍，并与大陆进行战略联盟，开展高端研发合作，提高自身技术研发水准，加快两岸产业分工体系的形成与深化，则可为产业升级提供有力的保障。

---

① 金融危机加速台商“北移西迁”[EB/OL]．新华网，2009－5－13。http：//www.hb.xinhuanet.com/newscenter/2009－05/13/content_16517207.htm.

② 金融危机加速台商“北移西迁”[EB/OL]．新华网，2009－5－13。http：//www.hb.xinhuanet.com/newscenter/2009－05/13/content_16517207.htm.

## 参考文献

[1] 张玉冰．大陆经济蓬勃发展 台企面临升级转型［J］．海峡时评，2008（4）。
[2] 龚璨．浅谈当前我国金融市场运行面临的主要问题［J］．经济问题探索，2008（9）。
[3] 顾列铭．次贷阴影下的中国出口骤减［J］．商业经济评论·产经分析，2008（5）。
[4] 张晶．从中美“利差倒挂”看我国货币政策选择［J］．金融与投资，2008（6）。
[5] 初春莉．次贷危机背景下全球 FDI 的发展及中国的选择［J］．中国经济问题，2008（5）。
[6] 郑航滨．金融危机对海峡两岸实体经济的影响及其对策［J］．福建金融管理干部学院学报，2008（6）。
[7] 宋海蛟，杨国明．美国次贷危机对中国金融业的启示［J］．经济导刊，2007（12）。
[8] 单玉丽．试析台资在福建的梯度转移［J］．福建论坛·人文社会科学版，2008（11）。
[9] 苏美祥．论台商投资福建金融业的优势及对策［J］．海峡金融，2008（9）。
[10] 胡石青．两岸宜加强合作共同对抗国际金融危机［J］．金融与保险，2008（11）。
[11] 杨诗源，郑伟民．台商在福建省投资发展态势与对策［J］．泉州师范学院学报（自然科学），2009（7）。

# 城市外来人口劳动福利获得歧视分析

王海宁　陈媛媛

## 一、研究背景与数据来源

20 世纪 90 年代以来，进入东部沿海城市但不具有流入地户口的外来人口数量逐年递增。但这些外来人口在进入城市劳动力市场、获取城市公共资源等方面均处于不利地位，尤其是在劳动福利获得方面普遍遭受歧视（曹信邦，2008；杨桂宏、胡建国，2006）。根据国家统计局 2006 年对外来人口中农民工的劳动就业和社会保障情况调查显示①，农民工的福利待遇普遍不高，有双休日的仅占 11.87%，可以带薪休假的仅占 20.47%，购买养老保险、医疗保险、失业保险、工伤保险的农民工分别占被调查农民工总数的 26.63%、26.23%、15.35% 和 32.54%，这些数字都远低于本地就业人口。

针对外来人口在劳动福利获得上存在的差异，以往的理论和多数实证研究表明，除受个体和区域等因素影响外，由制度性和社会性因素导致的城市劳动力市场的多重分割，如城乡分割、地区分割、“国有—非国有”的部门分割和产业分割等是其主要根源（陈映芳，2005；高文书，2007；王元璋、盛喜真，2008）。外来人口由于不具有流入地户口，与本地市民身份不同，法律地位不同，在劳动福利方面不能享受与本地市民相同的待遇。以往研究主要从制度性因素和非制度性因素两方面对外来人口的劳动福利进行了研究，大多局限于医疗保险、养老保险和工伤保险等社会保障方面，未涉及其他福利项目；忽略了对劳动福利总量的考察，同时没有对外来人口在劳动福利总量和具体福利项目获得上所受到的歧视程度进行估算。借鉴以往相关研究经验，本文利用 2008 年对北京、天津、上海、广州四大城市外来人口的抽样调查数据，使用计数和 Logit 回归模型，从劳动福利总量与具体福利项目获得上

① 数据来源于国家统计局网站（http://www.stats.gov.cn/tjfx/fxbg/t20061011_402358407.htm）。

比较分析本地、外来市民和农民工之间存在的差异及其影响因素，检验外来市民和农民工在劳动福利获得上是否存在歧视及歧视程度。

本研究采用2008年“中国大城市中的农村转移劳动力”课题组在北京、上海、天津和广州四大城市的问卷调查资料。该调查采取多阶段分层随机抽样方法，城市社区抽样以4个城市的全部行政区作为样本框，在每个城市抽取2个区，再从抽中的区中抽取2个居委会，每个居委会中抽取100户样本家庭，总抽取1804个家庭样本，获得1797份有效问卷。其中农民工1017人（占57%），外来市民378人（占21%），本地市民397人（占22%）。

## 二、本地市民、外来市民和农民工的劳动福利获得状况

调查数据显示，本地、外来市民和农民工在劳动福利获得总量上存在较大的差异（见表1）。本地市民中拥有全部福利者最多，占本地市民总量的45.91%，是总体水平的2.17倍。外来市民在频率分布上与总体基本一致，与本地市民相比，外来市民中拥有两项及以下福利者所占的比重均高于本地市民，其中没有任何福利者所占的比重相差最大，是本地市民的5.58倍。而拥有3项及以上福利者均低于本地市民，其中拥有全部福利者所占的比重相差最大，仅为本地市民的3/5。农民工中没有

**表1 本地、外来市民和农民工劳动福利获得总量的情况**

| 福利总量（项） | 总体 | | 本地市民 | | 农民工 | | 外来市民 | |
|---|---|---|---|---|---|---|---|---|
| | 人数（人） | 频率（%） | 人数（人） | 频率（%） | 人数（人） | 频率（%） | 人数（人） | 频率（%） |
| 0 | 523 | 29.63 | 17 | 4.22 | 397 | 46.98 | 78 | 23.56 |
| 1 | 216 | 12.24 | 20 | 4.96 | 132 | 15.62 | 35 | 10.57 |
| 2 | 230 | 13.03 | 28 | 6.95 | 136 | 16.09 | 48 | 14.50 |
| 3 | 130 | 7.37 | 33 | 8.19 | 50 | 5.92 | 25 | 7.55 |
| 4 | 149 | 8.44 | 62 | 15.38 | 48 | 5.68 | 24 | 7.25 |
| 5 | 144 | 8.16 | 58 | 14.39 | 31 | 3.67 | 33 | 9.97 |
| 6 | 373 | 21.13 | 185 | 45.91 | 51 | 6.04 | 88 | 26.59 |
| 样本量 | 1765 | | 403 | | 845 | | 331 | |
| 均值 | 2.62 | | 4.52 | | 1.43 | | 3.01 | |
| 标准差 | 2.33 | | 1.79 | | 1.82 | | 2.36 | |
| Wilcoxon检验 | A：z = −21.429，Prob > \|z\| = 0.0000　B：z = −10.578，Prob > \|z\| = 0.0000<br>C：z = −8.637，Prob > \|z\| = 0.0000 | | | | | | | |

注：（1）“P > x”指基于统计量x的显著性检验中的弃真错误概率。（2）A是农民工与本地市民检验结果；B是农民工与外来市民检验结果；C是外来市民与本地市民检验结果。

任何福利者最多，拥有两项及以下福利者所占的比重均高于本地市民，并随着福利总量的下降，二者之间的差距逐渐拉大，没有任何福利者所占比重是本地市民的11.13倍；而拥有3项及以上福利者所占比重均低于本地市民，并随着福利总量的上升，二者之间的差距逐渐拉大，拥有全部福利者所占比重不足本地市民的1/7。与外来市民相比的情况和与本地市民相比的情况基本一致，只是二者之间的差距有所缩小，没有任何福利者所占比重是外来市民的1.99倍，而拥有全部福利者所占比重不足外来市民的1/4。从人均福利拥有量来看，本地市民和外来市民分别为4.52项/人和3.01项/人，均高于总体平均水平，而农民工的人均福利拥有量仅为1.43项/人，远低于2.62项/人的总体平均水平。Wilcoxon秩和检验进一步表明3个群体在劳动福利获得总量上存在较大的差异。

从各群体具体福利项目获得状况来看，三群体之间同样存在差异（见表2）。本地市民在各项福利获得率或参与率上均高于总体平均水平。其中失业保险参与率最高，为90.44%，工伤保险参与率最低（69.06%）。外来市民在各项福利获得率或参与率上虽高于总体平均水平，但低于本地市民，其中失业保险参与率不到本地市民的1/2，而差距最小的公共假期获得率也仅为本地市民的75.84%。农民工在各项福利获得率或参与率上均低于本地和外来市民，其中与本地市民的差距大于与外来市民的差距。

**表2　本地、外来市民和农民工具体福利项目获得状况**

单位:%

| | 公共假期 | 周　末 | 医疗保险 | 养老保险 | 失业保险 | 工伤保险 |
|---|---|---|---|---|---|---|
| 总　体 | 53.24 | 47.18 | 45.11 | 44.74 | 31.12 | 40.72 |
| 本地市民 | 74.57 | 70.69 | 87.01 | 85.26 | 90.44 | 69.06 |
| 外来市民 | 56.56 | 51.20 | 50.45 | 53.43 | 41.19 | 46.99 |
| 农民工 | 38.61 | 32.11 | 20.19 | 18.42 | 9.45 | 24.00 |

通过以上分析可以证明本地、外来市民和农民工在劳动福利获得方面存在“梯度”差异。但劳动福利的获得与个人的自身因素和社会禀赋有着密切的关系，下面将检验这3个群体之间在个人因素及社会禀赋上是否存在差异，并通过计量模型进一步的检验在控制这些因素之后，三群体在劳动福利获得上是否仍旧存在差异。

## 三、人力资本和社会禀赋差异

比较三群体的人力资本和社会禀赋，从表3可以看出，3个群体在性别构成上差异不大，年龄上农民工和外来市民的平均年龄相当，均比本地市民平均年龄小8岁左右，受教育程度上外来市民略高于本地市民，但两者平均受教育年限分别高出农民工3年和2.48年。本地市民、外来市民和农民工在接受培训、合同签订及劳动法知晓率的比重上依次递减，之间的差距基本相等。在社会禀赋上，本地市民主要在国家机关、国企和垄断行业从事管理和技术工作；农民工主要就职于私营企业或为个体工商业者和自我雇佣，主要从事商业和服务业；外来市民则居于两者之间，主要就职于私企，但就职于国家机关、国企的比重明显高于农民工，行业上主要从事商业和垄断业，职业主要为管理技术人员和设备操作人员。

**表3　本地、外来市民和农民工人力资本和社会禀赋描述性统计**

| | 本地市民 | | 农民工 | | 外来市民 | |
|---|---|---|---|---|---|---|
| | 均值 | 标准差 | 均值 | 标准差 | 均值 | 标准差 |
| 性别(女) | 0.51 | 0.5006 | 0.60 | 0.4894 | 0.52 | 0.5002 |
| 年龄 | 40.45 | 10.9122 | 33.43 | 8.9631 | 31.45 | 8.8685 |
| 受教育年限 | 12.40 | 3.1378 | 9.92 | 3.0600 | 12.92 | 3.4442 |
| 培训(未接受) | 0.74 | 0.4401 | 0.38 | 0.4856 | 0.56 | 0.4966 |
| 合同(未签) | 0.73 | 0.4471 | 0.34 | 0.4751 | 0.55 | 0.4977 |
| 行业类型 | | | | | | |
| 制造业 | 0.12 | 0.3219 | 0.21 | 0.4041 | 0.10 | 0.2944 |
| 建筑业 | 0.02 | 0.1544 | 0.03 | 0.1813 | 0.04 | 0.1934 |
| 交通运输 | 0.09 | 0.2869 | 0.05 | 0.2189 | 0.06 | 0.2428 |
| 商业 | 0.12 | 0.3248 | 0.35 | 0.4759 | 0.30 | 0.4609 |
| 服务业 | 0.06 | 0.2350 | 0.09 | 0.2933 | 0.08 | 0.2680 |
| 垄断行业 | 0.35 | 0.4779 | 0.08 | 0.2710 | 0.29 | 0.4542 |
| 雇主类型 | | | | | | |
| 国家机关、国企 | 0.44 | 0.4972 | 0.08 | 0.2692 | 0.16 | 0.3627 |
| 集体企业 | 0.10 | 0.3036 | 0.04 | 0.1843 | 0.06 | 0.2316 |
| 三资企业 | 0.06 | 0.2350 | 0.08 | 0.2764 | 0.10 | 0.2944 |
| 私营企业 | 0.17 | 0.3746 | 0.28 | 0.4516 | 0.32 | 0.4681 |
| 个体工商户 | 0.04 | 0.2051 | 0.25 | 0.4351 | 0.15 | 0.3598 |
| 自我雇佣 | 0.09 | 0.2903 | 0.22 | 0.4116 | 0.16 | 0.3710 |

注：括号内为参照组。

综合上述分析，可以得出的基本判断是：个人自身因素和社会禀赋可以在某种程度上解释本地、外来市民和农民工之间在劳动福利获得上存在的差异。然而，控制了上述因素后，外来人口在劳动福利获得上是否与本地市民仍存在差异，则需要通过计量模型进行判断。

# 四、劳动福利获得的歧视分析

因劳动福利总量为计数数据，对此类数据通常采用泊松分布和负二项分布进行拟合，但从劳动福利获得总量的描述统计结果可以看出，总体和各群体的福利获得总量的均值和方差均不相等（见表1），违背了泊松分布均值应等于方差的假设，因此本文采用负二项分布进行拟合。同时在对具体福利项目获得上采用 Logit 模型进行拟合。

负二项分布实际上是泊松分布中事件发生强度 λ 服从 Γ 分布而得到复合分布，与泊松分布模型相似，其也是对事件发生强度 λ 进行回归。表达式为：$\ln(\lambda t) = \beta_0 + \sum \beta_k X_k + \mu$。其中，λ 为事件发生强度，Xk 为影响因素，包括自身因素、社会禀赋及歧视因素等。

Logit 模型的表达式为：$\ln(p1 - p) = \beta_0 + \sum \beta_k X_k + \mu$。其中，p 为具体福利项目获得的概率，Xk 的含义同上。

## （一）劳动福利总量获得的歧视分析

本文分别对样本总体和分群体的福利获得总量进行了拟合，为了考察外来人口是否在福利获得总量上存在歧视，在总体回归中对就业人口身份变量的参照组设定有所不同，其中模型一中的参照组为农民工，模型二中的参照组为本地市民。表 4 给出了负二项回归模型的最大似然估计结果，证实了在劳动福利总量获得上，农民工和外来市民与本地市民相比受到了不同程度的歧视。从模型一的回归结果可以看出，在控制了人力资本、社会禀赋及城市等影响因素后，外来市民和本地市民变量的系数显著为正，且前者小于后者，表明与本地市民和外来市民相比，农民工在劳动

**表 4　劳动福利总量获得的影响因素**

| | 总　体 | | 本地市民 | 农民工 | 外来市民 |
|---|---|---|---|---|---|
| | 模型一 | 模型二 | | | |
| 性别（女） | -0.0779** | -0.0772** | -0.1322*** | -0.0732 | 0.0559 |
| 年　龄 | -0.0007 | -0.0006 | 0.0018 | -0.0024 | 0.0019 |
| 受教育程度（小学及以下） | | | | | |
| 大专及以上 | 0.3119*** | 0.3077*** | 0.2197 | 0.495*** | 0.1493 |
| 高　中 | 0.2835*** | 0.2768*** | 0.2298 | 0.5107*** | -0.0756 |
| 初　中 | 0.0947 | 0.088 | 0.1542 | 0.2499** | -0.4428* |
| 培训（未接受） | 0.2290*** | 0.2326*** | 0.0517 | 0.4574*** | 0.0836 |
| 合同（未签） | 0.6139*** | 0.6137*** | 0.2710*** | 0.8061*** | 0.5491*** |

续表

| | 总体 | | 本地市民 | 农民工 | 外来市民 |
|---|---|---|---|---|---|
| | 模型一 | 模型二 | | | |
| 行业类型(制造业) | | | | | |
| 建筑业 | -0.1381 | -0.1306 | 0.2074 | -0.4368 ** | -0.2048 |
| 交通业 | -0.1892 *** | -0.1796 ** | -0.084 | -0.2588 * | -0.251 |
| 商　业 | -0.2825 *** | -0.2765 *** | 0.0323 | -0.3946 *** | -0.4267 *** |
| 服务业 | -0.3242 *** | -0.3159 *** | -0.1263 | -0.6449 *** | -0.0828 |
| 垄断行业 | -0.1307 ** | -0.1218 *** | 0.0491 | -0.1373 | -0.2619 ** |
| 其　他 | -0.2227 *** | -0.2132 *** | -0.0329 | -0.5512 *** | -0.2303 * |
| 雇主类型(私营企业) | | | | | |
| 国家机关、国企 | 0.1607 *** | 0.1633 *** | 0.1481 ** | 0.3664 *** | 0.1244 |
| 集体企业 | -0.0114 | -0.0043 | 0.0545 | -0.0812 | -0.0684 |
| 三资企业 | 0.1594 *** | 0.1674 *** | 0.1122 | 0.1792 * | 0.0567 |
| 个体工商户 | -0.443 *** | -0.4362 *** | -0.1088 | -0.3149 *** | -0.6501 *** |
| 自我雇佣 | -0.4546 *** | -0.4512 *** | -0.3917 *** | -0.2429 * | -0.6307 *** |
| 其　他 | 0.0017 | 0.0086 | -0.0122 | 0.2195 | -0.1127 |
| 城市(天津) | | | | | |
| 北　京 | 0.1902 *** | 0.1898 *** | 0.0714 | 0.1915 * | 0.3868 *** |
| 上　海 | 0.3489 *** | 0.3395 *** | 0.2480 *** | 0.5476 *** | 0.332 ** |
| 广　州 | 0.2245 *** | 0.2255 *** | 0.0266 *** | 0.3696 *** | 0.4228 *** |
| 就业人口身份 | | | | | |
| 外来市民 | 0.3343 *** | -0.1969 *** | | | |
| 本地市民或农民工 | 0.5359 *** | -0.5281 *** | | | |
| 截　距 | 0.027 | 0.5485 *** | 0.9078 *** | -0.4364 ** | 0.5982 ** |
| 样本量 | | 1721 | 395 | 817 | 324 |
| Log likelihood | -2923.5888 | -2925.4591 | -757.6729 | -1116.2318 | -583.7807 |

注：***、**、*分别表示在1%、5%、10%水平上显著。括号内为参照组。

**表5　具体福利项目获得影响因素**

| | 公共假期 | 周　末 | 医疗保险 | 养老保险 | 失业保险 | 工伤保险 |
|---|---|---|---|---|---|---|
| 性别(女) | -0.6684 *** | -0.6004 *** | 0.1415 | -0.1099 | -0.2712 * | 0.1723 |
| 年龄 | -0.0151 ** | -0.0087 | 0.0039 | 0.0243 *** | 0.0018 | -0.0060 |
| 受教育程度(小学及以下) | | | | | | |
| 大专及以上 | 0.9109 *** | 1.0264 *** | 0.8424 *** | 0.8955 *** | 0.6900 ** | 0.6360 ** |
| 高中 | 0.9903 *** | 0.8724 *** | 0.1802 | 0.4228 * | 0.4406 | 0.5369 ** |
| 初中 | 0.4465 ** | 0.3627 * | -0.1375 | -0.0034 | -0.1641 | 0.1615 |

续表

| | 公共假期 | 周　末 | 医疗保险 | 养老保险 | 失业保险 | 工伤保险 |
|---|---|---|---|---|---|---|
| 培训(未接受) | 0.6631*** | 0.6704*** | 0.5521*** | 0.5568*** | 0.4266*** | 0.6837*** |
| 合同(未签) | 0.8669*** | 0.8172*** | 1.5621*** | 1.6535*** | 1.7290*** | 1.7863*** |
| 行业类型(制造业) | | | | | | |
| 建筑业 | -0.8522** | -1.0688*** | 0.2385 | -0.2294 | 0.0502 | -0.0525 |
| 交通业 | -1.5195*** | -0.7187** | 0.3375 | -0.1541 | 0.4440 | -0.1198 |
| 商　业 | -1.6322*** | -1.0911*** | 0.1004 | -0.0907 | 0.0288 | -0.4608* |
| 服务业 | -1.3034*** | -1.1503*** | -0.1968 | -0.3263 | 0.1384 | -0.4653 |
| 垄断行业 | -0.7106*** | -0.6407*** | 0.2827 | 0.2804 | 0.3291 | -0.4521* |
| 其　他 | -1.1773*** | -0.8239*** | 0.0451 | -0.0562 | -0.1461 | -0.8123*** |
| 雇主类型(私营企业) | | | | | | |
| 国家机关、国企 | 0.0883 | 0.5491*** | 1.2984*** | 1.1546*** | 0.9759*** | 0.9588*** |
| 集体企业 | -0.7767*** | -0.3091 | 0.3979 | 0.0296 | -0.3498 | 0.6751** |
| 三资企业 | 0.1652 | 0.2901 | 0.5831** | 0.8767*** | 0.7294*** | 1.1006*** |
| 个体工商户 | -0.7937*** | -0.7568*** | -0.2577 | -0.3255 | -0.5880** | -0.4228* |
| 自我雇佣 | -0.8278*** | -0.8061*** | 0.2500 | 0.3794 | -0.3152 | -0.7881*** |
| 其　他 | -0.3175 | -0.3096 | 0.3487 | 0.5225 | 0.0089 | 0.4069 |
| 城市(天津) | | | | | | |
| 北　京 | 0.5840*** | 0.5071** | 0.1144 | 0.8269*** | 0.8209*** | -0.4026* |
| 上　海 | 1.3712*** | 1.4345*** | 0.6381*** | 1.7229*** | 0.8435*** | -0.0435 |
| 广　州 | 0.3941** | 0.4148** | 0.4979** | 1.3899*** | 0.3638 | -0.6150*** |
| 就业人口身份 | | | | | | |
| 外来市民 | -0.5614*** | -0.5064*** | -1.5774*** | -1.1149*** | -0.7982*** | -0.3777* |
| 农民工 | -0.8900*** | -0.8145*** | -2.3027*** | -2.0530*** | -2.0177*** | -0.9694*** |
| 截　距 | 0.9851** | -0.0519 | -0.8726* | -2.4431*** | -2.0626*** | -1.0044** |
| 样本量 | 1730 | 1727 | 1729 | 1729 | 1722 | 1730 |
| Log likelihood | -825.1837 | -842.2432 | -704.3845 | -677.4142 | -629.0918 | -734.7291 |

注：由于篇幅所限，没有给出就业人口身份因素中外来市民与农民工的对比结果和分群体的具体福利项目的回归结果。***、**、* 分别表示在1%、5%、10%水平上显著。括号内为参照组。

**表6　农民工和外来市民估计的具体福利项目参与率**

单位：%

| | 公共假期 | 周末 | 医疗保险 | 养老保险 | 失业保险 | 工伤保险 |
|---|---|---|---|---|---|---|
| 农民工—本地市民 | 60.80 | 49.47 | 68.60 | 64.82 | 31.88 | 41.37 |
| 农民工—外来市民 | 34.12 | 20.43 | 22.55 | 30.58 | 15.94 | 35.82 |
| 外来市民—本地市民 | 69.46 | 65.27 | 76.72 | 77.31 | 54.63 | 57.23 |

福利总量获得上均受到歧视。同时，也证实了与本地市民相比，农民工受到了城乡和区域双重歧视，而外来市民仅受到区域歧视，因此农民工受到的歧视程度要大于外来市民。从模型二的回归结果可以看出，外来市民和农民工变量的系数显著为负，且前者大于后者，表明与本地市民相比，外来市民同农民工一样，在劳动福利总量获得上也受到歧视，但受歧视程度小于农民工。

F 检验表明 3 个群体在劳动福利总量获得影响因素上存在较大的差异，总的来看，劳动合同的签订和城市因素对 3 个群体的影响都具有显著性。劳动合同在一定程度上可以看做是就业正规化程度的变量，劳动合同的签订可以有效地保障各群体的合法权益。城市经济和社会的发展会提高全体劳动者的福利待遇，而各城市对待流动人口的态度和政策上的差异会对外来人口福利状况产生影响。北京、上海和广州作为全国流动人口的主要聚集地，近年来相继出台了一系列针对提高外来人口就业和社会保障的政策措施，使外来人口的劳动福利状况有了较大改善。本地市民主要受雇主类型因素的影响，农民工主要受教育程度、是否接受培训、行业类型及雇主类型的影响，而外来市民主要受行业和雇主类型的影响。利用本地市民和外来市民的福利总量获得方程，分别估计农民工在受到与本地市民和外来市民同等待遇时，以及外来市民在受到本地市民同等待遇时所获得的福利总量，以检验外来人口在福利总量获得上存在歧视的程度。通过计算得出，农民工若受到与本地市民同等待遇，其人均福利将大幅提高，为 3.35 项/人，是原来人均福利的 1.34 倍，若受到与外来市民同等待遇，其人均福利为 1.81 项/人，提高的幅度较小，与实际人均福利相比仅提高了 27%。外来市民若受到与本地市民同等待遇的话，其人均福利为 3.93 项/人，与实际相比上升了 31%。上述结果表明，无论是与本地市民还是与外来市民相比，农民工在劳动福利总量获得上均存在歧视，且前者对农民工的歧视程度远远大于后者。外来市民与本地市民相比也存在歧视，但与农民工相比所受的歧视程度相对较小。

### （二）具体福利项目获得的歧视分析

表 5 给出了具体福利项目获得率或参与率的 Logit 回归结果，在控制了人力资本、社会禀赋和城市等因素后，与本地市民相比，农民工在各项福利获得上均存在歧视，其中在医疗保险、养老保险和失业保险的获得上所受到的歧视程度较大。当农民工获得与本地市民同等待遇时，“三险”的参与率将分别为 68.60%、64.82% 和 31.88%（见表 6），与农民工的实际参与率相比提高了 2.40、2.52 和 2.37 倍。与外来市民相比，农民工在公共假期和周末假期的获得上不存在歧视，当获得与外来市民同等待遇时，反而下降了 11.63% 和 36.38%。而在养老保险、失业保险和工伤保险上存在歧视，其中在养老保险和工伤保险获得方面所受的歧视程度较大，在与外来市民享受同等待遇情况下，二者将分别上升 66.01% 和 49.25%。与本地市民

相比，外来市民在各项福利获得上也均存在歧视，其中在医疗保险和养老保险的获得上所受到的歧视程度较大，在与本地市民享受同等待遇情况下，外来市民的医保和养老保险参与率将会分别提高 1.52 和 1.45 倍。

综上所述，与本地市民和外来市民相比，农民工在各项保险的获得上均存在歧视，且与本地市民相比所受的歧视程度更大。而在假期等福利待遇上，农民工与本地市民相比存在歧视，而与外来市民相比则不存在歧视，若在同外来市民享有同等待遇条件下，其福利获得率反而会有小幅下降。外来市民与本地市民相比，在各项福利获得上也均存在歧视，但受到的歧视程度明显小于农民工。

此外，从分群体各项福利获得的回归结果可以看出，各群体在具体福利获得上所受的影响因素存在较大的差异。合同的签订可以有效地保障劳动者的合法权益，因此在各群体具体福利项目的获得上均具有显著影响。在假期获得方面，本地市民主要受性别和行业因素的影响；农民工除了年龄因素外，其他各因素都对其有所影响，而外来市民主要受雇主类型的影响。在各种保险的参与率上，3 个群体均受到雇主类型和城市因素的影响，并且具体保险对参与者自身的个别因素存在选择性，如年龄因素对养老保险的参与率具有显著的影响。此外，农民工主要受个人的受教育程度和是否接受过培训的影响，外来市民主要受教育程度的影响，在工伤保险参与率上还受行业因素的影响。

## 五、结　　语

本研究结果显示：（1）本地市民、外来市民和农民工在劳动福利获得方面存在“梯度”差异。（2）三群体在劳动福利获得的影响因素方面存在较大差异。（3）外来人口在劳动福利获得上所受歧视程度不同。可见提高外来人口劳动福利水平具有重要意义。首先，完善流入地城市针对外来人口的劳动福利获得所制定的相关政策，在政策制定中不应只局限于农民工，也应考虑外来市民。其次，要加大户籍制度、就业制度和社会保障制度的改革力度，构建城乡和区域一体、高效公平、开放的劳动力市场，将就业和福利与户口“脱钩”，提高外来人口在劳动福利获得上的地位，消除制度歧视。再次，规范企业用工行为，加大对企业的监督力度，推动其与雇用的外来劳动力签订劳动合同。此外，由于三群体在劳动福利获得的影响因素方面存在较大差异，因此，要采取相应的措施，有针对性地提高外来人口的福利水平，尤其是要提高农民工的人力资本水平。本研究还表明，虽然企业特征对个别群体在劳动福利总量和具体福利项目获得上影响并不十分显著，即在国有企业和垄断企业中，外来人口在劳动福利获得上也不一定比其他私营企业和竞争企业高，但这些企业也应成为监督与管理的重点。

## 参考文献

[1] 曹信邦（2008）：《就业歧视对农民工社会保障制度构建的消极影响》，《人口与经济》第1期。
[2] 杨桂宏、胡建国（2006）：《农民工城市生活社会保障的实证研究——以北京市X区423名农民工为例》，《调研世界》第8期。
[3] 陈映芳（2005）：《“农民工”：制度安排与身份认同》，《社会学研究》第3期。
[4] 高文书（2007）：《进城农民工社会保障的影响因素研究》，《市场与人口分析》第5期。
[5] 王元璋、盛喜真（2004）：《农民工待遇市民化探析》，《人口与经济》第2期。
[6] 张展新（2007）：《从城乡分割到区域分隔——城市外来人口研究新视角》，《人口研究》第6期。
[7] 侯慧丽（2008）：《两种户籍身份外来人口及其社会医疗保障获得》，《人口与经济》第6期。
[8] 张展新（2008）：《两类外来人口的劳动合同签订与社会保险获得差异》，《开放导报》第2期。
[9] 王冉（2008）：《中国城市农民工社会保障影响因素实证分析》，《中国农村经济》第9期。
[10] 林李月、朱宇（2009）：《流动人口社会保险参与情况影响因素的分析》，《人口与经济》第3期。
[11] 李强（2004）：《农民工与中国社会分层》，社会科学文献出版社。
[12] 侯力（2007）：《从“城乡二元结构”到“城市二元结构”及其影响》，《人口学刊》第2期。
[13] 张展新（2004）：《劳动力市场的产业分割与劳动人口流动》，《中国人口科学》第2期。
[14] 晋利珍（2008）：《改革开放以来中国劳动力市场分割的制度变迁研究》，《经济与管理研究》第8期。
[15] 魏晓林、张展新（2008）：《城市外来人口的户籍身份与卫生服务利用》，《人口与发展》第4期。
[16] 韩靓、原新（2009）：《多重分割视角下外来人口就业与收入歧视分析》，《人口研究》第1期。

# 《管子》的收入分配思想及启示

潘孝珍

《管子》托名春秋时期管仲所著，但据历代学者考证实为春秋到西汉时期不同人物的合著。《管子》现存七十六篇，其中有近三分之二的篇章涉及经济，有三分之一的篇章专门论述经济，这在先秦诸子的著作中是非常罕见的。《管子》中所包含的丰富的经济思想在我国经济思想发展史上占有非常重要的地位，其中关于收入分配的思想对我国当今的收入分配差距的严峻现实有非常重要的借鉴意义。

## 一、《管子》关于收入分配的原则

### （一）贫富有度

《管子》关于收入分配差距的原则是贫富有度，既不能贫富差距过于悬殊也不能平均分配，也就是说收入分配要有适当的差距。比如《管子·五辅》中提出："所谓八经者何？曰：上、下有义，贵、贱有分，长、幼有等，贫、富有度。凡此八者，礼之经也。"把贫富有度作为"礼"的要点之一，而"礼"在当时往往被统治阶层看成是维持统治秩序的根本。

### （二）藏富于民

一个国家国内生产总值中有一部分会成为政府的财政收入而集中到政府手中，因此居民的收入分配状况与政府征税的数量也有一定关系。集中到政府手中的资金越多，用于居民分配的收入就越少，收入分配差距受此影响也会发生变化。那么每年的国内生产总值中该有多少集中到政府手中，该有多少留在民间呢？《管子·权修》认为："府不积货，藏于民也。"《管子·霸言》认为："以天下之财，利天下之人。"可以看出，《管子》强调应该把国民财富大部分都留在民间。

藏富于民对于国君来说实际上是有利而无害的，因为百姓富了，政府就不会贫困，两者是统一的，在《管子·山至数》中提到："请散栈台之钱，散诸城阳；鹿台之布，散诸济阴。君下令于百姓。曰：‘民富君无与贫，民贫君无与富。故赋无钱布，府无藏财，赀藏于民。’”从中可以看出藏富于民的政策体现的是民富与国富的统一。此外，藏富于民也有利于政局的稳定，如《管子·霸言》中提出：“是故圣王卑礼以下天下之贤而任之，均分以钧天下之众而臣之。”

## 二、《管子》关于收入分配的具体内容

### （一）收入分配差距产生的原因

1. 个人素质

一个人的个人素质不仅对其获得收入的数量有着决定性的影响，而且对他能否长久地持有自己所拥有的财富也有着重要的影响。《管子·形势解》中提到：“人惰而侈则贫，力而俭则富。”可以看出，《管子》认为个人应该通过勤劳和节俭来达到致富的目的，一个人如果天生懒惰而且奢侈，那他的收入少，生活贫困也是非常必然的。对于财富的长久持有问题，《管子·霸言》中指出：“富而骄肆者，复贫。”《管子·形势解》中指出：“明主法象天道，故贵而不骄，富而不奢，行理而不惰。故能长守贵富，久有天下而不失也。”《管子》非常明确地认为一个人的个人素质对于他能否长久地持有财富有重要的影响。

2. 市场因素

市场经济有许多内在的优势，以实现经济资源更有效地配置，然而市场经济并非万能，它往往也存在许多本身无法克服的劣势，比如收入分配差距悬殊、外部性等问题。《管子·轻重甲》中写道：“故贾人乘其弊以守民之时，贫者失其财，是重贫也；农夫失其五谷，是重竭也。”《管子·揆度》中写道：“君朝令而夕求具，民肆其财物与其五谷雠，厌分而去。贾人受而廪之，然则国财之一分在贾人。师罢，民反其事，万物反其重。贾人出其财物，国币之少分廪于贾人。若此则币重三分，财物之轻三分。”可以看出在市场经济条件下商人有可能采取非正常手段获取经济利益，导致贫富差距的加大。

3. 政府失职

在市场经济条件下，即使资源的初始配置完全一样，不同的个人由于个人素质的不同也会产生不同的收入分配状况，也就是《管子·国蓄》中提到的“分地若一，强者能守；分财若一，智者能收。智者有什倍人之功，愚者有不赓本之事”的情况。在这样的情况下，必须要由政府出面来加以调节，这是政府的职责之一，否则国民间的收入分配差距将会越来也大，如《管子·国蓄》中指出的“然而人君不能调，故民有相百倍之生也”。由此可以看出，《管子》的作者认为政府在调节国民

收入分配中应该发挥非常重要的作用，百姓收入分配的过度悬殊是“人君不能调”的结果。

### （二）收入分配差距过大的危害

1. 人心败坏

收入分配差距过大会产生许多危害，其中首要的危害是使得人心败坏，如《管子·牧民》中提到的“仓廪实则知礼节，衣食足则知荣辱”。如果一个国家的百姓连温饱问题还没有解决，那么这个国家就不大可能会有淳朴的民风。在《管子·治国》中还提到了“民富则易治也，民贫则难治也”的观点，也就是说富足的百姓是容易治理的，而贫困的百姓则难以治理，其中的原因作者认为是由于“民富则安乡重家，安乡重家则敬上畏罪，敬上畏罪则易治也。民贫则危乡轻家，危乡轻家则敢凌上犯禁，凌上犯禁则难治也”。

2. 政令不行

中央政府的行政命令能够被地方政府准确无误的执行，并得到全国百姓的遵守是一个国家正常运转、长治久安的必要条件之一，然而过度的贫富差距则会有可能造成政府的命令得不到执行的情况，从而整个国家的正常运转也会出现非常多的问题。《管子·侈靡》中提到：“用贫与富，何如而可？曰：甚富不可使，甚贫不知耻。”《管子·国蓄》中提到：“夫民富则不可以禄使也，贫则不可以罚威也。法令之不行，万民之不治，贫富之不齐也。”都指出了贫富差距所导致的政令不行的危害。

3. 社会动荡

收入差距过大所导致的最大的危害莫过于社会的动荡，《管子》一书的作者甚至把贫富失度所造成的危害上升到了乱国甚至亡国的高度。《管子·五辅》中提到：“故上下无义则乱，贵贱无分则争，长幼无等则倍，贫富无度则失。上下乱，贵贱争，长幼倍，贫富失，而国不乱者，未之尝闻也。”《管子·轻重甲》中指出：“夷疏而积粟，饥者食之，寒者衣之，不资者振之，天下归汤若流水。此桀之所以失其天下也。”都把贫富适度提升到了亡国的高度。此外，《管子》还从贫富有度而得天下的角度来进一步论证了贫富失度所导致的社会动荡问题，《管子·轻重甲》中写道：“民无以与正籍者予之长假，死而不葬者予之长度。饥者得食，寒者得衣，死者得葬，不资者得振，则天下之归我者若流水。”可见适度的收入分配差距对一个社会的稳定有着非常重要的意义。

### （三）解决收入分配差距问题的途径

1. 促进生产

促进生产是解决收入分配差距问题的最为重要的途径之一，在收入分配格局不变的情况下，蛋糕做得越大每个人从这个蛋糕中获得的绝对数量也就越多，从而收入分配差距问题可调节的空间也就越大，在一定程度使得收入分配差距所带来的各种问题得到缓解。如《管子·牧民》中写道："养桑麻育六畜，则民富。"《管子·小匡》中写道："无夺民时则百姓富，牺牲不劳则牛马育。"此外，《管子》还把促进生产上升到了治理国家的高度，《管子·治国》中作者提到："民作一则田垦，奸巧不生。田垦则粟多，粟多则国富。奸巧不生则民治。富而治，此王之道也。"通过促进生产来达到百姓的富裕，从而实现国家的有效治理。

2. 市场调控

市场经济由于本身的特性，无法自发有效地调节社会的收入分配状况，所以必须由国家来对收入分配进行调控。《管子·问》中提出"问人之贷粟米有别券者几何家?"也就是国家在对收入分配进行调解之前要先调查清楚收入的分配状况，在此基础上再进行国家的调节。《管子·山国轨》写道："周岐山至于峥丘之西塞丘者，山邑之田也，布币称贫富而调之。"说的是从周岐山到峥丘的西塞丘一带都是劣等田，国家根据贫富状况向居民发放钱币，调节居民间的收入分配差距。国家还要严格限制居民对公共资源的无偿占有，如《管子·山国轨》中写道："请立赀于民，有田倍之。内毋有，其外皆为赀壤。"《管子》的作者希望建立严格的制度，限制有田的人必须在田界范围之内从事生产活动而不得侵占公共土地，否则就要受到惩罚。通过对居民侵占公共资源的限制，可以有效地防止公共资源的收益被居民侵占，从而调节居民的收入分配差距。

3. 社会保障

解决收入分配问题的另一个有效手段是由政府来实施社会保障政策，提高低收入阶层的生活水平，一定程度上缩小收入分配差距。在实施社会保障之前，《管子》强调需要首先调查清楚社会成员的收入水平怎么样，哪些人需要接受社会保障。《管子·问》中指出："问独夫、寡妇、孤穷、疾病者几何人也?问国之弃人何族之子弟也?问乡之良家，其所牧养者几何人矣?问邑之贫人债而食者几何家?问理园圃而食者几何家?人之开田而耕者几何家?士之身耕者几何家?问乡之贫人，何族之别也?问宗了之收昆弟者，以贫从昆弟者几何家?"《管子》所提出来的社会保障范围即使现在看来也还是非常广泛的，包含在紧急困难上给予帮助和改变贫穷状态两个方面。如《管子·幼官》中写道："再会诸侯令曰：养孤老、食常疾、收孤寡。"《管子·五辅》中写道："养长老，慈幼孤，恤鳏寡，问疾病，吊祸丧，此谓匡其急。衣冻寒，食饥渴，匡贫窭，振罢露，资乏绝，此谓振其穷。"

4. 垄断性救济

对于调节收入分配差距，《管子》提出了一条非常有创见性的政策方案，就是垄断性救济方案。在《管子·轻重甲》中有这样的对话："桓公忧北郭民之贫，召管子而问曰：'北郭者，尽屦缕之甿也，以唐园为本利，为此有道乎?'管子对曰：

‘请以令：禁百钟之家不得事鞒，千钟之家不得为唐园，去市三百步者不得树葵菜。若此，则空闲有以相给资，则北郭之甿有所雠。其手搔之功，唐园之利，故有十倍之利。’”意思讲的是齐桓公看到北郭的百姓贫困，就问管仲该如何解决，管仲提出要国家给穷人以垄断性地从事编草鞋种蔬菜的权利，而富人则不可以从事这些事务，这样一来穷人就会有十倍于本钱的利润，从而实现穷人的收入水平的提高。

## 三、《管子》对我国收入分配差距的启示

### （一）提高对收入分配差距过大危害性的认识

一定限度的收入分配差距可以有效地提高社会经济运行的效率，从而促进整个经济的长足发展，使可用于分配的国民收入这块蛋糕越做越大，但是如果收入分配差距超过适度的范围，那么它将成为社会经济健康发展的破坏力量。政府有能力通过一定的手段调控收入分配差距，但前提是政府必须首先意识到收入分配差距过大的危害性，从而唤醒并提升政府调控收入分配差距的责任意识，这也是《管子》关于收入分配思想给我们的启示之一。

《管子》的许多篇章都论述到了收入分配差距过大所带来的危害，主要是从收入差距过大会导致人心败坏、政令不行、社会动乱三个角度进行论述的，而这些危害在我国现阶段也都已经不同程度地显现出来。比如太过贫困的阶层往往犯罪的成本比较低，于是在预期收益不变的条件下这部分阶层出现铤而走险而犯罪的可能性也就随之上升，从而人心败坏的事例也时有发生。这也印证了《管子》中“民富则易治也，民贫则难治也”的思想。此外，由于我国社会收入在城乡收入、地区收入、行业收入上都存在着比较大的差距，收入分配差距的现状比较复杂，再加上金融危机的大背景下，各个利益主体间的利益冲突随之放大，因此我国政令不行以及集体性的突发事件等情况也就经常发生。可以说，我国当前的收入分配差距已经给我国的社会经济的正常发展带来了非常严重的危害，政府部门必须充分认识到危害的严重性，必须积极承担起调节社会收入分配的职责。

### （二）市场手段与行政手段相结合

在政府认识到调节社会收入分配重要性的情况下，就需要采取各种措施来影响社会收入分配，从而形成一个贫富收入差距适度的社会收入分配格局。《管子》非常强调国家采用行政手段来调节社会收入分配，如《管子·揆度》提出“夫富能夺，贫能予，乃可以为天下”，也就是政府要治理天下就必须要通过行政手段从富人那里夺取部分财富，再通过行政手段将这些财富转移给穷人，可见行政手段在调节社会收入分配上的运用是非常重要的。《管子》关于政府调节社会财富分配的另

一个非常有特色的观点是重视市场手段的运用，如他提出的垄断性的救济方案，通过赋予穷人编草鞋种蔬菜的垄断性权利来达到提高草鞋、蔬菜的市场价格，从而使穷人在市场交换中得到较高的收入，由市场手段来促使社会财富从富人阶层向穷人阶层流动。

《管子》运用市场手段与行政手段相结合来调节社会收入分配的思想对当前我国政府调节社会收入分配有非常重要的借鉴意义。在我国的国民经济运行中，由于政府往往占据绝对的主导地位，所以政府在调节社会收入分配的实践中往往只注重行政手段的运用而忽略了市场手段。在政府单方面运用行政手段调节社会收入分配的情况下，行政手段强制性所带来的各种社会问题就会显现，可能会出现各种抵触性的群体事件的发生，而当采用行政手段与市场手段相结合的方式时，市场手段强制性所带来的后果一定程度上可以被市场手段所化解，市场经济正常运行所导致的收入分配往往比政府强制性的收入分配更容易让人接受。

### （三）健全社会保障制度

《管子》的作者指出贫富差距过大将对社会造成非常严重的危害，甚至将贫富适度与乱国画上了等号，可以说贫富差距的失度往往就是一个社会动荡的根源。要消除贫富失度问题，政府必须采取市场手段与行政手段相结合的方法，但仅仅如此还是不够的。市场经济的运行必然会造成适度的贫富差距，而部分劳动者由于先天因素以及后天不幸所造成的劳动力的丧失也并不少见，在这样的情况下保证这部分处于社会底层的劳动者的基本生活水平就成了政府的职责，提供健全的社会保障体系是政府履行自身职责的有效方式。《管子》中有着丰富的社会保障思想，它提出了社会保障应该包括“匡其急”、“振其穷”两个方面，可以说《管子》的社会保障思想即使在两千多年后的今天看来还是比较全面的。我国自建国以来就建立了社会保障制度，但到目前为止我国的社会保障体系实际上还只是处于起步阶段，存在着许多严重的问题，比如养老金的全国性统筹问题、农村居民的社会保障问题等都没有得到很好的解决，在这样的条件下我国的社会保障体系抵御风险的能力就非常弱。可以说完善的社会保障体系是一个社会贫富收入差距失度的最后一条安全线，在我国当前贫富差距越来越大的情况下，构建一个完善的社会保障体系显得尤为重要。

## 参考文献

［1］穆森，田志刚．论《管子》的社会保障思想［J］．税务与经济，2005（6）：46—48。

［2］庞凤喜，于晶．论社会保障税开征必须考虑的因素［J］．税务研究，2006（12）：31—34。

[3] 杨燕萍. 基于《管子》理财思想的当代中国新农村建设思考［J］. 南昌航空大学学报（社会科学版），2007（4）：33—35。

[4] 孙文学.《管子》财政调控思想研究［J］. 财经问题研究，2009（1）：74—79。

[5]《管子》经济思想研究组.《管子》经济篇文注释［M］. 南昌：江西人民出版社，1980：1—353。

[6] 谈敏. 中国财政思想史教程［M］. 上海：上海财经大学出版社，1999：66—79。

[7] 任继亮.《管子》经济思想研究：轻重论史话［M］. 北京：中国社会科学出版社，2005：167—269。

[8] 冯虹，叶迎. 经济加速转型期我国城镇居民收入分配差距研究［M］. 北京：中国书店，2008：36—95。

[9] 巫宝山. 管子经济思想研究［M］. 北京：中国社会科学出版社，1989：70—254。

[10] 中华人民共和国国家统计局. 中国统计年鉴—2008［M］. 北京：中国统计出版社，2008。

# 中国行业收入差距研究述评

武　鹏

## 一、引　言

今年，收入分配改革第一次被写进了政府工作报告，我国持续扩大的收入差距问题开始受到了社会各界前所未有的广泛关注，这其中又尤以城乡收入差距和行业收入差距问题受到的关注最多。长期以来，国内对行业收入差距问题的研究相对较为薄弱，相关研究文献的数量和层次远不如对城乡收入差距问题的研究，甚至也不及地区收入差距问题。必须指出，之所以出现这一现象并不是因为行业收入差距问题较易测度、解释，故而无须过多地研究探讨，恰恰相反，对行业收入差距问题的解释是全世界收入分配研究领域一直难以攻克的基础性理论难题，即使就相对较易实践的收入差距水平测度而言，其间的概念、技术等细节问题亦颇为繁杂。而综观现有的中国行业收入差距问题的相关研究，在差距水平的测度和来源的解释等方面尚有诸多不足或可改进之处，但迄今为止尚没有对之进行综合考述的文献，本文的写作便是对这一空白的添补。当然，本文写作的目的并不仅局限于“添空”而已，行文过程中也并不只是单纯地围绕着既有研究来展开，而是力图指摘、补述现有文献的一些不足，同时，对于一些有必要澄清的概念、技术和理论等方面问题，本文将“但令有益，不避周张”。

## 二、中国行业收入差距研究的数据资料基础

### （一）行业划分标准及各划分层次的选用

可能是受篇幅所限，既有研究文献几乎从不对行业的划分进行说明，而就不平等的测度而言，数据如何按特征进行分组对于最终的计算结果与分析过程有着重要的影响，只有相同分组方式下的计算结果才能够在逻辑一致的统一框架下展开比较和分析。以往关于地区收入差距的计算结果多有差异，很大程度上便是因为不同研

究文献的地区划分方式有所差异（高连水等，2010）。为避免出现同样的混乱，对于行业的划分方式我们有必要首先予以厘清。

我国国民经济行业分类的国家标准于1984年首次发布实施。其后随着国民经济的快速发展和转型，我国的产业结构发生了较大的变化调整，同时也涌现出了许多新兴行业，与此相应，我国的行业划分标准也经历了两次较大的修订，即1994年第一次修订形成了《国民经济行业分类与代码》（GB/T4754 - 1994），2002年第二次修订形成了《国民经济行业分类》（GB/T4754 - 2002）。两次修订均遵循国际标准产业分类（ISIC/Rev3）将行业类别由粗到细分为门类、大类、中类和小类四个层次，具体比较可见表1：

**表1　GB/T4754 - 1994、GB/T4754 - 2002和ISIC/Rev3的行业划分框架**

| 细分层次 | GB/T4754 - 1994 | GB/T4754 - 2002 | GB/T4754 - 1994与GB/T4754 - 2002差异 | ISIC/Rev3 |
|---|---|---|---|---|
| 门　类 | 16 | 20 | 4 | 17 |
| 大　类 | 92 | 95 | 3 | 60 |
| 中　类 | 368 | 396 | 28 | 157 |
| 小　类 | 846 | 913 | 67 | 292 |

资料来源：作者根据GB/T4754 - 1994、GB/T4754 - 2002和ISIC/Rev3整理。

目前，国内外研究对行业收入差距的测度均集中于行业门类与行业大类的层次，这一方面是受到了客观的数据可得性限制，另一方面也在于过于细分的数据往往并不适合于研究目的的需要。就后者而言，具体来讲：第一，用过于细分的数据来测度行业收入差距，其结果将会非常趋近于居民整体的收入差距，尤其是就基尼系数的测算结果而言更是如此①；第二，过细的行业分类条件下，任何一个行业的收入变化对于总体行业收入差距的影响都将微乎其微，即使是多个行业的收入出现同向变化（或增或减），其对基尼系数指标的边际作用亦相对较小，也就是说，细分数据测度的行业收入差距变化将相对更为迟钝；② 第三，行业划分越细，各个亚组内的行业特征差异将越小，这事实上等于弱化了收入的行业特征。

就现有文献来看，对中国行业收入差距的实证测度运用较多的是行业门类层次

① 固然，按行业特征分组的样本排序与按个体收入水平的全样本排序之间存在着一定的差异，但是随着分组的细化，亚组排序时其相对总样本排序的跳跃性将越小，某行业内个体相对于自身在全样本内排序的位置将更为接近，此时行业拟基尼系数与整体基尼系数的相近程度也将越高。

② 对基尼系数有一定了解的读者容易知道，同样的样本总体，分组越细或所利用的样本点越多，其通过离散数据线性方法计算所得的基尼系数将越大，而基尼系数越大其对同样收入差距变化水平的边际反应也就将越迟钝。

的数据，只有极少数文献采用（或兼用）了行业大类层次的数据（如史先诚，2007；管晓明和李云娥，2007；潘胜文，2008 等）。但采用了行业大类层次数据的文献，均只测算了个别年份的结果，故而无法在该层次上进行趋势分析。我们认为，行业大类较之行业门类的层次划分在对中国行业收入差距的测算中更适合被采用。这是因为，行业门类的划分总体上显得较为粗糙，很多有必要予以区分的行业差异未能被充分区分开来。比如，在 GB/T4754－2002 标准下，高等教育大类和初等教育大类均归属于教育门类之下，但是高校教师与小学教师在工作内容、从业者文化水平、价值创造能力等方面的差异是相当明显的，与此情况相类似的还有“文化、体育和娱乐业”门类下的新闻出版大类与体育大类，“卫生、社会保障和社会福利业”门类下的卫生大类与社会保障大类等等很多。此外，由表 1 可以看出，由 GB/T4754－1994 到 GB/T4754－2002，行业划分标准在行业门类层次上的变化较为剧烈，新增了 25% 的组数，而在行业大类层次上的组数则几乎没有变化，且具体到各个行业大类的内容、名称上亦是如此。这就使得用行业门类数据计算的行业收入差距水平在标准变化前后难以在一个统一的框架下进行比较，也即无法进行前后连贯的序列分析，而基于行业大类数据的计算则可以较好地克服这一问题。因此可以说，现有文献对中国行业收入差距的测算大多是不尽完善的，以后的研究中我们最好应不避烦琐，采用更为细致的行业大类层次数据展开测算。

### （二）中国行业收入数据资料的种类及其实践应用

既有研究所利用的行业收入数据可归为三种：一是历年统计年鉴所公布的数据；二是五年一次的经济普查数据（目前只出版有 2004、2009 年的资料）；三是微观调查数据，来源包括官方的《中国城镇住户调查手册》和各个科研机构独立组织的调查。为了比较和分析各种数据的特点和应用中的优势劣势，我们在表 2 中对三种行业收入数据进行了扼要总结：

**表 2　三种行业收入数据的概况**

| | 地域范围 | 行业范围 | 时间跨度 | 影响因素数据 |
|---|---|---|---|---|
| 历年统计年鉴数据 | 全国 | 所有行业门类和大类 | 行业门类数据自 1978 年以来，行业大类数据自 1990 年以来 | 极少 |
| 经济普查数据 | 全国 | 工业门类及其细分大类 | 2004、2009 年 | 较为丰富 |
| 微观调查数据 | 全国或部分地区 | 多不能包括所有行业大类 | 官方数据为 1988 年迄今，各研究机构数据为个别独立年份 | 多寡不一 |

资料来源：作者整理。

根据表2的内容可以看出，历年统计年鉴数据的优势在于覆盖范围广，能够涵括全国层面的各个行业门类和行业大类，尤为突出的是可获得较长的年度数据序列，从而可以刻画我国行业收入差距的长期演化趋势；其劣势主要在于影响因素的相关数据资料很少，难以进行原因解释。现有绝大部分研究中国行业收入差距的文献都有应用到此类数据。

与历年统计年鉴数据相反，经济普查数据在覆盖范围方面的局限性虽然十分明显，如行业范围只局限于工业、统计时期只局限于极少数的个别年份，但在影响因素数据方面却较为丰富，适用于对行业收入差距的成因进行解释。应用该类数据的研究虽然较少，迄今只有罗楚亮和李实（2007）、张原和陈建奇（2010）两篇文献，但比较来看其所获研究成果的水准及其所发表刊物的层次在国内该领域的研究中是很高的。然而，鉴于该类数据所统计的行业范围较窄，其所得结论的成立范围亦比较有限；且由于时间序列点极少，现有研究均只作了截面分析，无法保证分析结论在时间上的稳健性。

由于所获数据很难覆盖全国层面的各个行业大类，且个体的密度分布与总样本较难一致，从而会影响到加权计算的精度，微观调查数据并不适用于测算全国总体的行业收入差距。但与经济普查数据相类似，微观调查数据在相关影响因素数据方面较为丰富，尤其是服务于特定研究目的的各科研机构的微观调查数据，实践中可自主设置调查项目，具有较强的适应性和灵活性。但就目前来看，各研究机构在收入分配方面的微观数据调查主要针对的是城乡居民收入差距问题，专门为研究行业收入差距而展开的微观数据调查极少，且受调查成本的限制，所获的样本数据空间也非常有限。迄今此类见诸公开文献的调查只有“吉林省劳动力市场状况调查问卷”（吕康银和王文静，2008），而其样本空间仅为289个。此外另有一个客观的局限在于，我国现有很多的微观调查数据都为其所有者视为“专利”，难以通过公开渠道获取，从而在实际的科研条件下利用此类数据缺乏可操作性，这在一定程度上限制了此类文献数量的进一步丰富。

综上所述，三类数据来源各有适用的研究领域，需要研究者根据研究目的和科研条件斟酌选用。参照国际上的行业收入差距研究，我们未来主要应致力于拓展微观调查数据的应用范围。相信随着行业收入差距问题日益引起政府和学界的关注，这方面的工作会有较大的进展，进而相关的研究成果也会日益丰富。

## 三、行业收入差距的测度指标、方法及其适用性

对中国行业收入差距水平及其演进趋势的研究结论颇具一致性，即改革开放以来我国的行业收入差距整体上呈扩大的趋势，但尚不能判断发生了两极分化。为此，我们不再对结论内容予以详细地比较与辨析，而是更加关注于结论获取的过程。这

其中除了前文提到的数据利用方面的问题外，紧接着便是收入差距测度指标与方法的应用问题。可以肯定地说，现有任何一个收入差距测度的指标和方法都或多或少是不完备的，因此，我们一方面要兼用多种指标以期获得更为稳健的结论，另一方面要针对所分析问题的不同选择相应更为合适的指标。本文的这一部分将结合中国行业收入差距的既有研究，对所需应用的差距测度指标、方法进行评述。

### （一）测度指标的使用

良好的收入差距指标需具备以下一些性质：匿名性、齐次性、总体独立性、转移性和强洛伦兹一致性（万广华，2004）。就中国的行业收入差距研究来看，主要问题出在对“齐次性”的满足上。所谓齐次性是指差距的度量结果应与数据的计量单位无关。根据是否满足齐次性的要求，收入差距的测度指标可分为相对指标和绝对指标两类。其中，前者没有量纲，如库兹涅茨指数、阿鲁瓦利亚指数、收入不良指数、变异系数、广义熵指数、基尼系数等；后者具有量纲，如极值差、离均差、方差、标准差等。

在对中国行业收入差距的实证测度中，较多研究者兼用或专用了绝对指标，如金玉国和王晓红（2001）、金玉国等（2003）、钟春平（2004）、李晓宁和邱长溶（2007）、罗楚亮和李实（2007）等。应该说，这么做是不必要的，也是不合适的。因为绝对指标所测度的差距会随着行业整体收入水平的提高而拉大，而实际上有可能在此期间行业收入差距是缩小的，故而其只适用于同一年份内不同国家或地区间的比较，而不能用于观察一个国家或地区时间趋势上的不平等演进。① 且由于该类指标本身并不具有规范意义，即使就单独年份的测度值来看意义也十分有限。有鉴于此，避免使用绝对指标以满足齐次性原则，是今后研究中国行业收入差距时应注意的一个问题。

基尼系数和广义熵指数族指标在中国行业收入差距的研究中也十分常用，且相关文献高度集中于近期，如罗楚亮和李实（2007）、史先诚（2007）、管晓明和李云娥（2007）、吕康银和王文静（2008）、胡爱华等（2008）、李晓宁（2008）、刘小玄和曲玥（2008）、任重和周云波（2009）等。上述两组指标均满足良好收入差距指标所应具备的五点性质，也正因如此，其是当前收入分配研究中最为流行的两个指标。但是有些需要注意的统计细节是，基尼系数具有众数转移敏感性，其对中等收入个体间的收入转移较为敏感，此外其还对高收入个体的收入变化较为敏感；广义熵指数族指标的测度结果涉及“不平等厌恶程度”的问题，如最常用的泰尔第一指数和泰尔第二指数对不平等的厌恶程度就是有差异的，泰尔第二指数要比泰尔第一指数

① 目前所有关于中国行业收入差距的文献都只注重全国层面的考察，而尚未有涉及区域间行业收入差距的比较。因此，绝对指标对于任一既有研究都是不适用的。

对于低收入者的收入变动更为敏感。因此，虽然研究实践中基尼系数和广义熵指数族各指标对收入差距的测算结果多数情况下是比较一致的，但有些时候也会出现背离趋势。为获得更加稳健的研究结论，兼用这两类指标而非偏执其一是十分必要的。

### （二）加权问题

基尼系数和广义熵指数族指标对收入差距的测算结果除了依赖于个体的收入水平外，还依赖于个体的权重。就居民收入差距而言，若不对不等分组数据进行加权计算将无法获得正确的收入差距测度结果，也即只有加权计算的结果才是有意义的。但我们要强调的是，就行业收入差距而言，加权与不加权的计算结果都是有意义的。

从居民收入分配的角度来看，行业收入差距其实就是按行业特征分组的就业群体间的居民收入差距，此时只有按行业从业人口加权计算基尼系数和泰尔指数才能与居民收入差距的考察视角相契合，进而才能进行贡献水平的分解计算。但是，若从纯粹考察行业特征背景下的劳动力报酬或工资差异的视角出发，不加权计算行业收入差距也是十分必要的。尤其是考虑这一情况：当行业间收入落差缩小时，若劳动力从低收入行业向高收入行业转移，则加权计算的行业收入差距的缩小幅度将更大，甚至是逆转为差距扩大的结果。通过收入分配研究中常用的举例法，我们可以对此予以直观的展示。假设国民经济由农业和非农业两部门构成，起初，农业部门从业人员占从业人员总数的60%，非农业部门从业人员占从业人员总数的40%，两部门的收入水平分别为每年元8000元和12000元，收入比即为2:3，此时加权计算的行业收入差距基尼系数为0.2。其后随着经济的发展，两部门的收入水平分别增至18000元和22000元，此时收入比变为9:11，即在增长的过程中收入落差逐渐得以缩小。在经济发展的同时，部门结构转换沿着现代化的路径演进，劳动力不断由农业部门向非农业部门转移。具体地，若农业部门从业人员占从业人员总数比重下降至20%，非农业部门从业人员占从业人员总数比重上升至80%，则此时加权计算的行业收入差距基尼系数为0.35，要高于起初的差距水平。可见，在加权计算时，收入水平的行业特征可能被从业规模的行业特征所弱化，乃至于逆转，因此，单独考察不加权的行业收入差距，能够更有助于凸显收入的行业特征，将其与加权计算的结果相参照，有利于对行业收入差距问题形成更为丰富和全面的认识。

现有关于中国行业收入差距的研究文献在涉及加权问题时，要么对是否加权语焉不详，要么只计算加权的结果。迄今，同时计算加权和不加权的中国行业收入差距水平，并进而将两者相互比较参照的文献尚未出现，这一空白亟待填补。

### （三）收入分布问题

我们通常所讨论的收入不平等测度指标在表达形式上均为一单位数值，其无法反映个体单位的收入分布情况，然而，很多时候我们对这一问题是比较关心的。例如图 1 所示，△OAC 与△OBC 的面积相等，即洛伦兹曲线 OAC 和 OBC 代表着同等的收入差距水平，但是两者的分布有着明显的不同。比较来看，OAC 中低收入个体要比 OBC 中低收入个体的收入更低，但同时个体的比重也更低，或者可以对称地表述为，OAC 中高收入个体要比 OBC 中高收入个体的收入更高，但同时个体的比重也更大。如果我们将两个个体作为社会的贫富两个阶层来看，则收入分配的改进目标可以设定为 OPC 所代表的菱形社会分配结构。① 相应地，洛伦兹曲线 OAC 和 OBC 需要作出不同的调整对策：对于 OAC 分布而言，应着力提高整个贫困阶层的相对收入水平，从而使折线 OAP 演进为线段 OP；而对于 OBC 而言，则应着力提高贫困阶层中 PB 部分的相对收入水平，从而使折线 PBC 演进为线段 PC。由上可以看出，了解收入的具体分布情况，对于深入认识收入差距的结构并借以分别采取有针对性的政策措施是十分必要的。

在实践操作上，收入分布可以有代数和图形两种表述方式。鉴于代数方式缺乏实用性，② 研究中几乎全部采用图形表述。图形表述中最为经典的便是洛伦兹曲线，但是由于中国行业收入分布的演进较为平缓，各年份的曲线非常靠近以致难于辨认，现有相关研究并未予以实践应用。除了洛伦兹曲线外，目前比较常用的收入分布研究方法还有非参数或半参数的密度估计方法，该方法突出的优势在于可以通过波峰的高度和数量来较为客观地判断是否出现了两极分化的现象或趋势。最近的中国行业收入分配的研究中，顾严和冯银虎（2008）、傅娟（2008）、任重和周云波（2009）开始运用到了非参数核密度估计。但需要指出的是，他们所利用的均为行业门类层面数据，就统计研究来看，样本数量明显偏少。此外，我们通过后台操作发现，中国细分行业的收入分布情况较之行业门类要更为复杂，尤其是在高收入行业部分，前者较之后者有着更为频繁的波动，对此我们另有研究文章详细探讨，这里不再赘述。

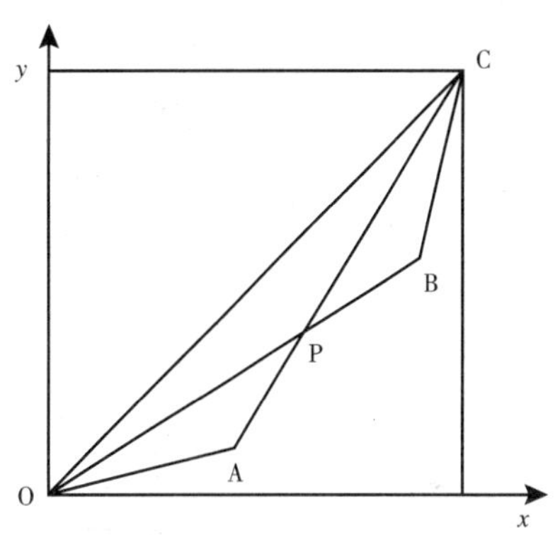

**图 1　以洛伦兹曲线表示的同等收入差距水平下的收入分布差异**

① 全社会的收入分布形状最为常见的是金字塔形和菱形。目前中国即属一种典型的金字塔形分配结构，即富人少、穷人多，中产阶级尚未形成规模。菱形分布是未来中国收入分配的目标模式，即要降低贫困者的比重，形成以中产阶层为主的有利于社会稳定的分配格局。

② 收入分布可以由代数或图形的方法来描述。但就代数描述来看，其至少要用到一个向量，如正态分布可表述为（$\mu$，$N^2$），但是在一般情况下收入分布是不符合现有任一经典分布函数的，我们如果先验地设定了函数形式，通常会导致对高收入个体部分的误估，且很多时候向量表述会非常复杂，尤其是描述离散分布时，会有多组向量，既不易表达，也不易理解。

### （四）行业个体间的比较

上述所讨论的收入差距测度指标和方法均是着眼于整体情况，而并不关注各个个体在收入不平等分布中的具体位置。在行业收入差距的研究中，我们往往想要了解究竟是哪些行业属于高收入行业，哪些行业属于低收入行业，进而随着时间的演进，又有哪些行业退出和进入了高收入序列和低收入序列。同时，通过归纳高收入行业序列和低收入行业序列各自的内在共同特征，我们还可以进一步归纳挖掘导致行业收入两极分化的某些因素。为此，现有相关研究文献对此问题也予以了较多的关注。但是，其所采用的方法多为收入排序法（如王晓英，2000；胡爱华等，2008）和行业收入比（如张雅光，2003；许成安，2009；管晓明和李云娥，2007），纰漏较为明显。具体来讲，收入排序法只给予各个行业以排名序号，这无法量化各个行业收入水平的演进趋势，在行业收入差距缩小的情况下，很可能某个行业的排名虽然上升了，但在时序上比较来看其收入水平却是下降的；行业收入比在应用中最大的缺陷在于无法用一个简单明了的数值来准确确定某个行业的在总体中的相对位置。作为一个好的个体比较指标，无论行业收入水平如何分布和变化，其所得结果应该能够简明地从截面和时序这横纵两个方向展开比较。这事实上就涉及了统计中的无量纲化问题。目前各种文献所使用的无量纲化处理方法有多种，如极差正规化法、标准化法和均值化法等。其中，均值化方法最为适用于包括行业收入差距在内的收入分配问题的研究。下面我们将对其予以简要地说明。

设综合评价中共有 $m$ 个行业，$n$ 个年份，各指标分别为 $x_1, x_2, \cdots, x_m$。$x_{ij}$（$i=1, 2, \cdots, m; j=1, 2, \cdots, n$）表示第 $i$ 个行业的第 $j$ 年原始指标值，$y_{ij}$ 表示经过无量纲化处理的第 $i$ 个行业的第 $j$ 年指标值。均值化方法即令

$$y_{ij} = \frac{x_{ij}}{x_j\bar{\mu}} \tag{1}$$

其方差为

$$\mathrm{var}(y_j) = E[(y_j - 1)^2] = \frac{E(x_j - x_j\bar{\mu})^2}{x_j\bar{\mu}^2} = \frac{\mathrm{var}(x_j)}{x_j\bar{\mu}^2} = \left(\frac{\sigma_j}{x_j\bar{\mu}}\right)^2 \tag{2}$$

均值化方法所获结果具有三方面的优势。首先，其表述简单明了、意义直观。如式（1）所示，各年度指标的均值都为1，具体到某个指标值，当其大于1时，则属于相对高收入行业，反之则属于相对低收入行业，其数值的意义即为该行业收入相对于当年平均行业收入的倍数。其次，其保证了各行业收入水平的纵向可比性。如式（1）所示，以 $\bar{x}_j$ 为分母消除了各年份间总体收入分布位移的影响。最后，其与原始数据保持了分布的一致性。如式（2）所示，均值化后各指标的方差是各指

标 $x_j$ 变异系数的平方，它保留了各指标变异程度的信息，从而能够准确地反映各个行业收入水平的相对位置。

## 四、中国行业收入差距的解释

关于行业收入差距的解释，也即影响因素的分解，本文这里将不再过多地讨论方法。近期文献中，万广华（2006；2008）予以了专门探讨，有兴趣的读者可自行查阅。这一部分我们将首先归纳有关中国行业收入差距成因的实证性研究结论，然后从理论上对现有研究思路展开辨析。

### （一）主要研究结论

一方面是出于对现实的观察，另一方面也是受到数据可得性的限制，目前对中国行业收入差距进行解释的切入角度非常集中，且结论也基本一致。总结起来，主要可概括为以下五个方面：

第一，垄断行业职工的收入水平要较大幅度地高于非垄断行业职工，其严重影响了社会福利的公平分配，是造成中国行业收入差距的重要因素，这其中又尤以行政垄断最为学者们所诟病。如姜付秀和余晖（2007）严厉而不失恳切地批评道，我国行政性垄断并没有随着我国市场经济地位的确立而表现出些许改变的迹象，其对社会福利性损失已经到了严重威胁国民经济平衡发展和导致初次收入分配严重不均衡的地步，利益集团的形成有可能使改革难以深化，从而危及执政的社会基础。

第二，包括受教育水平和健康水平等内容的人力资本对于中国行业收入水平具有显著的正向影响，但其总体解释程度并不高，且任重、周云波（2009）的研究发现其影响程度在逐渐地缩小。

第三，制度因素对于中国行业收入差距的影响亦非常明显，这主要体现在所有制方面，如国有控股程度和单位隶属行政层次越高的行业，其工资回报也越高（张原、陈建奇，2010）；国有企业的工资决定更多地依赖外部市场环境和行业因素，外资企业的工资决定相对更多地依赖于个人因素（刘小玄、曲玥，2008）。此外，前文所提及的行政性垄断也可纳入这一范畴。

第四，劳均资本投入和经营绩效等因素也都显著地影响着中国行业工资回报，但是其总体解释程度亦很有限（罗楚亮、李实，2007）。

第五，在发达市场经济国家影响行业间收入差异的重要因素——工会力量，放诸中国来看作用并不显著（张原、陈建奇，2010）。

### （二）理论解释的框架

必须指出的是，国内对于行业收入差距的研究最突出的问题在于没有融入系统的理论框架，而且现有的相关文献以实证分析居多，缺乏对相关经济理论基础的专门探讨。本文这里将对解释行业收入差距的理论框架予以简单的梳理。文字部分的理解可对应参考图 2。

在新古典的框架下，也即在不违反“一价法则”时，行业间劳动力报酬的差异将主要由以下三种因素所导致：第一，劳动个体间的质量差异，这主要由劳动者的人力资本所决定；第二，行业工种之间的差别，如劳动强度较高、危险性较大及给予人的不适感较强的行业往往相应有着较高的收入水平，这种差别亦称为“补偿性工资差异”；第三，分割的劳动力市场与非竞争性，具体地，由于技术专用性、内部人、工会等因素的存在，不同行业所面临的劳动要素市场往往具有不同的市场结构，从而行业间劳动要素报酬要受到劳动要素市场非竞争性程度大小的影响。

上述三种因素确实可以解释现实中的许多行业收入差距问题，但显然还不是全部。现实中行业工资（收入）差距模式最显著地背离“一价法则”的事实便是跨职业工资差异的稳定性（Thaler，1989）。具体地，跨职业的工资差异现象表明，即使控制了前述三点主要解释因素，同样一个岗位（如秘书、门卫等）在不同行业中的工资水平依旧有着显著且伴随时间稳定的差距，且这一差距的程度与行业间整体工资水平的差距程度基本相同（Katz & Summers，1989）。如何解释这一现象，已成为行业收入差距理论的一项核心问题。Krueger and Summers（1987）指出，逻辑上只有两类理论可以解释“同工不同酬”的现象：要么是部分企业放弃利润最大化的追求，要么是部分高工资企业出于避免工资降低可能导致的利润下降现象的出现。

就前一种解释来看，打破了主流经济学“经济人”的核心假设，几乎没有人试图沿着这一路径来解释行业收入差距的形成。但是，将包含有“利他主义”的偏好集纳入行业收入差距的实证分析可能会成为行为经济学、实验经济学未来所关注的一项课题。

后一种解释是经济学家们更为关注的研究进径，沿着这一方向所发展出来的效率工资理论在主流经济类教科书中已普遍占据了一席之地。这种解释的基本逻辑链条非常明晰，即产出在很大程度上取决于工人的努力程度，而工人的努力程度又取决于工资水平的高低，由此，较之竞争工资所多给付的部分将会在一定范围内有利于企业利润的提高。具体地，这些解释包括投机偷懒模型（Shapiro & Stiglitz，1984）、人事变动模型（Salop，1979；Stiglitz，1974）、逆向选择模型（Stiglitz，1976；Weiss，1980）、公平工资模型（Akerlof，1982，1984；Akerlof & Yellen，1990；Solow，1979）。上述模型均有一定的解释力，但就岗位工资的跨行业差异而言，只有公平工资模型才可予以解释。此外，公平工资模型中行业工资与行业的利润水平高度相关，亦可解释长时间的工资差异。但是，其仍很难解释跨地域的岗位工资与行业特征的强相关性。

总之，及至目前经济学界尚无法从理论上对行业收入差距作出足够令人满意的解释，但是我们在一定程度上仍至少知道了一些答案，这些答案对我们的研究依然很有帮助。

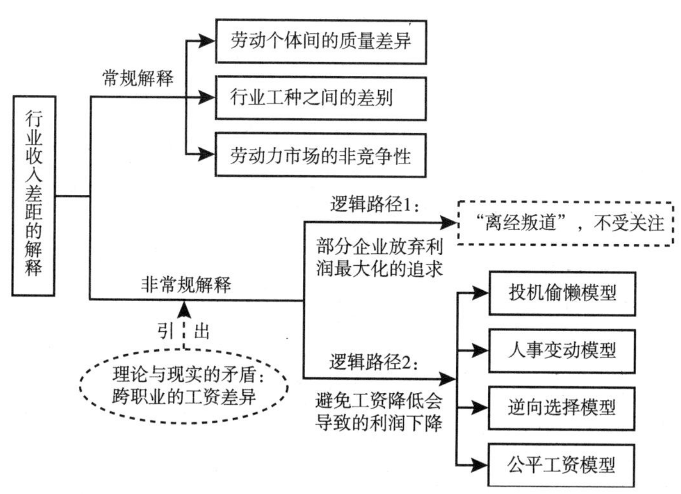


**图 2　对行业收入差距进行解释的理论框架**

### （三）国内研究的缺陷与误区

结合前文梳理的理论框架，我们归纳总结了解释中国行业收入差距的现有文献的主要缺陷与误区。

第一，所考察的解释因素多局限于常规范围，即前文中对应于“一价法则”的三种因素，而未能前进到行业收入差距的理论前沿——跨职业工资差异的解释，尤其是未能建立起相应的理论模型。即使就对三类常规因素的考察来看也不尽全面。如对“劳动个体间的质量差异”的考察较为丰富，包括了受教育水平和健康水平等人力资本的主要构成部分；对“劳动力市场的非竞争性”的考察较为薄弱，直接考察的只有工会因素（张原、陈建奇，2010），此外仅间接地涉及了技术专用性因素（张雅光等，2003）①；对于“行业工种之间的差别”，也即“补偿性工资”内容，则未予考察。

第二，作为最热门考察对象的“垄断因素”，从逻辑上来讲并不能够对行业收入差距形成直接的解释，这是一个最易使研究者陷入误区的地方。许多研究者出于对现实的观察与归纳，很容易形成垄断拉大了行业收入差距的直观感受。但仔细对照前文所给出的理论框架，是无法演绎出“垄断是行业收入差距的影响因素之一”

① 张雅光等（2003）指出，“行业间的收入分配开始向科学技术含量高的行业和新兴产业倾斜”。

的结论的。因此，上述直观的感知结论事实上是陷入了经济推理的三大谬误之一——后此谬误。即使回归现实来看，也不乏这一观点的反例，如高度垄断的邮政业，其职工人均收入在 2008 年甚至要略低于全国平均水平。Krueger & Summers（1987）通过实证研究指出，高工资均出现于高利润的行业。这表明只要通过某种方式能够创造出高于经济利润的“租”，都可以引致行业收入的提高，而垄断只是形成“租”的方式之一而已。① 解释这一问题的关键在于，究竟是什么原因促使了资本所有者向劳动者成比例地让渡这部分“租”？事实上，这一问题还是回到了图 2 中的“非常规解释”部分。综上所述，行业垄断只是为高收入的出现提供了可能性，实践操作上我们可以由其入手来抑制行业收入差距的扩大，但在理论研究中我们必须明晰因果关系的逻辑链条，进而探究行业收入差距的真正原因，而非就此止步。

## 五、结　　语

目前对中国行业收入差距的研究主要考察的是两个层次的问题，即“是什么”和“为什么”。所谓“是什么”，是指对中国行业收入差距水平、分布、演进趋势的实证测度与判断；所谓“为什么”，是指对中国行业收入差距的形成进行解释，就具体影响因素展开分析并予以量化。本文首先就两个层次所共同面临的数据问题展开了分析，并认为行业大类数据要比现在普遍应用的行业门类数据更为适用于行业收入差距的研究。就“是什么”的层次来看，鉴于现有研究的结论较具一致性，本文将主要精力放在了结论获取所用的测度指标和方法之上，经分析本文认为：第一，应用较广的绝对指标缺陷明显，不宜再用；第二，加权与不加权的测算结果对于行业收入差距的研究均很有意义，不可偏废；第三，非参数核密度估计是研究收入分布的一个良好方法，但须注意应用不同层次的数据所带来的结果差异；第四，不同于既有研究所用的方法，均值化方法能够使个体行业收入水平实现横向纵向的可比。就“为什么”的层次来看，本文主要致力于将中国行业收入差距的既有解释性结论与系统的经济理论框架相参照，客观地指出其缺陷与误区：首先，本文对中国行业收入差距的原因解释作了一个总结；其次，我们梳理了对行业收入差距进行解释的理论框架；最后，将上述两个部分相对照，我们可以看到，关于中国行业收入差距的研究在原因解释方面存在着研究范围狭窄、观察归纳得到的部分解释因素不符合理论演绎结果等缺陷与不足。

---

① 众所周知，银行业和石化行业职工收入是很高的，但是银行业坏账的冲销已从财政中攫取了数千亿元，中石油、中石化等寡头企业每年均向中央财政索取几十亿至上百亿元的补贴。这些注入的财政资金其实也是变相的“租”。

应该说，未来我国行业收入差距领域的研究颇为任重道远，一方面要解决实证研究中的数据基础薄弱问题，另一方面要追踪理论前沿，探索行业收入差距的成因。虽然本文研究中的批评性意见居多，但正所谓良药苦口，我们深切地希望其能够对该领域日后的研究工作有所裨益，同时我们也欢迎广大学者对本文提出宝贵的意见与批评。

## 参考文献


[1] Akerlof, G. A. "Gift Exchange and Efficiency-Wage Theory: Four Views" [J]. American Economic Review, 1984, Vol. 74 (2): 79-83.

[2] Akerlof, G. A. "Labor Contracts as Partial Gift Exchange" [J]. The Quarterly Journal of Economics, 1982, Vol. 97 (4): 543-569.

[3] Akerlof, G. A. and J. L. Yellen. "The Fair Wage-Effort Hypothesis and Unemployment" [J]. Quarterly Journal of Economics, 1990, Vol. 105 (2): 255-83.

[4] Katz L. F. and L. H. Summers. "Industry Rents Evidence and Implications" [J]. Brookings Papers on Economic Activity 1989.

[5] Krueger, A. B. and L. H. Summers. "Efficiency Wages And The Inter-Industry Wage Structure" [J]. Econometrica, 1988, Vol. 56 (2): 259-294.

[6] Krueger, A. B. and L. H. Summers. "Reflections on the Inter-Industry Wage Structure" [J]. Unemployment and the Structure of Labor Markets, eds. K. Lang and J. Leonard, Oxford, Basil Blackwell, 1987.

[7] Salop, S. "A Model of the Natural Rate of Unemployment" [J]. American Economic Review, 1979, Vol. 69: 117-125.

[8] Shapiro, C. and J. Stiglitz,. "Equilibrium Unemployment as a Worker Discipline Device" [J]. American Economic Review, 1984, Vol. 74 (3): 433-444.

[9] Solow, R. M. "Another Possible Source of Wage Stickiness" [J]. Journal of Macroeconomics, 1979, Vol. 1: 79-82.

[10] Stiglitz, J. E. "Alternative Theories of Wage Determination and Unemployment in L. D. C.'s: The Labor Turnover Model" [J]. Quarterly Journal of Economics, 1974, Vol. 88 (2): 194-227.

[11] Stiglitz, J. E. "The Efficiency Wage Hypothesis, Surplus Labour, and the Distribution of Income in L. D. C.'s" [J]. Oxford Economic Papers, 1976, Vol. 28 (2): 185-207.

[12] Thaler, R. H. "Interindustry Wage Differentials" [J]. Journal of Economic Perspectives, 1989, Vol. 3 (2): 181-193.

[13] Weiss, A. "Job Queues and Layoffs in Labor Markets with Flexible Wages" [J]. Journal of Political Economy, 1980, Vol. 88: 526-538.

[14] 蔡昉. 行业间工资差异的成因与变化趋势 [J]. 财贸经济, 1996 (11): 3—5。

[15] 杜健, 张大亮, 顾华. 中国行业收入分配实证分析 [J]. 山西财经大学学报, 2007 (6): 48—54。

［16］傅娟．中国垄断行业的高收入及其原因：基于整个收入分布的经验研究［J］．世界经济，2008（7）：67—77。
［17］顾严，冯银虎．我国行业收入分配发生两极分化了吗？——来自非参数 Kernel 密度估计的证据［J］，经济评论，2008（4）：5—13。
［18］管晓明，李云娥．行业垄断的收入分配效应——对城镇垄断部门的实证分析［J］，中央财经大学学报，2007（3）：66—70。
［19］胡爱华，曾宪初，张洁燕，尹康．我国行业收入差距的演进及其分解分析［J］．统计与决策，2008（18）：90—92。
［20］姜付秀，余晖．我国行政性垄断的危害——市场势力效应和收入分配效应的实证研究［J］．中国工业经济，2007（10）：71—78。
［21］金玉国，王晓红．我国行业工资差异之演进及其原因［J］．财经理论与实践，2001（2）：96—99。
［22］金玉国，张伟，康君．市场化进程中的行业工资决定假说及其数量检验［J］．数量经济技术经济研究，2003（5）：99—102。
［23］金玉国．工资行业差异的制度诠释［J］．统计研究，2005（4）：10—15。
［24］金玉国．行业工资水平与垄断程度的定量测度［J］．统计与决策，2001（2）：32—33。
［25］金玉国．行业所有制垄断与行业劳动力价格［J］．山西财经大学学报，2001（3）：11—14。
［26］李晓宁，邱长溶．转轨时期中国行业工资差距的实证研究［J］．山西财经大学学报，2007（6）：48—54。
［27］李晓宁．关于行业工资差距与行业垄断的研究［J］．经济问题，2007（7）：19—22。
［28］李晓宁．我国劳动力工资收入差距的统计分析——对工资基尼系数的测算与分解［J］．财经问题研究，2008（2）：110—115。
［29］刘小玄，曲玥．中国工业企业的工资差异研究——检验市场分割对工资收入差距的影响效果［J］．世界经济文汇，2008（5）：58—76。
［30］吕康银，王文静．我国行业间工资差异的测度与分解［J］．求索，2008（7）：24—26。
［31］罗楚亮，李实．人力资本、行业特征与收入差距——基于第一次全国经济普查资料的经验研究［J］．管理世界，2007（10）：19—30。
［32］潘胜文．典型垄断行业职工收入状况的实证分析［J］．湖北社会科学，2008（9）：99—121。
［33］任重，周云波．垄断对我国行业收入差距的影响到底有多大？［J］．经济理论与经济管理，2009（4）：25—30。
［34］史先诚．行业间工资差异和垄断租金分享［J］．上海财经大学学报，2007（2）：66—73。
［35］万广华．不平等的度量与分解［J］．经济学季刊，2008，Vol. 8（1）：347—367。
［36］万广华．经济发展与收入不均等方法和证据［M］．上海三联书店，2006 年．
［37］王锐．垄断对我国行业收入分配的影响及对策研究［J］．经济问题，2007（2）：50—52。
［38］王晓英．我国行业间职工收入差距分析［J］．山西财经大学学报，2000（5）：46—48。
［39］王中华，王雅琳，赵曙东．国际垂直专业化与工资收入差距——基于工业行业数据的实证分析［J］．财经研究，2009（7）：122—133。

[40] 许成安，汪淑珍，张瑶. 东西部行业收入差距的差异比较分析——兼论政府干预对库兹涅茨曲线的影响 [J]. 财政研究，2009 (2)：32—36。

[41] 姚芳，姚萍，孙林岩. 我国行业间工资合理比例关系研究 [J]. 山西财经大学学报，2004 (3)：48—50。

[42] 张雅光，田玉敏，李秀玲. 行业职工收入分配差距及调控对策分析 [J]. 管理现代化，2003 (1)。

[43] 张原，陈建奇. 人力资本还是行业特征：中国行业间工资回报差异的成因分析 [J]. 世界经济，2008 (5)：68—80。

[44] 钟春平. 创造性破坏与收入差距的振荡扩大：基于中国行业工资的经验分析 [J]. 上海经济研究，2004 (2)：3—10。

[45] 宗毅君. 国际产品内分工与工资收入——基于中国工业行业面板数据的经验研究 [J]. 财贸经济，2008 (4)：107—121。

# 基于韦伯与正态分布非线性估计的我国人口死亡年龄分布

张 琼

## 一、引 言

在寿险精算以及人口学中，如何准确估计一个国家或地区人口的死亡年龄的概率分布是学者孜孜不倦追求的课题。人口预期寿命能够比较好地综合衡量一个国家或地区人口死亡状况，但仅仅能够作为人口死亡年龄分布的一维层面的测度指标。这一指标可以有效反映婴幼儿及青少年死亡率的变化，但对高年龄组人群的死亡率变化的反应非常不敏感。但与20世纪早期预期寿命提高主要得益于婴幼儿死亡率迅速下降的情形相比，20世纪后期以及本世纪预期寿命的提高主要取决于中老年人口死亡率的下降或死亡年龄后移，从而出现所谓的“死亡率集中”（Fries，1980）或与之相对应的“生存曲线矩形化”（Wilmoth & Horiuchi，1999）现象。在这一过程中，利用不同的分布（Gompertz 和韦伯（Weibull）是其中最为常见的两个分布（Finch，1990））对人口死亡年龄分布进行模拟才能有效地显示出高年龄死亡率对人口转型后期的影响（Kannisto，1996），因此近年来越来越多的学者转而分析死亡年龄分布函数的特征（Wilmoth & Horiuchi，1999；Kannisto，2001）。利用特定的分布函数对人口死亡年龄分布进行估计和模拟具有非常好的统计学意义和应用价值：可以在此基础上利用这些分布函数的统计特征来综合考察不同人群死亡年龄分布的差异，以及某个特定人群死亡年龄分布随时间变化的趋势。

但从现有文献看来，尽管国外考察人口死亡年龄分布（或与之密切相关的生存函数）的文献比较多，但学者利用不同的分布函数拟合不同国家或地区或不同时期人群死亡年龄分布时得到了不同的结论，并且对于哪种形式的分布函数能够更好地拟合实际数据并无定论（Gerber，1990），实际上这可能与不同人群由于基因或生存环境以及社会经济活动等方面的差异所导致的死亡年龄分布特征不同相关，因此国外的研究文献并不能为我国的人口生命周期分布特征提供参考依据。就国内的文献而言，国内在考察人口死亡年龄分布方面的研究极其有限，这部分地归因于我国除了五次人口普查数据之外其他各年份几乎没有详细的人口死亡数据；另一方面，我国人口死亡往高龄人口集中也仅仅是近期才逐渐开始的现象，但这一“死亡率集中”的现象对目前正在如火如荼开展的医疗保险改革（老年人口的医疗支出相对较高）和养老保险改革的影响却不容小视，尤其是在我国目前总和生育率水平保持基本稳定的前提下，在对人口死亡年龄分布进行准确估计的基础上对未来人口年龄结构进行动态预测就显得尤为重要。

本文即从此研究背景出发，将人口学中普遍使用的韦伯分布以及在应用数学中最为常见的正态分布分别应用于模拟我国人口死亡年龄分布，并利用2000年人口普查的2870个县市的死亡数据和非线性估计方法进行拟合和比较。考虑正态分布在于这一分布具有非常好的统计性质，并且被证明在考察人口转型对社会经济影响的研究中极为适用（Li，2004）。本文希望通过将正态分布对我国人口死亡实际数据的拟合效果与韦伯分布的结果进行比较的基础上，考察正态分布对于拟合和预测我国人口死亡年龄分布的实用性。

本文的贡献在于：第一，国内尚未有学者从统计分布比较的角度考察我国人口死亡年龄分布，并比较不同分布的拟合效果；第二，国外研究文献主要针对发达国家的人口生命周期特征展开，与发达国家比较稳定的人口结构所呈现出来的特征相比，本文能够提供来自于处于人口转型过程中的发展中国家人口生命周期特征的实证证据；第三，本文在对不同地区人口生命周期特征进行分析的基础上估计得到的预期寿命与死亡年龄方差之间的相关关系，能够为预测我国未来人口生命周期特征提供非常好的背景，而这在国内外学者研究中国人口年龄状况变化趋势问题中尚属首例。

## 二、统计方法与数据来源

### （一）统计方法

通常而言，在构建生命表的基础上，出生时人口预期寿命（$e_0$）计算公式如下：

$$e_0 = \int_0^{\omega} l_x dx \tag{1}$$

其中$\omega$为生存极限年龄，$l_x$为年龄$x$岁时依然存活的概率密度，且满足$l_0 = 1$和$l_{\omega} = 0$。

然而在构建生命表的过程，常常需要较长时间（通常为1年）内通过人口普查或者人口抽样调查才能得到年龄别人口比重的数据；另一方面，由于我国各地计划生育政策以及户籍管理制度等原因，目前的人口普查或人口登记过程中常常存在“怕生不怕死”的情形，即出生人口常常存在漏报或晚报等，因而年龄别人口比重的数据常常与真实情形不符，但死亡人口的统计数据相对更为可信，因此，从各地死亡登记人口的数据出发，计算得到的人口预期寿命的数据将更为真实。因此，我们从定义出发，构建如下公式计算出生时人口预期寿命：

$$e_0 = \int_0^{\omega} xf(x)\,dx \tag{2}$$

其中$f(x)$表示个体正好在其年龄为$x$岁时死亡（死亡年龄为$x$岁）的概率密度函数，这一函数在以下的分析中被定义为死亡年龄分布的概率密度函数。很显然，$f(x)$应该满足$\int_0^{\omega} f(x)\,dx = 1$且$f(x) \geqslant 0$（$\forall x \in [0,\omega]$）。这一公式不仅可以省略构建生命表的烦琐过程，并且从直觉上与数学中期望的计算公式的原理更为一致：出生时人口预期寿命$e_0$为个体在其出生后死亡年龄分布的均值，这也是我们将其称为出生时人口“预期”寿命的原因。

人口学研究上常常使用韦伯分布来拟合人口死亡年龄分布的概率密度函数$f(x)$，即假设人口死亡年龄$X$服从韦伯分布，并且$f(x)$满足：

$$f(x) = \frac{\alpha}{\beta^{\alpha}} x^{\alpha-1} e^{-\left(\frac{x}{\beta}\right)^{\alpha}} \quad x \in [0,\omega] \tag{3}$$

其中$\alpha$为形状参数（也被称为韦伯斜率），$\beta$为尺度参数。并且韦伯分布相对应的均值和方差计算公式为：

$$E(X) = \beta\Gamma\left(1 + \frac{1}{\alpha}\right) \tag{4}$$

$$Var(X) = \beta^2\left\{\left(1 + \frac{2}{\alpha}\right) - \left[\Gamma\left(1 + \frac{1}{\alpha}\right)\right]^2\right\} \tag{5}$$

其中$\Gamma(z) = \int_0^{\infty} x^{z-1} e^{-x} dx$为Gamma函数。

与之相对应的，我们也可以利用数理统计上非常常见的正态分布来对人口死亡年龄分布进行模拟，即假定人口死亡年龄$X$的概率密度函数$f(x)$满足

$$f(x) = \frac{1}{\sqrt{2\pi}\sigma} e^{\frac{(x-\mu)^2}{2\sigma^2}} \tag{6}$$

其中$\mu$和$\sigma^2$分别为相对应的均值和方差。

在实际应用中，我们可以根据数据和“矩估计”（Hossack，1999）或者“十分

位估计”（Klugman，1998）方法对韦伯分布参数（$\alpha$ 和 $\beta$）或者正态分布参数（$\mu$ 和 $\sigma^2$）进行估计，但这两类估计方法都只是使用了部分矩条件或者十分位值条件，从而不同学者即使使用相同数据来源得到的参数估计值也有所不同。在本文中，为了尽可能充分地利用数据中的信息，我们采用非线性最小二乘（NLS）估计方法直接对韦伯和正态分布参数进行估计。

NLS 估计的原理是在假定人口死亡年龄分布服从韦伯或者正态分布的前提下，以误差平方和最小为准则来估计相应的参数。由于韦伯与正态分布的概率密度函数形式为非线性形式，因此不能像普通线性最小二乘（OLS）估计方法那样通过求解多元函数极值的办法来直接得到参数的估计值，而只能通过复杂的优化算法来求解。本文采用迭代算法：即从参数的某一初始猜测值出发，迭代产生一系列的参数值点直至收敛至使误差平方和极小的参数值点，然后变化参数初始猜测值，重复上述过程，验证使得误差平方和极小的参数值点是否唯一，最后将其作为相应的模型参数的估计值。

### （二）数据来源

数据来自于《中国 2000 年县/区人口普查资料汇编大全》① 的表 6—4“分年龄、性别的死亡人口状况（1999. 11. 1—2000. 10. 31）”。该表提供了全国 31 个省级行政单位（以下简称“省市”）、348 个地级行政单位（以下简称“地级市”）以及 2870 个县级行政单位（以下简称“县市”）② 分年龄的死亡人口数据。

尽管以下分析人口死亡年龄分布时只需要各年龄别死亡人口的相对比重，而与一个地区或所考察人群的死亡人口总数无关，但死亡数据尤其是分年龄的死亡数据的精确程度直接受到人口规模大小的影响，但我国 2000 年人口普查时 95% 的县市的人口规模超过 5 万人、90% 的县市人口规模超过 10 万人，因此，我们认为在县市层面上考察不同地区人口预期寿命和死亡率等的差异是满足人口规模统计分析要求的最小的行政单位。

---

① 数据来自于斯坦福大学中国数据在线（http：//chinadataonline. org/）。《中国 2000 年县/区人口普查资料汇编大全》由密歇根大学中国数据中心根据我国第五次（2000 年）全国人口普查相关信息整理编订而成。我国第五次人口普查表共有普查表短表、普查表长表、死亡人口调查表和暂住人口调查表（附表）四种表，普查标准时间为 2000 年 11 月 1 日 0 时。其中死亡人口相关数据主要来自于“死亡人口调查表”中的数据。《死亡人口调查表》一共有八个项目，分别登记了死亡人口生前所在户、姓名、性别、出生年月、死亡月份及年龄等相关信息，并且一般以死亡人口死亡前的常住地而非死亡发生时的地点（如医院等）为登记地。

② 2000 年人口普查时实际有 2873 个县级行政单位，但辖属于海南省的西沙群岛、中沙群岛以及南沙群岛等 3 个县级行政单位数据缺失不在本文分析范围之内，因而本文实际分析的县级行政单位为 2870 个。

## 三、死亡年龄分布：实际值

根据各县市分年龄别死亡人数以及总死亡人口，可以得到每个县市人口死亡年龄的实际分布，图 1 给出了 2000 年人口普查年度我国预期寿命最高的“上海市卢湾区”和最低的“云南省红河哈尼族彝族自治州绿春县”两个县市人口死亡年龄的分布①。我们发现人口死亡年龄呈右偏单峰分布②，并且预期寿命水平较高的县市其死亡年龄分布的“集中”程度也更明显，并且更右偏，这与其他学者研究国别比较时得到的结论相一致（Edwards & Tuljapurker，2005）。

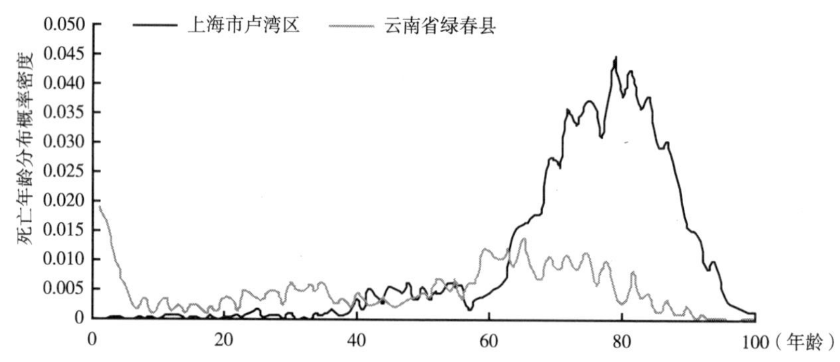


**图 1　2000 年预期寿命最高与最低县市死亡年龄分布比较**

数据来源：《中国 2000 年县/区人口普查资料汇编大全》，具体见文中描述。

与此同时，我们利用式（2）计算各县市的预期寿命水平实际值（$LE_f$），并根据“方差”的定义公式计算各县市的人口死亡年龄方差实际值（$Var_f$）。图 2 给出了各县市 $LE_f$ 和 $Var_f$ 的相关关系（图中实线为线性趋势线）。我们发现：2000 年时我国各县市人口预期寿命水平主要集中在 50—70 岁之间，与此同时，人口死亡年龄方差主要集中在 250—750（平方岁）之间；此外，人口预期寿命水平与人口死亡年龄方差呈高度负相关（$Var\_f = 1944.95 - 23.74LE\_f$，$R^2 = 0.72$），表明预期寿命水平越高的县市其人口死亡年龄分布越集中（方差越小）。

① 由于“绿春县”2000 年普查年度人口死于 0 岁时的概率相比于其他年龄段非常高，我们在图 1 中仅给出 1 岁以后人口死亡年龄分布。

② 注意到死亡年龄分布在整个年龄区间上各概率相加之和为 1，因此对于“绿春县”而言，由于该县人口死于婴幼儿时期的概率比较高，其青少年以后各年龄的死亡概率所呈现出来的分布比较平坦。

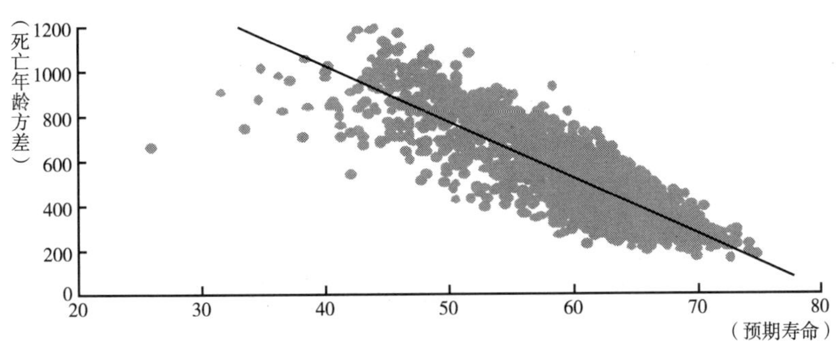


**图 2 死亡年龄方差与预期寿命的实际值**

数据来源：《中国 2000 年县/区人口普查资料汇编大全》，具体见文中描述。

## 四、死亡年龄分布：韦伯与正态分布估计

本节考察韦伯和正态分布对我国人口死亡年龄分布的拟合效果。我们首先采用非线性估计方法估计相应的分布参数。正态分布估计得到的均值和方差可以直接作为预期寿命（$LE_n$）和死亡年龄方差（$Var_n$）的估计值，但对于韦伯分布而言，只能根据其估计得到的参数计算得到的均值和方差作为预期寿命（$LE_w$）和死亡年龄方差（$Var_w$）的估计值。

值得一提的是，在估计正态和韦伯分布参数的过程中，我们首先将婴儿（0 岁）死亡人口数据排除，这主要是因为年龄别死亡率随年龄呈先下降后上升的趋势，尤其是婴儿死亡率相对较高，从而对正态和韦伯分布的拟合精确度产生了一定影响。此外，我们将原始数据中的“0”作为“缺失值”处理，主要基于以下几个方面的考虑：某县市在这次人口普查年度某个年龄段（譬如 40 岁）死亡人数为 0，并非意味着该县市人口死于 40 岁的概率为 0，而仅仅是在这次普查年度并未观测到该县市人口死于 40 岁概率的实现值；更进一步地，尽管我们可能观测到某个县市年龄 a 岁和 b 岁的死亡人数均为 0，或者两个不同县市年龄为 c 岁的死亡人数为 0，我们并不认为这几种情形相当，而仅仅只是未能观测到相应概率的实现值，从而不能简单地等同处理；从参数估计角度来看，将“0”值作为“缺失值”处理与插值处理的效果类似。

图 3 和图 4 首先给出了基于韦伯分布估计得到的人口预期寿命水平和死亡年龄

方差与相对应的实际值相比较的结果（图中实线为45度线，下同）①。表明，对于绝大多数县市而言，韦伯分布估计得到的预期寿命水平比实际计算得到的值高，与此同时，韦伯分布估计得到的人口死亡年龄方差比实际计算得到的死亡年龄方差小，但实际预期寿命水平越高的县市韦伯分布估计值（无论是预期寿命水平还是死亡年龄方差）与实际值越接近。

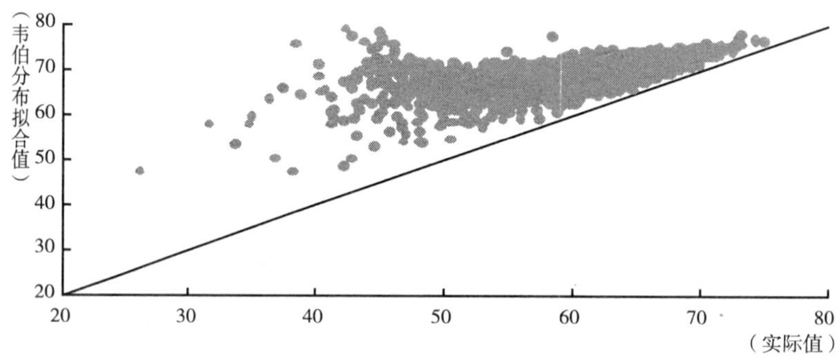


**图3　韦伯分布预期寿命估计值与实际值比较**

数据来源：《中国2000年县/区人口普查资料汇编大全》，具体见文中描述。

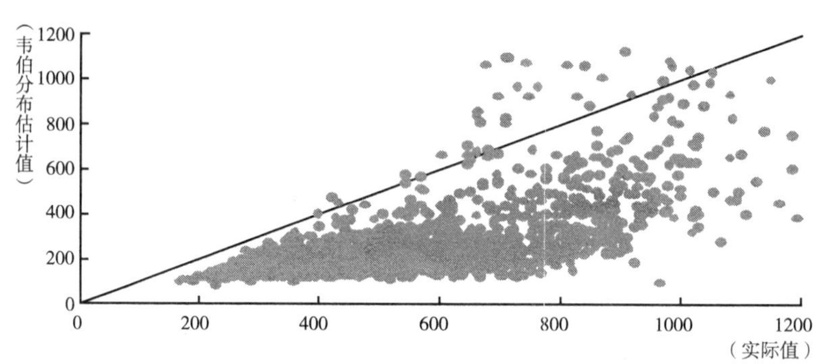


**图4　韦伯分布死亡年龄方差估计值与实际值比较**

数据来源：《中国2000年县/区人口普查资料汇编大全》，具体见文中描述。

① 由于部分县市在2000年人口普查年度总的死亡人口数比较小（这些县市人口规模本身比较小），从而影响了这些县市分年龄组死亡人口的精确度，进而使得影响了韦伯分布估计的结果，因而在图中我们略去了对这些县市的韦伯分布估计的结果与实际值的比较（接下来的"正态分布"情形中也进行类似的处理）。但如我们之前在"数据来源"介绍中所描述的，2000年人口普查时95%以上的县市基本满足人口规模统计分析要求，因此去掉这些样本观测值（一共去掉了40个县市）并不会影响文中的结论。

我们对此的解释是：对于预期寿命水平而言，我们在拟合韦伯分布的过程中忽略了0岁（婴儿）死亡人数的影响，从而在估计过程中低估了婴儿死亡率水平，进而使得预期寿命估计值高于实际计算结果，这进一步与实际预期寿命水平比较低的县市韦伯分布估计得到的预期寿命偏离实际值越远的现象相对应：因为这些县市的婴儿死亡率往往相对较高（见图1）；对于人口死亡年龄方差而言，一方面韦伯分布通过平滑估计对实际数据进行模拟，从而“熨平”了部分波动效果，另一方面，如我们之前已经指出的，我们在进行韦伯分布估计的过程中将原始数据中的“0”作为缺失值进行处理，这进一步在提高估计精确度的同时对实际数据进行了“平滑”处理。但我们发现图2所表现出来的“预期寿命水平越高的县市死亡年龄分布越集中”的现象依然在图3中得到保持。

图5和图6则分别给出了基于正态分布估计得到的预期寿命水平和死亡年龄方差与相对应的实际值相比较的结果。与图3和图4的结论类似：正态分布估计值倾向于高估实际预期寿命水平，且正态分布拟合后的人口死亡年龄相比于实际值更集中，但对于人口预期寿命比较高（死亡年龄方差也比较小）的县市，正态分布估计值与实际值非常接近。

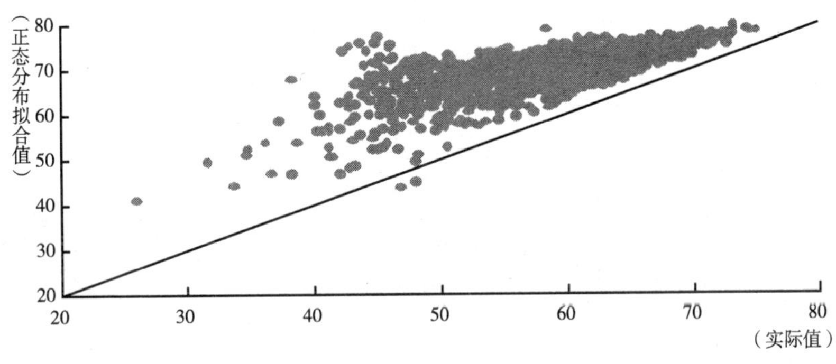


**图5　正态分布预期寿命估计值与实际值比较**

数据来源：《中国2000年县/区人口普查资料汇编大全》，具体见文中描述。

尽管限于篇幅我们没有深入展开，韦伯分布实际上比正态分布能够更好地拟合实际的人口死亡年龄分布，尤其是韦伯分布能够更好地拟合青少年时期偏低以及老龄时期偏高的死亡概率，并且韦伯分布因其在众数附近更为明显的尖峰形状从而能够对我国人口死亡年龄分布更好地进行模拟，这进一步表现为对于大多数县市而言韦伯分布的NLS估计的拟合优度（$R^2$）更大。

表1给出了各县市人口死亡年龄韦伯和正态分布参数估计值以及拟合优度的统计特征。从拟合优度来看，韦伯和正态分布都能够非常好地拟合实际人口死亡数据，

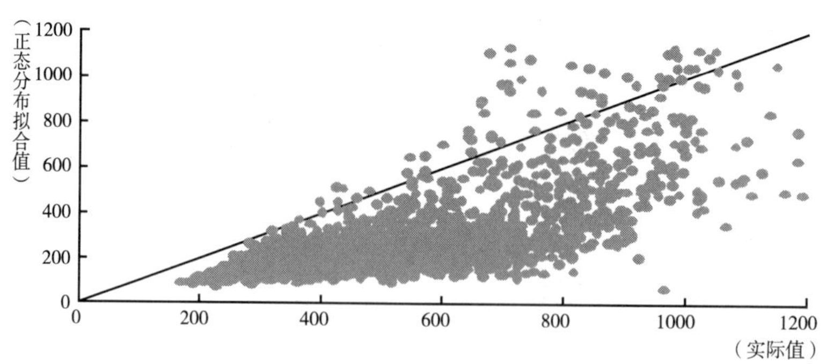


**图 6　正态分布死亡年龄方差估计值与实际值比较**

数据来源：《中国 2000 年县/区人口普查资料汇编大全》，具体见文中描述。

拟合优度平均而言接近 0.90（90% 以上的县市拟合优度均在 80% 以上）。各县市韦伯分布斜率参数 $\alpha$ 估计值的均值为 5.65（75% 以上的县市 $\alpha$ 估计值大于 5）。由于韦伯分布斜率参数在 5 附近时与正态分布比较接近，这也进一步解释了韦伯分布与正态分布拟合效果相当的现象。

**表 1　韦伯与正态分布拟合参数与拟合优度比较***

| 韦伯分布 | | | 正态分布 | | |
|---|---|---|---|---|---|
| | 均值（标准差） | Min-Max | | 均值（标准差） | Min-Max |
| 参数 $\alpha$ | 5.65<br>(1.21) | 1.68 - 9.37 | 参数 $\mu$ | 70.53<br>(4.07) | 41.15 - 79.52 |
| 参数 $\beta$ | 74.91<br>(3.09) | 52.90 - 89.21 | 参数 $\sigma$ | 15.46<br>(4.14) | 8.45 - 33.71 |
| 拟合优度 | 0.89<br>(0.07) | 0.45 - 0.98 | 拟合优度 | 0.88<br>(0.07) | 0.45 - 0.97 |
| 估计县市个数 | 2825 | | 估计县市个数 | 2825 | |

注：＊为了消除部分县市由于人口规模太小（从而死亡人口数据不够精确）对韦伯和正态分布估计效果的影响，本表去掉这些县市后只剩下 2825 个县市（占 2870 个县市样本的 98.43%）。

数据来源：《中国 2000 年县/区人口普查资料汇编大全》，具体见文中描述。

但另一方面，由于正态分布具有非常好的统计特征，尤其是“正态分布的线性组合依然服从正态分布”的这一性质在实际应用中非常实用。我们知道，中国的区域行政体系可以划分为“六大地理区域”（分别为华北、东北、华东、华南、西南和西北）、31 个省级行政单位、348 个地级市行政单位以及 2873 个县市级行政单位（具体见“数据来源”描述），因此以上估计得到的各县市人口死亡年龄的正态分布拟合值可以根据各县市的相对人口规模线性组合成相应地级市、省级或地理区域层面上的人口死亡年龄分布，并在此基础上通过线性组合得到相对应的不同层级水平上的各行政区域的人口预期寿命水平和死亡年龄方差的估计值。

## 五、小　　结

本文将人口经济学中普遍使用的 韦伯分布以及在应用数学中最为常见的正态分布分别应用于模拟我国人口死亡年龄分布，并利用中国 2000 年人口普查的 2870 个县市的死亡登记数据和非线性估计方法对模拟结果进行比较，发现：（1）韦伯分布和正态分布都能够非常好地拟合实际数据；（2）韦伯分布相比于正态分布而言能够更好地拟合青少年时期偏低以及老龄时期偏高的死亡概率，并且韦伯分布因其在众数附近更为明显的尖峰形状从而能够对我国人口死亡年龄分布更好地进行模拟，尽管正态分布的实际应用能力更强；（3）我们发现，韦伯分布和正态分布都会高估人口预期寿命水平但低估死亡年龄分布的方差，但对人口健康水平越高的地区而言，这两个分布都能更好地拟合实际的死亡数据；（4）无论是实际数据，还是利用韦伯分布或正态分布所拟合出来的结果，我们都发现人口预期寿命与人口死亡年龄分布方差高度负相关，表明预期寿命水平越高的地区，人口死亡年龄分布的方差越低。本文的结论指出，利用韦伯分布或正态分布（尤其是后者）以及人口预期寿命水平以及人口死亡年龄方差之间的负相关关系，可以对我国未来不同地区的人口生命周期进行非常好的预测，从而可以为现有的考察未来我国人口年龄结构等的研究提供非常有价值的研究背景。

### 参考文献


[1] 黄荣清. 人口生命过程的函数解析式，两类死亡模型的统一 [J]. 中国人口科学，2004，(3)。

[2] Danuso F. Nonlinear regression command. Stata Technical Bulletin, 1991 (1): 17 - 19.

[3] Edwards, R. and S. Tuljiapurker. “Inequality in Life Spans and a New Perspective on Mortality Convergence across Industrialized Countries”. Population and Development Review, 2005. 4, 645 - 674.

[4] Finch C. Longevity, Senescence, and the Genome. Chicago: University of Chicago Press, 1990.

[5] Gerber H. Life Insurance Mathematics. New York: Springer, 1990.

[ 6 ] Hossack I, J Pollard and B Zehnwirth. Introductory Statistics with Applications in General Insurance. Cambridge: Cambridge University Press, 1999.

[ 7 ] Judge G, W Griffiths, R Hill, and et al. The Theory and Practice of Econometrics. New York: Wiley, 1985.

[ 8 ] Kannisto V. The advancing frontier of survival: life tables for old age. Odense, Denmark: Odense University Press, 1996.

[ 9 ] Kannisto, V. "Mode and dispersion of the length of life". Population: An English Selection, 2001. 1, 159 - 171.

[10] Klugman S, H Panjer and G Willmot. Loss Models: From Data to Decision. New York: John Wiley & Sons, 1998.

[11] Li Q. Essays on Asset Pricing, Consumption and Wealth. Stanford: Stanford University dissertation, 2004, 93 - 124.

[12] Royston P. Standard nonlinear curve fits. Stata Technical Bulletin, 1993 (11): 17.

[13] Wilmoth, J. and S. Horiuchi, "Rectangularization revisited: variability of age at death within human populations". Demography, 1999. 4, 475 - 495.

# 技术与技术性贸易壁垒：中国农产品对外贸易的出路在哪里？

蔡银寅　杜　凯

## 一、引　言

按照赫克歇尔－俄林（H－O 模型）国际贸易理论，中国之所以要进行农产品对外贸易是因为中国在农产品生产方面具有“比较优势”。然而，H－O 模型表征的是相同技术条件下两国之间因生产要素禀赋的“比较优势”而产生的国际分工，这仅仅是对外贸易的前提。随着全球经济一体化进程的加快，各国之间的产业竞争秩序发生了根本性转变，从以往横向比较优势支配下的产品竞争逐渐演化为价值链上的分工竞争。事实上，发达国家在不断构建贸易竞争秩序的反思过程中，已经逐渐地走上一种以技术优势为渠道的道路。那么，发达国家是如何运用这种技术优势来巩固其在国际分工中的主动地位的呢？我们的解释是，技术性贸易壁垒（Technical Barriers to Trade），由技术优势国特设的一种制度安排。进入 21 世纪后，TBT 已成为发达国家非关税贸易壁垒的主要形式，在全球分工中扮演着越来越重要的角色。

国家统计数据显示，我国加入 WTO 以来所遭遇的贸易壁垒中 80% 属于技术性贸易壁垒。目前，我国每年受反倾销措施影响的出口额仅占全国出口额的 1% 左右，而受技术性贸易壁垒影响的出口额已经超过 25%，技术性贸易壁垒已经成为制约我国产品出口的第一大障碍。2005 年我国大约有 25.1% 的出口企业遭受到国外技术性贸易措施的影响，直接损失总额达 288.1 亿美元，其中有 42% 的农产品和食品遭受 TBT 的影响，这一比例明显高于其他类别的产品。国家质检总局《中国技术性贸易措施年度报告（2007）》指出，2006 年我国全年出口贸易因技术性措施造成直接损失达 359.20 亿美元，占同期出口额的 3.71%，其中受影响较大的农产品占到了直接损失总额的 23.77%。上述数据表明，TBT 已成为影响我国对外贸易的重要因素之一，其中以农产品和农产品加工制造品为最。

因此，本文将重点解释以下两个问题。第一，TBT 作为技术优势国设计的一种制度安排有何含义？第二，为什么 TBT 对农产品和农产品加工制造品的影响最为显著？

## 二、农业和农产品加工业的技术发展程度

前文指出，在 H－O 模型中，技术是外生不变的，但这并不符合今天的实际情况。随着技术不断进步，有些行业技术的发展已经非常成熟，技术对产品的影响越来越微弱。基于这一事实，本文给出有关技术的第一个命题。

**命题Ⅰ：技术是异质的，对于不同的产业或行业来说，其技术发展阶段不一定相同，技术发展越成熟，技术对产品的影响越微弱，产品的技术竞争优势也越微弱，非技术要素对产品影响越显著，产品的非技术竞争优势也越显著。**

根据命题Ⅰ的定义，就产业技术发展来说，很显然，农业的技术发展最成熟，工业和建筑业的技术发展次之，第三产业的技术发展最次。在行业层面上，我们则采用多年来该行业技术投资占其销售收入的比例来衡量其技术发展程度。技术投资占销售收入的比例越小，说明该行业的技术发展越成熟。表 1 显示的就是用 1996—2006 年分行业技术投资数据和其对应的年度产品销售收入数据所做的行业技术发展程度的量化结果。

从表 1 很容易看出，技术发展非常成熟的行业主要有，食品加工业、服装及其他纤维制品制造业等，其技术投资与产品销售收入比均小于 0.3%。同时，我们还可以发现，食品制造业的技术发展也非常成熟，其技术投资与产品销售收入比仅为 0.6%，远低于其他行业。

于是，本文认为，农业和农产品加工业的技术发展程度在产业和行业层面上都是非常成熟的，进而可以确定，就农产品和农产品加工制造品来说，技术的影响是不显著的，农产品及其加工制造品的竞争优势主要由非技术要素来决定，土地、劳动力的禀赋优势对农产品及其加工制造品的影响显著。

**表 1　技术投资占产品销售收入的比例**

单位：%

| 行业名称 | 煤炭采选业 | 食品加工业 | 食品制造业 | 纺织业 | 服装及其他纤维制品制造业 | 木材加工及竹藤棕草制品业 | 家具制造业 | 印刷业记录媒介的复制 |
|---|---|---|---|---|---|---|---|---|
| 1996—2006 年平均 | 1.5172 | 0.2918 | 0.6145 | 1.0772 | 0.2783 | 0.2371 | 0.2485 | 0.8939 |

续表

| 行业名称 | 文教体育用品制造业 | 石油加工及炼焦业 | 化学原料及化学制品制造业 | 医药制造业 | 化学纤维制造业 | 黑色金属冶炼及压延加工业 | 普通机械制造业 | 专用设备制造业 |
|---|---|---|---|---|---|---|---|---|
| 1996—2006年平均 | 0. 1821 | 2. 7835 | 2. 2940 | 2. 0107 | 3. 1363 | 5. 2064 | 2. 0024 | 1. 7254 |

注：本部分的研究仅选择了一些比较具有代表性的行业而非全部，选择的依据是按行业的发展时间和生产属性先进行简单的分类，然后在各类中选择比较有代表性的行业数据，然后再加以综合才得出的结果。

## 三、技术的异质性：对 H－O 模型的一个修正性应用

正如命题 I 所述，技术是异质的，行业技术因其所处的发展阶段不同其对产品竞争优势的影响也不同，技术发展越成熟，其影响越微弱。事实上，这一命题同时又衍生出另一个问题，即对于技术发展非常成熟的行业来说，既然技术对产品竞争优势的影响是不显著的，那么生产者对技术的选择将成为一个次要因素。技术是异质的还暗含另一种含义，即先进技术并不一定能够使产品具有竞争优势，这样就不能简单地认为所有具有竞争优势的产品都是技术先进的结果。这同样可以解释一些国家明明已经具备生产某种产品的最先进技术，为什么还要进口技术水平远不如自己国家的该类产品。这可能是 H－O 模型当年忽略掉的一个内容。因此，本文将对 H－O 模型作一个简单的修正，并将其应用于对 TBT 的分析。同时，这里我们给出有关技术的第二个命题。

**命题Ⅱ：对于技术发展非常成熟的行业来说，技术对产品竞争优势的影响是微弱的，非技术要素对产品竞争优势的影响是显著的，该行业的生产者根据非技术要素的禀赋选择技术，这时候，技术要素与非技术要素具有替代性，技术的选择集合为技术的可行域。**

命题Ⅱ是我们用于修正 H－O 模型的基础，由命题Ⅱ出发，传统的 H－O 模型的 Y 轴变成了技术轴（T 轴），如图 1 所示，横轴为非技术轴，它可以代表某一要素 X，也可以代表所有非技术要素的集合。因此，传统的 A、B 国的生产可能曲线变成如图 1 实线所示的两个技术与非技术要素 X 的组合域。

由图 1 很容易看出，A 国具有非技术要素禀赋的比较优势，B 国具有技术优势。显然，不存在 TBT 的情况下，技术与非技术要素的组合仍符合 H－O 模型所解释的贸易关系，两国分别在 AB 两点达到生产的最优组合方式，A 国因具有非技术要素 X 的比较优势成本较低，所以 A 国要向 B 国出售产品以获取利润。

表面上看，TBT 是为了使某种商品达到某一技术标准而专门设定的技术门槛，

其目的在于保障进口国消费者的利益，并不会对贸易国要素禀赋的比较优势产生影响，但这一结论的前提是技术是同质的。如前面所讲，对于技术发展非常成熟的行业来说，技术与非技术要素是可以替代的，这样，TBT 的存在就不再与要素禀赋的比较优势无关了。

表 2 展示了近 8 年来各行业 TBT 通报结果的权值，结果显示，TBT 通报权值较高的行业多集中在技术非常成熟的行业。这一数据首先证明一个事实，即只有在技术发展非常成熟的行业，具有技术优势的国家才有能力制定比较成熟的 TBT 标准，并确保监督和维护的成本不至太大。而对于那些刚刚兴起的行业来说，技术发展十分不成熟，出台 TBT 的可能性就较小，因为此时出台一套完备的 TBT 的成本会很高，监督和维护成本也非常显著，显然是不经济的。有了这一理论基础，我们便可以很方便地对修正过的 H－O 模型进行 TBT 条件下的分析。

**表 2　2000—2007 年分行业 TBT 通报数的权值**

| 行业名称 | TBT 权 | 行业名称 | TBT 权 |
|---|---|---|---|
| 交通运输设备制造业 | 7.66 | 黑色金属冶炼及压延加工业 | 1.35 |
| 医药制造业 | 7.34 | 农副食品加工 | 1.32 |
| 食品制造业 | 4.95 | 木材加工及木、竹、藤、棕、草制品业 | 1.22 |
| 化学原料及化学制品制造业 | 3.66 | 纺织业 | 1.10 |
| 专用设备制造业 | 2.81 | 纺织服装、鞋、帽制造业 | 0.71 |
| 石油加工、炼焦及核燃料加工业 | 2.80 | 皮革、毛皮、羽毛（绒）及其制品业 | 0.69 |
| 工艺品及其他制造业 | 2.25 | 橡胶制品业 | 0.64 |
| 通信设备、计算机及其他电子设备制造业 | 2.22 | 矿产品 | 0.60 |
| 电气机械及器材制造业 | 2.19 | 造纸及纸制品业 | 0.58 |
| 通用设备制造业 | 1.52 | 塑料制品业 | 0.39 |
| 仪器仪表及文化、办公用机械制造业 | 1.52 | 金属制品业 | 0.24 |

资料来源：WTO 网站 http：//www.wto.org/ 2000—2007 年 TBT 通报数据。权值为该行业的 TBT 通报数量与其子行业数量的比值。

以表 2 为依据，我们假设 TBT 主用存在于技术发展非常成熟的行业中，并由技术禀赋较高的国家制定。如图 1 所示，TBT 的出台相当于给技术禀赋较低的 A 国设定了一个技术门槛，其高于 A 国的技术可行域，否则 TBT 无效。TBT 一旦出台，摆在 A 国面前的只有一条路，缩小生产，因为此时 B 国的市场为 0。

那么，TBT 对 A 国会产生什么样的具体影响呢？设 A 国的生产函数为 $f^A=(T, X)$ 二阶连续可微，其中 $\frac{\partial f^A}{\partial X}<\frac{\partial f^A}{\partial T}$，$\frac{\partial^2 f^A}{\partial X^2}<0$。说明 A 国的非技术要素 X 相对丰裕，

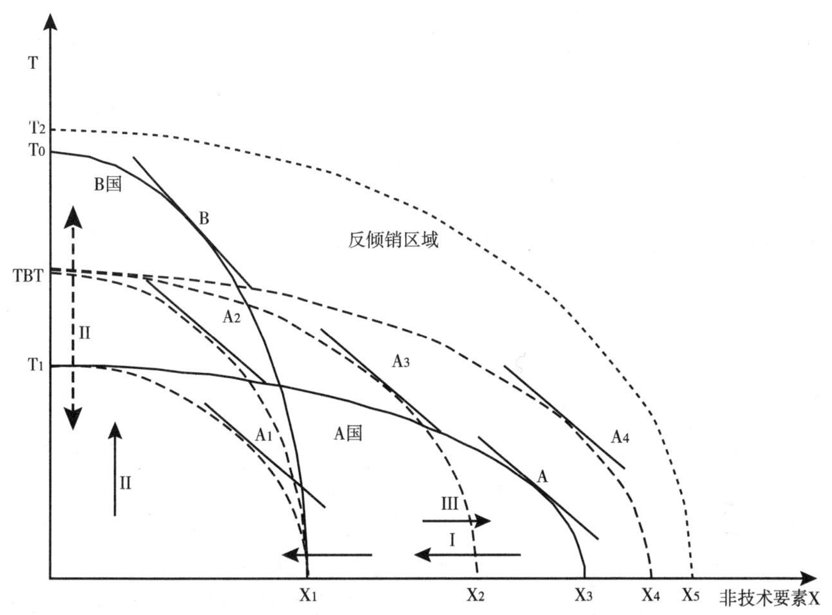


**图 1　技术与非技术要素组合的 H－O 模型和 TBT 条件下生产可能性曲线的动态变化**

技术的替代率很高，反过来说，A 国喜欢使用 X 要素，因为 X 要素的价格低。对应地，B 国的生产函数为 $f^B = (T, X)$ 二阶可导，其中 $\frac{\partial f^B}{\partial X} > \frac{\partial f^B}{\partial T}, \frac{\partial^2 f^B}{\partial X^2} > 0$，技术和非技术要素的禀赋正好相反。图 1 中的实线分别表示的是 A、B 两国的生产可能性曲线，分别为 T1－X3 和 T0－X1 组合，且两国分别在 A、B 两点实现成本最小。由于 A 国的非技术要素 X 相对丰裕，所以 A 国的生产成本低于 B 国，根据成本定价原理，则 A 国该产品的价格可以低于 B 国，所以 A 国向 B 国出口产品。此时，B 国 X 要素的禀赋较低，技术优势得不到有效的施展。如果 B 国不加限制，则其国内市场上将大量涌现 A 国的该商品，且价格较低，本国具有较高技术水平的生产者受到抑制，出现技术浪费的现象。

此时，B 国就会对 A 实施贸易技术壁垒，人为地将技术水平提高到 TBT 水平，即如果 A 国的产品达不到这一技术水平，就必须退出 B 国市场。TBT 一旦出台，A 国产品的市场范围就会随之缩小。此时，对于 A 国的生产者来说，首先要做的是缩小产量，由于技术是刚性的，所以 A 国将出现图 1 中所示的第 I 过程，生产者急剧减少 X 要素的投入以缩小产量，因为突破 TBT 需要一段时间。A 国在降低 X 要素使用率的过程中，该产品的成本是一个不断上升的过程，当 X 要素的使用达到 X1 水平时，成本达到 T1 技术水平上的最大值，即 A1 点。此时，生产者将开始第 II 过程，即对技术投资以突破 TBT 获得更为广阔的市场，否则，A 国就会在高成本水平上维持生产，是非常不合算的。

其实，对于生产者来说，第 II 过程具有两种选择，一是以 TBT 为目标的技术边际改进；二是对技术进行过度投资，直接超越 B 国的技术水平，一劳永逸地突破 TBT 的限制（这里默认只有高技术国才可以出台 TBT），但对于成熟行业来说，反倾销会成为对 TBT 的有效弥补，一旦 A 国生产者对技术进行了过度投资，就会使其进入反倾销区域，后果更为严重，应该说不是一种很好的方法。很简单，反倾销区域就是 A 国在技术和非技术要素方面均具有禀赋优势的情况，这种情况对于 B 国来说出台新的 TBT 已经没有任何意义，B 国为了维护本国产业的利益，就会挥出反倾销大棒，把 A 国产品强制性地赶出去。

如果 A 国采用的是以 TBT 为目标的技术边际改进，那么第 II 过程的技术将达到 TBT 水平，成本提升到 $A_2$，此时的产量是不足以出口的，并且相对丰裕的要素 X 的作用也没有得到发挥，A 国生产者就会进行第 III 过程，增加 X 要素的投入以增加产量，降低成本。并最终在 $A_4$ 水平上达到新技术水平下的最小成本，注意，此时该产品的生产成本与 TBT 出台之前相比要低一些，因为产量变大了。此时，A 国 X 要素的禀赋优势再次出现，只是与 TBT 出台前相比，优势稍微弱了一些。

上述过程可能成为 A、B 两国重复博弈的过程，最终 A、B 两国的生产可能性曲线将非常相似。这也是 B 国利用其技术优势，通过 TBT 削弱 A 国 X 要素禀赋优势的过程。

至此，我们得出了第一个问题的答案。TBT 是发达国家运用其技术优势巩固其在国际分工中主动地位的一种制度设计，是技术优势国利用其技术优势削弱其非技术要素禀赋劣势的一种途径。TBT 和反倾销作为发达国家的两把利剑，很容易将发展中国家置于一个两难困境上。如果发展中国家进行以 TBT 为目标进行技术改进，就会被牵着鼻子走，发达国家就可以利用其技术优势钳制发展中国家，以技术优势弥补非技术要素的禀赋劣势，限制发展中国家的非技术要素禀赋优势的发挥；如果发展中国家对技术进行过度投资，完全超过发达国家的技术水平，就会被发达国家以倾销的“罪名”赶出去，况且存在 TBT 的往往是技术发展非常成熟的行业，利润往往由市场份额决定，如果不能配以国家力量，这种技术突破就显得毫无意义，所以，本文将此称为过度投资。

## 四、技术性贸易壁垒对我国农产品对外贸易的影响

再次回到我国农产品对外贸易上，TBT 对我国农产品以及其加工制造品的影响如何？首先，我们必须确定一个事实，我国农业生产和涉农加工制造业的技术水平在国际中处于何种地位，如果我国的农业生产技术或相关加工制造技术已经处于世

界领先地位，那么 TBT 对我国农产品对外贸易的影响将是微弱的，反倾销将是我们担心的。如果相反，就不得不遗憾地宣布，我国农产品对外贸易也像其他发展中国家一样，处于一个两难困境上。为了量化我国涉农加工制造业的技术水平，这里给出有关技术的第三个命题。

**命题Ⅲ：如果某一行业的长期技术投资数据显示，某一种技术投资（技术改进、自主研发、购买国外技术、购买国内技术）方式生产具有显著的影响，我们则可以从这种技术投资方式判断其技术水平。**

设回归方程为，

$$INCOME_i = \alpha + \beta_1 IMPROVECAPITAL_i + \beta_2 FOREIGNCAPITAL_i + \beta_3 INNOVATIONCAPITAL_i + \beta_4 DOMESTICCAPITAL_i + \varepsilon_i$$

其中 $INCOME_i$ 表示销售收入，$IMPROVECAPITAL_i$ 表示生产者用于改造现有技术的重置资本投入量，$FOREIGNCAPITAL_i$ 表示用于引进国外先进技术的资本投入量，$INNOVATIONCAPITAL_i$ 表示自主研发内部消化的资本量，$DOMESTICCAPITAL_i$ 表示用于购买国内技术的资本投入量。利用 1996—2006 年各行业技术投资的分项投资数据做回归，结果如表 3 所示。

**表 3　各行业四项目技术投资回归结果（OLS 法）**

| 解释变量/行业 | 食品加工业 | 食品制造业 | 木材加工及竹藤棕草制品业 | 家具制造业 |
|---|---|---|---|---|
| *IMPROVECAPITAL* | 0.901589***<br>(3.797227) | 0.012517<br>(0.252375) | 0.033798<br>(0.566727) | 0.332311***<br>(2.670321) |
| *FOREIGENCAPITAL* | -0.374405<br>(-0.552489) | 0.088393<br>(0.599840) | 0.247277*<br>(1.392509) | -0.614465*<br>(-1.506267) |
| *INNOVATIONCAPITAL* | 11.23290***<br>(3.176468) | 6.530633***<br>(5.215877) | 7.310280***<br>(7.181545) | 10.90415***<br>(3.084775) |
| *DOMESTICCAPITAL* | -4.290663*<br>(-1.598583) | -1.913835***<br>(-2.851800) | -3.653499<br>(-1.314968) | 0.462478<br>(1.313742) |
| $Adj\ R^2$ | 0.772755 | 0.863525 | 0.928066 | 0.890494 |
| *F* | 9.501359 | 16.81837 | 33.25423 | 21.32985 |

注：表中省去了常数项，括号内的数值为 t 统计值（双边检验）；*，** 和 *** 分别代表统计显著性为 10%，5% 和 1%。

从结果可以看出，对于这 4 个与农产品加工制造密切相关的行业来说，用于自主研发的技术投资的效果都非常显著，足以说明这些行业的技术发展已经非常成熟，自主研发成为一个获得技术进步的主要途径，此时技术改进的市场已经很小，技术开发因为需求不足已经不可能形成有效的分工。同时，结果还显示，这些行业引进国外技术的作业并不显著，甚至还是负相关的。我们的解释是，由于这些行业的技术发展已经非常成熟，特别是对于发达国家来说，这些行业技术可能已经达到一个阈值，进步率非常之小，并且扩散效应很强，引进国外技术很大程度上是为了刻意地满足该国的 TBT 要求，所以这种引进只对出口那部分产品有效，当 TBT 每年都有新增时，引进国外技术的效应自然就不显著，甚至会出现负相关情况。反过来说，这 4 个行业受 TBT 约束还是比较明显的。食品加工与食品制造相比，食品加工技术改进的效果较为显著，而食品制造引进国内技术的效果较为显著。

当然，上述的分析结果还可以得出一个让我们兴奋的结论，即我国的这 4 个行业技术水平已经很高，至少并不低于其他国家，因为自主研发和购买国内技术对销售收入的影响显著。然而，当我们放眼整个产业链时，这种兴奋就会戛然而止。一个非常值得深思的问题出现了，我们农业生产的技术又如何呢？即便我们在农产品加工制造方面技术领先，但我们原材料的技术是否也领先呢？图 2 反映的是 1996—2006 年我国主要农产品对外贸易的产值变化趋势，整体来看，我国农产品出口产值波动并不是很大，这主要是由各进口国的需求刚性决定的，但就各类农产品观察，其出口产值的波动还是比较大的，原因之一就是受到 TBT 的影响。

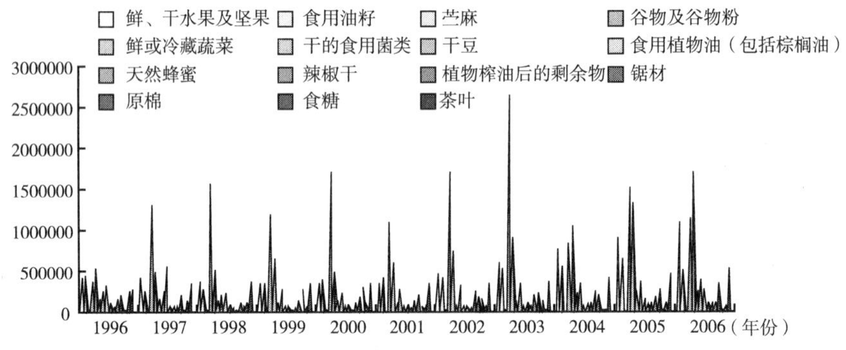


**图 2 1996—2006 年我国主要农产品出口产值变化趋势**

数据来源：《海关数据》，1996—2006 年各年 12 月份数据。

表 4 显示了 1999—2007 年 WTO 成员国 TBT 通报的行业分布，很容易看出，农产品食品饮料方面的 TBT 一直处于增加趋势，且所占比例也越来越高。同时，由于 TBT 具有累加效应，这样的积累速度会远远超过我国农业生产的技术改进速度，对我农业生产来说是非常不利的。

**表 4 1999—2007 年 WTO 成员国 TBT 通报行业分布**

单位：个，%

| 年份 | | 农产品食品饮料 | 石油化工 | 建 材 | 轻工产品 | 机电产品 | 医 药 | 其 他 | 合 计 |
|---|---|---|---|---|---|---|---|---|---|
| 1999 | 数量 | 120 | 103 | 0 | 60 | 184 | 16 | 186 | 669 |
| | 比重 | 17.94 | 15.40 | 0 | 8.97 | 27.50 | 2.39 | 27.80 | 100 |
| 2000 | 数量 | 110 | 77 | 0 | 44 | 200 | 26 | 151 | 608 |
| | 比重 | 18.09 | 12.66 | 0 | 7.24 | 32.89 | 4.28 | 24.84 | 100 |
| 2001 | 数量 | 131 | 52 | 0 | 21 | 184 | 16 | 145 | 549 |
| | 比重 | 23.86 | 9.47 | 0 | 3.83 | 33.52 | 2.91 | 26.41 | 100 |
| 2002 | 数量 | 151 | 78 | 44 | 28 | 200 | 32 | 82 | 615 |
| | 比重 | 24.55 | 12.68 | 7.15 | 4.55 | 33.52 | 5.20 | 13.33 | 100 |
| 2003 | 数量 | 250 | 98 | 37 | 55 | 298 | 45 | 212 | 995 |
| | 比重 | 25.13 | 9.85 | 3.72 | 5.53 | 29.95 | 4.52 | 21.31 | 100 |
| 2004 | 数量 | 160 | 123 | 32 | 43 | 224 | 45 | 96 | 723 |
| | 比重 | 22.13 | 17.01 | 4.43 | 5.59 | 30.98 | 6.22 | 13.28 | 100 |
| 2005 | 数量 | 191 | 105 | 79 | 77 | 290 | 38 | 111 | 891 |
| | 比重 | 21.44 | 11.78 | 8.87 | 8.64 | 32.55 | 4.26 | 12.46 | 100 |
| 2006 | 数量 | 110 | 55 | 42 | 33 | 147 | 44 | 56 | 487 |
| | 比重 | 22.59 | 11.29 | 8.62 | 6.78 | 30.18 | 9.03 | 11.50 | 100 |
| 2007 | 数量 | 198 | 66 | 50 | 48 | 132 | 42 | 59 | 595 |
| | 比重 | 33.28 | 11.09 | 8.40 | 8.07 | 22.18 | 7.06 | 9.92 | 100 |

数据来源：1999—2005 年数据参见（宇方成：基于技术性贸易壁垒的农产品贸易结构分析．农业经济问题．2007.8），2006—2007 年数据来源于 WTO 网站 http：//www. wto. org/。

前面讲到，原材料的技术水平同样会影响产品突破 TBT 的能力，虽然我国农产品加工的技术水平是较高的，但由于农产品自身的技术水平不高，产品同样无法通过 TBT 的检验。图 3 反映了我国 1996—2006 年我国未加工肉类和粗加工肉类的出口产值变化趋势，可以看出，粗加工肉类与未加工肉类的变化趋势几乎一致，并与 TBT 呈现一种拟正相关趋势。如果没有 TBT 的存在，粗加工肉类应该与未加工肉类呈现互补趋势，因为需求是相对刚性的。

同样，在表 3 的回归结果中，我们发现食品制造业购买国内技术对产品销售收入的影响比食品加工业显著，这说明国内食品制造业的技术水平要高于食品加工业。根据上面的分析，我们可以得出一个结论，由于农产品的需求刚性，我们未加工农产品的出口产值应该起伏不大，细加工农产品的波动也至于太大，因为食品制造业属于农产品细加工领域，我国的技术水平较高，突破 TBT 的能力较强，但粗加工农产品的波动应该最大，因为其既不存在需求刚性技术水平也不高。而来至于《海关

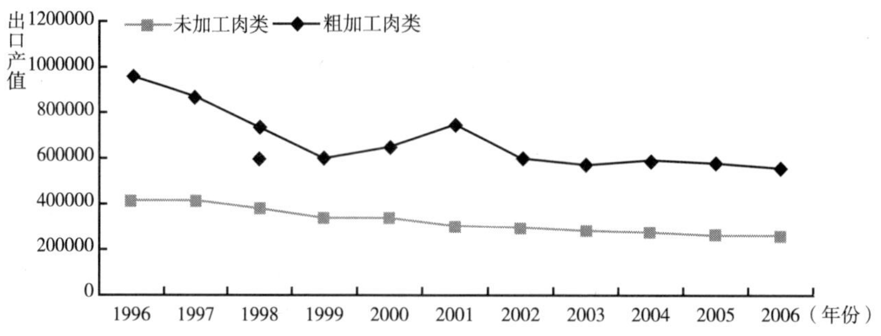


**图 3　未加工肉类和粗加工肉类出口产值变化趋势**

数据来源：《海关数据》，1996—2006 年各年 12 月份数据。

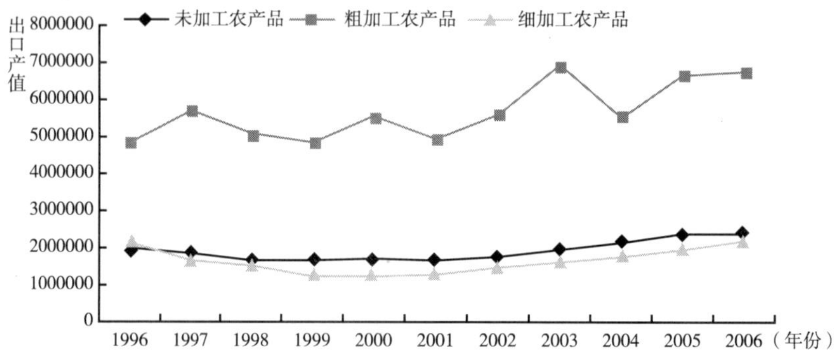


**图 4　未加工农产品、粗加工农产品和细加工农产品出口产值变化趋势**

数据来源：《海关数据》，1996—2006 年各年 12 月份数据。

统计》各年度数据的统计结果（图 4）正好可以说明这一结论的合理性。

于是，我们得出了第二个问题的答案。由于农业及其加工制造业的技术发展已经非常成熟，这一类产业的竞争优势主要由非技术要素确定，土地、劳动力禀赋优势突出，同时，这类产品的需求又是相对刚性的，发达国家的技术优势无从发挥。如果不加限制，具有土地和劳动力禀赋优势的发展中国家的农产品就会大量涌入本国市场，最终将使本国的农业及其相关产业发展受限。因此，TBT 对农业和农产品加工制造业的影响最为显著。

TBT 的存在将我国置于一个两难困境上。如果我们不进行以 TBT 为目标的技术改进，就无法进行农产品的对外贸易，只能等着“穷死”；如果我们一直进行以 TBT 为目标的技术改进或索性进行技术的过度投资，一举突破所有的 TBT 障碍，但那个时候，我们同样会被以“倾销”的罪名赶回来，我们就会“累死”。

到这里，中国农产品对外贸易的处境已经非常明显了。TBT 将成为我国农产品对外贸易的一大障碍，不管我们是否能够突破 TBT，对我们来说都是不利的。因此，最好的办法就是通过产业结构调整的办法，逐渐把农业及其加工制造业的不良增长中拉出来，使农业生产资源逐渐向第二三产业转移，并在这一过程完成整个农业生产的技术性改进，因为仅仅改进农产品加工制造业的技术对整个农产品对外贸易来说只是杯水车薪，无济于事。

## 五、结　　论

不同行业的技术发展程度是不同的，这样就能简单地将所有的技术都看成是同质的。技术的异质性在技术发展非常成熟的行业最为显著。当技术成熟到一定程度，技术的优势将不再体现在产品上，产品中所蕴涵的非技术要素的禀赋优势就会得到充分的发挥。农业生产和农产品加工制造技术的发展已经非常成熟，使其技术禀赋优势无从发挥，技术以外诸如土地、劳动力等要素的禀赋优势显著。

技术性贸易壁垒（TBT）是发达国家运用其技术优势巩固其在国际分工中主动地位的一种制度设计，是技术优势国利用其技术优势削弱其非技术要素禀赋劣势的一种途径。由于农产品以及加工业的技术优势不显著，这时具有技术优势的农产品进口国就会利用其技术优势削弱农产品出口国技术外要素的禀赋优势，出台相关的 TBT 便是一个非常有效的方法，中国农产品对外贸易即处于这种状况。中国的农业生产在土地和劳动力禀赋方面具有明显的比较优势，因此，与农产品相关的 TBT 对中国的农产品对外贸易影响非常显著，商务部的统计数据证明了这一结论。但是，突破 TBT 并不是一劳永逸的，而是一个反复博弈的过程，并且这种博弈还会持续很长一段时间，成为中国农产品外贸的最大障碍。

虽然我国的食品加工制造技术在某些方面已经比较领先，但这并不足以扭转我国农产品对外贸易的不利地位。因为农产品加工制造是 个与农业生产密切相关的产业链，必须整个农业生产的技术水平都提高了，我国才可以扭转农产品对外贸易中的不利地位，这是一个长期的过程，其间产业结构调整和对技术的投资是非常关键两步。

**参考文献**

[1] 王英. 发展对外直接投资是突破农产品技术性贸易壁垒的有效途径［J］. 农业经济问题，2008（7）。

[2] 王江，龚丽. 构建我国农产品技术性贸易壁垒预警体系的框架［J］. 农业经济问题，2006（5）。

[3] 宇方成. 基于技术性贸易壁垒的农产品贸易结构分析［J］. 农业经济问题，2007（8）。

# 资金来源结构与合作金库的发展

## ——基于抗战时期农村金融的考察

李顺毅

合作金库是以合作组织为基础，在国民政府和国家行局等机构的指导和协助下建立的，以调节合作事业资金为宗旨，以“自有自营自享”为发展目标的一类合作金融机构。合作金库的创议始于1935年，从1936年底开始陆续建立起来，抗战时期达到发展高潮。它们是国民政府构建农村金融体系的重要组成部分，在当时不仅受到社会各界的广泛关注，而且在实践上达到了相当的规模、发挥了积极的作用，在民国农村金融史上具有不容忽视的地位。目前学术界对合作金库的研究成果还较少，已有的研究主要着眼于农村金融网络和制度变迁方面。[①] 对于金融机构来说，资金来源结构对其发展具有至关重要的影响。本文从分析资金来源结构入手，进而说明其对合作金库发展所产生的推动与制约作用，并试图探讨国民政府农村金融发展模式的内在困境。

## 一、资本金的来源及结构

合作金库的资金来源主要由资本金和负债两大部分构成。资本金是建立金融机构的必要前提，也是维持经营的基本保证。合作金库的资本金来源有两个渠道，一是合作组织，二是辅设机关。按照合作金融的一般要求，合作金库的资本来源主要应是业务区域内的合作组织，包括信用合作社、各种合作联社和下级合作金库，它们认购的股份即“合作股”。但是在实际中，由于合作组织自有资金的极度匮乏，根本无法凑足法定的合作金库资本下限。为了促成合作金库早日建立，发挥调剂农

① 参见李金铮、戴辛：《民国时期现代农村金融网络的形成考略——以长江中下游地区为中心》，《河北大学学报》2005年第2期；魏本权：《试论近代中国农村合作金融的制度变迁与创新——以合作金库制度为讨论中心》，《浙江社会科学》2009年第6期。

村金融的作用，在国民政府颁布的《合作金库规程》中规定了变通办法，即“在合作金库试办期间，各级政府、农本局、农民银行、地方银行及办理农贷各银行，暨其他不以营利为目的之法团，得酌认股额提倡之”,① 这类股份即“提倡股”。同时，这些认购提倡股的机构即成为合作金库的辅设机关，其中农本局、中国农民银行、中国银行、交通银行、中央信托局等国家行局最为重要。

抗战时期已建立的合作金库有省、县两级。从县合作金库来看，其资本结构中提倡股供给了资本的绝大部分，而合作社认购的股份则凤毛麟角。1941 年前农本局是辅设县合作金库最多的机关，以其为例，多数合作金库成立时的资本中合作社认股不及 1%，其余则由提倡股充当。通过表 1 的数据可以看到，即使是提倡股比例较低的省份也占到资本总额的 98% 以上，其余多数省份则超过 99%。

**表 1　农本局辅设的县合作金库成立时的资本结构（截至 1940 年）**

单位：元

| 省　份 | 统计库数 | 合作社股 | | 提　倡　股 | |
|---|---|---|---|---|---|
| | | 总金额 | 比例(%) | 总金额 | 比例(%) |
| 四　川 | 43 | 27046 | 0.63 | 4272954 | 99.37 |
| 贵　州 | 39 | 28910 | 0.74 | 3871090 | 99.26 |
| 广　西 | 32 | 13870 | 0.43 | 3186130 | 99.67 |
| 湖　北 | 13 | 20470 | 1.57 | 1279530 | 98.43 |
| 湖　南 | 14 | 11640 | 0.83 | 1388360 | 99.17 |
| 陕　西 | 9 | 5810 | 0.65 | 894190 | 99.35 |
| 西　康 | 7 | 4690 | 0.67 | 695310 | 99.33 |
| 云　南 | 6 | 10000 | 1.67 | 590000 | 98.33 |
| 浙　江 | 3 | 2220 | 0.74 | 297780 | 99.26 |
| 沦陷区域 | 8 | 14285 | 1.79 | 1685715 | 98.21 |

资料来源：农本局研究室编印：《农本局业务报告》（1938—1940 年），南开大学图书馆藏。根据有关数据整理而成。

提倡股原本是一种过渡性的投资，按照《合作金库规程》中表达的含义，最终应被合作股置换掉。具体规定是：合作金库初成立时，可由允许认购提倡股的机关“先行认股组织，并订奖励信用合作社各种合作社联合社认股方法，俟合作金库基础巩固时，得将认缴之股逐渐收回。”② 而从实际的发展趋势看，尽管来自合作社的

① 《合作金库规程》（民国二十五年十二月十八日部令公布民国二十七年二月二十三日部令修正公布），农贷办法及法规汇编卷，重庆市档案馆藏，全宗号 0282－1－71。

② 《合作金库规程》（民国二十五年十二月十八日部令公布民国二十七年二月二十三日部令修正公布），农贷办法及法规汇编卷，重庆市档案馆藏，全宗号 0282－1－71。

股金比例有所增加，但是增加的数量有限、速度缓慢，短期内不可能替代提倡股。如1938—1940年广西省各县合作金库的合作股占资本总额的平均比例分别为0.29%、2.91%和3.64%。① 贵州省的39个县合作金库在成立时有32个其提倡股在99000元以上（股本总额100000元），到1940年提倡股最低者仍在91000元以上，如时人所言，按此速度“则在四十五年后，金库十万元股金，方能由合作社全部收回”。② 从四川省南川县合作金库档案资料反映出的情形也可见一斑，该库成立初期提倡股比例高达98.32%，到1943年仍然在85%以上，合作股比重的年均增长速度还不及3%（如表2所示）。另据丁宗智根据社会部合作事业管理局县市合作金库调查资料整理的数据，到1943年上半年，除福建、甘肃外，多数省份县合作金库的提倡股平均比例仍在八成以上（如表3所示），可见在资本结构中提倡股的主导地位从总体上并没有改变。

**表2 四川省南川县合作金库历年资本结构**

单位：股

| | 1938年 | 1939年 | 1940年 | 1941年 | 1942年 | 1943年 |
|---|---|---|---|---|---|---|
| 股数总额 | 10145 | 10307 | 10168 | 10160 | 10668 | 10000 |
| 提倡股数 | 9975 | 9830 | 9523 | 9355 | 9195 | 8527 |
| 提倡股比例(%) | 98.32 | 95.37 | 93.66 | 92.08 | 86.19 | 85.27 |
| 合作社股数 | 170 | 477 | 645 | 805 | 1473 | 1473 |
| 合作社股比例(%) | 1.68 | 4.63 | 6.34 | 7.92 | 13.81 | 14.73 |

资料来源：《南川县合作金库下期业务报告书》（1938—1943年），中央合作金库卷，重庆市档案馆藏，全宗号0291-1-615。根据有关数据整理而成。

**表3 全国主要省份县市合作金库资本结构（1943年上半年）**

| | 四川 | 西康 | 贵州 | 广西 | 湖北 | 浙江 | 福建 | 甘肃 |
|---|---|---|---|---|---|---|---|---|
| 合作股比例(%) | 7.94 | 19.33 | 10.71 | 12.82 | 16.51 | 14.53 | 46.10 | 24.50 |
| 提倡股比例(%) | 92.06 | 80.67 | 89.29 | 87.18 | 83.49 | 85.47 | 53.90 | 75.50 |

材料来源：丁宗智：《八年来之合作金融》，《金融知识》4卷1、2期，1945年7月。

省合作金库的资本结构中，仍是以提倡股为绝大部分，县合作金库或合作社联社认购的股金微不足道，除江西省合作金库提倡股占85.57%外，其他各库提倡股都高居90%以上（如表4所示）。

① 顾尧章：《当前我国合作金库实务问题之检讨》，《经济汇报》6卷10期，1942年11月。

② 郑厚博：《贵州省县合作金库业绩之分析》，《中农月刊》2卷11期，1941年11月。

表 4 省合作金库的资本结构（1940 年）

单位：元

| | 四川省合库 | 江西省合库 | 浙江省合库 | 福建省合库 | 广西省合库 |
|---|---|---|---|---|---|
| 提倡股金额 | 10000000 | 3720000 | 1140000 | 1000000 | 3000000 |
| 合作股金额 | 3000 | 678500 | 75700 | 20200 | 13700 |
| 提倡股比例(%) | 99.97 | 85.57 | 93.77 | 98.02 | 99.55 |

资料来源：郑厚博：《中国合作金融之检讨》，《合作事业》3 卷 1—4 期，1941 年 4 月；文群：《江西省合作金库业务概述》，《中国合作》2 卷 10、11、12 期，1942 年 6 月；丁宗智：《八年来之合作金融》，《金融知识》4 卷 1、2 期，1945 年 7 月。

看来，无论是县级还是省级合作金库，其资本结构都具有相同的特征，即合作股严重不足，提倡股占据绝对优势。对于这种格局，农业金融学者姚公振曾慨叹道："合作社所认股金仅及十分之一，短时期内何可望其自力更生?"① 若以实际观之，恐怕更为甚之。

## 二、吸收存款和透支借款

在资本金以外，负债是金融机构筹集资金的主要手段，对合作金库而言有吸收存款和透支借款两种方式。

吸收存款可以利用社会剩余资金，特别是有利于调动合作社剩余资金，对增强合作金融的自主运营能力具有重要意义。合作金库的存款业务一般分为定期、活期、小额存款及合作社存款四种。除合作社存款的业务对象为合作社外，其他各种存款均面向社会各界。从数额来看，1939 年和 1940 年（截至 10 月）农本局辅设的各县合作金库存款结余总额分别为 1618427.10 元和 2896135.54 元。② 又如浙江省各县合作金库 1939 年（截至 8 月）存款余额合计 504699.72 元；③ 贵州省贵阳等 39 个县库 1940 年底存款结余总额为 1981521.39 元；④ 湖南省内各县合作金库中存款首推辰谿"至本年（1941 年）六月份止，该库共有存款一百六十余万"，"其他各库之存款约在十万元上下"⑤。省合作金库方面，1939 年（截至 8 月）浙江省库存款余

① 姚公振：《中国农业金融史》，中国文化服务社，1947 年，第 278 页。

② 农本局研究室编印：《农本局业务报告（中华民国二十八年）》，第 48—49 页；《农本局业务报告（中华民国二十九年）》，第 17—18 页。

③ 徐渊若：《从统计数字上观察浙江合作金融之发展》，《中农月刊》1 卷 2 期，1940 年 2 月。

④ 郑厚博：《贵州省县合作金库业绩之分析》，《中农月刊》2 卷 11 期，1941 年 11 月。

⑤ 陈兆适：《湖南的合作金库》，《中国合作》2 卷 10、11、12 期，1942 年 6 月。

额为 828125.02 元；① 1941 年底四川省库存款余额为 12149033.32 元；② 同年江西省库存款余额为 1342810.34 元。③

从存款结构来看，绝大多数存款来自政府机关和工商金融企业的活期存款，合作社存款的比例则很低。农本局辅设的县合作金库，1939 年合作社存款仅占存款总额的 1.52%，1940 年占 3.66%；而活期存款占达 80% 左右（如表 5 所示）。从各地看亦是如此，在湖南，“以机关军队占多数，商家亦有但数目较少，至于合作社的存款是更少见了”；④ 在浙江，合作社存款比重 1938 年为 3.1%，1939 年为 3.3%；⑤ 在贵州，“合作金库最大的存款户并非社员社，而为地方政府及抗战迁居内地机关工厂之公款”，⑥ 据 1940 年对贵阳等 39 县库的统计合作社存款仅占存款总额的 1.13%。⑦

**表 5　农本局辅设各县合作金库的各种存款比例**

单位：%

| | 合作社存款 | 小额存款 | 活期存款 | 定期存款 |
|---|---|---|---|---|
| 1939 年 | 1.52 | 15.02 | 79.11 | 4.35 |
| 1940 年 | 3.66 | 11.28 | 81.78 | 3.28 |

资料来源：农本局研究室编印：《农本局业务报告（中华民国二十八年）》，南开大学图书馆藏，第 36 页；《农本局业务报告（中华民国二十九年）》，南开大学图书馆藏，第 22 页。

从资金运用的需要来看，合作金库吸收的存款远远不够。这从存款与贷款之间的巨大缺口可以得到印证。1939 年和 1940 年（截至 10 月）农本局辅设的县合作金库平均存贷比分别约为 1∶6 和 1∶8。⑧ 1941 年湖南各县合作金库平均存贷比约为 1∶5。⑨ 又如 1942 年四联总处四川农贷视察团调查的 17 个县合作金库，放款总额 13289175 元，而存款总额仅为 2213168 元，只有放款额约 1/6。⑩可见，吸收存款作

① 徐渊若：《从统计数字上观察浙江合作金融之发展》，《中农月刊》1 卷 2 期，1940 年 2 月。

② 川合库：《五年来之四川省合作金库》，《中国合作》2 卷 10、11、12 期，1942 年 6 月。

③ 文群：《江西省合作金库业务概述》，《中国合作》2 卷 10、11、12 期，1942 年 6 月。

④ 陈兆适：《湖南的合作金库》，《中国合作》2 卷 10、11、12 期，1942 年 6 月。

⑤ 徐渊若：《从统计数字上观察浙江合作金融之发展》，《中农月刊》1 卷 2 期，1940 年 2 月。

⑥ 于永滋：《贵州之合作金库》，《中国合作》2 卷 10、11、12 期，1942 年 6 月。

⑦ 郑厚博：《贵州省县合作金库业绩之分析》，《中农月刊》2 卷 11 期，1941 年 11 月。

⑧ 农本局研究室编印：《农本局业务报告（中华民国二十八年）》，第 48—49 页；《农本局业务报告（中华民国二十九年）》，第 17—18 页。

⑨ 陈兆适：《湖南的合作金库》，《中国合作》2 卷 10、11、12 期，1942 年 6 月。

⑩ 中中交农四行联合办事总处秘书处印：《四联总处四川省农贷视察团报告书》（中华民国三十一年八月），第 64 页，关于 43 年度农贷问题，重庆市档案馆藏，全宗号 0292－1－208。

为合作金库的一项资金来源，它所具有的资金供给能力是明显不足的。

由于吸收存款不敷所需，透支借款这种筹资方式就显得格外重要。透支借款即合作金库与相应的行局事先订立信用或转抵押透支合约，在有效期限内合作金库如有需要可从订约行局取得资金，直到合约规定的数目取完为止。在国民政府扩大农贷的政策下，国家行局出于“贷款以金库为媒介，可获得安全保障”① 的考虑，往往使合作金库能够比较容易地获得透支借款。在透支数额上，从搜集到的几个数据看：中国农民银行 1939 年对合作金库放款 19201266. 15 元，占其农贷总额的 29. 28%；1940 年该项金额为 40892820. 19 元，占农贷总额达 42. 27%。② 另据四联总处 1941 年农贷报告的统计，中国农民银行、中国银行、交通银行和中央信托局四行局对合作金库的实际透支总计达 95387320 元（详见表 6），占四行局全年农贷总额的 19. 33%。③ 由此可见，合作金库获得的透支放款具有相当的数量，而且在国家行局的农贷总额中占有不小的比重。

**表 6　四行局对合作金库透支金额统计（1941 年 1 月至 11 月）**

单位：元

| 省　别 | 库　数 | 实际透支额 | 省　别 | 库　数 | 实际透支额 |
|---|---|---|---|---|---|
| 四　川 | 117 | 40637523 | 浙　江 | 15 | 1741840 |
| 贵　州 | 52 | 8997854 | 福　建 | 2 | 570112 |
| 广　西 | 43 | 11809914 | 江　西 | 2 | 3687075 |
| 湖　南 | 26 | 10128697 | 湖　北 | 6 | 1117799 |
| 甘　肃 | 19 | 2781098 | 云　南 | 7 | 5233134 |
| 陕　西 | 16 | 5630274 | | | |
| 西　康 | 10 | 3052000 | 合　计 | 317 | 95387320 |

注：上述合作金库包括省库 4 个（四川、江西、浙江、福建）、市库 1 个（重庆），其余皆为县库。

资料来源：四联总处农业金融处编：《中中交农四行联合办事处三十年度农贷报告》，关于 42 年度农贷问题，重庆市档案馆藏，全宗号 0292－1－207。

最后来综合分析合作金库的资金结构，利用 1942 年四联总处四川农贷视察团对 17 个县合作金库的统计资料，我们可以窥其一斑。从 17 个县合作金库的总体情况看，资本金占资金来源的 14. 55%，其中合作社股 1. 20%、提倡股 13. 35%；存款占

① 晓帆：《合作金库，县银行，农民信用贷款所》，《合作评论》1 卷 2 期，1941 年 2 月。

② 《近两年中国农民银行各种农村放款比较统计表》，《中农月刊》2 卷 6 期，1941 年 6 月。

③ 四联总处农业金融处编：《中中交农四行联合办事处三十年度农贷报告》，关于 42 年度农贷问题，重庆市档案馆藏，全宗号 0292－1－207。

11.48%；透支占比则高达73.97%（如表7所示）。而且在17个合作金库中透支一项占资金来源总额60%以上的合作金库就有12个。①

**表7　农贷视察团调查的17个县合作金库资金来源结构（1942年）**

单位：元

| | 资本金 | | 吸收存款 | 透支借款 |
|---|---|---|---|---|
| | 合作社股 | 提倡股 | | |
| 合计总额 | 231732 | 2572200 | 2213168 | 14253837 |
| 比例(%) | 1.20 | 13.35 | 11.48 | 73.97 |

资料来源：中中交农四行联合办事总处秘书处印：《四联总处四川省农贷视察团报告书》（中华民国三十一年八月），第64页，关于43年度农贷问题，重庆市档案馆藏，全宗号0292－1－208。

省合作金库的资金来源结构，以江西省合作金库为例，资本金占资金来源的25.43%，其中合作社股3.92%、提倡股21.51%；存款占7.77%；向银行透支资金的比重达到66.80%（如表8所示）。

**表8 江西省合作金库资金结构表（1941年）**

单位：元

| | 合作社股 | 提倡股 | 吸收存款 | 透支借款 |
|---|---|---|---|---|
| 数额 | 678500.00 | 3720000.00 | 1342810.34 | 11551661.58 |
| 比例(%) | 3.92 | 21.51 | 7.77 | 66.80 |

资料来源：文群：《江西省合作金库业务概述》，《中国合作》2卷10、11、12期，1942年6月。

从上面的数据可以清楚地看到，省、县合作金库的资金来源结构大致相同，透支借款是其最主要的资金来源，四联总处在1942年办理农业金融报告中的总结进一步印证了这种状况，写道："无论合作金库或任何种合作社，均尚不能离开银行借款而自存"。② 除透支外，资本金所占比例次之，其中提倡股又占了绝大部分。在三项资金来源中，存款的比重最低。

如果将合作金库中来源于合作组织的资金归为"内源资金"，其余部分归为"外源资金"，那么，前者包括合作股与合作存款，后者则包括提倡股、社会存款和透支借款。上述分析已经表明，来自合作组织的股金和存款极为有限，内源资

① 中中交农四行联合办事总处秘书处印：《四联总处四川省农贷视察团报告书》（中华民国三十一年八月），第64页，关于43年度农贷问题，重庆市档案馆藏，全宗号0292－1－208。

② 中中交农四行联合办事总处秘书处编印：《四联总处三十一年度办理农业金融报告》，关于43年度农贷问题，重庆市档案馆藏，全宗号0292－1－208。

金严重匮乏；而主要由政府和国家行局供给的外源资金则构成了合作金库的资金主体。由此突显了合作金库在资金上内源不足并严重依赖外源的内外失衡结构。

## 三、失衡的资金结构对合作金库发展的影响

依赖外源资金是合作金库资金结构失衡的表现。但也不能否认，外源资金对于合作金库的发展起到过不可或缺的推动作用。

在理论上，合作金库"以调剂合作事业资金为宗旨"，资金运作主要应立足于合作社之间及合作金融体系内部资金盈虚的调剂，与合作金融体系之外的资金交流处于补充地位。而实际上，合作组织内部的资金状况根本无法支撑起合作金库的发展需要。以抗战时期合作事业最为发达的四川省为例，据中国农民银行和四川省农村经济调查委员会的统计，1940 年四川省内的信用合作社，来自农村的资金中平均每社股金为 240. 6 元、公积金 48. 4 元、社员存款 68. 5 元，三项合计 357. 5 元，而放款的资金需求为 2611. 7 元，资金缺口达 2254. 2 元，是来源的 6 倍多。① 上述资料反映出合作社本身的经济实力就明显不足，而且合作社在农村内部资金供求的平均数据上呈现出巨大的缺口，这说明总体上合作社的运作需要从外部输入资金才能平衡，而不是盈虚相间的状态，可以说这种情况下单单依靠合作社，合作金库是难以建立和发展的。

正因为如此，外部资金的支持成为了合作金库在农村经济极度薄弱、合作社实力严重欠缺的环境下建立、发展和开展业务的前提条件。抗战以来，特别是 1938—1940 年，正是由于有了国家行局等辅设机关大量的资金投入，合作金库才得到迅速发展。全国县市合作金库，1937 年底从抗战前的 6 所扩大到 22 所；1938 年县合作金库出现了跳跃式的发展，猛增到 113 所；此后发展势头有增无减，1939 年增加到 208 所，到 1940 年数量达到 367 所。② 省级合作金库到 1942 年也已有 6 所成立。合作金库的分布地域遍及四川、西康、贵州、云南、广西、陕西、甘肃、河南、湖北、湖南、江西、浙江、福建等省份，其中以川、桂、黔最为发达，可谓是"进展若是之速，诚足惊人"③。而惊人发展速度的背后则是国家行局等辅设机关的资金支持。在业务开展中，居于核心地位的农贷更离不开外来资金，当时即有学者指出，"合作金库的最大意义，即在利用政府及其他金融机关的外来资金，由系统组织转放农

① 中国农民银行、四川省农村经济调查委员会：《四川农业金融》（四川省农村经济调查报告第四号），中华文化服务社，1941 年，第 78、79 页。

② 姚公振：《中国农业金融史》，中国文化服务社，1947 年，第 276 页。

③ 黄肇兴：《中国合作金库发展史之鸟瞰（下）》，《新中华》复刊第 1 卷第 11 期，1943 年 11 月。

民之过程”,[①] 由此语可窥知外源资金对于合作金库顺利开展农贷等业务所具有的决定性作用。

外源资金有发挥推动作用的一面，然而失衡的资金结构更有制约合作金库健康发展的另一面。

首先，辅设机关的控制干扰了合作金库的自主发展。

所有权决定经营控制权，由于辅设机关投资的提倡股在资本结构中占有绝对优势，合作金库的理事、监事、经理等重要职务大部分由辅设机关掌握。对这种情况的描述在当时的文献中屡见不鲜，合作金库的“大部分理、监事均为银行职员，常有一人担任二三库乃至十余库之理、监事”，“各库经理、会计、出纳等重要职员，均有辅导机关聘请，理事会的任用职权被银行所取代”。[②] 农本局辅设的合作金库，“关于业务管理及指导事项，由局负责，各库重要职员，亦由局向各库理事会推荐”。[③] 在湖南，“沅陵、辰谿、芷江、洪县、靖县各库经理皆是由行员布任的”。[④] 在甘肃，“金库职员由农行加以任用”。[⑤]

当然，辅设机关尤其是银行的职员担当合作金库的理事、经理，甚至业务人员有其积极的一面，当时农村的合作社人员普遍都不具备金融机构管理的专门知识，辅设机关人员的参与对合作金库的科学管理和有效开展业务是十分必要的。但是，这种参与一旦超出了扶持或辅导的范围，以控制和干预的形式存在，就会对合作金库的发展产生不利影响。正如当时有学者总结的那样，“合作金库的理事、监事不是合作社推选出来的，而是被投资机关所操纵；库务、业务之推行非决于合作社的公意，而是受投资机关的命令。”[⑥] 这使合作金库成为银行的附庸，四联总处的调查报告就直截了当地指出：“金库主要人员，多由辅导行派充，其性质有类于银行之分支行处。”[⑦] 合作金库的“银行分支化”必然成为其实现“自有自营自享”发展理想的制约。从合作金库角度看，它丧失了自主决定发展走向的条件；从国家行局来看，“各辅导银行多以金库为一分支机构，所谓辅导，当为其‘银行业务’着想，至如何使合作金库不失其设立之意且渐达成其理想，则未予重视”。[⑧] 典型事件即

① 叶谦吉：《合作金库制度之意义与建立》（南开大学经济研究所农业经济丛刊第一种），南开大学经济研究所印，1941 年，第 25 页。

② 顾尧章：《中国之合作金库》，《金融知识》2 卷 3 期，1943 年 5 月。

③ 农本局研究室编印：《农本局业务报告（中华民国二十七年）》，第 13 页。

④ 陈兆适：《湖南的合作金库》，《中国合作》2 卷 10、11、12 期，1942 年 6 月。

⑤ 成治田：《甘肃农贷之回顾与前瞻》，《中农月刊》6 卷 10 期，1945 年 10 月。

⑥ 张绍言：《合作金融概论》，中华书局，1947 年，第 89 页。

⑦ 中中交农四行联合办事总处秘书处印：《四联总处四川省农贷视察团报告书》（中华民国三十一年八月），第 2 页，关于 43 年度农贷问题，重庆市档案馆藏，全宗号 0292 - 1 - 208。

⑧ 姚公振：《中国农村金融史》，中国文化服务社，1947 年，第 278 页。

1943 年中国农民银行以辅设机关的身份对县合作金库进行强行调整，将亏损严重的合作金库与农行分支行处合并办公或由行处代办。经过调整大部分合作金库由农行合并或代办，仍继续维持独立的合作金库已经所剩无几了（如表 9 所示）。调整后，业务方面农行方面只代办合作金库放款，"各种新放款一律改由兼办行处直接贷放"，贷款申请"由兼办行处主管人核定"；人事方面，"经理会计及外勤人员悉由兼办行处另派人兼任"，"概以不自行设置人员为原则"。① 这样一来，经过调整后的合作金库只是保留了名义，而实际上已经完全丧失了作为独立金融机构应有的权利。

**表 9　各省的县合作金库调整后情况**

| | 四川 | 西康 | 湖北 | 湖南 | 广西 | 云南 | 贵州 | 浙江 | 江西 | 陕西 | 甘肃 |
|---|---|---|---|---|---|---|---|---|---|---|---|
| 合　并 | 28 | 4 | 2 | 11 | 4 | 0 | 13 | 5 | 4 | 3 | 10 |
| 代　办 | 69 | 6 | 5 | 6 | 32 | 4 | 11 | 11 | 0 | 14 | 6 |
| 独　立 | 21 | 0 | 1 | 9 | 7 | 3 | 30 | 12 | 1 | 0 | 1 |

资料来源：一般县合库调整事项卷，中国第二历史档案馆藏，全宗号 399（5）－2329。整理而得。

其次，外源资金的伸缩导致合作金库的发展大起大落。

1938—1940 年是合作金库发展的高潮时期，这阶段年均新建县合作金库超过 100 所，而 1941 年发展增速则大幅度放缓，新建县合作金库数量从 1940 年的 138 所降至 57 所，降幅超过一半；1942 年新增速度继续下降，当年新建只有 41 所；此后颓势更甚，1943、1944 年，合作金库的发展几近停滞。② 合作金库发展中的起伏由此足见，其中原因与外源资金的伸缩不无关联。

由于无法从合作组织内部得到稳定的资金支撑，合作金库的发展状态就必然要受到外源资金的左右。合作金库高速发展的得益于外源资金扩张供给的推动，而发展渐趋停滞则是外源资金收缩的结果。1941 年合作金库发展放缓与农本局的裁撤有关，此前它是推动合作金库的主力，它的撤销势必影响合作金库的发展。随着四行专业化，1942 年后合作金库的辅设权最终统一于中国农民银行，辅设机关的统一本应是合作金库再次加速发展的契机，但事实上发展却更加低迷，究其原因则在于外部的资金支持严重收缩。1941 年下半年国统区的通货膨胀已经相当严重，为了防止农贷对通胀的推动，国民政府的农贷政策转向紧缩。1942 年四联总处农贷方针明确规定四行局对合作金库"暂不扩充贷额"，"其未设合作金库之县份本年度一律暂不

① 《修订各省县合作金库机构调整实施细则》，一般县合库调整事项，中国第二历史档案馆藏，全宗号 399（5）－2329。

② 丁宗智：《八年来之合作金融》，《金融知识》4 卷 1、2 期，1945 年 7 月。

辅设”。① 此后，紧缩力度有增无减，而且农贷重点转向农田水利，合作金库已经不再作为资金支持的重点了。由此造成的影响如时人所言：“合作金库之发展，遂停滞不前。在此期间，合作金库除合作社自筹资金设立者外，各行绝少辅设者。近两年来则更有停办或虽不停办而将业务改由银行代理者。只合作金库之业务，则因农贷政策之影响，多以奄奄一息呈半死状态矣。”② 可见，依赖外源资金很难使合作金库长期平稳发展，不具备坚实的内在根基，外部条件稍有逆转就会对其发展造成严重的冲击。

再次，合作金库系统的形成受到阻碍。

按照设想合作金库将由县到省再到中央逐步建立起完整的合作金融系统。抗战时期尽管在一些省份省、县两级合作金库的机构都已建立起来，但是它们之间并未形成有机的联系，并不能说形成了系统。这其实与合作金库的资金来源特征有着密切关系。由于同一省内各县合作金库的资金依赖于不同的辅设机关，就难以将它们集合起来组建省合作金库。“各县合作金库之成立，无不有其提倡机关为之支持，各提倡机关间每以主张不同、做法各异，因之磨擦生事，在过去已屡见不鲜，且自分区贷款以后，一省中常有若干提倡机关同时并存，甲机关辅设者与乙机关辅设之库在业务上无联系事实，在系统上亦各自分离，故在若干省份不能进一步组织上一级之省合作金库。”③ 正因为如此，省合作金库都是由省政府、国家行局等辅设机关供给资金另行设立的。结果是，即使已经建立起省合作金库，省、县合作金库之间也难以形成紧密联系。从省合作金库来说，本应以县合作金库认股组成，但事实却不能如此，“目前已成立之省库，省境内各县合库对其认股者，乃为仅有之现象，如广西、福建等省尚无县库参加，四川仅有温江、成都二库，浙江有丽水等 19 库认股，为数最多。”④ 省、县合作金库之间几乎没有以资本金为纽带的有机联系。从县合作金库来说，它们实际上仍由为其提供资金的辅设机关控制，省合作金库往往被搁置一旁，如在四川省，“中农行鉴于省库过去之办理不善，特将四川划分为若干区，由指定区域内之分支行处直接负责该区内之各县库，人力财力，均由其统治，把省库置之不上不下与不生不死之间。”⑤

面对合作金库组织上的支离破碎，为了尽快促成合作金库系统的形成，在各界的呼吁下建立中央合作金库被提上日程。然而，筹备工作从 1942 年 5 月开始，直至 1946 年 11 月中央合作金库才正式成立。筹建过程如此旷日持久，除了战争环境的

---

① 四联总处农业金融处编：《中中交农四行联合办事总处三十年度农贷报告》，关于 42 年度农贷问题，重庆市档案馆藏，全宗号 0292 - 1 - 207。

② 丁宗智：《八年来之合作金融》，《金融知识》4 卷 1、2 期，1945 年 7 月。

③ 顾尧章：《当前我国合作金库实务问题之检讨》，《经济汇报》6 卷 10 期，1942 年 11 月。

④ 顾尧章：《当前我国合作金库实务问题之检讨》，《经济汇报》6 卷 10 期，1942 年 11 月。

⑤ 伍玉璋：《金融机关辅导省县合作金库应有之三部曲》，《合作评论》1 卷 8 期，1941 年 8 月。

影响外，资金上的制约则是一个重要原因。由于资金上的依赖，中国农民银行往往将合作金库视为自己的势力范围，建立中央合作金库来统领合作金库系统将会有损农行的利益，农行必然有所抵制。当时农行曾有这样的议论，认为“现在增设的中央合作金库，其资金也是政府所拨，然则又何必不将该项资金，拨交中国农民银行，以充实业务，救济该行在农贷资金方面的极度贫血？又何必再将仅有的一点农贷资金和力量加以分散？”① 从这段话至少看出两个信息，一是农行对建立中央合作金库有抵触情绪，二是农行的农贷资金也是极度短缺的。由于农行是当时农村金融资金来源的主渠道，上述两个原因使得解决建立中央合作金库所需资金的问题十分艰难，再加之国民政府从财政方面能够给予的支持迟迟无法落实，资金这个根本问题不解决，筹建工作自然只能长期拖延。直到抗战胜利后由国民政府拨付资本金，中央合作金库才得以成立。

中央合作金库建立后也没能使各级合作金库达成统一的系统，原因还是资金不足。中央合作金库建立后原本希望将原有省、县合作金库统一于旗下，但是原有省、县合作金库在资金上均依赖于中国农民银行，而中央合作金库又无法拿出充足的资金来替换农行的资金供给。结果是中央合作金库“因为拨款有限，对于已设各库一时无力兼顾，仍由各库照常营业，待资金充足再统筹改组辅设”。② 这样，合作金库系统在国民政府统治的最后阶段终将没能实现统一。

## 四、余　论

千家驹先生曾将合作金库比喻为桥梁，认为“合作金库的重要使命是一方面要在都市资金和农村金融之间造成了一根桥梁，接受外来的资金，向农村作有系统有组织的贷放；另方面却更使合作金库本身亦变成一根桥梁，使它由非社员非农民所倡导集股成立的一个农村金融机关逐渐要成了农民自己所有的自营自享的合作金融制度。后面这一道桥梁的作用、意义比前者更为重要，因为这是合作金库之最后的目的。”③ 若从实际来看，合作金库的确充当了资金的桥梁；而制度的桥梁却无从实现，正如寿勉成的犀利之见，合作金库“既无所谓自有，亦无所谓自营，更无所谓自享”④。其实，前者正是合作金库资金结构失衡的显著表现，而后者则是其资金结构失衡的必然结果。

---

① 转引自寿进文：《论当前的农贷》，《新中华》复刊5卷6期，1947年3月。

② 王世颖：《一年来之合作事业》，《中农月刊》8卷4期，1947年4月。

③ 千家驹：《合作金库的评价》，《中国农村》5卷10期，1939年5月。

④ 中国第二历史档案馆编：《中华民国史档案资料汇编》第5辑第2编，财政经济（八），江苏古籍出版社，1997年，第143页。

合作金库资金结构的内外失衡，在很大程度上是由于作为其基础的合作社本身就存在内源资金的匮乏的问题，但是更深刻的根源则在于农村经济的困窘。农村金融与农村经济之间是一种互动关系，农村金融固然可以带动农村经济的发展，但也必须以农村经济为基础。抗战前农村经济已经出现危机，抗战时期农村经济更加艰难，一般农户入不敷出的现象十分普遍，据 1940 年对四川 72 县的调查，当时平均每农户每年收支相抵负 366.64 元。① 在这样严酷的经济环境下，多数农户维持生活尚且艰难，就更不用说有所剩余了。农村无法形成必要的积累，必然使农村金融的发展失去根基。

从国民政府来看，抗战前就有学者总结，“政府之所谓农业政策，几乎可以说全部都是农业金融政策”②，抗战时期这种状况并没有改变。这一方面说明了国民政府对农村金融的重视，但同时也反衬出其他农村发展政策的贫乏。国民政府在农村金融机构建立和资金支持上所做的努力是不可否认的，然而事实上农村经济的发展需要一整套措施的配合，不可能单纯依靠金融而奏效。国民政府不仅没有发展农村经济的配套行动，反而还对农村竭力进行剥夺。沉重的税负便是明显的例证，如 1942 年四川的每亩稻田平均所负担的征实、征购、县公粮附加、地方积谷及收粮时规定溢收的折耗占每亩收获的 59.5%，并且这些负担从 1941—1944 的四年间加重了 2/3。③ 此外，政府征调兵役、工役使农村劳动力短缺，都直接损害到农业生产。国民政府损伤农村经济基础的做法，对农村金融的发展无疑是釜底抽薪。

通过抗战时期合作金库的历史经验，不难看出对于农村金融的发展来说，依靠外部注入资金在短期内可以发挥作用，但是不能从根本上实现农村金融的健康成长。资金来源问题始终是困扰农村金融发展的症结，造成资金来源内外失衡的根本制约是农村经济的长期薄弱和农业与非农经济发展的长期失衡。无论是在资金短缺时促进积累，还是在资金宽裕时防止外流，一个有利可图的农村经济环境是必不可少的前提，而这需要一系列发展农村经济的配套措施，更需要平等的市场条件和公平的制度安排作为保障。从这个角度说，发展农村金融的破局之策不仅要在农村金融本身中寻找，而且更需要在农村经济甚至是整个国民经济中寻找。

---

① 周天豹、凌承学：《抗日战争时期西南经济发展概述》，西南师范大学出版社，1988 年，第 214 页。

② 许道夫：《中国农业金融政策之将来》，《社会经济月报》3 卷 11 期，1936 年 11 月。

③ 清庆瑞主编：《抗战时期的经济》，北京出版社，1995 年，第 363 页。

# 行政垄断行业的生产效率分析

## ——以中国铁路运输业为例

王会宗

作为我国交通运输业的骨干，铁路运输业一直被誉为国民经济的大动脉，其生产效率的高低直接影响着我国经济和社会的发展。在我国经济体制转轨的过程当中，铁路运输业一直处于政府的行政垄断控制之下，这严重影响了其生产效率的提高，导致巨大的铁路运输供需缺口长期存在，从而也使铁路运输业成为制约我国国民经济进一步发展的主要“瓶颈”之一。本文以 1994—2005 年的相关样本数据为基础，拟采用数据包络分析法（DEA）对我国铁路运输业的生产效率进行评估，以期为我国铁路运输业的反行政垄断提供实证依据。

## 一、文献回顾

国外有关铁路运输业生产效率的研究主要以欧美国家为研究对象。Caves 和 Christensen（1980）对加拿大铁路行业的研究发现，在竞争的环境下，国有和私营铁路公司的生产效率并无显著差异，所有权与生产效率之间没有固定关系。Caves、Christensen 和 Swanson（1981）对 1956—1974 年美国和加拿大两国铁路部门的生产率增长进行了比较，认为虽然两国铁路部门使用了相同的技术，但管制程度的不同造成了两国铁路部门生产效率增长的差异，较为严格的管制使得美国铁路部门的生产率增长大大低于加拿大。Bookbinder 和 Qu（1993）则运用三个包含不同样本数量的 DEA 模型对两个加拿大铁路公司和五个美国铁路公司 1989 年的生产效率进行了对比，结果发现美国的 BN 公司是最有效率的，而加拿大的 CN 公司效率最差。Oum 和 Yu（1994）对 19 个 OECD 国家 1978—1989 年的铁路行业相关数据进行了分析，发现 BR（U. K.）、NS（Netherlands）、SJ（Sweden）和 VR（Finland）运营最好，CH（Greece）和 OBB（Austria）效率最差；并认为，铁路企业的效率与政府干预和补贴的程度成反比，获得较大经营自主权的铁路企业往往有较高的效率。Gathon 和

Pestieau（1995）运用其估计的对数生产函数边界计算了1961—1988年间19个欧洲铁路公司的总技术效率，认为管理自主化是决定公有铁路绩效的重要因素。Richard Bozec和Mohamed Dia（2005）运用DEA模型研究了加拿大公有铁路的组织结构和技术效率之间的关系，认为公有铁路组织的大小及独立程度与技术效率正相关。

同国外对于铁路运输业生产效率的深入研究相比，国内在这方面的研究尚不多见。谢从军和么培基（1998）利用全要素生产率法（TFP）计算了1986—1995年间我国铁路运输业的生产效率，认为我国铁路运输业生产效率的提高主要依靠的是投入的增加和运量的增长，与发达国家相比还存在较大差距。夏伟怀、查伟雄和李正明（2001）利用主成分分析法对1988—1998年间我国铁路运输业的经济效益进行了评价，认为铁路运输企业的经济效益正在日益恶化，其现行的管理体制和经营模式越来越不能满足市场的需求。朱晓立和叶峻青（2005）利用因子分析法对1990—2001年间我国铁路运输业的生产效率进行了综合评价，认为我国铁路运输业总体效率呈现先抑后扬的趋势，铁路在运输速度方面的效率不断改善，但铁路运输总体效益依然较低。汪贵浦（2005）利用DEA方法中的CCR模型对改革开放前后我国铁路的运营效率进行了评价，认为体制创新是提高铁路绩效的最可行的途径；但由于其选用的投入指标稍显简单，评价过程的严密性也值得进一步推敲，从而在一定程度上可能影响了评价结果的可信性。以上研究都具有重要的学术价值，但略显浅显和粗糙，因此，仍需对我国铁路运输业生产效率进行深入和全面的研究。

## 二、理论分析

### （一）行政垄断行业的生产效率损失

行政垄断是指政府机构运用公共权力对市场竞争的限制和排斥（于良春等，2007），它是我国经济转轨过程中遇到的旧体制遗留下来的诸多问题之一。行政垄断大致可以分为行业性行政垄断和地区性行政垄断两大类，这里我们将着重讨论行业性行政垄断。根据余晖（2001）的研究，行政垄断的主要特征之一就是低效率，也就是说行政垄断往往会造成行业的效率损失。那么，行政垄断造成的行业效率损失有哪些呢？

传统的经济学理论认为，垄断对经济效率造成的影响包括两部分，即图1中的哈伯格三角和塔洛克四边形。哈伯格三角是指垄断造成的社会福利净损失；而塔洛克四边形是指垄断造成的消费者剩余转移，这其中当然包括一部分垄断企业将其低效率运营的成本转嫁给消费者而造成的福利转移，即由生产效率低下造成的福利转移。行政垄断行业是通过国家的法律、法规等法定形式取得垄断势力的，它同样会造成的效率损失；但与传统的市场垄断造成的效率损失所不同的是，由于寻租行为的存在，它造成的社会福利净损失可能更大。在经济转轨过程中，行政垄断行业为了继续维护其垄断地位，会将其获得的消费者福利转移的一部分用于寻租活动，而这种活动是非生产性的，因此，这部分消费者福利转移也以寻租成本的形式转化成了社会福利净损失。随着我国市场化进程的深入推进，行政垄断行业维护其垄断地位的难度不断加大，其将消费者剩余转移转化为寻租成本的部分也越来越大，直至花费掉其获得的全部消费者剩余转移。从上述分析中可以看出，与传统的市场垄断相比，行政垄断行业造成的社会福利净损失可能是哈伯格三角和塔洛克四边形的总和，因此，在市场垄断条件下包含于塔洛克四边形中的由生产效率低下造成的福利转移也就转化为了行政垄断体制下的行业永久性生产效率损失。

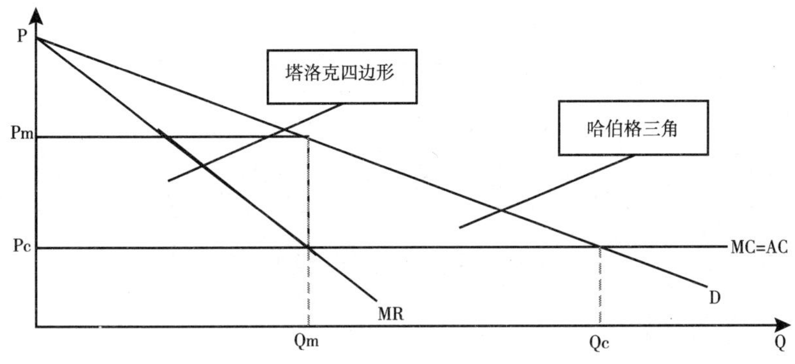


**图1　垄断造成的效率损失**

## （二）行政垄断行业生产效率低下的机理分析

所谓生产效率，是指给定投入条件下，实际产出与最大产出之间的比率。它可以用来反映完成最大产出、预定目标或最佳营运服务的程度，也可以用来度量经济个体在产出量、成本、收入或利润等既定目标下的经济绩效。Farrell（1957）将企业的生产效率划分为技术效率和组织效率两部分，并将技术效率和组织效率的乘积称为综合生产效率；他认为，一个企业如果其投入组合在等产量线上就是技术有效率的，如果其投入的边际替代率等于相应的投入价格比率，就是组织有效率的；在此基础之上，他分析了技术无效和组织无效的原因，即技术无效源于给定产出水平时过量投入的使用，而组织无效则源于投入比例的不当。

在我国，处于行政垄断之下的各个行业普遍存在生产效率低下的问题。造成该种状况的原因如图2所示：在行政垄断体制之下，行政垄断行业为了维护其现有的垄断地位，通过寻租活动“俘获”了政府；政府为了维护本部门及所属行业的既得利益，往往以行业管理和维护市场秩序为名，通过政策、法律和行政法规等手段限制和排斥竞争，从而人为地限制了资源的合理流动，使得资源无法得到有效配置；在政府的保护伞之下，行政垄断行业中的在位厂商的垄断地位得以长期维持，而其所经营的产品和服务又往往是生活必需的，因此，无论其产品或服务的价格和质量如何，消费者都只能被动接受，根本无法自由选择；在这种既无外在竞争压力又无产品销售之忧的情况下，行政垄断行业的在位厂商根本不必担心破产倒闭和产品滞销，也就自然缺乏创新和降低成本的动力，其生产效率低下也就在情理之中了。以下我们将对典型的行政垄断行业——铁路运输业的生产效率进行测度，以对行政垄断行业的生产效率进行分析。

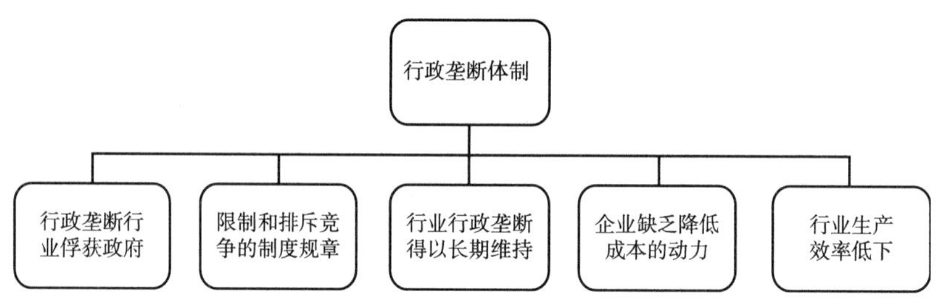


**图 2　行政垄断行业生产效率低下的机理分析**

## 三、铁路运输业生产效率测度

### （一）数据包络分析法简介

目前评估铁路运输业生产效率的方法主要有两种：全要素生产率法（TFP）和数据包络分析法（DEA）。运用 TFP 方法测度生产效率需要对铁路运输业的生产函数进行估计，然而，由于投入与最大产出之间未必存在明确的函数关系，寻找特定的生产函数绝非易事。运用 DEA 方法测度生产效率不需要事先估计铁路运输生产函数，从而较为有效地克服了 TFP 方法的缺点。

数据包络分析（DEA）是一种非参数的客观评价方法，它是在“相对效率评价”基础上发展起来的一种对具有同类型的多投入、多产出的部门或单位（称为决策单元 DMU）进行相对有效性或效益评价的系统分析方法。它将所有决策单元的投入或产出项借助于数学规划投影到几何空间中，以寻求最低投入或最高产出作为 DEA 前沿面，并通过比较决策单元偏离 DEA 前沿面的程度来评价它们的相对有效性。如果某个决策单元落在前沿面上，则视其为最有效率的单位，其相对有效值为 1；如果某个决策单元没有落在前沿面上，则视其为无效率的单位，其相对有效值介于0到1之间。DEA方法无须事先设定决策单元投入与产出之间的函数关系，它侧重的是对每一个决策单元进行优化，测度的决策单元相对效率是其最大值，测算过程中投入与产出被赋予的权重也是由线形最优化客观决定的，因此，它是评价多输入多输出问题的一种十分有效的方法。

DEA方法的第一个模型被称为CCR模型，它由A. Charnes，W. W. Cooper和E. Rhodes（1978）提出；后来，R. D. Banker，A. Charnes和W. W. Cooper（1985）以及Charnes，Cooper和B. Golany，L. Seiford，J. Stutz（1986）又分别给出了两个被称作BCC和CCGSS的模型，进一步拓展了DEA方法的使用范围。以后的学者对上述基本模型进行了各种改进，经过不断的完善，该方法已被广泛运用到技术和生产力进步、技术创新、成本收益、资源配置、金融投资以等领域的有效性分析和决策评价上。

### （二）决策单元的选择、指标的设定和数据来源

1. 决策单元的选择

在评价铁路运输有效性时，选择决策单元的方法有三种：（1）选择同一对象的不同年份或时期作为决策单元；（2）选择不同的区域或路段作为决策单元；（3）选择不同区域或路段的不同时期作为决策单元（武旭等，2004）。本文欲对经济转轨期中国铁路运输业的整体生产效率进行评价，因此，这里采用第一种方法，即选择我国铁路运输业1994—2005各年的投入、产出指标构造DEA评价的12个决策单元。

2. 指标的设定

（1）产出指标

从目前的研究来看，在研究铁路运输有效性时选用的产出指标有两种：一种是反映运输需求的产出指标，如客运周转量和货运周转量等；另一种是反映运输供给的产出指标，如客运车辆公里和货运车辆公里等。借鉴前人的研究经验，本文选择第一类指标作为产出指标，具体选择的指标为客运周转量（亿人公里）和货运周转量（亿吨公里）。

（2）投入指标

由于铁路运营需要投入的生产要素众多，在设定投入指标时考虑所有的投入要素是不现实的。基于数据的可得性，本文选取固定资产（亿元）、工资（亿元）、材料（亿元）、燃料（亿元）、电力（亿元）、折旧（亿元）和其他（亿元）七项指标作为投入指标。

3. 数据来源

本文的投入、产出指标数据来源于《中国统计年鉴》1995—2006年各期、《中国交通年鉴》1999—2005年各期和《中国铁道年鉴》2000—2005年各期。由于上述三种年鉴统计铁路运输业相关指标的数据稍有差异，本文在采集数据时对这些差

异进行了甄别，并最终以《中国铁道年鉴》公布的数据为准，具体的投入、产出指标数值如表 1 所示。

**表 1　1994—2005 年我国铁路运输业生产效率评价的投入、产出指标数值**

| 决策单元 | 客运周转量 | 货运周转量 | 固定资产 | 工资 | 材料 | 燃料 | 电力 | 折旧 | 其它 |
|---|---|---|---|---|---|---|---|---|---|
| 1994 | 3636 | 12458 | 3321.4 | 115.8 | 70.1 | 97.6 | 30.0 | 65.8 | 191.5 |
| 1995 | 3546 | 12870 | 3613.6 | 139.6 | 85.5 | 101.1 | 32.2 | 73.7 | 208.5 |
| 1996 | 3348 | 12970 | 4171.5 | 161.4 | 80.5 | 106.0 | 40.4 | 96.8 | 219.4 |
| 1997 | 3585 | 13097 | 4498.5 | 184.8 | 90.4 | 121.3 | 48.3 | 113.2 | 254.3 |
| 1998 | 3773 | 12312 | 4947.2 | 186.0 | 89.6 | 105.0 | 51.7 | 123.8 | 292.3 |
| 1999 | 4136 | 12910 | 5474.8 | 201.1 | 90.4 | 219.0 | 55.7 | 318.3 | 127.3 |
| 2000 | 4533 | 13771 | 5268.8 | 197.4 | 76.9 | 140.8 | 61.7 | 351.4 | 122.9 |
| 2001 | 4767 | 14694 | 6399.6 | 219.0 | 90.3 | 155.4 | 72.7 | 197.8 | 302.8 |
| 2002 | 4969 | 15658 | 7133.4 | 272.7 | 113.3 | 145.7 | 87.0 | 223.2 | 278.6 |
| 2003 | 4789 | 17247 | 7872.3 | 276.6 | 115.6 | 165.3 | 100.1 | 201.6 | 327.2 |
| 2004 | 5712 | 19289 | 8656.1 | 323.4 | 163.0 | 193.8 | 115.1 | 235.8 | 368.3 |
| 2005 | 6062 | 20726 | 9294.2 | 354.4 | 222.9 | 238.8 | 135.2 | 261.6 | 376.5 |

资料来源：《中国统计年鉴》1995—2006 年各期、《中国交通年鉴》1999—2005 年各期和《中国铁道年鉴》2000—2005 年各期。

### （三）生产效率测度

根据在计算生产效率时对规模报酬的不同假设，DEA 模型可分为规模报酬不变（CRS）和规模报酬可变（VRS）两大类。假设规模报酬不变的 DEA 模型主要适用于具有多输入、多输出的生产部门同时为规模有效和技术有效时的情况，而假设规模报酬可变的 DEA 模型主要用来评价部门间的相对技术效率，两者可以相互补充。为了更加全面地说明问题，本文将分别运用规模报酬不变的 CCR 模型和规模报酬可变的 CCGSS 模型对我国铁路运输业的生产效率进行评估。

1. CCR 模型评价结果及分析

（1）CCR 的基本思想

设有 n 个决策单元 $j(j=1,2,\cdots,n)$，其输入向量记为 $X_j=(x_{1j},x_{2j},\cdots,x_{mj})^T$，输出向量记为 $Y_j=(y_{1j},y_{2j},\cdots,y_{sj})^T$，其中 $X_{xj}$ 为第 $j$ 个决策单元的第 $i$ 种类型的输入的投入总量，$y_{rj}$ 为第 $j$ 个决策单元的第 $r$ 种类型的输出的产出总量（$i=1,2,\cdots,m;j=1,2,\cdots,s$）。$\mu=(u_1,u_2,\cdots,u_s)^T$，$v=(v_1,v_2,\cdots v_m)^T$ 分别是输入输出的权重向量，所有的权重均由各 $DMU_j$ 组成的评价群体客观决定，而非人为确定。由此可得的效率评价指数：

$$h_j = \frac{\sum_{r=1}^{s} u_r y_{rj}}{\sum_{i=1}^{m} v_i x_{ij}}, j = 1,2,\cdots,n$$

$h_j$ 是 $DMU_J$ 的产出指标加权之和与投入指标加权之和的比率，取值范围在 0—1 之间。根据 $h_{j0}$ 从 0 到 1 的变化，不仅可把 DMU 分为非 DEA 有效和 DEA 有效，还可由此判断 DMU 经营效率的优劣。基于上述思想，可以得到 CCR 的基本模型如下：

$$(D\varepsilon)\begin{cases} \min[\theta - \varepsilon(e_1^T s^- + e^T s^+)] = V_{D\varepsilon} \\ s.t. \sum_{j=1}^{n} x_i \lambda_j + s^- = \theta\varepsilon_0 \\ \sum_{j=1}^{n} y_j \lambda_j - s^+ = y_0 \\ \lambda_j \geqslant 0, j = 1,2,\cdots,n \\ s^+ \geqslant 0 \\ s^- \geqslant 0 \end{cases}$$

其中，$\lambda_j$ 为对偶变量，$s^-$，$s^+$ 分别为投入和产出松弛变量。

设（$D\varepsilon$）模型的最优解为 $\lambda^0$，$s^{0+}$，$s^{0-}$，$\theta^0$，若 $\theta^0 = 1$，且 $s^{0+} = s^{0-} = 0$，则 $DMU_{J0}$ 为 $DEA$ 有效；若 $\theta^0 = 1$，且 $S^{0+} \neq 0$，$S^{0-} \neq 0$，则 $DMU_{J0}$ 为弱 $DEA$ 有效（技术有效）；若 $\theta^0 < 1$，且 $s^{0+} \neq 0$，$s^{0-} \neq 0$，则 $DMU_{j0}$ 为非 $DEA$ 有效。

（2）测度结果及分析

依据 CCR 模型，本文运用 DEAP2.1 软件对我国铁路运输业 1994—2005 年的生产效率进行了估计，估计结果如表 2 和图 3 所示。

**表 2　1994—2005 年铁路运输 DEA 生产效率值（CCR）**

| 决策单元 | DEA 生产效率指数（$\theta^0$） | 决策单元 | DEA 生产效率指数（$\theta^0$） |
|---|---|---|---|
| 1994 | 1.000 | 2001 | 0.972 |
| 1995 | 0.997 | 2002 | 0.921 |
| 1996 | 0.959 | 2003 | 0.839 |
| 1997 | 0.846 | 2004 | 0.797 |
| 1998 | 0.965 | 2005 | 0.769 |
| 1999 | 0.982 | 平均 | 0.921 |
| 2000 | 1.000 | | |

从表 2 可以看出，我国铁路运输业 1994—2005 年的平均生产效率指数为 0.921，并且 12 年中只有 1994 年和 2000 年的生产效率指数为 1，其余年份的生产效率指数均小于 1。这表明，1994—2005 年间，我国铁路运输业的总体生产效率低下，各年中只有 1994 年和 2000 年为 DEA 有效，其余年份均为非 DEA 有效。

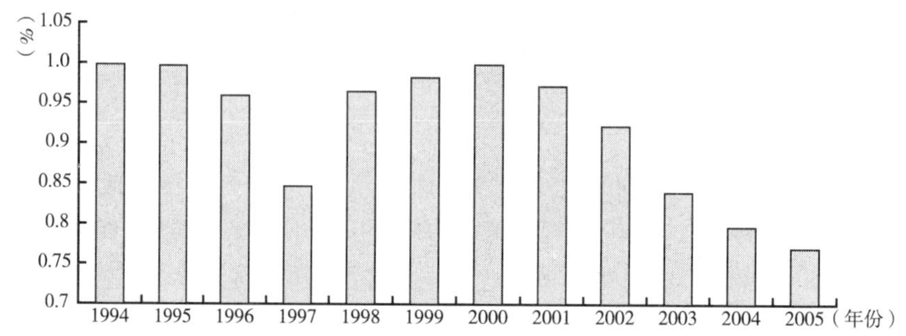


**图 3　1994—2005 年铁路运输生产效率变动情况（CCR）**

图 3 显示，1994—2005 年，我国铁路运输业的 DEA 生产效率出现了较大幅度的波动。1994—1997 年，其 DEA 生产效率逐年下降，并于 1997 年达到了最低点；1997—2000 年，其 DEA 生产效率呈现回升趋势，并于 2000 年达到了 DEA 有效；2000 年以后，其 DEA 生产效率又出现了不断下滑的趋势，并且在 2005 年达到了所有决策单元的最低点。以上情况表明，我国铁路运输业的生产效率很不稳定，并且只在极少年份中实现了 DEA 有效，在绝大部分年份中则处于非 DEA 有效状态中。

2. CCGSS 模型评价结果及分析

（1）CCGSS 模型的基本思想

在使用 CCR 模型评价决策单元的综合有效性时，所涉及的生产可能集是一个多面凸锥，但这在现实中未必总是成立。CCGSS 模型是一种不考虑生产可能性集满足“锥性”条件的 DEA 模型，其基本模型如下：

$$\min\theta$$

$$s.t.\begin{cases}\sum_{j=1}^{n}\lambda_j x_j + s^- = \theta x_0 \\ \sum_{j=1}^{n}\lambda_j y_j - s^+ = y_0 \\ \sum_{j=1}^{n}\lambda_j = 1 \\ \lambda_j, s^-, s^+ \geqslant 0, j = 1, \cdots, n\end{cases}$$

设模型 $C^2GS^2$ 最优解为 $\lambda^*$，$s^{*-}$，$s^{*+}$，$\theta^*=1$，若 $\theta^*=1$，并且 $s^{*-}=0$，$s^{*+}=0$，则 $DMU_k$ 为 $DEA$ 有效；若仅满足 $\theta^*=1$，则 $DMU_k$ 为弱 DEA 有效；若 $\theta^*<1$，则 $DMU_k$ 为 DEA 无效。

（2）测度结果及分析

依据 CCGSS 模型，本文选取与 CCR 模型相同的指标和时间段，同样运用 DEAP2.1 软件对我国铁路运输业的生产效率进行了估计，估计结果如表 3 和图 4 所示。

**表 3 1994—2005 年铁路运输 DEA 生产效率值（CCGSS）**

| 决策单元 | 综合效率 | 纯技术效率 | 规模效率 | 规模收益 |
|---|---|---|---|---|
| 1994 | 1.000 | 1.000 | 1.000 | 不变 |
| 1995 | 0.997 | 1.000 | 0.997 | 递减 |
| 1996 | 0.959 | 0.981 | 0.977 | 递减 |
| 1997 | 0.846 | 0.874 | 0.967 | 递减 |
| 1998 | 0.965 | 0.977 | 0.988 | 递减 |
| 1999 | 0.982 | 1.000 | 0.982 | 递增 |
| 2000 | 1.000 | 1.000 | 1.000 | 不变 |
| 2001 | 0.972 | 1.000 | 0.972 | 递减 |
| 2002 | 0.921 | 1.000 | 0.921 | 递减 |
| 2003 | 0.839 | 1.000 | 0.839 | 递减 |
| 2004 | 0.797 | 1.000 | 0.797 | 递减 |
| 2005 | 0.769 | 1.000 | 0.769 | 递减 |
| 平　均 | 0.921 | 0.986 | 0.934 | — |

表 3 中的综合效率是不考虑决策单元规模时的技术效率，即上述 CCR 模型的检验结果；纯技术效率是考虑决策单元规模时的技术效率；规模效率是考虑决策单元规模时的规模收益效率；纯技术效率和规模效率是对综合效率的细分，两者之积等于综合效率。从表 3 可以看出，1994—2005 年，我国铁路运输业的纯技术效率值在绝大部分年份中都为 1（1996、1997、1998 年除外），这说明其在绝大部分年份中是纯技术有效的；相反，我国铁路运输业的规模效率值在绝大部分年份中都小于 1，这说明其在绝大部分年份中是规模无效的；规模收益状况也显示，除 1994、1999、2000 年以外，我国铁路运输业均处于规模收益递减状态，这证明我国铁路运输业的规模过于庞大，出现了规模不经济的情况；受规模效率低下的影响，我国铁路运输业的综合效率值在绝大部分年份中也都小于 1，这说明其在绝大部分年份中是综合无效的，而这种综合无效主要是由规模无效造成的。

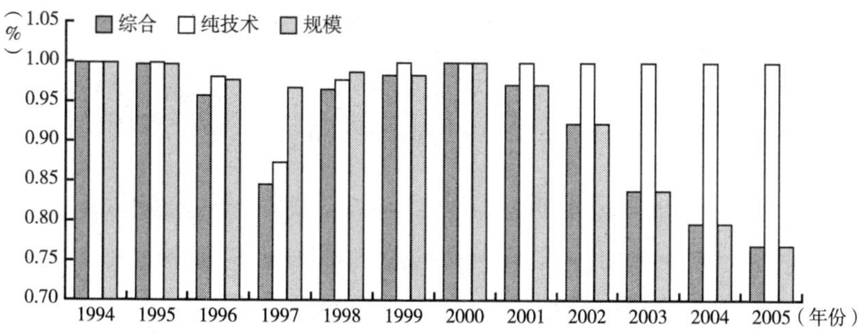


**图 4 1994—2005 年铁路运输生产效率变动情况（CCGSS）**

图4显示，1994—2005年，我国铁路运输业的纯技术效率除在1995—2000年间出现了波动以外，其他各年均稳定处于有效状态；而其规模效率和综合效率则出现了较大幅度的波动，并且在绝大部分年份的效率值都小于1。这表明，虽然我国铁路运输业的纯技术效率较为稳定，但受到规模效率波动的影响，其综合效率却并不稳定，只在极少年份中实现了DEA有效。

## 四、结　　论

行政垄断往往会造成行业的效率损失，处于行政垄断之下的各个行业普遍存在生产效率低下的问题。本文在前人研究的基础之上，以客运周转量和货运周转量为产出指标，以固定资产、工资、材料、燃料、电力、折旧和其他为投入指标，分别运用规模报酬不变的CCR模型和规模报酬可变的CCGSS模型对我国铁路运输业1994—2005年的生产效率进行了评估。CCR模型的检验结果表明，1994—2005年间，我国铁路运输业的总体生产效率低下，各年中只有1994年和2000年为DEA有效，其余年份均为非DEA有效。CCGSS模型的检验结果表明，1994—2005年，我国铁路运输业在绝大部分年份中是纯技术有效的，但受规模效率低下的影响，其在绝大部分年份中是综合无效的。

基于上述分析，我们发现，造成我国铁路运输业之所以总体生产效率低下，并不是因为其纯技术无效，而是由于我国铁路运输业的规模过于庞大，出现了规模不经济的情况。因此，为了提高我国铁路运输业的生产效率，必须在推进现行体制改革的同时，对其进行适度拆分，并引入新的市场竞争主体，以使其达到规模有效。

**参考文献**

[1] 于良春，彭恒文．中国铁路运输供需缺口及相关产业组织政策分析［J］．中国工业经济，2005，（4）。

[2] Caves D W, Christensen L R. The Relative Efficiency of Public and Private Firms in a Competitive Environment: The Case of Canadian Railroads [J]. Journal of Political Economy, 1980, 88: 958 -976.

[3] Caves D W, Christensen L R and Swanson J A. Economic Performance in Regulated and Unregulated Environment: a Comparison of US and Canadian Railroads [J]. The Quarterly Journal of Economics, 1981, 26: 559 -581.

[4] Bookbinder J H, Qu W W. Comparing the Performance of Major American Railroads [J]. Transportation Research Forum, 1993, 33: 70 -85.

[5] Oum T H, Yu C. Economic Efficiency of Railroad and Implications for Public Policy [J].

Journal of Transport Economics and Policy, 1994, 28: 131 - 138.

[6] Gathon H J, Pestieau P. Decomposing Efficiency into its Managerial and its Regulatory Components: the Case of European Railway [J]. European Journal of Operational Research, 1995, 80: 500 - 507.

[7] Richard Bozec, Mohamed Dia. Board Structure and firm Technical Efficiency: Evidence from Canadian State-owned Enterprises [J]. European Journal of Operational Research, 2005.

[8] 谢从军，么培基. 铁路运输生产率的计算分析 [J]. 铁道运输与经济，1998，(4)。

[9] 夏伟怀，查伟雄，李正明. 铁路运输企业经济效益的综合评价与竞争对策 [J]. 长沙铁道学院学报，2001，(6)。

[10] 朱晓立，叶峻青. 1990—2001 年我国铁路运输效率的综合评价 [J]. 技术经济，2005，(3)。

[11] 汪贵浦. 改革提高了垄断行业的绩效吗？——对我国电信、电力、民航、铁路业的实证考察 [M]. 杭州：浙江大学出版社，2005. 248 - 258。

[12] 于良春等. 转轨经济中的反垄断与促进竞争政策研究 [Z]. 山东大学反垄断与竞争政策研究中心工作论文，2007，(1)。

[13] 余晖. 行政性垄断如何终结 [N]. 中国经济时报，2001 - 04 - 25 (8)。

# 企业家社会资本的测量及其对企业绩效的影响

## ——基于新兴第三产业上市公司的实证研究

马丽媛

## 一、引　言

近年来，社会资本理论已经逐渐成为社会学、经济学和管理学等学科广泛应用的工具。20 世纪 90 年代后期以来，国外学者逐渐关注社会资本在产业组织领域中的研究。2002 年以来，我国学者对于企业层面社会资本的研究亦逐渐增多。企业社会资本研究的兴起表明，社会资本在企业层面的研究日益受到了重视，它对于企业的经营发展具有较为重要的作用。社会资本是一种无形资本，它由一些很难量化且抽象的概念组成，其测量方法和功效还需要学术界继续探讨，也需要更多的实证研究来证明。本研究在以往的研究成果基础上建立了企业家社会资本概念模型，利用新兴第三产业上市的数据对企业家社会资本进行了测量，研究结果验证了部分关于企业家社会资本功效的结论，同时也得出一些创新性的实证结论。

## 二、理论综述

### （一）社会资本

社会资本的概念由法国社会学家 Pierre Bourdieu 最早引入社会学领域，他认为社会资本是一种通过对“体制化关系网络”的占有而获取的实际的或潜在的资源的集合体，是与经济资本和文化资本对应的三种基本的资本形态之一（Pierre Bourdieu，1983）。美国社会学家 Coleman 是社会资本理论研究的集大成者，他认为社会资本是个人拥有的，表现为社会结构资源的资本财产，它们由构成社会结构的要素组成，主要存在于人际关系和结构之中，并为结构内部的个人行动提供便利（Coleman，1990）。Portes（1993）将社会资本定义为一种处在网络或更广泛的社会结构中的个人动员稀缺资源的能力。他的贡献体现在较系统地研究了社会资本传统和理论渊源。Fukuyama（1995）将社会资本等同于社会信任的程度，认为高信任度的民族更容易发展合作关系和规模经济，所以有助于市场资本主义的发展，反之则相反。关于社会资本的界定，目前学术界尚无统一定论，但是学者们一致认为，社会资本代表了行为主体借助于社会网络或其他的社会结构来获得各种利益的能力，网络、信任、规范是其核心要素。

### （二）企业家社会资本

国外文献中，仅有极少数直接提到企业家社会资本（entrepreneurial social capital）概念，使用较多的是企业家社会关系网络，Westlund（2003）等认为，企业家社会资本是和开辟新途径、创立新企业并解决社会问题联系在一起的，他根据对企业家的有效性分为促进性的社会资本、约束性的社会资本以及不直接与企业家精神相联系的社会资本三类。

国内学者较多地用到了企业家社会资本。李路路（1995）认为，企业家的社会资本就是企业家拥有的社会关系，包括两个指标：企业家本人所选择的、与他来往最密切的一个关系人；社会资本的差异用这个关系人的职业地位和职务地位来表示；石秀印（1998）认为，企业家作为企业与社会环境的关键接点，必须有能力为企业获取所需资源，这些资源包括：政府行政与法律资源、生产与经营资源、管理与经营资源、精神与文化资源等四种。陈传明和周小虎（2004）认为，企业家社会资本是建立在企业群体范式上，由信誉规范引导下的企业家社会关系网络，是企业家动员内部和外部资源的能力。惠朝旭（2004）认为，企业家社会资本是个人拥有社会资本的一种，主要指以企业家个人依附为主要特征，以企业家个体为中心结点的网络体系、社会声望和信任的总和。

在企业家社会资本的测量和实证方面，很多国内外学者从企业家角度对企业家的社会资本进行了测量，如 Batjargal and Liu（2004）、Collins and Clark（2003）。国内学者主要研究的是企业家社会资本与企业绩效的关系，李路路（1995）从企业家密切关系人和职业地位两个方面进行研究；周小虎（2004）从结构因素、关系因素和认知因素角度进行了研究；韦影（2007）通过企业内外部六类联系，以结构维、关系维和认知维等 3 个维度构建企业社会资本测量模型；石军伟（2007）从企业与政府的关系、社会网络资本和组织特有关系三个维度进行了测量和实证研究，发现社会资本对企业的销售收入有着正面的促进作用，企业绩效受到企业结构约束的影响，其中所有制的作用最明显，非国有企业的地位处于相当的劣势；孙俊华、陈传明（2009）从纵向关系、横向关系和声誉三个方面进行研究，主要发现企业家的政治身份对企业绩效有负面影响，地域关系影响着企业的绩效。

# 三、概念模型和理论假设

**（一）概念模型**

企业家是企业的灵魂人物，企业家个人的社会资本对企业有着怎样的功效值得我们深入探讨。边燕杰、丘海雄（2000）最早构建了关于企业社会资本的三个测量维度，即纵向联系、横向联系和社会联系，他们假定企业家对于企业的活动非常重要，并且直接用企业家的社会资本来估计企业的社会资本。刘林平（2006）对边燕杰的测量方法提出反对意见，认为仅用企业家社会资本来测量企业社会资本具有局限性。本文赞同刘林平的观点，即虽然企业的法人代表对企业的活动具有重要的影响，但是并不是企业活动的全部，企业的社会资本不限于企业的法人代表，企业的其他管理者和经营者，也都可能在形成、发展和运用企业社会资本的过程中发挥作用，因此仅以企业的法人代表的社会联系替代整个企业的社会联系有着相当大的局限性，边燕杰的方法更适合测量个人社会资本，而不适合测量企业社会资本。因此，本研究吸收了边燕杰的思想，但目的不在于测量企业社会资本对企业绩效的贡献，而在于测量企业家社会资本对企业绩效的贡献。

在总结国内外关于社会资本如何影响企业绩效的研究基础上，本文构建了企业家社会资本的概念模型（如图1所示）。自 Bourdieu 和 Coleman 以来，比较有代表性的社会资本概念，指的是个人通过社会联系涉取稀缺资源并由此获益的能力。本文的概念模型与此概念一脉相承，企业家社会资本由纵向关系网络、横向关系网络和

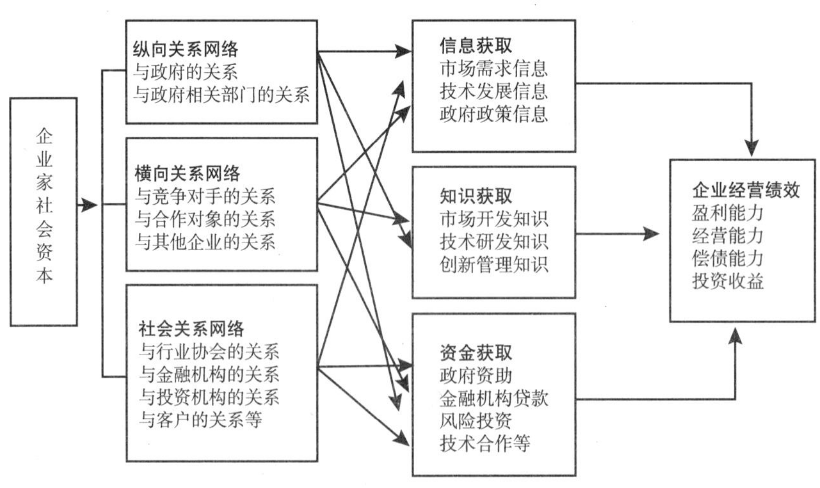


图1　企业家社会资本概念模型

社会关系网络三个部分构成，这三个部分有利于企业对信息、知识和资金等资源的获取，并由此提升了企业的经营绩效。

### （二）理论假设

1. 企业家社会资本的功效

与产权理论、企业家理论和契约理论等相比较而言，社会资本为企业理论带来了一个新的视角，它将成为新形势下企业改进行为模式并获得竞争优势的战略性基础资源。在经济领域，人们常常发现，一个人的成败或一家企业的成败往往与其是否拥有广泛的社会交往或资源密切相关。学者们将这种社会交往和社会资源概括为社会资本。社会资本的重要性已经被人们意识到了，任何行为主体的存在都以资源的获得为基础。已有国内学者（李路路，1995；陈传明、周小虎，2001；惠朝阳，2004）的研究证明社会资本有利于行为主体获得资源或稀缺资源，在企业层面表现为企业家的社会资本能够有效地帮助企业获取资金、信息、技术等各项资源。因此，有命题 1：企业家社会资本与企业绩效呈正相关。

2. 企业家的纵向关系网络

企业家的纵向关系网络表现为企业家与上级领导机关、当地政府部门以及下属企业、部门的联系（边燕杰，丘海雄，2000）。这些联系的强度体现了企业家的政治地位与调动政治资源的能力。这种纵向关系主要是向上的，目的是从上边获取稀缺资源，包括特权、地位、财富、资金、机会、信息等等。就我国的国情而言，政府对企业的控制力和影响力很强，在国有企业中表现尤为明显，在非国有企业中政府也表现出直接或间接的影响，例如在项目审批、招标、监管等活动中，政府的决定对企业起着至关重要的作用。企业家是企业的决策和行动主体，代表着企业的利益，企业家调动资源的能力跟企业的绩效应该密切相关。由此，有命题 2：企业家的纵向关系网络与企业绩效成正相关。

3. 企业家的横向关系网络

企业家的横向关系网络是指企业家与其他企业之间的关系（边燕杰，丘海雄，2000），这些企业可能是企业家之前工作过的企业，也可能是合作关系企业、业务关系企业、借贷关系企业、控股关系企业、竞争关系企业和上下游关系企业等。横向关系网络的强度体现了企业家调动企业间资源的能力。企业家与合作伙伴保持好关系，能够促进未来的合作；与竞争对手保持好关系，可以避免恶性竞争和及时了解对方的动态；与上下游关联企业保持好关系，可以获得稳定优惠的进货渠道和有效可靠的销售渠道。企业家的横向关系网络越广，面临不同问题的时候往往选择越多，获得的有效信息也越多，因而能够把握先机、处于主动地位。由此，有命题 3：企业家的横向关系网络与企业绩效成正相关。

4. 企业家的社会关系网络

任何个体都是嵌入在一个与社会各方成员构成的社会关系网络中。社会关系网络可以帮助企业家获得新技能和新知识，也可以为企业家提供信息和资金。社会关系网络的强度体现了企业家调动社会资源的能力。因此，一个企业家拥有的社会关系网络，其实构成了企业家社会资本的重要部分之一。企业家同行业协会的关系可以提供最新的行业发展动态；同金融机构的关系可以更容易获得资金支持；同科研机构的关系可以获得最新的研究成果和解决技术难题等等。可见，企业家的社会关系网络越广，解决问题越容易，对企业的发展是有利的。由此，有命题4：企业家的社会关系网络与企业绩效成正相关。

5. 企业结构约束与企业家个人特质

有关社会资本的研究证明，企业绩效受到企业结构约束的影响，[①] 所有制的作用最明显石军伟（2007）。国有企业改革以前，政府几乎拥有了全部的剩余索取权和剩余控制权，国有企业经济效率低下，因此自1978年以来政府不断下放经营自主权，尤其是1993年开始的国有企业产权制度改革重新赋予了国有企业竞争力和活力。从国有企业改革的历程以及取得的显著成果可以看出，政府对企业经营的过多干预不利于企业的发展。由此有下列命题。

命题5：国有企业拥有过多纵向关系网络（政府关系）不利于企业绩效的提升。

命题6：相对与非国有企业，国有企业能够更好地利用企业间的横向关系和社会声誉方面增进企业绩效。

另外，地域发达程度的差异也影响着企业对资源的获取（孙俊华，陈传明，2009）[②]。企业上市年限也可能影响着企业的绩效，企业上市为企业争取到了在资本市场上融资的机会，能够有效解决企业融资的问题，但是企业上市时间过长不一定有助于企业绩效的提升，从微观层面讲，上市时间越长，企业受到董事会、监事会、高层管理人员以及股东大会监督和制约的力度越强，企业经营活动上缺乏弹性；从宏观层面讲，企业上市的时间越长受到宏观经济的影响程度越深，包括全球经济形势的影响，经济周期的波动，国家经济政策的影响等。同时，也有学者研究结果表明企业家的个人特质对公司绩效有显著影响（孙俊华，陈传明，2009），企业家的年龄越大表明阅历越丰富，学历水平越高表明学识和修养越好，都有助于企业的发展和成长。因此，有下列命题：

命题7：地域越发达，企业绩效越好。

---

① 石伟军的研究结果表明，非国有企业在社会评价体系中的地位还存在着相当的劣势，更难于获得社会认可；国有企业在利用与政府的关系和社会网络资本方面相对民营企业占据优势。

② 孙俊华和陈传明将地域差异作为企业家社会资本对企业绩效影响的控制变量，认为其对企业绩效有影响，但实证过程未提及影响的结果。

命题 8：上市年限过长不利于企业绩效的提升。

命题 9：企业家的年龄越大，学历水平越高，企业的绩效越好。

## 四、实证研究

### （一）样本设计和数据来源

本研究根据国家统计局《国民经济行业分类》（GB/T4754—2002）的分类标准，① 选取中国新兴第三产业 A 股上市公司为研究样本，共涉及交通运输与仓储业、批发零售业、信息技术业、金融保险业、房地产业、文化传播业和社会服务业 7 个行业。本研究在随机抽取的 110 家公司基础上剔除掉 8 家 ST 公司，又根据主要因变量和自变量的数据缺失项剔除 2 家公司，最终样本为 100 家。之所以选择新兴第三产业作为研究对象，一是相对于其他产业，新兴第三产业面临着更大的市场压力，自主经营和增值的能动性也更强，社会资本的作用应该体现得更明显，因而更具研究意义；二是新兴第三产业已经有足够的上市公司数量作为研究样本，且年报数据成熟可信。本研究中的数据取自上海证券交易所（www. sse. com. cn）提供的上市公司 2008 年和 2007 年的年报，企业家个人信息从巨潮资讯网（www. cninfo. com. cn）和新浪网财经版（www. sina. com. cn）直接获取或者进行编码处理而得。

### （二）变量设计

1. 因变量

为了检验企业的经营绩效，本研究选择净利润（PROF）和营业收入（SR）作为测量指标。净利润是利润总额中按规定缴纳了所得税后企业的利润留成，是企业经营的最终成果，反映了企业的盈亏状况。营业收入反映了企业经营的收入，可以相对显示企业的市场权力（Market Power）。为了避免经济周期和时间等偶然因素带来的波动，本研究使用的是 2008 年和 2007 年 PROF 和 SR 的平均值。

2. 自变量

根据概念模型，② 本文从以下三个维度来测量企业家的社会资本。

企业家纵向关系网络（EVN）：借鉴边燕杰（2000）和石军伟（2007）的方法，

---

① 目前未见政府部门对新兴第三产业的明确界定，按照国家统计局现行行业标准，本文将新兴第三产业的界定为在传统第三产业的基础上，适应当前技术发展和生活需求而发展起来的产业，包括金融保险业、房地产业、信息技术业、文化传播业、社会服务业、交通运输和批发零售业中的新型行业等。

② 经验证，不论自变量取 2007 年的值，还是 2008 年的值，还是两年的平均值，均不影响本文中的结论。

本研究采用企业家与政府的关系来测度企业家动员政治资源的能力。通过企业家在政府或政府相关部门的就职经历来衡量。目前很多上市公司的企业家虽然没有在政府部门任职过，但拥有人大代表或政协委员的政治身份，这也积累了一定的政府资源；国有企业的性质决定了政府对企业的控制和企业家与政府的密切关系；科研院所隶属于政府部门，与政府关系密切；民营企业和外资企业都要通过各种方式与政府产生联系以寻求资源，基于以上原因，本研究采用六分变量来测量企业的纵向社会资本，按政府部门、国有企业、科研院所、民营企业和外资企业分别赋值10、8、6、4、2，如果企业家具有人大代表或政协委员的身份则赋值为9。如果企业家同时在以上多个部门工作过，则分值累计，该方法可以体现企业家拥有政府资源的总量。

企业家横向关系网络（EHN）：横向关系网络是企业的潜在资源，有利于促进企业间的合作、增进信任和缓解资源短缺。由于横向关系网络是一种无形的资源，考虑到数据的可得性，企业家的任职经历可以在一定程度上反映企业家与其他企业之间的联系，因而采用企业家任职过企业总数来测量该指标。

企业家社会关系网络（ESN）：任何个体都处于一个无形的社会网络中，个体的声誉信息会通过该网络结构迅速地传递给社会网络中的各个成员，因此社会网络对企业具有激励和制约的作用。林南（2005）认为社会地位建立在声誉的积累和分配的基础上，代表着社会资本，因为社会网络和它们的价值可以通过声誉来动员他人的支持，从而提高了个体在社会结构中对其他成员的权力影响。所以，如果一家企业在网络中拥有较高的认知程度，它获得的资源的能力就会越多。现有的关于商誉的研究，人们大都将其归入无形资产，且在无形资产中占有相当大的比重。企业家的形象和声誉代表着企业，企业的声誉也影响外界对企业家的印象，所以，本研究采用上市公司报表中的无形资产项目来近似测量企业家的社会关系网络资本。

3. 控制变量

控制变量都可能对企业的绩效带来影响。企业层面控制变量（1）所有制（ownership）是虚拟变量，取0时表示非国有企业，取1时表示国有企业。（2）地域差异（region）也是虚拟变量，取0时表示不发达地区，取1时表示发达地区。借鉴石军伟（2007）的做法，依据《中国各省区市场化程度的最新报告》（国民经济研究所，2005）提供的2002年数据，选择广东、浙江、福建、上海、江苏、北京、山东、天津等前8强的省区为发达地区（取值为1），其他省区则为不发达地区（取值为0）。（3）上市年限（history），取值为企业首发上市年份到2008年的时间段。企业家个人特质控制变量：（1）年龄（age），出生日到2008年的年龄。（2）教育水平（education），采用五分变量，按照博士、硕士、本科、专科和高中及以下，分别赋值5、4、3、2、1。

## （三）数据分析

1. 指标描述统计

指标的描述性统计（表 1）显示：企业家与政府具有广泛的纵向关系；企业家的就职经历丰富，平均在 4 家以上企业任过职，有着比较丰富的社会横向关系；上市企业所有制结构中，非国有企业和国有企业大约各占一半；从地域分布来看，属于发达地区的上市公司占大多数；上市公司上市的年限在 8.5 年左右；企业家的平均年龄在 50—51 岁，平均教育水平为大学本科，处于中等教育水平。

**表 1　指标描述统计**

| 指　标 | 均　值 | 中间值 | 最大值 | 最小值 | 标准差 | 样本数 |
|---|---|---|---|---|---|---|
| PROF | 2.29E+09 | 1.79E+08 | 9.60E+10 | -8.42E+08 | 1.01E+10 | 100 |
| SR | 1.07E+10 | 1.65E+09 | 2.83E+11 | 307133.4 | 3.40E+10 | 100 |
| EVN | 14.8 | 14 | 33 | 2 | 6.29 | 100 |
| EHN | 4.16 | 4 | 11 | 1 | 2.04 | 100 |
| ESN | 1.44E+09 | 3.16E+07 | 1.06E+11 | 0 | 1.06E+10 | 100 |
| ownership | 0.57 | 1 | 1 | 0 | 0.49 | 100 |
| region | 0.86 | 1 | 1 | 0 | 0.35 | 100 |
| history | 8.58 | 10 | 10 | 1 | 2.59 | 100 |
| age | 50.8 | 52 | 63 | 35 | 6.48 | 100 |
| education | 3.65 | 4 | 5 | 2 | 0.81 | 100 |

2. 多元线性回归结果

通过表 2 可以看出解释变量之间的相关系数较低，说明不存在多重共线性问题。本研究模型 DW 值均接近于 2，且样本是截面数据，因此不存在自相关问题。回归分析过程中，部分模型存在一定的异方差问题，用加权最小二乘法（WLS）修正后，8 个模型均不存在异方差问题。从回归结果看，控制变量有效地发挥了作用，对因变量表现出显著性；F 统计量的 P 值近似为 0，说明模型整体显著性较高。

**表 2　因变量和自变量相关系数**

| | PROF | SR | EVN | EHN | ESN | ownership | region | history | age | education |
|---|---|---|---|---|---|---|---|---|---|---|
| PROF | 1 | | | | | | | | | |
| SR | 0.89** | 1 | | | | | | | | |
| EVN | 0.05 | 0.05 | 1 | | | | | | | |
| EHN | 0.15 | 0.10 | 0.33** | 1 | | | | | | |
| ESN | 0.94** | 0.81** | 0.001 | 0.10 | 1 | | | | | |
| ownership | 0.09 | 0.08 | 0.24* | 0.19* | 0.10 | 1 | | | | |
| region | 0.09 | 0.12 | 0.08 | 0.09 | 0.05 | -0.001 | 1 | | | |

**续表 2**

| | PROF | SR | EVN | EHN | ESN | ownership | region | history | age | education |
|---|---|---|---|---|---|---|---|---|---|---|
| history | -0.37** | -0.46** | -0.22* | 0.001 | -0.22* | -0.26** | -0.01 | 1 | | |
| age | 0.15 | 0.16 | 0.31** | 0.001 | 0.09 | 0.30** | 0.11 | -0.21* | 1 | |
| education | 0.25** | 0.33** | 0.15 | 0.001 | 0.17 | -0.03 | 0.22* | -0.05 | -0.09 | 1 |

注：N=100；* 表示在 0.05 水平上显著（双尾检验）；** 表示在 0.01 水平上显著（双尾检验）。

（1）企业家社会资本对企业绩效的影响

为检验企业家社会资本对企业绩效的总体影响，本研究使用 SPSS 软件，通过因子分析的方法将企业家社会资本纵向关系网络、横向关系网络和社会关系网络三个维度合并为一个企业家社会资本因子。

**表 3　旋转后因子负荷矩阵及特征值、贡献值**

| 变　量 | 因　子 | | |
|---|---|---|---|
| | 1 | 2 | 3 |
| EVH | 0.686 | 0.556 | 0.469 |
| EHN | 0.441 | 0.871 | 0.216 |
| ESN | 0.876 | 0.440 | 0.200 |
| 特征根 | 1.432 | 1.261 | 0.307 |
| 贡献值(%) | 47.737 | 42.038 | 10.225 |
| 累积贡献值(%) | 47.737 | 89.775 | 100.00 |

**表 4　因子得分矩阵**

| 变　量 | 因　子 | | |
|---|---|---|---|
| | 1 | 2 | 3 |
| EVH | -0.507 | -0.648 | 3.642 |
| EHN | -0.608 | 1.749 | -1.182 |
| ESN | 1.846 | -0.373 | -2.260 |

因子分析过程中，巴特利球形检验统计量为 360.791，相应的伴随概率 sig 为 0.000，说明相关系数矩阵与单位矩阵有显著差异；同时 KMO 值为 0.702，根据 Kaiser 给的 KMO 度量标准可知原有变量适合作因子分析。本研究通过最大方差旋转法旋转后得到因子特征值、贡献值及因子负荷矩阵（见表 3），总体上因子反映了原有变量的信息，因子效果较理想。因子得分系数见表 4，进而将 3 个因子的方差贡献率加权相加为综合评价得分：$F=0.47737F1+0.42038F2+0.10225F3$。最后将上述过程的综合因子得分、其他控制变量与企业绩效变量进行回归分析。回归模型为：

$$Perf_i = \beta_0 + \beta_1 EntrepreneurSocialCapital + \beta_2 ownership + \beta_3 region + \beta_4 history + \beta_5 age + \beta_6 education + \varepsilon$$

（$i = 0,1$）其中，$Perf_1 = PROF$，$Perf_2 = SR$。前1个变量为企业家社会资本变量，后5个变量为企业层面和企业家个人特质的控制变量。表5提供了社会资本影响企业经营绩效的证据。可以看出，企业家社会资本对企业的净利润（PROF）和销售收入（SR）存在着明显的正向影响，并且企业家社会资本因子非常显著（模型1：$\beta = 143.5241$，模型2：$\beta = 443.3458$，$P < 0.001$），且模型整体的回归效果很好，均在85%以上。从而命题1得到了验证。

**表5 企业家社会资本对企业绩效的总体影响（OLS回归结果）**

| | PROF | SR |
|---|---|---|
| | 模型1 | 模型2 |
| 控制变量 | | |
| ownership | -5.2511(-0.7392) | -44.32070(-1.9434)** |
| region | 0.5523(0.0564) | 15.82013(0.5034) |
| history | -3.0140(-2.1576)** | -24.59357(-5.4841)*** |
| age | 0.5578(1.0167) | 2.679733(1.5216) |
| education | 3.4855(0.8039) | 48.52187(3.4859)*** |
| 企业家社会资本因子 | 143.5241(25.7289)*** | 443.3458(24.75681)*** |
| Adjusted - $R^2$ | 0.8953 | 0.9040 |
| Prob(F - statistic) | 0.0000 | 0.0000 |

注：N=100；括号内的值为t统计量。* 表 p<0.1，** 表示 p<0.05，*** 表示 p<0.001。

**表6 不同企业家社会资本对企业绩效的影响（OLS回归结果）**

| | PROF | SR |
|---|---|---|
| | 模型3 | 模型4 |
| 控制变量 | | |
| ownership | -7.7383(-7.2453)*** | -57.8987 (-19.5013)*** |
| region | 1.8743(1.7733)* | 20.7909 (1.8709)* |
| history | -5.0401(-8.5759)*** | -40.0179 (-22.4441)*** |
| age | 0.4702(4.7661)*** | 4.7773 (20.8463)*** |
| education | 5.5324(5.0055)*** | 84.0633 (42.2886)*** |
| 企业家社会资本变量 | | |
| EVN | -0.1031(-1.0355) | -3.8218 (-10.0333)*** |
| EHN | 1.6591(4.6705)*** | 4.8478 (5.5119)*** |
| ESN | 0.8644(182.5268)*** | 2.2753(159.5347)*** |
| Adjusted - $R^2$ | 0.9999 | 0.9999 |
| Prob(F - statistic) | 0.0000 | 0.0000 |

注：N=100；括号内的值为t统计量。* 表 p<0.1，** 表示 p<0.05，*** 表示 p<0.001。

（2）不同企业家社会资本对企业绩效的影响

该部分使用 Eviews5.0 统计软件对企业外部资本指标和企业绩效进行最小二乘法（OLS）回归分析，基本回归模型为：

$$Perf_i = \beta_0 + \beta_1 EVN + \beta_2 EHN + \beta_3 ESN + \beta_4 ownership + \beta_5 region + \beta_6 history + \beta_7 age + \beta_8 education + \varepsilon$$

（ $i = 0,1$ ）其中，$Perf_1 = PROF$ ，$Perf_2 = SR$ ，前 3 个变量为企业家社会资本变量，后 5 个变量为企业层面和企业家个人特质的控制变量。

从表 6 的回归结果看出，企业的纵向网络关系（EVN）对企业净利润（PROF）和营业收入（SR）均呈显著的负相关关系（模型 3：$\beta = -0.1031$，模型 4：$\beta = -3.8218$，$P<0.001$）。这显然命题 2 相反。孙俊华和陈传明（2009）的研究结果也证明企业家的纵向关系网络与企业绩效可能成负相关关系。实证结果说明企业家与政府的关系过于密切可能导致企业经营的低效。究其原因，从企业家的能动性方面解释，邹国庆、高向飞（2008）认为企业家之前在政府部门的行政级别越高，①出于“面子”，其能动性越难以发挥，因此导致行政级别在一定程度上与企业绩效的负相关。本文认为企业家具有的政治地位越高，由于上市公司受到严密的监督，为维持公众形象，企业家必须严格规范自己的行为，避免与政府的“潜规则”交易。另外，企业家拥有过多的政府关系，容易产生惰性，容易忽视企业自身能力的发展，过分依赖通过政府的关系来达到自己利益目的，也需要付出精力和物质成本，因此会导致企业绩效的降低。命题 2 未通过验证，是个伪命题，说明现实与理论预期相反。

从表 6 还可以看出，企业家的横向关系网络（EHN）对净利润（PROF）和营业收入（SR）均成显著的正向关系（模型 3：$\beta = 1.6591$，模型 4：$\beta = 4.8478$，$P<0.001$）。企业家的横向关系网络体现了企业家调动企业家资源的能力。实证结果说明企业家拥有的企业关系越多，越能给企业带来收益上的好处。企业之间的合作基于信任，企业家自身掌握的资源，能够减少企业寻找合作伙伴的搜寻成本和保证合作伙伴的可靠性。另外，企业家掌握的企业关系越多，在发生资源短缺的时候，更容易进行企业之间的拆借。因此，命题 3 得到了验证。

表 6 的结果还显示，企业家的社会关系网络（ESN）对净利润（PROF）和营业收入（SR）均成显著的正向关系（模型 3：$\beta = 0.8644$，模型 4：$\beta = 2.2753$，$P<0.001$）。企业家的社会关系网络体现了企业在社会网络中的声誉，体现了企业调动社会资源的能力。企业的声誉越高，越能调动社会资源，从而有利于促进企业的经

① 邹国庆，高向飞. 企业外部社会资本的测量及其功效——基于中国房地产开发和经营行业上市公司的实证研究［J］. 吉林大学社会科学学报，2008，48（3）：97－104.

营绩效。同时，良好的企业声誉，也是一种内部激励机制，有利于激发员工的自豪感和主动性，从而提高工作效率和企业绩效。由此，命题 4 得到了验证。

（3）控制变量与企业绩效的关系

**表 7　不同所有制下企业家社会资本对企业绩效的影响（OLS 回归）**

| | PROF | | SR | |
|---|---|---|---|---|
| | 模型 5<br>非国有企业 | 模型 6<br>国有企业 | 模型 7<br>非国有企业 | 模型 8<br>国有企业 |
| 控制变量 | | | | |
| region | 1.0229<br>(−0.1004) | 6.2885<br>(0.4842) | −42.4881<br>(−0.5673) | 43.7447<br>(2.0910)** |
| history | −9.0088<br>(−3.1639)** | −6.6208<br>(−4.5294)*** | −129.8132<br>(−6.6255)*** | −26.6620<br>(−11.2282)*** |
| age | 0.5143<br>(0.7876) | 0.5987<br>(0.7191) | 5.0038<br>(1.1559) | 3.1252<br>(5.1372)*** |
| education | 9.8967<br>(1.5364) | 9.5943<br>(1.7672)** | 81.7413<br>(2.2703)** | 56.8184<br>(9.8714)*** |
| 企业家社会资本变量 | | | | |
| EVN | −0.5107<br>(−0.6641) | −0.6999<br>(−0.9205) | −8.4469<br>(−1.5893) | −5.7102<br>(−10.9141)*** |
| EHN | 1.1513<br>(0.4824) | 2.9840<br>(1.2212) | −1.3165<br>(−0.1069) | 10.9934<br>(4.1569)*** |
| ESN | 0.6150<br>(0.8506) | 0.8448<br>(25.9239)*** | −5.0911<br>(−1.0218) | 2.3625<br>(107.5466)*** |
| Adjusted − $R^2$ | 0.4853 | 0.9481 | 0.5756 | 0.9999 |
| Prob(F − statistic) | 0.0000 | 0.0000 | 0.0000 | 0.0000 |

注：N = 100；括号内的值为 t 统计量。* 表 $p<0.1$，** 表示 $p<0.05$，*** 表示 $p<0.001$。

该部分将国有企业和非国有企业两种所有制分别作回归分析。从表 7 可以看出国有企业企业家的纵向关系网络与企业绩效成显著的负相关（模型 8：$\beta=-5.7102$，$P<0.001$）。本文认为产生这个结果的原因在于，我国深刻的历史背景导致国有企业企业家拥有太多的政府资源，造成企业产权不明晰，权责不明确，进而降低了自身的主动性，不利于企业绩效的提升。该结果在一定程度上启示国有企业家，要重新审视与政府之间的关系。该结果也支持了表 6 显示的企业家纵向关系网络与企业绩效负相关的结果。由此，命题 5 得到了部分证实。

另外表 7 还显示，国有企业的企业家能够很好利用企业间的横向关系网络（模型 8：$\beta=10.9934$，$P<0.001$）以及社会关系网络的声誉评价（模型 6：$\beta=0.8448$，

模型 8：$\beta=2.3625$，$P<0.001$）提高企业的绩效。横向关系网络资本和社会关系网络资本与非国有企业绩效贡献不明确，说明其在获得企业资源和社会声誉方面处于弱势，不容易得到社会的认可。由此可以看出，在第三产业中，国有企业更容易从外部企业和社会获得资源，这是因为国有企业往往跟政府权力挂钩，容易获得社会的支持和认可。虽然社会各界一直呼吁给予非国有企业“国民待遇”，大力发展民营经济，政府部门也作了相关的努力，在目前看来，非国有企业的地位仍然处于劣势，无法达到与国有企业平等的待遇。所以，命题 6 也得到了验证。

从表 6 可以看出，地域差异对企业绩效存在明显的正向影响（模型 3：$\beta=1.8743$，模型 4：$\beta=20.7909$，$P<0.1$），发达地区的企业绩效比不发达地区的企业绩效高。这是因为发达地区拥有优越的人力资源、丰富的物质资料、有力的政府支持和广泛的社会关注。所以命题 7 得到了验证。

从表 6 可以看出，上市年限与企业绩效呈显著的负相关（模型 3：$\beta=-5.0401$，模型 4：$\beta=-40.0179$，$P<0.001$），即上市时间越长，企业的绩效越差。究其原因，我们企业上市能够获得固定的融资渠道、分散经营风险和提升品牌形象，但是上市要承担更多的责任和压力。一方面公司受到来自投资者、监管机构和社会公众各方面的监督，因此要严格披露企业信息使公司状况公开化。这使得企业的经营缺乏了自由度，同时也泄露了很多企业的机密，使得企业在竞争对手的市场博弈中处于劣势地位。另一方面，上市需要成本，对企业来讲是不小的压力。另外，股市受经济波动影响较大，对企业的绩效也产生显著影响。所以，命题 8 通过了检验。

表 6 的回归结果显示，企业家的年龄和学历水平与企业绩效的正向关系均得到了证实（$P<0.001$）。年龄越大，意味着阅历和社会关系越多，学历越高意味着开阔的视野和深厚的知识储备，都有利于企业的经营和成长。命题 9 也通过了检验。

综上所述，命题 1、命题 3、命题 4、命题 6、命题 7、命题 8、命题 9 均得到了显著的结果和通过了验证，命题 5 得到了部分验证。实证结果中，企业纵向关系网络（EVN）对企业绩效呈显著的负向影响，这与命题 2 相反，体现了现实与理论预期的差异。

## 五、结论和政策建议

企业家作为企业的领导者，掌握着企业的发展方向，对企业的成长具有重要的意义。实证研究结果表明：企业家的三种社会资本对企业的绩效有着显著的影响，其中企业家的纵向关系网络（政府关系）对企业绩效起着反向作用，企业的横向关系网络（企业间关系）和社会关系网络（其他社会关系）均对企业绩效起着不同程度的正向作用。通过对企业层面的控制因素研究，研究发现：国有企业拥有过的政府关系不利于企业绩效的提升；相对于非国有企业，国有企业的企业家更容易利用社会资本提升企业的绩效；地域越发达，企业的绩效越高。关于企业家个人特质的研究发现企业家的年龄和学历越高，对企业的贡献越大。

作为一项探索性研究，区别于边燕杰（2000）、石军伟（2007）、邹国庆、高向飞（2008）和孙俊华（2009）的实证研究结果，本文有以下创新性的结论和建议：

（1）企业家掌握的政府关系与企业绩效之间并不像人们期待的那样有强烈的正向关系。恰恰相反，企业家掌握过多的政府关系容易导致企业的低效，这在单独关于国有企业的研究中也得到证实。除了上文基于企业家能动性的解释外，还有一个重要的原因。本文的研究对象为第三产业，与第一产业和第二产业不同，第三产业不进行物质资料的直接生产，而是为社会提供服务，因此在市场竞争中以产品质量或服务态度取胜，企业发展的目标应为自身能力的提升，过多依赖政府的关系会导致企业的低效。因此，第三产业的企业要注重自身能力的发展，这样才能有竞争优势。实证结果与理论预期的差异，说明了现实情况的复杂性，也说明了社会资本理论进一步探讨和完善的必要性。

（2）上市年限长对企业不一定有利。企业上市为企业开辟了直接融资的渠道，上市对企业有利亦有弊。本研究结果表明在企业家社会资本和其他控制变量不变的情况下，上市年限越长，企业的绩效越低。原因可能在于，企业上市后，面临着宏观经济周期波动和世界经济形势变动的压力，如当前的金融危机使得全球的股市都跌入谷底；另外，上市企业受信息披露的影响，发展的自由度降低，获取资源的途径受到限制，影响到企业的绩效。研究结果启示，正在承受过度上市压力的企业，应该开始关注其他的融资渠道、解压或退市途径。

（3）非国有企业仍然处于劣势地位。在我国经济体制改革的进程当中，国有企业在国民经济中的比重降低了，但是由于公有制的主体地位没有变，国有经济仍然占主导地位，国有企业更容易获得各种资源和政策支持。非国有企业是解决就业、促进经济增长和维护社会稳定的中坚力量，此外非国有经济还具有产权关系明确、经营机制灵活、动力机制强和创新能力强的优越性（晓亮，2009），但是其长期以来没有获得公正的待遇和有效的政策支持，大多数企业还在夹缝中生存。实证结果表明，即使在企业能动性较强的第三产业中，非国有企业仍然处于弱势地位。可见，非国有企业的地位有待提升，政府应放松对非国有企业的管制和政策歧视，多出台支持非国有企业的政策，当然，非国有企业本身也要注重效率和能力的提升。

## 参考文献

[1] Baker, W., 1990, Market Networks and Corporate Behavior, American Journal of Sociology, (96): 589-625.

[ 2 ] Bat Batjargal, Mannie Liu, 2004, Entrepreneurs' Access to Private Equity in China: The Role of Social Capital, Organization Science, Linthicum: Mar/Apr (15): 159 – 172.

[ 3 ] Bourdieu, Pierre, 1983, The Forms of Capital In J C Richardson (ed), Handbook of Theory and Research for the Sociology of Education, New York: Greenwood Press.

[ 4 ] Collins, C. J. and Clark, K. D., 2003, Strategic Human Resources, Top Management Team Social Networks and Firm Performance: The Role of Human Resource Practice in Creating Organizational Competitive Advantage, Academy of Management Journal, (46): 740 – 751.

[ 5 ] Coleman, J. S., 1988, Social Capital in the Creation of Human Capital, American Journal of Sociology, 94 (Supplement): 95 – 120.

[ 6 ] Francis Fukuyama, 1995, Trust: The Social Virtues and the Creation of Prosperity, London: Hamish Hamilton.

[ 7 ] Hans Westlund, and Roger Bolton, 2003, Local Social Capital and Entrepreneurship, Small Business Economics, Dordrecht: Sep 21 (2): 77 – 123.

[ 8 ] James, S. Coleman, 1990, Foundations of Social Theory, Cambridge, MA: Belknap.

[ 9 ] Portes, Alejandro and Sensenbrenner Julia, 1993, Embeddedness and Immigration: Notes on the Social Capital Determinants of Economic Action, American Journal of Sociology, 98: 1320 – 1350.

[10] Putnam, R. D., 1993, Making Democracy Work: Civic Traditions in Modern Italy, NJ: Princeton, Princeton University Press.

[11] 边燕杰、丘海雄：《企业的社会资本及其功效》，《中国社会科学》2000 年第 2 期。

[12] 陈传明、周小虎：《关于企业家社会资本的若干思考》，《南京社会科学》2001 年第 11 期。

[13] 惠朝旭：《企业家社会资本：基于社会经济学基础上的解释范式》，《理论与改革》2004 年第 3 期。

[14] 刘林平：《企业的社会资本：概念反思和测量途径——兼评边燕杰、丘海雄的“企业的社会资本及其功效”》，《社会学研究》2006 年第 2 期。

[15] 林南：《社会资本——关于社会结构与行动的理论》，上海人民出版社 2005 年 1 月版。

[16] 李路路：《社会资本与私营企业家》，《社会学研究》1995 年第 6 期。

[17] 石印秀：《中国企业家成功的社会网络基础》，《管理世界》1998 年第 6 期。

[18] 石军伟《企业社会资本的功效机构——基于中国上市公司的实证研究》，《中国工业经济》2007 年第 2 期。

[19] 孙俊华、陈传明：《企业家社会资本与公司绩效关系研究——基于中国制造业上市公司的实证研究》，《南开管理评论》2009 年第 2 期。

[20] 韦影：《企业社会资本的测量研究》，《科学学研究》2007 年第 3 期。

[21] 晓亮：《中国民营经济 60 年》，《南方经济》2009 年第 2 期。

[22] 邹国庆、高向飞：《企业外部社会资本的测量及其功效——基于中国房地产开发和经营行业上市公司的实证研究》，《吉林大学社会科学学报》2008 年第 3 期。

[23] 周小虎、陈传明：《企业社会资本与持续竞争优势》，《中国工业经济》2004 年第 5 期。

# FDI 视角：跨国厂商技术研发量的经济模型分析[①]

吉生保

## 一、相关文献及问题提出

目前关于跨国研发的相关的文献主要都是从以下的几个角度来进行实证分析的，主要的文献有：

（一）从 R&D 强度（R&D intensity）来考虑，这有多个角度来分析。Nsgesh Kumar 和 Aradhna Aggarwal（2005）在对印度 20 世纪 90 年代制造业 840 家企业的面板数据分析后发现，跨国公司在东道国的研发因素与东道国本土企业的研发因素是不同的——首先，“企业规模”与 R&D 强度呈三次方正相关，而不是简单的线性相关，换言之，大型规模的企业研发强度要高于小规模企业和更大规模的企业；其次，就“技术进口”因素而言，只有能够为（跨国公司）海外机构吸收的技术（embodied technology）才明显与 R&D 强度正相关；再次，经济的外向性（包括对外投资数量、出口等）都明显与 R&D 强度正相关。尤其是“企业规模”和 R&D 强度的关系，Chang-Yang Lee 和 Taeyoon Sung（2005）在以 6 个国家 9 个制造业行业的 1400 家有 R&D 行为的企业的相关数据为分析对象，以技术能力条件（technological competence condition）为媒介来分析得到大型企业倾向于“高于比例（more-than-proportional）式”的 R&D，而小规模企业则倾向于“不到比例（less-than-proportional）式”的 R&D 的结论。

（二）从契约角度来考虑（跨国）厂商的 R&D 行为，Mora-Valentin et al.（2004）采用问卷分析的方法，分别分析了两类因素——背景因素（contextual factors）和组织因素（organizational factors）对厂商和研究机构的影响。

---

① 本文得到了中央财经大学商学院崔新健教授等老师的帮助，在此表示感谢。当然，文责自负。

（三）R&D 绩效（performance）是一个新的研究角度，在 2005 年《世界投资报告》中提出 R&D 绩效以后，学者才开始大规模的研究，典型的有 Kuen-Hung Tsai 和 Jiann-Chyuan Wang（2005）以 R&D 产出弹性作为考核 R&D 绩效的指标，分析 R&D 产出弹性与企业规模的关系。

上面的实证文献缺乏一个统一的模式，大部分都是在新古典模型的基础之上直接使用数据进行实证分析，这是得出结论不一致的一个重要原因。而且，此类文献的一个重要特点在于计量模型的选择以及指标（proxy）的选择，这也是实证结论缺乏普遍性的另外一个原因。

相比于实证分析的文献来说，理论模型的分析多见于近几年的文献，而且多以“技术溢出”的角度进行分析。代表性的是 Antonio Tesoriere（2008）研究研发领域厂商竞争的内生非对称性，而且在技术“溢出”的流向是从 R&D 领导者向追随者，认为如果双方同时行动，则规定为零溢出；在具体分析中，作者分别分析了两阶段博弈和稍复杂的三阶段博弈——前者，作者考虑竞争双方 R&D 阶段的同时行动（即 R&D 的零溢出），在随后的产品阶段采取 Cournot 竞争模式；后者，将 R&D 阶段分为序贯行动（即 R&D 的先动者采取 Stackelberg 竞争模式），在前者基础之上发展为三阶段博弈。在推导过程中，作者利用了采用逆向求解法，解出“子博弈完美纳什均衡（sub-game perfect Nash equilibrium）”的研发反应函数并进行相应分析。类似的文章有 Volker Grossman（2007），作者在文章中构建了一个“个体——厂商”模型，其中，个体适用于“世代交替模型（over-lapping generations economy）”——第一时期用来学习或休闲，第二时期用来选择从事 R&D 或者没有技术要求的工作（unskilled working）；厂商在垄断竞争的市场中生产一种相互区别的产品，然后考虑政府公共支出对理性个体 R&D 行为（以技术熟练个体占每代人（设为常数）的比例来衡量）的影响。上述模型分别以厂商、个体（人）作为研发主体、以静态博弈角度进行讨论，而 Chol-Won Li（2007）则以内生经济增长理论为出发点，通过建立“two-R&D-sector Model”以及“k-R&D-sector Model”模型进行分析——前者，作者以劳动力中从事 R&D 人员的份额以及 R&D 人员中从事扩大产品种类的人员份额来考虑经济增长是否达到稳态；后者，作者对生产函数中间投入品的创新质量一般化为（k－1）种（维），讨论长期增长模型的内生性。该文在强调一经济体宏观稳态的同时，对厂商等微观主体考虑不够，尤其缺乏将东道国厂商与跨国厂商进行比较分析，稍显一般化。

文章结构如下：第一部分，相关文献回顾及问题的提出；第二部分，模型的构建及相关假设的提出；第三部分，在第二部分提出假设的基础之上，分析论证相关假设；第四部分，结合中国目前利用 FDI 的情况，进行模型分析并提出相关政策建议。

## 二、模型的构建以及相关假设的提出

（一）模型的构建。本文的模型采用两阶段博弈：第一阶段，跨国厂商和东道国厂商进行研发数量的博弈；第二阶段，跨国厂商和东道国厂商在各自研发数量的基础之上进行产量的博弈。故而，为求得该两阶段博弈的“子博弈完美纳什均衡”，采用逆向求解（backward induction）法，首先求出第二阶段跨国厂商最大化利润的最优产量，再将产量带回利润函数，求解极大化利润解出跨国厂商的 R&D 产出的反应函数。

假定东道国厂商和跨国厂商的生产需要劳动力（$L$）和技术（$T$）两种投入，用 CES 生产函数表示为：

$$q = (L^{\rho} + T^{\rho})^{\frac{1}{\rho}}, \rho \in (-\infty, 1) \tag{1}$$

上式中 $q$ 表示相应的产量，则在（1）式的生产函数情况下，相应的劳动力成本函数可以表示为：

$$C(w, c-x, q) = q[w^{r} + (c-x)^{r}]^{\frac{1}{r}} \tag{2}$$

上式中的 $w$ 为相应的工资水平，另外，本文沿用 d'Aspremont and Jaquemin（1988）以及 Kamien et al.（1992）的类似假定，令 $c$ 表示相应的厂商研发前的单位技术成本，$x$ 表示相应的技术研发量（水平），同时假定该研发可以降低技术成本——使得研发以后的单位技术成本降低为 $(c-x)$。同时令技术研发的成本为 $TC = Rx^2/2$，用来表示研发成本随着研发量的增加而增加关系，为了简单起见，研发的边际成本也随着研发量的增加而线形增加，正数 $R$ 表示研发的难度系数，值越大表示相应的技术研发难度越大。再令替代弹性 $\sigma = 1 - r = 1/(1-\rho)$，且 $\sigma \in [0, +\infty)$，本文专门讨论 $\sigma \to 1$（即 $\rho = r \to 0$）的情形，在这种情况下 CES 生产函数转化为典型的 Cobb－Douglas 生产函数，此时，技术与劳动为相互替代关系，同时，为了简单起见，本文没有进一步讨论两者互补的情况。

假定东道国厂商与跨国厂商面临的市场同为东道国市场，忽略市场在母国或者第三国的其他情况。规定市场的反需求函数为 $p = a - bq$，其中 $a$ 表示市场规模，$q$ 表示市场价格。那么，依据上述假定，东道国厂商和跨国厂商在第二阶段的利润函数可以分别表示为：

$$\pi = [a - b(q + q^*)]q - q(c - x)w - Rx^2/2 \tag{3}$$

$$\pi^* = [a - b(q^* + q)]q^* - q^*(c^* - x^*)w^* - R^*x^{*2}/2 \tag{4}$$

其中，$\pi, w, c, x, R$ 为东道国厂商相应的变量，$\pi^*, w^*, c^*, x^*, R^*$ 为跨国厂商相应的

变量。

最后假定 $w < w^*, (c - x) > (c^* - x^*), R > R^*$，即东道国厂商工资水平低于跨国厂商工资水平，研发结果使得跨国厂商的技术成本低于东道国的技术成本，同时，东道国厂商的研发难度大于跨国厂商的研发难度。进而依据 $w < w^*, (c - x) > (c^* - x^*), R > R^*$ 在利润函数中三者的相对重要性，得出三种竞争模式，见表 1。

**表 1　不同的竞争模式及相关背景、经济学意义**

| 竞争模式 | Cournot 模型 | Stackelberg 模型 | Collusion 模型 |
| --- | --- | --- | --- |
| 相关模型背景 | $R > R^*$，即竞争中最明显的是双方的研发难度的差距，而双方工资水平差距以及研发以后的技术成本差距则相对而言次重要 | $(c - x) > (c^* - x^*)$，即竞争中最明显的是研发以后的技术成本差距，而双方工资水平差距以及双方研发难度的差距则相对而言次重要 | $w < w^*$，即竞争中最明显的是双方工资水平的差距，而双方研发难度的差距以及研发以后技术成本的差距则相对而言次重要 |
| 经济学意义 | 竞争双方在战略上同时行动 | 竞争双方分为战略先行者与追随者，追随者视先行者的行动而行动 | 双方依赖“协议”或者一种“默契”而在战略行动上协调一致，谋求共同利润的最大化 |

图表来源：根据［法］Jean Tirole 著，张维迎等译：《产业组织理论》（中译本），中国人民大学出版社 1997 年版，第十章整理。

（二）假设的提出。实证研究方面，Zejan（1992）通过对瑞士跨国公司的实证研究，发现市场规模对 R&D 的区位选择有决定作用；Kuemmerle（1997）将跨国公司海外 R&D 直接投资分为两类：充分利用跨国公司的现有技术知识和开拓国际市场；John H. Dunning（1993）认为（中国市场）很难在战略上吸引 MNCs（multinational companies）。模型分析方面，蔡宜臻、邱俊荣（2007）在分析台湾地区对中国内地等地区的 FDI 与 R&D 时，也将东道国的市场规模作为重要的研究对象。针对上述文献，假设 1：东道国市场规模的大小决定着跨国厂商在东道国的研发量。

Prasade Reddy 和 Jon Sigurdson（1997）在对印度的科技企业采取个案分析以后认为，外资 R&D 在印度投资的首要因素是得到相关科技人员，同时降低研发成本；国内学者对东道国劳动力因素在吸引跨国 R&D 方面的作用的看法较为一致，代表性的有薛澜、沈琼红和王书贵（2002）认为先进的科学技术知识和优秀的研发人才的供应以及一流的科学基础设施对以科学为基础行为的跨国公司来说是最具有吸引力的因素之一，另外，谭峰、杜德斌（2003）在跨国公司在大陆的投资动机分析中谈到，“利用当地的人才和研发环境，降低研发成本”，同时也谈到“实现技术本地开发，巩固大陆市场”。针对上述文献，假设 2：东道国劳动力工资水平的高低决定着跨国厂商在东道国的研发量。

Rosenberg（2000）认为在对跨国研发的研究中需要考虑如何使技术进行整合、匹配、修正以适应东道国终端客户和跨国竞争的需要，从而最大化自身利益。类似地有 Zhuang I.，Ritchtie R. 和 Zhang Q.（1998）认为变化不定的政策环境对于在华投资企业的外商来说，是最大的威胁。相反，在实证研究中 Ove Granstrand（1999）在对日本、瑞士的 20 多家跨国企业分析后，认为东道国的政府政策不是一个重要因素，几乎不起任何影响。鉴于东道国技术水平的高低受东道国政府政策的影响较为明显，故而针对上述文献，假设 3：东道国技术水平的高低（即研发存量的大小）决定着跨国厂商在东道国的研发量。

## 三、相关命题分析及结论

### （一）东道国市场规模对跨国厂商技术研发量的影响

1. Cournot 竞争模式。由（3）、（4）两式联立，可以求得 Cournot 竞争模式下跨国厂商的技术研发量的反应函数表示为：

$$x^* = 4w^*(a - 2w^*c^* + w(c - x))/(9bR^* - 8w^{*2}) \tag{5}$$

令 $x^*$ 对 $a$ 求偏导数，有：

$$\partial x^*/\partial a = 4w^*/(9bR^* - 8w^{*2}) > 0 \qquad (6)\text{①}$$

进一步考察跨国厂商自身影响该倾向的因素，有：

$$\partial^2 x^*/(\partial a \partial w^*) = 4(9bR^* + 8w^{*2})/(9bR^* - 8w^{*2})^2 > 0 \tag{7}$$

$$\partial^2 x^*/(\partial a \partial R^*) = -36w^*b/(9bR^* - 8w^{*2})^2 < 0 \tag{8}$$

结论 1a：在 Cournot 竞争模式下，在东道国厂商与跨国厂商共同争夺东道国市场的情况下，东道国市场规模越大，跨国厂商越倾向于加大技术研发量；而且，影响该倾向的因素中，有两个跨国厂商自身的因素影响该倾向——跨国厂商自身的工资水平以及研发难度，跨国厂商工资水平越高，研发难度越小，这种倾向就会得到正向强化。

2. Stackelberg 竞争模式。由 $(c - x) > (c^* - x^*)$ 可知，跨国厂商由于技术研发量的存在而使生产中的技术投入的成本明显降低，可以认为在这个两阶段博弈过程中跨国厂商是先行者，东道国厂商是追随者。按照这个思路，可以得出跨国厂商技

---

① 这里为了保证最优技术研发量的存在，假设有 $\partial^2 x^*/(\partial x^{*2}) = (8w^{*2} - 9bR^{*2})/(9b) < 0$ 成立，即 $9bR^{*2} > 8w^{*2}$。

术研发量的反应函数可以表述为：

$$x^* = w^*(3a + 4w(c - x) - 8w^*c^*)/(4bR^* - 8w^{*2}) \tag{9}$$

令 $x^*$ 对 $a$ 求偏导数，有：

$$\partial x^*/\partial a = 3w^*/(4bR^* - 8w^{*2}) > 0 \quad (10)①$$

同样考察跨国公司自身影响该倾向的因素，有：

$$\partial^2 x^*/(\partial a \partial w^*) = 3(4bR^* + 8w^{*2})/(4bR^* - 8w^{*2})^2 > 0 \tag{11}$$

$$\partial^2 x^*/(\partial a \partial R^*) = -12w^* b/(4bR^* - 8w^{*2})^2 < 0 \tag{12}$$

结论 1b：在 Stackelberg 竞争模式下，在东道国厂商与跨国厂商共同争夺东道国市场且跨国厂商拥有“先动优势（first-mover advantage，在模型中为明显地有（$c - x$）>（$c^* - x^*$）成立，即经过研发跨国厂商的技术投入成本明显低于东道国厂商）”的情况下，东道国市场规模越大，跨国厂商越倾向于加大技术研发量；而且，影响该倾向的因素中，有两个跨国厂商自身的因素影响该倾向——跨国厂商自身的工资水平以及研发难度，跨国厂商工资水平越高，研发难度越小，这种倾向就会得到正向强化。这一点与 Cournot 竞争模式下类似，但是，通过（10）与（6）的比较，可以发现，在跨国厂商拥有研发方面的“先动优势”的情况下，跨国厂商对东道国市场规模的反应更为敏感，即（$\partial x_{sta}^*/\partial a$）>（$\partial x_{cou}^*/\partial a$）> 0 ②；通过与 1a 的比较可以发现，当 $R^* < 16w^{*2}/((5\sqrt{3} + 3)b) \approx 4w^{*2}/(3b)$ 时，有（$\partial^2 x_{cou}^*/(\partial a \partial R^*)$）<（$\partial^2 x_{sta}^*/(\partial a \partial R^*)$）< 0 成立，即跨国厂商自身的研发难度在 Cournot 竞争模式下对东道国市场规模的敏感性倾向更强；而当跨国厂商自身的研发难度 $R^*$ 高于门槛值 $4w^{*2}/(3b)$ 时，跨国厂商自身的研发难度在 Stackelberg 竞争模式下对东道国市场规模的敏感性倾向更强。③

3. Collusion 竞争模式。在前面的假设中，$w < w^*$ 差别的明显意味着东道国厂商工资水平的低廉可以形成和跨国厂商技术成本低廉一样的优势，双方在这种场合下，研究双方的 Collusion 竞争模式是有意义的。在这种情况下，跨国厂商专司技术研发，负责技术投入；东道国厂商专司劳动投入，谋求共同利益（市场利润）的最大化。依据这种思路，可以得出跨国厂商技术研发量的反应函数为：

---

① 这里为了保证最优技术研发量的存在，假设有 $\partial^2 x^*/(\partial x^{*2}) = (8w^{*2} - 4bR^{*2})/(4b) < 0$ 成立，即 $4bR^{*2} > 8w^{*2}$。

② 在两种或三种竞争模式共同出现时，为防止混淆，令 $x_{cou}^*$ 表示在 Cournot 竞争模式下，跨国厂商的技术研发量，同理，$x_{xta}^*$ 以及 $x_{col}^*$ 分别表示在 Stackelberg 竞争模式下以及 Collusion 竞争模式下跨国厂商的技术研发量。下同。

③ 感谢匿名审稿人提出的意见，使得该部分的经济意义更加明显。

$$x^* = w(a - cw)/(2bR^* - w^2) \tag{13}$$

令 $x^*$ 对 $a$ 求偏导数，有：

$$\partial x^*/\partial a = w/(2bR^* - w^2) > 0 \qquad (14)①$$

同样考察跨国公司自身影响该倾向的因素，有：

$$\partial^2 x^*/(\partial a \partial R^*) = -2bw/(2bR^* - w^2)^2 < 0 \tag{15}$$

$$\partial^2 x^*/(\partial a \partial w) = (2bR^* + w^2)/(2bR^* - w^2)^2 > 0 \tag{16}$$

结论 1c：在 Collusion 竞争模式下，东道国市场规模越大，跨国厂商越倾向于加大技术研发量；而且，影响该倾向的因素中，有两个跨国厂商自身的因素影响该倾向——跨国厂商自身的工资水平（这里考察的是东道国工资水平，鉴于有 $w < w^*$ 明显成立，可以认为是对跨国厂商工资水平的间接考察）以及研发难度，跨国厂商工资水平越高，研发难度越小，这种倾向就会得到正向强化。这一点与 Cournot 竞争模式以及 Stackelberg 竞争模式下类似，但是对比（6）、（10）、（14），可以发现，

当 $R^* < (2w^{*2}/b)$ 时，有 $(\partial x_{col}{}^*/\partial a) > (\partial x_{sta}{}^*/\partial a) > (\partial x_{cou}{}^*/\partial a) > 0$；

当 $R^* > (2w^{*2}/b)$ 时，有 $(\partial x_{sta}{}^*/\partial a) > (\partial x_{col}{}^*/\partial a) > (\partial x_{cou}{}^*/\partial a) > 0$；

特别当 $|w - w^*| \to 0$ 时，$(\partial x_{sta}{}^*/\partial a) > (\partial x_{cou}{}^*/\partial a) > (\partial x_{col}{}^*/\partial a) > 0$。

### （二）东道国厂商工资水平对跨国厂商技术研发量的影响

1. Cournot 竞争模式。对（5）就 $w$ 求偏导数，有：

$$\partial x^*/\partial w = 4w^*(c - x)/(9bR^* - 8w^{*2}) > 0 \tag{17}$$

同样考察跨国厂商自身影响该倾向的因素，有：

$$\partial^2 x^*/(\partial w \partial w^*) = 4(c - x)(9bR^* + 8w^{*2})/(9bR^* - 8w^{*2})^2 > 0 \tag{18}$$

$$\partial^2 x^*/(\partial w \partial R^*) = -36w^*(c - x)b/(9bR^* - 8w^{*2})^2 < 0 \tag{19}$$

另外，东道国厂商技术投入的成本也影响跨国厂商技术研发量对东道国工资水平变动的敏感程度

$$(\partial^2 x^*/(\partial w \partial (c - x))) > 0 \tag{20}$$

结论 2a：在 Cournot 竞争模式下，在东道国厂商与跨国厂商共同争夺东道国市场的情况下，东道国厂商工资水平越高，跨国厂商越倾向于加大技术研发量；而且，影

① 这里为保证最优技术研发量的存在，假设 $\partial^2 \pi_{col}/\partial x^{*2} = (w^2 - 2bR^*)/(2b) < 0$，即 $2bR^* > w^2$ 成立。

响该倾向的因素中，有两个跨国厂商自身的因素影响该倾向——跨国厂商自身的工资水平以及研发难度，跨国厂商工资水平越高，研发难度越小，这种倾向就会得到正向强化。另外，如果东道国厂商技术研发成本较高，也使得跨国厂商的技术研发量对东道国厂商的工资水平的变动更为敏感。

2. Stackelberg 竞争模式。对（9）就 $w$ 求偏导数，有：

$$\partial x^*/\partial w = 4w^*(c-x)/(4bR^* - 8w^{*2}) > 0 \tag{21}$$

同样考察跨国厂商自身影响该倾向的因素，有：

$$\partial^2 x^*/(\partial w \partial w^*) = 4(c-x)(4bR^* + 8w^{*2})/(4bR^* - 8w^{*2})^2 > 0 \tag{22}$$

$$\partial^2 x^*/(\partial w \partial R^*) = -16w^*(c-x)b/(4bR^* - 8w^{*2})^2 < 0 \tag{23}$$

$$\partial^2 x^*/(\partial w \partial(c-x)) = 4w^*/(4bR^* - 8w^{*2}) > 0 \tag{24}$$

结论 2b：在 Stackelberg 竞争模式下，在东道国厂商与跨国厂商共同争夺东道国市场且跨国厂商拥有"先动优势（first-mover advantage，在模型中为明显地有 $(c-x) > (c^* - x^*)$ 成立，即通过研发行为，跨国厂商的技术投入成本明显低于东道国厂商）"的情况下，东道国市场规模越大，跨国厂商越倾向于加大技术研发量；而且，影响该倾向的因素中，有两个跨国厂商自身的因素影响该倾向——跨国厂商自身的工资水平以及研发难度，跨国厂商工资水平越高，研发难度越小，这种倾向就会得到正向强化。这一点与 Cournot 竞争模式下类似，但是，通过（24）与（20）的比较，可以发现，在跨国厂商拥有研发方面的"先动优势"的情况下，跨国厂商对东道国市场规模的反应更为敏感，即 $(\partial^2 x_{sta}^*/(\partial w \partial(c-x))) > (\partial^2 x_{cou}^*/(\partial w \partial(c-x))) > 0$；通过（23）与（19）的比较，有 $0 > (\partial^2 x_{cou}^*/(\partial w \partial R^*)) > (\partial^2 x_{sta}^*/(\partial w \partial R^*))$ 成立，可以认为跨国厂商自身的研发难度在 Stackelberg 竞争模式下对东道国厂商工资水平的敏感性倾向更强。①

3. Collusion 竞争模式。对（13）就 $w$ 求偏导数，有：

$$\partial x^*/\partial w = (2abR^* + aw^2 - 4bcR^* w)/(2bR^* - w^2)^2 \tag{25}$$

式（25）正负不定，证明如下：

$$\begin{aligned}\partial x^*/\partial w &= (2abR^* + aw^2 - 4bcR^* w)/(2bR^* - w^2)^2 \\ &= ((2aw^2 - 2bcR^* - cw^3) + (a - cw)(2bR^* - w^2))/(2bR^* - w^2)^2 \\ &= (w(\partial Q/\partial w) + Q)/R^*\end{aligned} \tag{26}$$

① 负号表示变动方向，对东道国厂商工资水平敏感性倾向的强弱则由数值的绝对值来表示。下同。

按照蔡宜臻、邱俊荣（2007）的解释，（26）式括号中的第一项为负，即产量效果：较低廉的成本使得产量增加，也使得跨国厂商研发的诱因（敏感性倾向——笔者注）提高；第二项为正，因为劳动投入与技术投入互为替代，故而当跨国厂商面对较低的工资水平时，将会以劳动投入替代技术投入，这也是要素替代效果，将使跨国厂商研发减少。因此，产量效果与替代效果影响研发诱因的方向相反，使得（26）式的符号不确定。

结论 2c：在 Collusion 竞争模式下，跨国厂商技术研发量随东道国厂商工资水平的增加变动是不确定的，要视东道国工资水平对跨国厂商研发量的产量效果（负向）与替代效果（正向）两者的相对大小来确定。而且由 $(\partial^2 x^* / (\partial a \partial w)) = (\partial^2 x^* / (\partial w \partial a)) > 0$ 可知，东道国的市场规模会正向影响跨国厂商技术研发量对东道国厂商工资水平的敏感性倾向。

### （三）东道国厂商技术研发量对跨国厂商技术研发量的影响

1. Cournot 竞争模式。对（5）就 $x$ 求偏导数，有：

$$\partial x^* / \partial x = -4w^* w / (9bR^* - 8w^{*2}) < 0 \tag{27}$$

同样考察跨国厂商自身影响影响该倾向的因素，有：

$$\partial^2 x^* / (\partial x \partial R^*) = 36 w^* wb / (9bR^* - 8w^{*2})^2 > 0 \tag{28}$$

$$\partial^2 x^* / (\partial x \partial w^*) = -4w(9bR^* + 8w^{*2}) / (9bR^* - 8w^{*2})^2 < 0 \tag{29}$$

结论 3a：在 Cournot 竞争模式下，在东道国厂商与跨国厂商共同争夺东道国市场的情况下，东道国厂商技术研发量越高，跨国厂商越倾向于降低技术研发量；而且，有两个跨国厂商自身的因素影响该倾向——跨国厂商自身的工资水平以及研发难度，跨国厂商工资水平越高，研发难度越小，这种倾向就会得到正向强化。另外，影响东道国厂商技术研发量对跨国厂商技术研发量倾向的因素中，对东道国厂商工资水平的敏感性要高于对跨国厂商自身工资水平的敏感性。

2. Stackelberg 竞争模式。对（9）就 $x$ 求偏导数，有：

$$\partial x^* / \partial x = -4w^* w / (4bR^* - 8w^{*2}) < 0 \tag{30}$$

同样考察跨国厂商自身影响该倾向的因素，有：

$$\partial^2 x^* / (\partial x \partial R^*) = 16 w^* wb / (4bR^* - 8w^{*2})^2 > 0 \tag{31}$$

$$\partial^2 x^* / (\partial x \partial w^*) = -4w(4bR^* + 8w^{*2}) / (4bR^* - 8w^{*2})^2 < 0 \tag{32}$$

结论 3b：在 Stackelberg 竞争模式下，东道国厂商技术研发量越高，跨国厂商越倾向于降低技术研发量；而且，有两个跨国厂商自身的因素影响该倾向——跨国厂商自身的工资水平以及研发难度，跨国厂商工资水平越高，研发难度越小，这种倾向就会得到正向强化。另外，影响东道国厂商技术研发量对跨国厂商技术研发量倾向的因素中，对东道国厂商工资水平的敏感性要高于对跨国厂商自身工资水平的敏感性。

3. Collusion 竞争模式。对（13）就 $x$ 求偏导数，发现 $(\partial x^* / \partial x) = 0$，进而也有 $(\partial^2 x^* / (\partial x \partial R^*)) = (\partial^2 x^* / (\partial x \partial w^*)) = 0$，则 $(\partial x^* / \partial (c - x)) = (\partial x^* / \partial c) < 0$，并且 $(\partial^2 x^* / (\partial (c - x) \partial R^*)) > 0$ 以及 $(\partial^2 x^* / (\partial (c - x) \partial w)) < 0$ 成立。

结论 3c：在 Collusion 竞争模式下，跨国厂商技术研发量并不随东道国厂商技术研发量的变化而变化，这一点不同于 Cournot 以及 Stackelberg 竞争模式下的情形——这种现象可以这样理解，在东道国厂商专司劳动要素投入，跨国厂商专司技术要素投入的情况下，跨国厂商的技术研发量自然无须考虑东道国的技术研发量；但是，东道国厂商技术投入的成本却被跨国厂商视为“影子价格”而加以考虑，而且跨国厂商技术研发量随着东道国厂商技术投入成本的降低而上升！另外，影响跨国厂商技术研发量对该“影子价格”敏感性倾向的因素有跨国厂商技术研发的难度以及东道国厂商的工资水平，分别正向、负向影响该倾向。

## 四、理论模型的政策含义

中国内地作为东道国在吸引 FDI 以及相应的 R&D 方面，对应前文表 1，可以分为如下几个板块：

### （一）加工装配制造业方面

目前，中国内地在该领域的突出特点是研发难度远高于跨国厂商的研发难度，典型的是交通运输设备制造业，研发难度居高不下使得由于研发带来的技术投入的成本居高不下，根据文章第三部分的分析，为了吸引跨国研发，中国内地应该扩大市场规模，典型的做法就是提高劳动力的工资水平，而且针对加工装配制造业多为深度加工工业，关乎人们生活水平的提高，需要伴以各种消费刺激措施（比如积极稳妥地开展各类消费信贷，鼓励和提倡居民拥有更多的财产性收入等），在宏观层面，政府应该鼓励企业的研发行为，积极降低研发难度，典型的比如 2003 年中国政府对安徽奇瑞 QQ 的支持。

### （二）高新技术行业方面

目前，中国内地在该领域的突出特点是技术投入的成本居高不下，这一点有别于加工装配制造业（加工装配制造业代表全球工业化的趋势，目前发达国家已经完成工业化，开始向发展中国家进行产业转移；而高新技术行业代表全球经济信息化的趋势，发达国家在其中的优势尚未完全发挥）。这有两方面的特点，一方面，短期内，中国内地技术投入成本的居高不下，使得其在短期内只能作为追随者与跨国厂商进行竞争；另一方面，正是由于全球范围内信息化尚未完成，使得跨国厂商作为先行者的优势地位并不稳固（跨国厂商正是意识到这一点，竞争中的敏感性明显强于加工装配制造业），这需要中国内地对该行业产品的需求（市场）有更大的增长，除了产品降价等供给方面的行动以外，政府采购等需求方面的因素也是必要的，另外，加大国内技术研发量，争取在竞争中摆脱追随者地位也十分重要。

### （三）传统的（中国内地）具有比较优势的行业

目前，中国内地在该领域的突出特点是工资水平明显低于跨国厂商，但是一味地增加工资水平并不能解决问题（见（26）分析），关键在于工资增长带来的产量效果与替代效果的比较。典型的是服务行业，从麦当劳连锁店到各种咨询行业，种类繁多，正如结论 1c 所示，统一的分析难度较大，应当具体行业具体分析。所幸的是，结论 3c 显示，东道国技术投入的“影子价格”很重要，这使得中国内地统一行业标准、规范和提高行业形象（比如部分行业摆脱“一资两高”形象，即资源加工型、高能耗、高污染）成为政府的当务之急；另外，也不能由于中外厂商的技术合作而一味强调本土企业自身的劳动力（成本）优势，过分依赖跨国厂商的技术，而忽视本土企业的技术研发（确切的说是“降低研发投入的技术成本”——笔者注），这样也不利于跨国厂商增加在华技术研发量的投入水平。

## 参考文献


[1] Antonio Tesoriere. Endogenous R&D symmetry in linear Duopoly with one-way spillover [J]. Journal of Economic Behavior& Organization, 2008, 66 (2): 213 – 225.

[2] Chang-Yang Lee &Taeyoon Sung Schumpeter's legacy : A new perspective on the relationship between firm size and R&D [J]. Research Policy, 2005, 34: 914 – 931.

[3] Chol-Won Li Growth and Scale effects: The role of Knowledge spillovers [J]. Economics Letters, 2007, 74: 177 – 185.

[4] d'Aspremont, C. and A. Jaquemin. Cooperative and Noncooperative R&D in Duopoly with spillovers [J] . American Economic Review, 1988, 32: 1133 – 1138.

[5] Eva M. Mora-Valentin, Angeles Montoro-Sanchez &Luis A. Guerras-Martin. Determining factors in the success of R&D cooperative agreement between firms and research organizations [J]. Research Policy, 2004, 33: 17 – 40.

[6] John, H, Dunning. Multinational Enterprise and the global Economy [M]. Workingham, U. K. : Addison—Wesley Publishing company, 1993.

[7] Kamien, M. I. , E. Muller&I. Zang. Research Joint Ventures and R&D Cartels [J]. American Economic Review, 1992, 82: 1293 – 1306.

[ 8 ] Kuemmerle. The Drivers of Foreign Direct Investment into R&D: an Empirical Investigation [J]. Journal of International Business Studies, 1999, 30: 11 - 24.

[ 9 ] Kuen-Hung Tsai& Jiann-Chyuan Wang. Does R&D performance decline with firm size? —Are-examination in terms of elasticity [J]. Research Policy, 2005, 34: 966 - 976.

[10] Nagesh Kumar, Aradhna Aggarwal. Liberalization, outward orientation and in - house R&D activity of multinational and local firms: A quantitative exploration for Indian manufacturing [J]. Research Policy, 2005, 34: 441 - 460.

[11] Ove Granstrand. Internationalization of corporate R&D: A study of Japanese and Swedish corporations [J]. Research policy, 1999, 28: 275 - 302.

[12] Prasade Reddy, Jon Sigurdson. Strategic location of R&D and emerging patterns of globalization: the case of Astra Research Centre in India [J]. International Journal of Technology management, 1997, Vol14, No2 - 4: 344 - 361.

[13] Rosenberg, N. Schumpeter and the Endogeneity of Technology [M]. Routledge, London, 2000: 78.

[14] Volker Grossman. How to promote R&D based growth? Public Education expenditure on Scientist and Engineers versus R&D Subsidies [J]. Journal of Macroeconomics, 2007, www. elsevier. com /locate /jmacro.

[15] Zejan, Mario C. R&D Activities in Affiliates of Swedish Multinational Enterprises [J]. Scandinavian Journal of Economics, 1992, 3: 487 - 500.

[16] Zhuang I. , Ritchtie R. , Zhang Q. Managing business Risks in China [J]. Long Range Planning, 1998, Vol31, No 4: 606 - 614.

[17] 蔡宜臻，邱俊荣. 对外直接投资于研究发展 [J]. 经济论文，2007，35 (1)：53 - 82。

[18] 谭峰，杜德斌. 跨国公司在大陆的 R&D 投资及应对策略 [J]. 投资研究，2003，8：26。

[19] 薛澜，沈琼红，王书贵. 全球化战略下跨国公司在华研发机构投资布局 [J]. 管理世界，2002，3：33 - 42。

# 教育、预期工资与农村剩余劳动力的转移决策

## ——基于一组来自东莞的数据

蒯鹏州

## 一、引　言

在金融危机的影响下，长三角、珠三角地区的部分制造业企业中出现了较为严重的“民工就业难”问题。但就目前来看，转移人口就业往往是极低预期工资水平下的用工短缺和较高预期工资水平下的就业难。① 转移人口往往不是找不到工作，而是找不到工资水平符合其心理预期的工作。就业的难易程度，与一定预期工资水平下拟转移人口作出何种转移决策密切相关。随着金融危机影响的逐步减弱，这些地区的招工难现象正呈加剧趋势。对这一现象进行分析和解释显然是有必要的。

农村剩余劳动力的城市化转移是发展中国家最重要的经济现象之一，也是发展经济学家的研究重点。Herberla 和 Mitchell 在 1938 年和 1948 年便从经济学、社会学和人口学等多个方面对剩余劳动力非农化转移的动力机制加以阐述，Lee（1966）等人对此作了重要补充，并形成推拉理论（push and pull theory）。Lewis 在 1954 年的开拓性工作中提出经济社会中包含“传统农业部门”（subsistence sector）和“现代工业部门”（capitalist sector）两大部类的二元经济框架，为后人研究农村剩余劳动力城市化转移问题提供了重要的理论基础。以二元经济论为基础，Lewis 建立了劳动力从传统农业部门到现代工业部门的劳动力转移模型。Ranis 和 Fei（1961）提出“农业剩余”、“隐性失业”等概念，并对 Lewis 模型进行作了修正。Harris 和 Todaro（1970）关注于城市的失业问题。由于工资水平的向下刚性，经济中存在失业，农

① 早在 2004 年，《关于民工短缺的调查报告》中即曾提到，工资待遇与缺工有直接关系，月平均工资平均在 700—1000 元间的企业，招技工较难，但用工基本能够得到保障。

村剩余劳动力转移到城里也未必能找到工作，并提出农村剩余劳动力转移决策的关键性影响因素在于两部门“预期工资”（expected wage）的差异，与平均工资及就业机会有关。

针对中国的农村剩余劳动力城市化转移问题，程明望等（2006）建立了基于推拉理论的剩余劳动力非农化转移模型，并强调须通过强化城镇拉力等措施以促进劳动力的城市化转移；蔡昉（2005）依据 Lewis 模型作出了中国劳动力“无限供给”转向劳动力“有限剩余”的判断；包小忠（2005）则认为中国并没有到刘易斯转折点，劳动力转移受阻主要源于农民工净收入减少；Xin Meng（2001）和王美艳（2005）考察了户籍制度等因素在收入及剩余劳动力城市化转移问题中所起的作用。另外，赵耀辉（1997）研究了教育在中国农村劳动力转移决策中的作用，并发现文化程度对转移决策的影响并不显著。

## 二、基本模型和分析方法

由于收入是影响劳动力转移决策的关键，国内相关研究多以农民工收入的影响因素为研究的切入点，但直接以转移决策为对象的研究则相对较少。而赵耀辉（1997）以四川省为基础的农村剩余劳动力城市化转移决策问题研究，相关结果与国外劳动力迁移研究的经验相背离。这里可能有样本选取的问题——川渝地区劳动力对闲暇和收入的偏好与其他地区劳动力不尽相同（项颖、蒯鹏州，2008）；也有可能与研究时间较为久远，教育的个人收益率偏低有关。故本文试图以 Lewis（1954）和 Harris、Todaro（1970）的工作为基础，通过建立农村剩余劳动力城市化转移决策的动力机制，分析教育在农村剩余劳动力转移过程中的作用。

我们仍然假定经济社会包含传统农业部门和现代工业部门两大部类。由于存在生产技术和组织方面的原始差异，农村存在着剩余劳动力，且劳动力的流动以从传统农业部门向现代工业部门转移为主（Lewis，1954）。农村剩余劳动力的转移决策取决于其对转移前后收入的判断，与预期工资及其在传统农业部门中的工资有关（Harris & Todaro，1970）。

但在 Harris 和 Todaro 的工作中，预期工资被定义为 $W_M * N_M/N_U$。其中，$W_M$ 为城市的最低工资水平，$N_M$ 为城市就业人口数，$N_U$ 为全体城市劳动力（包括永久性城市居民和移民）。这样的假定大大简化了模型的复杂程度，但也带来了两个问题：最低工资水平意味着无工资差异的工作岗位，但由于人力资本的差异，即便是在同样的工作岗位上，个人的工资也会存在差异，预期工资会被低估；城市劳动力往往不愿进入一些工资较低、工作强度较大的行业，而这些行业又往往是转移人口聚集的地方，就业机会被低估。因此，本文假定，农村剩余劳动力在不考虑收入问题时，完全可以进入城市部门就业；预期工资由人力资本存量等相关变量及拟转移部门的工资收入函数共同决定。

上述假定下，劳动力在进行转移决策时，会对拟转移部门的工资收入函数加以了解（往往通过向在外打工的同乡询问实现），根据自身的人力资本及年龄、性别等相关特征对预期工资作出判断，最后，通过比较转移前后可能的工资差距作出转移决策。由于传统农业部门在生产技术和组织等方面的相对落后，人力资本差异引起的工资差异性较小。因此，当预期工资高于传统农业部门中的平均工资时，劳动力就会倾向于作出城市化转移的决策。

关于工资收入函数研究多以 Mincer 在 1958 年所做的工作为基础，即：

$$\ln wage = \alpha * edu + \beta * \exp + \gamma * \exp^2 + c$$

其中，wage、edu 和 exp 分别代表工资收入、受教育年限和工作经验。相关文献在收入分析问题上多采用 OLS 回归方法（孟昕、张俊森，2006；宋丽娜、Simon Appleton，2006）。由于转移目的地以外的工作经验可能是从事农活的经验，也可能与转移目的地的工作并不相关，对其在转移目的地获得的收入影响相对较小，故工作经验往往被分解为转移目的地工作经验及转移目的地以外的工作经验。（孟昕、张俊森，2006）

由于受访者往往不愿意透露具体的工资收入状况，因变量若按工资区间计，所得结果可能更加准确。但因变量也会因此成为离散型变量，OLS 的回归方法不再适用。更重要的是，OLS 的方法多用于确定性条件，而现实中转移决策往往是在不确定性条件下完成。基于 ologit 模型获得的拟转移部门工资收入函数，我们可以根据劳动力相关变量的基本状况，对其转移后落入各工资区间的可能性及其对预期工资的判断加以预测，更好地体现这种不确定性。

ologit 模型（ordered logit moedel）是一种常用的有序响应模型。设 y 表示在 {1，2，…j} 上取值的有序响应，关于 y（以解释变量 x 为条件）的 ologit 模型可以从潜变量 $y_i^*$ 模型中推导出来。假定潜变量 $y_i^*$ 由下式决定：$y_i^* = x\beta + e$。其中，β 表示 K＊1 向量，残差 e 服从 logistics 分布。设 $\theta_1$ 至 $\theta_{j-1}$ 为未知的割点（cut point），且 $\theta_1 < \theta_2 < \cdots < \theta_{j-1}$，同时定义：

$y = 1$，若 $y_i^* \leqslant \theta_1$

$y = 2$，若 $\theta_1 < y_i^* \leqslant \theta_2$

…

$y = J - 1$，若 $\theta_{j-2} < y_i^* \leqslant \theta_{j-1}$

$y = J$，若 $y_i^* > \theta_{j-1}$

在给定关于残差 e 的 logistics 分布假设下，可推导出给定 x 与 y 的条件分布并计算出每个响应概率如下所示：（伍德里奇，2007）

$$pro(y = 1 | x) = pro(y_i^* \leqslant \theta_1 | x) = \varphi(\theta_1 - x\beta)$$

$$pro(y = 2|x) = pro(\theta_1 < y_i^* \leqslant \theta_2 | x) = \phi(\theta_2 - x\beta) - \phi(\theta_1 - x\beta)$$

$$\cdots$$

$$pro(y = J - 1|x) = pro(\theta_{j-2} < y_i^* \leqslant \theta_{j-1} | x) = \phi(\theta_{J-1} - x\beta) - \phi(\theta_{J-2} - x\beta)$$

$$pro(y = J|x) = 1 - pro(y_i^* \leqslant \theta_{J-1} | x) = 1 - \phi(\theta_{J-1} - x\beta)$$

根据 Logit 变换（Logit Transformation）① 的公式进行反推（张文彤，2004），上述模型中，$\phi(\theta_i - x\beta) = \exp(\theta_i - x\beta)/[1 + \exp(\theta_i - x\beta)]$。

## 三、工资收入函数的确定

我们采用的数据集来源于国家统计局科研组 2007 年 8 月 6 日至 30 日的东莞市企业人力资源状况调查。此次调查按照东莞市辖的 32 个镇，以每个镇前 10 家最大规模的企业为主，采取均匀分配企业调查样本，共选取了 430 个企业调查样本。受访企业在岗职工数的最小值、最大值及均值分别为 27 人、33976 人和 943.3 人，其基本特征如表 1 所示。

**表 1 受访企业所属产业/经济类型分布情况**

| 所属产业/经济成分 | | 企业数目(个) | 比率(%) |
|---|---|---|---|
| 产业类型 | 第一产业 | 1 | 0.2 |
| | 第二产业 | 422 | 98.1 |
| | 第三产业 | 7 | 1.6 |
| 经济成分 | 国有企业 | 4 | 0.9 |
| | 集体企业 | 32 | 7.4 |
| | 私营及外资企业 | 394 | 91.6 |
| 总计 | | 430 | 100 |

数据来源：根据东莞市企业人力资源状况调查结果整理。

根据表 1，从受访企业所属产业来看，受访企业多以第二产业为主，占全部受访企业的 98.1%，其中制造业企业 414 个，采矿业、建筑业和电力、燃气及水的生产和供应业企业仅 8 个；从受访企业所属经济成分来看，受访企业中以私营及外资企业为主，所占比重达 91.6%。受访企业所属产业大体反映了制造业聚集地的产业结构特征；由于以非国有性质为主，户籍制度的影响相对较小。因此，

① logit 变换，是指对出现某种结果的概率与不出现的概率之比（odds）求对数，即 λ = ln（odds） = ln [P/（1 + P）]。

基于此次调研结果的实证分析，能在一定程度上反映城市正规部门内转移人口的基本状况。

具体到受访企业员工样本，此次调查对430家企业中的管理人员、技术人员和普通工人发放了3807份问卷，除去港澳台及海外员工，共回收有效问卷3754份。受访人员个人特征的描述性统计结果如表2所示。

**表2 受访人员个人特征的描述性统计**

| 变　　量 | 全体员工 | | 外地员工 | |
|---|---|---|---|---|
| 非连续性变量 | 频　　数 | 百分比(%) | 频　　数 | 百分比(%) |
| 男　　性 | 2269 | 60.4 | 1876 | 62.7 |
| 年　　龄 | | | | |
| 20岁以下 | 217 | 5.8 | 199 | 6.6 |
| 21—29岁 | 2094 | 55.8 | 1687 | 55.9 |
| 30—39岁 | 1202 | 32.0 | 974 | 32.3 |
| 40—49岁 | 196 | 5.2 | 136 | 4.5 |
| 50—59岁 | 40 | 1.1 | 22 | 0.7 |
| 60岁以上 | 5 | 0.1 | 2 | 0.1 |
| 受教育程度 | | | | |
| 小学及以下 | 44 | 1.2 | 37 | 1.2 |
| 初　　中 | 793 | 21.1 | 672 | 22.3 |
| 高中(含中专、高职) | 1747 | 46.5 | 1378 | 45.6 |
| 大　　专 | 797 | 21.2 | 619 | 20.5 |
| 本科及以上 | 373 | 9.9 | 314 | 10.4 |
| 成人教育 | 1555 | 41.4 | 1246 | 41.3 |
| 在职培训 | 2184 | 58.2 | 1768 | 58.5 |
| 工资水平 | | | | |
| 1000元以下 | 896 | 23.9 | 761 | 25.2 |
| 1000—2000元 | 1526 | 40.6 | 1209 | 40.0 |
| 2000—3000元 | 706 | 18.8 | 542 | 17.9 |
| 3000—4000元 | 338 | 9.0 | 270 | 8.9 |
| 4000—5000元 | 134 | 3.6 | 109 | 3.6 |
| 5000元以上 | 154 | 4.1 | 129 | 4.3 |
| 连续性变量 | 均值 | 标准差 | 均值 | 标准差 |
| 东莞工作经验 | 5.80 | 4.14 | 5.46 | 3.71 |
| 异地工作经验 | 0.85 | 3.41 | 0.95 | 3.48 |
| 样本数量 | 3754 | | 3020 | |

数据来源：根据东莞市企业人力资源状况调查结果整理。

根据表 2，受访人员有如下特征：以外地劳动力为主，所占比重达 80.4%；以男性为主，所占比重为 60.4%；以青壮年为主，年龄在 21—29 岁的劳动力达 55.8%以上；以高中（含中专、高职，下同）文化程度为主，其所占比重为 46.16%；东莞市工作年限及东莞市以外工作年限分别为 5.80 年和 0.85 年。同时，大量的员工都曾接受过成人教育和在职培训，其所占比重分别为 42.1%和 56.7%。各相关变量在外地员工和当地员工间的差异并不明显。

如上文所述，建立工资收入函数如下所示：

$$Logit(\pi_k) = \theta_k - \sum \alpha_i * edu_i - \beta_1 * \exp - \beta_2 * \exp^2 - \beta_3 * \exp_1$$
$$- \beta_4 * \exp_1^2 - \sum \lambda_i * x_i - \sum \gamma_i * z_i$$

其中，k、$\pi_k$、$\theta_k$、exp 及 $\exp_1$ 分别代表各工资区间、劳动力落入 k 以下的概率、各个 k 所对应的割点、受教育程度、当地工作经验及异地工作经验；$edu_i$ 为受教育程度虚拟变量，其中，$edu_1$、$edu_2$、$edu_3$ 和 $edu_4$ 分别代表是否为初中及以下，是否为高中、是否为大专和是否为本科及以上；$x_i$ 包括人口统计学控制变量 sex、age 和 prov，分别代表性别、年龄和户籍；zi 包括教育培训控制变量 tra 和 aedu，分别代表是否接受过在职培训和是否接受过成人教育；$\alpha_i$、$\beta_i$、$\lambda_i$、$\gamma_i$ 分别代表各变量的系数。

数据构成上，k 以 1、2、3、4、5、6 计，分别代表 1000 元以下、1000—2000 元、2000—3000 元、3000—4000 元、4000—5000 元及 5000 元以上等 6 个工资区间；edu1、edu2、edu3 和 edu4 均以 0、1 计，分别代表受教育程度不是或是初中及以下、高中、专科、本科及以上；sex 以 0、1 计，分别代表女性和男性；age 以 1、2、3、4、5、6 计，分别代表 20 岁以下、21—29 岁、30—39 岁、40—49 岁、50—59 岁及 60 岁以上；prov 以 0、1 计，分别代表当地和外地；tra 以 0、1 计，分别代表未接受和曾接受职业培训；aedu 以 0、1 计，分别代表未接受和曾接受成人教育；其余自变量为连续性变量。

逐步添加各类控制变量，并使用 STATA10.0 软件对工资收入函数进行 ologit 处理，结果如表 3 所示。其中，num of obs 指样本数，LR chi2 指回归模型无效假设（即所有协变量的发生比均为 1）所对应的似然比检验量，Prob > chi2 代表似然比检验的结果；z 检验是对自变量的单参数检验；伪 R2 提供了描述或比较对同一因变量的不同模型的拟合情况的一种便捷方式，但缺乏像 OLS 模型中真 $R_2$ 那样的方差解释意义，故不是模型的关键参数。

对比模型 1、模型 2 和模型 3，依次添加了人口统计学控制变量组和教育培训控制变量组后，模型的似然比检验量大幅上升，模型有效性得到提高。但变量 prov 和 aedu 未能通过 z 检验，即不会对劳动力落入各工资区间的概率产生显著性影响。

选取模型 3，并对其中各变量的边际效应进行求解，结果如表 4 所示。其中，

**表 3 ologit 模型分析结果**

| 变　量 | 模　型 1 | | 模　型 2 | | 模　型 3 | |
|---|---|---|---|---|---|---|
| $edu_2$ | 0.998[a] *** [b] | 0.0831[c] | 0.983 *** | 0.0836 | 0.972 *** | 0.0839 |
| $edu_3$ | 2.348 *** | 0.100 | 2.297 *** | 0.101 | 2.284 *** | 0.101 |
| $edu_4$ | 3.397 *** | 0.126 | 3.295 *** | 0.127 | 3.291 *** | 0.128 |
| exp | 0.345 *** | 0.0206 | 0.302 *** | 0.0215 | 0.297 *** | 0.0215 |
| $exp_2$ | -0.00864 *** | 0.00109 | -0.00793 *** | 0.00110 | -0.00782 *** | 0.00110 |
| $exp_1$ | 0.110 *** | 0.0124 | 0.0887 *** | 0.0128 | 0.0868 *** | 0.0128 |
| $exp_1^2$ | -0.00201 *** | 0.000758 | -0.00248 *** | 0.000769 | -0.00240 *** | 0.000768 |
| sex | | | 0.357 *** | 0.0664 | 0.342 *** | 0.0665 |
| age | | | 0.265 *** | 0.0564 | 0.264 *** | 0.0566 |
| prov | | | 0.0192 | 0.0779 | 0.00396 | 0.0780 |
| tra | | | | | 0.375 *** | 0.0674 |
| aedu | | | | | -0.0346 | 0.0674 |
| $\theta_1$[d] | 1.346 *** | 0.0990 | 1.925 *** | 0.153 | 2.058 *** | 0.156 |
| $\theta_2$ | 3.678 *** | 0.115 | 4.285 *** | 0.166 | 4.433 *** | 0.169 |
| $\theta_3$ | 5.044 *** | 0.128 | 5.666 *** | 0.177 | 5.825 *** | 0.180 |
| $\theta_4$ | 6.136 *** | 0.142 | 6.767 *** | 0.188 | 6.931 *** | 0.191 |
| $\theta_5$ | 6.895 *** | 0.154 | 7.531 *** | 0.199 | 7.698 *** | 0.202 |
| Num of obs | 3754 | | 3754 | | 3754 | |
| LR chi2 | 1538.37 | | 1602.14 | | 1635.72 | |
| Prob > chi2 | 0.0000 | | 0.0000 | | 0.0000 | |
| Pseudo R2 | 0.1376 | | 0.1433 | | 0.1463 | |

注：上表中，a 为回归系数；b 为 z 检验显著性，*** 代表 $p<0.01$，** 代表 $p<0.05$，* 代表 $p<0.1$；c 为标准误；d 为割点。下同。

**表 4 各工资区间下部分自变量的边际效应**

| | k=1 | k=2 | k=3 | k=4 | k=5 | k=6 |
|---|---|---|---|---|---|---|
| edu2 | -0.132 | -0.0797 | 0.116 | 0.0581 | 0.0191 | 0.0185 |
| edu3 | -0.211 | -0.304 | 0.168 | 0.181 | 0.0794 | 0.0866 |
| edu4 | -0.205 | -0.443 | 0.0313 | 0.214 | 0.156 | 0.2467 |
| exp | -0.0409 | -0.0238 | 0.0368 | 0.0172 | 0.00551 | 0.00519 |
| exp1 | -0.0119 | -0.00695 | 0.0108 | 0.00503 | 0.00161 | 0.00141 |
| Sex | -0.0482 | -0.0251 | 0.0421 | 0.0193 | 0.00617 | 0.00573 |
| Age | -0.0363 | -0.0211 | 0.0326 | 0.0153 | 0.00489 | 0.00461 |
| Tra | -0.0527 | -0.0279 | 0.0461 | 0.0213 | 0.00680 | 0.0064 |

数据来源：根据 STATA10.0 汇报结果整理获得，其中，k=6 时各自变量的边际效应由 k=1、2、3、4、5、6 时各自变量的边际效应加总为零求得。

边际效应代表的是自变量变化一单位，工资落入各区间概率的变化幅度；$edu_i$（i = 2，3，4）的边际效应指的是受教育程度从 $edu_1$ 提高到 $edu_i$ 后，劳动力落入各工资区间概率的变化幅度。

根据表 3 和表 4，我们得到以下结论：

第一，受教育程度对工资的影响最大，受教育程度越高，劳动力落入较低工资水平区间的概率越低。这与王美艳（2005）的研究类似。以受教育程度从初中及以下提高至高中为例，工资落入 1000 元以下及 1000—2000 元的概率将下降 13.2% 和 8.0%，落入 2000—3000 元、3000—4000 元、4000—5000 元及 5000 元以上的概率提高 11.6%、5.8%、1.9% 和 1.9%。

第二，当地的工作经验对劳动力的工资也有较大影响。若不考虑平方项，当地工作经验每增加一年，劳动力工资落入 1000 元以下及 1000—2000 元的概率下降 4.1% 和 2.4%，落入 2000—3000 元、3000—4000 元、4000—5000 元及 5000 元以上的概率将提高 3.7%、1.7%、0.6% 和 0.4%。异地的工作经验虽然也会对工资收入产生显著影响，但这种影响相对较小。

第三，同样是学校正规教育的补充，成人教育与在职培训对工资收入产生的影响却大不相同。接受在职培训能够显著地提高劳动力落入更高工资区间的概率，但是否接受成人教育对工资的影响却甚小。

另外，年龄和性别会显著地对工资产生正的影响，但这种影响相对较小；是否为外地身份对工资的影响并不显著。

## 四、预期工资的确定

根据上述计量结果和农村劳动力的普遍特征，我们可利用下述公式，对劳动力进入城市部门后，落入各工资区间的概率加以分析。

$$\pi_k = \frac{\exp(\theta_k - \beta_1 * edu - \beta_2 * \exp - \beta_3 * \exp^2 - \beta_4 * \exp_1 - \beta_5 * \exp_1^2 - \sum \lambda_i * x_i - \sum \gamma_i * z_i)}{1 + \exp(\theta_k - \beta_1 * edu - \beta_2 * \exp - \beta_3 * \exp^2 - \beta_4 * \exp_1 - \beta_5 * \exp_1^2 - \sum \lambda_i * x_i - \sum \gamma_i * z_i)}$$

由表 2，转移人口中年龄在 20—29 岁之间的劳动力所占比重达 55.9%，是转移人口的主要构成部分。根据 2002 年 CHIPS 数据，年龄在 20—29 岁之间的农村人口基本特征的描述性统计结果如表 5 所示。

假定劳动力的入学年龄为 8 岁；受教育程度为小学及以下、初中、高中、大专、本科及以上劳动力的受教育年限分别为 5、8、11、14、15，即平均受教育年限为 8.36 年；就业单位并不在拟转移目的地；大部分未参加过职业培训和成人教育。按

表 5 农村人口基本特征

| 变量 | 频数 | 百分比 | 均值 |
| --- | --- | --- | --- |
| 年龄 | | | 23.93 |
| 性别 | | | 0.465 |
| 男性 | 2868 | 46.5% | |
| 受教育程度 | | | 2.13 |
| 小学及以下 | 1058 | 17.2% | |
| 初中 | 3685 | 59.9% | |
| 高中 | 1086 | 17.7% | |
| 大专 | 188 | 3.1% | |
| 本科及以上 | 132 | 2.2% | |

数据来源：根据 2002 年农村住户入户调查数据整理。

照农村青壮年劳动力，为各变量赋值为 $edu_1=1$，$exp=0$，$exp_1=7.57$①，$sex=0.47$，$age=2.39$，$prvo=1$，$tra=0$。为了考察受教育程度和是否接受过职业教育的变化对劳动力落入各工资区间概率的影响，本文设置以下四种情况：劳动力各基本特征不发生变化，即 $edu_1=1$，$tra=0$；受教育程度提高至高中，即 $edu_1=0$，$edu_2=1$，$tra=0$；参加了职业培训，即 $edu1=1$，$tra=1$；受教育程度提高至高中且参加了职业培训，即 $edu_1=0$，$edu_2=1$，$tra=1$。利用概率计算公式及上述变量赋值，四种情况下，劳动力实现转移后，落入各工资区间的平均概率如表 6 所示。

表 6 转移人口预计落入各工资区间的概率

| 变量及其赋值 | k=1 | k=2 | k=3 | k=4 | k=5 | k=6 |
| --- | --- | --- | --- | --- | --- | --- |
| $edu_1=1, tra=0$ | 67.78% | 27.99% | 3.15% | 0.72% | 0.19% | 0.17% |
| $edu_2=1, tra=0$ | 44.32% | 45.22% | 7.64% | 1.87% | 0.51% | 0.44% |
| $edu_1=1, tra=1$ | 59.11% | 34.84% | 4.47% | 1.05% | 0.28% | 0.25% |
| $edu_2=1, tra=1$ | 35.36% | 50.11% | 10.48% | 2.68% | 0.73% | 0.64% |

数据来源：根据表 3 中的模型 3、农村劳动力基本特征及概率计算公式整理。

根据表 6，农村青壮年劳动力若进入城市部门，将有 67.78% 的概率落入 1000 元以下工资区间。虽然 2007 年农村人口的人均月纯收入为 345 元②，但考虑到背井离乡和城市高昂的生活成本，即便是对于风险偏好型的劳动力来说，预期工资也相对较低，拟转移人口很有可能会因此放弃转移。但若将劳动力的受教育程度提高至高

① 平均异地工作经验 = 平均年龄 - 平均入学年龄 - 平均受教育年限。

② 数据来源：《2008 年中国统计年鉴》。

中，工资落入1000元以上的概率将超过50%，即便是对于风险回避型的劳动力来说，转移也将是个不错的选择。若能同时辅以一定的职业培训，劳动力实现转移后，工资落入较高工资区间的概率将进一步提高，这将进一步促进劳动力作出转移决策。

## 五、政策建议

随着产业升级的不断加快，人力资本存量对工资的影响会更大，受教育程度偏低的农村剩余劳动力对预期工资的判断也会随之下降，进而使这部分劳动力放弃城市化转移。因此，未雨绸缪，积极地促进农村人口在学校正规教育和职业培训方面的人力资本投资，对于保证农民工就业、维护社会稳定以及充分利用人口红利、促进经济增长，都意义重大。据此，本文提出以下建议：（1）减少农村人口接受初、中等教育的成本。二元经济结构下，城乡人口的生存压力存在一定的差距，农村的适龄人口面临着辍学打工、照顾老小和接受初、中等教育的选择，城市的适龄人口则大多不存在这方面的压力，教育的机会成本差异极大。因此，政府应增加对农村教育的支持力度，在财政允许的情况下，不但要为农村家庭子女减免学费，还应尽量免除其入学的杂费，甚至给予农村家庭一定的教育补助。（2）增加农村人口接受初、中等教育的收益。我国初、中等教育主要以为高等教育输送人才为目的，往往与劳动力市场相脱节，而且农村人口能够进入高等教育的比率并不高，农村人口从初、中等教育中所能得到的收益相对较小。因此，农村的初、中等教育应直面农村人口的需要，增加职业技能培训及职业生涯规划的相关内容，以提高其接受教育的预期收益。（3）扩大职业培训的有效供给。目前，我国的职业培训的供给相对不足，但它对提升农村剩余劳动力在城市劳动力市场上的表现却极为重要。因此，引入民间资本，加快职业培训体系的市场化进程，增加职业教育的有效供给是极有必要的。（4）规范职业培训和成人教育的市场秩序。产业化和市场化并不意味着政府力量的完全退出，相反地，它对制度环境的要求更为迫切。政府应加强对这两个体系的监管力度，制定相关法律法规，为其健康运行提供制度保障。

### 参考文献

[1] John R. Harris; Michael P. Todaro (1970), "Migration, Unemployment and Development: A Two Sector Development", *The American Economic Review*, Vol. 60, pp. 126 - 142.

[2] Lee Everett S. (1966), "A Theory of Migration", *Demography*, Vol. 1. pp. 10 - 14.

[3] Lewis, W. A. (1954), "Economic Development with Unlimited Supply of Labor", *Manchester School of Economics and Social Studies*, Vol. 22, pp. 139 - 191.

[4] Michael P. Todaro (1995), "Internal Migration in Developing countries: A Survey", in Michael P.

Todaro (eds), "Reflections on Economic Development", England: Edward Elgar. pp. 109 – 113.

[5] $x_i$n Meng (2001), "The Informal Sector and Rural-Urban Migration— A Chinese Case Study", *Asian Economic Journal*, Vol. 15, pp. 71 – 89.

[6] 包小忠. 刘易斯模型与民工荒 [J]. 经济学家, 2005 (4): 55 – 60。

[7] 蔡昉, 王美艳. "民工荒"现象的经济学分析——珠江三角洲调查研究 [J]. 广东社会科学, 2005 (2): 5 – 10。

[8] 费景汉, 古斯塔夫·拉尼斯著, 洪银兴等译. 增长和发展: 演进观点 [M]. 北京: 商务印书馆, 2004. 1 – 5。

[9] 孟昕, 张俊森. 中国城镇的双层劳动力市场——上海城镇居民与农村移民的职业分割与工资差距 [A]. 载: 蔡昉, 白南生. 中国转轨时期劳动力流动 [C]. 北京: 社会科学文献出版社, 2007. 137 – 146。

[10] 宋丽娜, Simon Appleton. 中国劳动力市场中有权益阶层与无权益阶层的抗衡: 寻求就业与政府干预 [A]. 载: 蔡昉, 白南生. 中国转轨时期劳动力流动 [C]. 北京: 社会科学文献出版社, 2007. 167 – 187。

[11] 王美艳. 城市劳动力市场上的就业机会与工资差异——外来劳动力就业与报酬研究 [J]. 中国社会科学, 2005 (5): 36 – 46。

[12] 伍德里奇著, 王忠玉译. 横截面与面板数据的经济计量分析 [M]. 北京: 中国人民大学出版社, 2007. 429 – 432。

[13] 项颖, 蒯鹏州. 论双因素理论的普适性——以重庆地区劳动力市场为例 [J]. 大连海事大学学报 (社会科学版), 2007 (10): 114 – 116。

[14] 张文彤. SPSS 分析统计高级教程 [M]. 北京: 高等教育出版社, 2004. 164 – 167, 189 – 195。

[15] 赵耀辉. 中国农村劳动力流动及教育在其中的作用——以四川省为基础的研究 [J]. 经济研究, 1997 (2): 37 – 42。

# 直接消耗系数连续性修订：加入规模经济的扩展

魏瑾瑞　陈　楠

## 一、直接消耗系数修订的必要性及综述

投入产出分析基于以下两个重要的假定：

### （一）同质性

同一部门或产品应有相同的消耗结构（这说明划分是按“工艺技术”这个标志来进行的），进而产生了假想的产品或部门（大类产品或纯部门）。这种简化带来的一个直接困难是，建模时，得把实际部门抽象为纯部门，然后模型计算的结果又必须将纯部门转化为实际部门。进一步，同质性假定暗示了归入某一部门内的所有产品在用途上可以相互替代；不同产品部门的产品之间没有可替代性。换句话说，投入产出分析中的部门（“纯部门”）具有以下特征：生产工艺相同、消耗结构相同、经济用途相同。

### （二）比例性①

各部门或产品的消耗结构是稳定的、线性的。直接消耗系数就是按照大类产品或纯部门计算的综合消耗定额，用来计量稳定的、线性的消耗结构，它是整个投入产出分析的核心。但是由于技术进步、规模经济、边际报酬递减、价格等因素，它不仅在长期内有较明显的变化，即便在短期也有部分系数变动。而且部门合并或分解也会对直接消耗系数产生影响。另一方面，投入产出表的编制工作极其烦琐，因

① 西方亦称为规模收益不变假定。即假定每个部门的产出量与对它的各种投入量是成正比例关系，只有这样才能保证产出与投入成线性函数关系。

而常常滞后于现行经济分析①。所以，直接消耗系数线性稳定性这一假定需要修正。

目前已有的对直接消耗系数修正的方法主要有：

1. 全面修订法（统计修订法），这种方法牵扯的范围比较大，且花费也多，所以大国不宜采用，目前也只有少数小国家用过。

2. 局部修订法（技术经济分析法），其基本思路是，首先选择变化较大的直接消耗系数，然后根据考察期企业新的生产投入情况和企业技术进步等状况，对各种相关因素进行技术经济分析，进而得到修订的直接消耗系数。这包括 Delphi 法、重点系数修正法等方法。它的优点是预测比较可靠，但工作量大，花费的时间长。唐小我②（1991）指出，此类确定主元素的方法只使用了直接消耗系数矩阵提供的信息（直接消耗系数的相对大小），而没有考虑系数间的关联影响。他研究了根据直接消耗系数对完全需求系数的影响程度来确定主元素的方法。

3. 数学方法有，Markov 法（李长明，1985），时间序列法③、平均分析法④、RAS 法⑤、外生赋值法、拉格朗日待定系数法、二次规划方法⑥、卡尔曼滤波方法、统计回归方法等等。但是数学方法一般都设定一些假设条件，这使得系数的修订与实际往往有一定的距离。

4. 其他学者进一步研究的成果主要有：张恒江等（1997）建立了煤炭企业直接消耗系数修订的回归—自回归神经网络模型。胡发胜等（2004）根据最终需求的结构来调整原有的消耗系数，使调整后的直接消耗系数矩阵对应的最优产出结构是最终需求的结构。郭崇慧等（2003）根据信息论中的最小叉熵原理，按照已知信息的

① 为减少编表工作量，同时能够实时更新，我国投入产出表只在逢 2 和 7 的年份的编制，0 和 5 年份编制延长表（调整表）。

② 修订直接消耗系数的一种方法［J］. 中国统计. 1991 年第 4 期。

③ 将直接消耗系数看作是时间的函数，王海建（1999）较为系统地研究了各部门直接消耗系数随时间变动的趋势，认为“对直接消耗系数的修订，最有效的方法还是时间序列趋势法以及动态比较方法和抽样调查方法相结合”。

④ 采用各种平均方法，如加权平均、移动平均等方法来修正直接消耗系数。

⑤ RAS 假定直接消耗系数的变动来自两个方面，即替代效应（行效应）和制造效应（列效应）。并且进一步假定，对各部门，替代效应和制造效应是“均匀的”，即，若某部门用一种投入替代另一种投入，则所有部门也做同样的替换；若某一部门能够减少对某一投入的消耗，则这一部门所使用的其他投入也有同样程度的减少。这时候，同一行的替代影响程度可以用同一个替代乘数来表示；同一列的制造影响程度可以用同一个制造乘数来表示。替代效应和制造效应反映到矩阵运算上面就表现为左乘和右乘运算。如果记反映替代效应的行乘数为 R，反映制造效应的列乘数为 S，第 t 期的直接消耗系数矩阵为 $A_t$，那么第 t + 1 期的直接消耗系数矩阵 $A_{t+1} = RA_tS$。

⑥ 拉格朗日待定系数法和二次规划方法都是在假定直接消耗系数矩阵具有相对稳定性的条件下通过构造优化模型来求最小二乘意义下的最优解。(1) 拉格朗日待定系数法由于没有考虑直接消耗系数的非负性，从而导致求解出的部分直接消耗系数没有经济意义。(2) 二次规划法在构造模型时，则考虑了非负性约束条件，但是由于直接消耗系数矩阵规模巨大，使求解问题变得困难。

多少，建立了几个可用于修订直接消耗系数的熵优化模型，并给出了求解优化模型的对偶算法和算例。

“应用投入产出表、中长期经济预测和编制延长表都需要修订消耗系数。尽管对直接消耗系数的修订已提出了多种方法，但为提高精度，这仍是研究课题。”事实上，如果对直接消耗系数修订，那么也就意味着技术条件发生了改变，与此同时也应该包含对规模经济的考虑。连续性修订旨在发现长期跃迁的内在过程及其机理。

影响直接消耗系数的因素很多，比如，其变动可能来自技术上的变动——同样的投入可以有更多的产出；也可能是由于规模扩张而引起的——投入增加可能会换来产出数倍的增加。我们认为，如果能将这些因素分开来考虑，或许能够得到更为准确的修正值，但是也应注意到这些因素的相互作用，所以在考虑加入规模经济的过程中，我们采用了 Malmquist 指数。使用 Malmquist 指数还有一个好处，就是对其分解不仅可以获得参考技术变化的测度，还可以计量对技术使用效率的改进程度（包括纯效率和规模效率的变化），这样我们就可以很方便地去解释直接消耗系数是如何变化的，诸如有多少变动是由技术进步引起的、有多少变动是由规模经济引起的、有多少变动是纯效率的作用等等。

## 二、直接消耗系数连续性修订的基本逻辑

### （一）修订的前提

修订的直接消耗系数仍然要满足以下约束：

1. $0 \leq a_{ij} < 1$，其中，$a_{ij} = 0$ 表示 $j$ 部门对 $i$ 部门的产品没有直接消耗。这一约束保证了 $(I - A)^{-1}$ 存在。

2. $0 < \sum_{i=1}^{n} a_{ij} < 1$，即中间消耗系数不能完全等于0或1：等于0意味着相应的产品部门没有任何中间消耗；等于1意味着相应的产品部门没有任何最初投入。

### （二）修订的基本思路

按照 Leontief 的观点，“投入产出分析是普遍依存的古典理论的实际扩展”，也就是说，“投入产出分析在分析性质上表现出更多的古典理论传统”。《投入产出体系与经济结构变迁》① 也明确地表明了这一立场。但是如果按照新古典的假设——规模收益不变，那么各个企业就应该是势均力敌的，这样，也就没有大企业、小企业之分了，而现实并非如此。自然界的多样性正是不同物种在某一方面

① 夏明（2006）。

有独特优势的结果，如，鸟会飞，所以陆地动物不能轻易取它的性命；花草树木虽一动不动，但却有善假于物的本领繁衍生息。反过来说，艾瑟尔的研究表明，“最终消费品生产者对中间投入品的多样性偏好决定了中间投入品生产者的规模收益递增”。

假定存在规模收益递增实际上暗示了市场的非完全竞争性，这在一定程度上变更了一般均衡建模的框架（垄断竞争下的一般均衡，而非完全竞争下的一般均衡）。规模收益递增和某一生产部门出现垄断是紧密联系在一起的：由于存在规模收益递增，生产者不可能选择多元化战略，而是会去选择他所擅长的产品生产。不过，这里的垄断更多地表现为垄断竞争的特点。

综上，更为现实的情形是：伴有规模经济递增的垄断竞争。那么接下去的问题是：如何在不改变原有的基本框架的基础上扩展直接消耗系数的定义？

1. 直接消耗系数是整个投入产出分析的核心，它是指第 $j$ 部门生产单位产品所直接消耗的第 $i$ 部门货物或服务的数量，记为 $a_{ij}$，其计算方法是用第 $j$ 部门生产经营中所消耗的第 $i$ 部门货物或服务的数量 $x_{ij}$ 除以第 $i$ 部门的总投入 $X_j$：$a_{ij} = \frac{x_{ij}}{X_j}$

2. 加入规模经济的考虑：$a_{ij}(t) = \left(\frac{x_{ij}}{X_j}\right)^{k_j}$，其中 $k_j = \frac{t - t_1}{t_2 - t_1}(M_j - 1) + 1$，$M_j$ 是 j 部门的 Malmquist 指数，$t_1$、$t_2$ 分别指代基期与报告期。

$M > 1$ 时，$k_j$ 是 t 的单调增函数，而 $a_{ij}(t) < 1$，所以，$a_{ij}(t)$ 单调递减；$M < 1$ 时，$k_j$ 是 t 的单调减函数，这时，$a_{ij}(t)$ 单调递增。

**【数值例子】**

**表 1　直接消耗系数的单调递减性**

| t | 0 | 1 | 2 |
|---|---|---|---|
| k | 1 | 1.1 | 1.2 |
| $o.4^k$ | 0.4 | 0.365 | 0.333 |

进一步，有，

（1）在基期，即 $t = t_1$ 时，$k_j = \frac{t - t_1}{t_2 - t_1}(M_j - 1) + 1$，故 $a_{ij} = \frac{x_{ij}}{X_j}$，与原有的直接消耗系数相同；

（2）在报告期，即 $t = t_2$ 时，$k_j = \frac{t_2 - t_1}{t_2 - t_1}(M_j - 1) + 1 = M_j$，故 $a_{ij} = \left(\frac{x_{ij}}{X_j}\right)^{M_j}$；

（3）在基期与报告期之间，

$$k_j = \frac{t - t_1}{t_2 - t_1}(M_j - 1) + 1 = \frac{t - t_1}{t_2 - t_1}M_j + \frac{t_2 - t}{t_2 - t_1} = \alpha(t)M_j + \beta(t)$$

其中，$\alpha(t) = \frac{t - t_1}{t_2 - t_1}$，$\beta(t) = \frac{t_2 - t}{t_2 - t_1}$

于是，$a_{ij}(t) = \left(\frac{x_{ij}}{X_j}\right)^{\alpha(t)M_j + \beta(t)} = \frac{x_{ij}^{\alpha(t)M_j + \beta(t)}}{X_j^{\alpha(t)M_j + \beta(t)}} = \frac{x_{ij}'}{X_j'}$

在既定的时刻，$x_{ij}'$和 $X_j'$都是固定的数，所以，线性假定并没有被破坏。换句话说，这时候的直接消耗系数同原有的直接消耗系数之间只有形式上的差异，而这里的指数关系只表现在连续变动的过程。事实上，我们注意到，比例性假定是对静态分析中投入与产出之间关系的限定。

现有的一些其他修正方法都是“断裂”修正的，换句话说，它们只能在既定的离散点上做分析，比如 1997 年、2002 年，倘若想要获得某月直接消耗系数较为精确的估计就非常困难。而连续修正为其提供了可能。这里不仅考虑了技术因素，同时将规模和时间等因素也纳入了进来。见图 1。只要 $0 < a_{ij} < 1$，指数函数在其整个定义域上都是单调递减的，这反映了规模经济递增（消耗相应的节省）。同时也我们注意到它以 X 轴为渐近线，这意味着规模扩张的极限。事实上存在一个时间点 $t_l$，当 $t > t_l$ 时，规模扩张所带来的好处就已经不是很明显了。此外还需要说明的是，由于是指数关系，所以每个部门的连续性修正曲线都要过（0，1）这个点的，但这并不是每个部门直接消耗系数的起点 $t_1$。对于某个部门，其直接消耗系数的起点可能如图 1 所示。也就是说，加入规模经济之后的直接消耗系数的演变仅是指数函数的一部分（从某一起点开始）。

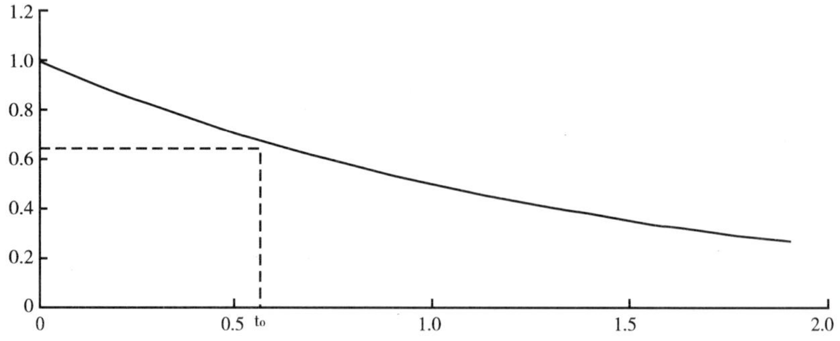


**图 1　直接消耗系数连续性修订曲线范例**

综上，加入规模经济后的修订方法并没有颠覆原有的框架，只是在做动态分析的时候考虑了规模经济递增这一因素的影响。这种修正方法使得直接消耗系数在时间区间的端点上满足线性假定，但在时间区间内部是指数关系。

## 三、直接消耗系数连续性修订的分解

### （一）Malmquist 指数及其分解

我们采用非参数 DEA 方法来计算 Malmquist 指数。首先定义生产空间 $R^r \times R^s$ 上的面向输出的径向距离函数（Shepherd，1970）①：

$D(X, Y) = \inf\{\alpha:(X, Y/\alpha) \in T, X \in R^r, Y \in R^s\}$，其中，$T = \{(X, Y): X$ 能够产出 Y$\}$

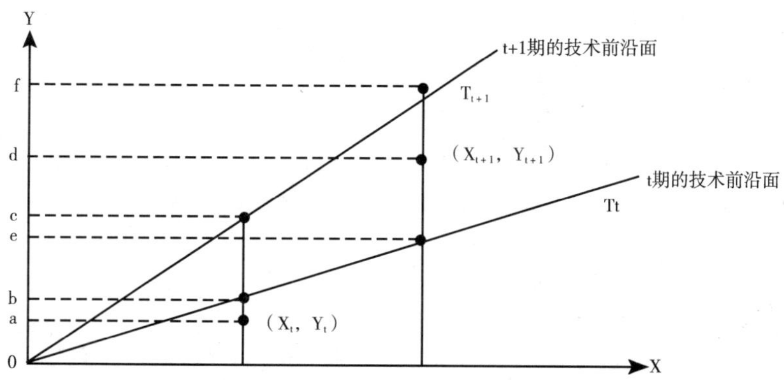


**图 2　不同时期和技术水平下 Malmquist 指数的几何图示**

那么有 $D^t(X_t, Y_t) = \dfrac{oa}{ob}$，表示以 $t$ 时期的技术 $T^t$ 为参照的时期 t 生产点的距离函数；同理，$D^t(X_{t+1}, Y_{t+1}) = \dfrac{od}{oe}$，表示以 t 时期的技术 $T^t$ 为参照的时期 t + 1 生产点的距离函数。进而有，

以 t 时期的技术 $T^t$ 为参照的 Malmquist 指数定义为：

$$M^t = \frac{D^t(X_{t+1}, Y_{t+1})}{D^t(X_t, Y_t)} = \frac{od/oe}{oa/ob}$$

以 t 时期的技术 $T^{t+1}$ 为参照的 Malmquist 指数定义为：

① Chambers，Chung 和 Fare（1996，1998）推广了这一概念，定义了定向距离函数：$\vec{D}(X, Y, g_x, g_y) = \max\{\beta: (X - \beta g_X, Y + \beta g_Y) \in T(X), X \in R^r, Y \in R^s\}$，它允许在不同的方向上测度与前沿面边界的偏离，这样便可以用来处理投入与产出同时变化的情形。

$$M^{t+1} = \frac{D^{t+1}(X_{t+1}, Y_{t+1})}{D^{t+1}(X_t, Y_t)} = \frac{od/of}{oa/oc}$$

为避免选择参照技术时的随意性，仿效 Fisher 理想指数有，

$$M(X_t, Y_t, X_{x+1}, Y_{t+1}) = \left[\frac{D^{t+1}(X_{t+1}, Y_{t+1})}{D^{t+1}(X_t, Y_t)} * \frac{D^t(X_{t+1}, Y_{t+1})}{D^t(X_t, Y_t)}\right]^{\frac{1}{2}}$$

接下去将其分解，得到，

$$M(X_t, Y_t, X_{x+1}, Y_{t+1}) = \left[\frac{D^t(X_{t+1}, Y_{t+1})}{D^{t+1}(X_{t+1}, Y_{t+1})} * \frac{D^t(X_t, Y_t)}{D^{t+1}(X_t, Y_t)}\right]^{\frac{1}{2}} \frac{D^{t+1}(X_{t+1}, Y_{t+1})}{D^t(X_t, Y_t)}$$

其中，

$$技术变动指数\ Tch = \left[\frac{D^t(X_{t+1}, Y_{t+1})}{D^{t+1}(X_{t+1}, Y_{t+1})} * \frac{D^t(X_t, Y_t)}{D^{t+1}(X_t, Y_t)}\right]^{\frac{1}{2}} = \left(\frac{\mathrm{of}}{oe} * \frac{oc}{ob}\right)^{\frac{1}{2}}$$

表示前沿面漂移效应（frontier - shift effect），是生产前沿面从 $T^t$ 变为 $T^{t+1}$ 对 TFP（全要素生产率）的影响，即参照技术变化对 *TFP* 的影响；

$$效率变动指数\ \mathrm{Ech} = \frac{D^{t+1}(X_{t+1}, Y_{t+1})}{D^t(X_t, Y_t)} = \frac{\mathrm{od}/of}{oa/ob}$$

表示追赶效应（catch - up effect），是对当期技术的使用效率的改变而引起的 TFP 的变动额。进一步，当规模效率发生变化时，追赶效应（效率变动指数）还可以进一步的分解为纯效率变化（pure efficiency）和规模效率（scale efficiency）变化两部分，即，

$$效率变动指数\ Ech = \frac{S^t(X_t, Y_t)}{S^{t+1}(X_{t+1}, Y_{t+1})} * \frac{D^{t+1}\left(X_{t+1}, \frac{Y_{t+1}}{VRS}\right)}{D^t\left(X_t, \frac{Y_t}{VRS}\right)}$$

其中，（V，S）表示规模报酬可变。

综上，Malmquist 指数可以分解为技术变动指数、纯效率变动指数和规模效率指数三个部分，记为，$M = Tch * Ech * Sch$ 。

### （二）直接消耗系数连续性修订的分解

1. 对数变换分解

对 $M = Tch * Ech * Sch$ 两端取自然对数得，

$$LnM = LnTch + LnEch + LnSch$$

于是有，

$$a_{ij}(t)=\left(\frac{x_{ij}}{X_j}\right)^{\alpha(t)LnM_j+\beta(t)}=\left(\frac{x_{ij}}{X_j}\right)^{\alpha(t)(LnTch+LnEch+LnSch)+\beta(t)}$$

$$=\left(\frac{x_{ij}}{X_j}\right)^{\alpha(t)LnTch}*\left(\frac{x_{ij}}{X_j}\right)^{\alpha(t)LnEch}*\left(\frac{x_{ij}}{X_j}\right)^{\alpha(t)LnSch}*\left(\frac{x_{ij}}{X_j}\right)^{\beta(t)}$$

其中，第一项是因参照技术的改变而引起的直接消耗系数的变动；第二项是因对技术的使用效率的变动而引起的直接消耗系数的变动；第三项是因规模效率的变动而引起的直接消耗系数的变动；最后一项是纯粹时间变动对直接消耗系数的影响，可以解释为物价的影响。但是在实证中我们发现，对 $M$ 做对数变换可能出现负值，而且，经济意义不十分明朗。当然，还可以做其他较复杂的回原变换，但是这样增加了计算的难度而得不偿失。为此，我们还可以考虑较为简便的“轮换分解”。

2. 轮换分解

所谓“轮换分解”，就是使用 $x^{abc}=(x^a)^{bc}$ 与 $x^{abc}=(x^b)^{ac}$ 及 $x^{abc}=(x^c)^{ab}$ 之间的等价性来对结构进行解释。比如已知 $M=Tch*Ech*Sch$ 对应的数值为 $1.1=0.9*0.9*1.358$，我们想知道技术变动指数（$Tch$）对直接消耗系数的影响程度，则 $(a_{ij})^{0.9}$ 就是假定排除其他影响，直接消耗系数变动来自技术变动指数（$Tch$）的部分；在技术变动（$Tch$）和纯效率变动（$Ech$）的共同作用下，即 $(a_{ij})^{0.9*0.9}$；如果再考虑规模效率（$Sch$），那么直接消耗系数是 $(a_{ij})^{0.9*0.9*1.358}=(a_{ij})^{1.1}$。同理可以作其他轮换。

### （三）求解 Malmquist 指数

在上面介绍 Malquist 指数测度的部分，我们的不难发现，求解 Malmquist 指数实际上可以转化为求解径向距离函数的问题（上面的分析只是给出了其几何解释），大致有参数和非参数方法这么两类。比如，Aigener and chu（1968）方法是通过设定并估计不同时期的距离函数的具体形式——如采用齐次超越对数生产函数（a homogeneous translog production function）——来计算径向距离函数。在非参数框架下，Fare，Grosskopf，Lindgren 和 Roos（1989，1994）的 DEA 方法利用面向输入和输出的辐射 DEA 方法（radial DEA model）来计算径向距离函数。这种方法的好处是解决了高维生产空间中距离函数实际估算的复杂性，缺点是并没有考虑松弛变量，不过之后有学者对此提出了多种相应的改进措施。

数据包络分析（DEA）主要用来评价多输入和多输出之间相对有效性，其实质是根据一组关于多输入、多输出的观察值来估计有效生产的前沿面，并据此进行多目标综合效果评价。其优越之处在于，无须构造或设定具体的生产函数就可以进行多输入和多输出之间相对有效性的评价。

假定决策单元 $DMU_j$ 的输入和输出分别为，

$$X_j = (x_{ij}, x_{2j}, \cdots x_{rj})^T > 0 , Y_j = (y_{ij}, y_{2j}, \cdots y_{sj})^T > 0 ,\text{其中}, j = 1,2\cdots n$$

令其相应的权重（随机变量，待定）分别为，

$$\omega_X = (\omega_{x1}, \omega_{x2}, \cdots \omega_{x_r})^T , \omega_Y = (\omega_{y1}, \omega_{y2}, \cdots \omega_{ys})^T$$

定义 $DMU_j$ 的效率评价指数 $h_j$

$$h_j \doteq \frac{\omega_Y^T Y_j}{\omega_X^T X_j} = \frac{\sum_{k=1}^{s} \omega_{yk} y_{kj}}{\sum_{k=1}^{r} \omega_{xk} x_{kj}}$$

DEA 方法就是这样的规划问题：寻找使 $h_j$ 最大的 $\omega_X$ 和 $\omega_Y$ 。

“将资源集中于总体的一部分，有可能使所收集资料的质量优于全面调查。因而，除非总体很小，我们几乎总是采用抽样调查”① （格雷厄姆 · 卡尔顿）。类似地，我们完全可以集中资源采用 DEA 方法来精确地获得某一部门（代表性部门）或某一类部门的 Malmquist 指数及其分解指数，然后以此为基，在其上根据各方面的差异进行调整（折扣或增益），从而得到其他部门的 Malmquist 指数及其分解指数。当然其前提是部门之间具有相当的可比性。而这事实上需要合适的分类作为基础。

## 四、试算与实证分析

分别合并 1997 年和 2002 年投入产出表为 4 ×4 部门，进而分别计算该两年的服务业直接消耗系数，并通过计算 1997—2002 年中国服务业全要素生产率的 Malmquist 指数及其分解，得到按照上文公式计算的修正结果：

**表 2　修正方法试算结果比照（1997—2002 年）**

| | 1997 年 | 1998 年修正 | 1999 年修正 | 2000 年修正 | 2001 年修正 | 2002 年修正 | 2002 年 |
|---|---|---|---|---|---|---|---|
| 服务业对农业的消耗系数 | 0. 018 | 0. 021 | 0. 015 | 0. 011 | 0. 009 | 0. 008 | 0. 016 |
| 服务业对工业的消耗系数 | 0. 269 | 0. 284 | 0. 253 | 0. 233 | 0. 218 | 0. 207 | 0. 232 |
| 服务业对建筑业的消耗系数 | 0. 020 | 0. 024 | 0. 017 | 0. 013 | 0. 011 | 0. 009 | 0. 018 |
| 服务业对服务业的消耗系数 | 0. 190 | 0. 203 | 0. 176 | 0. 158 | 0. 145 | 0. 136 | 0. 203 |
| 服务业消耗系数总和 | 0. 497 | 0. 511 | 0. 481 | 0. 460 | 0. 444 | 0. 432 | 0. 468 |

① Anders Kiaer 强调，对于“少量细心进行的观察和大范围内大规模的肤浅观察”，他更偏爱前者。

试算结果分析与说明：

（1）由于使用的服务业 Malmquist 生产率指数是一个综合性量度，而服务业内部异质性较大，所以，服务业消耗系数总和的差异性不是很大，修正值为 0.432，真实值为 0.468，而对不同部门的消耗相异甚远。这也说明，对于服务业这种异质性较大的产业而言，综合性的测度不能很好地潜入对部门的讨论，而应该在细类上进行修正。

（2）整体来看，连续性修订方法倾向于低估真实测算的直接消耗数，换句话说，该方法有高估技术进步的倾向。这是因为该方法的着眼点是技术进步，并通过对技术进步的测量来修正消耗系数，故而对生产的改进更乐观。而根据投入产出表计算出来的直接消耗系数由于受同质性和比例性假定的影响，在某种程度上低估了实际的生产改进。

（3）服务业生产率的测量有先天缺陷。当前的经济统计方法其实是工业时代“生产核算”体系的产物，所以在度量像服务这样的无形产品时还能不能使用生产率这样的指标仍有待商榷。之所以选择服务业来作为试算样本是因为，考虑到服务业生产率的改进是非常缓慢的，而该方法又是强调生产率改进在生产中的作用的，所以如果该方法能较好拟合服务业的数据，则更能说明方法的适用性。

（4）除了描述消耗系数的渐进变化之外，连续性修订方法的好处还在于，可以对消耗系数变动的来源做更为细致的分析，比如，如果仅考虑技术进步单纯因素的影响，直接消耗系数总和变动（1997—2002 年间）是 0.425；如果仅考虑技术效率的变化，则是 0.451。这说明，与技术进步相比，1997—2002 年间服务业直接消耗系数总和变动更多来自于技术效率的变化。

## 五、结　　论

在满足直接消耗系数修订基本前提假设条件下，加入规模经济将完全竞争框架扩展到垄断竞争框架。这种修正方法使得直接消耗系数在既定的时间点上满足线性假定（静态分析），但演进过程却成指数关系。试算与实证分析结果显示，该修订方法较好地拟合了实际值。此外，对 Malmquist 指数的分解不仅可以获得技术变化的测度，还可以计量技术使用效率的变化（包括纯效率和规模效率的变化），这使得直接消耗系数变化的来源更加清晰可见。

**参考文献**

［1］刘起运等编. 投入产出分析［M］. 北京：中国人民大学出版社. 2006。

[2] 董成章编. 投入产出分析［M］. 北京：中国财政出版社. 2000。
[3] 夏明. 投入产出体系与经济结构变迁［M］. 北京：中国经济出版社. 2006。
[4] 刘起运等编. 宏观经济系统的投入产出分析［M］. 北京：中国人民大学出版社. 2006。
[5] 安虎森编. 空间经济学教程［M］. 北京：经济科学出版社. 2006。
[6] 魏权龄. 数据包络分析［M］. 北京：科学出版社. 2004。
[7] 魏权龄. 评价相对有效性的 DEA 方法：运筹学的新领域［M］. 北京：中国人民大学出版社. 1988。
[8] Robert G. Chambers, Yangho Chung, Rolf Fare. Benefit and distance functions [J]. Journal of Economic Theory, 1996, (70).
[9] Robert G. Chambers, Rolf Fare, Shawna Grosskopf. Productivity growth in Apec countries [J]. Pacific Economic Review, 1996.
[10] Chambers R, Chung G, Fare R. Profit, Directional distance functions, and nerlovian efficiency [J]. Journal of Optimization Theory and Applications, 1998, 2 (8).
[11] 王海建. 直接消耗系数变动的比较分析［J］. 统计研究. 1999 年第 2 期。
[12] 李长明. 直接消耗系数的修订方法研究［J］. 数量经济技术经济研究. 1985 年第 2 期。
[13] 郭崇慧等. 修订直接消耗系数的熵优化模型及算法［J］. 系统工程学报. 2003. 10。
[14] 胡发胜等. 直接消耗系数最优调整的研究［J］. 山东大学学报（理学版）. 2004. 4。

# 规制效率、反垄断法与行政垄断行业改革

丁启军　王会宗

## 一、引　　言

研究行业性行政垄断，遇到的第一个问题就是行政垄断行业的判定问题。在已有的研究中，在选取国有化比重、行业集中度与产业利润率三个指标的基础上，结合运用二维分析法和综合加权排序法，有 11 个行业被判定为行政垄断行业（丁启军等，2008）。这些行业大体可以分成以下三类——自然垄断型、资源及加工型、其他型。表 1 给出了具体的分类情况，其中自然垄断型行业最多，有 6 个；资源及加工型有 3 个；其他型有两个，其中烟草加工业比较特殊，属于国家特许经营，而银行业则牵涉国家经济稳定及安全，基本上是四大国有银行主导。

**表 1　行政垄断行业分类型列表**

| 行业名称 | 类　型 | 行业名称 | 类　型 |
|---|---|---|---|
| 燃气生产和供应业 | 自然垄断型 | 石油和天然气开采业 | 资源及加工型 |
| 电力、热力的生产供应业 | 自然垄断型 | 煤炭开采和洗选业 | 资源及加工型 |
| 电信和其他信息传输服务业 | 自然垄断型 | 石油加工、炼焦及核燃料加工业 | 资源及加工型 |
| 铁路运输业 | 自然垄断型 | 烟草制品业 | 其他型 |
| 邮政业 | 自然垄断型 | 银行业 | 其他型 |
| 航空运输业 | 自然垄断型 | | |

资料来源：作者整理。

从表 1 的行业分类情况看，公共权力往往都有充足的理由介入这些行业进行干预，对竞争进行限制和排斥，进行法定垄断——以自然垄断型为例，自然垄断行业本身就有运用公共权力进行进入规制的需求。现行的《反垄断法》第一章第七条

（全国人大常委会法制工作委员会经济法室，2008）规定："国有经济占控制地位的关系国民经济命脉和国家安全的行业以及依法实行专营的行业，国家对其经营者的合法经营活动予以保护，并对经营者的经营行为及其商品和服务的价格依法实施监管和调控，维护消费者利益，促进技术进步。"很显然，前述诸行政垄断行业大多可以被看做《反垄断法》中此条规定的行业。行业性行政垄断大多披着"合法外衣"的这一特点，使得对其的研究变得复杂得多，也很难只通过《反垄断法》对行业性行政垄断进行有效的治理。

## 二、行业行政垄断的一般表现

有效地解决这一问题方法是对这些行业进行逐一的"解剖式"的研究，这样就可以很具体地对这些行业中行政垄断的表现有个更明确的认识，从而便于更有针对性地给出政策建议。但限于篇幅和精力所限，再加上理论本身就具有抽象性，因此，这里我们只概括性地主要按照主体差别给出这些行业中行政垄断的几种一般表现形式。

1. 政府部门不适当的行政进入壁垒

在市场失灵，即通常认为不适合市场竞争的领域，政府往往选择设置一些进入壁垒，达到限制竞争的目的，然而，现实中，很多市场没有失灵的领域内，政府也会存在一些行政进入壁垒，此时这些进入壁垒是不必要的，可认为是行政垄断的一种表现。以自然垄断型为例，自然垄断产业的业务一般具有垄断性业务和可竞争性业务之分，自然垄断产业内的可竞争性业务领域不具有成本弱增性特征，并不属于市场失灵的范畴，因而政府的进入规制政策并不必要；然而现实中这些业务领域的市场进入往往也被政府部门严格控制，造成了行政权力对竞争的不适当的限制和排斥，从而形成行政垄断。这种不适当的行政进入壁垒，大多以法律、法规条文的形式出现，对竞争的限制力度相当强。

2. 规制机构低效率的规制行为

在某些不适合市场竞争的领域，政府在设置一些进入壁垒的同时，往往也会伴随着其他一些规制政策，以消除缺乏竞争可能带来的不良后果，此时，如果这些规制政策缺乏效率，造成了对垄断的放纵，也可认为是行政垄断的一种表现。仍以自然垄断型为例，在自然垄断业务领域，政府进行进入规制，造成了垄断的市场结构，与此同时，政府还要进行相应的价格规制，以保证获得垄断地位的企业按照边际成本或者平均成本原则定价，防止垄断定价带来的不良后果；现实中，由于政企之间的信息不对称以及可能的政企利益同盟，使得规制机构的类似价格规制等规制行为效率相当低下，根本无法对垄断后果进行一个很好的控制，从而成为行政垄断的重要表现形式。另外，值得指出的是，这一条和第一条行政进入壁垒有着很强的相互关系：行政进入壁垒是否适当，一方面取决于是否存在市场失灵，另一方面也要看配套的规制政策是否有效，如果理论上不存在一个有效的配套规制政策，那么即使市场失灵，行政进入壁垒也可认为是不适当的。

3. 行政垄断企业滥用其市场支配地位的垄断行为

在企业主体层面，如果企业的垄断的市场地位是由行政性进入壁垒获得，而不是市场竞争的结果，那么，此时企业如果存在滥用其市场支配地位的垄断行为，则可认为是行政垄断的一种表现。通过行政性进入壁垒获得市场支配力地位的经营者滥用市场支配地位的行为，与通过市场竞争获得市场支配力地位的经营者并无太大不同，这里就不多赘述。

## 三、各表现形式的实证检验

“不适当的行政进入壁垒”的形式曾经是行业行政垄断表现的主要形式，但是随着垄断行业改革的深入，竞争性业务领域逐步放开，市场竞争基本形成，这种形式的行业行政垄断尽管在一段时间内还将存在着，但是其改革之途已基本完成，因此这一部分并不是本文的重点。

被判定为行政垄断的 11 个行业，基本都存在市场失灵，也基本属于《反垄断法》中关系国民经济命脉的行业。因此，本文认为，对这些行业的规制失效和垄断企业滥用其市场支配地位是当前行业行政垄断的主要表现形式，应该成为行政垄断行业进一步改革的重点。下面，本文将通过数据及实证来说明这两种形式的行业行政垄断是如何大量存在的。

### （一）规制机构低效率的规制行为

政府部门进入规制的有效性往往很容易实现，直接以法律的形式规定由垄断企业专营或者对新企业实行苛刻的进入条件限制即可实现。但是，为了消除进入规制造成垄断带来的坏处，政府规制机构必须同时采取其他的规制措施，价格规制便是其最主要的规制内容——《反垄断法》第七条明文规定“国家对其经营者的合法经营活动予以保护，并对经营者的经营行为及其商品和服务的价格依法实施监管和调控，维护消费者利益”。为此，我们将主要试图检验价格规制的有效性，来考察当前规制机构是否存在明显的低效率的规制行为。

1. 价格规制基本失效的假设

Stigler 等（1962）研究表明，在美国电力行业中，受规制的州的电费水平平均要比不受规制的州高，如果剔除诸如人口规模、城市化状况、工业化范围等对电费水平的影响，政府的价格规制基本上对电费水平没什么影响。在中国，由于以下两个原因，使我们有足够的理由假设政府价格规制基本失效：

首先，信息不对称的影响。规制者与垄断企业相比，由于远离企业生产经营的实践过程，就不可能掌握比垄断企业还要多的企业信息，也就是规制者与被规制企业之间存在明显的信息不对称现象。由于信息不对称的存在，规制者实际上很难了解企业的实际成本和需求信息，而企业也并没有动力将自己的真实信息呈现出来，恰恰相反，他们总是尽可能地试图利用自己的信息优势来获取一个信息租金，这样一来，价格规制所依赖的企业信息失去了很大的真实性，其有效性也就不可避免地被打了折扣。

其次，规制者与被规制者关系的影响。在中国的政治经济环境下，自然垄断行业多以国有企业为主体，规制机构通常由原来的行业主管部门转化而来，有的甚至仍然政企合一，与行业内的部分或全部企业有上下级的行政隶属关系或者渊源。对规制者而言，这很容易使规制政策偏向企业，与垄断企业结成利益同盟，而置社会福利于不顾，规制效果可想而知。而对于主管价格规制的发改委来讲，虽然其与垄断企业之间不存在明显的利益同盟现象，但是由于其价格规制政策的实施面对的不单单是垄断企业本身，更有其行政主管部门，这就让有效的价格规制很难实现。

2. 价格规制基本失效的表现

垄断产业之所以要实行政府价格规制，就是要消除垄断定价及其带来的超额利润。表面上看，我国的价格规制并未失效，因为行政垄断性的企业的账面利润并不如我们想象的那么高，根据信息产业部网站提供的数据计算，像中国电信业这样的行政垄断行业，其以销售收入为分母的利润率只有约17%。然而，正如我们所知道的，企业产品价格由成本和利润两个主要部分组成，企业的账面利润虽然并不很高，并不代表企业的实际利润不高，如果企业的实际超额利润发生转移，导致成本发生了无谓的增加而高于正常值，企业产品的最终价格仍然很难降下来，从而导致价格规制失效。

鉴于这个原因，我们认为中国政府价格规制失效并不直接表现为垄断企业的账面超额利润的增加，而是表现为企业成本的无谓增加，但是这一部分的本质仍然是企业的实际超额利润，进一步，我们假定实际超额利润转移导致的成本无谓增加主要表现为人工成本的无谓增加，这是因为：其一，正如戚聿东（1999）认为，垄断企业所有权与经营权两权分离，企业管理者与所有者的目标不尽一致，管理者用自己的目标来代替所有者的经营目标，这会导致企业经营成本增加；我们进一步认为，垄断性行业大多还是国有企业，不但存在两权分离的问题，而且所有者严重缺位，企业管理者所受到的监督和限制远远不够，这就为其运作实际利润的转移提供了极大的方便性。其二，超额利润的转移可能有很多方向，但我们认为主要转向了企业的高管理费和高工资福利等人工成本上，表现为人工成本的无谓增加，因为按照理性经济人的假设，这种转移最符合管理者及其集团的利益目标；而垄断性行业现实中存在的职工收入严重过高的问题似乎恰恰印证了我们的假设。

3. 价格规制基本失效的实证检验

在这部分里，我们将尝试对政府价格规制失效的假设进行实证检验。在传统的产业组织理论中，一般认为市场结构决定企业行为，进而决定行业绩效，也就是说集中度较高的市场结构往往会导致较高的利润率。这里，我们假设行业利润率主要受到行业集中度的影响，但是一个行业是否存在明显的价格规制也是影响其利润率的重要方面；同时，由于垄断性行业的企业存在实际利润向员工收入转移的较高的可能性，这里我们假设行业职工平均工资也主要受到以上两个因素影响。

我们将以工业行业中，除了其他采矿业和废弃资源和废旧材料回收加工业以外的其他 37 个工业行业 2006 年的数据为依据，进行实证检验，具体数据见表 2。

**表 2　垄断性行业价格规制有效性检验相关数据**

| 行　业　名　称 | CR4 | REGULATION | R | PJGZ | SJR |
|---|---|---|---|---|---|
| 煤炭开采和洗选业 | 14.6732421 | 0 | 9.58070706 | 23305 | 0.44532 |
| 石油和天然气开采业 | 45.3607435 | 1 | 47.3146085 | 34262 | 3.650395 |
| 黑色金属矿采选业 | 6.29337024 | 0 | 12.4225661 | 19533 | 0.361565 |
| 有色金属矿采选业 | 17.2674096 | 0 | 21.2689848 | 18470 | 0.85611 |
| 非金属矿采选业 | 6.71574549 | 0 | 7.67213242 | 14053 | -0.33195 |
| 农副食品加工业 | 4.76338681 | 0 | 4.35611389 | 12942 | -0.62409 |
| 食品制造业 | 7.12523251 | 0 | 5.7941348 | 15062 | -0.38153 |
| 饮料制造业 | 14.5158978 | 0 | 7.70438114 | 15367 | -0.23694 |
| 烟草制品业 | 29.1481169 | 1 | 14.4918608 | 46725 | 2.418 |
| 纺织业 | 5.41001014 | 0 | 3.68208677 | 11964 | -0.73666 |
| 纺织服装、鞋、帽制造业 | 6.36109485 | 0 | 4.43841933 | 14199 | -0.52988 |
| 皮革、毛皮、羽毛(绒)及其制品业 | 4.18219003 | 0 | 4.30309105 | 14138 | -0.54291 |
| 木材加工及木、竹、藤、棕、草制品业 | 5.95406421 | 0 | 4.83196996 | 11213 | -0.71572 |
| 家具制造业 | 5.7155853 | 0 | 4.56855488 | 14354 | -0.51054 |
| 造纸及纸制品业 | 8.74635755 | 0 | 5.21477998 | 14274 | -0.47458 |
| 印刷业和记录媒介的复制 | 3.13024437 | 0 | 6.77905519 | 16687 | -0.20318 |
| 文教体育用品制造业 | 4.72101896 | 0 | 3.26490469 | 14652 | -0.57342 |
| 石油加工、炼焦及核燃料加工业 | 14.3317251 | 1 | -2.0611207 | 28596 | 0.06977 |
| 化工原料及化学制品制造业 | 5.75146588 | 0 | 5.56783833 | 18212 | -0.17332 |
| 医药制造业 | 7.27936645 | 0 | 7.42288212 | 18941 | -0.00229 |
| 化学纤维制造业 | 15.8736065 | 0 | 2.17336374 | 16670 | -0.50099 |
| 橡胶制品业 | 12.1043832 | 0 | 4.19605762 | 15896 | -0.42547 |
| 塑料制品业 | 2.67847242 | 0 | 4.25183474 | 14955 | -0.48843 |
| 非金属矿物制品业 | 2.24169196 | 0 | 5.27738723 | 13334 | -0.53703 |
| 黑色金属冶炼及压延加工业 | 11.9532587 | 0 | 5.38187412 | 27111 | 0.44409 |

续表

| 行业名称 | CR4 | REGULATION | R | PJGZ | SJR |
|---|---|---|---|---|---|
| 有色金属冶炼及压延加工业 | 7.8159102 | 0 | 6.78414839 | 20632 | 0.076165 |
| 金属制品业 | 2.92969568 | 0 | 4.62396843 | 16027 | -0.38864 |
| 通用设备制造业 | 4.38446873 | 0 | 6.10065265 | 19119 | -0.07486 |
| 专用设备制造业 | 5.17170896 | 0 | 6.01812327 | 18922 | -0.09411 |
| 交通运输设备制造业 | 9.79945613 | 0 | 4.91936386 | 22628 | 0.097235 |
| 电气机械及器材制造业 | 11.1496748 | 0 | 4.63383377 | 18148 | -0.238 |
| 通信设备、计算机及其他电子设备制造业 | 11.6916413 | 0 | 3.43921774 | 23153 | 0.039045 |
| 仪器仪表及文化、办公用机械制造业 | 9.06814367 | 0 | 5.74468746 | 20969 | 0.03306 |
| 工艺品及其他制造业 | 3.04129393 | 0 | 4.86534924 | 14078 | -0.51094 |
| 电力、热力的生产和供应业 | 20.2785048 | 1 | 7.8394121 | 31179 | 0.89007 |
| 燃气生产和供应业 | 12.5368041 | 1 | 4.07463563 | 24018 | 0.141145 |
| 水的生产和供应业 | 8.50235687 | 1 | 3.39106348 | 19442 | -0.22652 |

注：CR4 为行业主营业务收入前四大企业占整个行业比重；REGULATION 中 1 为存在明显价格规制，0 为不存在明显价格规制；R 为销售收入利润率；PJGZ 为行业职工平均工资；SJR 为 R 和 PJGZ 的标准化平均，代表实际利润率。

资料来源：中国大型工业企业年鉴（2007）、中国工业统计年鉴（2007）、中国统计年鉴（2007）等。

以集中度 CR4 和价格规制 REGULATION 作为自变量，以利润率 R 与职工平均工资 PJGZ 以及 R 与 PJGZ 标准化平均得到的代表实际利润率的变量 SJR 分别作为因变量，运用计量软件 Eviews5 进行线性回归，得出表 3 的结果。

**表 3　价格规制有效性检验结果**

| 自变量 | 因变量 | | |
|---|---|---|---|
| | R | PJGZ | SJR |
| CR4 | 0.909478 *** (7.289645) | 449.1536 *** (4.159943) | 0.090339 *** (9.337775) |
| REGULATION | -6.264922 ** (-2.283946) | 7351.102 *** (3.096712) | 0.116436 (0.547410) |
| Adj-R2 | 0.626895 | 0.663002 | 0.812601 |
| DW | 1.439657 | 2.050793 | 1.672267 |
| F | 31.24380 | 36.41283 | 79.05167 |

注：括号内为 t 值；***、**、* 分别表示在 1%、5%、10% 的水平上显著。

4. 实证结论

（1）价格规制与利润率。从分析结果看，CR4 对利润率有着显著的正的影响，这符合经典的产业组织理论——市场结构决定经济绩效；而价格规制对利润率的影响则是负的——这意味着一个行业价格规制的存在会造成行业利润率的下降，从这个意义上讲，政府通过价格规制控制垄断行业利润率的目的起码在账面上得以一定程度地实现。

（2）价格规制与职工平均工资。价格规制导致行业的账面利润率下降，并不能说明政府的价格规制就是有效的，因为中国垄断性行业的价格规制失效更多的是表现在实际利润向企业内部员工的转移上。从表 3 的分析结果中我们可以看到：在 CR4 对职工平均工资有着较显著的正影响的同时，价格规制对职工平均工资也有着显著的正影响，在明显存在价格规制的行业中，职工平均工资要比不存在明显价格规制的行业高出 7000 多元。

价格规制的存在导致职工平均工资增加如此之多，确实有点让我们感到惊讶，但是也正印证了我们的假设——价格规制的存在，促使被规制行业的账面利润率有效降低，但是企业的人工成本却大幅度的增加，这正是企业采取实际利润向员工收入转移以规避价格规制的结果。从这个意义上讲，价格规制的效果大打折扣甚至可能完全失效，而且还会造成财富从股东权益向内部员工收入转移的后果；再考虑到被规制性行业多为国有企业占据主导，价格规制则不但可能是失效的，而且还会造成国有资产的流失问题。

（3）价格规制与实际利润率。从价格规制与利润率、平均工资的回归中，我们得知价格规制确实导致行业账面利润率的下降，但是同时却造成了职工平均工资的增加，而这正是企业经营者实际利润向内部员工转移的结果。那么，价格规制对这二者的综合影响如何便成为一个值得探讨的问题　如果价格规制导致了很大程度上利润率的下降而同时只是小幅度地增加了职工平均工资，价格规制失效的程度就较低，反之亦然。为此，我们有必要探讨一下价格规制对二者的综合影响，这对于更加准确的判断价格规制的效果必不可少。

利润率和职工平均工资是两个不同的数据指标，为了探讨价格规制对它们的综合影响，首先就需要把这两个指标进行整合，形成一个同时反映账面利润率和职工平均工资。为了让利润率和职工平均工资具有可比性，这里我们将这两个指标进行了标准化处理，然后将标准化处理后的数据进行了平均，得到表 2 中 SJR 的数据，以此来表示价格规制的综合影响，也可理解为“实际利润率”。

从表 3 回归结果中可见：CR4 指标依然对 SJR 有着显著的正影响；价格规制的系数为正，但是 t 值仅为 0.547410，在 10% 的水平上不显著（实证 p 值高达 0.5877），所以可以认为价格规制对 SJR 没有什么影响，也就是说价格规制的存在对账面利润率和职工平均工资的综合影响几乎为零，价格规制完全失效。

价格规制完全失效，是指政府的价格规制行为对企业的垄断定价水平基本没有什么影响，垄断高价依然存在，垄断高价所产生的福利损失等负面影响并没有得到消除；价格规制产生的有效影响只不过是让垄断企业将垄断利润向企业内部员工转移了而已。

**（二）行政垄断企业滥用其市场支配地位**

现有《反垄断法》中所说的行政垄断主要是指地区垄断（于立等，2008），但是，《反垄断法》第三章专门对“滥用市场地位”作出的规定中，没有条款说明只是针对经济垄断企业而言的；此时，如果企业的垄断的市场地位是由行政性进入壁垒获得，而不是市场竞争的结果，那么，此时企业如果存在滥用其市场支配地位的行为，则可认为是行业行政垄断的一种表现。

前面被判定为行政垄断的11个行业中，相关垄断企业基本可认定为具有市场支配地位；此时，在政资分开、政企分开的大背景下，相关行业主管部门又无法对垄断企业的具体经营行为进行干预，这就会导致依据行政性进入壁垒获得垄断地位的企业存在很强的滥用市场支配地位的倾向。

1. 滥用市场支配地位行为

为了更具体地给出行政垄断企业可能存在的滥用市场支配地位的行为，同时又与《反垄断法》保持统一，这里引用《反垄断法》第三章第十七条（全国人大常委会法制工作委员会经济法室，2008）的相关条款对滥用市场支配地位行为进行列举：（1）以不公平的高价销售商品或者以不公平的低价购买商品；（2）没有正当理由，以低于成本的价格销售商品；（3）没有正当理由，拒绝与交易相对人进行交易；（4）没有正当理由，限定交易相对人只能与其进行交易或者只能与其制定的经营者进行交易；（5）没有正当理由搭售商品，或者在交易时附加其他不合理的交易条件；（6）没有正当理由，对条件相同的交易相对人在交易价格等交易条件上实行差别待遇；（7）国务院反垄断执法机构认定的其他滥用市场支配地位的行为。（全国人大常委会法制工作委员会经济法室，2008）

2. 滥用市场支配地位的相关调查及结果

在对垄断企业的滥用市场支配地位行为有了初步认识的基础上，我们通过调查研究获取了第一手资料，从而可以以数据来论证“行政垄断企业滥用其市场支配地位”这种行政垄断的重要表现形式。

通过对40位反垄断与规制方面的国内专家以397位山东境内普通消费者的调查研究，我们得到37个工业行业并电信、铁路、邮政、航空、银行等5个重要第三产业中垄断行业的“滥用市场支配地位”行为程度的量化指标——每个行业的垄断行为程度，我们提供严重、中等、较弱或无三个单选选项，将严重定为2分、中等定为1分、较轻或无定为0分；假设有n个被调查者接受调查，则每个行业的最高分为2 * n分，最低为0分；现在我们假定一个行业的选择较轻或无的有n1个被调查者，选择中等的有 n2 个调查者，严重的有 n3 个调查者，则 n1 + n2 + n3 = n，这个行业的得分为 n2 + 2 ∗ n3；将每个的行业的得分 n2 + 2 ∗ n3 除以最高可能得分 2 ∗ n，即（n2 + 2 ∗ n3）/2 ∗ n，以此作为该行业的垄断行为程度的最终得分，得分区间为（0，100%）。

限于篇幅，我们只给出包括 5 个非工业行业的 11 个被判定为行政垄断行业的数值，具体见表 4。

**表 4　行政垄断行业滥用市场势力行为程度**

单位：%

| 行　业　名　称 | 专家组 | 普通组 | 行　业　名　称 | 专家组 | 普通组 |
|---|---|---|---|---|---|
| 燃气生产和供应业 | 71.25 | 72.67 | 石油和天然气开采业 | 86.25 | 90.81 |
| 电力、热力的生产供应业 | 80 | 85.14 | 煤炭开采和洗选业 | 38.75 | 73.30 |
| 电信和其他信息传输服务业 | 82.5 | 89.92 | 石油加工、炼焦及核燃料加工业 | 62.25 | 80.48 |
| 铁路运输业 | 90 | 88.04 | 烟草制品业 | 73.75 | 77.20 |
| 邮政业 | 85 | 83.75 | 银行业 | 61.25 | 64.86 |
| 航空运输业 | 67.5 | 80.10 | 均值 | 72.61 | 80.57 |

资料来源：作者根据调查结果整理；感谢于良春教授和于林等在调查过程中予以的支持。

从表 4 的统计结果可见，专家组中，这 11 个行政垄断行业的行政垄断行为程度除了煤炭开采和洗选业外都超过 60%，总的均值更是在高达 72.61%，这说明专家们普遍认为这些行业存在较严重的滥用市场支配力行为；普通消费者组的调查结果和专家组的数值普遍相差不大，其中煤炭开采和洗选业的相差较大，比专家组高出近一倍，达到了 73.%，这可能是普通消费者与专家的感受角度不一样所致，但总的来说，均值达到 80.57%，这说明消费者也认为这些行业存在较严重的滥用市场支配的行为。

通过面向专家和普通消费者的调查，我们可以看出这些行业存在着很普遍的滥用市场势力的垄断行为，但是其市场支配力地位有多大程度是由于行政性进入壁垒造成的呢？如果大多是由行政性进入壁垒造成，我们可以说这些垄断行为是行业行政垄断的重要表现，但如果是其他原因造成的，则不可以认为是行业行政垄断的表现。

为了解决这个问题，我们对部分专家进行了一个辅助调查——以电信、铁路、石油及电力行业为例，让专家对其垄断行为程度中由行政垄断造成的进行百分比打分，进行平均，得到表 5 结果。

**表 5　垄断行为的原因调查**

单位：%

| 行　业 | 电　信 | 铁　路 | 石　油 | 电　力 | 平　均 |
|---|---|---|---|---|---|
| 行政垄断造成得分 | 77.57 | 91.13 | 85.22 | 86.43 | 85.09 |

资料来源：作者根据调查结果整理。

平均来看，在专家眼中，这些行业的垄断行为有 85% 的可以认为是行政垄断造成的，由此我们基本可以认定这些行业的市场支配力是由行政性进入壁垒造成，由此产生的企业滥用市场支配力的垄断行为则可以作为行业行政垄断的重要表现。

## 四、结论及对政策的启示

通过研究分析，我们发现：被判定为行政垄断的 11 个行业，基本都存在市场失灵，也基本属于《反垄断法》中关系国民经济命脉的行业；对这些行业来讲，基本存在着关系国民经济命脉以及国家安全等政府进行行政垄断的理由，不适当的行政进入壁垒尽管在这些行业的部分领域内仍然存在，但已经占据了相对小的份额；通过实证分析的支持，这些行业内存在的低效率的规制行为和垄断企业滥用其市场支配地位是当前行业行政垄断的主要表现形式，应该成为行政垄断行业进一步改革的重点。

基于以上分析，我们对行政垄断行业改革的方向提出以下三点思路性建议：

（1）放开进入不是重点。在市场不存在明显失灵的领域，政府应该降低行政性进入壁垒，实行开放的市场结构政策，简言之就是八个字“开放市场，引入竞争”。但是，随着改革的推进，目前仍然被判定为行政垄断的行业，基本都可认定为存在明显的市场失灵的行业，《反垄断法》第七条也对这些行业进行豁免；因此，尽管对于这些行内仍然存在的可竞争性领域要坚持放开进入的政策，但是不应该成为其进一步改革的重点。

（2）提高规制效率是关键。行政垄断行业大多需要政府进行种种规制行为，以此来防止行政垄断造成的损害，《反垄断法》第七条后半段对此也有专门的规定。然而本文实证研究发现政府部门的规制效率相当低下，而如何才能提高规制效率又是一个世界性难题，因此，提高规制效率显然应成为进一步改革的关键，而提高规制效率的关键在于规制机构的改革。

在政企分开、政资分开的基础上，一般认为，实现政监分开、设立独立的监管机构是目前政府规制机构的主要任务，但是政监分开的主要目的是实现政府监管的权威性和专业性，而单纯的政监分开并不会解决政府规制机构存在的主要问题，电监会等独立监管机构的成立已经证实了这一点。结合前文所述价格规制失效的两个基本原因，我们认为，政府规制机构改革的主要任务是：在政监分开的基础上，第一，为了防止监管机构与被规制企业之间可能发生的规制俘获行为，一定要维持规制程序的公开性和透明性，而且必要时要成立专门机构以监管监管者，在目前的中国，《反垄断法》的执法机构可以暂时充当这样的角色。第二，监管机构实现有效价格规制，最重要的就是能获得企业相关成本信息，当监管机构没有能力单独获得时，我们建议加大监管机构和第三方机构诸如国家审计局等的合作行为，以提高规制的有效；但是信息的获取也是有成本的，当其获取成本超过一定的临界值时，规制机构获取信息的努力就变得不再恰当，为此，借鉴西方最新的激励性规制理论框架，在信息不对称的情况下实现有效规制就变成必然选择。

(3)《反垄断法》应有所作为。《反垄断法》的出台，为我们用法律手段解决行业性行政垄断问题提供了可能性，尤其是在“行政垄断企业滥用其市场支配地位”方面，《反垄断法》里有较针对性的说明。但是《反垄断法》刚出台不久，影响其实际运作的因素有很多，因此其实际效果还有待检验。而这里有一条特别值得注意——千万不能单靠《反垄断法》执法机构的力量来进行反行政垄断工作，一定要加强消费者、其他竞争厂商（包括潜在进入者）等外部力量的积极参与，让他们的声音有一个常规的诉求通道。

## 参考文献

[1] 丁启军，伊淑彪. 2008. 中国行政垄断行业效率损失研究［J］. 山西财经大学学报(12)：42－47。

[2] 全国人大常委会法制工作委员会经济法室. 2007.《中华人民共和国反垄断法》条文说明、立法理由及相关规定［M］. 北京：北京大学出版社：33，99。

[3] 戚聿东. 1999. 中国现代垄断经济研究［M］. 北京：经济科学出版社：112。

[4] 于立，吴绪亮. 2008.《反垄断法》不是解决行政垄断和行业垄断的良策［A］. 于良春. 反行政垄断与促进竞争政策前沿问题研究［C］. 北京：经济科学出版社：125－132。

[5] STIGLER G J, FRIEDLAND C. 1962. What can the regulators egulate：the case of electricity [J]. Journal of Law and Economics (5)：1－16.

# 人民币汇率、贸易收支与失业率

## ——来自中美两国相关数据的分析

李子联

国际金融危机的爆发和蔓延使世界各国总需求遭受了较为严重的冲击，这对于贸易收支持续失衡的国家来说，外需的下降使出口变得相对萎靡，因而贸易顺差持续扩大问题能够得到一定程度的缓解，比如中国；同时，内需的下降也使进口额大幅递减，因而经常账户出现持续赤字的状况也能有所改观，比如美国。但是，全球经济失衡问题并不会因为国际金融危机这类不确定性事件的发生而得到有效解决，相反，它给各国所带来的经济结构失衡问题变得更为突出。以中国最大的贸易伙伴国美国为例，国际金融危机爆发以来，对华贸易逆差虽然有所减少，但至2009年仍然有月均-189.02亿美元①的数额；而失业率则持续上升，由2007年的月均4.6%上升到2009年的9.3%②。从表象来看，美国失业率攀升似乎与对华贸易逆差存在某种统计上的联系。不仅如此，对华贸易持续逆差还被认为是由人民币汇率低估所造成的，因此美国国内乃至全球经济失衡的主要原因在于中国政府对人民币汇率带有操纵性的人为低估（Krugman，2010）。据此，美国一些议员和学者要求将中国列为汇率操纵国，并促使人民币升值，否则将对中国出口产品施以报复性关税。以此为背景，本文所要研究的问题主要包括：人民币升值是否能减少美国对华贸易赤字？中国对美国的出口是否影响了美国的就业率？这一传导过程也将进一步地回答“人民币升值是否能有效地降低美国的失业率”。

## 一、文献述评

对于人民币汇率与国际贸易进而与就业率之间的逻辑关系，按照传统的经济学

① 数据来源于美国统计局官方网站：http：//www.census.gov。

② 失业率数据统计对象为年龄16岁及以上的劳动者，数据来源于美国劳工部官方网站：http：//data.bls.gov。

原理，在马歇尔—勒纳条件成立的情况下，人民币汇率上升即货币升值后，中国以美元标价的出口产品将变得相对昂贵，进口产品则变得相对便宜，因此出口将减少，同时进口将增加，中国贸易顺差持续扩大和美国经常账户持续赤字的局面都能得到有效改观。进一步地，在中美之间贸易产品相似度较高的情况下，美国对华产品进口的减少将能有效扩大本土企业的就业吸纳能力，因而能够增加就业岗位，减少工人失业率。基于这种逻辑，自2003年以来就有学者指出，人民币升值可以减少中国持续扩大的贸易顺差，因而也能有效地解决美国的对华贸易赤字和实现失业率的下降。如Economist（2003）的统计显示，至少在一些媒体中，中国因其经济繁荣是以贸易伙伴的就业下降为代价的而备受指责，中国应适当提高汇率以实现国际贸易收支平衡；Blanchard & Giavazzi（2005）也支持通过人民币升值来降低贸易顺差的观点；Lim，Spence & Hausmann（2006）则认为人民币升值既能帮助中国减少贸易顺差，同时也能促进中国国内经济更为平衡地发展。相对于这些观点，Goldstein（2004），Goldstein & Lardy（2003，2005）的结论则较为激进，他们指出中国在早期本可以升值的情况下却仍然盯住美元是一种故意操纵汇率的行为，其意图在于在世界市场上获得竞争优势，但却阻碍了国际贸易收支平衡的调整，同时也给世界其他国家带来了负面影响。客观地说，这些观点给人民币造成了较大的升值压力，特别是当这些观点被美国财政部用于政治目的时，其所带来的压力可能将在人民币升值的整个经济问题中发挥着主要的作用（Frankel & Wei，2007）。

实际上，人民币汇率在中美贸易失衡的形成机制中只是价格因素的一部分，仍然存在有其他更为主要的影响因素，因此，从其他不同的角度，有学者对上述观点进行了批判。如从竞争优势影响因素的角度，Roach（2007）指出中国的竞争优势并不只是基于人民币汇率，它还来自于低价的劳动力成本、现代化的基础设施、进步的科学技术以及高速增长的人力资本和基础研究投资额；Su（2004）也认为中国之所以能在贸易中获得优势和利益，原因在于中国在丰富的低成本劳动力、持续的技术进步方面拥有比较优势，而不是对人民币汇率进行操纵所致。从交易成本的角度，Xiao（2007）则认为中国之所以存在贸易顺差持续扩大的现象，原因在于中国的出口交易成本较低，而包括进口障碍在内的进口隐性交易成本则太高，因此，为了平衡中国的贸易失衡，必须尽力减少中国进口的交易成本。从贸易失衡的性质这一角度，Zhou（2006）指出中国的贸易收支失衡反映的是基本的储蓄投资失衡问题，通过人民币升值来平衡中国的贸易收支并不能解决美国的经常账户逆差问题。因此，人民币升值对美国对外贸易逆差只产生微乎其微的影响（Coudert & Couharde，2007）。

也有观点指出货币升值对贸易收支失衡的影响是不确定的。虽然货币升值将导致以美元计价的出口商品的价格变得更为昂贵，并因此带来出口的下降，但在经济放缓的情况下，进口也将减少。因此，汇率升值对贸易收支失衡的影响是不确定的

（McKinnon & Ohno，1997；McKinnon & Schnabl，2006；Qiao，2005；Hoggarth & Tong，2007）。

应当说，人民币汇率升值是否能够减少中国的贸易顺差和美国的贸易赤字取决于中国对美进出口产品的需求弹性之和，在需求弹性之和大于 1 的情况下，人民币升值能够有效实现中美之间的贸易收支平衡，反之则反。进一步地，中国对美国的产品出口是否能够影响美国的工人就业取决于中美贸易之间的产品相似度，在相似度较高的情况下，中国对美国出口的减少能够有效促进美国的就业，反之则反之。我们通过对 2005 年 7 月人民币汇率改革以来美国对华进出口贸易和失业率的月度数据进行相关统计分析后得出：人民币汇率升值并不是降低美国高失业率的有效途径，敦促中国实现人民币升值不符合中美贸易之间的国际分工原则。文章后续部分主要分析人民币汇率与美国贸易收支和失业率的关系，并对相关结论做进一步的解释和说明。

## 二、人民币汇率与美国贸易收支及失业率的关系

一种传统的解释是，人民币汇率变动对美国就业率的影响是通过中美贸易渠道进行传导的，因此，对于人民币汇率升值是否能够有效促进美国就业率这一问题就转化为：人民币升值是否能够降低美国对华贸易逆差？美国对华进口的减少是否能够促进美国就业率的上升？为能直观地反映三者之间的关系，我们选择了人民币名义汇率、美国对华进出口额以及美国失业率三个名义变量①进行统计分析。我们所选择的数据样本为 2005 年 7 月至 2009 年 12 月的月度数据，之所以选择这一样本，是因为汇率改革以来人民币汇率变动更具弹性，因此其经济效应更加显性。

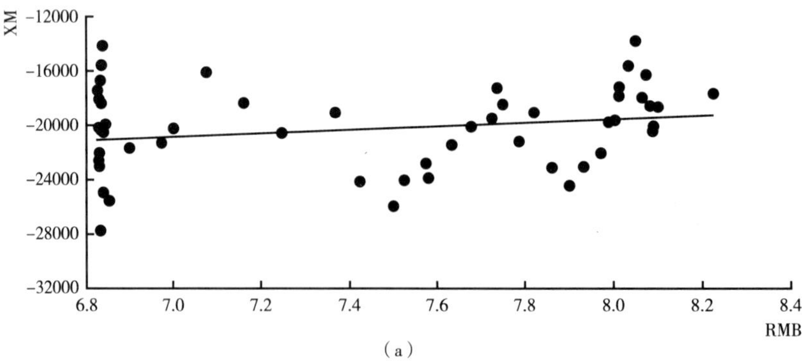

（a）

① 客观地说，人民币实际有效汇率和美国对华实际进出口额等实际变量更符合学术研究中数据的处理原则；但在现实中，人们往往更加关注名义变量，一方面是因为名义变量更易于理解，另一方面则因为名义变量更能直观地反映经济现实。

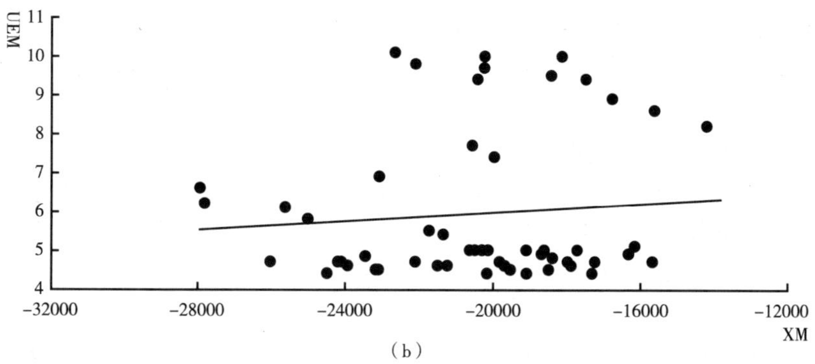


（b）

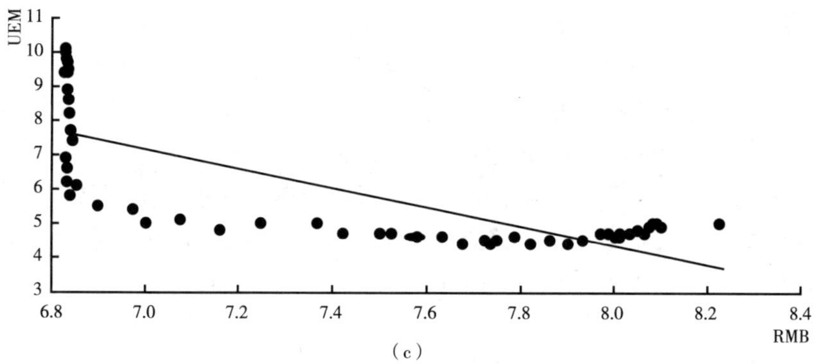


（c）

**图 1　人民币汇率、美国净出口与失业率的散点变化图**

注：RMB 代表直接标价法下的人民币名义汇率，XM 代表美国净出口额，UEM 代表美国的月度失业率；（a）（b）（c）三图分别是美国净出口与人民币汇率、美国失业率与净出口以及美国失业率与人民币汇率的带线性回归的散点变化图。

对人民币汇率、美国净出口以及失业率两两做线性回归的散点图后（如图 1 所示），可以发现：首先，美国净出口与直接标价法下的人民币汇率呈正向的线性变化关系，即美元兑人民币汇率越大，美国净出口额也越大，也就是说，人民币贬值将带来美国逆差的减少，而升值则使美国的贸易逆差进一步拉大，这一结论从统计意义上对 Krugman（2010）等人的观点进行了有力批驳。实际上，净出口额由价格和需求量两部分构成，因此从理论上讲人民币汇率的变动也将对美国贸易逆差产生“价格效应”和“数量效应”。从价格的角度，人民币汇率升值将使美国从中国以美元计价的进口产品变得相对昂贵，同时出口到中国的产品变得相对便宜，在需求量不变的情况下，价格的变化将使得美国进口额增加，出口额减少，最终对华贸易逆差额将进一步拉大。从需求量的角度，人民币升值对美国贸易逆差的影响取决于美国对华进出口产品的价格—需求弹性。若美国对于从中国进口的产品具有高度依赖性，同时中国对美国产品的需求也不具有弹性，即价格的变化并不会影响中美两国居民对各自产品的消费需求或者影响程度极小，则需求弹性的缺乏不仅不能改善美国的贸易收支，反而会使其贸易收支恶化；反之，在进出口产品富有价格—需求弹性的情况下，人民币升值则有可能减少美国的贸易逆差，但这一情况不符合图 1 中的（a）图所揭示的结论。由此，提出如下假设：

H1：价格变动并不是影响中美两国产品贸易总量的主要因素，因此人民币汇率的变动并不能有效改进中美两国的贸易收支均衡。或者说，中美两国进出口贸易产品不具有汇率—需求弹性，两国进出口产品的需求弹性之和小于 1，不符合马歇尔—勒纳条件。

其次，美国失业率与净出口也呈正向的线性变化关系，即美国对华贸易顺差越大或者逆差越小，失业率越高；反之，对华逆差越大，失业率越低，见图 1 中的（b）图。对华逆差额由价格和净出口贸易量两部分构成，因此对华贸易逆差对美国失业率的影响也包含“价格效应”和“数量效应”。其中，人民币升值将使得美国从中国进口的以美元标价的半成品价格上升，这对于以加工贸易（包括来料加工装配贸易和进料加工贸易等）为对华主要进口形式的美国来说，半成品价格的上升将使得厂商不得不裁减雇用工人以降低生产成本，因此人民币升值将发挥“价格效应”造成美国制造业工人的失业（Bruno，1979；van Wijnbergen，1986）①，见图 1 中的（c）图。但是，对华贸易逆差对美国失业率的影响还发挥着“数量效应”，即美国从中国进口数量的增加将拉动美国制造业就业率的上升。主要原因在于：中国承接了美国的低端产业链，美国利用中国的劳动力低成本优势生产劳动密集型成品和半成品，并将其中的半成品再进口到国内进行技术加工或生产相关产品，这一过程必然带来美国就业率的上升。“数量效应”和“价格效应”的综合效应便决定了对华逆差额对美国就业率的影响方向和程度。图 1（b）所反映的线性关系表明对华逆差额对美国就业率的影响是正向的，“数量效应”大于“价格效应”。由此，提出如下假设：

H2：中美两国主要进出口贸易产品是互补的，主要相关产品的生产厂商之间不具备竞争性。

综合上述传导过程，直接标价法下人民币汇率对美国失业率的影响关系是：人民币汇率越大即人民币汇率越贬值，美国失业率将越低；反之，敦促人民币升值则会使美国国内失业率攀升，见图 1 中的（c）图。人民币汇率变动通过贸易收支渠道影响美国就业率主要发挥的是“价格效应”，即人民币升值提高了美国从中国进口以美元标价的产品价格，边际成本的提高使得美国生产厂商不得不减少雇佣工人的数量，造成失业率的增加。另外，人民币升值并不能有效地改善美国的贸易收支，

① Bruno（1979），van Wijnbergen（1986）认为货币升值将降低进口中间产品和原材料的国内价格（比如石油和矿产品等），这将进一步降低所有最终产品的生产价格（包括非贸易品），相对于最终产品的价格，边际成本的降低将带来产出的增加和就业的上升。

因此，对人民币进行升值施压并不具有经济学理论基础。值得一提的是，人民币升值对中美两国进出口贸易不具有需求效应，因而贸易收支对美国就业率影响的“数量效应”并不是通过人民币汇率来传导的。

## 三、两个假设的验证：为什么人民币升值不能带来美国失业率的下降

1. 马歇尔—勒纳条件是否成立

计算中美两国特定贸易产品的价格—需求弹性，不能简单地根据马歇尔—勒纳条件的进出口价格—需求弹性公式进行计算，因为在影响进出口贸易量的因素中，除了汇率变动这一价格因素外，还存在包括经济发展水平、技术进步及政治外交等重要因素的影响，这些变量所带来的作用将远远超过人民币汇率的变动（Roach，2007；Su，2004）。相反，若直接以价格—需求弹性公式进行计算，则在得出的进出口弹性之和中将会遗漏许多重要的变量，从而使得得出的结果出现异常，即各种主要进出口商品的需求弹性之和均远远大于1（绝对值），如表1所示。对于表1的计算结果，本文的观点是：从纵向看，这种结果并不能反映特定商品的进出口价格—需求弹性；但从横向看，由于计算条件相同，因此通过对各类商品的弹性进行比较后可以大致发现哪种商品的进出口弹性之和相对较小。基于此，我们可以粗略地发现：在中美两国的主要贸易产品中，皮革制品及箱包、木及制品、纺织品及原料、机电产品以及运输设备的进出口弹性需求之和均相对较小，而这几类产品中纺织品及原料、机电产品、运输设备的贸易量构成了中美两国进出口贸易总额的绝大部分，如2009年，纺织品及原料、机电产品分别占美国自中国进口商品总额的9.9%和45.7%，两类产品总值占美国进口的比重为55.6%；而在美国对中国出口商品中，机电产品和运输设备所占的比重分别为25.7%和10.5%①，远远高于其他任何一类产品。因此，可以粗略地认为中美两国进出口产品中绝大部分产品的进出口需求弹性之和较小。

进一步地，在考虑中美两国国民收入以及进出口价格水平的约束条件下，运用弹性分析法计算而得的进出口汇率—需求弹性则更为准确。表2显示的是我国对主要贸易伙伴国的进出口产品的汇率—需求弹性，本文拟以这一数据作为中美两国②

① 以上数据根据中华人民共和国商务部统计的国别数据整理而得。

② 主要贸易伙伴国或地区为美国、日本、德国、英国、中国香港、中国台湾、韩国和新加坡共八个贸易体。

表 1 无约束条件下中美两国主要进出口产品的汇率—需求弹性

| 年　　份 | 2007 | | 2008 | | 2009 | |
|---|---|---|---|---|---|---|
| 商品类别 | 出　口 | 进　口 | 出　口 | 进　口 | 出　口 | 进　口 |
| 化工产品 | 7.15 | 3.03 | 1.19 | 7.99 | 3.70 | -12.42 |
| 塑料、橡胶 | 6.59 | 2.84 | 0.85 | 0.88 | 6.86 | -6.73 |
| 皮革制品；箱包 | 2.27 | 1.19 | -0.68 | 0.23 | -12.49 | -10.84 |
| 木及制品 | 1.02 | 0.73 | -0.97 | -0.76 | 2.74 | -11.10 |
| 纤维素浆；纸张 | 7.02 | 2.04 | 1.04 | 0.79 | 3.62 | -6.59 |
| 纺织品及原料 | -4.77 | 3.87 | 1.24 | 0.02 | -21.74 | -0.18 |
| 机电产品 | 2.15 | 2.20 | 1.12 | 0.36 | -4.21 | -4.00 |
| 运输设备 | 1.91 | 3.82 | 0.86 | 0.52 | -8.85 | -12.52 |
| 光学、钟表、医疗设备 | 4.98 | 3.30 | -2.52 | 1.15 | 2.24 | -5.38 |

数据来源：根据中华人民共和国商务部国别数据整理而得。

之间贸易产品的汇率—需求弹性①。数据显示：初级产品和工业制成品的进出口汇率弹性之和分别为 3.15 和 0.73，其中按原料分类的制成品、机械及运输设备的汇率弹性分别为 1.02 和 0.81，表明在我国的进出口贸易中，初级产品富有汇率弹性，而以机械及运输设备为代表的工业制成品则缺乏汇率弹性，人民币升值对中美之间的工业制成品贸易收支并不能发挥“数量效应”，因而不能有效改善美国的贸易收支失衡状况。另外，虽然初级产品富有汇率弹性，但由于工业制成品构成了中美进出口贸易总额的绝大部分，因此人民币升值也不能从总体上缩小美国的对华贸易逆差。分析结果表明：汇率变动并不是影响中美两国产品贸易总量的主要因素，因此人民币升值并不能有效改进中美两国的贸易收支均衡。或者说，中美两国进出口贸易产品不具有汇率—需求弹性，马歇尔—勒纳条件不成立。

表 2 弹性分析法添加约束条件下我国进出口产品的汇率—需求弹性

| 商 品 类 型 | 出口汇率弹性 | 进口汇率弹性 | 进出口汇率弹性 |
|---|---|---|---|
| 初级产品 | -2.48 | 0.67 | 3.15 |
| 食品及活动物 | -1.11 | 0.10 | 1.21 |
| 饮料及烟类 | -4.52 | 1.61 | 6.13 |
| 非食用原料（燃料除外） | -0.72 | 0.67 | 1.39 |

① 客观地说，以中国对主要贸易伙伴国或地区的汇率弹性来作为中美之间贸易产品的替代变量不是很精确，但考虑到中国对美国的进出口贸易总额约占这八个国家或地区进出口总额的比重为 20.44%（2006 和 2007 年），即中美两国之间的贸易特征具有典型性，因此，本文拟以我国对主要贸易伙伴国的进出口汇率—弹性作为替代变量，用以解释中美两国之间贸易产品的汇率—需求弹性。

续表

| 商品类型 | 出口汇率弹性 | 进口汇率弹性 | 进出口汇率弹性 |
|---|---|---|---|
| 矿物燃料、润滑油及有关原料 | 0.79 | -0.44 | 1.23 |
| 动植物油、脂及蜡 | -1.28 | 0.23 | 1.51 |
| 工业制成品 | -0.52 | 0.21 | 0.73 |
| 化学成品及有关产品 | -1.08 | 0.19 | 1.27 |
| 按原料分类的制成品 | -0.73 | 0.29 | 1.02 |
| 机械及运输设备 | -0.38 | 0.43 | 0.81 |
| 杂项制品 | -1.01 | 0.13 | 1.14 |

数据来源：根据封思贤和吴玮（2008）的研究整理而得。

① 封思贤，吴玮．汇率变化对不同类商品进出口的影响．北京：数量经济技术经济研究［J］，2008，（7）．

2. 互补还是竞争

衡量中美之间贸易产品的竞争性和互补性，最常用的方法是计算两国之间的产业内贸易指数，其中尤以 G－L 指数最为流行且简便。这种测算方法近似于衡量产业内贸易在全部贸易中所占的份额。其计算公式：

$$GL_{it} = \frac{(X_{it} + M_{it}) - |X_{it} - M_{it}|}{X_{it} + M_{it}}$$

式中 $GL_{it}$代表产业内贸易指数，$x_{it}$和 $M_{it}$分别指 i 部门在 t 时期的出口和进口。$GL_{it}$在 0—1 之间取值，越接近 1，表示产业内贸易水平越高。当 $GL_{it}$为 1 时，表示该部门全部贸易均属于产业内贸易；而 $GL_{it}$为 0 时，表示该部门全部贸易均属于产业间贸易，不存在产业内贸易。各国产业内贸易水平越高，说明彼此间贸易的竞争性越强；各国产业内贸易水平越低，说明彼此间贸易的互补性越强。运用该方法对 2004—2009 年的中美产业内贸易指数进行计算后可得表 3。

**表 3　2004—2009 年中美主要贸易产品的产业内贸易指数**

| 商品类别 | 2004 | 2005 | 2006 | 2007 | 2008 | 2009 |
|---|---|---|---|---|---|---|
| 化工产品 | 0.72 | 0.80 | 0.87 | 0.79 | 0.99 | 0.86 |
| 塑料、橡胶 | 0.48 | 0.46 | 0.48 | 0.54 | 0.54 | 0.63 |
| 皮革制品；箱包 | 0.18 | 0.19 | 0.23 | 0.24 | 0.22 | 0.21 |
| 木及制品 | 0.35 | 0.34 | 0.31 | 0.31 | 0.31 | 0.38 |
| 纤维素浆；纸张 | 0.71 | 0.67 | 0.71 | 0.81 | 0.82 | 0.91 |
| 纺织品及原料 | 0.21 | 0.15 | 0.17 | 0.12 | 0.13 | 0.08 |
| 贱金属及制品 | 0.42 | 0.49 | 0.53 | 0.53 | 0.52 | 0.59 |

续表

| 商 品 类 别 | 2004 | 2005 | 2006 | 2007 | 2008 | 2009 |
|---|---|---|---|---|---|---|
| 机电产品 | 0.26 | 0.22 | 0.25 | 0.24 | 0.25 | 0.23 |
| 运输设备 | 0.87 | 0.89 | 0.82 | 0.80 | 0.95 | 0.82 |
| 光学、钟表、医疗设备 | 0.71 | 0.74 | 0.76 | 0.75 | 0.76 | 0.83 |

数据来源：根据中华人民共和国商务部国别数据整理而得。

数据显示：在2004—2009年的中美主要贸易产品产业内贸易指数中，皮革制品、箱包、木及制品、纺织品及原料、贱金属及制品以及机电产品的产业内贸易指数相对较小，表明这些产品的产业内贸易水平较弱，彼此间贸易的互补性较强；而化工产品、塑料和橡胶、纤维素浆和纸张、运输设备及光学钟表和医疗设备的产业内贸易指数则相对较大，表明这些产品的产业内贸易水平较强，彼此间贸易的竞争性较强。在上述中美两国之间的主要贸易产品中，互补性产品的贸易额平均占中美进出口贸易总额的59.04%，而竞争性产品贸易额仅占13.35%，数据表明中美两国之间的贸易产品绝大部分都是互补的，不存在产业竞争性。特别地，在互补性贸易产品中，中国货物出口中超过50%的产品都是由包括美国在内的外国企业在华生产的（Fan，2006），这就说明中国出口到美国的产品不仅没有造成美国失业率的上升，相反还有效地承接了美国国内的产业转移，实现了美国国内的产业结构升级，因而也带来了部分互补性产业的就业。

综合上述分析结果，由于中美之间贸易产品缺乏汇率—需求弹性，同时两国贸易产品具有较强的互补性，因此人民币升值既不能带来美国贸易收支失衡的改善，也不能使其失业率下降。相反，由于“价格效应”的作用，人民币升值将使得美国对华贸易逆差进一步扩大；而对于美国制造业，人民币升值则提高了美国从中国进口以美元标价的产品价格，边际成本的提高使得美国生产厂商不得不减少雇佣工人的数量，从而造成失业率的增加。这一事实说明，无论从改善贸易收支失衡还是从增加制造业就业率的角度，敦促人民币升值都不具有经济学理论依据，更不是美国经济利益的最大化选择。正如Fan（2006）所指出的，如果一国总是要求他国货币升值，那么这恰恰反映出真正的问题并不在于他国货币，而是该国自己。因此，真正的问题不是人民币为什么不升值，而是为什么美元自20世纪60年代以来总是存在贬值的趋势，比如70年代美元相对黄金或其他所有国家的货币贬值，80年代则相对德国马克和日元贬值，现在则是相对人民币。因此，极有可能的是，人民币升值已被政治化。

## 四、主要结论

人民币升值是否能够改善美国贸易收支失衡？是否能够带来美国就业率的提高？

以此争论为背景，本文采用人民币汇率改革以来的中美相关数据作为分析依据，从马歇尔—勒纳条件及中美贸易产品的相似性两个假设出发，分析了后危机时代人民币汇率变动与美国贸易收支失衡及其失业率的关系，主要得出以下几点结论：

第一，中美两国之间贸易产品缺乏汇率—需求弹性，人民币汇率变动对美国进出口数量的影响微乎其微。在我国的进出口贸易中，初级产品富有汇率弹性，而以机械及运输设备为代表的工业制成品则缺乏汇率弹性。由于工业制成品构成了中美进出口贸易总额的绝大部分，因此可以认为两国之间的贸易产品缺乏汇率需求弹性，即人民币升值对中美之间的进出口贸易只发挥“价格效应”，而不具有“数量效应”，人民币升值不能有效改善美国的贸易收支失衡状况。

第二，中美两国贸易产品具有较强的互补性，竞争性则较弱，贸易对就业具有促进作用。在中美两国之间的主要贸易产品中，互补性产品的贸易额平均占中美进出口贸易总额的59.04%，而竞争性产品贸易额仅占13.35%，因此可以认为中美两国之间的贸易产品绝大部分都是互补的，不存在产业竞争性。中美之间贸易产品的互补性特征表明中国出口到美国的产品并不会挤压当地制造业的工人就业，因此并不会带来失业率的上升。

第三，人民币升值既不能改善美国的贸易收支失衡，也不能带来美国失业率的下降。由于中美之间贸易产品缺乏汇率—需求弹性，同时两国贸易产品具有较强的互补性，因此人民币升值既不能带来美国贸易收支失衡的改善，也不能使其失业率下降。相反，由于“价格效应”的作用，人民币升值将使得美国对华贸易逆差进一步扩大；而对于美国制造业，人民币升值则提高了美国从中国进口以美元标价的产品价格，边际成本的提高使得美国生产厂商不得不减少雇佣工人的数量，从而造成失业率的增加。

## 参考文献


[1] Blanchard O. J., and F. Giavazzi. Rebalancing Growth in China: A Three - Handed Approach [R]. Massachusetts Institute of Technology (MIT) Department of Economics Working Paper No. 05 - 32. 2005.

[2] Bruno M. Stabilization and Stagflation in A Semi - industrialized Economy [C]. In: Dornbusch R. and Frenkel J. A. (Eds). International Economic Policy: Theory and Evidence. Baltimore: John Hopkins UP, 1979.

[3] Coudert V., and Couharde C. Real Equilibrium Exchange Rate in China: Is the Renminbi Undervalued? [J]. Journal of Asian Economics, 2007, (18).

[4] Economist. Tilting at Dragons [J]. London: The Economist Newspaper Ltd. 2003, (10).

[5] Fan Gang. Currency Asymmetry, Global Imbalances, and Rethinking of The International

Currency System [C]. In: Teunissen J. J., and Akkerman A. Global Imbalances and the US Debt Problems: Should Developing Countries Support the US Dollar? Forum on Debt and Development (FONDAD). 2006 [2010 - 4 - 13]. www. fondad. org.

[6] Frankel J. A., and Wei S. J. Assessing China's Ex$_c$hange Rate Regime [R]. Working Paper, 2007.

[7] Goldstein M. Adjusting China's Exchange Rate Policies [R]. Working Paper 04 - 1, Petersen Institute for International Economics, Washington, DC. 2004.

[8] Goldstein M., and N. Lardy. Two - Stage Currency Reform for China [J]. Wall Street Journal, 2003, (12).

[9] Goldstein M., and N. Lardy. China's Role in the Revived Bretton Woods System: A Case of Mistaken Identity [R]. Working Paper 05 - 2, Petersen Institute for International Economics, Washington, DC. 2005.

[10] Hoggarth G. and H. Tong. The Impact of Yuan Revaluation on the Asian Region [R]. Bank of England Working Paper No. 329. 2007.

[11] Krugman P. Taking on China [N]. New York Times, Published on March 14, 2010. [2010 - 3 - 15] http: //www. nytimes. com/2010/03/15/opinion/15krugman. html? ref = global - home.

[12] Lim E., M. Spence, and R. Hausmann. China and the Global Economy: Medium - Term Issues and Options - A Synthesis Report [R]. Center for International Development at Harvard University (CID) Working Paper No. 126. 2006.

[13] McKinnon R., and Ohno K. Dollar and Yen: Resolving Economic Conflict between the United States and Japan [M]. MIT Press, Cambridge Mass. 1997.

[14] McKinnon R., and Schnabl G. The Impact of China's Appreciation Ex$_c$hange Rate on Interest Rates and Wages [R]. 2006 [2010 - 4 - 13], http: //www. scholar. google. com. hk.

[15] Qiao H. Ex$_c$hange Rates and Trade Balance under the Dollar Standard [R]. Center for International Development, Stanford University, China Working Paper Series No. 259. 2005.

[16] Roach S. S. The China Fix Testimony before the U. S. Senate Finance Committee in Congressional Hearing regarding Risks and Reforms: The Role of Currency in the U. S. - China Relationship [R], 2007, (3).

[17] Su N. China's Economic Development and the Current Macroeconomic Policy [R]. Remarks at the Conference of Montréal, 9 June 2004 [2010 - 4 - 13], http: //www. pbc. gov. cn.

[18] Van Wijnbergen S. V. Exchange rate management and stabilization policies in developing countries [J]. Journal of Development Economics, 1986, (23).

[19] x$_i$ao G. What Is Special about China's Exchange Rate and External Imbalance? A Structural and Institutional Perspective [J]. Asian Economic Panel, 2007, (3).

[20] Zhou X. Remarks on China's Trade Balance and Exchange Rate [R]. Remarks at the "China Development Forum", Sponsored by the Development Research Center of the State Council, 20 March, 2006 [2010 - 4 - 13], http: //www. pbc. gov. cn.

[21] 封思贤，吴玮．汇率变化对不同类商品进出口的影响［J］．北京：数量经济技术经济研究，2008，（7）。

# 进口贸易对我国技术创新能力提升的影响效应

## ——基于动态面板数据 GMM 方法的经验分析

毛其淋

## 一、引　言

技术创新是一个国家经济能否保持持续、稳步发展的关键，它对促进社会进步和增强国力有着重要的作用。根据新增长理论的观点，创新是一国技术进步和生产力增长的主要引擎。可以说目前我国经济能够得到迅速发展，其中技术创新功不可没。近年来，随着我国对研发（R&D）投入力度的加大①和科教兴国战略的实施，我国在技术创新②上取得了显著的成绩（见图 1）。1995 年我国专利授权数仅为 45064 件，1999 年突破 10 万件，到 2007 年则高达 351782 件，年均增长率为 19.57%。其中，发明的增长最为迅速，它从 1995 年的 3393 件上升到 2007 年的 67948 件，年均增长率为 30.68%，而同期实用新型和外观设计的年均增长率分别为 15.99% 和 23.98%。

一种普遍的观点认为，进口贸易是国际技术传递和扩散的重要渠道，即一个国家（尤其是发展中国家）通过进口贸易引进国外先进的技术和设备进行学习和模仿，有效地吸收进口贸易的技术溢出从而实现自主的技术创新能力的提升。那么，近些年来蓬勃发展的进口贸易是否对我国技术创新的影响也存在这种现象，即进口贸易提升了我国技术创新能力吗？若是，那么进一步地，它对不同水平技术创新的影响又如何？由于我国区域经济发展不平衡，那么进口贸易对技术创新的影响效应是否也会存在这种区域差异性？这些都是我们所要试图回答的问题，本文的研究也

---

① 1995 年我国研发经费支出仅为 146.4 亿元，2007 年则增至 687.9 亿元，年均增长率为 13.94%。数据来自《中国科技统计年鉴》（2008 年）。

② 本文用专利授权数作为反映技术创新水平的指标，下文将进行详细地说明。

正是围绕这3个问题逐步展开的：第一部分为引言，第二部分为文献回顾，在第三部分建立计量模型并对数据进行统计性描述，第四部分采用动态面板广义矩估计法进行回归，就进口贸易对我国技术创新的影响进行详尽的探讨，第五部分得出研究结论和对政策含义进行说明。

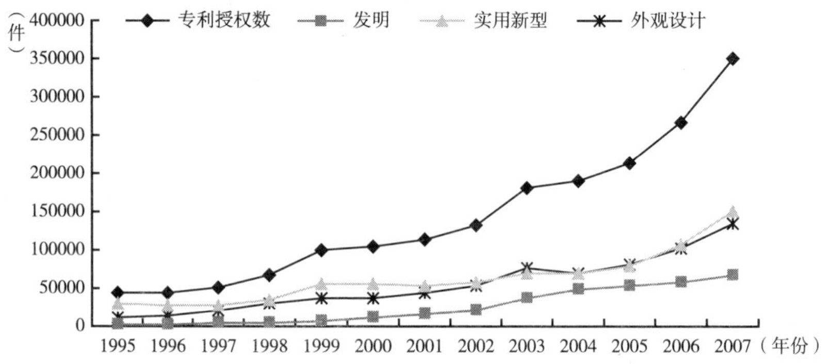


**图1　1995—2007年我国三种专利申请授权数统计图**

## 二、文献回顾

20世纪80年代发展起来的内生增长理论把研究视角之一转向进口贸易、技术转移和经济增长之间的互动关系，认为进口贸易是一国获得技术进步的重要因素。随后一批西方经济学者对进口贸易和国际技术溢出进行了大量的有益探索，如Ethier（1982）建立以产品种类数目扩大为特点的技术进步模型，认为进行中间产品贸易将导致分工的深化和细化从而促使效率提高，特别是当一国进口差异化的资本品时，进口国将获得更大的技术利益。Grossman和Helpman（1991）与Ethier（1982）的观点类似，认为通过从国外进口高质量和多种类的中间品和资本设备，进口国可以从贸易伙伴国的研发效应和技术扩散中获益，从而提高本国的生产力水平。Coe和Helpman（1995）采用21个OECD国家和以色列的面板数据，首次从实证的角度印证了进口贸易的技术溢出是一国技术进步的重要来源，实证研究发现贸易伙伴国的研发投入对进口国的全要素生产率（TFP）的提高有显著的促进作用，并且这种促进作用随进口国进口比例的提高而增大。与Coe和Helpman（1995）不同的是，Coe、Helpman和Hoffmaister（1997）采用的是22个工业化国家和77个欠发达国家1971—1990年近20年的数据，他们进一步考察了进口贸易技术溢出对发展中国家技术进步的影响，结果发现在南北贸易的知识溢出中，发展中国家的全要素生产率与其贸易伙伴国（工业化国家）的研发投入以及机械设备进口量正相关，据此可认为发展中国家通过进口贸易能够获取发达国家研发成果的好处。此外，

Wang 和 Olarreage（2002）、Blyde（2004）等的研究也都支持了进口贸易对进口国的技术进步存在正向的促进作用的观点。

近年来，随着我国对外贸易的迅速发展，进口贸易对我国技术创新的影响关系也已成为国内学者关注的热点问题之一，国内关于这方面研究的文献也逐渐增多。如方希桦等（2004）基于中国 1978—2000 年的相关数据采用协整分析和误差修正模型方法的实证研究发现通过进口贸易传导机制，贸易伙伴国 R&D 投入、国内科技投入对我国技术进步（全要素生产率）有显著的促进效应。黄先海和石东楠（2005）在 Coe 和 Helpman（1995）的基础上加入了人力资本要素对模型进行了扩展，研究表明通过贸易渠道溢出的国外 R&D 资本存量对我国全要素生产率的提高有着明显的促进作用，而且还发现人力资本要素通过提高创新能力间接地促进了我国全要素生产率的增长。其他的学者像赵伟和汪全立（2006）、张全红（2008）等的研究也都发现进口贸易对中国具有显著的技术溢出效应。

通过对已有研究文献的回顾，我们不难发现现有的绝大部分文献在研究进口贸易与技术进步时，基本上将全要素生产率（TFP）作为因变量进行计量分析，而很少有学者将以专利授权数表征的技术创新作为被解释变量进行研究。此外，国内学者在研究中国样本时大都采用时间序列或是静态面板的固定效应、随机效应进行估计，而很少有人考虑内生性问题，显然这是不严谨的。有鉴于此，本文力图采用动态面板数据计量广义矩估计（GMM）方法就我国进口贸易对技术创新的影响进行实证研究，同时还进一步分析了进口贸易对不同水平创新的影响以及对我国技术创新的区域差异性。

## 三、模型设定及数据描述

### （一）模型设定

Griliches（1979）认为研发活动是创造新的科技知识的主要源泉，按照他的观点，创新产出可表示为：

$$innov_{it} = A_{it} \cdot exp_{it}^{\alpha} \tag{1}$$

式中，i 表示各省市，t 表示各年份，*innov* 表示创新产出（本文用专利授权数①来表示），*exp* 表示研发资金投入（本文用科技经费内部支出来表示），A 表示科研活动的技术水平。其中技术水平主要受科技人员的数量、劳动者教育水平等因素的影

① Prencipe（1997）认为专利数量作为衡量技术创新水平的重要指标，同时也是一个区域科技实力的一个较好的度量。Prencipe A . Technological Competencies and Product's Evolutionary Dynamics: A Case Study from the Area - engine Industry [J]. Research Policy, 1997, 25 (8): 1261 - 1276.

响，而且在开放经济条件下，进口贸易①也对技术水平产生重要影响，综合考虑这些因素，我们将 A 表示为：

$$A_{it} = B_{it} sm_{it}^{\beta} H_{it}^{\delta} im_{it}^{\gamma} \quad (2)$$

其中，$sm$ 为科技活动人员数，$H$ 为人力资本②，$im$ 为进口贸易额。将方程式（2）代入方程式（1），取自然对数，并令 $\sigma = LnB_{it}$ 得：

$$Lninnov_{it} = \sigma + \alpha Lnexp_{it} + \beta Lnsm_{it} + \gamma Lnim_{it} + \delta LnH_{it} \quad (3)$$

考虑到技术创新需要一个过程，当前的技术创新能力很可能依赖于过去的水平，因此，我们将被解释变量的滞后项引入模型，从而将其扩展为一个动态模型。我们遵循 Arellano and Bond（1991）的方法，建立本文研究的动态面板数据模型：

$$Lninnov_{it} = \sigma + \varphi_i + \eta Lninnov_{i,t-1} + \alpha Lnexp_{it} + \beta Lnsm_{it} + \gamma Lnim_{it} + \delta LnH_{it} + \mu_{it} \quad (4)$$

其中，$Lninnov_{i,t-1}$ 为被解释变量的滞后变量，$\varphi_i$ 为非观测个体固定效应，$\mu_{it}$ 为随机误差项。

### （二）数据来源及描述

由于西藏历年的专利授权数相较于其他省市差距极大，为了避免其对回归结果产生较大偏差，我们在样本中剔除了西藏的数据，对其余 30 个省市的数据进行实证分析，我们采用的样本期间为 1998—2007 年。此外，我们根据王小鲁等（2004）③的划分标准对样本进行归类，其中东部地区包括北京、天津、河北、辽宁、上海、江苏、浙江、福建、山东、广东、海南 11 个省市，中部地区包括山西、吉林、黑龙江、安徽、江西、河南、湖北、湖南 8 个省，西部地区包括内蒙古、广西、重庆、四川、贵州、云南、陕西、甘肃、青海、宁夏、新疆 11 个省区市。

表 1 显示了各变量的定义及描述性统计，为了消除异方差的影响，我们对各变量进行自然对数处理。各省市的专利授权数（包括发明、实用新型和外观设计）、科技经费内部支出和科技人员数等数据来自《中国科技统计年鉴》（1999—2008

---

① Grossman 和 Helpman（1991）认为通过对高质量的资本设备和中间品的进口，进口国的生产力水平（技术水平）会借助于贸易伙伴国的研发效应和技术扩散而以高。G. M. Grossman and E. Helpman. Innovation and Growth in the Global Economy [M]. Cambridge, Massachusetts: MIT Press, 1991.

② 考虑到只有那些接受过高等教育的人才能较好地吸收进口贸易的技术溢出从而提高创新能力，因此本文用每十万人口中高等教育在校生人数表示人力资本。其中 2004—2007 年《中国统计年鉴》上公布每十万人口中高等教育在校生人数，而 1998—2003 年只公布高等教育在校生人数，为统一口径，我们将它与相应的各省市人口总数相除得到每十万人口高等教育在校生数。

③ 参见王小鲁、樊纲："中国地区差距的变动趋势和影响因素"，《经济研究》2004 年第 1 期，第 33 页。

年)；各省区市的进口贸易额、高等教育在校生人数取自《中国统计年鉴》(1999—2008年)，其中进口贸易的原始数据以美元为单位，因此我们将它用相应年度的美元与人民币的年平均汇率转化为以人民币为单位，同时为了使数据更具可比性，我们根据1998年为基期的居民消费价格指数对进口额进行缩减。

**表1 变量的定义与描述性统计**

| 变 量 | 定 义 | 最小值 | 均 值 | 最大值 | 标准差 |
|---|---|---|---|---|---|
| *Lninnov* | 专利授权数 | 4.127134 | 7.633883 | 10.94113 | 1.283088 |
| *Lninnovh* | 发明授权数 | 0.6931472 | 5.071342 | 8.481359 | 1.374825 |
| *Lninnovm* | 实用新型授权数 | 3.401197 | 7.035288 | 9.982114 | 1.251549 |
| *Lninnovl* | 外观设计授权数 | 2.639057 | 6.43838 | 10.345 | 1.446036 |
| *Lnsm* | 科技人员数 | 6.470799 | 9.19422 | 11.62016 | 0.9754558 |
| *Lnexp* | 科技活动内部经费支出 | 8.687827 | 11.50757 | 14.92408 | 1.222476 |
| *Lnim* | 进口贸易额 | -0.2151948 | 5.24737 | 9.798236 | 1.989554 |
| *LnH* | 高等教育在校生数 | 2.453857 | 4.379157 | 6.536257 | 0.8552297 |

## 四、计量方法和回归结果分析

### (一) 计量方法

本文研究的基本模型的解释变量中含有被解释变量的滞后项，这样即使假定$\mu_{it}$不存在序列相关，模型中的被解释变量的滞后项$Lninnov_{i,t-1}$与非观测固定效应$\varphi_i$也有可能存在相关性，此时若用标准的混合OLS方法、固定效应方法或随机效应方法进行估计，得到的结果将是有偏的①。同时考虑到模型中的解释变量可能存在内生性问题，鉴于此，本文采用Arellano和Bond (1991) 的广义矩方法 (GMM) 进行分析。Arellano和Bond的GMM估计的基本思想②是：

首先对原模型进行一阶差分，得到：

① Hsiao (1986) 认为非观测个体固定效应的存在会使得被解释变量滞后项的系数混合OLS估计量存在向上偏误，Hsiao，C.，Analysis of Panel Data [M]. Cambridge：Cambridge University Press，1986.；Bond (2002) 认为在时间较短的面板中，非观测个体固定效应的存在使得被解释变量滞后项的系数固定效应估计量存在向下偏误，Bond，S. Dynamic Panel Data Models：A Guide to Micro Data Methods and Practice [R]. CeMMAP Working Paper 2002.

② 参见Arellano M，Bond S R. Some Tests of Specification for Panel Data：Monte Carlo Evidence and an Application to Employment Equation [J]. Review of Economic Studies，1991，58 (2)：277-297. 或者王志刚. 面板数据模型及其在经济分析中的应用 [M]. 北京：经济科学出版社，2008：59-64.

$$\Delta y_{it} = \varphi_0 \Delta y_{i,t-1} + \varphi_1 \Delta x_{it}^1 + \cdots + \varphi_k \Delta x_{it}^k + \Delta\mu_{it}, i = 1,2,\cdots,N; t = 2,3,\cdots,T \quad (5)$$

然后选择一个工具变量 $Z_i$，在满足矩条件 $E(Z'_i \Delta\mu_i) = 0$ 的情况下最小化目标函数 $J_N = \left(\frac{1}{N}\sum_{i=1}^{N}\Delta\mu'_i Z_i\right) W_N \left(\frac{1}{N}\sum_{i=1}^{N} Z'_i \Delta\mu_i\right)$ 即可得到模型参数的 GMM 估计，其中权重矩阵为 $W_N = \left[\frac{1}{N}\sum_{i=1}^{N}(Z'_i \Delta\hat{\mu}_i \Delta\hat{\mu}'_i Z_i)\right]^{-1}$，$\Delta\hat{\mu}_i$ 是一次差分估计后的残差。

此外，为了增强回归结果的可信度，我们有必要对模型设定的合理性和工具变量的有效性进行检验，这里主要采用 Wald 检验、Sargan 检验和 Arellano - Bond AR（2）检验。

### （二）回归结果分析

我们使用 Stata10.0 软件对我国 30 个省区市的进口贸易对技术创新的影响进行 GMM 估计，回归结果见表 2。从检验统计量的角度看，系数联合显著性的 Wald 检验都拒绝了解释变量系数为 0 的原假设（检验值都在 1% 的水平上显著）；Sargan 检验的结果表明不能拒绝工具变量有效的原假设（Sargan 检验的 P 值均大于 0.1），即工具变量的选择是有效的；最后 Arellano - Bond AR（2）检验也显示我们所设定的模型是合理的（其 P 值均大于 0.1，不能拒绝原假设）。据此，我们认为估计得到的结果是可以信赖的。

**表 2 进口贸易对我国不同水平技术创新影响的 GMM 估计结果**

| 变 量 | 总体技术创新 | | | 高水平创新 | | |
|---|---|---|---|---|---|---|
| | 模型 1.1 | 模型 1.2 | 模型 1.3 | 模型 1.4 | 模型 1.5 | 模型 1.6 |
| $Lninnov_{-1}$ | 0.391<br>(13.6***) | 0.366<br>(24.6***) | 0.385<br>(14.8***) | 0.46<br>(33.9***) | 0.213<br>(29.6***) | 0.108<br>(4.48***) |
| *Lnsm* | 0.489<br>(24.5***) | 0.257<br>(6.29***) | 0.301<br>(9.26***) | -0.008<br>(-0.2) | -0.093<br>(-1.75*) | -0.274<br>(-4.23***) |
| *Lnexp* | 0.215<br>(12.3***) | 0.265<br>(18.2***) | 0.274<br>(16.5***) | -0.09<br>(-1.37) | -0.221<br>(-5.75***) | -0.192<br>(-9.04***) |
| *Lnim* | 0.266<br>(16.7***) | | 0.095<br>(2.05**) | 0.543<br>(13.5***) | | -0.513<br>(-5.06***) |
| *Lnh* | | -0.39<br>(-10.3***) | -0.348<br>(-5.37***) | | 0.172<br>(3.25***) | 0.117<br>(1.9*) |
| *Lnim × Lnh* | | 0.053<br>(15.5***) | 0.041<br>(5.67***) | | 0.058<br>(11.5***) | 0.112<br>(8.26***) |
| *Wald* 检验 | 6706.02<br>[0.00] | 9938.5<br>[0.00] | 6509.32<br>[0.00] | 42054.99<br>[0.00] | 12493.73<br>[0.00] | 17446.16<br>[0.00] |

续表

| 变　量 | 总体技术创新 | | | 高水平创新 | | |
|---|---|---|---|---|---|---|
| | 模型 1.1 | 模型 1.2 | 模型 1.3 | 模型 1.4 | 模型 1.5 | 模型 1.6 |
| *Sargan* 检验 | 29.44<br>[0.7333] | 29.18<br>[0.7445] | 28.72<br>[0.7642] | 29.71<br>[0.7214] | 29.72<br>[0.7207] | 29.43<br>[0.7338] |
| Arellano - Bond AR(2)检验 | -0.511<br>[0.6094] | -0.111<br>[0.9114] | -0.166<br>[0.8685] | -0.1031<br>[0.9179] | 0.2305<br>[0.8177] | 0.1986<br>[0.8426] |
| 样本观测数 | 30×8 | 30×8 | 30×8 | 30×8 | 30×8 | 30×8 |

注：（1）$Lninnov_{-1}$ 为滞后一期的专利授权数；（2） ***、** 和 * 分别表示在 1%、5% 和 10% 水平上显著，( ) 内为 t 统计量，[ ] 内为统计量相应的概率值；（3）系数联合显著性的 Wald 检验的原假设为各解释变量的系数均为零；（4）Sargan 检验的原假设为过渡确认是有效地，也即工具变量是有效的；（5）Arellano - Bond AR（2）检验的原假设为差分后的残差项不存在二阶序列相关，也即模型的设定是合理的。

**表 3　进口贸易对我国不同水平技术创新影响的 GMM 估计结果（续）**

| 变　量 | 中等水平创新 | | | 低水平创新 | | |
|---|---|---|---|---|---|---|
| | 模型 1.7 | 模型 1.8 | 模型 1.9 | 模型 1.10 | 模型 1.11 | 模型 1.12 |
| $Lninnov_{-1}$ | 0.452<br>(59.4***) | 0.449<br>(29.97***) | 0.446<br>(25.8***) | 0.2001<br>(6.85***) | 0.217<br>(7.04***) | 0.243<br>(6.34***) |
| *Lnsm* | 0.804<br>(30.2***) | 0.562<br>(18.4***) | 0.558<br>(17.1***) | 0.063<br>(1.38) | -0.062<br>(-0.94) | -0.0102<br>(-0.29) |
| *Lnexp* | 0.19<br>(10.1***) | 0.27<br>(15.04***) | 0.278<br>(18.1***) | 0.331<br>(18.9***) | 0.358<br>(15.4***) | 0.356<br>(18.3***) |
| *Lnim* | 0.226<br>(25.1***) | | 0.011<br>(0.2) | 0.287<br>(15.5***) | | 0.034<br>(0.37) |
| *Lnh* | | -0.476<br>(-20.2***) | -0.462<br>(-9.49***) | | -0.294<br>(-11.7***) | -0.268<br>(-4.72***) |
| *Lnim* × *Lnh* | | 0.055<br>(20.9***) | 0.053<br>(6.23***) | | 0.046<br>(13.2***) | 0.04<br>(3.61***) |
| *Wald* 检验 | 11493.64<br>[0.00] | 6489.47<br>[0.00] | 5623.31<br>[0.00] | 783.28<br>[0.00] | 5430.46<br>[0.00] | 2370.19<br>[0.00] |
| *Sargan* 检验 | 29.44<br>[0.7333] | 29.38<br>[0.7356] | 29.35<br>[0.7370] | 27.73<br>[0.8043] | 28.36<br>[0.7791] | 26.8<br>[0.8383] |
| Arellano - Bond AR(2)检验 | -0.7138<br>[0.4754] | -0.3972<br>[0.6912] | -0.3913<br>[0.6955] | 1.5823<br>[0.1136] | 1.6187<br>[0.1055] | 1.5873<br>[0.1124] |
| 样本观测数 | 30×8 | 30×8 | 30×8 | 30×8 | 30×8 | 30×8 |

本文在研究进口贸易对我国技术创新①影响的同时，也将技术创新水平划分为高水平创新、中等水平创新和低水平创新②，用于研究进口贸易对我国三类不同水平创新的影响。从回归结果来看，滞后一期的创新产出的系数显著为正（均通过1%水平显著性检验），这说明前期创新水平对我国当期的创新能力有显著影响，也说明了技术创新是一个动态过程。具体而言，前一期的创新产出每增加1%，我国当期的创新产出将增加0.391%。此外，前一期创新产出对三类不同水平的技术创新的影响程度是不同的，其中对高水平创新的影响最大，中等水平创新次之，低水平创新最小。这意味着高水平技术创新更依赖于过去的创新积累。

科技人员投入对我国创新产出的影响弹性为0.489，并且通过1%水平的显著性检验，说明科技人员对我国技术创新有积极的作用。但是科技人员投入对创新产出的影响主要体现在中等水平和低水平技术创新上，而对以发明表征的高水平技术创新的影响不显著（没有通过10%的显著性检验），这说明在高水平技术创新上，当前我国科技人员的产出效率比较低。

从模型1.1可以看出，我国科技经费支出每增加1%，创新产出将增加0.215%。其中，科技经费投入对低水平创新的贡献最大（产出弹性为0.331），中等水平技术创新居次，而对高水平技术创新的影响不显著。这表明科技经费投入只对那些技术含量不是特别高的创新产出有显著影响，若要提高高水平技术创新产出不能仅仅依靠科技经费投入的增加。接下来我们分析进口贸易对我国技术创新的影响。进口贸易对我国技术创新的影响显著为正，系数为0.266，即进口贸易额每增加1个百分点，我国创新产出将增加0.266个百分点。进口贸易对我国三类不同水平技术创新均有正向的影响，但影响程度不同，其中对高水平创新的影响最大，弹性为0.543，而对中等水平和低水平创新的影响稍小，弹性分别为0.226和0.287。这说明，通过从国外（尤其是发达国家）进口先进设备和技术对我国技术创新尤其是高水平创新产生了积极的推动作用。为了考察进口贸易对我国技术创新的影响是否存在“门槛”效应，我们将进口和人力资本的交叉项纳入模型进行分析。观察模型1.3、模型1.6、模型1.9和模型1.12，我们发现交叉项 $Lnim \times Lnh$ 的系数均在1%水平上显著为正，但而且仅有模型1.6中 $Lnim$ 的系数显著为负，这就说明进口贸易只对我国高水平创新的影响存在“门槛”效应，而对我国总体创新、中等水平创新以及低水平创新不存在所谓的“门槛”效应。具体而言，进口贸易对我国高水

① 若没有特别说明，本文所说的技术创新都是指“总体技术创新”，即以专利授权数（包括发明、实用新型和外观设计）表征的技术创新。

② 三者分别用发明授权数、实用新型授权数和外观设计授权数来表征，这是因为外观设计是指对产品的形状、图案、色彩或者其结合性作出的富有美感并适于工业上应用的新设计，创新要求最低；实用新型是指对产品的形状、构造或者其结合所提出的适于实用的新的技术方案，创新要求较外观设计高；而发明是指对产品、方法或其改进所提出的新的技术方案，创新要求最高。

平创新影响的人力资本“门槛”值为4.58①，这说明进口贸易对我国技术创新产生促进作用需要跨越一定的人力资本“门槛”，也证实了进口贸易对我国高水平创新起促进作用的一个重要渠道就是与人力资本相结合而产生的技术外溢效应。

改革开放尤其是20世纪90年代以来，我国经济发展呈现出区域不平衡性，就进口贸易而言，2007年东部地区进口额为8824.69亿美元，占我国进口总额的比重高达92.31%，而中部和西部地区进口占全国的比重分别仅为4.39%和3.3%②。与此相对应的是，2007年我国东部地区的创新产出③最高，占全国比重为73.32%，中部地区次之（为11.25%）④，而西部地区最低。那么进口贸易对技术创新的影响是否存在区域差异性，以及它对各地区不同水平技术创新又有什么样的影响？接下来我们从区域视角就进口贸易对技术创新的影响作进一步的探讨。

我们同样采用广义矩估计（GMM）法进行回归，结果如表3所示。估计结果中，Wald检验都拒绝了解释变量系数均为0的原假设，Sargan检验也表明GMM估计的工具变量选择是合适的，Arellano - Bond检验均接受了残差序列不存在序列相关的原假设。从表3可以看出，东部地区的上一期创新水平对当期创新产出的影响大于中、西部地区（弹性分别为0.563、0.424和0.454），说明东部地区技术创新对过去的创新水平的依赖性最强。科技人员投入对三大区域的创新产出均有显著的影响，从模型2.3、模型2.7和模型2.11我们发现科技人员在三个区域均对中等水平技术创新的影响最大。科技经费投入对我国三大区域的高水平创新影响的系数或为负或不显著，说明若要提高各区域的高水平创新产出不能仅仅靠科技经费投入，这与上文分析得出的结论是一致的。但科技经费投入对各区域的中等水平和低水平技术创新却有明显的促进作用。

**表4 进口贸易对我国不同区域各层次技术创新影响的GMM估计结果**

| 变量 | 东部地区 | | | 中部地区 | | |
|---|---|---|---|---|---|---|
| | 模型2.1 | 模型2.2 | 模型2.3 | 模型2.4 | 模型2.5 | 模型2.6 |
| $Lninnov_{-1}$ | 0.563<br>(7.51***) | 0.196<br>(2.58***) | 0.557<br>(15.5***) | 0.362<br>(1.1) | 0.424<br>(12.96***) | -0.002<br>(-0.03) |
| *Lnsm* | 0.289<br>(4***) | 0.489<br>(1.44) | 0.694<br>(8.33***) | -0.102<br>(-0.42) | 0.884<br>(2.99***) | 0.731<br>(0.83) |

① 具体算法为 -（-0.513/0.112），因为假设 Lninnov = γLnim + δLnh × Lnim，当 ∂Lnimnov/∂Lnim = γ + δLnH > 0 时，Lnim 才会对技术创新有促进作用，这就要求 LnH > γ/δ，其中 - γ/δ 即为人力资本“门槛”值。

② 数据根据《中国统计年鉴》（2008年）整理所得。

③ 这里我们用专利申请授权数来衡量创新产出。

④ 数据根据《中国科技统计年鉴》（2008年）计算所得。

续表

| 变　　量 | 东部地区 | | | 中部地区 | | |
|---|---|---|---|---|---|---|
| | 模型 2.1 | 模型 2.2 | 模型 2.3 | 模型 2.4 | 模型 2.5 | 模型 2.6 |
| *Lnexp* | 0.248<br>(1.98**) | -0.466<br>(-3.37***) | 0.147<br>(2.33**) | 0.329<br>(1.92*) | 0.175<br>(1.58) | -0.488<br>(-2.9***) |
| *Lnim* | 0.718<br>(3.81***) | 1.13<br>(8.37***) | 0.392<br>(4.29***) | 0.604<br>(1.68*) | 0.654<br>(3.27***) | 0.359<br>(2.09**) |
| *Lnh* | -0.123<br>(-1.06) | 0.153<br>(0.85) | -0.164<br>(-2.39**) | -0.303<br>(-1.75*) | -0.355<br>(-2.38**) | 0.715<br>(4.25***) |
| *Wald* 检验<br>P-值 | 2371.52<br>[0.00] | 613.03<br>[0.00] | 1214.29<br>[0.00] | 1020.48<br>[0.00] | 931.44<br>[0.00] | 134.68<br>[0.00] |
| *Sargan* 检验<br>P-值 | 9.76<br>[1.00] | 10.35<br>[1.00] | 10.56<br>[1.00] | 10.18<br>[1.00] | 5.34<br>[1.00] | 6.17<br>[1.00] |
| Arellano-Bond<br>AR(2)检验 | 0.5851<br>[0.5585] | -0.8666<br>[0.3861] | -1.3085<br>[0.1907] | 1.0764<br>[0.2818] | 0.3854<br>[0.6999] | -1.1929<br>[0.2329] |
| 样本观测数 | 11×8 | 11×8 | 11×8 | 11×8 | 9×8 | 9×8 |

注：(1) $Lninnov_{-1}$ 为滞后一期的专利授权数；(2) ***、** 和 * 分别表示在1%、5%和10%水平上显著，( ) 内为t统计量，[ ] 内为统计量相应的概率值；(3) 系数联合显著性的Wald检验的原假设为各解释变量的系数均为零；(4) Sargan检验的原假设为过渡确认是有效地，也即工具变量是有效的；(5) Arellano-Bond AR (2) 检验的原假设为差分后的残差项不存在二阶序列相关，也即模型的设定是合理的；(6) 东部地区中模型2.1表示总体技术创新，模型2.2表示高水平技术创新，模型2.3表示中等水平技术创新，模型2.4表示低水平技术创新，其他地区依此类推。

**表5　进口贸易对我国不同区域各层次技术创新影响的GMM估计结果（续）**

| 变　　量 | 中部地区 | | | 西部地区 | | |
|---|---|---|---|---|---|---|
| | 模型 2.7 | 模型 2.8 | 模型 2.9 | 模型 2.10 | 模型 2.11 | 模型 2.12 |
| $Lninnov_{-1}$ | 0.575<br>(11.02***) | 0.093<br>(0.56) | 0.454<br>(4.73***) | 0.084<br>(1.02) | 0.460<br>(4.39***) | 0.190<br>(1.17) |
| *Lnsm* | 1.29<br>(4.12***) | 0.363<br>(0.79) | 0.353<br>(2.39**) | -0.322<br>(-1.51) | 0.509<br>(3.18***) | 0.001<br>(0.00) |
| *Lnexp* | 0.181<br>(1.86*) | 0.456<br>(4.44***) | 0.243<br>(3.18***) | -0.172<br>(-1.63) | 0.271<br>(2.88***) | 0.220<br>(1.42) |
| *Lnim* | 0.664<br>(3.38***) | 0.608<br>(2.87***) | 0.336<br>(5.35***) | 0.093<br>(2.64***) | 0.320<br>(4.01***) | 0.285<br>(6.13***) |
| *Lnh* | -0.405<br>(-2.83***) | -0.316<br>(-1.96**) | -0.164<br>(-2.77***) | 0.683<br>(6.17***) | -0.153<br>(-2.48**) | -0.086<br>(-0.93) |

**续表**

| 变　量 | 东部地区 | | | 中部地区 | | |
|---|---|---|---|---|---|---|
| | 模型 2.1 | 模型 2.2 | 模型 2.3 | 模型 2.4 | 模型 2.5 | 模型 2.6 |
| *Wald* 检验<br>P－值 | 593.08<br>[0.00] | 140.15<br>[0.00] | 2993.23<br>[0.00] | 329.22<br>[0.00] | 411.52<br>[0.00] | 147.66<br>[0.00] |
| *Sargan* 检验<br>P－值 | 6.60<br>[1.00] | 1.41<br>[1.00] | 10.90<br>[1.00] | 11.39<br>[0.9999] | 11.31<br>[1.00] | 10.70<br>[1.00] |
| Arellano－Bond<br>AR(2)检验 | 0.9860<br>[0.3242] | 0.6257<br>[0.5315] | －1.5299<br>[0.1260] | －1.3006<br>[0.1934] | －0.4208<br>[0.6739] | 1.5812<br>[0.1138] |
| 样本观测数 | 9×8 | 9×8 | 12×8 | 12×8 | 12×8 | 12×8 |

接下来我们重点考察进口贸易对各区域技术创新的影响。观察模型 2.1、模型 2.5 和模型 2.9，我们发现进口贸易均显著地促进了我国三大区域创新产出的增加（*Lnim* 的回归系数均为正，且都通过 1% 水平的显著性检验），其中进口贸易对东部地区创新产出的促进作用最大，进口贸易每增加 1%，将促进东部地区创新产出增加 0.718%。进口贸易对中部地区创新产出的影响次之，进口额每增加 1 个百分点，促进创新产出增加 0.654 个百分点。而进口贸易对西部地区的创新产出的影响最小，弹性仅为 0.336。因此，进口贸易对技术创新的影响程度呈现出从东部向西部递减的趋势。通过比较这 3 个模型，我们还可以发现在影响东部地区技术创新的因素中，进口贸易的作用最大，而在中部和西部地区科技人员投入的作用较大。从三个区域不同水平技术创新的角度来看，在东部地区，进口贸易对高水平创新的影响较中等水平创新和低水平创新大，进口贸易对东部地区高水平产出的影响弹性为 1.13；而在中部地区和西部地区，进口贸易对中等水平和低水平创新的影响程度都较高水平创新来得大，其中中部地区进口贸易对高水平创新的影响弹性为 0.359，而西部地区仅为 0.093。所以，进口贸易对高水平技术创新的影响程度也呈现出从东部地区向西部地区递减的趋势。这也同时印证了我们在上文分析中得出的有关进口贸易对我国高水平创新存在“门槛”效应的结论，即进口要对高水平创新产生显著作用需要跨越一定的人力资本“门槛”。我国东部地区的人力资本水平高于中部和西部地区，如 2007 年，我国东部地区每十万人口中在校大学生人数平均为 2888 人，中部地区为 2017 人，西部地区仅为 1465① 人，可见东部地区的人力资本水平约为西部地区的两倍。而且经过计算发现，我国东部绝大部分省市（除海南外）的人力资本 *Lnh* 大于“门槛”值 4.58，而西部地区除了陕西省外均小于这个“门槛”值，中部地区有一部分省市没有跨越这个值（如安徽、河南等）。

① 根据《中国统计年鉴》（2008 年）的相关数据计算所得。

因此，进口贸易对我国技术创新能力的提升起到了显著的促进作用，但影响程度存在区域的差异性，即呈现出从东部地区向西部地区递减的趋势。这是因为我国东部地区经济较为发达、对外开放程度较高，因此有更多的机会接触、引进和吸收国外先进的设备和技术，而且东部地区拥有人力资本水平高、科研投入力度大、基础设施较为完善等有利因素，这些都有助于东部地区对进口贸易的技术溢出的吸收，从而促进区域自身技术创新能力的提升。而相对于东部地区，我国大部分中部和西部地区没有拥有这些优势或者优势不明显，所以对进口贸易中的技术溢出吸收消化能力较差，从而进口贸易对这些地区技术创新的促进作用较小。

## 五、结论及政策含义

本文基于1998—2007年中国30个省区市面板数据，采用动态面板广义矩估计（GMM）方法就进口贸易对我国技术创新的影响进行实证研究，得到以下几点主要结论：

（1）技术创新活动是一个动态过程，上一期的创新产出对当期的技术创新有显著的影响，上一期创新产出每增加1%，本期创新产出将增加0.391%。相较于中等水平和低水平创新而言，高水平创新更加依赖于过去的创新积累。

（2）进口贸易对我国技术创新能力的提升存在显著的正向影响，进口贸易每增加1个百分点将促进我国创新产出增加0.266个百分点。通过细分考察，进口贸易对我国三种不同水平技术创新都存在促进作用，但进口贸易对高水平技术创新存在“门槛”效应，研究发现只有那些人力资本水平大于4.58的省市，进口贸易才会显著提升高水平技术创新能力，也证实了进口贸易对我国高水平创新起促进作用的一个重要渠道就是与人力资本相结合而产生的技术外溢效应。

（3）进口贸易对我国技术创新的影响存在区域差异性，即影响程度呈现出从东部地区向西部地区递减的现象，这是因为东部地区有一些有利于吸收、消化进口贸易技术溢出的因素，如人力资本水平高、科研投入力度大、基础设施较为完善等等，而中西部地区则没有拥有这些优势或者优势不明显，所以对进口贸易中的技术溢出吸收消化能力较差，从而进口贸易对这些地区技术创新的促进作用较小。此外，东部地区的进口贸易对高水平创新的促进作用较大，而中、西部地区则对中等水平和低水平创新的促进作用较大。

从上述研究结论中我们不难得出其政策含义：在继续发展进口贸易的同时，要注重进口贸易“质”的提升，即要进一步优化进口商品结构，加大对国外先进技术、设备、中间品以及高科技产品的进口，并适当减少低技术含量的初级产品的进口，从整体上提升进口商品的技术含量；与此同时，还要加大对教育尤其是高等教育的投入力度，促进各地区人力资本水平提升，增强我们消化吸收国外先进技术的能力，对中、西部地区来说，还要注重科研投入以及基础设施建设，这样才有助于这些地区对进口贸易技术溢出的吸收，从而在更大程度上提高自身的技术创新能力。

## 参考文献


[1] Ethier, William. National and International Returns to Scale in the Modern Theory of International Trade [J]. American Economic Association, 1982, 72 (3): 389-405.

[2] G. M. Grossman and E. Helpman. Innovation and Growth in the Global Economy [M]. Cambridge, Massachusetts: the MIT Press, 1991.

[3] Coe D. T., E. Helpman. International R&D Spillovers [J]. European Economic Review, 1995, 39 (5): 859-887.

[4] Coe, D. E., E. Helpman and A. Hoffmaister. North-South R&D Spillovers [J]. The Economic Journal, 1997, 107 (440): 134-149.

[5] Wang, Olarreage. Trade-Related Technology Diffusion and the Dynamics of North-south Integration [R]. World Bank Policy Research Working Paper, 2002.

[6] Juan S. Blyde. Trade and Technology Diffusion in Latin America [J]. The International Trade Jounal, 2004, 18 (3): 177-197.

[7] 方希桦，包群，赖明勇. 国际技术溢出：基于进口传导机制的实证研究 [J]. 中国软科学，2004 (7)。

[8] 黄先海，石东楠. 对外贸易对我国全要素生产率影响的测度与分析 [J]. 世界经济研究，2005 (1)。

[9] 赵伟，王全立. 人力资本与技术溢出：基于进口传导机制的实证研究 [J]. 中国软科学，2006 (4)。

[10] 张全红. 进口贸易、人力资本与技术溢出 [J]. 世界经济研究，2008 (11)。

[11] Zvi Griliches. Issues in Assessing the Contribution of Research and Development to Productivity Growth [J]. The Bell Journal of Economics, 1979, 10 (1): 92-116.

# “同命不同价”与“同命同价”的法经济学视角分析

张广辉　　杨志明

## 一、引　　言

2005年10月23日，北京市发生一起夏利小轿车与大货车相撞事件，夏利车内两名乘客当场死亡，男乘客金某是吉林省延吉市人，女乘客赵某是陕西省大荔县人。法院对这起交通事故作出损害赔偿判决，由于死者户籍不同，判决肇事方赔偿城市户口的死者金某的家属死亡赔偿金41万元，赔偿农村户口的死者赵某的家属17万元，二者相差24万。同样是生命，同一时间内、同一车祸事故中死亡，仅由于“城市”和“农村”户籍不同，死亡赔偿产生如此大的差别引起了学术界的争辩。现实审判中也存在与“同命不同价”相对立的“同命同价”的判决。2008年11月的一天，张某开摩托车在中牟县一村公路上与何某开的货车相撞，户籍在郑州农村的张某车祸中身受重伤，索赔时遭遇了“城乡差别”待遇。按城市标准，张某提出28万元赔偿；按农村标准，车主给出9万元赔偿。双方意见不一致，闹上法庭。法院首次判决农村人、城市人以“同命同价”为原则，按城市标准赔付22万元。

许多学者对道路交通事故的相关法律、法规以及赔偿方式等都进行过深入的研究，有学者通过对城镇、农村居民认定标准及划分的分析，分析了“同命是否同价”问题的各种不同观点（王福泉，2007）；有学者通过分析影响死亡赔偿金数额的因素，反思了我国死亡金赔偿制度中存在着的计算方式与制度设计初衷相背离的问题，并对此力求寻找出解决问题的方法（张楠，2008）；大多数学者研究的是从赔偿主体、赔偿金额为出发点，思考道路交通事故侵权行为责任归谁、衡量如何赔偿才不显失公平。有学者从法律角度运用侵权法归责原则，通过与国外归责问题相对比，分析我国交通事故中的强势和弱势主体发生交通事故时归责问题（刘新辉，2004）；还有学者基于“同命不同价”和“同命同价”角度研究了人身损害赔偿标准的确定问题（孙鹏，2007；佟强，2008）；有学者研究了人身损害赔偿中死亡赔偿金的"继承丧失说"，与"同命不同价"社会现象联系，解释我国现行有关死亡赔偿制度中赔偿金额是财产损失赔偿，即对未来收入损失的赔偿，寻出现行死亡赔偿金城乡差别标准的理论依据（张旭东，2008）。针对两种赔偿方式的赔偿金额差距悬殊的现象，笔者认为不能单纯从法理学角度通过对受害人是城市户口还是农村户口的赔偿标准来简单的分析，而应该从法经济学的角度通过对整个社会的成本收益分析来最小化社会成本。

现有的文献中的研究都是从法学或者社会学角度来入手，而较少有从法经济学角度的分析，本文则试图从法经济学的角度入手，通过引入卡拉布雷西（1961）创设的事故责任模型，并根据本文的需要进行了进一步的修改，而后对"同命不同价"和"同命同价"进行分类讨论进而得出结论。

## 二、"同命不同价"与"同命同价"：当前的法律规定

下面基于相关的法律制度安排对"同命不同价"和"同命同价"的法律根源予以探讨。

### （一）同命不同价的法律根源

追溯我国法律修改过程可知，我国交通死亡赔偿制度是逐步完善的。关于道路交通事故法律中对于死亡赔偿金的性质问题，学术界有两种不同的学说：一是"扶养丧失说"，即因侵害他人生命导致受害人死亡，受害人生前扶养的未成年人或者没有劳动能力又没有其他生活来源的成年近亲属，因此丧失了生活资源的供给来源，受有财产损害，侵权责任人应当对该项损害予以赔偿；二是"继承丧失说"，侵害他人生命致人死亡，不仅生命利益本身受侵害，而且造成受害人余命年岁内的收入"逸失"，给与受害人共同生活的家庭共同体造成财产损失。现行的《最高人民法院关于审理人身损害赔偿案件适用法律若干问题的解释》（以下称《人身损害解释》）放弃"扶养丧失说"调整到"继承丧失说"来解释我国有关法律规定中的死亡赔偿制度。"继承丧失说"中赔偿主要是对未来收入损失的赔偿，城乡居民收入的差距必将造成以城市居民收入和农村居民收入为基准的计算死亡赔偿的不同。这是现行死亡赔偿金城乡赔偿不同的理论依据。

《人身损害解释》第 25 条、第 28 条、第 29 条、第 30 条的相关规定将受害人统一划分为"城镇居民"和"农村居民"，并以此为标准规定对受害人的不同户口身份进行区别赔偿。第 29 条规定："死亡赔偿金按照受诉法院所在地上一年度城镇居民人均可支配收入或者农村居民人均纯收入标准，按 20 年计算。但 60 周岁以上的，年龄每增加 1 岁减少 1 年；75 周岁以上的，按 5 年计算。"体现了赔偿金额因户籍所在地不同和年龄的不同而不同。

### （二）同命同价的法律根源

宪法第33条明确规定："中华人民共和国公民在法律面前一律平等。"宪法作为国家根本大法，明确表明不得由于公民身份不同而实施不同的法律标准。作为基本法的《中华人民共和国民法通则》第3条、第10条、第119条分别规定："当事人在民事活动中的地位平等"、"公民的民事权利能力一律平等"、"侵害公民身体造成伤害的，应当赔偿医疗费、因误工减少的收入、残疾者生活补助费等费用；造成死亡的，并应当支付丧葬费、死者生前抚养的人必要的生活费等费用。"民法中要求公民在民事活动中权利能力和地位是平等的，对人身损害赔偿和补助金的规定中并未涉及农村户口居民和城镇户口居民。《国家赔偿法》第27条规定："侵犯公民生命健康权的，赔偿金按照下列规定计算，造成死亡的，应当支付死亡赔偿金、丧葬费，总额为国家上年度职工平均工资的20倍。对死者生前抚养的无能力的人，还应当支付生活费。"《国家赔偿法》中并未规定按城镇、农村居民划分进行死亡赔偿金赔偿，相应的是按照国家上年度职工平均工资为标准计算赔偿金额。宪法、民法、赔偿法体现了公民在取得死亡赔偿金或补偿金的权利和能力上应一律平等。

## 三、"同命不同价"与"同命同价"的法经济学分析

关于这两个标准的讨论是在侵权法的范围内进行的，在传统的侵权法的分析中，补偿是作为主要目标，通过侵权法提供的救济方式使得受害人能够恢复到受到损害前的状态；而从法经济学的角度分析，侵权法的主要目标并不是事后的补偿，而是事前的预防，通过预防来减少"事故"的发生。因此，本部分通过引入卡拉布雷西（1961）创设的事故责任模型，根据需要进行一定的修改进而对"同命不同价"和"同命同价"问题进行法经济学分析。

### （一）基本假设

1. 存在两种类型的主体，即开车人和行人，同时假设所有的开车人是同质的，而行人因为户籍所在地原因而假设是非同质的，但是开车人和行人都假设是风险中性和信息完备的，并且作为"理性人"都追求自身效用的最大化；

2. 侵害人的开车行为可能会对行人造成伤害，开车人和行人对预防效果具有一定的影响，当事故发生后责任的规则问题会在后面的模型部分进行具体讨论；

3. 假设行人受到来自开车人的伤害后，在"同命不同价"情形下，同一事故中受害人由于户籍的不同得到不同的赔偿数额；在"同命同价"情形下，受害人不会因为户籍不同而得到不同的赔偿金额。

4. 假设开车人和行人都没有保险，即如果开车人对行人造成伤害后，不存在责任保险为开车人提供保障，同时也假设没有事故保险为行人买单。

### （二）变量设置

1. 假设所有开车人都是同质的，所有开车人的注意水平为 $x_f$，单位注意水平的成本为 $w_f$，则开车人在注意水平 $x_f$ 下所要付出的成本为：

$$C1 = x_f \cdot w_f \tag{1}$$

2. 假设不同户籍行人的注意水平不同，具有城市户籍和农村户籍行人的注意水平分别为 $x_c$ 和 $x_r$，且满足 $x_c > x_r$ ①，相对应的不同户籍行人的单位注意水平的成本是相同的，记为 $w_d$，则行人在一定注意水平 $x_i$（$i = c,r$）所付出的成本为：

$$C2 = \begin{cases} x_c w_d & \text{城市户籍行人的成本} \\ x_r w_d & \text{农村户籍行人的成本} \end{cases} \tag{2}$$

3. 假设 $P(x_f,x_i)$（$i = c,r$）为事故发生的概率，其事故发生的概率随着开车人注意水平 $x_f$ 和行人注意水平 $x_i$ 的提高而下降。

$$P(x_f,x_i) \geqslant 0\ ,\ Px_f(x_f,x_i) < 0\ ,\ Px_i(x_f,x_i) < 0 \tag{3}$$

假设 $A(x_f,x_i)$（$i = c,r$）是在开车人注意水平为 $x_f$ 和行人注意水平为 $x_i$ 下发生事故后对行人造成损失的货币价值，其行人损失的货币价值随着开车人注意水平 $x_f$ 和行人注意水平 $x_i$ 的提高而减少。

$$A(x_f,x_i) \geqslant 0\ ,\ Ax_f(x_f,x_i) < 0\ ,\ Ax_i(x_f,x_i) < 0 \tag{4}$$

事故的预期成本为：

$$P(x_f,x_i)A(x_f,x_i) \quad i = c,r \tag{5}$$

### （三）模型分析

模型最终要达到的均衡水平是将行人受到来自开车人的伤害的成本内部化，并最小化开车人与行人之间发生事故的社会成本。

假设社会成本记为 $E(SC)_i$（$i = c,r$），根据假设条件和变量设置推知：

$$E(SC)_i = \begin{cases} x_f w_f + x_c w_d + P(x_f,x_c)A(x_f,x_c) \\ x_f w_f + x_r w_d + P(x_f,x_r)A(x_f,x_r) \end{cases} \tag{6}$$

---

① 据公安部统计，2005 年在城市道路和农村道路发生交通事故的比例分别占 39.4% 和 22.6%，而城市道路和农村道路发生事故后的死亡人数分别占全国道路交通事故总死亡人数的 22.3% 和 28.4%，这在某种程度上说明了农村户籍行人的注意水平要低于城市户籍行人的注意水平。

并且假设：

$$w_d > w_f \text{①} \tag{7}$$

$$x_f = x_f \tag{8}$$

$$x_c > x_r \tag{9}$$

$$x_c = (x_f + \theta_c) \tag{10}$$

$$x_r = (x_f + \theta_r) \tag{11}$$

由（7）知：行人单位注意水平的成本要高于开车人的单位注意水平的成本；由（8）知：所有开车人的注意水平相同；由（9）知：具有城市户籍行人的注意水平大于农村户籍行人的注意水平；其中 $\theta c$ 和 $\theta r$ 为任意实数。

由（7）（8）（9）可知：

$$x_f w_f + x_c w_d > x_f w_f + x_r w_d \tag{12}$$

为了分析的方便，根据假设条件给出有关概率函数的具体形式：

$$P = \frac{k_i}{(x_f + x_i + 1)^2} \text{②} \tag{13}$$

其中

$$k_i = 2(\theta_i + 1), i = c, r \tag{14}$$

由（6）（13）可知：

$$\begin{aligned} E(SC) &= x_f w_f + x_i w_d + \frac{k_i A(x_f, x_i)}{(x_f + x_i + 1)^2} \\ &= \frac{(w_f + w_d)(2x_f + \theta_i + 1)}{2} + \frac{k_i A(x_f, x_i)}{(2x_f + \theta_i + 1)^2} + \frac{(w_d - w_f)\theta_i}{2} - \frac{(w_f + w_d)}{2} i = c, r \end{aligned} \tag{15}$$

目标结果是社会总成本的最小化，求解 $E(SC)$ 的最小值以及取得最小值时的开车人注意水平 $x_f$。社会成本最小值为：

$$E(SC)_{\min} = 3 \cdot \sqrt[3]{\frac{(w_f + w_d)^2 k_i A(x_f, x_i)}{4}} + \frac{(w_d - w_f)\theta_i}{2} - \frac{(w_f + w_d)}{2} \quad i = c, r \tag{16}$$

---

① 本文分析的主要是针对重大交通事故造成死亡的情形，因此在开车人和行人之间，行人明显处于“劣势”地位，行人的单位注意水平的成本要高于开车人。

② 概率函数是根据(3)式的特征而给出的具体表达形式。

当且仅当开车人注意水平为（17）时社会成本最小。

$$x_{fi} = \frac{1}{2}\left[\sqrt[3]{\frac{4k_i A(x_f, x_i)}{w_f + w_d}} - (\theta_i + 1)\right] \tag{17}$$

在本文的分析中，主要是从整个社会角度来分析，为此下面进行分类讨论，同时为了分析的简便，先不考虑责任问题：

1. “同命不同价”下的社会最优注意水平以及社会成本

在“同命不同价”的命题下，可以得到户籍不同的行人造成的损失的货币价值关系：

$$AD(x_f, x_c) > AD(x_f, x_r) \tag{18}$$

由（8）（9）（10）（11）可知：

$$\theta_c > \theta_r \tag{19}$$

由（14）（19）可知：

$$kc > kr \tag{20}$$

基于社会总成本最小考虑，由（16）（17）（18）（19）可知：

$$E(SC)_{mincD} > E(SC)_{minrD} \tag{21}$$

同命不同价情况下，依据上述讨论得到注意水平与社会成本图1。

2. “同命同价”下的社会最优注意水平以及社会成本

在“同命同价”命题下，可知：

$$AU(x_f, x_c) = AU(x_f, x_r) \tag{22}$$

同理，由（16）（17）（19）（22）可知：

$$E(SC)_{mincU} > E(SC)_{minrU} \tag{23}$$

同命同价情况下，依据上述讨论得到注意水平与社会成本图2。

3. “同命不同价”与“同命同价”的对比分析

上面分类讨论了不考虑责任情形在“同命不同价”和“同命同价”下行人为城市户籍和农村户籍时开车人的注意水平以及各自的社会最低成本问题，下面进行对比分析：

在这种情况下，

$$AU(x_f, x_c) = AU(x_f, x_r) = AD(x_f, x_c) > AD(x_f, x_r) \tag{24}$$

$$x_{fcD} = x_{fcU} \tag{25}$$

$$E(SC)_{mincD} = E(SC)_{mincU} \tag{26}$$

$$x_{frD} < x_{frU} \tag{27}$$

由以上分析可知：

$$E(SC)_{\min rD} < E(SC)_{\min rU} \tag{28}$$

行人为农村户籍时，“同命同价”时的社会成本高于“同命不同价”时的社会成本，根据（26）（28）式可知，“同命同价”下整个社会的成本要高于“同命不同价”的社会成本。

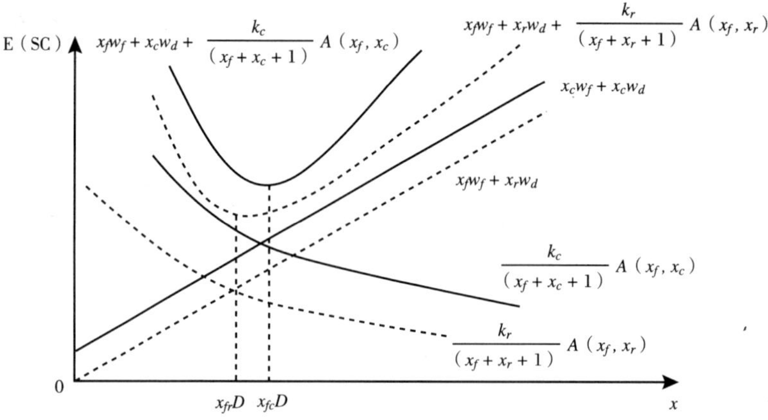


**图 1　同命不同价情况**

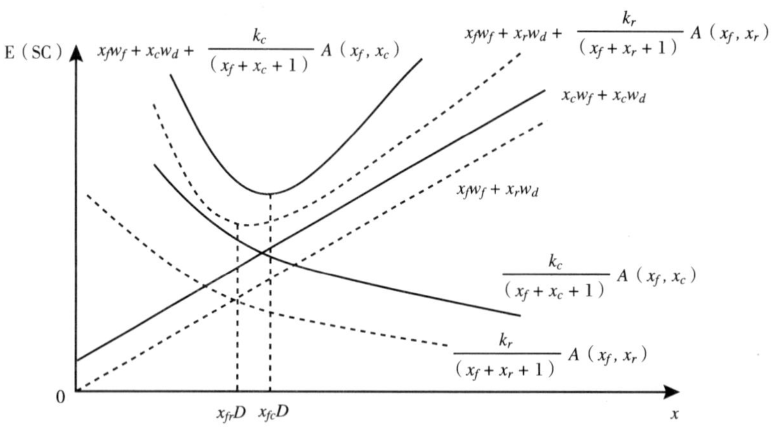


**图 2　同命同价情况**

**（四）事故责任分析**

在以上模型分析的基础上，引入事故责任的分配问题。本文对无责任问题、完全责任赔偿的严格责任、不能完全赔偿的严格责任进行分析。

假设开车人承担损失的货币价值份额为 $\alpha$，赔偿金额为 $\alpha A(x_f, x_i)$；行人承担损失的货币价值份额为 $1-\alpha$，赔偿金额为 $(1-\alpha)A(x_f,x_i)$。

开车人承担的成本为

$$E(SC)=x_f w_f+\alpha P(x_f)A(x_f,x_i) \tag{29}$$

行人承担的成本为

$$(SC)=x_i w_d+(1-\alpha)P(x_i)A(x_f,x_i) \tag{30}$$

只有开车人和行人各自社会成本最小化时得到的注意水平才为社会最优，因此：

$$\min_{x_f}E(SC)=x_f w_f+\alpha\frac{ki}{(x_f+x_i+1)^2}A(x_f,x_i)$$

$$\min_{x_i}E(SC)=x_i w_d+(1-\alpha)\frac{ki}{(x_f+x_i+1)^2}A(x_f,x_i) \tag{31}$$

解得

$$x_f^*+x_i^*=\sqrt[3]{\frac{2\alpha A(x_f,x_i)ki}{w_f}}-1\text{ 或 }\sqrt[3]{\frac{2(1-\alpha)A(x_f,x_i)ki}{w_d}}-1 \tag{32}$$

1. "同命不同价"下的不同责任分析

同命不同价下考虑当事人责任不同、最小化其成本，进行分类讨论：

（1）无责任原则情况下（$\alpha=0$），事故发生后开车人对事故不承担任何责任，开车人理性选择为不采取任何防范措施 $x_f^*=0$。

当且仅当 $x_i^*=\sqrt[3]{\frac{2A(x_f,x_i)}{w_d}}-1$ 时，行人成本最小 $3\cdot\sqrt[3]{\frac{(w_d)^2A(x_f,x_i)}{4}}-w_d$

行人拥有城市户籍的注意水平高于拥有农村户籍的注意水平 $x_cD^*>x_rD^*$；从行人成本角度看，$E(SC)\min_{x_i}cD>E(SC)\min_{x_i}rD$。

（2）完全责任赔偿的严格责任下（$\alpha=1$），开车人对事故承担全部责任，此时受害人注意水平为零 $x_i^*=0$。

当且仅当 $x_f^*=\sqrt[3]{\frac{2A(x_f,x_i)}{w_f}}-1$ 时，开车人成本最小 $3\cdot\sqrt[3]{\frac{(w_f)^2A(x_f,x_i)}{4}}-w_f$

开车人针对不同户籍行人成本最小时注意水平 $x_fcD^*>x_frD^*$。从开车人成本角度看，$E(SC)_{\min_{x_f}}cD>E(SC)_{\min_{x_f}}rD$。

（3）不能完全赔偿的严格责任下（$\alpha\neq0,1$），行人与开车人注意水平之和关系为：$x_f^*+x_c^*>x_f^*+x_r^*$ ①。

① 即，由于开车人即施害人发生事故时无法辨别受害人身份，因此，我们认为开车人在模型中注意水平是不发生改变的。

2．“同命同价”下的不同责任分析

同命同价情况下考虑当事人责任不同进行分类讨论：

（1）无责任原则情况下，$x_f^* = 0$；$x_c U^* = x_r U^*$；$E(SC)_{\min\limits_{x_i}} cU = E(SC)_{\min\limits_{x_i}} rU$。

（2）完全责任赔偿的严格责任下，$x_i^* = 0$；$x_f cU^* = x_f rU^*$；$E(SC)_{\min\limits_{x_f}} cU = E(SC)_{\min\limits_{x_f}} rU$。

（3）不能完全赔偿的严格责任下，$x_f^* + x_c^* = x_f^* + x_r^*$。

3．“同命同价”与“同命不同价”的比较分析

在考虑责任问题情形下，“同命不同价”与“同命同价”的社会成本比较：

（1）无责任原则情况下，行人的社会总成本最小为：

$$\min_{x_i} E(SC) = 3 \cdot \sqrt[3]{\frac{(w_d)^2 A(x_f, x_i)}{4}} - w_d \tag{33}$$

由 $AD(x_f, x_r) < AU(x_f, x_r)$ 可知：行人的社会成本 $E(SC)_{\min\limits_{x_i}} rD < E(SC)_{\min\limits_{x_i}} rU$

（2）完全责任赔偿的严格责任下，开车人的社会总成本最小为：

$$\min_{x_f} E(SC) = 3 \cdot \sqrt[3]{\frac{(w_f)^2 A(x_f, x_i)}{4}} - w_f \tag{34}$$

同理可知，开车人的社会成本 $E(SC)_{\min\limits_{x_f}} rD < E(SC)_{\min\limits_{x_f}} rU$

（3）不能完全赔偿的严格责任下，由（24）开车人和行人最小成本之和可以得到：

$$\min_{x_f, x_i} E(SC) = x_f w_f + x_i w_d + \frac{ki}{(x_f + x_i + 1)^2} A(x_f, x_i) \tag{35}$$

同理可知，开车人与行人的社会成本 $E(SC)_{\min\limits_{x_f, x_i}} rD < E(SC)_{\min\limits_{x_f, x_i}} rU$

综上所述，在考虑责任问题的情形下，仍然得到“同命不同价”的社会成本低于“同命同价”的社会成本。

## 四、“同命不同价”与“同命同价”的一些现实思考

文章模型分析得到“同命同价”的社会成本要高于“同命不同价”的社会成本，但是需要还原现实，从实践的角度来思考：

首先，“同命同价”赔偿原则下在实际操作过程中可能会遇到一些问题。以广西为例，一名在交通事故中死亡的、经常居住地位于农村的三十周岁农村居民为例，死亡赔偿金从原来的 73800 元提高到 282920 元。如此高额的赔偿金额在实践中执行难度大，特别是在交通事故当事人双方均为经常居住地位于农村的农村居民时，在

农村居民收入水平尚未达到城镇居民收入水平的情况下提高其赔偿标准，很大部分农村居民无力承担。

其次，对于交通事故中的死亡赔偿的标准是什么？值得思考，有学者指出，人的生活和身体是无法用价格标准来衡量的，赔偿的是劳动力的价格，同时指出按照劳动力价格差异获得不同的赔偿在国际上也是通用的惯例。对于同一起车祸中死亡的两个具有不同户籍的人来说，如果一个是民工，一个是工程师，他们的劳动力价格必然是不同的，必然要按照"同命不同价"的标准来执行。

最后，需要考虑的另一个因素就是购买力的问题，相同的金额在农村和城市的购买力显然不同，如果按照相同金额进行赔偿，则农村的购买力要远远大于城市的购买力，这似乎成了另外的一种"不公平"。造成这种情况的根本原因在于城乡经济发展的不平衡。因此，"同命不同价"的标准更适合当前的情况。

## 五、结论及不足

通过分析，从法经济学角度考虑，以整个社会的成本（福利）水平来衡量，无论是考虑责任问题还是不考虑责任问题，均得到"同命不同价"赔偿标准要比"同命同价"赔偿标准有更高的福利水平。本文分析中没有考虑到开车人的保险问题，可能会对分析的结果造成一定的影响，如果要进行更深一步的研究，可以通过加入开车人的保险，从而影响开车人的注意水平，进而得出结论；如果能够获取充足的数据，对理论模型分析的结果进行实证研究，得到更为准确结论。

### 参考文献

[1] 王福泉．交通事故受害人同命不同价现象的法律思考［J］．商丘师范学院学报，2007（7）：101—102。

[2] 张楠．从"同命不同价"反思我国的死亡赔偿金制度［J］．法制与社会，2008（9）：275。

[3] 刘新辉．论侵权法归责原则在交通事故领域的运用［J］．中国人民公安大学学报，2004（3）：76—79。

[4] 孙鹏．"同命"真该"同价"？——对死亡损害赔偿的民法思考［J］．法学论坛，2007（2）：112—118。

[5] 佟强．论人身损害赔偿标准之确定——对"同命不同价"的解读［J］．清华法学，2008（1）：126—136。

[6] 张旭东．破解"同命不同价"难题的理论路径［J］．现代法学，2008（6）：97—104。

[7] 魏建，周林彬．法经济学［M］．北京：中国人民大学出版社，2008：139—161。